Friedrich Christian Laukhard

Leben und Schicksale

von ihm selbst beschrieben

Herausgegeben von
Karl Wolfgang Becker

1989
Koehler & Amelang · Leipzig

Laukhard, Friedrich Christian:
Leben und Schicksale : von ihm selbst beschrieben
(Ausz.) / Friedrich Christian Laukhard. Hrsg. von
Karl Wolfgang Becker. – 1. Aufl. d. Neuausgabe. –
Leipzig: Koehler & Amelang, 1989. – 510 S.
ISBN 3-7338-0052-4

ISBN 3-7338-0052-4

1. Auflage der Neuausgabe © 1989 by Koehler & Amelang, Leipzig
Lizenznummer 295/275/3106/89 · LSV 7103
Printed in the German Democratic Republic
Satz und Druck: Union Druckerei Berlin
Buchbinderische Verarbeitung: Buchbinderei Südwest, Leipzig
Gestaltung: Horst Albrecht, Berlin
698 400 9
02200

I

Ein Beitrag
zur Charakteristik der Universitäten in Deutschland

Titel der Originalausgabe von 1792:
F. C. Laukhards / vorzeiten Magisters der Philosophie und jetzt Musketiers / unter dem von Thaddenschen Regiment / zu Halle, / Leben und Schicksale, / von ihm selbst beschrieben, / und zur Warnung / für Eltern und studierende Jünglinge / herausgegeben. / Ein Beitrag zur Charakteristik der Universitäten in Deutschland. / Halle, / bei Michaelis und Bispink / 1792

An den Leser

Ich übergebe dem Publikum den ersten Teil meiner Lebensgeschichte, wobei ich einiges zum voraus sagen muß, damit man meinen Zweck kennenlerne und über das ganze Buch richtig urteilen könne. Der verstorbene Doktor Semler, dessen Asche ich nie genug verehren kann, gab mir im Jahre 1784 den Rat, meine Begebenheiten in lateinischer Sprache herauszugeben. Ich hatte dem vortrefflichen Mann mehrere davon erzählt, und da glaubte er, die Bekanntmachung derselben würde in mancher Hinsicht nützlich werden. Ich fing wirklich an zu arbeiten und schrieb ohngefähr acht Bogen, welche ich ihm vorwies. Er billigte sie und riet mir, den Herrn Professor Eberhard um die Zensur zu bitten. Ich tat dies schriftlich; denn damals scheute ich mich, weil ich kurz vorher Soldat geworden war, es mündlich zu tun. Auch Eberhard lobte mein Unternehmen, nur riet er mir, um der mehrern Leser willen deutsch zu schreiben. Ich folgte ihm und zeigte mein Vorhaben öffentlich an. Aber weil damals mein Vater noch lebte, so mußte ich, um ihn nicht zu beleidigen oder ihm gar durch meine Nachrichten in der hyperorthodoxen Pfalz und bei den dasigen Bonzen und Talapoinen nicht zu schaden, vieles weglassen, was doch zum Faden meiner Geschichte gehörte. Daher war jener Aufsatz mangelhaft und unvollständig. Mein Vater erfuhr indessen durch die Briefe des Herrn Majors von Müffling, daß ich mein Leben schriebe, und befürchtete, ich möchte Dinge erzählen, die ihm Verdruß bringen könnten. Er schrieb mit daher und befahl mir, von meinen Lebensumständen ja nichts eher als nach seinem Tode drucken zu lassen. Der Brief meines guten Vaters war voll derber Ausdrücke. Er stellte mir das Übel, das für ihn daraus folgen könnte, so lebhaft vor, daß ich mein Manuskript ins Feuer warf. Einige Jahre hernach starb mein Vater, und ich konnte nun freimütig zu Werke gehen. Aber der Feldzug im Jahre 1790 und andre Geschäfte, welche ich ums liebe Brot übernehmen mußte, hinderten mich, meinen längst gefaßten Vorsatz eher ins Werk zu richten. Nachdem ich aber mehr Muße und tätige Unterstützung redlich gesinnter Männer, die ich zu seiner Zeit nennen will, erhielt, so ging ich neuerdings ans Geschäft, und so entstand die gegenwärtige Schrift.

Jeder Leser wird ohne mein Erinnern gleich schließen, daß das, was der Dichter von seinen Versen sagt:

> ... paupertas impulit audax, / ut versus facerem

auch von meinem Buche gelte, und ich würde sehr zur unrechten Zeit wollen diskret sein, wenn ich's nicht bekennte. Ich bin ein Mann, welcher keine Hülfe hat, kein Vermögen besitzt und keinen Speichellecker machen kann. Folglich würde ich sehr kümmerlich leben müssen, wenn ich mir keinen Nebenverdienst suchen wollte. Und wer kann mir das verdenken?

Allein, obgleich der erste Grund der Erscheinung gegenwärtigen Buches im Magen liegt, so ist er doch nicht der einzige.

Ich war ein junger Mensch von guten Fähigkeiten und von gutem Herzen. Falschheit war nie mein Laster, und Verstellung habe ich erst späterhin gelernt und geübt, nachdem ich vieles schon getan und getrieben hatte, dessen ich mich schämen mußte. Mein Vater hatte mir guten Unterricht verschafft, und ich erlangte verschiedene recht gute Kenntnisse, welche ich meiner immer fortwährenden Neigung zu den Wissenschaften verdanke. Meine Figur war auch nicht häßlich. Da war es denn doch schade, daß ich verdorben und unglücklich ward. Aber ich wurde es und fiel aus einem dummen Streich in den andern, trieb Dinge, worunter auch wirklich gröbere Vergehungen sind, bis ich endlich aus Not und Verzweiflung an allem Erdenglück die blaue Uniform anzog. –

Wenn nun ein Erzieher, ein Vater oder auch ein Jüngling meine Begebenheiten liest, muß er da nicht manche Regel für sich und für seinen Zögling abstrahieren? Muß er nicht oft stutzen und sich selbst auf unrechtem Wege finden? Wird er dann nicht, wenn er klug ist, einen andern und bessern Weg einschlagen? Muß er nicht aufmerksamer auf die Folgen seines Denkens und Handelns werden und folglich mehr Harmonie und Konsequenz in sein Leben zu bringen suchen? – Meine Unglücksfälle sind nicht aus der Luft gerissen, wie man sie in Romanen liest: sie haben sich in der wirklichen Welt zugetragen, haben alle ihre wirklichen Ursachen gehabt und lehren, daß es jedem ebenso gehen kann, der es so treibt – wie ich.

Ich glaube daher mit Recht, daß mein Buch einen nicht unebnen Beitrag zur praktischen Pädagogik darbietet und daß niemand ohne reellen Nutzen dasselbe durchlesen wird: und das ist doch nach meiner Meinung sehr viel. Auf diese Art werde ich, der ich durch meine Handlungen mein ganzes Glück verdorben habe, doch durch Erzählung derselben gemeinnützig, und das sei denn eine Art von Entschädigung für mich.

Außerdem hoffe ich auch, daß die Erzählungen selbst niemandem lange Weile machen werden, daß also meine Schrift auch zu denen gehören wird, welche eine angenehme Lektüre darbieten. Und so hätte ich, wenn ich mich nicht überall irre, einen dreifachen recht guten Zweck erreicht.

Aber einigen Vorwürfen muß ich hier im voraus begegnen, welche man ohne allen Zweifel meinem Werkchen machen wird.

Ich habe viele angesehene Männer eben nicht im vorteilhaftesten Lichte aufgestellt – von unwürdigen Menschenkindern, einem Kammerrat Schad, einem Brandenburger und andern dergleichen ist hier die Rede nicht, die haben die Brandmarkung verdient! – warum hab' ich das getan? Deswegen, meine lieben Leser, weil ich glaube und für unumstößlich gewiß halte, daß die Bekanntmachung der Fehler angesehener Männer sehr nützlich ist. Die Herren müssen nicht denken, daß ihr Ansehen, ihr Reichtum, ihre Titel, selbst ihre Gelehrsamkeit und Verdienste ihre Mängel bedecken oder gar rechtfertigen könnten. Diese Männer, von welchen ich erzähle, haben teils mit mir im Verhältnis gestanden und haben mir nach ihrem Vermögen zu schaden gesucht und wirklich geschadet; teils aber schadeten sie der guten Sache, den Rechten der Menschheit, besonders jenem unumstößlichen ewigen Recht, über alle intellektuellen Dinge völlig frei zu urteilen und seine Gedanken darüber zu entdecken. Wenn ich also die Professoren zu Mainz, Heidelberg und sonstige Meister als intolerante Leute beschreibe, welche gern Inquisitoren werden und den heiligen Bonifatius oder jenen abscheulichen Menschen, den Abschaum aller Bösewichter, den Erfinder der Inquisition und Hexenprozesse, ich meine den Papst Innocentius III., nachmachen möchten: tu ich dann Unrecht, da die Sache sich durch Taten bestätiget? Vielleicht schämen sich andre und werden toleranter – und wäre das nicht herrlich? Hätte ich da nicht mehr Gutes gestiftet als mancher Verfasser dicker Bände von Predigten und anderm theologischen, philosophischen oder juristischen Unsinn?

Ferner, sagen Sie sich's selbst, lieber Leser, ob ich recht habe: darf ich den nicht beschreiben, der mir wehe tat? Rache, schreien zwar die Moralisten (in ihren Theorien), sei überhaupt ein schändliches Laster, dem kein Weiser nachgeben müsse; ja, ich sage irgendwo selbst, daß sie größtenteils unter der Würde der Menschheit sei. Allein ich gestehe es, daß ich ihr Gebot nicht ganz einsehe. Ich bin ein Mensch so gut wie der Papst und der Fürst: ich hab' auch meine Galle, und es kränkt mich auch, wenn man mir Unrecht tut und mich armen, ohnmächtigen Menschen drückt und seine Freude dran hat. Ich suche mich nun zu rächen, wie ich kann, und das kann ich auf keine andre erlaubte Art, als daß ich die Leute von der Art nenne und ihren Charakter bekannt mache. Ich werde das auch in der Zukunft so halten und Anekdoten von der Art mehr sammeln, um einmal Gebrauch davon zu machen. Urteilen Sie ferner, meine Leser, ob Sie es nicht auch so machen würden, wenn Sie in meinen Schuhen ständen? Ich brenne mich nirgends weiß und erdenke an mir keine Gesinnungen, die ich nicht habe. Daher gestehe ich's, daß die Großmut, welche alle Neckereien übersieht und sich ohngeahndet hudeln läßt, meine Tugend nicht ist. Wer besser in diesem Stück ist, nicht der, welcher bloß besser spricht, verdamme mich – ich habe nichts dawider. Und wer übeln Nachreden entgehen will, der tue nichts Übels. Schwachheiten abgerechnet, ist Publizität für Torheit und Laster ein weit zuträglicheres Heilmittel als das Mäntelchen der christlichen Liebe – das freilich von denen am fleißigsten empfohlen wird, die es am meisten bedürfen. Ich zweifle nicht, daß meine Biographie, so wie die des verstorbenen D. Bahrdt, mehrere andre Büchleins von Beiträgen, Berichtigungen und vielleicht gar von Schimpfereien im Gefolge haben wird. Das soll mir auch wegen des bekannten Sprüchelchens ‚contraria contrariis magis elucescunt' recht lieb sein. Aber die Herren Beiträgeschreiber werdens auch nicht für übel nehmen, wenn ich ihnen nach Befinden antworte. Mir soll jeder Ton, der sanfte und grobe, gleichviel gelten; denn ich bin dergleichen schon etwas gewohnt. Wo ich aber vielleicht aus Gedächtnisfehler wirklich geirrt habe, will ich mich herzlich gern belehren lassen und wie billig widerrufen. Aber ich hoffe, daß dergleichen Fehler nicht sollen untergelaufen sein.

Im zweiten Teile, der auch schon unter der Presse ist, erzähle ich meine Geschichte bis auf die jetzige Zeit. Er hat einige wichtigere Nachrichten als der erste und wird hoffentlich die Neugierde der Leser befriedigen und ihnen mancherlei Genugtuung leisten.

Und so viel habe ich Ihnen, meine Leser, zum voraus sagen wollen. Ich wünsche, daß Sie alle das Glück genießen, welches mir das Schicksal wegen meiner eignen Verirrungen versagt hat.

Geschrieben zu Halle, den 5. Mai 1792

Nicht alle Prediger sind, was mein Vater war

Um meine Lebensgeschichte etwas methodisch einzuleiten, muß meine Erzählung doch wohl von der Zeit und dem Orte anfangen, wo ich geboren bin. Das ist geschehen im Jahre 1758 zu Wendelsheim, einem Orte in der Unterpfalz, der zur Grafschaft Grehweiler gehört. Mein Vater war Prediger dieses Orts und genoß einer ganz guten Besoldung bei einem sehr ruhigen Dienste. Das ist nun freilich in der Pfalz eine seltene Sache, indem die lutherischen Pfarrer durchaus schlecht besoldet und dabei mit Arbeit überladen sind. Dies ist aber nur von den eigentlichen Pfälzer Pfarreien zu verstehen, denn die gräflichen und ritterschaftlichen befinden sich besser. Leider aber werden diese bessern Stellen auch jedesmal, wenn eine erledigt wird, an den Meistbietenden verkauft oder ordentlich versteigert. Mein Vater war jedoch so glücklich gewesen, seine Stelle ohne einen Kreuzer Ausgabe dafür zu erhalten, und dies von dem Kurfürsten zu Mainz, der daselbst Patron ist und der als Erzbischof einer heiligen Kirche eine ketzerische Pfarrstelle wohl nicht ohne Geld hingegeben hätte, wenn nicht andere Gründe dagewesen wären. Mein Vater hat mir diese Gründe zwar niemals entdeckt, daß sie aber dagewesen sein müssen, erhellet daraus, daß alle und jede gute protestantische Pfarre, welche der Kurfürst zu Mainz vergibt, von alten Zeiten her bis auf den heutigen Tag verkauft wird*.

Meine Leser werden es nicht ungern sehen, wenn ich eine kurze Beschreibung von meinem Vater liefere, der sich, ohne Ruhm zu melden, von den übrigen protestantischen Herren Pfarrern in der Pfalz merklich unterschieden hat.

Er hatte in seiner Jugend sehr fleißig studiert und hatte besonders die Wolffische Philosophie zu seinem Lieblingsstudium gemacht. Er bekannte mir oft, daß ihn die Grundsätze der Wolffischen Metaphysik dahin gebracht hätten, daß er an den Hauptdogmen der lutherischen Lehre gezweifelt hätte. In der Folge, da er sein Studium nicht nach Art so vieler geistlicher Herren an den Nagel hängte, untersuchte er alle Dogmen seines Kompendiums und verwarf sie alle, da er sie mit den Sätzen seiner lieben Metaphysik unvereinbar fand. Endlich fiel er gar auf

---

* Der jetzige Inhaber der Pfarrei zu Wendelsheim hat, wie ich aus Briefen weiß, 1000 Gulden rheinisch dafür bezahlen müssen.

die Bücher des berüchtigten Spinoza, wodurch er ein vollkommner Pantheist ward.

Ich kann dieses meinem Vater jetzt getrost nachsagen, da er tot ist und wohl nicht zu vermuten steht, daß ihn die hyperorthodoxen Herren in der Pfalz werden ausgraben lassen, wie dies vor ohngefähr vierzig Jahren dem redlichen Bergmeister Schittehelm von Mörsfeld geschehen ist. Es ließen nämlich die protestantischen Geistlichen zu Kreuznach diesen hellsehenden Kopf als einen Edelmannianer herausgraben und so nahe an dem Nohfluß einscharren, daß ihn der Strom beim ersten Anschwellen heraus- und mit sich fortriß. Dergleichen Barbarei wird man doch, hoffe ich, am Ende dieses Jahrhunderts nicht mehr begehen!

Sonst war mein Vater sehr behutsam in seinen Reden über die Religion; nur seinen besten Freunden vertraute er dann und wann etwas von seinen Privatmeinungen und bekannte mir oft in traulichen Gesprächen, daß er gar nicht wünschte, daß sein System Leuten bekannt würde, welche einen moralischen Mißbrauch davon machen könnten. Vielleicht gebe ich einmal eine Handschrift heraus, die er unter dem Titel ‚Geschichte meiner Zweifel und Überzeugungen' hinterlassen hat. Da wird man recht würdige Gedanken über diesen Punkt finden.

Mein Vater hatte in den Sprachen und Wissenschaften viel geleistet. Er verstand recht gut Latein und war in den morgenländischen Sprachen, wie auch in der griechischen, gar nicht unerfahren. Ich erinnere mich noch lebhaft, wie er den Propheten Malachias mit mir las und in Herrn D. Bahrdts Kommentar über diesen Propheten die Schnitzer rügte, welche dieser artige Meister in der orientalischen Literatur da wider die gemeinsten Regeln der hebräischen und arabischen Grammatik gemacht hat, oder wenn er Herrn D. Bahrdts lateinische Barbarismen und Solözismen herzlich lachend durchging.

Die Predigten meines Vaters waren nicht ausgeschrieben, und das heißt in der Pfalz viel, sehr viel! Denn da reiten die Herren, was das Zeug hält, die alten Postillen zusammen. Ja, das ist schon ein rechter Mann, welcher aus Martin Jockisch sel. expetitem Prediger, aus Pastor Goezens Dispositionen, aus Dunkels Skiagraphie oder aus einem andern Tröster von der Art eine Predigt zu fabrizieren imstande ist. Den meisten Herren muß alles von Wort zu Wort vor der Nase stehen, sonst verlieren sie gleich den Zusammenhang. So war aber mein Vater nicht. Er arbeitete seine Dispositionen und Predigten selbst aus und trug weit mehr Moral als Dogmatik vor. Niemals konnte er sich entschließen, die Sabellianer, Arianer, Eutychianer, Pelagianer, Apollinaristen, Deisten und andere alte und neue Ketzer auf der Kanzel zu befehden nach Art seiner Herren Amtsbrüder, und dieses wollte man eben von seiten dieser Herren nicht sehr loben. Sogar beging er den Fehler, daß er die Katholiken und Reformierten ihr Kirchenwesen ruhig für sich treiben ließ – ein Benehmen, welches ihn bei den dortigen kontroverssüchtigen Herren vollends in Mißkredit brachte. Aber er bekümmerte sich um die Herren nicht und wandelte seinen Pfad getrost für sich fort.

Außerdem war mein Vater ein unerschütterlicher Freund jeder bürgerlichen und gesellschaftlichen Tugend. Seine Ehrlichkeit kannte ebensowenig Grenzen als sein Bestreben, gegen jedermann gefällig zu sein und jedem Notleidenden zu helfen.

Bei diesem Charakter mußte mein Vater notwendig bei jedermann beliebt sein. Niemand haßte ihn als vielleicht die, welchen er dann und wann die Wahrheit sagte, wovon ich unten ein mehreres berichten werde. Von allen andern, welche ihn kannten, wurde er geliebt und geschätzt als ein biederer, ehrlicher Mann, auf den man sich in allen Stücken verlassen konnte.

Dabei hatte mein Vater indes auch seine großen Schwachheiten, aber doch auch nur Schwachheiten und keine Laster. Er war – daß ich nur etwas davon anführe – ein großer Kenner der Alchimie und wollte durchaus Gold machen. Ein gewisser Musjeh Fuchs, welcher um das Jahr 1760 wegen Geldmünzerei und anderer Halunkenstreiche in Schwaben gehangen worden, hatte ihn mit den Geheimnissen dieser edlen Kunst bekannt gemacht. Er fing an zu laborieren und las dabei die herrlichen Bücher des Basilius Valentinus, Baptist Helmontius und seines noch tollern Sohns, Meister Merkurius Helmontius, Paracelsus, Becher, Sendivogius, den er besonders hochhielt, und anderer theosophischer, alchimistischer Narren und Spitzbuben. Die Lektüre dieser Skarteken verwirrte ihm den Kopf und machte, daß er jahraus, jahrein den Stein der Weisen suchte und beträchtliche Summen bei dieser unseligen Bemühung verschwendete.

Meine Mutter machte dem verblendeten Mann die triftigsten Vorstellungen, welche nicht selten in Zank und Spektakel ausarteten, aber alles umsonst. Er laborierte frisch weg und versicherte mehr als einmal, daß er das große Magisterium nunmehr gefunden hätte und nächstens Proben davon geben würde. Der Apotheker Eschenbach in Flonheim war meines Vaters treuer Gehülfe. Dieser war bankrott geworden, zwar nicht durch Alchimie, sondern durch sein Saufen und durch die Spitzbübereien eines Abschaums aller Spitzbuben, des verstorbenen Rats Stutz in Flonheim. Eschenbach, welcher arm war und keinen Unterhalt wußte, war froh, daß ihn mein Vater zu seinem Kalfaktor oder, wie sie es nannten, Kollaboranten und Symphilosophen aufnahm. Er half nicht nur treulich laborieren, sondern schaffte noch alle alten, vermoderten Bücher herbei, welche die Kunst, Gold zu machen, lehren sollten. Hätte mein ehrlicher Vater statt der Wolffischen Metaphysik die physischen Werke dieses Philosophen studirt, so würde viel Geld erspart und manches Nachgerede unterblieben sein. Er hat einige Jahre vor seinem Tode aufgehört zu laboriren, aber noch 1787, als ich ihn zum letztenmal besuchte, behauptete er, daß die Goldkocherei allerdings eine ausführbare Kunst sei. „Es ist nur schade", fügte er hinzu, „daß man so viel Lehrgeld geben muß und doch keinen erfahrnen Lehrmeister haben kann."

Meine Mutter, welche noch lebt, ist eine ganz brave Frau, und so habe ich sie immer gekannt. Sie ist eine Enkelin des ehemals berühmten Rechtsgelehrten Johann Schilter von Straßburg. Mein Vater hatte sie aus Liebe geheurathet, und sie schien immer eingedenk zu sein, daß sie ihm nichts zugebracht hatte. Sonst hat sie, wie alle Weiber, ihre kleinen und großen Mängel, die ich eben hier nicht angeben mag.

So viel vermögen Tanten und Gesinde!

Von meinen ersten Jahren und frühern Erziehung kann ich nur wenig anführen. Mein Vater hatte eine Schwester bei sich im Hause, welche niemals – wer weiß, warum? – verheurathet gewesen ist. Diese führte die besondere Aufsicht über uns Kinder, war aber dabei so nachgiebig, daß sie alle unsre kleinen Teufeleien nicht nur vor den Augen unsrer Eltern fein tantisch verbarg, sondern selbigen nicht selten noch gar Vorschub tat. Und so ward ich früh unter den Bauern als ein Bube* bekannt, der es, mit den Pfälzern zu reden, faustdick hinter den Ohren hätte und ein schlimmer Kunde werden würde. Noch jetzt erinnere ich mich mit Unwillen oder manchmal mit Wohlgefallen, je nachdem meine Seele gestimmt ist, an die Possen und Streiche, welche ich in meiner ersten Jugend gespielt habe.

Meine Tante war eine große Freundin vom Trunk, und diese Neigung ging so weit, daß sie sich nicht nur oft schnurrig machte, sondern auch dann und wann recht derb besoff. Mein Vater schloß also, wenn er mit meiner Mutter über Feld ging, den Keller zu und ließ der Tante bloß ihr Bestimmtes. Meine Tante machte die Entdeckung, daß eins von den Kellerfenstern ohne eiserne Barren und bloß mit einem hölzernen Gitter verwahrt war. Das Gitter konnte leicht weggenom-

---

* Nach der Pfälzer Sprache heißen alle Jungen Buben, die Bauern nennen ihre Söhne so, bis sie heurathen.

men werden; ich mußte mich also an einem oben befestigten Seile hinablassen. Inwendig öffnete ich sodann die Kellertür, und Mamsell Tante konnte sich nach Herzenslust Wein holen. Für sie selbst hätte es hingehen mögen, denn sie war einmal ans Trinken gewöhnt. Daß sie aber auch mich, mich einen Knaben von sechs Jahren, zum Weintrinken anführte, war im höchsten Grade unrecht. Ich würde sagen, daß es schändlich war, weil sie dadurch den Grund zu vielen meiner folgenden Unfälle gelegt hat. Aber ihre Affenliebe zu mir ließ sie bloß auf Mittel sinnen, wie sie mir Vergnügen machen könnte. An nachteilige Folgen dachte sie nicht.

Auf diese Art wurde ich also in der zartesten Jugend ein Säufer. Oft war ich durch den Trunk meiner Sinnen beraubt, und dann entschuldigte mich meine Tante, wenn ja die Eltern nach mir fragten, durch Vorgeben, daß mir der Kopf wehe täte, daß ich schon schliefe usw. Mein Vater erfuhr demnach von meinen Saufereien nichts.

Zu den schönen Tugenden, womit meine Jugend ausgerüstet war, gehört auch das Fluchen und Zotenreißen. Unser Knecht Johann Ludwig Spangenberger unterrichtete mich in diesen saubern Künsten zu früh und zu viel. Er erklärte mir zuerst die Geheimnisse der Frauenzimmer und brachte mir leider so viel Theorie davon bei, daß ich instand gesetzt wurde, zu den schamlosen Neckereien und Gesprächen des Gesindes mein Kontingent allemal richtig und mit Beifall zu liefern. Und seitdem der Knecht mich so unterrichtete, suchte ich seine Gesellschaft mit aller Emsigkeit und versah ihn mit Tabak aus meines Vaters Büchse. Es war natürlich, daß sein Unterricht hierdurch zunahm. Da auch Meister Hans Ludwig wie ein Landsknecht fluchen konnte, so ahmte ich ihn auch hierin so treulich nach, daß jedesmal, wenn ich redete, das zweite Wort eine Zote und das dritte ein Fluch war. In meiner Eltern Gegenwart entfuhren mir anfänglich auch dergleichen Unflätereien. Da ich aber bald merkte, daß sie das nicht leiden konnten, ward ich vorsichtiger und sprach bescheiden, aber nur in ihrer Gegenwart.

Es läßt sich denken, daß es nicht bloß bei Ludwigs Theorie geblieben ist. Ich bekam bald Lust, auch das zu sehen und das zu erfahren, wovon ich so viel gehört hatte. Dazu fand ich Gelegenheit bei einer unsrer Mägde, welche gern zugab, daß ich bei ihr alles das untersuchte, was mir Hans Ludwig als das non plus ultra der höhern Kenntnisse angepriesen hatte.

So war meine erste Erziehung beschaffen oder vielmehr, so wurde das wenige Gute, welches mein Vater durch Unterricht und Ermahnungen in mich zu bringen suchte, durch Verführung und böses Beispiel verhunzt und vernichtet.

Auch Väter versehens oft

Ich muß es meinem guten Vater zwar nachrühmen, daß er mich oft und mit aller Herablassung und Sanftmut unterrichtet hat, ja er hielt mir anfangs keinen Lehrer, weil er glaubte, daß der Unterricht eines Vaters jenem eines Lehrers weit vorzuziehen sei, und darin hatte er nun freilich recht. Allein er hätte mehr auf meinen Verstand und mein Betragen als auf mein Gedächtnis Rücksicht nehmen und das letztere nicht bloß mit einseitigen Kenntnissen ausfüllen sollen. Denn da unsre Lehrstunden nicht lange dauerten und ich das, was ich außer denselben auswendig zu lernen hatte, mit meinem ziemlich glücklichen Gedächtnis bald faßte, so entzog ich mich seiner Aufsicht und benutzte meine übrige Zeit, da mein Vater in seiner Studierstube oder im alten Hause mit Goldlaborieren beschäftigt war, zu allerhand kleinen Teufeleien. Meine Mutter gab vollends noch weniger auf die Aufführung ihrer Kinder acht, und so waren wir größtenteils uns selbst überlassen.

Mein Vater setzte ferner, wie viele Väter, die Erziehung in den Unterricht: lernen hieß bei ihm erzogen werden, und ein junger wohlgezogener Mensch bedeutete ihm bloß einen Jüngling, der seinen Cicero und Vergil lesen, die Städte, Flüsse und dergleichen auf der Landkarte anzeigen, die Namen der großen Herren, die Schlachten bei Marathon, Cannae u. a. auf dem Nagel herzählen und dann endlich französisch plappern konnte. „Dies", sagte er, „ist für einen Knaben genug, das übrige gehört für die höhern Schulen!" Wie sehr er hierin geirrt hat, darf ich nicht erst sagen, das haben unsre Herren Pädagogen schon bis zum Ekel gesagt. Aber diese Herren haben wieder auf der andern Seite darin geirrt, daß sie die Geschichte und alles Studium der ältern Sprachen, besonders der lateinischen, die ihnen Jalapenharz zu sein scheint, versäumen.

Vom Schönschreiben war mein Vater kein Freund: docti male pingunt, sagte er, und so war es hinlänglich, wenn ich nur schreiben, d. i. Kratzfüße machen konnte. Er ging hierbei in seiner Pedanterie so weit, daß er den Verfasser eines von seiten der Schriftzüge schön geschriebenen Briefes jedesmal für einen Ignoranten erklärte. Diesem Vorurteile meines Vaters verdanke ich es, daß ich immer elend und unleserlich geschrieben und dadurch schon mehrere Flüche und Verwünschungen der Drucksetzer verdient habe. Ich habe mich zwar selbst geübt, nach Vorschriften zu schreiben, aber was ich dadurch gewann, ging hernach durch das Nachschreiben in den Kollegien auf den Universitäten wiederum verloren.

In die deutsche Schule zum Katechismus oder zum Religionsunterricht wollte mich mein Vater aus guten Gründen nicht schicken. Er war, wie meine Leser schon wissen, ein Pantheist, mußte folglich die Art, wie man Kindern in den Schulen von der Religion vorschwatzt, von Herzen verabscheuen. Ich durfte also den Katechismus nicht lernen und habe ihn auch nie gelernt. Erst in Gießen, als ich D. Benners Vorlesungen über die Symbolik hörte, las ich den Katechismus Lutheri mit allem Ernst.

Dagegen wurde schon in meinen frühern Jahren das Latein mit mir angefangen, und zwar aus Amos Comenius' bekanntem Buche, dem Orbis pictus. Ich muß gestehen, daß ich diesem Buche vieles verdanke. Es ist das beste Buch, welches ich kenne, um Kindern eine Menge Vokabeln und lateinische Redensarten spielend und ohne allen Ekel beizubringen. Ein Knabe, der den Orbis pictus treibt, kommt in drei Monaten im Latein weiter, als er durch den Gebrauch der sogenannten Chrestomathien und Lesebücher der Herren Stroth, Gedike, Wolfram und anderer in einem Jahre kommen kann. Neben dem Orbis pictus wurden die Trichter des Mugelius getrieben, und dadurch ward ich nach dem gewöhnlichen Schlage in der Grammatik fest. Mein Vater hatte den guten Grundsatz, daß die Grammatik das Fundament der Sprachlehre ausmachen müsse.

An dem Schulwesen in der Pfalz gibt es noch viel zu verbessern

Der Inspektor Kratz in Dolgesheim hatte schon vor mehrern Jahren eine Art Erziehungsinstitut angelegt und manche junge Leute soweit gebracht, daß sie die Universität beziehen konnten.

Seine Eleven waren meistenteils übelgezogene Jungen, und wie vorbereitet ich in diese Gesellschaft gekommen bin, wissen meine Leser. Die Schüler, an der Zahl vierzehn, behandelten mich als einen kleinen Buben, der ihren Komment nicht verstünde und den sie also in die Lehre nehmen müßten. Aber sie wurden bald inne, daß sie sich geirrt hatten. Ich fing an, das praktisch zu zeigen, was ich in Wendelsheim von meinem Mentor, dem Ludwig Spangenberger, theoretisch gelernt hatte. Und da sahen die Dolgesheimer Jungen, daß ich in manchen Stükken noch hätte ihr Lehrmeister sein können. Ich ward jetzt der Teilnehmer an allen ihren Vergnügungen und bald die Seele der Gesellschaft. Meine Leser werden nun schon für sich selbst einsehen, daß meine Sitten in Dolgesheim eher verschlimmert als verbessert wurden.

Im Latein kam ich freilich weiter. Ich lernte den Cellarius auswendig und fing an, den Cornelius zu exponieren. Auch fing ich an, griechisch zu käuen, aber der ganze Unterricht wollte mir nicht recht behagen. Ich fühlte den Unterschied zwischen der Lehr- und Behandlungsart meines Vaters und der des Herrn Kratz. Jener war immer liebreich, fluchte und schalt nie. Herr Kratz war ganz anders: der fluchte, wenn er tückisch war, wie ein Bootsknecht und gab uns immer die garstigsten Zunamen. Flegel, Esel, Schlingel, Büffel, Ofenlochsgabel, Hache waren die gewöhnlichen Titel, womit er uns begrüßte, und darauf pflegte eine derbe Prügelsuppe zu folgen. Selten war Herr Kratz freundlich. Konnte ein Schüler seine Vokabeln ohne Anstoß hersagen, so bestand der ganze Beifall in einem mürrischen hm, hm! fehlten aber einige Wörter, dann klang die Musik anders. Kurz, die Schulstunden waren allemal wie ein Fegefeuer, und doch durften wir sie bei schwerer Strafe nicht versäumen.

Ich hatte ohngefähr anderthalb Jahr in Dolgesheim zugebracht, als mich mein Vater zurückholte. Ein Baugefangener, der nach zehn Jahren saurer Festungsarbeit wieder frei wird, kann nicht froher sein, als ich es war, da es hieß, es ginge nach Hause. Beinahe hätte ich vor lauter Jubel vergessen, bei meinem Lehrprinzen, dem Herrn Kratz, Abschied zu nehmen und ihm für seinen Unterricht wie auch für die vielen Schläge und dgl. aufs verbindlichste zu danken.

Ich war also wieder im Schoß meiner Familie, erneuerte meine alten Bekanntschaften und fing's wieder da an, wo ich es gelassen hatte.

Mein Vater würde mich jetzt auf eine öffentliche Schule geschickt haben, wenn ihn nicht die elende Beschaffenheit der pfälzischen Schulen daran gehindert hätte. Da die drei Hauptparteien der Christen in der Pfalz beinahe gleiche Rechte prätendieren – obgleich die Katholiken als die herrschende Kirche alle Arten der gröbsten Intoleranz mit aller möglichen Insolenz gegen die andern Religionsverwandten ausüben –, so haben auch Lutheraner, Reformierte und Katholiken in jeder pfälzischen Stadt ihre Schulen, aber die sehen auch aus, daß es ein Greuel ist. Zur Zeit der Jesuiten gab es noch einige bessere katholische Schulen, jedoch nur wenige. Die andern sind von jeher das rechte Gegenteil eines vernünftigen Unterrichts gewesen. Ganz früh sucht man den zarten Gemütern allen nur möglichen Haß gegen Ketzer und recht regen Abscheu gegen Neuerungen, profane Literatur, Lesung protestantischer Bücher usw. einzutrichtern. Kommt daher so ein Mensch aus einer pfälzischen katholischen Schule, so ist er kraß wie ein Hornochse und unwissend in allen nötigen Kenntnissen, spricht aber doch Latein – aber was für Latein!

Die pfälzischen lutherischen und reformierten Schulen sind noch zehnmal elender. Da dozieren nicht einmal Leute, die ein bissel Latein verstehen; und daher kommt es, daß die Schüler, wenn sie die Universität beziehen sollen, weder den Cornelius übersetzen noch ein griechisches Verbum analysieren können. Die einzige gute Schule in der Pfalz ist die zu Grünstadt, welche der Graf von Leiningen-Westerburg anlegen ließ und die bisher immer brave Männer zu Lehrern gehabt hat.

Mein Vater hatte also wohl Ursach, mich nicht auf eine vaterländische Schule zu schicken; weit entfernen wollte er mich auch nicht. Da er nun wirklich Gaben und Geschick zum Unterrichten hatte, so entschloß er sich, mich noch eine Zeitlang bei sich zu behalten. Auch nach Grünstadt sollte ich nicht, und zwar deswegen nicht, weil ein Bruder seines ärgsten Feindes, des Pastors Rodrian, damals an dieser Schule Unterlehrer war. Ich blieb also in Wendelsheim, und der Unterricht wurde wieder angefangen.

So brachte ich noch einige Jahre zu Hause zu, und da wir sehr fleißig anhielten, so las ich unter der Anführung meines Vaters mehrere lateinische und griechische Autoren. Zugleich kam ich in der Erdbeschreibung und Geschichte, welche zu allen Zeiten meine liebsten Wissenschaften gewesen sind, so ziemlich weit. Ich erinnere mich noch, mit welcher Freude ich mit den Herren Pastoren in unsrer Gegend über Stellen aus diesem und jenem Schriftsteller disputiert und sie in gewaltige Verlegenheit gesetzt habe, wenn sie die besprochenen Stellen nicht recht verstunden; denn sehr bald merkte ich, daß ich ihnen überlegen war.

Merkt's euch, ihr Volks- und Kinderlehrer!

Meine Tante war abscheulich abergläubisch. Überhaupt ist das Volk in der Pfalz diesem Fehler außerordentlich ergeben. Es gibt zwar aller Orten Spuren von dieser Seuche, aber nirgends auffallender als in der Pfalz. Daß es dort viele tausend Schock Teufel, Hexen, Gespenster, feurige Männer usf. gibt, daß es sich anzeigt, daß das Maar, wie man den Alp in der Pfalz nennt, auf Anstiften böser Leute drückt, und tausend dergleichen Herrlichkeiten sind bei meinen lieben Landsleuten ganz ausgemachte Wahrheiten. Wer eine davon leugnen wollte, würde gewiß für einen Ketzer oder für einen Dummkopf angesehen werden. Jede Stadt, jedes Dorf hat seine öffentlichen Dorfgespenster, ohne die Hausgespenster. So geht z. B. in meinem Geburtsorte das Muhkalb und der Schlappohr im Dorfe, im Felde spukt der alte Schulz Hahn, item in der Adventszeit läßt sich ein feuriger Mann im Felde sehen. Beinahe alle Wendelsheimer schwören, diese Ungeheuer gesehen zu haben. Die Häuser sind auch nicht frei von Uhuhus; selbst im Pfarrhaus, im Hinterhaus, geht ein Mönch mit einem schrecklich langen Bart; in der Pfarrscheune, wie die Drescher oft versichert haben, läßt sich der Sanktornus sehen usw.

Daß der Pöbel an dergleichen Schnurren glaubt, ist ihm zu verzeihen, aber in der Pfalz glauben auch angesehene Leute oder sogenannte Honoratiores alles das ebenso einfältig wie der Pöbel. Ich bin mehrmals in Gesellschaften gewesen, wo Geistliche, Beamte und Offiziere sich in vollem Ernst mit Gespensterhistörchen unterhielten und einander ihre Erfahrungen mitteilten. Keine Seele unterstand sich zu widersprechen, und wenn ich manchmal widersprach, nachdem ich diesen und noch mehr andern Unsinn hatte einsehen lernen, so erschrak man über meinen Unglauben und versicherte mich, ich würde schon einmal mit Schaden klug werden. Ja dieser Aberglaube sitzt den dortigen Einwohnern so praktisch fest in den Köpfen, daß der herrschaftliche Hofmann in Wendelsheim dem Gesinde weit mehr Lohn geben muß, als man gewöhnlich gibt, bloß darum, weil der Schlappohr in seinem Revier stark spukt, wie man vorgibt, und weil sich immer eine weiße Frau im Kuhstall sehen läßt.

Das Abscheulichste ist, daß die dortigen Geistlichen selbst den Aberglauben zu unterhalten und zu vermehren suchen. Mein Vater predigte zwar stark gegen diese Fratzen, aber er war auch der einzige, der dergleichen Ungereimtheiten öffentlich hernahm. Doch dafür rächen sich nun auch die von ihm verworfenen Gespenster, indem ihn die Hausleute des jetzigen Pfarrers Schönfeld selbst haben spuken sehen, wie mir ein guter Freund schon vor einem Jahre geschrieben hat.

Ich wurde von meiner Tante mit allen Arten des Aberglaubens bekanntgemacht. Jeden Abend erzählte sie mir und dem Gesinde Histörchen von Hexen und Gespenstern, alles in einem so krassen, herzlichen Tone, daß es uns gar nicht einfiel, ihre Erzählungen im mindesten zu bezweifeln. Unvermerkt ward ich dadurch so furchtsam, daß ich mich nicht getraute, des Abends allein zur Tür hinaus zu gehen. Mein Vater merkte endlich das Unwesen und fing an, wider die Gespenster loszuziehen, so oft er in dem Zirkel seiner Familie erschien. Er nahm mich des Abends, auch spät in der Nacht, mit auf den Kirchhof und erzählte mir bei seiner Pfeife Tabak allerhand Anekdoten, wie der und der durch Betrug der Pfaffen – mein Vater kleidete seine skandalösen Histörchen allemal so ein, daß ein Pfaffe dabei verwickelt war, daher mein unbezwinglicher Haß gegen alles, was Pfaffe heißt – mit Gespenstern wäre geneckt worden. Sofort vertröstete er mich auf die Zukunft, wo ich würde einsehen lernen, daß alles, was man so hinschwatzte und was er zum Teil selbst hinschwatzen müßte, erdichtet und erlogen wäre, daß die Leute, welche von abgeschiedenen Seelen, von Gespenstern, Geistern und Erscheinungen und dgl. viel Wesens machten, nicht wüßten, was sie trieben. Auf diese Art legte damals mein Vater den Grund zu der Irreligion, welche in der Folge meinen Kirchenglauben glücklich vernichtet hat.

Ich hatte nun ohngefähr das dreizehnte Jahr erreicht, als mich mein Vater endlich nach Grünstadt schickte. Hier genoß ich bis ins sechzehnte Jahr den Unterricht verschiedener braver und gelehrter Männer. Ich nahm würklich in den Schulwissenschaften sichtbar zu, wenigstens wußte ich so viel Latein, Griechisch und Französisch, als man in der Pfalz zu wissen pflegt, und wohl noch etwas mehr. Auch war ich in der Geschichte, Erdbeschreibung und Mathematik nicht ganz fremde, wie meine lieben Landsleute gemeiniglich zu sein pflegen.

Auch die Liebe ist ein Kryptojesuit
und im Proselytenmachen oft ein mächtiger Apostel

In den Ferien war ich gewöhnlich zu Hause und suchte mich durch lustige, ausgelassene Streiche für die ausgestandenen Mühseligkeiten und Arbeiten auf der Schule in vollem Maße zu entschädigen. Noch hatte ich, so sehr ich ein theoretischer Zotologe war, in praxi nichts getan, einige Handgriffe abgerechnet, welche ich bei den Dorfmenschern und auch wohl bei einigen sogenannten Mamsellen anbrachte. Aber nun kommt die Periode, wo ich anfing, das förmlich auszuüben, wozu mir unser Knecht schon frühe Anleitung gegeben hatte.

Ich war einst im Herbst zu Hause, gerade da meine Mutter ihre große Wäsche besorgen ließ. Das Zeug mußte über Nacht auf der Bleiche liegen bleiben und wurde von den Waschweibern nebst einigen Knechten bewacht. Ich stieg in der Nacht aus meinem Fenster, weil die Haustür verschlossen war, und begab mich zu den Bleichern. Ich fand eine recht lustige Gesellschaft, welche mir damals baß behagte. So lüstern, saft- und wortreich ich war, schäkerte ich mit und übertraf an Ungezogenheit die Knechte und die Menscher, so sehr sie sich auch bemühten, kräftig zu sprechen. Endlich kettete sich eine Dirne, welche schon ein Kind von einem Mühlburschen gehabt hatte, an mich, ließ mich neben sich liegen, fragte sodann nach diesem und jenem, woraus ich ihre Absicht leicht merken konnte, und führte mich hinter eine Hecke von Bandweiden, wo wir uns hinlagerten und –

Ich bin nicht imstande, die Angst zu beschreiben, worin ich mich nach dieser Ausschweifung befunden habe. Ich zündete meine Pfeife an, trank Wein, aber nichts wollte mir schmecken. Ich wollte Spaß machen, aber es hatte keine Art. Endlich lief ich nach Hause, konnte aber auch nicht schlafen.

Den folgenden Tag sah ich die nämliche Dirne. Ich schämte mich, aber sie wußte so gut zu schäkern, daß ich alle Scham hintansetzte und sie selbst ersuchte, mir Gelegenheit zur Fortsetzung unseres Umgangs zu verschaffen. Dies geschah, und zwar so, daß meine Eltern nicht das geringste davon erfuhren.

Alle Begierden waren nun in mir rege und geschärft, und von dem Augenblick des ersten Genusses an betrachtete ich die Frauenzimmer mit ganz andern Augen als vorher. Jede reizte meine Sinnen, aber sehr wenige oder, wenn ich eine einzige ausnehme, gar keine, machte ferner bleibenden Eindruck auf mich.

Der Amtmann zu . . . hatte eine Tochter, welche ohngefähr ein Jahr jünger war als ich. Das Mädchen hieß Therese, war ziemlich hübsch, aber katholisch, und zwar streng jesuitisch-katholisch, wie ihre ganze Familie. Ich lernte sie auf einem Jahrmarkte kennen und suchte von der Zeit an mit ihr näher bekannt zu werden. Es war im Herbst, als ich sie zum erstenmal sah. Ich sollte auf die nächsten Ostern die Universität beziehen. Ich hatte daher als angehender Student schon mehr Freiheit, und mein Gesuch, Thereschen näher kennenzulernen, war sehr leicht auszuführen. Ich besuchte sie hernach öfters. Der alte Amtmann konnte mich wohl leiden, denn ich suchte mich nach seinen Grillen zu bequemen und widersprach ihm niemals. Therese war auch allemal froh, und sehr merklich froh, wenn sie mich kommen sah. Ich muß gestehen, daß jene drei oder vier Monate, welche ich in diesem Umgang zubrachte, die seligste Zeit meines Lebens gewesen ist. Immer, wenn ich mich allein untersuchte, fand ich, daß ich dem Mädchen sehr viel zu sagen hatte, aber sobald ich bei ihr war, hatte ich nicht Mut genug, das zu offenbaren, was mir die Brust drückte, so oft ich mich auch entschlossen hatte, alles geradeheraus zu bekennen.

Endlich machte ich's wie alle unerfahrnen Liebhaber: ich schrieb ihr einen Brief und gab ihrer Magd einen Gulden, damit sie das Geschäft einer Unterhändlerin übernehmen möchte. Einige Tage schwebte ich zwischen Furcht und Hoffnung und war wie im Fegefeuer. Endlich brachte mir ein Bauer einen Brief von Thereschen, worin sie sich über meine lange Abwesenheit – ich war drei Tage weggeblieben – beklagte und mir alle Ursache gab, das Beste zu hoffen. Nun flog ich nach . . ., traf mein Mädchen allein in ihrer Stube und hatte das erstemal Herz genug, sie „mein Mädchen", „meinen Engel" zu nennen und ihre Wangen zu küssen. Das war ein Tag, lieber Leser, wie ich Ihnen recht viele gönnen möchte! Größere Seligkeit läßt sich nicht denken, als ich an diesem schönsten Tage meines Lebens genoß.

Von diesem Tage an wuchs unsre Vertraulichkeit immer mehr, und wir wechselten beständig Briefe, welche, wenn sie mein Vater nicht verbrannt hat, sich noch unter dessen hinterlassenen Papieren befinden werden. Ich machte auch Verse, und so wenig Geschick ich auch immer zur Poeterei gehabt habe, gefielen sie meiner Geliebten doch besser als die besten unsrer Dichter. Das ist so in der Natur der Liebenden gegründet, und daher erklärt sich auch zum Teil die Verschiedenheit des Geschmacks.

Der alte Amtmann entdeckte auf irgendeine Art unser Verständnis und hielt mir deshalb eine derbe Strafpredigt. So ein Umgang, meinte er, schickte sich für junge Leute, als wir wären, nicht; ich hätte keine Aussichten, kein Vermögen und dgl. Besonders stieß er sich an meiner Religion: ich wäre lutherisch, und er würde nimmermehr zugeben, daß sich seine Tochter mit einem Menschen behinge, der nicht ihres Glaubens wäre. In diesem Gespräch gedachte er auch, daß die Lutheraner den Satz verteidigten, daß der Papst der Antichrist und die katholische Kirche die babylonische Hure sei. Nun möchte ich selbst bedenken, ob er, auch von allem andern abgesehen, sich nur könnte einfallen lassen, sein liebes Kind einem Menschen anzuvertrauen, der dergleichen Grundsätzen beipflichte. Er bat mich darauf, sein Haus sparsamer zu besuchen, um seine Tochter nicht ins Gerede zu bringen.

Das war ein Donnerschlag für mich! Ich wußte nicht, was ich dem Manne antworten sollte. Ich stammelte einiges Unverständliches, faßte mich kurz und führte mich ab, ohne diesen Tag meine Therese gesehen zu haben.

Ich machte mir allerhand Grillen: bald wollte ich an den Herrn Amtmann schreiben, aber da war die Frage, was ich schreiben sollte; bald wollte ich zu Theresens Base laufen, welche einige Meilen davon wohnte, und ihr meine Not klagen; bald wollte ich sonst was tun. Aber von allen meinen Anschlägen wurde auch kein einziger ausgeführt, ich wußte nämlich nicht, wozu ich mich entschließen sollte.

Zwei Tage nach diesem harten Stand erhielt ich ein kleines französisches Zettelchen von meiner Therese, worin sie mir meldete, daß sie zu ihrer Base nach ... reisen würde, daß sie mich daselbst auf den Sonntag unfehlbar erwartete. Ich hatte Mühe, von meinem Vater die Erlaubnis zu erhalten, nach Kreuznach zu gehen, als wohin ich gehen zu wollen vorgab. Vielleicht hat ihm sowas von einem quid pro quo geahnet. Indessen erhielt ich die gesuchte Erlaubnis und flog mehr als ich ging nach dem Orte hin, wo mein Thereschen sich aufhielt.

Die Base empfing mich sehr höflich, doch mit einer Zurückhaltung, die mich schmerzte. Von der Sache selbst wurde kein Wort gesprochen. Endlich kam

Therese aus der Kirche und tat sehr zurückhaltend gegen mich in Beisein der Base. Sie tat gleichsam, als wäre ich ihr ein unerwarteter Besuch. Kaum waren wir allein, als Thereschen mir der Länge nach erzählte, daß ihr Vater unsers Umgangs wegen böse wäre; daß er sich hauptsächlich an meiner Religion stieße und daß, nach Wegräumung dieses Steins des Anstoßes, ihr Vater keinen Anstand nehmen würde, unsre Liebe ferner nicht zu stören; daß er mich für einen braven Menschen hielte, aus welchem noch was werden könnte usw. Ich fing wieder an, Atem zu schöpfen. „Wenns weiter keinen Anstand hat", erwiderte ich, „so wollen wir schon Rat schaffen. Die Religion liegt mir nicht sehr am Herzen, und um dich zu erhalten, Engel Gottes, wollt' ich wohl einen Glauben annehmen, bei welchem ich ewig verdammt werden könnte." – Ich beredete mich sofort mit meinem Mädchen und versprach ihr, die katholische Religion näher zu prüfen und mich ganz von ihr und ihrem Vater leiten zu lassen.

Inzwischen besuchte ich wieder einmal den alten Amtmann und fand seine Gesinnungen gegen mich besser als das letztemal. Ich erzählte ihm, daß ich jetzt die ‚Religio prudentum' studierte und beinahe von der Wahrheit der katholischen Religion überzeugt wäre. Er versicherte mich, wenn ich der Wahrheit getreu bleiben und dieselbe öffentlich bekennen würde, daß man bereit wäre, mich auf der Universität zu Heidelberg etwas Rechts lernen zu lassen und mir mit der Zeit auch eine Versorgung zu verschaffen. Und so würde schon alles gut werden. Dieses zündete wieder neue Hoffnung in meiner Seele an, und der Himmel hing mir voll Geigen, wie man in der Pfalz zu sprechen pflegt. Ich durfte seit dieser Zeit mit meinem Mädchen unter den Augen des Vaters vertraut umgehen, durfte sie herzen und küssen, ohne daß er uns je etwas anders gesagt hätte als: „Leutchen, macht, daß ihr nicht in wüste (schändliche) Mäuler kommt!"

Noch dank' ich dem guten Schicksal, denn meinen Grundsätzen habe ich es wahrlich nicht zu danken, daß unser Umgang nicht in eine allzu große und schädliche Vertraulichkeit ausgeartet ist. Gelegenheit war überflüssig da, aber so ausschweifend ich auch sonst schon bei andern gefälligen Mädchen gewesen war, so fiel mir doch niemals der Gedanke ein, etwas mit meiner lieben Therese vorzunehmen, das wider die Ehrbarkeit gestritten hätte. So viel vermag ein bestimmter ehrbarer Gegenstand der Liebe auch bei verwöhnten feurigen Jünglingen!

Schon wieder ein Pfaffenstreich – und dann ein Strich durch meine Rechnung

Mein Vater merkte bald, daß ein Liebesverständnis zwischen mir und der Mamsell Therese auf dem Tapete war, aber er hielt das Ding für eine Kinderei, die ihn nichts anginge und die er also nicht zu stören nötig hätte. Es würde sich schon alles von selbst geben, dachte er, wenn ich auf Ostern die Akademie bezöge.

Zu dieser toleranten Gesinnung meines Vaters trug das regelmäßige und ordentliche Betragen nicht wenig bei, welches ich seit dem Anfange meiner neuern Liebschaft annahm. Ich ließ alle meine ehemaligen schlechtern Bekanntschaften fahren, war, wenn ich nicht in ... oder zu Büdesheim war, beständig zu Hause und studierte besonders fleißig den Quintilian und den Plutarch, meines Vaters erste Lieblinge.

Also, wie gesagt, mein Vater hinderte meine Liebschaft nicht. Er ging sogar so weit, daß er mir von Landau, wohin er wegen seiner Alchimie gereiset war, ein paar seidene Pariser Frauenzimmerhandschuh mitbrachte und sie mir mit den Worten überreichte: „Da haste was vor dein Mensch."*

Aber die Freude dauerte nicht lange, mein Vater entdeckte meinen Briefwechsel und sah da zu seinem Erstaunen, daß meine Liebschaft die Veränderung der Religion zum Mittelzweck hatte. Daß er jetzt nicht ganz gleichgültig geblieben sei, erraten meine Leser ohne mein Erinnern. Er verbarg aber seinen Unwillen und ließ alle Briefe, wie er sie gefunden hatte.

Nach dem Abendessen warf mein Vater die Frage auf, ob der Kurfürst von Sachsen recht getan hätte, daß er, um die polnische Krone zu erhalten, katholisch geworden wäre. Es wurde über diese Frage viel hin und her gesprochen, doch ohne sich etwas merken zu lassen, was eigentlich zur Sache gehört hätte.

Den andern Tag nahm er mich mit nach Steinbockenheim zum Pfarrer Dietsch. Erst auf dem Rückwege nach Hause machte er mich auf mein Vorhaben aufmerksam und zeigte mir das Vernunftwidrige, worein ich verfallen würde, wenn ich die geringere Torheit des Luthertums gegen die größere des Papsttums vertauschen wollte. Überdem gab er mir nicht undeutlich zu verstehen, daß ich meine Absicht ohnehin nicht erreichen würde, wenn ich auch meinen Sektennamen oder meine Konfession veränderte. Die Leser können sich schon einbilden, was mein Vater als Vater, als lutherischer Prediger und als Pantheist hier

---

* Die Sprache in der Pfalz ist, wie meine Leser hier sehen, eben nicht delikat. Eine Geliebte heißt da, auch unter den Honoratioren, „Mensch", der Liebhaber „Borsch".

weiter sagen konnte und mußte. Ich übergehe also das Ausführliche seines Gesprächs. Schimpfen und Schelten fiel indes nicht vor. Ich mußte ihm nur versprechen, mein Vorhaben aufzugeben, und dabei schien er sich zu beruhigen.

Nach Verlauf von drei Wochen kündigte mir endlich mein Vater an, daß ich mich anschicken sollte, in einigen Tagen eine Universität zu beziehen. „Hier", sagte er, „wird aus dir nichts, hier verdirbst du an Leib und Seele und ärgerst mich noch zu Tode." Ich stellte ihm vor, daß noch lange nicht Ostern wären, daß es Aufsehen erregen würde, außer der Antrittszeit sich zur Universität zu begeben. Aber alle meine Vorstellungen waren vergebens, es blieb bei seinem Entschluß. Kaum konnte ich noch acht Tage Aufschub erhalten, um von meinen nächsten Bekannten Abschied zu nehmen; meine Therese sollt' ich durchaus nicht weiter besuchen. Das tat mir freilich sehr wehe, aber die Erwartung der Dinge, welche ich nun bald auf der Universität erleben sollte, milderte meinen Schmerz, erheiterte meine Miene.

Mein Vater wollte mich selbst nach Gießen begleiten, damit ich unterwegs keine dummen Händel vornehmen möchte. Trotz aller dieser Strenge schrieb ich aber doch einige Tage vor meinem Abzug noch an meine Therese und erhielt eine recht zärtliche Antwort. Von Frankfurt am Main habe ich noch einmal an sie geschrieben.

So elend fand ich die Gießener Universität

In einem Tage reiseten wir von Frankfurt nach Gießen, welches ohngefähr zwölf starke Stunden davon liegt. Mein Vater überließ es unterwegs meiner Wahl, ob ich Jura oder Theologie studieren wollte. Er stellte mir aber auch vor, daß ich in der Pfalz als Jurist keine Versorgung oder doch nur sehr schwerlich zu erwarten hätte. Er fügte hinzu, daß Protestanten wegen ihrer Religion wenig Ansprüche auf kurfürstliche Bedienungen machen dürften. Er riet mir also zur Theologie, ob er gleich im Herzen die meisten Sätze des Kompendiums für Erdichtungen oder erzwungene Lehrvorschriften hielt. Ich versprach demnach, Theologie zu studieren, aber im Ernst hatte ich das nicht im Sinne. Ich wollte nämlich noch sehen, wie es mit meinem Mädchen und ihrem Anhang werden würde. Im Beisein meines Vaters versprach ich zwar hoch und teuer, an Theresen nicht mehr zu denken und noch weniger an sie zu schreiben, aber mein Herz hing noch fest an ihr, so fest nämlich, als es für das Herz eines äußerst leichtsinnigen und unerfahrenen jungen Menschen möglich ist, und noch hatte ich keine andre Vorstellung von Glück als von dem in ihrem Besitz.

In Gießen ließ ich mich immatrikulieren und meinen Hut nach der neuesten Mode zustutzen. Sodann suchte ich mir auf dem Lektionskatalog einige Kollegien aus, pränumerierte sie, kaufte die Kompendien, stattete meinen Besuch auf den Dörfern ab und verschaffte mir einen neuen blauen Flausch mit roten Kragen und Aufschlägen. Mein Vater blieb nicht lange, er gab mir noch gute Lehren in Menge und reisete nach Hause.

Hier muß ich dem Leser eine Beschreibung von der Gießener Universität liefern, wie diese damals war, als ich dahin kam.

Gießen selbst ist ein elendes Nest, worin auch nicht eine schöne Straße, beinahe kein einziges schönes Gebäude hervorragt, wenn man das Zeughaus und das Universitätsgebäude ausnimmt. Es führt den Namen einer Festung, die aber unter allen Festungen, welche ich je gesehen habe, die elendeste ist. Zudem wird sie von einem Berge kommandiert, von wo her man sie recht gut beschießen kann. Es steht ein Regiment Soldaten darin, das aber gar nicht stark ist und nur, wenn ich nicht sehr irre, sechs Kompanien zählt. Das Regiment ist das Darmstädtische Kreisregiment und muß zu der Reichsarmee stoßen, wenn dieses Heldenkorps zu Felde zieht. Bei Roßbach sind die Darmstädter recht exemplarisch gelaufen. Unter den Bürgern gibt es mehrere wohlhabende, überhaupt aber ist Gießen kein Ort, wo es viele Reiche gibt. Die Ursache liegt wohl darin, daß die Stadt wenig Verkehr und gar keine Manufakturen hat.

Die Universität hatte zu meiner Zeit sechzehn besoldete und etwa drei unbesoldete oder außerordentliche Lehrer. Herr D. Bahrdt hat einige dieser Herren in seiner Lebensbeschreibung die Revue passieren lassen, ich habe in meinen Beiträgen und Berichtungen zu dieser Schrift einiges hinzugefügt. Nimmt man alles zusammen, so ergibt sich, daß in der Theologischen Fakultät nur ein Mann war, der etwas leisten konnte, und dieser Mann war Herr D. Bahrdt. Der alte Benner konnte vor hohem Alter beinahe nicht mehr lesen, und was er las, war so altmönchisch-orthodox, daß es sich auch für unsre orthodoxern Zeiten nicht so recht mehr schicken würde. D. Bechtold und Ouvrier waren theologische Krüppel, immer einer trübseliger als der andre. Herr Schulz fing erst nach Bahrdts Abschied an, eigentliche Theologie vorzutragen, ja man konnte recht merken, daß er erst damals anfing, Theologie zu studieren. Er schrieb ganze Stellen aus Gruners deutscher Dogmatik und andern dergleichen Büchern wörtlich ab und trug sie seinen Zuhörern hübsch wieder vor. – In der Philosophischen Fakultät wüßte ich aus jener Zeit niemanden vorzüglich zu nennen als die Herren Böhm und Koester, obgleich diese auch von sehr beträchtlicher Verschiedenheit waren. Noch zu meiner Zeit kam Herr Schlettwein in diese Fakultät und ward ihre

Zierde. – Von den Medizinern will ich noch anmerken, daß innerhalb der drei Jahre und drüber, die ich in Gießen verlebt habe, nur ein einziger Kadaver auf dem Anatomischen Theater ist seziert worden. Dergleichen herrliche Anstalten sind da getroffen, die Wissenschaften in Flor zu bringen.

Der Grund von der äußerst elenden Besetzung der Professorstellen ist nicht schwer zu entdecken. Die Professoren sind meistens Landeskinder, welche außer Gießen nicht studiert haben. Sie kennen also nur den hergebrachten Schlendrian der Gießener Universität, und da wird denn das Ding fortgesetzt, wie's von alten Zeiten her gewöhnlich war. Selten wird ein Ausländer dahin berufen, oder wird es ja einer, so hat er seine liebe Not. Die ehrlichen Männer Bahrdt, Cartheuser, Koester, selbst Koch und mein Panegyrist Signor Schmid haben erfahren, was es heißt, in Gießen Professor zu sein, ohne seinen Stammbaum von denen herleiten zu können, welche unter Philipp dem Großmütigen der Reformation beigetreten sind. Zu Heidelberg ist das noch ärger, wie auch zu Mainz. Doch davon zu seiner Zeit.

Daß auch Auswärtige um diese Zeit die Gießener Universität nicht hochgeachtet haben, zeigt eine Anekdote, welche mir der jetzige Professor zu Gießen, Herr Roos, erzählt hat, als ich vor einigen Jahren da war. Ich will sie hier anbringen.

Nach dem Absterben des Professors Wolff wurde der Lehrstuhl der orientalischen Sprachen erledigt. Das Kuratorium glaubte, daß der Professor Klotz zu Halle auch in diesem Fache gelehrt sei, und bot ihm die Stelle an. Klotz dankte für die Ehre, aus guten Gründen. Er verstünde, schrieb er in seiner Antwort, zwar kein Hebräisch noch sonst etwas Orientalisches, doch ceteris paribus sollte ihn das nicht abhalten, die Professur anzunehmen, indem er binnen vier Wochen so viel von dergleichen zu lernen gedächte, als die Gießener Studenten nimmermehr brauchen würden.

Wenn es übrigens wahr ist, daß echtes Studium der Philologie, der Philosophie und der Geschichte die Grundfeste aller wahren Gelehrsamkeit ausmachen, so muß jeder ohne mein Erinnern einsehen, daß in Gießen zu der Zeit, als ich mich daselbst aufhielt, blutwenig Gelehrsamkeit zu holen war. Der alte Böhm las zwar philosophische Kollegien, aber das war weiter nichts als Wolffische Logik und Wolffische Metaphysik. Über die übrigen Teile der Weltweisheit las kein Mensch, das Ius naturae ausgenommen, welches Herr Höpfner für Juristen erklärte nach Achenwall. Die Geschichte der Philosophie, die Ästhetik und die zu diesen Wissenschaften gehörige Literatur waren ganz unbekannte Dinge. – In der Philologie sah es noch scheußlicher aus. Herr Schmid dozierte zwar einmal gratis oder wie man sagt publice die Fundamenta styli, verstand aber selbst den lateinischen Stil so wenig, daß er alle Augenblicke wider die Grammatik verstieß, wenn er als Professor der Eloquenz eine lateinische Rede – vorm lateinisch Schreiben nahm er sich in acht – halten mußte. Eben dieser Herr Schmid erklärte auch dann und wann einen lateinischen Klassiker, da war aber nichts von dem Geist, der in den Vorlesungen eines Heyne zu Göttingen oder eines Wolfs zu Halle sichtbar ist. Über griechische Skribenten wurde vollends gar nicht gelesen, auch nicht über einen einzigen. – In der Geschichte ging's nicht viel besser. Herr Koester erbot sich zwar immer, über alle Teile der Geschichte zu lesen, aber selten konnte er einige Kollegia zustande bringen. Der Geschmack war einmal verdorben, wer seine Brotlektionen gehört hatte, fragte viel nach derlei Nebensachen. Koester mußte sogar die Kirchengeschichte in einem halben Jahre endigen, wenn er Zuhörer haben wollte.

Das mag hinlänglich sein, um meine Leser in den Stand zu setzen, ein richtiges Urteil über die damalige zweckwidrige Einrichtung der ganzen Gießener Universität zu fällen. Daß sie auch noch zu jetziger Zeit nicht viel besser ist, habe ich erst 1787 erfahren.

Manche Eltern glauben noch immer, man könne auf jeder Universität das seine lernen, welches freilich in Ansehung einiger guter Köpfe wahr ist, man müsse daher den wohlfeilsten Ort aussuchen und den Herrn Sohn da studieren lassen. Aber diese guten Eltern verrechnen sich häßlich. Vielmehr sollten sie eine Universität wählen, auf welcher die größte Anzahl der berühmtesten Männer das Fach lehren, für dessen Erlernung ihr Sohn entschieden ist, es sei nun Medizin, Jurisprudenz, Theologie oder ein anderes, und wo bei angemessenen Besoldungen, Bibliotheken und Kuratoren die ausgedehnteste Schreib-, Lehr- und Preßfreiheit herrschet. Freilich wird auch da aus manchem nichts, aber an einem Orte wie Gießen, Heidelberg, Rinteln, Mainz, Straßburg und auf mehr dergleichen Universitäten, wo Subjekte lehren, die kaum auf einer Trivialschule lehren sollten, oder wo ein Landesherr oder ein Kurator ohne Kopf den Vorsitz führt und alles so engbrüstig schematisiert, daß man den Verstand darüber verlieren könnte, wird es vollends gar nichts. Die Anmerkung ist freilich bitter, sie ist aber wahr, und deswegen sage ich sie gerade hin.

So kommersierten damals die Gießener Bursche

Zu meiner Zeit waren ohngefähr 250 Studenten in Gießen, obgleich in allen Zeitungen herumstand, es wären über 500 da. Aber man darf von dergleichen nur die Hälfte glauben. Im Durchschnitt trifft das so bei allen Universitäten ein, z. B. gegenwärtig sollen in Halle 1600, in Jena 1000, in Göttingen 1200 Studenten sein, wenigstens sagen's die so, welche von so einer Universität herkommen. Untersucht man aber das Ding genauer, so muß man die Summe merklich vermindern. Wem das Blut noch hoch hüpft, der macht es nicht anders, er erhöht und dehnt objektivisch aus, um selbst subjektivisch dabei zu gewinnen. Machten es die ältern Herren Geschichtsschreiber nicht besser!

Die Gießener Studenten waren meistens Landeskinder, doch befanden sich auch viele Pfälzer, Zweibrücker und andre daselbst. Der Ton der Studenten oder der Bursche war ganz nach dem Jenaischen eingerichtet. Die vielen relegierten Jenenser, welche dahin kamen, um auszustudieren, machten damals das fidele Leben der Brüder Studio von Jena in Gießen zur Mode.

Die Hauptbestandteile eines damaligen Gießener Burschen oder Renommisten findet man in einer Beschreibung, welche man der poetischen Laune des Herrn Hild von Saarbrücken zu danken hat. Ich will sie meinen Lesern mitteilen. Die Verse sind zwar elend, aber man kann doch hinlänglich daraus ersehen, was für Eigenschaften man an einem honorigen Gießener Burschen gefordert hat. Man höre nur:

> Wer ist ein rechter Bursch? – Der, so am Tage schmauset,
> Des Nachts herumschwärmt, wetzt* –
> Der die Philister schwänzt**, die Professores prellt
> Und nur zu Burschen sich von seinem Schlag gesellt,
> Der stets im Karzer sitzt, einhertritt wie ein Schwein,
> Der überall besaut, nur von Blamagen rein,
> Und den man mit der Zeit, wenn er g'nug renommieret,
> Zu seiner höchsten Ehr' aus Gießen relegieret.
> Das ist ein firmer Bursch. Und wer's nicht also macht,
> Nicht in den Tag 'nein lebt, nur seinen Zweck betracht,
> Ins Saufhaus niemals kommt, nur ins Kollegium,
> Was ist das für ein Kerl? – Das ist ein Drastikum.

* D. i. mit dem Degen ins Pflaster haut, daß die Funken heraussprühen.
** Nicht bezahlt, anführt.

Was meinen meine Leser zu diesem Ideal? Ich kann sie aber auf Ehre versichern, daß alle unsre sogenannten honorigen Bursche demselben so ähnlich waren wie ein Ei dem andern. Nur das Philisterschwänzen und Professoresprellen wollte nicht immer so recht gelingen. Die meisten Studenten waren sehr nahe zu Hause, und folglich hielt es nicht schwer, sie nach ihrem Abzuge zum Bezahlen gerichtlich anzuhalten.

Wer den Gießener Studenten Petimäterei schuld gibt, tut ihnen wahrlich unrecht. Die meisten traten einher – nach dem Liedchen – wie die Schweine. Ein gewisser Nöllner aus dem Elsaß hatte keine Lust, das Burschikose mitzumachen. Er kam also selten in die Gelage und ließ sich auch ein gutes Kleid machen. Dies war Losung genug, ihn nicht schlecht zu verfolgen. In allen Kollegien wurde ihm Musik gemacht und auf der Straße nachgeschrien. Das wurde solange getrieben, bis er endlich abzog und nach Göttingen ging. Hier konnte er nun freilich ohne Gefahr, ausgepfiffen zu werden, in seinem roten Kleide mit dem seidnen Futter spanisch einhertreten.

In Kleidern vertut der Bursche in Gießen daher blutwenig. Ein Flausch ist sein Kleid am Sonntag und am Werktag, selten hat einer neben dem Flausch noch einen Rock. Dann trägt er lederne Beinkleider und Stiefeln, weil aber die ledernen Beinkleider selten gewaschen werden, so sehen sie gemeiniglich aus wie die der Fleischer.

Nur wenig Studenten in Gießen machen Knöpfe*, das wird überhaupt daselbst für petimätrisch und unburschikos gehalten.

Schlägereien sind in Gießen gar nicht selten. So klein die Universität ist, so viele Balgereien fallen vor, manchmal haben sie einen gefährlichen Ausgang. Zu meiner Zeit war es gewöhnlich, sich auf der öffentlichen Straße zu schlagen, und dies alsdann, wenn man zum voraus gewiß war, daß es würde verraten werden. In diesem Falle ging der Herausforderer vor das Fenster seines Gegners, nahm seinen Hieber, hieb damit einigemal ins Pflaster und schrie: „Pereat N. N. der Hundsfott, der Schweinekerl! tief! pereat! pereat!" Nun erschien der Herausgeforderte, die Schlägerei ging vor sich. Endlich kam der Pedell, gab Inhibition, und die Raufer kamen aufs Karzer. Und so hatte der Spaß ein Ende.

Bordelle gibt es in Gießen nicht, aber doch unzüchtige Menschen und folglich auch, wie jetzt leider auf jeder Universität, venerische Krankheiten. Was für fürchterliche Folgen hieraus erstehen, lehrt die tägliche Erfahrung. Der lüsterne Jüngling läßt sich hinreißen, zumal der, den der kurzsichtige Vater oder Lehrer

---

* Knopf machen heißt, dem Frauenzimmer aufwarten: daher Knopfmacher.

von allem Umgang mit Mädchen entfernt gehalten hat. Er wird infiziert. Sein irriges Ehrgefühl hält ihn zurück, sich einem geschickten Arzte zu entdecken. Dieser ist ihm zu berühmt, zu ansehnlich. Um sich weniger schämen zu müssen, vertraut er sich einem noch studierenden Mediziner oder einem Feldscherer an und wird verpfuschert. Denn wenn je in einer Krankheit gepfuschert wird, so geschieht es in der venerischen nach allen ihren Ästen und schönen Abstufungen. Und doch ist in keiner Krankheit das Pfuschern gefährlicher als eben in dieser.

Die fieberhafte Hitze, brav Hefte nachzuschmieren, plagt die Gießener Studenten nicht, wenigstens zu meiner Zeit nicht, wenn man die Pandektenschüler des Kanzlers Koch ausnimmt. Dieser hielt keinen Studenten für fleißig, welcher die vorgetragene Weisheit nicht schriftlich eintrug oder doch wenigstens einige Bemerkungen darüber nachschrieb. Auf andern Universitäten hab ich immer rüstige Heftenschreiber gefunden, nirgends aber ärger als in Halle. Hier füllen die Studenten viele Quartbände mit akademischer Kollegienweisheit an und schreiben oft Dinge nach, welche in dem Kompendium weit besser stehen als in ihren Heften oder gar nicht zur Sache gehören. Das macht aber in Gießen, daß die Professoren alle über gedruckte Bücher lesen und durchaus nicht diktieren und dadurch das Heftesudeln verhindern. Einige Zuhörer mögen wohl auch den Vortrag ihrer Lehrer keiner schriftlichen Bemerkung wert finden, und andern mag es an Vorkenntnissen fehlen, um Spreu von Korn zu unterscheiden.

Leider auch ich ward burschikos

Ich fand zu Gießen einige Landsleute, welche mich zustutzten und mit dem Komment vertraut machten. Ich sah die Bursche, ich bewunderte sie und machte so recht affenartig alles nach, was mir an ihnen als heroisch auffiel. Da ich bemerkte, daß die meisten den Hut quer trugen, so trug ich meinen auch so und gefiel. Zum Unglück war gleich nach der Abreise meines Vaters in Wieseck ein Kommers. Ich wohnte demselben bei, mußte über zehn Maß Bier zur Strafe ausleeren, weil ich die Kommerslieder nicht auswendig wußte, und erwarb über dreißig Duzbrüder. Wer war froher als ich! Dreißig honorige Bursche, die ich von dem Augenblick an Du heißen durfte! Kalvin mag sich kaum so gefreut haben über die Qualen des braven Servets in den Flammen, als ich mich freute, da ich den Degen am Balken betrachtete, woran die Hüte und mit ihnen die Brüderschaften angespießt waren. Ich sah mich nun mit ganz andern Augen an als zuvor und ward um so eifriger in dem edlen Vorsatz, ein recht honoriger Bursch zu werden.

Nicht lange nach meiner Ankunft zu Gießen wohnte ich auch einem „Kreuzzuge" bei. Das Ding war so: Sechs derbe Bursche bewaffneten sich mit Flinten und dem Zugehör und marschierten gegen Abend auf ein Dorf, etwa zwei Stunden von der Stadt. In diesem Dorfe wurde derb gezecht, und dann ging der Zug auf ein anderes. In jedem Dorfe wurden die Bauern periert, die Flinten losgeschossen, dem Nachtwächter das Horn genommen, wild darauf geblasen – kurz ein Spektakel verführt, daß alle Bauern in Harnisch gerieten. Wagten sie es dann, sich uns zu widersetzen, so wurde ihnen gedroht, daß, sobald sie sich weiter mokierten, wir scharf auf sie feuern würden, ohne die Ankunft unsrer übrigen Kameraden abzuwarten; wir wären wer weiß wie stark. Würden sie aber Friede machen, so wollten wir abziehen. In einigen Dörfern wurde wirklich auf diese Art Friede gemacht, aber in Buseck, wohin wir gegen Tagesanbruch kamen und wo wir weit ärger tobten als vorher irgendwo, wollten die Bauern von Kapitulieren so wenig wissen, daß sie uns, nachdem wir eine blinde Salve auf sie gegeben hatten, dergestalt durchkeilten, daß es uns verging, den Kreuzzug fortzusetzen. Freilich hätte mich dies witzigen sollen, dergleichen Kreuzzügen nicht wieder beizuwohnen. Gefährlich waren sie immer und sehr tief unter der Würde eines Universitäters, aber – wie man ist. Mein Leichtsinn, mein studentischer Heroismus verleiteten mich noch dreimal dazu.

Thereschen kommt wieder zum Vorschein

In dem wilden Leben vergaß ich ganz meines Thereschens, oder besser zu sagen, die Burschenphrenesie bemächtigte sich aller meiner Sinne so sehr, daß ich an sie nicht denken konnte. Freilich fiel sie mir mehrmals ein, allein der stärkere Gedanke, daß ich Bursch wäre und nun als Bursch leben müßte, verscheuchte sogleich das Bild des guten Kindes.

An einem Sonntage, es war der Sonntag Exaudi 1775, wollte ich eben mit meinem Freund Diefenbach nach Reiskirchen gehen, als der Postbote Linker mir zwei Briefe überreichte, den einen von meinem Vater, mit etwas Geld von meiner Mutter, den andern, wie ich aus der Hand der Aufschrift schloß, von meinem Onkel, dem Pfarrer zu Oppenheim.

Aber, Himmel, wie ward mir, als ich mich getäuscht fand, als ich meines Thereschens Hand erkannte! Lange Zeit konnte ich vor Zittern und Verwirrung keinen Buchstaben weiter herausbringen. Endlich sucht' ich mich zu fassen, las mit Besinnung und wurde jetzt nur noch tiefer gerührt. Therese meldete mir, daß sie sich in Mannheim bei der Frau B., ihrer Base, aufhalte, und machte mir über mein Stillschweigen Vorwürfe.

Ich blieb noch einige Tage in Reiskirchen, aber dann konnt' ich's nicht mehr aushalten vor lauter Sturm und Drang, wie Meister Klinger spricht. Ich ging nach Gießen zurück, rüstete mich, gab vor, ich wollte meine Bekannten in Weilburg besuchen, und begab mich auf die Wanderschaft der Liebe.

Iliacos intra muros peccatur et extra

Die Stadt Wetzlar habe ich bald nach meiner Ankunft in Gießen besucht. Sie liegt kaum drei Stunden von da und ist ein ungleiches, rußiges, schlecht gebautes Nest. Die Stadt ist gemischter Religion. Die Geistlichkeit derselben ist so bigott, daß man wohl schwerlich in der Welt bigotteres Grob antreffen wird. Nur ein Pröbchen hiervon.

Kurz vor meiner Zeit hatte sich der Sekretär Jerusalem, der Sohn des berühmten Abts Jerusalem, aus Haß gegen einen Gesandten und aus Liebe zur Tochter des Amtmanns Buff erschossen. Man sagte damals in Gießen und Wetzlar, daß eine Beleidigung, welche Jerusalem in dem Hause des Präsidenten Grafen von Spaur habe erdulden müssen, bei dem sehr empfindlichen und stolzen Jüngling das meiste zu diesem traurigen Entschluß gewirkt habe. Genug, Jerusalem erschoß sich, und nun hatte es Schwierigkeiten mit seiner Begräbnisstätte. Der Amtmann Buff, ein redlicher Mann, bat den Pfarrer Pilger um die Erlaubnis, die Leiche des Unglücklichen auf dem Gottesacker zu begraben. Aber der Pfaffe, der leider in dieser Sache zu befehlen hatte, sah jeden Selbstmörder als ein Aas an, das eigentlich für den Schinder gehöre, und versagte die Erlaubnis. Kaum konnte der Graf von Spaur, der sich recht tätlich für Jerusalems ehrliche Beerdigung interessierte, so viel erhalten, daß der Erblaßte auf einer Ecke des Gottesackers durfte begraben werden. Der Pastor Pilger hat hernach mehrere Predigten wider den Selbstmord gehalten und den guten Jerusalem so kenntlich beschrieben, daß jedermann merkte, er sei es, der nun in der Hölle an eben dem Orte ewig brennen müsse, wo Judas der Verräter brennt, der sich erhängte, mitten entzwei barstete und all sein Eingeweide ausschüttete.

So elend Wetzlar sonst ist, so volkreich ist es wegen des dortigen Reichskammergerichts. Da gibt es außer den vielen Assessoren, Prokuratoren, Advokaten, Notarien und Skribaxen, wovon alle Gassen wimmeln und welche sich alle gewöhnlich schwarz kleiden, auch noch eine Menge von Fremden, welche dahin kommen, den Gang ihrer Prozesse zu befördern, d. i. die Referenten auszuspähen, denen ihre Akten übergeben sind, und diese dann mit barem schweren Gelde oder sonst etwas zu bestechen.

Bei dieser großen Volksmenge fehlt es nicht an allerhand Vergnügungen, an anständigen und unanständigen, wie einer Lust hat. Oft halten sich z. B. Komödianten da auf, welche aber meistens so elend spielen wie weiland Signor Schmettau in Passendorf oder der Signor, welcher diesen Winter 1792 in Merseburg die besten Stücke so fein radebrechen konnte. Mein Geschmack ist wahrlich nicht fein, aber von den vielen Schauspielen, welchen ich in Wetzlar beiwohnte, hat mir auch nicht eins gefallen. Einst sah ich Lessings ‚Emilia Galotti'. Da agierte Odoardo wie ein besoffener Korporal, Marinelli wie ein Hanswurst und der Prinz natürlich wie ein Schuhknecht. Claudia sah aus wie eine Pastorswitwe, Emilia wie ein Hockenmädchen und die Gräfin Orsina endlich wie eine kuraschierte derbe Burschenaufwärterin. Schreien konnten die Kerls und die Menscher, als wenn alle halb taub gewesen wären. So war die Komödie! Dem aber ohngeachtet klatschten die Wetzlarischen Herren und Damen, als spielte ein Garrick.

Das Entrée kostete indessen auch nicht viel – drei Batzen auf dem Parterr. Und für Kupfergeld kriegt man auch nur kupferne Seelmessen. Daher ist das Theater immer schlecht erleuchtet und die Musik ganz abscheulich. Nirgends kann eine Musik elender sein, als sie dort im Schauspielhause und auf den Bällen ist. Ordentliche Konzerte hört man da nicht, wenigstens zu meiner Zeit nicht. Dann und wann, eben wie in Gießen, kommt ein Fremder und läßt sich hören. Sonst gibt's Karussells und dgl. in Wetzlar, auch einige Gärten, wo man sich so ziemlich zerstreuen kann.

Nirgends in ganz Deutschland, selbst in Lauchstädt nicht, in Eisenach nicht, in Merseburg nicht, ist der Ton in den vornehmen Gesellschaften steifer als eben in Wetzlar. Ich habe dieses zwar nicht aus unmittelbarer Erfahrung, denn der Gießener Student hat wenig Zutritt zu den vornehmen Gesellschaften daselbst, allein jeder, den ich darüber habe sprechen hören, und ich habe mehrere Sachkundige gehört, hat mir das so gesagt. Der Adlige und besonders die adligen Damen wissen es gar zu gut, daß sie adlig sind, und lassen es jedem, der mit ihnen umgeht, recht empfinden. Beiher muß man wissen, daß der Adel in Wetzlar eben nicht durch die Bank stiftsmäßig ist, daß viel funkelneue darunter sind, auch wohl solche, welche gar nicht von Adel, aber unverschämt genug sind, sich für solche auszugeben. Haben sie einen Ball, so wird er mit folgenden Worten angezeigt: den und den ist im Hause des und des Herrn öffentlicher Ball, woran jeder adlige Herr und jedes adlige Frauenzimmer teilnehmen kann. Einige adlige Damen nehmen es indessen nicht übel, wenn ein Bürgerlicher, der klingende Münze hat und sonst robust ist, ihnen die Kur macht und sich die Mühe nimmt, dem hochwohlgeborenen Eheherrn Hörner aufzusetzen.

Die Prozession nach dem Grabe des armen Jerusalem wurde im Frühling 1776 gehalten. Ein Haufen Wetzlarischer und fremder empfindsamer Seelen beiderlei Geschlechts beredeten sich, dem unglücklichen Opfer des Selbstgefühls und der Liebe eine Feierlichkeit anzustellen und dem abgefahrenen Geiste gleichsam zu parentieren. Sie versammelten sich an einem zu diesen Vigilien festgesetzten Tage des Abends, lasen die ‚Leiden des jungen Werthers' von Herrn von Goethe vor und sangen alle die lieblichen Arien und Gesänge, welche dieser Fall den Dichterleins entpreßt hat. Nachdem dies geschehen war und man tapfer geweint und geheult hatte, ging der Zug nach dem Kirchhof. Jeder Begleiter trug ein Wachslicht, jeder war schwarz gekleidet und hatte einen schwarzen Flor vor dem Gesicht. Es war um Mitternacht. Diejenigen Leute, welchen dieser Zug auf der Straße begegnete, hielten ihn für eine Prozession des höllischen Satans und schlugen Kreuze. Als der Zug endlich auf dem Kirchhof ankam, schloß er einen Kreis um das Grab des teuren Märtyrers und sang das Liedchen „Ausgelitten hast du, ausgerungen". Nach Endigung desselben trat ein Redner auf und hielt eine Lobrede auf den Verblichenen und bewies beiher, daß der Selbstmord – versteht sich aus Liebe – erlaubt sei. Hierauf wurden Blümchen aufs Grab geworfen, tiefe Seufzer herausgekünstelt und nach Hause gewandert, mit einem Schnupfen – im Herzen.

Die Torheit wurde nach einigen Tagen wiederholt. Als aber der Magistrat es ziemlich deutlich merken ließ, daß er im abermaligen Wiederholungsfall tätlich gegen den Unfug zu Werke gehen würde, so unterblieb die Fortsetzung. Hätten lauter junge Laffen, verschossene Hasen und andere Firlefanze, wie auch Siegwartische Mädchen, rotäugige Kousinchen und vierzigjährige Tanten dieses Possenspiel getrieben, so könnte man's hingehen lassen. Aber es waren Männer von hoher Würde, Kammerassessoren und Damen von Stande. Das war doch unverzeihlich! Und alle die Torheit hat das sonst in seiner Art meisterhafte Büchlein des Herrn von Goethe verursacht. So relativ wirksam sind Vorstellungen, wenn ein Mann von Ansehen sie so oder so staffieret.

Das Grab des „jungen Werther" wird noch immer besucht, bis auf den heutigen Tag.

Wer einmal Don Quichotte gegen sich selbst ist, wird es auch gegen Vater und Geliebte

Kurz darauf schrieb ich meinem Vater, daß jetzt bald Ferien wären, er möchte mir also erlauben, ihn zu besuchen. Meine Leser erraten, ohne daß ich es sage, daß nicht die Begierde, meine Eltern zu sehen, sondern ein aufwiegelnder Drang, mein Mädchen zu sprechen, Ursache war, warum ich um diese Erlaubnis anhielt. Thereschen war wieder von Mannheim nach Hause gereist.

Mein Vater mochte das Ding merken, wenigstens schrieb er mir, ich sollte fein hübsch in Gießen bleiben und die Ferien zur Repetition meiner Kollegien anwenden. Es schicke sich nicht, daß der Student alle Augenblicke von der Universität nach Hause lief. Das sähe ja aus, als wollte er seiner Mutter Katz' noch einmal sehen. – So hätte ich also bleiben müssen und wäre auch wirklich geblieben, wenn nicht ein Vetter von mir, Herr Böhmer, damals Hofmeister bei einem Herrn von Breidenbach in Marburg, seine Reise durch Gießen genommen und mich zum Mitreisen in die Pfalz aufgefordert hätte.

Eine halbe Stunde von Wendelsheim wird jährlich ein berühmter Jahrmarkt unter dem Namen Bellermarkt gehalten, und zwar im blanken Felde, woran mehrere Ortschaften Teil nehmen. Dahin kommen Kaufleute und Krämer viele Meilen her, von Mainz, Worms, Mannheim, ja sogar von Frankfurt und Straßburg. Es werden auch eine Menge Weinhütten, ohngefähr fünfzig, errichtet und von allen Bierfiedlern aus dem ganzen Umkreis bemusiziert. Daher besucht die dortige Gegend von weither den Jahrmarkt. Da findet man Gräfliche und Adlige, Zivilbediente und Prediger, Frauenzimmer von Stande, auch Hans und Gretel, Krethi und Plethi, nebst einer ansehnlichen Menge Töchter der Freude, und die Anzahl dieser letztern soll sich, wie man sagt, noch jährlich vermehren.

Ich hörte in Flonheim, daß heute eben der erste Bellermarktstag wäre. Das war mir eine erwünschte Nachricht. Ich hatte von Alzey aus ein Pferd mitgenommen, und nun, statt nach Wendelsheim zu reiten, ritt ich, à la Bursch angezogen, mit einem derben Hieber versehen, auf den Bellermarkt. Gleich vornean traf ich den ehrlichen Töpfer Engel aus Wendelsheim, der da sein irdenes Geschirr feil hatte.

Hierauf band ich mein Pferd an den Wagen des ehrlichen Engel und ging, mein Mädchen aufzusuchen. Ich fand sie bald, aber wie rot ward sie über und über, als sie mich erblickte. Ihr Vater schüttelte mir indes traulich die Hand und bewillkommnete mich, als wäre ich sein Sohn gewesen.

Der Bellermarkt ging ganz in Jubel vorüber, und ich sah mein Mädchen noch einmal daselbst. Aber wenn ich mich nun so untersuchte, so fand ich, daß meine sonst so feurige Liebe viel von ihrer Stärke verloren hatte. Die lange Abwesenheit hatte sie wahrlich nicht geschwächt, dennoch, als ich mit dem Töpfer Engel redete, war Theresens Bild so in meiner Seele, daß es dieselbe ganz und gar ausfüllte. Nur, als ich sie in der Weinhütte sah, nahm das Bild an Lebhaftigkeit ab und wurde jedesmal, so oft ich nachher bei ihr war, schwächer. Ob die kleinlichen Verhältnisse ihres Aufenthalts in der Hütte sie selbst bei mir verkleinert oder ob die vielen und rauschenden Zerstreuungen meine Empfänglichkeit für sie vermindert hatten, weiß ich nicht. Genug, ich fühlte nach acht Tagen Aufenthalt in der Pfalz keinen allgewaltigen Drang mehr, mein Mädchen zu besuchen, und war in ihrer Abwesenheit sogar aufgeräumt. Eine neue Liebschaft hatte hieran keinen Anteil; denn ich kann schwören, daß damals kein Mädchen außer Theresen meine Aufmerksamkeit auf sich zog. Kurz, mein Enthusiasmus in der Liebe hatte nachgelassen.

Siehe da, ein Ordensbruder!

Ohngefähr zwei Jahre vor meiner Universitätszeit waren die Orden auch zu Gießen eingeführt. Diese unsinnigen Verbindungen sind eigentlich in Jena entstanden. Die Mosellaner Landsmannschaft hat zuerst dergleichen ausgebrütet. Nach und nach haben sie sich an mehreren Orten eingeschlichen, so daß schon 1778 viele deutsche Universitäten von ihnen infizieret waren, besonders Jena, Göttingen, Halle, Erlangen, Frankfurt, Gießen, Marburg u. a. Einige Jenenser hatten den Orden der sogenannten Amicisten* nach Gießen gebracht. Anfänglich blieb das Ding geheim, nachdem aber die Ritter, ich wollte sagen die Herren Ordensbrüder, innewurden, daß man in Gießen alles tun durfte, so machten sie ihre Sache publik. Sie trugen auszeichnende Kokarden und litten nicht, daß die Profanen dergleichen nachmachten. Den andern Studenten gefiel das Ding. Sie rotteten sich also zusammen und stifteten der Orden mehrere. Und so entstand der Hessen-Orden, ja sogar der Renommisten-Orden oder der Orden des heiligen Fensters, welcher aber leider, wegen der großen Schiefität, der schiefe Orden und der Lause-Orden benannt wurde.

---

* L'ordre de l'amitié auf französisch genannt; denn die Devise war: Amitié, welche durch dieses Zeichen (XX) Vivat amicitia! angezeigt wurde.

Hätte ich vor meiner Aufnahme das eigentliche Wesen einer solchen Verbindung gekannt, ich würde wahrscheinlich niemals hineingetreten sein. Das Ding ist ein Gewebe von Kindereien, Absurditäten und Präsumtionen, über welche ein kluger Mann bald unwillig werden muß. Die Gesetze sind alle so elend abgefaßt und so kauderwelsch durcheinandergeworfen, daß man Mühe hat, sich aus dem Labyrinthe derselben herauszuwinden. Überhaupt ist es ein erztoller Gedanke, daß ein Haufen junger Leute eine geheime Gesellschaft stiften will, deren Zweck ist, sich ausschließlich das höchste Ansehen zu verschaffen, deren Oberhaupt ein Bursche ist, welcher eine Gewalt in seinem Orden ausübt wie weiland der Jesuiten General in der Gesellschaft Jesu. So ungern es manche hören werden, muß ich doch die Wahrheit bekennen und geradeheraus sagen, daß akademische sogenannte Orden unsinnige Institute sind.

Der Zweck des Ordens ist, sich auf der Universität Ehre und Ansehen zu verschaffen, d. h. sich in solche Positur zu setzen, daß alle Studenten, ja selbst die Professoren und die Vorgesetzten, sich vor den Herren Ordensbrüdern fürchten möchten.

Daher ist die engste Verbindung nötig. Diese erfordert natürlicherweise, daß kein Mitglied das andere beleidigen darf. Alle Beleidigungen, die vorfallen, müssen vom Senior geschlichtet werden. Überhaupt sind viele Gesetze da, welche Freundschaft, Verträglichkeit und dgl. gebieten. Da aber Freundschaft ein Ding ist, das sich nicht gebieten läßt, so gibt es im Orden immer so viele Disharmonien, daß gewiß stets Schlägerei sein würde, wenn nicht andere prägnante Gründe Ruhe heischten.

Das Oberhaupt des Ordens ist der Senior, welchem die andern gehorchen müssen. Er hat ihnen zwar nur in Ordenssachen zu befehlen, da sich aber dahin allerlei ziehen läßt, so ist der Senior gleichsam der Herr der Mitglieder, und die Mitglieder sind, wenn er es verlangt, seine gehorsamen Diener. So wird man Sklave, um frei zu sein. Neben dem Senior ist noch der Subsenior, der auch etwas zu sagen hat, vorzüglich in Abwesenheit des großen Moguls, ich meine, des Seniors. Dann folgt das fünfte Rad am Wagen, der Herr Sekretär.

Ordnung muß sein. Wer also gegen den Senior spricht, ihn schimpft und sich seinen Befehlen freventlich widersetzt, wird ohne alle Gnade, wenn's nämlich der Herr Senior befiehlt, aus dem Orden herausgeschmissen. An Satisfaktion darf er nicht denken.

Einige ihrer Gesetze waren aber doch gut, z. B. daß die Mitglieder fleißig seien, die Kollegia nicht versäumen, nicht fluchen oder Zoten reißen sollten. Allein diese Vorschriften wurden nicht befolgt, vielmehr wurde in unsern Zusammenkünften geflucht und gezotologiert wie auf keiner Hauptwache. Die meisten andern Gesetze waren äußerst unsinnig und läppisch, z. B. die über die Aufnahme, über das Zeichen, wodurch ein Glied sich dem andern entdecken konnte, über die Art, sich zu grüßen, über das Einzeichnen in den Stammbüchern usw. Herr Professor Isenflamm in Erlangen hat, wenn ich nicht irre, 1780 auf der dortigen Universität den Amicisten-Orden zerstört und seine Gesetze drucken lassen.

Wer zu Hause nicht klug ist, ist es in der Fremde auch nicht

Lange hatte ich den Wunsch genährt, die ihres Komments wegen hochberühmte Universität Jena kennenzulernen. Diesen Wunsch befriedigte ich im Herbst 1776. Ich machte mich auf, nachdem ich meinen Wechsel schon in der ersten Frankfurter Meßwoche erhalten hatte, und wanderte ganz allein zu Fuße dahin. Meinen Weg nahm ich über Grünberg, Alsfeld, Hersfeld, Eisenach, Gotha, Erfurt und Weimar. Ich wählte mit Fleiß diesen Weg, um einige Städte mit zu besehen, welche mir schon aus Beschreibungen bekannt waren.

Auf dieser Fahrt hatte ich nun so recht Gelegenheit, die niedere Klasse der Einwohner dieser Länder kennenzulernen, eine Klasse, welche ich immer so gern kennenlernte. Im Hessen-Kasselschen hatte ich hierzu vorzüglich Gelegenheit. Ich merkte es gar zu genau, daß ich in ein Land kam, wo ziemlich überspannte Grundsätze herrschten. Die Bauern waren durchaus arme Leute, und eben damals hatte der verstorbene Landgraf seine Untertanen nach Amerika verhandelt. Da liefen einem die halbnackten Kinder nach, baten um ein Almosen und klagten, daß ihre Väter nach Amerika geschickt wären und daß ihre armen verlaßnen Mütter und ihre alten abgelebten Großväter das Land bauen müßten. Das war ein trauriger Anblick. Dergleichen empört tausendmal mehr als alle sogenannten aufrührerischen Schriften. Jenes ergreift und erschüttert das Herz, diese beschäftigen meist bloß den Kopf. Aber von diesen will man nichts wissen, um jenes desto ungestörter treiben zu können – wie wenn es nicht weit aufrührerischer wäre, aufrührerisch zu regieren als aufrührerisch zu schreiben, zumal da dieses größtenteils eine Folge von jenem ist. Ist das konsequent? Ist es im ganzen klug, den Turmhütern und Nachtwächtern das Lärmenmachen über Brand und Einbruch zu verbieten? Heißt das für das öffentliche Wohl besorgt sein? Einsichtige, väterliche Regenten denken hierbei weit vernünftiger: man überdenke die Regierung Friedrichs des Einzigen.

Ich gab so viel von meiner Barschaft her, als ich entbehren konnte. Ich sprach in allen hessischen Schenken ein und hörte da nichts als Klagen und Verwünschungen. Ich stehe dafür, wenn ein Fürst zu Fuße und unbekannt eine Reise durch seine Länder vornähme, es würde manches geändert werden. Aber so sitzen die guten Herren in Schlössern und in Zirkeln, wo Not und Armut fremde Namen sind, und da lernen sie die Beulen und Wunden nicht kennen, an denen ihre armen Untertanen krank liegen. – Ganz anders sieht es im Gothaischen und Weimarischen aus und noch besser im Erfurtischen.

Noch endlich gar ein Komödiant!

Mein letzter Winter in Gießen ging ziemlich ruhig vorüber, d. h. ich wurde nicht mehr zitiert, schlug mich nicht, kam nicht ins Karzer und besoff mich nur höchst selten.

Ein Marionettenspieler, Joseph Wieland, brachte mich, Tenner und Dern auf den Gedanken, auch Komödien zu spielen. Aber wie, wo und durch welche Mittel, das war die Frage. Ich besprach alles mit dem Herrn Professor Schmid. Er erbot sich gleich, die Direktion zu übernehmen, und riet mir, einen Aufsatz zirkulieren zu lassen und Beiträge von Geld bei den Honoratioren einzusammeln. Geraten, getan. Der Tambour Hofmann und der Karzerknecht Cordanus mußten kontrollieren, und in einigen Tagen hatten wir soviel Geld, als nötig war, ein Theater zu bauen und Kulissen nebst andern Bedürfnissen anzuschaffen. Zum Theater schlug Herr Schmid das theologische Auditorium vor; denn das große juristische war zu Disputationen und Promotionen bestimmt. Ich hielt beim Dekan darum an, aber der alte D. Benner hielt dies für Entheiligung und schlug das Gesuch ab. Also mußte das philosophische Auditorium dazu herhalten. Dieses war seit langer Zeit der Heustall der Pedellen gewesen! Wir ließen es reinigen und bauten ein Theater für 80 Gulden. Kulissen, Vorhang, Lichter zur ersten Vorstellung und dergleichen kosteten beinahe ebensoviel. So waren wir denn imstande, unsre Kunst zu zeigen. Ich war Rollenmeister, Tenner Aufseher der Kasse und Dern Theatermeister, über uns alle war der dux gregis ipse caper, Herr Schmid, velut inter ignes luna minores.

Das erste Stück, welches wir gaben, war Brandes' ‚Trau, schau, wem'. Unsre Aktricen waren anfangs hübsche milchbärtige Studenten, nachher aber spielten auch wirkliche Frauenzimmer mit. So wurde noch die Zeit über, die ich in Gießen war, Lessings ‚Junger Gelehrter', ‚Der Zerstreute' aus dem Komischen

Theater der Franzosen, Stephanies ‚Deserteur aus Kindesliebe‘, ‚Der Bramarbas‘ von Holberg, ‚Der Postzug‘ u. a. aufgeführt. Herr Schmid ließ jedesmal in der Darmstädter Zeitung ein großes Wesen von der Vortrefflichkeit unsrer Aktion machen. Anfangs spielte ich selbst mit, war z. B. der Graf von Werlingen in ‚Trau, schau, wem‘ und Magister Stifelius im ‚Bramarbas‘. Aber da ich bald merkte, daß ich zum Theater verdorben war, so gab ich das Mitspielen auf, behielt aber mein Amt als Rollenmeister bis zu meinem Abzug aus Gießen.

Dieses Komödienspielen hat wenig Gutes gestiftet. Unsre Bursche fanden einen so starken Geschmack am Spektakel, daß alles ernsthaftere Studieren darüber vernachlässigt wurde und jeder nur Komödien las. Die mitspielenden Personen konnten vollends gar nicht studieren. Nach meinem Abschied hat der Landgraf die Komödie verbieten lassen. Man hatte ihm vorgestellt, daß sie die ganze Universität zerrütten würde. Nichts hat aber durch das Schauspiel mehr gelitten als der Komment und die Orden. Denn die Verbindungen der Spielenden waren nun viel fester als die der Orden, und über den Komment wurde gelacht.

Und so wäre ich mit meiner Geschichte, insofern diese Gießen betrifft, fertig. Sie ist mir unter der Hand weitläufiger geworden als ich selbst willens war, sie zu schreiben. Da aber Gießen eine ganz obskure Universität ist, so war vielleicht eine etwas genauere Beschreibung derselben nicht überflüssig, wenigstens für manchen Leser nicht ganz unangenehm.

Abzug von Gießen. Händel in Frankfurt

Es war ohngefähr acht Tage vor Ostern, als ich von Gießen abging. Ich dachte, jetzt ist's mit dem Studentenleben alle, bist nun Philister. Nach Göttingen kömmst du nicht, weil dein Vater dir befohlen hat, geradesweges nach Hause zu kommen. Mußt nun pauken*, mußt dich also, da du's noch haben kannst, noch einmal zuguterletzt recht lustig machen. Dieser schönen Reflexion folgte ich denn treulich nach und lebte in Frankfurt einige Tage das wüsteste, roheste Leben. Gott, wenn mein guter Vater mich da gesehen hätte!

Nun nahm ich mir im Ernste vor, den andern Tag Frankfurt zu verlassen, doch sollte den Abend Madame Agricola noch einmal besucht werden. Ich ging zeitig hin und erklärte, daß ich morgen abreisen würde. Ein gewisser Mensch

---

* predigen.

von etwa dreißig Jahren, den ich einigemal in diesem berufenen Loche gesehen hatte, war zugegen und fragte mich, ob ich über Darmstadt oder Mainz gehen würde. Ich antwortete ihm, daß ich über Mainz müßte, weil ich dahin meinen Koffer von Gießen aus geschickt hätte. „So wären wir ja Reisegefährten, ich gehe morgen auch dahin", sagte er und trank mir zu. Ich freute mich, jemanden zu haben, mit dem ich unterwegs auf dem Marktschiffe vom Jubel in Frankfurt schwatzen könnte, und drängte mich näher an den Spitzbuben.

Gegen neun Uhr wollte ich fort. Mein sauberer Kumpan begleitete mich. Ich hatte schon eine Schnurre, und so war's ihm leicht, mich noch einmal in ein Wirtshaus zu verführen. Er sagte mir, da gäb es herrlichen Wein und wohlfeile und ganz kapitale Menscher. Das war Einladung genug für mich, doch sagte ich ihm gleich, daß ich nicht viel verzehren könnte; denn ich müßte mein Geld zu Rate halten, weil ich einige Tage in Mainz zubringen wollte. „Ei was!" sagte er, „was wird's denn kosten? Drei oder sechs Batzen, das ist's all. Seien Sie doch artig!"

Der Kerl führte mich in ein Weinhaus, welches, wie ich hernach erfuhr, der ‚Rote Ochse' hieß und das österreichische Werbhaus war. Wir kamen in eine artige Stube, wo allerlei Leute waren, meistens österreichische Soldaten, und Musik. Mein Begleiter ging sogleich zur Tür hinaus, um, wie er sagte, etwas Nötiges auszuführen, kam hernach zurück und trank mit mir einen Schoppen nach dem andern. Endlich, als er merkte, daß es mir im Kopfe warm war, fragte er, ob ich nicht tanzen wollte. Ich schlug es ab. „So wollen wir", erwiderte er, „uns wenigstens dort oben an den Tisch setzen, da ist doch Gespräch." Das war ich zufrieden, und wir veränderten unsern Platz. Ich kam neben einem Unteroffizier zu sitzen, welcher ganz artig von gleichgültigen Dingen sprach. Er trank mir einigemal zu, und ich tat Bescheid. Der Wein stieg mir endlich so stark in den Kopf, daß ich Brüderschaft mit dem Unteroffizier und meinem Begleiter und wer weiß, mit wem noch mehr, trank, daß ich tanzte und bei den anwesenden Mädchen* herumschäkerte. Das Ding mag bis nach Mitternacht gedauert haben; denn bis halb zwölf Uhr hatte ich meine Besinnungskraft, was aber hernach mit mir vorgegangen ist, weiß ich nicht.

Den andern Morgen erwachte ich erst um zehn Uhr und hatte schrecklichen Durst. Ich lag noch völlig gekleidet im Bette, außer daß man mir den Überrock ausgezogen hatte. Doch war ich ordentlich zugedeckt und hatte ein Tuch um den

---

* Gewöhnlich werden in den Werbhäusern Mädchen gehalten: durch diese trägt mancher den roten, weißen, blauen oder grünen Rock.

Kopf. Meine Uhr, Stock und Hut lagen auf dem Tisch, wie auch der ‚Siegwart', den ich in Gießen zum Zeitvertreib zu mir gesteckt hatte. Er war damals die Modelektüre. Das Zimmerchen, worin ich lag, war sehr klein, doch reinlich. Ich wußte nicht, wo ich mich befand; ging also nach der Tür. Aber wie erschrak ich, als diese verschlossen war. Ich pochte stark an. Endlich erschien ein Unteroffizier mit einem Mädchen, welches Kaffee herauftrug. „Guten Morgen, Herr Bruder", sagte er, „wie hast Du geschlafen?"

Ich: Gut, aber mir tut der Kopf weh, und Durst hab ich wie'n Pferd.

Er: Glaubs halter* gern. Trink du nur Kaffee, es wird schon vergehen.

Ich: Ja, ja. Was kostet der Kaffee? Will gleich bezahlen, auch das Logis.

Er: Ist halter alles bezahlt, Herr Bruder. Trink du nur!

Das Mädchen: Je nun, mein Herzchen, du warst gestern abend recht selig. Schäm dich, du hast bei mir schlafen sollen, aber da warst du besoffen wie ein Kater.

Der Unteroffizier: Kann ja noch geschehen, will hinuntergehen.

Ich: Bleiben Sie nur und sagen mir, wo ich bin.

Der Unteroffizier: Im ‚Roten Ochsen', Herr Bruder.

Ich: Gut, wieviel Uhr ist's?

Der Unteroffizier: Halb elf.

Ich: Potztausend, dann muß ich fort.

Der Unteroffizier: Haha, daraus wird halter nichts, du bist ja Soldat, dienst dem Kaiser!

Ich: Was, Soldat?

Der Unteroffizier: Ja, komm nur mit hinunter.

Ich mußte mit ihm hinabgehen. In der großen Stube fanden wir eine Menge Leute, aber mein sauberer Begleiter war nicht darunter. „Hören Sie, meine Herren", fing mein Unteroffizier an, „ist der Herr da halter nicht Soldat?" Alle bejahten dies. „Hat er halter nicht Handgeld genommen?" Auch diese Frage wurde bejaht. Ich leugnete das alles, aber man befahl mir, meine Börse zu untersuchen. Ich tat es und fand außer meinem Gelde noch vier Kremnitzer Dukaten. Ich erschrak zu Tode, da ich den Beweis sah von dem, was der Unteroffizier mir gesagt hatte. Doch faßte ich mich und fragte, ob kein Offizier da wäre, ich müßte mit ihm sprechen. „Das soll schon halter geschehen", war die Antwort, „er wird bald kommen."

---

* Ein österreichisches Provinzialwort, welches die österreichischen Herren Werber jeden Augenblick anbringen und daher im Reiche vom Pöbel auch nur schlechthin die „Halters" genannt werden.

Ich setzte mich in eine Ecke des Zimmers, stieß jeden, der mit mir reden wollte, von mir, forderte ein Glas Branntwein und las vor lauter Ärger in meinem ‚Siegwart'. So leerte ich zwei oder drei Gläser. Und da der Spiritus vom vorigen Tage noch nicht ganz verraucht war, so wurde mein Kopf wieder verwirrt.

Es schlug zwölf, und noch kam kein Offizier. Ich ließ mir etwas zu essen geben und mußte vieles von den Herrlichkeiten anhören, welche bei der Armee auf mich warten sollten. Endlich riß mir die Geduld. Ich forderte, daß man einen Offizier holen sollte. Man lachte. Ich wollte mit Gewalt zur Tür hinaus, aber man hielt mich auch mit Gewalt zurück. Und indem wir uns so balgten, trat ein Offizier in die Stube, der, wie ich hernach erfuhr, Major war.

„Was gibt's denn da", rief der ansehnliche Mann, „ich glaub', ihr habt Händel?"

Ein Unteroffizier: Verzeihens halter, Ihr Gnaden, da ist ein Rekrute, der will ausreißen.

Major (zu mir): Haben Sie sich anwerben lassen?

Ich: Nein, mein Herr.

Major: Aber die Leute da, die Unteroffiziere sagen's doch?

Ich: Mein Herr, ich kam gestern abend hierher und –

Major (einfallend): – und soffen sich so voll, daß Sie noch nicht nüchtern sind. Hab' davon hören müssen. Wer sind Sie?

Ich: Ein Student von Gießen.

Major: Wie lange studieren Sie schon?

Ich: Seit drei Jahren.

Major: So, so. Aber was nehmen Sie denn Handgeld? Haben wahrscheinlich nichts gelernt? Nicht wahr?

Ich: Sie beleidigen mich –

Major: Daß ich nämlich bei einem Menschen von Ihrem Betragen keine Kenntnisse voraussetze. Nun, wie hieß der erste Kaiser aus dem österreichischen Stamme?

Ich: Rudolf von Habsburg.

Major: Und der letzte?

Ich: Karl der Sechste.

Major: Wann haben beide regiert?

Ich: Jener kam 1273 zur Regierung, und dieser starb 1740.

Major: Schön, ich bin kein Gelehrter, sonst setzte ich das Examen fort. Es tut mir leid, daß Sie Ihr Glück verscherzen. Doch ich will sehen, was sich tun läßt. Ich möchte Ihnen gern helfen. Haben Sie Bekannte hier?

45

Ich: Ja, den Herrn Bucher, Stadtchirurgus, den Gastwirt Tennemann und –

Major: Schon gut, wollen sehen, was zu tun ist. Ich komme hernach wieder. Unterdessen halten Sie sich ruhig, aber saufen müssen Sie nicht mehr, hören Sie?

Der rechtschaffene Mann ging fort, und die Unteroffiziere waren gleich weit höflicher gegen mich als zuvor. Keiner sagte mehr Du zu mir. „Den kriegen wir halter nicht", sagten sie untereinander.

Nach ohngefähr drei Stunden kam der Major zurück mit noch zwei jungen Offizieren. Der eine war der Sohn eines lutherischen Predigers aus Schwaben und hieß Funk. Der Major trat ganz höflich zu mir. „Mein Freund", sagte er, „Sie geben die vier Dukaten heraus." Ich tat dieses mit Freuden. „Der Spektakel hier", fuhr er fort, „hat ohngefähr zwölf Reichstaler Unkosten gemacht, aber da Sie wahrscheinlich nicht so viel bei sich haben, so habe ich mit Herrn Bucher gesprochen, und der haftet dafür. Sie schicken aber innerhalb sechs Wochen zwölf Taler an den ehrlichen Mann, damit er sie sonst nicht aus seinem Beutel bezahlen müsse. Übrigens sind Sie frei; denn unser Kaiser will nicht, daß man besoffene Leute anwirbt. Ja, wenn Sie auch jetzt Dienste nehmen wollten, so müßten Sie erst Ihren Rausch ausschlafen."

Ich: Herr Major, wie soll ich Ihnen meinen Dank –

Major: Stille, mein Freund, ich tue, was Menschenliebe erfordert, und vollbringe den Willen meines Herrn, der edel denkt. Danken Sie Gott, daß der Emissär Sie nicht in ein paar andere der hiesigen Werbhäuser geführt hat. Da wären Sie, so wahr ich lebe, nicht wieder weggekommen. Diese Herren scheren sich den Henker um Menschenliebe und Menschenrechte, wenn sie nur Leute kriegen. Ob's ehrlich oder unehrlich dabei zugehe, darum bekümmern sie sich nicht. Aber hüten Sie sich vor ähnlichen Händeln, Sie möchten sonst nicht so glücklich wieder herauskommen. Mit diesen Worten verließ mich der edle Major, ohne meine Danksagung abzuwarten.

Göttingen

Mein Vater hätte wohl viel Ursache gehabt, mich mit einem tüchtigen Wischer zu bewillkommen, um so mehr, da ich eine weit stärkere Summe zum Abschiedswechsel gefordert hatte, als er erwartete. Außerdem waren ihm auch mehrere meiner Stückchen bekanntgeworden, besonders die Eulerkappereien. Aber mein Vater erklärte gern alles aufs beste, und so machte ers auch hier. Er entschuldigte mich bei sich selbst und empfing mich mit freundlichem Gesicht.

Die ersten Tage gingen ruhig vorbei, dann nahm er mich auf sein Stübchen, um, wie er sagte, zu sehen, ob ich was wüßte oder ob Öl und Arbeit verloren sei. Ich bestund aber in seinem Examen so gut, daß er mehrmals ausrief: „Non me poenitet pecuniae, quam in tua studia impendi."

Da mein Vater mit meinen Kenntnissen so wohl zufrieden war, war ich selbst froh und dachte an nichts, als wie ich mich einrichten wollte, um auch zu Hause meine Tage vergnügt hinzubringen. Mein Vater hatte aber nach unserm Examen sich eines andern besonnen und jetzt neuerdings beschlossen, daß ich noch auf ein Jahr die Göttingische Universität beziehen sollte, und das deswegen, damit ich mehr in den orientalischen Sprachen leisten und überhaupt mich in Absicht meiner Sitten bessern möchte, welche in Gießen ganz verwildert waren. Göttingen stand schon damals im Rufe sehr feiner Sitten. Mein Vater entdeckte mir seinen Vorsatz und befahl mir, mich zur Abreise in wenigen Tagen anzuschicken. Man stelle sich meine Freude vor, abermals eine Universität zu besuchen, welche die, wo ich gewesen war, unendlich übertraf. Mein Gepäcke wurde in etwas ausgebessert und mit neuer Wäsche versehen, und dann fuhr ich ab. Ich darf meine Reise wohl nicht beschreiben, sie ging über Gießen, Marburg, Kassel und Minden. Mein Vater hatte mich abermals bis Frankfurt begleitet.

Meine Leser werden es schon glauben, daß ich die Universität Göttingen mit ganz andern Augen angesehn habe als die zu Gießen. In Göttingen lehrten damals sehr viele berühmte Männer: ein Walch, Müller, Böhmer, Claproth, Pütter, Selchow, Baldinger, Richter, Murray, Michaelis, Heyne, Feder, Lichtenberg, Kästner, Meister, Gatterer, Schlözer und einige andre sehr gelehrte verdienstvolle Männer. Quanta nomina! Und wie hervorstechend groß werden nicht erst diese Namen, wenn man zwischen ihnen und den Gießener Professoren einen Vergleich anstellt! Wenn man z. B. einen Walch mit Bechtolden oder Ouvrier, einen Böhmer mit Kochen, einen Heyne mit Herrn Schmid vergleicht.

Wenn es wahr ist, daß das Ansehen und die Zelebrität der Lehrer einen mächtigen Einfluß auf den Eifer und die Fortschritte der Schüler in den Wissenschaften haben, so versteht es sich von selbst, daß der Student in Göttingen nach Voraussetzungen alles übrigen weit fleißiger studieren und folglich weit mehr lernen muß als der in Gießen, Heidelberg, Rinteln oder sonst einem Orte, wo die großen Muster so selten sind. Und so ist es auch in der Tat, ob ich gleich herzlich gern gestehe, daß sehr viele unfleißige Studenten zu meiner Zeit auch in Göttingen waren.

Ich war an den seligen D. Walch empfohlen, welchen mein Vater in Jena genau gekannt und seine Freundschaft genossen hatte. Walch war ein vortrefflicher Mann, sowohl von seiten der Kenntnisse und Gelehrsamkeit als in Ansehung des Biedersinns und der Redlichkeit. Man findet der Männer wenige, welche verdienen, mit einem Walch verglichen zu werden. Ich habe viel Gutes von ihm genossen, manchen Gefallen, manche Freundschaft hat er mir erwiesen, und mit manchen Kenntnissen hat er mich bereichert. Dafür danke ich ihm noch jetzt. – Man weiß, daß Walchs Stärke in der Literatur- und Geschichtskunde bestand. Alles hierher Gehörige hatte er gelesen, geprüft und zur Verbesserung der historischen Vorstellungen und Begriffe nach seiner Art sorgfältig benutzt. Einige Teile der Kirchengeschichte waren vor seiner Zeit noch ganz unbearbeitet, er bearbeitete sie zuerst, freilich nur insofern, als man es von einem orthodoxen Manne erwarten darf. Was hätte Walch nicht aus der Geschichte der Ketzereien machen können, wenn er Semlers Freimütigkeit gehabt hätte! Ob Walch sehr orthodox gewesen sei, daran zweifle ich, ob ich gleich gewiß dafür halte, daß er kein freier oder liberaler Theologe war.

Herr Leß war der Mann bei weitem nicht. Ich will ihm Gelehrsamkeit nicht absprechen, aber sein Ton, seine Tränen bei dem Vortrage der Moral haben mich nie gerührt, da ich hingegen, wenn Walch bei der Erzählung der Grausamkeiten des Dschingis-Khan oder des Timur weinte, gern mitgeweint hätte. Leß ist ein pietisches Quodlibet, so recht nach den Umständen, und hat etwas an sich von dem Wesen der Betschwestern in Frankreich, die in der Jugend nicht beten und im Alter die Religion als eine entschädigende Galanterie behandeln.

Herr Meiners ist gewaltig gelehrt. Er hat fast alles gelesen und das Gelesene ziemlich alles behalten, und doch lernt man aus seinen Vorlesungen gar wenig. Da er kein philosophischer Kopf ist, so wirft er alles durcheinander wie Kraut und Rüben. Aber ich will keine Charakteristik der göttingischen Lehrer aufstellen, dazu bin ich zu schwach, und die Männer sind ohnehin zu bekannt, als daß meine Beschreibung noch nötig wäre. Von zwei Männern aber muß ich doch noch ein paar Worte sagen.

Herr Pütter ist, wie jedermann weiß, ein großer Publizist und ein großer Kenner der vaterländischen Geschichte; in dieser Rücksicht verdient er alle Hochachtung. Daß aber Herr Pütter den frommen Andächtling und den Hyperorthodoxen macht und dabei immer wie ein Milzsüchtiger andrer Leute Sitten spekuliert, kann nicht gefallen.

Der andre Mann, den ich noch nennen will, ist der verstorbene Ritter Michaelis. Der große Verdienste dieses Gelehrten um die morgenländische Literatur weisen ihm billig einen Platz unter den größten Männern seines Jahrhunderts an und sichern seinen Namen vor jener Vergessenheit, welche auf so manchen wartet, der sich jetzt für ein Licht der Welt hält. Aber sein bis an Niederträchtigkeit grenzender Geiz, sein haberechtiges Wesen und seine Verachtung aller andern Gelehrten neben sich werfen ein sehr gehässiges Licht auf seinen Charakter. Man hat viele Anekdoten von ihm erzählt, welche ich aber aus Achtung für seine sonstigen Verdienste gern unterdrücke.

Meine Kollegien hatte ich, solange ich mich in Göttingen aufhielt, so eingeteilt, daß ich bei Michaelis die Psalmen, das mosaische Recht und den Hiob hörte, bei Schlözern die Staatengeschichte, bei Walchen Kirchengeschichte und Dogmatik, bei Herrn Leß Moral, aber nicht ganz aus, bei Heyne einige Philologika, bei Kästner Mathematik usw. Den Herrn Kulenkamp konnte ich in der Erklärung des Theokrit nicht ausstehen, da wußte ich mehr als er, ob ich gleich blutwenig wußte. Es ist wunderbar, daß ein Kulenkamp es sich herausnimmt, auf einer Universität zu dozieren, wo ein Heyne ähnliche Vorlesungen hält!

Die vortreffliche Bibliothek zu Göttingen, die wohl leicht die beste Universitätsbibliothek in Deutschland ist, habe ich zu meinem wahren Vorteil fleißig benutzt und bin überhaupt in Göttingen anhaltender und ordentlicher im Studieren gewesen als in Gießen. Einmal waren da nicht so viel herrschende Reize zur Renommisterei und zur Liederlichkeit, und fürs andere hatte ich Männer von Ansehen und Gewicht vor mir, fand mehr Muster und mehr Gelegenheit, etwas Rechts zu lernen.

In Göttingen konnte ich bei weitem die Figur nicht spielen, welche ich in Gießen gespielt hatte, dazu hatte ich nicht Geld genug. Mein Vater gab mir zwar so viel, als ich brauchte, um ordentlich zu leben und nicht nötig zu haben, Wasser zu trinken, wie er sagte. Aber ich konnte doch nicht ausreuten, ausfahren, nach Kassel reisen, alle Tage en Wichs erscheinen wie so viele andre, welche Geld hatten. Daher blieb ich immer im Dunkeln und war bloß meinen Freunden näher bekannt. Ich will nicht sagen, daß ich mich geärgert hätte, daß ich keine Rolle spielen konnte. Ich stand damals in den Gedanken, daß Konzerte, Bälle,

Assembleen, Spazierfahrten und dgl. gar nicht zum Wesen des Studenten gehörten, daß der Bursch eben nicht gerade im Briefwechsel mit Mamsell Philippine G. stehen müsse und daß es nicht nötig sei, bei der Frau Magister F. oder der schönen Nichte des Professors P. seine Aufwartung dann und wann zu machen und diese Aufwartung mit barem Gelde oder mit teuren Geschenken zu erkaufen. Und doch waren die, welche dieses konnten, die Angesehensten auf der Akademie. Da es hier nicht selten geschieht, daß Professoren die Studenten auf ihren Stuben besuchen, so gehört es auch zum guten Ton, dergleichen Herren dann und wann zu sich zu bitten und sich in große Unkosten zu stecken. Ich halte nichts davon, wenn Professores die Studenten in ihrer Wohnung heimsuchen. Wollen sie Umgang mit ihnen haben, so sei es an einem dritten Ort. Der Professor verliert nach und nach sein Ansehen, und der Student macht sich schwere unnütze Kosten. Am besten ist es, wenn beide in einer gewissen Entfernung von einander bleiben.

Man hat es als einen Vorzug der Göttinger Universität angesehen, daß daselbst der Student Gelegenheit habe, im Umgang mit Familien zu kommen. Man hat gesagt, das wäre ein Mittel, wodurch er die Roheit der Sitten ablegen und sich verfeinern könnte. Ich weiß aber einmal nicht, ob der Familienton in Göttingen so fein sei, daß sich ein junger Mensch daran auspolieren könne, und dann steht gewöhnlich nur da die Tür auf, wo man gern auf Unkosten der Studenten sich Vergnügen macht. In andern Häusern wird der Student so wie an andern Orten ausgeschlossen.

Ich bin nun Kandidat

Meinen Lesern habe ich vielleicht lange Weile gemacht, da ich ihnen soviel von Universitäten vorgeschwätzt habe. Daß ich das selbst müsse gefühlt haben, beweisen die so ins Enge gepreßten Erzählungen der Begebenheiten von vollen zwei Jahren. Aber nun sollen sie auch Begebenheiten von einer andern Art lesen, welche freilich insofern, als wieder dumme Streiche mit vorgefallen sind, meinen Burschenstreichen gleichkommen und sie vielleicht noch übertreffen. Ich wünsche nur, daß, wenn dem Leser der Student nicht zuwider war, es der Kandidat auch nicht sein möge.

Ich kam im Frühjahr 1779 nach Hause. Mein Vater stellte abermals ein Examen mit mir an und war zufrieden. Ich predige mit Beifall; denn ich predige Moral und nicht vom Satan oder vom Blut Jesu Christi, das uns rein macht von allen Sünden. Genug, die Bauern und die Bürger hörten, wo ich auftrat, etwas Neues. Ich bin nie ein Redner gewesen, allein in der Pfalz braucht man nur eine reine Aussprache zu haben und nicht abzulesen, um des Beifalls beim Predigen sicher zu sein. Da die Herren Prediger auch da, wie überall, kommode sind und gern für sich kanzeln lassen, so hatte ich überflüssig Gelegenheit, mich im Kanzelvortrage zu üben, und tat es auch.

Ich kam bald in Bekanntschaft mit dem Amtmann Schröder in Grehweiler, einem Manne von seltner Ehrlichkeit und nicht gemeinen Kenntnissen, der aber, weil er sich mit dem faselhaften Kammerrat Fabel und andern dieses Gelichters nicht vertragen, d. h. dieser Herren Schleichwege nicht billigen konnte, tausend Verdrüßlichkeiten ausstehen mußte. Herr Schröder öffnete mir seine wohlversehene Bibliothek, und da las ich innerhalb einiger Jahre fast alle Werke des Voltaire, den ‚Esprit des lois' von Montesquieu, Rousseaus ‚Nouvelle Héloïse', dessen ‚Emile' und andere, freilich sehr unorthodoxe Bücher, womit die Bibliothek des Amtmanns versehen war. Ich lernte aus Voltaire nichts als spotten; denn andere Bücher, besonders Tindals Werk, hatten mich schon in den Stand gesetzt, richtig – nämlich wie ich die Sache ansehe – über Dogmen und Kirchenreligion zu urteilen. Gewiß habe ich unendliches Vergnügen genossen bei der Lesung des französischen Dichters, der der Priesterreligion mit seinem feinern und gröbern Witz vielleicht mehr geschadet hat als alle Bücher der englischen und deutschen Deisten. Die englischen gehen von Gründen aus und suchen ihre Leser durch philosophische Argumente zu überzeugen, die deutschen machen es beinahe ebenso und haben's auch mitunter mit der Philosophie zu tun. Zudem reduzieren letztere alles auf Geschichte und verursachen dadurch, daß die Leser ihre gelehrten Werke nicht anders verstehen, als wenn sie selbst gelehrt sind. Der französische Deist hingegen wirft einige flüchtige Gründe leicht hin, schlüpft über die Streitfrage selbst weg und spöttelt hernach über das Ganze, als wenn er seine Behauptungen noch so gründlich demonstriert hätte. Ich weiß wohl, daß das nicht überzeugt, aber Tausende, die es lesen, halten sich von nun an für überzeugt und beehren den Philosophen mit ihrem ganzen Beifall. So war es auch möglich, daß Voltaire so viel Proselyten des Unglaubens anwarb. Er schrieb nicht für Gelehrte; die, dachte er, mögen die Berichtigung ihrer Denkungsart anderwärts suchen, wenn sie klug sind. Er schrieb für Ungelehrte, für Frauenzimmer, für Fürsten und für Kaufmannsdiener; diesen sollten die Schuppen von den Augen wegfallen. Und wenn das so Voltaires Zweck war, so hat er seine Sachen wirklich klug eingerichtet. Alles Geschrei der Gegner, von einem abgeschmackten Nonnotte an bis auf Herrn Leß, hat dem Manne an seinem Kredit nicht schaden können. Den Nonnotte liest kein Mensch mehr, Herr Leß wird nur von einigen Geistlichen gelesen; Voltaires Schriften aber sind in allen Händen, sind beinahe in alle Sprachen übersetzt und werden dann auch noch mit Vergnügen gelesen werden, wenn man längst vergessen hat, daß solche Gegner in der Welt gewesen sind.

Ich soll Pfarrer werden

Die Bauern in Kriegsfeld hatten mich zum Seelsorger, so hießen die dortigen Herren Geistlichen gewöhnlich und hören den Titel auch gern, haben wollen. Weil aber die Pfarre daselbst gar sehr schlecht ist, so wollte mein Vater nicht, daß ich sie annehmen sollte.

Ich muß hier mit Erlaubnis meiner Leser eine kleine Beschreibung von den lutherischen Pfarreien in der Kurpfalz einschalten.

Vorzeiten hatten die Lutheraner in der Pfalz gute Pfarreien, nachdem ihnen aber die Katholiken verbunden mit den Reformierten* ihre Kirchengüter genommen und unter sich geteilt haben, so müssen die armen lutherischen Geistlichen seit der Zeit bloß von dem leben, was ihnen ihre Pfarrkinder aus Gnade und Barmherzigkeit geben wollen. Da aber der Kurpfälzer Bauer selbst nicht viel hat und also nicht viel geben kann, so sind die Predigerstellen ungemein schlecht, und die Inhaber derselben haben oft kaum das liebe Brot. Doch sind die Lutheraner in der Pfalz, wie jede ecclesia pressa, streng auf ihren Glauben, so, daß sie beinahe in jedem Dorf eine Kirche haben und auch einen Pastor. Was das aber auch für Pastöre sind! Kaum kann man sich, ich weiß nicht, ob ich sagen soll, des Weinens oder des Lachens enthalten, wenn man so einen pfälzischen lutherischen Gottesmann einhertreten sieht, mit einem alten verschabten Rock, der ehedem schwarz war, nun aber wegen des marasmus senilis, wie D. Bahrdt von seinem Hut sagt, ins Rote fällt, mit einer Perücke, die in zehn Jahren nicht in die Hände des Friseurs gekommen ist, mit Hosen, die den Hosen eines Schusters in allem gleichkommen, sogar in Absicht des Glanzes, und mit Wäsche, wie sie die Bootsknechte tragen. Aber freilich, der Mann kann sich nichts Besseres an-

---

* Die Reformierten haben beständig mit den Katholiken in der Pfalz gemeinschaftliche Sache gemacht, um die Lutheraner zu unterdrücken. Der pfälzische Lutheraner weiß wirklich nicht, wer ihn mehr drückt, der Katholik oder der Reformierte. Jener hat die Macht und handelt geradezu; dieser bedient sich statt der Gewalt hämischer Ränke und ist nicht minder gefährlich und schädlich.

schaffen; es ist der Anzug, welcher bei seiner Ordination neu war und ihm sein ganzes Leben hindurch dienen muß.

Das Innere dieser Herren stimmt vollkommen mit ihrem Äußern überein, und wenn je das Sprichwort wahr ist: Man sieht's einem an den Federn an, was er für ein Vogel ist – so ist es gewiß von den lutherischen Herren Pfarrern in der Pfalz wahr. Darunter findet man die allerkrassesten Ignoranten, welche kaum ihren Namen schreiben und lateinisch lesen können. Sie sind zwar auf Universitäten gewesen; weil sie aber schlecht unterrichtet dahin kamen, so lernten sie auch da nichts; und der gänzliche Mangel an Büchern – einige alte Schunken und Postillen, welche vom Vater auf den Sohn forterben, ausgenommen – verbietet ihnen, weiter zu studieren. Aber wenn man ihnen auch Bücher geben wollte, so würde ihre krasse Orthodoxie, welche allemal bei Ignoranten und Dummköpfen krasser ist als bei Gelehrten, nebst ihrer natürlichen Trägheit sie hindern, irgendeinen Gebrauch von einem guten Buche zu machen.

Die Lebensart dieser Leutchen ist abscheulich. Saufen, das charakteristische Laster der Pfalz, ist auch ihre Sache. Da sitzen sie in den Dorfschenken, lassen sich von den Bauern traktieren, saufen sich voll und prügeln sich mitunter sehr erbaulich. So bekam der Pfarrer Weppner zu Alsheim einst so viel Prügel in der Schenke, daß er in drei Wochen nicht predigen konnte. In einem andern Lande würden dergleichen Skandale auf verdrüßliche Konsequenzen ziehen, aber in der Pfalz nimmt man's so genau nicht. Ich rede aber, welches sich von selbst versteht, nicht von allen und jeden, sondern vom größten Haufen.

Die reformierten und katholischen Herren sind nicht viel besser, was nämlich ihre Sitten und Kenntnisse betrifft, ob sie gleich besser gekleidet gehen, bessern Wein trinken und der guten Atzung wegen auch dickere Bäuche haben als die lutherischen.

Mein Vater wollte nun nicht haben, daß ich in der Kurpfalz Pfarrer werden sollte. Dazu, meinte er, hätte ich zuviel gelernt. Ich hatte auch nicht Lust, mich dem traurigen Joch des pfälzischen Konsistoriums und der Tyrannei der Oberamtmänner zu unterwerfen. Überhaupt verlangte mich damals nicht nach einem Amte, welches nur meine Vergnügungen würde erschwert haben.

In unsrer Grafschaft war zwar eine nicht schlechte Stelle aufgegangen, welche mir als einem Landeskinde gebührt hätte. Allein der Herr Konsistorialrath Dietsch, ein sonst braver Mann, und der damalige Administrator der Grafschaft, Herr von Zwirnlein, waren von einem Ausländer durch Geld präokkupiert worden, der denn auch die Pfarre erhielt.

Aber da starb im Herbst 1779 der Pfarrer Ritterspacher in Badenheim, einem den Grafen Schönborn, Heusenstammscher Linie, zugehörigen Dorfe. Ritterspacher war mein Freund und Universitätsbruder gewesen und hatte die Witwe seines Vorgängers geheurathet. Weil er aber auf der Akademie sehr akademisch gelebt hatte, so bekam er die Schwindsucht und mußte abfahren. Während seiner Kränklichkeit hatte ich einigemal für ihn gepredigt und alles Lob der Bauern davongetragen. Diese lagen mir nun, nach seinem Absterben, äußerst an, mich zur Pfarre zu melden. Ich wollte anfangs nicht, weil es aber eine sehr gute Stelle war, so drang auch mein Vater darauf, daß ich mich melden sollte. Ich tat es und gab eine Bittschrift bei dem Grafen, oder vielmehr des Grafen Beamten, dem Hofrath Schott zu Mainz, ein. Dieser Hofrat ist ein rüder, unwissender Mensch, welcher vorher hinter der Kutsche gestanden hatte. Er sagte mir gerade heraus: „Herr, Sie müssen die Frau nehmen, sonst kriegen Sie die Pfarre schwerlich." Ich gab ihm zu verstehen, daß es wider meine Grundsätze wäre, je ein Frauenzimmer zu heurathen, das mich an Alter überträfe und schon zwei Männer gehabt hätte. Der Hofrat bedauerte meine Delikatesse, versprach aber doch, die Sache bestens zu besorgen.

Ich traute dem Menschen nicht recht und schrieb gerade an den Grafen nach Wien, der mir zwar auch sehr artig antwortete, aber zugleich zu verstehen gab, daß die Sache nicht mehr ganz von ihm abhinge, indem er dieselbe bereits einem andern übergeben hätte. Doch wollte er sehen, was sich für mich noch tun ließe. Als mein Vater diesen Brief gelesen hatte, riet er mir, alle Hoffnung aufzugeben, weil ich durchfallen würde. Er hatte recht; denn nicht lange darauf heurathete die Frau einen Pfälzer Pfarrer, so einen von denen, die ich soeben beschrieben habe, und der wurde Pfarrer in Badenheim. Freilich rebellierten die Bauern ein wenig darüber, aber Bauernrebellion hat selten Bestand. Der erste Mann der Pfarrin, die eine Schwester des bekannten Malers Müller von Kreuznach ist, hatte 1000 Gulden für die Stelle gegeben. Weil er aber, so wie der zweite, bald starb, ohne für sein vieles Geld die Pfarrei benutzt zu haben, so ließ ihr der Graf die Freiheit, sich zur Schadloshaltung noch einen dritten zum Nachfolger des zweiten zu wählen. Allein auch der ist bald hernach gestorben, und da soll man die Pfarrei an Herrn Sträuber, einen Menschen, der es im Saufen mit jedem Matrosen aufnimmt, abermals für 1000 Gulden verkauft haben.

Ich könnte nicht sagen, daß diese fehlgeschlagenen Aussichten mich sehr geärgert hätten, aber desto mehr ärgerte sich mein Vater, daß man das Ding angefangen hatte. Er wünschte indes gar sehr, mich versorgt zu sehen, um mich aus dem unbestimmten wüsten Leben herauszureißen, wie er sagte.

Mein Apostolat des Deismus

Ich habe schon oben gemeldet, daß ich durch Crellius' Buch um meinen Glauben an Dreieinigkeit und durch Tindals Schrift vollends um allen Glauben gekommen war. In der Pfalz suchte ich nun Proselyten zu machen und fand mehrere Anhänger. Anfänglich erstreckte sich mein Bekehrungseifer bloß auf meine Freunde. Mit diesen sprach ich oft über heilige Dogmen, und das Resultat war jedesmal, daß das Dogma falsch und läppisch wäre. Da unter meinen Freunden mehrere Katholiken waren, so hütete ich mich, Unterscheidungslehren anzutasten; denn so würde ich sie niemals gewonnen haben. Vielmehr griff ich die sogenannten Grundlehren des Christentums an und widerlegte sie mit Argumenten, welche bei meinen Leuten fangen mußten. Gewöhnlich schlug ich den Weg ein, daß ich die ganze Historie der Bibel suchte verdächtig zu machen, und das gelang mir allemal, weil ich die Widersprüche der Schriftsteller grell genug darstellte und dann fragte, ob man einem Buche glauben könnte, welches sich so oft widerspräche? Bald beschrieb ich den Abraham, Moses, David, Samuel, Elias und andre in der Bibel als Heilige dargestellte Personen als Erzschurken, Spitzbuben und Rebellen, deren Stückchen ich erzählte und mit Anmerkungen erläuterte.

Sofort ging ich ans Neue Testament, machte mich über die Lehrart Jesu und der Apostel lustig und bewies, daß die weisen Heiden Sokrates, Plato, Xenophon, Zeno, Plutarch, Cicero und Seneca die Moral oder die eigentliche ewige allgemeine Religion weit schöner und gründlicher gelehrt hätten als die Stifter der kirchlichen Sekten. Da ich merkte, daß die Historien der unendlichen christlichen Zänkereien, Spaltungen, Verfolgungen und Pfaffenspitzbübereien den meisten Eindruck auf meine Freunde machten, so blieb ich bei diesem Kapitel immer recht lange stehen und erläuterte alles, so gut ich konnte. Voltaire kam mir, wie man denken kann, recht wohl zustatten. Dabei gab ich mir ein sehr gelehrtes Air und blickte mit Verachtung auf die herab, welche die Kirchenreligion verteidigten. Mußte ich dem einen und andern dieser Verteidiger die Gerechtigkeit widerfahren lassen, daß er ein gelehrter Mann und heller Kopf sei, so gab ich vor, der Mann sei nur einseitig aufgeklärt, sei ein Heuchler, rede anders, als er denke, oder dergleichen. Ich weiß es recht wohl, daß ich nicht allemal redlich zu Werke gegangen bin; denn ich brauchte oft Argumente, deren Schwäche ich selbst einsah. Allein ich hatte mit Leuten zu tun, die alles, was ich sagte, für bare Münze annahmen, und da dachte ich, sei eine pia fraus erlaubt. In diesem Falle machte ich es gerade so wie die heiligen Kirchenväter, ja selbst wie die Apostel, welche kat' anthropon bewiesen und zufrieden waren, daß ihre Zuhörer glaubten, sie mochten nun überzeugt oder übertölpelt sein.

Endlich erhielt ich die berühmten Fragmente, die Lessing herausgegeben hat. Jetzt war ich vollends recht in meinem Elemente. Bisher hatte ich die christliche Religion noch immer als eine gute moralische Stiftung für ihre ersten Anhänger, vorzüglich aus den Juden, angesehen und verehrte den Urheber derselben sowie seine ersten Nachfolger als brave, ehrliche Männer, die höchstens Fanatiker und Feinde des Priesterdespotismus gewesen wären. Aber von nun an erblickte ich in dem ganzen christlichen System nichts als Betrug, und zwar Betrug, der sich auf die abscheulichsten Absichten gründete. Ich teilte meinem Vater die Dinge mit. Er las sie durch und gab sie mir mit den Worten wieder: Haec et ego dudum cogitaram, nil inveni novi! Dabei riet er mir, da ich nun gescheut genug sein müßte, alles das für mich zu behalten und nichts davon ins Publikum zu bringen. Aber das war kein Rat für mich. Ich las meinen Freunden die Fragmente, besonders das über die Auferstehung Jesu und dessen und seiner Jünger Zweck, mehrmals vor. Letzteres Buch wurde, weil ich es wieder zurückgeben mußte, von uns abgeschrieben und war von nun an unsre Bibel.

Auf diese Art hatte ich eine kleine deistische Gesellschaft gestiftet, wovon ich der Matador war. Jeder konsultierte mich, trug mir seine Zweifel vor und bat sich meine Orakelsprüche aus. Ich nenne die Namen meiner Glaubensbrüder nicht; denn es möchte ihnen in einem Lande schaden, wo man so inquisitorisch denkt wie in der Pfalz. Es waren übrigens Leute von ziemlich guter Aufführung, unter welchen ich, zu meiner Schande muß ich's gestehen, wegen meiner Sauferei der Liederlichste war. Unsre Disputationen wurden meistens beim Weinglase geführt, und da disputiert sich's freilich ganz allerliebst.

Ob wir gleich unsre Sache ziemlich geheim anfangs hielten, so waren doch verschiedene Pfaffen auf unsre Spur gekommen und hatten uns, besonders mich und meinen ehrlichen Haag, als Erzfreigeister ausgeschrien. Um diesem üblen Gerüchte zu entgehen, fertigte ich auf Anraten meines Vaters eine kleine Schrift aus und ließ sie im Manuskript zirkulieren. Das Ding war lateinisch und hieß: ‚Dissertatiuncula de veritate Religionis Christ. argumentum morale'. Es enthielt die gewöhnlichen moralischen Beweise für die Wahrheit der christlichen Religion und tat ziemlich gute Wirkung. In meinen Zirkeln widerlegte ich, nach Art so manches andern gezwungenen Schriftstellers, mein eigenes Schriftchen und machte es lächerlich.

Mein redlicher Freund, der Inspektor Birau zu Alzey, den ich sehr oft und auf mehrere Tage besuchte, ermahnte mich fleißig, mein freies Reden über die Religion einzustellen. „Sauft, lieber Freund", sagte er oft zu mir, „macht Hurkinder, schlagt und rauft Euch, kurz, treibt alle Exzesse: das wird Euch nicht so viel schaden als Eure Freigeisterei." – Er hatte recht; denn Saufen, Huren und dgl. sind peccatilia, Herrn Simons Sünden, wie D. Luther sagte, die der Küster vergibt; aber über die Dreifaltigkeit zweifelhaft reden verdient alle Anathemen.

Ein Schuft wird mein Patron

Schon seit einigen Jahren war ich auch mit einem gewissen Baron von F. aus M. bekannt. Dieser Edelmann war zwar katholisch der Profession nach, aber seiner Praxis zufolge war er ein Freigeist, zwar mehr aus Leichtsinn und Spottsucht, wie viele dergleichen Helden, denn auch der Unglaube hat seine blinden Anbeter, als aus Grundsätzen. Dieser F. war ein eingemachter Wollüstling, der ganze Tage bei Wein und in Gesellschaft feiler Menschen, nach denen er ohne alle Delikatesse jagte, zubrachte. Zotenreißen und fluchen waren seine schönen Künste; und seine einzige Wissenschaft, da er von allen übrigen Kenntnissen entblößt war, bestand darin, daß er Tag und Nacht auf den Strich ging, Mädchen wie Lerchen fing und diesen die Taille verdarb. Sonst war er ein ganz guter Mensch, daß heißt ganz so, wie wollüstige und kreuzliederliche Leute zu sein pflegen: sie teilen mit, was sie haben, und freuen sich, wenn sie für ihr Geld einen Zirkel gleichgesinnter Menschen errichten können, die ebenso ausschweifen und tollieren als sie.

F., bei dem ich so gut stand, tat mir den Vorschlag, eine Tour nach Bamberg und Würzburg mitzumachen, unter der Versicherung, mich sollte die Reise auch nicht einen Kreuzer kosten. Vielleicht wußte er's, daß meine Börse kaum zur Rückreise von Uthoffen nach Mainz hinreichen würde. Ich ließ mir den Vorschlag unter der Einschränkung, daß ich ihm an Ort und Stelle das ausgelegte Geld wieder ersetzen dürfte, gefallen. „Das wollen wir schon sehen", sagte er; und so ging's nach Würzburg, Bamberg, Anspach, Erlangen, Nürnberg und den andern Städten, welche in der dortigen Gegend herum liegen. – Ohngefähr sechs Wochen nach unsrer Abfahrt von Mainz trafen wir endlich nach vielen Umschweifen und lustigen Streichen daselbst wieder ein.

Mein Vater war mit meiner donquichottischen Reise nach Franken sehr übel zufrieden, und er hatte Recht. Er kannte mich und mußte sich's schon zum voraus vorstellen, daß ich auf meiner Wallfahrt viele und mannigfaltige Suiten gespielt habe. Um aber so viel als möglich seinen Unwillen von mir abzuleiten, beschrieb ich ihm die zurückgelegte Reise nach meiner Art, das heißt, ich ließ aus, was er nicht wissen sollte und sagte bloß das, was ich, ohne Wischer zu bekommen, getrost erzählen konnte.

Mein Vater begehrte, daß ich dem Baron F. sein für mich ausgelegtes Geld – das sich immer auf 60 Gulden belaufen konnte – ersetzen sollte; allein der Baron schlug diese Erstattung großmütig aus. Ich bin sein Schuldner, und werde es auch wahrscheinlich bleiben bis an den Jüngsten Tag.

Ein neues Vikariat

Während meiner Abwesenheit aus der Pfalz hatte der alte Pfarrer Köster zu Obersaulheim, einem rheingräflichen Dorfe, um einen Substituten oder Vikarius angehalten, und das Consistorium zu Grehweiler hatte mich zu dieser Stelle ausersehen, und mein Vater drang darauf, daß ich sie annehmen sollte. Sie war auch wirklich des Annehmens wert. Ich hatte da freie Station, das heißt, meinen Koffee, der aber in jenen Gegenden nicht so frequent geschlürft wird als in Sachsen und Preußen, meinen Toback und Wein, mein Reitpferd zum Vergnügen, monatlich sechs Gulden Geld und endlich alle bei der Pfarrei einlaufenden Accidenzien. Dafür hielt ich nur sonntags vormittags eine Predigt und nachmittags entweder Kinderlehre oder eine sogenannte Betstunde. Kurz, diese Stelle war nicht unrecht. Ich sistierte mich daher bei dem Consistorium. Rat Dietsch hielt mir eine derbe, jedoch freundschaftliche Strafpredigt, welche meine Ketzerei, meinen schlechten Umgang, meine Trunkenheit und endlich mein liederliches Leben mit Frauenzimmern von der niedrigsten Klasse betraf. Ich wollte mich verteidigen; allein Herr Dietsch empfahl mir statt der Apologie meines Lebens behutsames und kluges Betragen und sagte, ich möchte mich nur nach Obersaulheim begeben und mein Amt daselbst so verrichten, wie ich es zu verantworten mir getrauete.

In diesem Vikariate hab ich viel Vergnügen genossen.

Obersaulheim ist nur eine halbe Stunde von Udenheim entfernt, wo ich [vorher] Vikarius gewesen war. Die Udenheimer Bauern hatten noch viel Liebe zu mir, wenigstens liebten sie mich weit mehr als ihren Pastor, den sie nur schlechtweg den Magister „Weitmaul" und den „Zundermann" titulierten. Daher kam es, daß die Udenheimer fleißig nach meinen Predigten liefen und Wageners Kirche leer stehen ließen. Darüber ärgerte sich nun Mosje Wagener ganz abscheulich und eiferte in allen seinen heiligen Reden über gewisse Leute, die zwar

Gottes Wort lehren wollten, aber von dem, was sie sagten, auch kein Wort glaubten und überdem noch ein liederliches Leben führten usw. – und ich war so unklug, daß ich gegen den Menschen, den ich hätte verachten sollen, ebensolche Waffen ergriff und philippische Reden hielt. Ich suchte alles auf, was ich von dem Herrn Magister „Weitmaul" wußte und setzte moralische Charaktere zusammen, welche so kenntlich waren, daß selbst die Bauern, wenn sie aus der Kirche gingen, zueinander sagten: „Heut hott der Vikaries dan Magischter Weitmaul wedder ämol recht herunner kefummelt; es keschieht äm aber schone racht!"

In die Länge tat's doch kein gut mit diesen Controverspredigten. Ich bekam ein Monitorium von Herrn Dietsch, mich aller Anzüglichkeiten auf der Kanzel zu enthalten, weil, wenn die Sache zur Klage käme, ich nicht mehr predigen dürfte.

Die Bauern ließen indes eine Bittschrift verfertigen und reichten selbige beim Consistorium zu Grehweiler ein. Das Consistorium zu Grehweiler konnte auf die Bittschrift der Bauern nicht resolvieren, sondern mußte die Sache dem Administrator, Herrn von Zwirnlein, überlassen, meinem Feinde.

Die Antwort der Commission erfolgte bald und erklärte: daß die Pfarre Obersaulheim schon längst an den Prediger Wagner vom Minister versprochen sei und ich keine Hoffnung dazu bekommen könnte. Wagner hatte nämlich Herrn von Zwirnlein einige Dutzend Füchse zugeschickt und also die Exspektanz auf Obersaulheim dafür erhalten, wofür man damals fast alle Bedienungen erhielt – für Geld.

Dem Fasse geht der Boden aus

Mein Vater, benachrichtigt von meiner Aufführung, kränkte sich sehr, daß alle seine Ermahnungen nicht fruchteten, und prophezeite mir im voraus den gänzlichen Ruin meines Glücks. Er bat mich mit Tränen, eine andere Lebensart anzufangen, hübsch auf meinem Vikariate zu bleiben, fleißig zu studieren und so die bösen Gerüchte nach und nach verrauchen zu lassen; allein er predigte tauben Ohren. Teils hatte ich selbst keine Achtung mehr vor mir, teils hatten mir eine falsche Eigenliebe und ein unkluger Dünkel den Kopf so verruckt, daß ich bloß mir folgte, keinen, weder Vater noch Freund, hörte und gegen alles, was man von mir sagte und dachte, verachtend und unempfindlich wurde.

Nun erhielt ich um Martini 1781 ein Schreiben von der Kommission des Inhalts, daß Seine Durchlaucht, der Herr Fürst von Nassau-Weilburg, mit höchstem Unwillen vernommen habe, wie der Kandidat Laukhard noch immer das

Vikariat in Obersaulheim verwalte, welches ohne großes Ärgernis und Skandal der christlichen Gemeinde nicht mehr mit angesehen werden könnte. Der Kandidat sei als ein Mensch bekannt, der ganz und gar keine Religion habe, der über die heiligsten Geheimnisse der christlichen Lehre öffentlich spotte, überdies ausschweifend lebe, dem Trunk sich ergebe, Pasquillen auf andere schmiede und sogar die Kanzel zum Tummelplatz seiner skandalösen Auftritte mache: deshalb trügen Seine Durchlauchten dem Konsistorio auf, den bisherigen Vikarius Laukhard zu removieren und ein anderes, unbescholtenes Subjekt an die Stelle zu setzen.

Herr von Zwirnlein hatte mir diesen Befehl des Fürsten, den er aber selbst geschmiedet und diesem Herrn zur Unterschrift vorgelegt hatte, abschriftlich zugeschickt und mir es freigestellt, ob ich entweder freiwillig oder gezwungen durch das Konsistorium meinen Posten verlassen wollte. Ich wählte natürlich das erste, schrieb dem Administrator, daß er einen Vikarius schicken könnte, welchen er wollte – ich ginge gern weg; denn die Freiheit, über alles reden zu können, was mir mißfiele, und ein Zustand, worin ich mich vor keinen Kabalisten und Dummköpfen zu fürchten brauchte, sei mir teurer als das Predigervikariat zu Obersaulheim. Dann hielt ich zu guter Letzt noch eine Predigt über den Vorzug des Sünders vor dem Gerechten, die ich selbst ausgearbeitet und äußerst anzüglich zugerichtet hatte.

Amicus certus in re incerta cernitur

Während dieser Zeit erhielt ich einen Brief vom Blumenwirt Schmid zu Gundersblum, der voll Enthusiasmus war. Man habe, hieß es, gehört, daß man mir die Kanzel verboten und alle Hoffnung zu einer Versorgung genommen hätte. Das Ding habe meine Freunde in Gundersblum, namentlich den Major von Goldenberg, den Wirt Bechtel und ihn, den Herrn Schmid, so sehr geärgert, daß sie beschlossen hätten, sich meiner anzunehmen. Ich sollte nur kommen, man würde mir schon Mittel angeben, den Schaden zu ersetzen und meine Feinde auszulachen.

Die Bitte, bald zu kommen, war so dringend gemacht, daß ich gleich den andern Tag von Mainz aus nach Gundersblum ging. Ich hatte nur fünf Stunden. Schmid empfing mich mit der lebhaftesten Teilnahme an meinem widrigen Schicksale und mit tausend Flüchen gegen alle, die mich meiner und seiner Meinung nach gedrückt hätten. Ich sollte sehen, sagte er, wie man sich hier meiner annehmen würde: er wisse, daß mein Vater mir beinahe sein Haus verboten und mich gleichsam fortgejagt hätte, aber hier in Gundersblum fände ich alles, was ich wünschen könnte. Zuvörderst hätte der Major dafür gesorgt, daß ich in Gundersblum bei ihm wohnen könnte, bis sich etwas für mich ergeben würde. Ich fände da guten Tisch, rechten Wein und ein feines Logis. Der Major war zwar ein ehrlicher, braver Mann, ohne Stolz und ohne Grobheit, aber an Jahren waren wir zu weit von einander, als daß wir hätten Vertraute werden können; und Vertraulichkeit habe ich immer gesucht, habe sie sogar oft für Freundschaft gehalten und mich dabei gar häßlich betrogen. Dem ohngeachtet ging ich zum Major, welcher mich aufs beste bewillkommte und von dem Herrn von Zwirnlein eben nicht mit Achtung redete.

„Sie sollen bei mir bleiben", fuhr er fort, „und bei mir alles finden, was Sie verlangen: gut Essen, derb nämlich, aber wenig Gerichte, guten Wein, Gunderblumer nämlich, und das in vollem Maße, soviel in den Bauch hineingeht, und eine gute Pfeife Tobak. Aber da Sie das Ding wohl nicht werden umsonst haben wollen, so übernehmen Sie meine Jagd und besorgen meinen Keller und lehren meine Mädel ein bissel Französisch und auf der Landkarte. Wollen Sie das, mein Lieber?" Ich schlug ein und war froh, daß ich mich an einem fremden Orte bequem aufhalten konnte, ohne meinen Wohltätern lästig zu sein. Ich war also freiherrlicher Jäger, Sprachlehrer und Oberkellermeister.

Meine Geschäfte betrieb ich anfangs sehr emsig. Ich ließ mir einen grünlichen Überrock machen, den ich noch in Halle getragen habe und den der Aufwärter in D. Semlers Haus erst vor zwei Jahren völlig aufgerieben hat, kaufte mir einen runden Hut, welchen ich mit einer goldnen Borde auszieren ließ, und in diesem Ornate ging ich tagtäglich auf die Jagd. Die Titulaturen Vikarius und Kandidat verbat ich mir überall, indem sie mich allemal an meine Fatalitäten erinnerten. Ich kann eben darum noch nicht begreifen, wie manche abgedankte Offiziere und Beamte ihre Titulaturen so eifrig suchen aufrechtzuerhalten, da es doch sehr oft eine Art von Vorwurf für sie ist, wenn man sie noch so nennt, wie man in ihrem Dienste sie nannte.

Das Ding mit meiner Jägerei machte Aufsehen, und es fing an zu scheinen, als wenn selbst Herr von Zwirnlein eben die Metamorphose aus einem Kandidaten in einen Jäger nicht hätte haben wollen; denn der Sekretär Schlosser schrieb an meinen Vater, meine Lage könne immer noch verbessert werden, ich müßte nur eine Supplik eingeben, hübsch pater peccavi sagen und hernach von neuem Gehorsam versprechen, alsdann würde alles gut gehen. Allein das war mir erstlich nicht gelegen, und meine übrigen Zerstreuungen verhinderten vollends alles.

Alte Liebe rostet nicht

Seit meiner theologischen Donquichotterei in der Pfalz hatte ich Thereschen wenig gesehen und aller vertraulicher Umgang, aller Briefwechsel hatte schon längst aufgehört. Meine Zerstreuungen waren zu groß und meine Bekanntschaften zu ausgebreitet, als daß ein so sanfter Affekt, wie die Liebe ist, hätte in meiner Seele noch haften können. Freilich dacht' ich dann und wann ans gute Kind; allein beim Andenken blieb's. Zudem scheute ich mich auch, das längst verlassene Mädchen wieder zu begrüßen; also blieb's beim alten.

Sonst hatte ich während meines Aufenthalts in der Pfalz eine Menge Bekanntschaften mit Mädchen errichtet, wovon einige sehr traulich geworden waren. Es ist das in jenem Lande gar keine Kunst, die Mädchen sind samt und sonders sehr aufgeräumt und lassen ihre Suspiranten nicht lange schmachten, oft kommen sie einem schon auf der Hälfte des Weges entgegen, oft tragen sie sich gar selbst an. Das waren nun freilich Liebschaften nach der Pfälzer Mode, wobei bloß Sinnlichkeit, oft bloße Langeweile ins Spiel kamen, woran aber das Herz wenig Anteil hatte. Ich wenigstens kann mich nicht erinnern, daß meine Lorchen, Malchen, Karolinchen, Luischen und andre mich auch nur um eine Viertelstunde Schlaf gebracht hätten.

Es müssen noch eine Menge Liebesbriefe und billets doux von mir in der Pfalz sich vorfinden; denn daß sie sollten vernichtet sein, kann ich deswegen nicht glauben, weil das Pfälzer Frauenzimmer dergleichen Sächelchen gern aufhebt, um bei Gelegenheit mit Eroberungen Parade zu machen. Ich habe eine große Menge ähnliches Zeugs gehabt, wovon ich leicht eine Sammlung, so groß wie die des Cicero, hätte in sechzehn Büchern machen können.

Daß Thereschen von meiner Flatterhaftigkeit Nachricht eingezogen und sich darüber nicht wenig gekränkt habe, hab' ich hernach von ihr selbst erfahren. Therese war kein Mädchen vom gewöhnlichen Schlage, sie dachte gesetzt und hatte natürliche, wahre Empfindung. Schade für das herrliche Geschöpf, daß ihre Neigung gerade auf mich gefallen war! Wie glücklich hätte sie einen Würdigern machen können!

Vor fünf Jahren, als ich in der Pfalz war, war Thereschen noch ledig. Ich weiß, daß mehrere um sie geworben haben, weiß aber auch, daß sie jeden Antrag dieser Art verbeten hat. Ich bin nicht stolz genug, dies ihr standhaftes Betragen ihrer Liebe gegen mich zuzuschreiben, aber etwas muß doch mein Andenken dabei bewirkt haben. Und so bedaure ich diese Edle, Verlaßne jetzt um so mehr, je abscheulicher ich mir bei dieser ganzen Geschichte selbst erscheine.

Eine Reise à la Don Quichotte

Herr von F. gab mir zu verstehen, daß ich ihn bald nach Straßburg begleiten sollte und daß wir da hoch leben würden. Das Ding gefiel mir, ich sagte sogleich ja. Einige Tage hernach erschien mein Herr von F. und forderte, daß ich sogleich aufpacken sollte, es ginge vorwärts. Herr von Goldenberg sah es freilich nicht gern, daß ich ihn, seine Jagden und seinen Keller verlassen wollte, aber er mußte es schon geschehen lassen und sich damit trösten, daß ich bald würde zurückkommen. Ich hatte dies auch ernstlich im Sinne.

Ich reiste indes mit F. über Neustadt, Landau und Hagenau nach Straßburg. Gleich über Neustadt geht das französische Gebiet an. Ich halte mich mit Reisebeschreibungen nicht gern auf und will also auch die trefflichste aller schönen Gegenden, welche man dort Landes antrifft, nicht beschreiben. Ludwig XIV. war kein Narr, daß er den Elsaß wegnahm. Ich war schon mehrmals in diesen Gegenden gewesen, hatte die Stadt Straßburg mehrmals gesehen, aber so innig vergnügt hatt' ich dort noch nie gelebt als damals in der Gesellschaft des Barons von F.

In Landau verließ mich eines Abends beim Schlafengehen der Baron und gestand mir den folgenden Morgen, er habe in der Beschließerin Kammer die Nacht zugebracht. Auf der Rückreise kampierte gar die Beschließerin im Bette des Barons in demselben Zimmer, worin auch ich, obschon in einem anderen Bette, lag. Das nimmt man bei den Franzosen – und die Landauer fangen schon an, nach Franzosenart zu tun – nicht übel.

In Straßburg nahmen wir unser Quartier im Gasthofe, dem ‚Tiefen Keller'. Ich habe schon gesagt, daß meine Mutter eine Enkelin des ehemaligen berühmten straßburgischen Juristen Johann Schilters gewesen sei. Dieser Mann hatte sich nicht nur um die Wissenschaften überhaupt, sondern auch insbesondere um die Stadt Straßburg so verdient gemacht, daß sein Andenken daselbst hochgehalten wird. Eben dieses Renommée meines Urgroßvaters hat mir in mehrere vornehme Gesellschaften den Weg gebahnt. Meiner Mutter Vater d'Autel hatte noch Brüder in Straßburg gehabt, deren Kinder und Verwandte recht vetterlich mit mir umgingen. Aber dem Baron F. gefiel diese Wirtschaft nicht. „Die Philisterei", sagte er, „ist mein Tod. Laß das verdammte Philisterzeug gehen, hast ja sonst Bekanntschaft!" Ich mußte ihm nachgeben und durfte nur höchst selten meine Verwandten besuchen.

Unsere Gesellschaften waren meistens französische Offiziere, womit uns Herr von Gymnich bekanntmachte. Dieser Herr von Gymnich ist ein geborner

Mainzer, ein biederer, rechtschaffener junger Mann, aber voll Leichtsinn und französischer Flatterhaftigkeit. Er stand damals als Lieutenant bei einem Infanterieregimente in Straßburg. Die französischen Offiziere zeichnen sich in allen Stücken sehr vorteilhaft aus. Ich habe einige kennengelernt, welche es in den Wissenschaften weit gebracht hatten: Mathematik, Geschichte, Erdbeschreibung und Zeichenkunst sind die gewöhnlichen Kenntnisse eines jeden französischen Offiziers, ja viele sind gar Meister in einigen dieser Kenntnisse. Der Graf Massineau in Straßburg ist Verfasser einer Schrift über die Minierkunst, welche ihresgleichen sucht: die größten Kenner der Kriegswissenschaften geben ihm dieses Zeugnis. Jeder Offizier hat seine Bibliothek, worin man freilich viel leichte Ware, aber doch auch die Werke eines Molière, Racine, Montesquieu, Voltaire, Rousseau, Boileau, La Fontaine, Helvetius und andrer großer Männer antrifft. Und diese Bücher stehen nicht bloß auf dem Pulte, sie werden auch gelesen. Die schönsten Stellen wissen die Herren auswendig und wissen sie recht geschickt anzubringen. Ich habe mich oft gefreut, wie ganz junge Offiziere von 15 bis 16 Jahren die herrlichsten Stellen aus Voltaires, Rousseaus oder andrer Autoren Schriften ohne alle Pedanterie in ihren Unterredungen einzuschalten wußten. Daran aber ist die edele Erziehung schuld, welche man in Frankreich dem jungen, zum Militärstande bestimmten Adel zu geben sucht.

Die Lebensart dieser Herren ist äußerst fein und ihre Sitten so einnehmend, so gefällig, daß ich mich gar nicht wundre, daß ein französischer Fähndrich einen deutschen Grafen beim Frauenzimmer aussticht, wie sich's oft zugetragen hat. Diese Leute haben keinen Ahnenstolz und bilden sich auf ihren Adel ganz und gar nichts ein. Ich bin von vielen, die ich gekannt habe, recht freundschaftlich behandelt worden. Grobheit und Unhöflichkeit ist da weit weg.

Die Ehre eines französischen Offiziers besteht einzig und allein in der genauen Erfüllung seiner Pflichten, gerade wie ehemals in Athen und in Rom, wo nur der Ehre genoß, der seiner Pflicht aufs genaueste entsprach. Den Dienst versäumen, wider seine Schuldigkeit fehlen heißt in Frankreich sich prostituieren. Man sprach damals von einem Kapitän, welcher seinem Obersten widersprochen hatte und deswegen auf vier Monate auf die Zitadelle gekommen war. Niemand entschuldigte den Kapitän, und als ich einige Anmerkungen zu seiner Verteidigung vorbrachte, antwortete mir ein fünfzehnjähriger Offizier: Ich verstände die Sache nicht, was wider die Subordination wäre, wäre eben dadurch malhonnête. Ein Offizier, welcher sich den geringsten unredlichen Streich zuschulden kommen läßt, wird kassiert. Man kann ihn auch nicht in Diensten lassen, denn alle andren Offiziere würden sich gegen ihn verschwören, und er würde genötigt werden, bei Nacht und Nebel abzufahren. Zu dergleichen unredlichen Streichen gehört das manquer de parole, daher gilt auch das Wort eines französischen Offiziers mehr als Priesterwort und deutsche Kavaliersparole. Niemals hat ein Offizier einem Soldaten oder Rekruten etwas versprochen, das er hernach nicht gehalten hätte.

Das ist wahres, rühmliches point d'honneur, womit sich aber auch viel falsches point d'honneur vereinigt. Dahin gehören die häufigen Balgereien, die sich sehr oft mit einem gewaltsamen Tode endigten. Ein hitziges beleidigendes Wort, ein ‚vous avez menti' ist hinlänglich, ein Duell anzuzetteln. Daher gehen diese Herren auch auf die höflichste Art miteinander um und behandeln sich, als hätten sie alle die höchste Achtung gegen alle. Das Duzen ist unter ihnen nicht gebräuchlich. Es scheint auch gegen das Genie der französischen Sprache zu sein, und Raillerie muß sehr fein getrieben werden, wenn sie statthaben soll. Neckereien und Aufziehereien oder gar grobe Worte würden augenblicklich Händel erregen; deswegen werden sie gar nicht gehört. Von Statur sind diese Herren alle gut gebildet; kleine, unansehnliche Leute findet man unter ihnen nicht.

Die Religion der französischen Offiziere ist Freigeisterei und zwar voltairische. In ihren Zirkeln wird derb über alles gespöttelt, was beim Pöbel und bei Pfaffenfreunden für heilig gilt. Sie hören indes doch Messe, wenn sie katholisch sind. Die Protestanten besuchen gar keine Kirche. Ich fragte einmal einen katholischen Offizier, warum er in die Messe ginge, da er doch den Stifter der christlichen Religion für einen Bastard hielte. „Das ist so Mode", erwiderte er, „und die Mode muß man mitmachen."

Straßburger Universität, Pfafferei, Kontroverspredigten und andere Raritäten

Straßburg hat vorzeiten in allen Fächern große Männer gehabt. Die Literaturgeschichte nennt uns die Namen derer, welche in den ältern Zeiten den Wissenschaften dort Ehre und Wachstum verschafft haben. Aber leider hat sich heutzutage dieser Ruhm nur in der einzigen Medizinischen Fakultät noch erhalten; denn wer kennt die Namen eines Spielmanns und Lobsteins nicht. In der Theologie, in der Juristerei und Philosophie sieht es greulich aus. Die Ursachen dieses Übelstandes sind nicht schwer zu entdecken. Die Lehrstellen werden hier noch weit ärger besetzt als in Gießen oder Heidelberg. Da ist's doch nur hergebracht, daß man bloß Landeskinder zu Professoren befördert, in Straßburg aber ist das gesetzlich. Alle Lehrer dieser teuren Universität sind folglich lauter Straßburger Grützköpfe, vorzüglich bei den Protestanten.

Zu meiner Zeit waren Lorenz und Beykert die Matadors in der Theologie, zwei erzunwissende Phantasten und äußerst intolerante Köpfe. Lorenz predigte stark gegen die hohen Hauben, Federn und Hüte der Frauenzimmer wie auch wider die Schlittenfahrten und Bälle. Alle diese Dinge und noch mehr andere legte er aus als greuliche Verführungen des Satanas und als Zeichen des Jüngsten Tages. Alle Sonntage fährt er auf dergleichen Sachen los und verkündigt allen, die da tanzen oder Schlitten fahren, die ewige Verdammnis. Beykert ist nicht um ein Haar besser. Er predigt rosenkreuzerisch und schimpft mitunter auf die Pariser Moden.

Die Universität selbst ist in den kläglichsten Umständen. Juristen sind beinahe gar keine da und nur wenige Theologen. Diese sind lauter Schanzer, welche sich mit Informieren durchhelfen müssen*. Diese theologischen Studenten sind das non plus ultra aller Schmutzerei. Sie sitzen mittags und abends in den Schmudelbuden oder Garküchen, verzehren da für einige Sous Gemüse und Fleisch und sind gekleidet wie weiland Don Quichottes Schildknappe.

Hier werden manche Leser stutzen und fragen, wie es möglich sei, daß in einer Stadt, wo so viel guter Ton, so viel Galanterie herrscht, die Studenten doch so ein schmutziges Leben führen. Aber Geduld, ich werde das Rätsel lösen. Der gute Ton in Straßburg findet sich bloß bei Katholiken und solchen Lutheranern, die eigentlich zur Bürgerschaft nicht gehören. Alle andern hängen an der alten Mode, wovon sie nicht abweichen, aus Furcht, alle ihre Privilegien zu verlieren, sobald sie sich nach französischer Sitte gewöhnen würden. Daher spricht auch ein Straßburger Philister selten Französisch, wenn er auch noch so gut sprechen kann, und die Bürgermädchen tragen noch ihre geflochtenen Zöpfe wie vor zweihundert Jahren. Unsere Wirtstochter war ein artiges Ding, aber die verfluchten neunundneunzig Zöpfe auf dem Kopf verstellten sie ganz. Ich sprach davon mit der Mutter und riet ihr, ihrer Tochter einen andern Kopfputz anzuschaffen. „Ach, behüte Gott!" antwortete die Alte, „ich sollte meine Tochter zur Hure machen?" Man denke an die Logik der Straßburger Philister!

Der Student, welcher als Schanzer bei einem Philister von der Art steht, muß sich aufs niedrigste behandeln lassen. Er muß seinen Prinzipal, den Herrn Fleischer, Schuster, Schornsteinfeger usw. allemal auf einen hohen Fuß behan-

---

* Schanzen heißt auf gut straßburgisch: Kinder informieren; daher Schanzer = ein Informator. Sonst bedeutet Schanzen in der Pfälzer Sprache, Frondienste zur Strafe tun. Sehr bedeutend für die armen Pädagogen!

deln. Daß er einen solchen Klotz nie anders anreden dürfe als: „Um Vergebung, mein Herr, wenn es Ihnen gefällig wäre, mir die restlichen zwei Sols auszuzahlen?" – das, sage ich, versteht sich von selbst, wenn man die Herren Philister solcher Städte überhaupt nur ein wenig näher kennt. Daß aber der Straßburger Philister seinen Schanzer per Er traktiert, ihm ganz unten am Tische seinen Platz anweist und sein philistrisches Übergewicht bei jeder Gelegenheit fühlbar macht, das ist abscheulich und nicht bei allen Philistern anderer Örter so. Wehe aber allemal dem Studenten, der der Gnade der Philister leben soll!

Auf diese Art müssen die theologischen Studenten in Straßburg kleinmütig und niederträchtig werden. Ich wiederhole: die Benefiziar-Studierereien taugen überhaupt wenig, und wenn's auch Exempel gibt, daß der eine oder andere Benefiziat ein großer Mann geworden ist, so sind doch gegen ein solches Exempel allemal zehn andere vorhanden, welche beweisen, daß nichts eher niederträchtig und schlecht und weggeworfen macht als eben Benefizien. Der verstorbene Herr von La Roche, Vater des jetzt noch in Berlin lebenden Majors dieses Namens, sagte einmal in einer Gesellschaft, wo ich zugegen war, beim Anblick eines Kandidaten: „Der hat gewiß in Straßburg studiert, ich seh's an den Komplimenten; denn gerade solche tiefe, demütige Bücklinge fordern die Straßburger Philister."

Die Sprache der Straßburger ist deutsch, aber das jämmerlichste Deutsch, das man hören kann, in der allergröbsten, widerlichsten, abscheulichsten Aussprache. Hoscht, bescht, Madeli, Bubeli usw. ist Straßburger Dialekt. Auch Vornehme sprechen so, und der Pfaffe auf der Kanzel spricht „vum Herr Jesses Kreschtes". Die Sprache ist hier noch zehnmal gröber als in der Pfalz. Sehr viel französisch wird indes da auch geredet, besonders beim Militär. Das sonstige Straßburger Französische taugt eben nicht viel, und der Akzent ist vollends gar nichts nütze.

Der Himmel wird etwas heiterer

Ich hatte beinahe fünf Wochen in Straßburg zugebracht, als ich einen Brief von meinem Vater erhielt, dem ein anderer vom pirmasensischen Regierungsrat Stauch beigelegt war. Mein Vater schrieb mir, ich sollte bald zu ihm kommen, das Vergangene sollte vergessen werden, wir wollten wieder gute Freunde sein, er hätte ein Mittel aufgefunden, mich auf den Weg des Glücks zurückzubringen. Der Brief meines Vaters war über die Maßen sanft abgefaßt, nicht einen einzigen

Vorwurf, auch nicht eine harte Redensart enthielt er. Zugleich hatte er sechs Karolins beigelegt und ließ den Herrn von F. bitten, ja mit nach Wendelsheim zu kommen, wo er sich seiner Schuld gegen ihn entledigen wolle. Wir brachten noch einige Tage äußerst vergnügt in Straßburg zu und machten uns alsdann auf den Weg nach Wendelsheim.

Mein Vater empfing uns sehr freundlich und mit einer Herzhaftigkeit, welche ich lange an ihm nicht gesehen hatte. Das Ding drang mir in die Seele. Am ersten Abend fing F. an, eine Apologie für mich zu machen, aber mein Vater versicherte, daß er alles vergessen habe, daß er nichts sehnlicher wünsche als meine Besserung; versorgt und glücklich würde ich schon werden, wenn ich nur wollte klug sein. Ich hätte nun meine Hörner abgelaufen und könnte schon aus eigner Erfahrung Klugheitsregeln hernehmen. – Mein Vater sprach noch viel über diese Materie, und seine Worte machten damals Eindruck auf mich, aber leider nicht für die Dauer. Hernach bat er den Baron, ihm anzuzeigen, was er für mich bei unserer Lustreise – so nannte der ehrliche Mann unsre Fahrt – ausgelegt hätte, er wolle es herzlich gern ersetzen. Aber F. drohte, noch die Nacht unser Haus zu verlassen, wenn noch ein Wort der Art geredet würde, und so blieb's beim alten.

Nach des Barons Abschied redete mein Vater ernstlich mit mir. „Höre, mein Kind", sagte er, „du hast einige meiner Hoffnungen erfüllen sollen, aber leider habe ich mich in dir geirrt – bisher nämlich. Dein Leichtsinn – denn daß Bosheit bei deinen Possen ist, widerlegt die Natur dieser Possen schon selbst –, also dein Leichtsinn hat dich verführt, du bist aber angerannt, und ich will das Schicksal preisen, wenn's zu deiner Besserung geschehen ist. Sieh, es ist noch nicht aus mit dir, du hast noch Hoffnungen, aber erst mußt du zeigen, daß deine Seele geheilt ist. Ich habe hin und her gedacht, wie das am besten zu machen sei. Da fiel mir ein, dich noch einmal auf eine Universität zu schicken. Was meinst du?"

Ich: Das hängt von Ihnen ab. Ich habe Ihre Güte zu sehr mißbraucht, ich muß mir alles gefallen lassen.

Er: Nicht so, mein Kind. Sieh, ich dächte, du gingst nach Halle zu meinem Freund, dem D. Semmler. Ich werde dich da noch ein Jahr ohngefähr unterhalten, so daß du keinen Mangel leidest. Unterdes verraucht dein übler Name in unsern Gegenden, du vermehrst deine Kenntnisse unter der Anführung dieses trefflichen Mannes und kommst zurück mir nichts, dir nichts. Schau, so mach' es, mein Kind, und versprich mir und deiner Mutter, unser Alter noch einmal froh zu machen! Du willst doch?

Ich konnte meine Tränen nicht zurückhalten und noch weniger ein Wort hervorbringen. Unser Entschluß wurde so gefaßt, wie mein Vater ihn angegeben hatte, und von dem Augenblicke an schien Ruhe und Frieden in unsere Familie zurückzukehren. O des guten, edlen Vaters! Heilig sei mir sein Andenken! er hat's wahrlich gut mit mir gemeint! – Und ich? O, es liegt eine Hölle in diesem Gedanken!

Mein Vater schrieb an den sel. Semler, ich auch. Unsere Briefe waren lateinisch, nach meines Vaters und meiner damaligen Mode mit griechischen Versen und Prosa ausgeschmückt.

Indessen wir auf Antwort warteten, besuchte ich meinen Major zu Gundersblum und brachte dessen Jagdgeschäfte in Ordnung. Auch sorgte ich für einen rechtschaffnen Jäger an meiner Stelle. Gern hätte der Major mich behalten, aber er fand sich in meinen Abzug, weil er von der Notwendigkeit desselben überzeugt war.

Abermalige Donquichotterien

Der Baron F. war diese Zeit über sehr oft bei mir und brachte es sogar bei meinem Vater dahin, daß ich eine Reise mit ihm nach Metz tun durfte, um ein Mainzer Frauenzimmer von da abzuholen.

Man muß wissen, daß es in den Gegenden überm Rhein für einen großen Vorzug des Frauenzimmers gehalten wird, wenn sie französisch plappern können. Diese Raserei geht soweit, daß Frauenzimmer, welche kein Französisch verstehen und doch den Schein davon haben wollen, viele dergleichen Wörter und Redensarten in ihre deutsche Sprache einmischen und sie jämmerlich verhunzen. „Ich bin Ihnen oblischiert, das scheniert mich, er trätiert ihn nur ang Bagatel, o forschieren Sie sich doch nicht" und dgl. sind gewöhnliche Phrases der dortigen Weibsleute, die sie obendrein nicht selten am unrechten Orte anbringen und dadurch Gelächter erregen.

Um aber das Französische recht zu lernen, schicken viele Eltern ihre Töchter in Pension nach Metz, Straßburg, ja selbst nach Lyon und Paris, wo sie freilich das Französische ziemlich fertig plappern lernen, aber auch einige Sitten mitbringen, die ihnen gar nicht zur Empfehlung dienen.

Aus eben dieser Ansicht hatte auch ein Mainzer Fräulein, eine Verwandte des Baron von F., einige Jahre zu Metz in Lotharingen bei den regulierten Augustiner Kanonissinnen zugebracht und sollte nun wieder abgeholt werden. Dieses hatte ihr Bruder und der Baron F. übernommen. Herr von F. wählte mich zum

Reisegefährten, und ich verstand mich gern dazu. Das Herumfahren war in frühern Jahren so meine Sache.

Unterwegs fiel nichts vor, das verdiente, aufgezeichnet zu werden. Das lotharingische Volk unterscheidet sich von den übrigen Franzosen durch seinen Haß gegen die französische Regierung und durch seine Freundschaft für die Deutschen, wenigstens habe ich das so getroffen. Sonst ist die Nation äußerst hart katholisch, und das liebliche Fratzenbuch Année Sainte liegt auf allen Tischen und wird häufig gebraucht. Die Kirchen in Metz sind den ganzen Tag über voll, des Morgens zur Messe und des Nachmittags zur Vesper. Von Wallfahrten und Prozessionen halten die Lotharinger auch sehr viel. Ich gab mich hier zu Lande für einen pfälzischen Förster aus.

Unser Fräulein erhielt gleich bei unserer Ankunft von unserm Dasein Nachricht und lud uns auch bald zu sich. Da ich niemals Nonnen gesehen hatte, so war ich froh, daß ich hier einige sehen sollte. Aber diese Kanonissinnen gefielen mir sehr. Ich hatte solche heiligen Schwestern erwartet, wie die Mönche heilige Brüder sind, allein das war gefehlt. Die geistlichen Damen waren munter, froh und scherzten trotz einem weltlichen Frauenzimmer. Nur wenige trugen das Ordenskleid, andere gingen wie Weltmädchen. Sie haben keine Klausur, aber Horas halten sie. Denn kaum waren wir eine Stunde im Saal, so schlug die Glocke, und alle Nonnen eilten zum Chor, um da das lateinische Brevier hinzuplärren. Es ist doch in der Tat ein erztoller Gedanke, Weibern ein Buch zum Singen aufzugeben, das sie nicht verstehen. Und wie sehr ist schon dagegen geeifert worden. Aber was hilft's – der kurialische Herrenverstand befiehlt, und der am Gängelband gewöhnte Kirchenverstand gehorcht. Das ist so das Steckenpferd aller Heiligen von der Tiber bis zur Spree.

Die Elevinnen dieser Augustinusschwestern werden gar nicht strenge gehalten und erhalten leicht Erlaubnis auszugehen. Doch begleitet sie in diesem Fall eine Beate, auf welche die Abbesse Vertrauen setzt. Die Nonnen werden durchgängig Mes Dames genannt. Sie haben auch Eigentum und spielen sogar l'Hombre und Tarock um Geld. Ihre Regel muß also gar nicht strenge sein. Den Thomas von Kempen schätzen sie sehr; er hat, wenn ich nicht irre, auch zum Orden des Augustinus gehört.

Wir besuchten während unsers Aufenthalts in Metz die Wein- und Kaffeehäuser sehr fleißig und kamen beinahe täglich benebelt nach unserem Logis.

Nach einem Aufenthalt von zwölf Tagen wollten wir abreisen, allein unser Fräulein fing an zu klagen und legte sich wirklich ins Bette. Der Arzt versicherte, daß ein Fieber auf dem Wege sei, welches man abwarten müßte. Herr von F. erklärte hierauf seinem Vetter H., daß er die Genesung seiner Schwester nicht abwarten könne, er sehe sich genötigt, seine Zurückkunft zu beschleunigen. Unsere Rückreise war sehr lustig, weil der grämliche und mokante Herr von H. nicht bei uns war.

Semlers Antwort und Anstalten zum Abzuge aus der Pfalz

Herr Semler hatte bald geantwortet. Seine Briefe an meinen Vater und mich waren in dem herzlichen, aber etwas steifen Tone geschrieben, der dem großen Manne so eigen war. Er schrieb, wenn ich nur hundert Taler in Halle hätte, so könnte ich mich da recht gut durchbringen. Er habe dem Direktor Freylinghausen unsere Briefe vorgewiesen, und da er meinen Vater persönlich kenne, so habe er von ihm auf mich geschlossen und mich bestens empfohlen. Der Direktor habe ihm auch versprochen, mir sogleich den Tisch und ein Logis auf dem Waisenhause zu geben, wofür ich bei der Lateinischen Schule Unterricht geben würde. Übrigens wolle er sich meiner nach aller Redlichkeit annehmen. Ich sollte also in Gottes Namen kommen, er erwarte mich.

Das war der Inhalt der Briefe des edlen Mannes, worauf ich sogleich antwortete. Von diesem Augenblicke an dachte ich an nichts weiter als an meinen Abzug nach Halle, wohin ich auf Ostern ziehen wollte.

Nun muß ich eine Frage beantworten, die meine Leser berechtigt sind an mich zu tun: wie es nämlich die Zeit über mit meinem Studieren gestanden habe. Es ergibt sich schon von selbst, daß ich nicht so studiert habe, wie ich hätte sollen und können. Meine Lebensart hinderte mich daran, aber ganz müßig bin ich nicht gewesen. Ich habe immer manch gutes Buch gelesen, besonders Geschichtsbücher. Die allgemeine Weltgeschichte studierte ich vorzüglich, auch Häberlins ‚Geschichte des deutschen Reichs', nebenher übte ich mich fleißig in den ältern und neuern Sprachen. Mein Vater riet mir immer, die Philosophie zu treiben, besonders Metaphysik, aber ich verabscheuete sie von jeher, nämlich seit meines Aufenthalts in Gießen. Ich blieb daher von dieser Wissenschaft weg und bin bisher immer davon weggeblieben. Ich bin nämlich der Meinung noch, daß Metaphysik der wahren Aufklärung stets geschadet und fast niemals genutzt habe. Die transzendentalen Ideen lassen sich drehen, wie man will. Man sehe nur eine Dogmatik an, die systematisch geschrieben ist, z. B. die eines Schuberts, Carpzovs oder eines andern orthodoxen Wolffischen Theologen, und man wird finden, daß, nachdem der Verfasser pur eitel Leibnizische metaphysische Axiomen und Theoremen zugrunde gelegt hat, alle heilige Fratzen nach mathematischer Lehrart richtig demonstriert sind. Da beweist man aus dem metaphysischen Grundsatze majus et minus non variare speciem, daß alle Sünden in Absicht ihrer Moralität intensiv unendlich groß sind. Dies leitet nun die Beschreibung eines Erlösers ein, der Gott und Mensch in einer Person sein müsse, und was der Possen mehr sind. Diesen Schaden hat die liebe Metaphysik über vierzig bis fünfzig Jahre angestellt, bis endlich freimütige, helle Männer, ein Semler, Teller, Bahrdt und andere teils durch die Geschichte, teils durch gemeine Menschenphilosophie die stolzen Systeme niederrissen und den Ungrund und das Abgeschmackte solcher überforschenden Demonstrationen der Welt vor Augen legten. Die Geschichte, besonders die der Kirche und der Weltweisheit, zeigen allemal den sichersten Weg zur Einsicht und zur Aufklärung. Doch ich bin ja kein kompetenter Richter, ich rede vielleicht von Dingen, die ich nicht verstehe; aber meinen Glauben muß ich doch angeben, sonst würde ja meine Biographie einen Hauptmangel haben.

Meine ersten Verrichtungen in Halle

Am andern Tag begab ich mich zu Herrn D. Semler. Ich hatte mir schon längst eine große Idee von diesem wichtigen Mann gemacht, und diese Idee wurde immer größer, je genauer ich ihn kennenlernte; und ich kann mich wohl rühmen, den Mann genau gekannt zu haben. Er empfing mich nach seiner Art, d. h. beim ersten Anblick kalt und befremdet; kaum aber hatte er meinen Namen gehört, so rief er: „Aha, nun weiß ich's. Sie sind der Sohn des guten Laukhards, den ich vor langer Zeit recht gut gekannt habe. Was macht denn Ihr Vater?" Ich gab ihm alle Auskunft, und Herr Semler freute sich, daß der alte Metaphysikus noch recht gesund wäre. „Wir waren", fuhr er fort, „ratione studiorum niemals so recht einig. Er gab mir gern zu, daß ein richtiges Studium der Geschichte und der Philologie allerdings einem Theologen nötig sei, er hat sich auch, das muß ich ihm nachrühmen, nicht faul in dergleichen umgesehen. Aber da hatte er seine Wolffische Metaphysik, das war sein Steckenpferd, dadurch glaubte er alle Wahrheit zu finden und alle Irrtümer widerlegen zu können. Gebe Gott, daß es ihm gelungen ist, die einzige Wahrheit gefunden zu haben: daß alles, was uns bessert und beruhigt, für uns nützlich und folglich wahr ist. Aber wenn ich nach Briefen schließen soll, die er mir zuweilen schrieb, so muß ich denken, er hat fortgegrübelt und sich ein System erbauet, das nicht fern ist vom kalten Spinozismus, der das Herz so leer läßt und schwache Seelen leicht zu Misanthropen machen kann. Ich vermute aber, daß das letztere bei Ihrem alten Vater der Fall nicht ist, er war dazu immer zu human und liberal."

Ich fand dieses Urteil des rechtschaffnen Doktors über meinen Vater sehr gegründet und mußte ihm Beifall geben. Semler sprach endlich lateinisch mit mir, um, wie er sagte, zu sehen, ob ich fleißig in dieser Sprache gelesen hätte; denn wenn man fleißig lateinische Bücher gelesen hätte, wie er hinzusetzte, so müßte man sich auch dem Genius derselben gemäß ausdrücken können, gesetzt auch, man könne es aus Mangel der Übung nicht fertig. Wir sprachen lateinisch, und er war mit mir zufrieden – ich sage, er war es, und nicht, er schien es zu sein; denn Semlers Charakter war so, daß er in solchen Fällen niemals schien zu sein. Dann erkundigte er sich nach meiner Barschaft und riet mir, nachdem ich ihm eine genaue Berechnung meines Geldes abgelegt hatte, zur Sparsamkeit, einer Tugend, die niemals die meine war; denn dazu war ich schon in der frühern Jugend verdorben worden. Endlich schickte mich Semler zum Herrn D. Nösselt, dem damaligen Prorektor, wo ich für die Hälfte der Gebühren, auf Semlers Empfehlung, die Matrikel und ein großes Pack akademischer Gesetze in Empfang nahm. Herr Nösselt gab mir verschiedene gute Ermahnungen, aber auf ein gelehrtes Gespräch, so stark ich auch auf den Busch schlug, wollte er sich nicht einlassen.

Herr Semler hatte mir aufgetragen, ihn den andern Morgen wieder zu besuchen, um wegen meiner Bestimmung weiter mit mir zu reden. Als ich nun kam, gab er mir einen Brief an den verstorbenen Direktor des Waisenhauses, Herrn Freylinghausen. Dieser empfing mich sehr freundlich, ließ mich den 28. Psalm exponieren wie auch die Ode des Horazius Qualem ministrum fulminis alitem, lobte meine Kenntnisse und schickte mich an den verstorbenen Inspektor Melle, welcher mir im sechsten oder dem sog. Knappischen Eingange auf Nr. 16 ein Logis anwies.

Indessen hatte mir Herr Freylinghausen die ordinäre Präparanz auf dem Werke – so nannten die Studenten das Waisenhaus – gegeben, und Herr Pastor Nebe forderte jetzt, daß ich seinen sogenannten Katechetischen Vorlesungen über den alten Schmöker des ehemaligen Professors Johann Jakob Rambach beiwohnen sollte. Gleich in der ersten Stunde hatte ich aber an diesen Vorlesungen so satt, daß ich sehr ungern weiter hinging. Das abgeschmackte Kompendium ‚Wohlunterrichteter Katechet' und noch mehr die angestellten Übungen mit Studenten und deutschen Schülern machten mir diese Lektionen gar zum Ekel, allein ich mußte mich fügen.

Während dieses Kollegiums trug mir einer meiner Bekannten auf, einige Tage in seiner Abwesenheit für ihn in der ersten Mädchenklasse zu vikarieren oder statt seiner das Kompendium über die Dogmatik von Anastasius Freylinghausen, dem Vater des damaligen Direktors, zu erklären. Ich ging ohne Vorbereitung in die Klasse und fand, daß ich den Kindern ein Stück aus dem lieblichen Artikel von der Rechtfertigung vortragen sollte. Ich war lange mit den Fratzen bekannt, welche die Theologen seit Augustins und besonders sein Anselmus' Zeiten über diesen Artikel verbreitet hatten, und nahm mir vor, meinen Unterricht auf folgende Sätze einzuschränken: Der Christ wird durch die Religion Jesu, d. h. durch die Befolgung seiner Sittenlehre, gerecht und selig. Christus hat sich auf mehr als eine Art um das Juden- und Menschengeschlecht verdient gemacht, sein vornehmstes Verdienst aber besteht darin, daß er den Willen seines und unsers himmlischen Vaters besser als sonst irgendein Prophet geoffenbaret hat. Wer ihn also für einen göttlichen Propheten hält und alles glaubt und ausübt, was er gelehrt hat, ist ein gerechtfertigter Christ und wird selig.

Diese Sätze trug ich den Kindern vor. Ob sie selbige besser verstanden haben als die abgeschmackten Lehren des Kompendiums, weiß ich nicht, aber das weiß ich, daß Herr Pastor Nebe entweder selbst oder sonst ein Jemand, welcher die heiligen Anstalten vor Ketzerei schützen wollte, gehorcht hatte. Denn gleich einige Tage nachher zitierte mich Herr Nebe und befragte mich in merklich rauhem Ton über die Ketzereien, die ich mich erdreistet hätte, den Kindern zum Schaden ihrer Seelen vorzutragen. Sogleich erklärte er mir auch, daß ich des Tisches, den ich damals genoß, verlustig wäre. Nun war mir's freilich nicht so sehr um den Tisch zu tun als um die Furcht, der Herr Doktor Semler möchte dies erfahren und böse werden; denn als ich diesem toleranten Manne meine freiern Meinungen in seinem Zwinger mitteilte, gab er mir den weisen Rat, ja auf dem Waisenhause nichts davon merken zu lassen. Daher lenkte ich jetzt bei Herrn Nebe ein und versprach, meine Gedanken über Rechtfertigung und Verdienst Christi schriftlich aufzusetzen und sie der Zensur des hochwürdigen Herrn Pastors vorzulegen. Das tat ich auch in lateinischer Sprache, aber so unbestimmt und so zweideutig, daß der arme Nebe gewiß selbst nicht wußte, was er aus meinem Aufsatz machen sollte.

Ich ging hierauf zum Direktor, erzählte ihm den Vorfall und bat, er möchte mir, im Fall er meiner sich ferner bedienen wollte, eine Stunde auf der Lateinischen Schule anweisen, das Kollegium über Rambach sei für mich eine arge Pönitenz. Freylinghausen lächelte, und einige Tage hernach erhielt ich die dritte griechische und zweite hebräische Klasse.

In der dritten griechischen Klasse las man damals noch nach der gewöhnlichen Unart nichts als das Neue Testament, ein Buch, das sich ebenso gut zum Griechischlernen schickt als das Breviarium oder Missale Romanum zum Lateinlernen. Ich bat meine mir gewiß sehr ergebenen Schüler, doch die vom Herrn Professor Schulze herausgegebenen Selecta capita sich anzuschaffen, welche wir statt der Episteln St. Pauli lesen wollten. Die Schüler folgten meinem Rat, und so war ich der erste, welcher es wagte, in graeca tertia auf dem Waisenhause zu Halle etwas anders zu lesen als das so dunkel und altmodisch geschriebene Buch, Neues Testament genannt.

Im Hebräischen fand ich meine Schüler in den ersten Grundregeln der Grammatik versäumt, und doch sollte ich ihnen die Psalmen, ein an tausend Stellen korruptes, schweres Buch, vorerklären. Ich ermahnte sie, mir zu folgen und Grammatik zu treiben. Auch hierin fand ich folgsame Jünglinge, die sich's gefallen ließen, daß ich ihnen die einfachsten Regeln vordemonstrierte, welche sonst schon ein Anfänger wissen muß.

Ein Hauptfehler der damaligen Einrichtung auf dem Waisenhause war, daß die Inspektoren in Absicht der Schulwissenschaften sehr kleine Meister waren, um nichts Schlimmeres zu sagen. Daher konnten sie unmöglich die Fähigkeiten der Lehrer prüfen. Wer nur vor ihnen sich schmiegen konnte, erhielt eine Klasse, wie er sie verlangte; wer aber das nicht konnte, der mußte nehmen, was man ihm gab, und gefiel ihm das nicht, so konnte er wegbleiben. Als Herr Wald, jetzt Professor der Philosophie zu Königsberg, mein gewesener fidus Achates in Halle, ein in allem Betracht gelehrter Mann, sich mit dem Inspektor Schmidt entzweite und deshalb die grobe Antwort erhielt: wenn's ihm nicht anstände, so könnte er sich packen, wohin er wollte – ging er ab und hatte Recht dazu; denn er wußte gewiß mehr als alle Herren Inspektoren. Der Inspektor, welchem die Wahl der Lehrer anvertrauet war, tröstete sich gleich über den Abgang des Herrn Wald und sagte: Lehrer könne man genug haben, wenn man nur genug haben wollte. Wald habe ohnehin von Subordination nicht viel hören wollen.

Man muß wissen, daß die damaligen Herren Inspektoren einen gewissen geistlichen Stolz besaßen, der freilich sich bloß in der Stutzperücke gründete, aber eben deswegen, weil er ein so seichtes Fundament hatte, ganz unerträglich war. Überhaupt hätte ich gar viel an so mancher öffentlichen Schulanstalt, besonders in Rücksicht auf Erziehung, zu tadeln, aber hier ist nicht der Ort dazu, und was würde es frommen? Genug, wer diese Schrift liest, den ermahne ich, durch Erfahrungen belehrt, sein Kind ja nicht auf zu große, schwer zu übersehende Schul- und Erziehungsanstalten zu schicken, wenn er nicht will, daß es Gefahr laufe, an

Leib und Seele verdorben zu werden. Von Erziehung übrigens abgesehen, muß ich bekennen, daß unter den vielen Lehranstalten, die ich weit und breit kenne, das Hallische Waisenhaus noch immer eine der vorzüglichsten ist und die vorzüglichste alsdann gewiß werden könnte, wenn man auf einen Fond bedacht wäre, um durch angemessene Besoldungen den fähigsten Köpfen unter den vielen in Halle Studierenden Mut und Lust zu einer stabilen Inspektions- oder Lehrstelle beizubringen und dadurch dem zu öftern und zu schnellen Abwechseln mit beiden vorzubeugen. Den Fond dazu könnte man wohl leicht alsdann haben, wenn – nach Schadloshaltung der jetzt einmal bestallten Lehrer durch anderweitige Versorgung – die Einkünfte des Hallischen Reformierten und Lutherischen Gymnasiums, deren Ansehen ohnehin das blühendste nicht ist, dem Waisenhause zufielen und dann dieses selbst angehalten würde, durch eine systematischere Aufsicht auf Buchladen, Apotheke, Seidenbau und Landökonomie die Versuchung unmöglich zu machen, auf Kosten des Ganzen sich einzeln zu bereichern.

Ich fand gar bald die seligen Folgen einer ordentlichen Lebensart. Mein Körper war gesund und munter, und meine Seele erhielt eine Heiterkeit, welche von jener burschikosen Lustigkeit weit entfernt war. Fast täglich, wenigstens viermal die Woche, besuchte ich den trefflichen Semler und begleitete ihn zuweilen auf seinen Spaziergängen, die er alle Tage anstellte. Bei solchen Gelegenheiten waren die Reden dieses großen Mannes jedesmal sehr lehrreich und für mich äußerst interessant. Ich las mehrere seiner Schriften, besonders sein unsterbliches Werk vom Kanon und seine Selecta capita historiae ecclesiasticae. Stieß ich auf etwas, was ich nicht verstand oder anders verstand als er, da bat ich ihn um Belehrung oder disputierte dagegen. In beiden Fällen betrug sich Semler als ein Mann, dem es darum zu tun ist, daß der, welcher ihn hört, die Wahrheit kennenlerne, und nicht, daß er seine Gelehrsamkeit bewundere, welches so viele bezwecken, wenn sie über wissenschaftliche Dinge mit andern sich unterhalten.

Semler hatte mir vor allen Dingen ein genaues Studium der Geschichte empfohlen, ohne welche, wie er dachte, gar keine gelehrte Kenntnis stattfinden könne; besonders hatte er mir Kirchenhistorie empfohlen, und in dieser Absicht mußte ich auf seinen Rat das Neue Testament studieren.

Bordelle in Halle. Waisenhaus

Im Sommer 1782 war der bekannte Aventurier Abt mit einer Gesellschaft größtenteils elender Schauspieler zu Reideburg angekommen und hatte da bei Meister Zacharias Schmid Quartier genommen. Abt hatte diesem Schmid und seiner Frau weisgemacht, daß er durch ihn reich werden könnte, und Schmid ließ sich bereden, ein Schauspielhaus von Brettern aufzubauen. Nun ward angefangen zu spielen. Ich besuchte gleich anfangs dieses Spektakel, fand aber eine sehr elende Vorstellung recht guter Stücke, obgleich einige Akteurs, vorzüglich die Madame Abt, noch ziemlich waren. Allein, die hallischen Studenten, die größtenteils noch nichts von dergleichen gesehen hatten, und die Philister mit ihren Weibern und Töchtern liefen nach Reideburg scharweise und beklatschten die Aktionen, als hätte ein Reinicke oder Fleck agiert und eine Mara oder Cleron gesungen. Das Schauspielhaus war immer voll, und wer ein wenig spät kam, fand keinen Platz.

Der Prorektor ließ scharfe Befehle wider das Komödienbesuchen anschlagen: Wer einen angeben würde, nämlich von den Studenten, der wirklich in der Komödie gewesen wäre, sollte fünf Taler Belohnung erhalten, und sein Name sollte verschwiegen bleiben. Der Schuldige sollte in solchen Fällen 10 Taler Strafe geben. Dieser Verordnung ohnerachtet und so viele auch danach gestraft wurden, wurde doch Abts Theater noch immer besucht. Und Abt konnte dennoch nicht subsistieren. Er war ein Mensch, der die Rechnung ohne den Wirt machte und ins Gelag hinein lebte, in Hoffnung besserer Zeiten. Nachdem er demnach eine Menge Schulden gemacht hatte, ging er fort und ließ dem hochweisen Zacharias Schmid seine Garderobe zum Ersatz.

Das Jahr darauf kam eine noch weit elendere Bande nach Passendorf. Ihr Direktor hieß Schmettau. Sie spielten abscheulich und spielten, wenn sie gleich nicht mehr als zwei Taler lösen konnten. ‚Minna von Barnhelm' habe ich auch da gesehen. Das Ding wurde ärgerlich verhunzt. Schmettau hatte sich in die sogenannte Oberschenke einlogiert, seine Leute waren im Dorfe verstreut. Er konnte sich nicht lange halten; denn seine Bühne wurde nur selten besucht, weil das Verbot noch immer fortdauerte, ja gar erneuert und mit aller Strenge befolgt wurde. Zwar verkleideten sich die Studenten, welche die herrlichen Schauspiele dennoch sehen wollten, in Bauern, Fleischer, Mädchen, Perückenmacher und dgl., sie vermaskierten sich und suchten auf diese Art den Spürhunden zu entgehen. Allein die Anzahl der Zuschauer reichte doch zum Auskommen nicht zu. Endlich machte ein Verbot des Dresdner Hofes diesem theatralischen Unwesen auf den Dörfern um Halle ein Ende. Die Hallische Universität hatte dies durch Vermittelung des Berliner Hofes bewirkt; und seitdem waren keine Komödianten mehr um Halle herum.

Es gibt zwar keine Bordelle öffentlich in Halle, aber es gibt doch Löcher, worin der Auswurf des weiblichen Geschlechts dem tierischen Wollüstling mit ihrer halbfaulen Fleischmasse für ein geringes Geld zu Gebote steht. Doch muß ich gleich auch bekennen, daß die Zahl dieser Löcher sich seit einiger Zeit sehr vermindert hat. Es ist hier der Ort nicht, zu untersuchen, ob man überhaupt Bordelle dulden solle, aber dergleichen Löcher, wie die hallischen sind, sollten durchaus nicht gestattet werden. Die Polizei könnte sich ein Verdienst erwerben, wenn sie diese Kammern der niedrigsten Wollust vernichten und zerstören ließ. Pflicht ist es doch immer, als Vormund der ganzen Bürgerschaft auch für das Wohl der Jugend zu sorgen und diese vor Schaden zu sichern. Der Universität kann die Fortdauer dieses Unwesens auf keine Weise zur Last gelegt werden. Der Prorektor hat den abscheulichen Makeros und Makarellen nichts zu befehlen, er kann höchstens die Studenten bestrafen, von denen er erfährt, daß sie an solchen Örtern gewesen sind. Aber die Polizei kann und sollte auch billig die Löcher selbst zerstören oder, wenn es durchaus nötig ist, mit den Bordellen durch die Finger zu sehen, je nun, so könnte man von Polizei wegen solche Einrichtungen treffen, daß der Schaden, der sonst gestiftet wird, wo nicht ganz verhütet, doch verringert würde. – Außerdem geht es den Hallensern wie den Göttingern, Gießnern, Jenensern und andern Universitätern: sie müssen oft wegen anomalischer Beiträge zur Bevölkerung starke Summen auszahlen.

Das Äußere der Hallenser hält eine gute Mittelstraße zwischen dem rüden Wesen der Jenenser und Gießner und der firlefanzischen Ziererei der Herren Leipziger. Vor zehn Jahren war die Kleidung der hallischen Studenten noch sehr mittelmäßig. Reichere kleideten sich gut, einige gar prächtig, bei den übrigen war ein Flausch oder ein Rock der ganze Putz. Gestiefelt gehen beinahe alle, winters und sommers, wegen des elenden hallischen Pflasters und um seidene Strümpfe zu ersparen. Die Form der Stiefeln ist meist reutermäßig, so wie der Stutz der Hüte, die jedoch mehr rund getragen werden. Dies Reutermäßige schreibt sich von denen her, die aus Reuterkantons gebürtig sind, und aus der allgemeinen Begierde junger Leute, zu Pferde zu paradieren. Alles übrige ist jetzt entweder englisch oder französisch und verändert sich von der einen Leipziger Messe zur andern, und gerade diese schleunige Abänderung in der Kleidung in Rücksicht auf Materie, Farbe und Zuschnitt macht, daß man auf den Trödeln eine Menge recht niedlicher Kleider antrifft und der hallische Bürger und Handwerksbursche sich um ein geringes sehr elegant kleiden kann. Diese Art Luxus ist erst seit zehn Jahren nach und nach hier so eingerissen, daß unsere jetzigen Studenten an guter Kleidung den Göttingern nichts nachgeben, obgleich sie noch weit von der Leipziger Pinselei entfernt sind und wahrscheinlich auch noch so lange bleiben werden, als das Martialische der preußischen Verfassung fortdauern wird.

Vor Zeiten hatten die Studenten in Halle den Ruf, daß sie übertrieben heilig wären. Man sieht dies aus dem ersten jener Verse, die man ehedem zur Charakterisierung einiger Universitäten geschmiedet hat. Ich will sie hersetzen:

> Ach Gott, wie ist die Welt so blind!
> Ich lobe mir ein schönes Kind!
> Wer mir noch spricht ein Wort, den soll der Teufel fressen,
> à bonne amitié, so spricht der Bursch in Hessen.

Der erste dieser Verse zielte auf Halle, der zweite auf Leipzig, der dritte auf Jena und der vierte auf Gießen.

Daß die Hallenser von der Stiftung der Universität an bis ohngefähr auf die Zeiten des Siebenjährigen Krieges Frömmlinge gewesen sind, ist allerdings wahr, und daß der bösartige Einfluß dieses frömmlichen Wesens sich von da aus weit und breit ausgedehnt hat, ist auch wahr. Allein wer noch jetzt über Hyperbolie der Hallenser klagen wollte, würde ihnen wahrlich zu viel tun. Seitdem ich die Studenten in Halle kenne, waren sie zwar keine Atheisten, aber auch keine pietistischen Kopfhänger. Die Kopfhängerei hat ehedem ihren Ursprung zu Leipzig in den frommen Zusammenkünften einiger superfrommer Meister gehabt und wuchs hernach auf dem hallischen Waisenhause zu einer solchen Größe heran, daß man alle für Satanskinder ausschrie, die den Kopf gerade trugen und ihre freie, unbefangene Miene jedermann hinzeigten. Lustigkeit und aufgewecktes Wesen hießen grobe Sünden, und nur der war Gott oder, was gleich viel galt, den Vorstehern der heiligen Waisenanstalten angenehm, welcher aussah wie ein Büßender. Kirchenversäumen war Hochverrat, und nicht alle Jahre vier- oder achtmal zum Nachtmahl gehen, hieß den Heiland verleugnen. Die meisten theologischen Studenten, wenn sie auch die Waisenhäuser-Benefizien nicht genossen, ahmten diesem frömmelnden Wesen nach und lernten sehr bald die Kunst, wie so mancher übertünchte Pietist in der Welt ohne Kopf, ohne Herz, ohne Kenntnisse und ohne reelle Sitten sein Glück zu erheucheln. So wurden nun die meisten Studenten Frömmlinge und seufzten: „Ach Gott, wie ist die Welt so blind!"

Aber Dank sei es dem bessern Genius der Musensitze! Unter Friedrichs des Großen Regierung fiel diese Frömmelei in die verdiente Verachtung. Die Singereien, die Stubenbetstunden und andere sogenannte Andachtsübungen wurden als Fratzen und Possen angesehen, woran nur ein Schwindelkopf oder ein Heuchler Gefallen finden könnte. Der Waisenhäuserton verlor glücklich sein Ansehen, und niemand, als wer mußte, machte ihn noch so zum Scheine mit. Ja man ging noch weiter: man fing an, den Ton des Waisenhauses zu verachten und zu spöttischen Vergleichungen anzuwenden. Studenten können auch keine Heilige sein. Selbst auf dem Waisenhause lebt und denkt man schon menschenwürdiger; die alte pietistische Möncherei hat nur noch wenig Spuren. Die Stutzperükken sind schon meist verschwunden, die beiden Herren Mitdirektoren Knapp, Niemeyer und die Inspektoren der lateinischen Schulen dieser Anstalt tragen ihr eignes Haar und kleiden sich nach der Mode. Das ewige Gesinge hat auch schon nachgelassen. Kurz, auch hier wird schon alles werden gut, und Frömmelei sein und bleiben der Brandmark verschmitzter kleiner Seelen.

An Fleiß lassen es die Hallenser nicht fehlen – im allgemeinen, versteht sich; denn es gibt auch träge und nachlässige Studenten hier wie überall. In Gießen und Jena sind freilich die Bursche auch nicht faul, aber den Hallensern kommen sie im Eifer zu studieren nicht gleich. Ob aber der Hallenser allemal den rechten Weg bei seinem Studieren einschlage, ist eine andre Frage, und ob das einige der Herren Professoren selbst tun, möchte noch zu untersuchen sein. Einige lesen ihre Wissenschaften nach Diktaten, und das ist allemal verfänglich. Warum lassen die Herren kein Kompendium drucken, oder warum nehmen sie nicht schon gedruckte Kompendien zum Leitfaden ihrer Vorlesungen? Man bedenke die Zeit, welche mit dem Diktieren der Paragraphen hingebracht wird, wie fehlerhaft selbst diese Paragraphen aufgeschrieben werden, und man wird finden, daß die Kuratoren der Göttingischen Universität recht hatten, da sie den Professoren befahlen, nur über gedruckte Kompendien zu lesen.

Gelehrte Unternehmungen. M. Kindleben. Leipzig

Durch meinen Umgang mit Semlern, durch mein häufiges Lesen und Vorzeigen guter Bücher und selbst durch meine wenigen Kenntnisse war ich unter meinen Bekannten in einiges Ansehn gekommen und wurde überhaupt auf der Universität als ein Mensch betrachtet, der das seine gelernt hätte. Mehrere Studenten beredeten mich daher, ihnen die hebräische Grammatik zu erklären.

Ich tat das, und die Studenten waren mit meinem Unterrichte zufrieden, so daß ich im folgenden Winter nochmals dergleichen Unterricht erteilen mußte. Ich hatte von Semlern Schultens' Proverbia und einige andere sehr gute Bücher zur hebräischen Literatur geborgt, welche mir einst gute Dienste leisteten. Semler bekannte mir sehr aufrichtig, daß er in seiner Jugend auf Schulen das Hebräische wenig getrieben hätte, daß er erst als Magister und Professor den Nutzen der morgenländischen Sprachen eingesehen und sie folglich für sich selbst getrieben hätte. Im Hebräischen hatte es der große Mann nach seinem eignen Geständnis nur so weit gebracht, daß er den Codex notdürftig exponieren konnte. In den andern orientalischen Sprachen und Dialekten war er gar nicht vorwärts gerückt: Arabisch, Syrisch und Samaritanisch konnte er bloß lesen, aber nicht wohl verstehen, kaum leistete er das mit Hülfe eines Wörterbuchs, wie er mir selbst bekannt hat. Aber nach Herrn Semlers Meinung war das auch nicht sehr nötig; denn die Übersetzungen in syrischer, arabischer und andern Sprachen sind einmal sehr neu, sagte er, und sind aus korrupten griechischen, ja aus lateinischen Codicibus gemacht worden, und dann findet sich auch nicht sehr viel darin, was man brauchen könnte. Mehr sollte noch in den jüdischen Schriften, im Talmud und andern Fratzenbüchern, zu holen sein für die Erklärung einzelner Stellen des Alten Testaments, auch des Neuen. Bei allem dem aber würde man doch wenig Nutzen haben; denn ob man z. B. wisse, wie das erste Kapitel im Buch Esther zu erklären sei, daran liege nichts*. Überhaupt sei die Philologie des Alten Testaments sehr unfruchtbar und für den Mann von Einsicht und billiger Denkungsart vollends abscheulich und ekelhaft.

Nach solchen Urteilen des großen Mannes dachte ich, daß ich immer noch so viel Hebräisch, Arabisch und Syrisch lernen könnte als ein Gelehrter, der nun auch Theolog von Profession werden wollte – denn das war mir jetzt wieder angekommen, um dereinst Professor, und zwar theologischer Professor, werden zu können –, nötig hätte.

Meine Leser fragen hier ohne Zweifel, ob ich mich denn nun bekehrt und die Theologie liebgewonnen habe; denn oben habe ich doch die deutlichsten Bekenntnisse meines Deismus abgelegt. Nein, meine Herren, ich haßte die Pfafferei, fand aber bei Semlers Gedanken über Theologie, daß man daraus ein sehr angenehmes Studium fabrizieren könnte. Da war mir Theologie nicht mehr System, sondern Kritik, Räsonnement, historische Bemerkungen übers System. Da hatte

---

* Es hat große Gelehrte gegeben, und gibt deren noch, welche gern leer Stroh dreschen und fürchterlich wichtige Untersuchungen über – Nichts anstellen. Ich mag keine neuern Beispiele anführen.

man gute Gelegenheit, die Grillen, Possen und Alfanzereien der Pfafferei kennenzulernen und diese Dinge von Hause aus herunterzumachen. Da entstand aus Theologie wahre Gelehrsamkeit und nützliche Wissenschaft, und so gefiel mir das Ding. Ich fing daher an, nach Semlers Rat Theologie zu treiben, d. i. ich hörte seine Dogmatik, eine Vorlesung, worin ein Schatz von guten, treffenden Bemerkungen vorkam, freilich nach Semlers Art ziemlich verworren und das nämliche wohl dreimal in einer Stunde. Dann las ich seine Vorrede zu Baumgartens Polemik und einige andre Bücher, welche der große Mann zur Aufhellung der historischen Theologie oder, wenn man lieber will, der theologischen Historie geschrieben hat.

Semler empfahl mir, Vorlesungen zu halten. „Man lernt da viel", sagte er, „und fühlt die Lücken besser, als wenn man so bloß für sich studiert; man setzt sich auch in den Prinzipien fester." Er hob sogar die Schwierigkeiten, die ich ihm entgegenstellte, und riet mir, deutsche Reichshistorie vorzutragen. Semler wußte recht wohl, daß diese Historie viele Schwierigkeiten hat, aber er wußte auch, daß ich schon ziemlich viel vorgearbeitet finden könnte. Ich folgte also dem Rat des Herrn Doktors und fing schon im August 1782 an, über Herrn Selchows Kompendium die vaterländische Geschichte abzuhandeln. Ich hatte zwölf Zuhörer und las auf einer Stube im Hause des sel. Buchbinders Münnich, gerade gegen Semlern über. Meine Hülfsmittel waren wenig und einfach, es waren die hieher gehörigen Schriften des Mascow, des Grafen von Bünau, Hahns, Struves, Schmidts und Häberlins. Meine Zuhörer waren mit mir zufrieden und schwänzten nur selten, weil ich nicht vergaß, Anekdoten anzubringen, welche ich bei Struve und Hahn in Menge vorfand. Ich bekam von der Person zwei Taler Honorar, aber nicht sowohl des Honorars als der eignen Übung wegen las ich und erhielt auch dadurch eine ziemliche zusammenhängende Kenntnis der vaterländischen Geschichte.

Ich setzte den Winter über diese Lektionen fort bis zu Ende des Februars und kam bis auf das Ende des Dreißigjährigen Kriegs. Auch las ich von Michaelis an über die Kirchengeschichte nach den Tabellen des Herrn Seilers, nicht wegen der inneren Vortrefflichkeit dieser Tabellen, sondern weil die Dingerchen so hübsch leicht zu erklären sind. Auch hier waren meine Zuhörer mit mir zufrieden. Ich kam vom Herbst bis zu Ende des Februars bis auf die sogenannte Reformation.

Meine Leser müssen doch hier meine Aufrichtigkeit merken; ich muß doch auch dann und wann sagen, daß etwas Gutes an mir gewesen ist. Wollte ich prahlen, so könnte ich hier öffentlich, wie auch damals in den Vorlesungen, mich rühmen, daß ich die Quellen der Kirchengeschichte, deren einige ich in der Tat aus der Semlerschen Bibliothek auf meiner Stube hatte, selbst benutzt hätte; aber wozu das? Ich war schon zufrieden, daß ich meine Tatsachen in andern systematischen Büchern vorfand, und da hab' ich's ehrlicher gemacht als mancher professorierende Herr Blasius, der bloß aus Hülfsmitteln kopiert und dennoch seine Kopien für Resultate einer starken Lektüre der Quellen selbst den Herren Zuhörern, ja gar oft auch dem lieben Publikum auftischt. Im Grunde schadet das auch nicht viel; denn wenn der Student nur das lernt, was ihm vorgesagt wird, so lernt er fürs Kollegium allemal genug. Freilich könnte der Student dieser Art Weisheit leichter selbst für sich aus den Büchern schöpfen, allein der Herr Student muß ja nach der eingeführten löblichen Gewohnheit alles von der Katheder hören, was er lernen soll und will.

Ich habe in dem Sommer dieses Jahres 1782 auch einmal im theologischen Seminarium des Herrn Professor Niemeyers disputiert als Opponent. Herr Wald verteidigte den Satz, daß die Unsterblichkeit der Seelen im Alten Testament nicht gelehrt würde. Meiner Meinung nach kam aber die Lehre von der Unsterblichkeit, so wie sie als eine Fortdauer dieser gegenwärtigen Seele mit ihren jetzigen moralischen und intellektuellen Fähigkeiten beschrieben wird, aus dem Judentume her oder vielmehr aus den Chaldäischen Träumereien, welche die Juden hernach aufnahmen. So dachte ich damals und mußte folglich aus Überzeugung widersprechen. Ich tat das fleißig und führte viele Stellen aus dem Alten Testamente an, die von der Fortdauer der Seelen, von künftigen Belohnungen und dergleichen zu sprechen schienen. Ich muß sagen, daß die Antworten sowohl des Respondenten als des Herrn Niemeyers mir gar nicht genügten, doch mußte ich nachgeben, um meine Nebenopponenten auch ein bissel mit katzbalgen zu lassen.

Den Magister Kindleben lernte ich diesen Sommer auch kennen. Er war sonst in Halle gewesen, hatte das dortige Wochenblatt geschrieben und selbst, wie der Katalogus ausweist, Vorlesungen gehalten. Hernach wurde er wegen seines Saufens und anderer gröberer Exzesse fortgewiesen: man sagte damals, die Häscher hätten ihn fortgebracht. Kindleben war wirklich kein Dummkopf, ob er gleich blutwenig literarische Kenntnisse inne hatte. Er verstand ziemlich Latein und Französisch, seine Verse waren auch nicht schlecht, aber an Politur fehlte es ihnen durchaus. Seine Sitten waren äußerst verderbt, selbst niederträchtig. Hieher gehört, daß er sogar am hellen Tage in die Puffkeller ging, daß er Reisen tat und unterwegs die Gastwirte prellte usw. Ich sprach ihn zuerst auf der Mail oder Malje, wie's in Halle heißt, und war froh, den Mann kennenzulernen, welcher durch allerhand Schriften schon weit und breit bekannt war. Kindleben hatte kein Geld, er gestand dies frei heraus; aber jeder von uns macht sich ein Vergnügen daraus, ihn zu bewirten. Da kamen denn derbe Apostrophen auf diesen und jenen zum Vorschein, doch mit Mäßigung; denn Kindleben beklagte sich nur und schalt und schimpfte nicht; und dergleichen macht gewaltigen Eindruck. Ich weiß nicht, ob alle Beschwerden, die dieser unglückliche Mann vorbrachte, wahr gewesen sind – einige waren indes gewiß wahr. Warum mußte der armselige Kindleben so lange hingehalten werden, bis er beinahe Hungers starb? Er war freilich ein ausschweifender, ungesitteter Mensch, aber doch immer ein Mensch. – Die Sache ist ärgerlich, ich will sie daher nicht weiter berühren.

Kindleben schwebte so in der Welt herum und hielt sich meistens im Sächsischen auf. Das Saufen war sein Hauptfehler, und in der Besoffenheit beging er manchen Exzeß. Bald verbreitete sich das Gerücht, dieser Meister der freien Künste – wie er sich gewöhnlich nannte – sei in einem sächsischen Dorfe ohnweit Leipzig auf dem Mist krepiert. So unwahrscheinlich nun auch diese Märe war, so hatte doch der verstorbene Pastor Niemeyer, Verfasser des Journals für Prediger, sie in sein Buch aufgenommen. Nicht lange hernach erschien Kindleben wieder und beschwerte sich laut über die von seinem Tode verbreiteten Lügen.

In Leipzig bin ich auch einmal gewesen; Herr Kaufmann Rummel zahlte mir da mein Geld aus. Einige Gelehrte lernte ich auch kennen, es waren die Herren Morus, Dathe, Beck und Platner. Platners Vorlesungen wohnte ich einige Male bei und bewunderte dessen hübschen Vortrag nebst dem hübschen schöngezierten Auditorium. Herrn Fischer hab ich auch gesprochen und das an ihm gefunden, was so viele schon an ihm gefunden hatten: viel philologischen Stolz und Pedanterie. Herr Burscher ist ein gelehrter Mann, aber greulich orthodox, und zwar demonstrativ orthodox, und mit solchen Männern ist nicht gut auszukommen.

Die Studenten in Leipzig haben mir durchaus nicht gefallen. Ihr Wesen ist weder burschikos noch fein, und an Fleiß lassen sie's auch nicht wenig fehlen. Sie haben der Zerstreuungen zu viel, vorzüglich des Sommers und zur Meßzeit. Aus Rousseaus Kapitel über die Erziehung und Bildung der uns umgebenden Gegenstände ließe sich hier manches anbringen. Viele, besonders Theologen, nähren sich von Informationen und kommen den oben beschriebnen Straßburger Schanzern ziemlich gleich. Es ist ein trauriges Leben für einen Studenten, wenn er der Gnade eines Philisters leben muß; der Philister betrachtet ihn als seinen ersten Bedienten.

Ich hatte schon im Jahre 1777 in Gießen einen gewissen Lischke kennengelernt, welcher sonst in Leipzig Theologie studiert hatte und damals in die Pfalz reisete, um sich dort zu einer Pfarre zu empfehlen. In Halle hatte er mich schon bald nach meiner Ankunft besucht und mir da viel von Leipzig vorgerühmt, Halle aber dagegen herabgesetzt. In Leipzig suchte ich ihn auf und bat ihn, mich in Studentengesellschaften einzuführen. Aber siehe da, es gab dergleichen nicht. Die Studenten verlieren sich unter Kaufmannsdienern und Knoten und machen nirgends eine Gesellschaft für sich aus. Lischke hat mich auf einige Stuben zu seinen Bekannten geführt. Da fand ich steife Menschenkinder, welche das Ungezwungene und Unbefangene nicht an sich hatten, das man sonst am Studenten gewohnt ist. Die Leutchen machen Komplimente und schneiden Reverenzen bis zur Erde. Alles geht da per Sie, das trauliche, dem Studenten so angemessene Du ist verbannt; da werfen sie mit „gehorsamster Diener", „ich empfehle mich", „haben Sie doch die Güte", „o ich bitte ganz gehorsamst" und ähnlichen Floskeln um sich, daß es einem schlimm wird. Das heißt denn guter Ton! Darin besteht das feine Wesen, welches die Mosjehs zu Leipzig von allen andern so vorteilhaft unterscheiden soll! O weh, dachte ich, als ich auf eine andere Stube kam und fünf bis sechs solcher Herren vom edlen Ton beäugelte, o weh, das ist schofele Petimäterei! Ich hatte zwar damals keine Anhänglichkeit mehr an den eigentlichen Komment, allein ich fing doch mit einigen folgendes Gespräch an: „Meine Herren", sagte ich, „Ihre Universität ist wohl stark?"

Herr A.: O ja, über 1400.

Herr B.: Bitte gehorsamst, mein Bester, es sind über 1600 Studenten hier.

Ich: Darf man nichts von der Summe abziehen?

Herr B.: Nein, noch eher hinzusetzen, wenn Sie's gütigst erlauben wollen.

Ich: Ja ja, ich weiß es schon, man macht Fremden immer weis, die Universität sei so oder so stark, wenn's schon übertrieben ist. Aber Leipzig ist immer noch stark genug, zumal, wenn man die Ladenstudenten mit hineinrechnet. Aber der Ton hier, wie ist der?

Herr A.: Unverbesserlich, mein Teuerster.

Ich: So? Und worin besteht die Unverbesserlichkeit?

Herr A.: Je, mein Himmel! Bester, es fällt doch in die Augen, daß der Leipziger Student zehnmal artiger und höflicher ist als der rüde Jenaer.

Ich (ärgerlich): Ja ja, ich weiß schon, es sind mehrenteils Jungfernknechte, welche mit den Ladendienern und Knoten um die Wette hinter den Mädchen herrennen und nach dem hohen Glück schnappen, ein Pfötchen zu lecken oder ein Mäulchen zu ganfen.

Herr B.: Ei, da beschreiben Sie uns ja hübsch! Verzeihen Sie aber gütigst, daß ich einiges erinnere. Sie wissen doch, daß ein junger Mensch in Gesellschaft der Frauenzimmer feiner –

Ich (einfallend): Ich versteh's schon. Aber hole mich der Teufel, ich kann nicht begreifen, wie ein Student in Gesellschaften von Frauenzimmern kommen will, worin er profitieren könnte. Frauenzimmer, welche dem Burschen Zugang verstatten, taugen samt und sonders nichts; das sind meist luftige, habsüchtige oder verbuhlte Dingerchen, an denen selten etwas gelegen ist. So mag's auch in Leipzig sein.

Lischke: Du hast nicht unrecht, Bruderherz, unsre hiesigen Studenten machen Küchenmädchen, Aufwärterinnen und Bürgerdirnen ihren Hof und führen sich sogar mit Menschern aus den Parduzlöchern, mit Etceteras* auf den Straßen und Promenaden herum. Das sind so die Frauenzimmer, womit unsre Herren Umgang haben.

Ich: Und bei denen kann man seine Sitten doch beim Teufel nicht polieren! In solchem Umgang wird man zum Firlefanz.

Ich war dieses Gespräches müde und brach es ab. Überall fand ich bei den Herren Leipzigern große Armseligkeit und glänzendes Elend. Sie tragen zwar seidne Strümpfe beim tiefsten Dreck, gehn wie die Tanzmeister parisisch, schleichen hundertmal des Tags vor den Fenstern vorbei, wo sie ein hübsches Gesicht wittern, und werden in den dritten Himmel entzückt, wenn ihnen ein solches Gesicht freundlich zulächelt. Ist das aber männliches Wesen, das den Hallenser so kenntlich auszeichnet? Sonst ist das L'hombre-Spiel unter den Leipzigern sehr gewöhnlich. Zur Zeit der Messe müssen die meisten auf dem Boden unterm Dache oder hinten neben dem Abtritt wohnen, weil zu dieser Zeit ihre Stuben von Fremden bezogen werden. Wenn die Hallenser nach Leipzig kommen, so machen sie da doch Figur, und jedermann sieht nach ihnen; wenn aber Leipziger sich zu Halle einfinden, so werden sie gar nicht bemerkt, wenigstens nicht für Studenten angesehen.

---

* So heißen die Huren bei den Leipziger Studenten. Man sehe den sonst herzlich magern Roman unter dem Titel ‚Sie studieren'.

Meine Wenigkeit von ohngefähr im Bordell ertappt.
Semlers Strafpredigt

Herr Semler, dem mein bisheriges Betragen gefallen hatte, riet mir, vom Waisenhause in die Stadt, und zwar in sein Haus zu ziehen. Es war nämlich ein gewisser Schmitz von Montjoie aus dem Herzogtum Jülich von Erlangen nach Halle gekommen. Mit diesem Herrn Schmitz war ich bekannt und Freund geworden. Er mietete sich ein Zimmer in Semlers Hause und bat mich, zu ihm zu ziehen, er wolle die Miete für mich mit bezahlen. Der Vorschlag gefiel mir, ich sprach mit Semlern darüber und erhielt den Rat, nicht zu säumen, ich könnte sodann seine Bibliothek besser benutzen und besser studieren.

Also zog ich zu Anfange des Oktobers vom Waisenhause zum Leide meiner guten Kameraden Poehler und Molweide, mit welchen ich sehr brüderlich gelebt hatte, und bezog Nr. 20 im Semlerschen Hause.

Ich war auf dem Examen Lehrer der ersten hebräischen und der zweiten griechischen Klasse geworden. Dieses schmeichelte meinem Ehrgeize so, daß ich beschloß, beide Klassen beizubehalten und meiner Pflicht in Unterrichtung meiner Schüler nach meinen Kräften Genüge zu leisten. Herr Freylinghausen mißbilligte zwar meinen Abzug vom Waisenhause nicht, doch setzte er gleichsam ahndend hinzu, es wäre schon mancher in der Stadt verdorben worden, der sich auf dem Waisenhause recht gut betragen hätte.

Ich wohnte also bei Semlern. Gleich in den ersten vier Tagen begegnete mir ein Possen, den ich erzählen will. Ich hatte mit einem gewissen Herrn Köster, einem alten Kandidaten, der alle Akademien besucht und viele Schicksale erlitten hatte, damals aber auf dem Waisenhause Lehrer war, Bekanntschaft gemacht und konnte ihn seiner Ehrlichkeit und seiner Kenntnisse wegen gut leiden. Dieser besuchte uns eines Abends, Herrn Schmitz und mich, und als wir ihn fragten, wo man sich ein wenig zerstreuen könnte, versprach er uns an einen Ort zu führen, wo es uns gefallen würde. Wir gingen und wurden von ihm vors Moritztor in das erste gelbe Eckhaus, das man damals den ‚Korb‘ nannte, geführt. In diesem Hause wohnte eine Müllersfrau von Wettin mit fünf nicht häßlichen Töchtern, und diese Töchter standen, wie Schmitz und ich erst nachher erfuhren, im Rufe, als wenn sie eben nicht grausam gegen ihre Anbeter wären – wenn man das sonst von einem großen Teil der Hallenserinnen auch nur überhaupt sagen könnte.

Wir mochten wohl eine Stunde dagewesen sein, ohne jedoch das geringste Unanständige unternommen zu haben – denn, wie gesagt, Schmitz und ich wußten von der Beschaffenheit dieses Hauses gar nichts – als noch vier Studenten, die wir aber nicht kannten, hereintraten und sich bei den Mädchen etwas mehr Freiheit herausnahmen. Köster und Schmitz zankten über eine Stelle im Horaz, und dieser Zank schien dem einen Studenten namens Kühkäfer in einem solchen Hause sehr übel stattzufinden. Er trat also zu den Streitenden und zog sie mit ihrer Pedanterei auf; allein Köster, schon durch den Schnaps erhitzt, trumpfte ihn gewaltig ab und hieß ihn einen dummen Jungen. Darüber kam alles in Harnisch, und ich mußte mit zugreifen, um meine beiden Kompagnons nicht im Stich zu lassen. Es setzte Ohrfeigen, und die Gläser flogen schon hin und her, als auf einmal Mienchen, die schönste der Nymphen, hereinsprang und mit ängstlichem Tone ausrief: „Der Pedell, die Häscher!" Die Studenten fuhren zusammen, ich nicht; ich glaubte, unser Zank hätte den Pedell von ohngefähr herbeigelockt. Der Pedell Hübner trat jetzt herein und fing an: „Im Namen Seiner Magnifizenz..." Ich fiel ihm in die Rede, um ihm den Hergang des Zanks zu erklären, aber vergebens; ich und die andern wurden demnach grob, aber auch Grobheit half nicht. Wir sollten uns schleppen lassen aufs Karzer! Ich fluchte wie ein Bootsknecht, Köster wimmerte, Schmitz zitterte wie Espenlaub, die vier andern Studenten brummten in den Bart und ließen dann und wann einen Fluch hören, von den Menschern und ihrer Mutter hörte man nichts als „Ach, Herrje", „Daß Gott erbarm". Herr Hübner wiederholte sein „No, meine Herren, no, no! Gehn Sie mit!" – „Ins Teufels Namen", rief ich endlich, „Mienchen, schenk ein!" Mienchen griff zitternd nach dem Gläschen. „Laß sie das sein, Jungfer", sagte der Pedell, „dazu ist keine Zeit mehr!" – „Was", schrie ich, „will Er mir verbieten, Schnaps zu trinken? Nur immer eingeschenkt!" Ich nahm mein Gläschen, bot mit lächerlichen Grimassen dem Pedell es an und fügte hinzu, das wäre so gut wie Markgrafenpulver, es schlüge den Ärger nieder. Er trank nicht, ich leerte das Gläschen, streckte mich hin auf einen Stuhl und ließ mir noch eins geben. Meine Konsorten standen schon bereit, dem Pedell und dem Häscher Bär, der mit seinen Trabanten vor der Tür wartete, zu folgen, aber ich war in dieser halben Stunde wieder ganz Bursche und neckte den Pedell auf alle nur mögliche Weise. Herr Hübner, ein wirklich feiner, höflicher Mann, geriet dadurch in Verlegenheit, bis endlich auch ich aufbrach und mich so mit fortbringen ließ. Meister Bär näherte sich mir und gab mir mit einem wichtigen Tone zu verstehen, daß die Sache nichts zu bedeuten hätte. „Denk's auch", erwiderte ich, „nur nicht wie Spitzbuben geschleppt!" – „Bewahr der Himmel!" versetzte Bär, „Sie werden ja nicht als Spitzbuben geschleppt, es geschieht ja bloß, weil Sie im Bordell gewesen sind." Das bestätigte auch Herr Hübner, und so wußte ich, warum.

Als wir aufs Karzer kamen, alle sieben in eine Stube, weil wir durchaus zusammenbleiben wollten, rief ich mit starker Stimme: „Wo ist der Karzerknecht?" Ich dachte mir hier den Gießener Karzerknecht, den Cordanus. Man antwortete mir nicht. „Wo ist der verdammte Karzerknecht?" schrie ich nochmals. „Der Kerl soll herkommen, oder der Teufel soll ihm in den Magen fahren!" Klappenbach kam und fragte, was ich haben wollte. „So", sagte ich, „Er ist also der Karzerknecht?" Das nahm Klappenbach, ein sonst braver Mann, übel, einmal wegen des Titels und dann, daß ich Er und nicht Sie gesagt hatte. Er machte also seine Remonstranz, doch versprach er zu holen, was wir verlangten, wir wären ja alle so hübsche Herren, es tue ihm leid, daß wir so ein Malheur gehabt hätten, und was ihm die stockmeisterische Höflichkeit noch sonst eingab. Ich forderte Schreibzeug und schrieb dem D. Semler, daß Schmitz und ich aus dem ‚Korbe' wären geschleppt worden, daß der ‚Korb' ein Hurenhaus wäre, daß wir aber dieses nicht gewußt, sondern ihn für eine ordinäre Kneipe (caupona) gehalten hätten, daß er auf unsre Befreiung bedacht sein möchte und dgl. Eine halbe Stunde nachher kam Herrn Semlers Aufwärter Feige und sagte, daß der Doktor gleich mein Billet nebst einem von seiner Hand an den Prorektor abgeschickt hätte. Feige mußte uns allen nun Proviant holen: Wein, Schnaps und Schokolade, dann fingen wir an, Tarock und lustig zu spielen, und verbrachten die Nacht ohne weitere Grillen.

Früh um neun Uhr wurden wir vors Konzilium gefordert, wobei aber niemand als der Prorektor, Herr Woltär, und Herr Professor Schulze gegenwärtig waren. Ich und Schmitz wurden besonders verhört. Schmitz sprach kein Wort, ich desto mehr. Aber was half's. Nach einigen Debatten über unsre Unschuld und dgl. sahen wir uns genötigt, jeder vier Rthl. zwölf gl. Schleppgebühren für die Herren Häscher auszuzahlen, und so waren wir wieder frei und so ehrlich als vorhin.

Kaum waren ich und Schmitz in unsrer Wohnung angekommen, als schon Herrn Semlers Feige da war und uns zu ihm in seinen Garten einlud. Hier ließ sich der gute Mann sehr wider uns aus, er nannte unser Betragen unwürdig, schlecht und pöbelhaft; da galt auch nicht einmal die Ausflucht, daß wir nicht gewußt hätten, daß der ‚Korb' ein Hurenhaus wäre. Es sei sogar, sagte er, einem Manne, der den Wissenschaften obliege, unanständig, Wirtshäuser und Kneipen zu besuchen. Ich erinnere mich noch, daß er bei dieser Gelegenheit einige bittere Anmerkungen über den Moralisten Bahrdt anbrachte, der auch Kneipen und Bordelle besuchen sollte. Und so ging's fort in einem Schelten ohngefähr eine Viertelstunde; denn wenn Semler einmal ins Keifen kam, so konnte er das Ende nicht leicht wieder finden. Indes, alle seine Bemerkungen trafen zu und vertrieben den Burschen wieder aus meinem Sinn.

Endlich, nachdem er vom Keifen müde war, lud er uns zum Abendessen ein, um uns zu zeigen, wie er sagte, daß man in müßigen Abendstunden Vergnügen und Nutzen verbinden könnte. Wir waren auch wirklich selbigen Abend sehr aufgeräumt. – Nachher hat Herr Kiefer ein ganz niedliches Singspiel gemacht, den ‚Korb‘, worin die Begebenheit auf eine drolligte Art abgehandelt war. Das Ding sollte auch gedruckt werden, weil aber sehr viele Anzüglichkeiten auf gewisse Leute darin vorkamen, die, wie alle wohlbestallten Heuchler, oft manch dummen Streich ausüben und doch als Heilige unangetastet bleiben wollen, so unterblieb der Druck; desto häufiger aber zirkulierte es im Manuskript.

Semlers Haus sah den Winter über einem Traiteurhause ähnlich. Moes, Schmitz, Schmid und ich wohnten bei ihm und ließen unser Essen von Pauli holen. Darneben kamen noch täglich um zwölf Uhr neun andre Bekannte, die anderwärts wohnten, aber mit uns zusammen aßen, und so war unsre Tischgesellschaft dreizehn Mann stark. Das Bier gab Semlers Aufwärter für uns alle her, und seine Tochter holte das Essen. Um ein Uhr jagte ich auf den Schlag alle Gäste aus der Stube, damit ich mich auf meine Lektionen vorbereiten könnte; und diese fuhren dann mit der größten Eile auf ihren behufeiseten Stiefeln zur Treppe hinab, daß das Haus erbebte. D. Semler litt diesen Tumult einige Wochen, dann aber ward es ihm zuviel, er ließ mich kommen und stellte mir vor, daß es ihm allemal vor dem Schlage ein Uhr graute: da entstände ein Lärmen und ein Gerassel die Treppe herab, als wenn der wilde Jäger seinen Aufzug hielte. Dabei kam der gute Mann recht in Hitze; sein Haus sei ein Haus des Friedens und der Ruhe, und wir hätten es zu einer Garküche gemacht. Ich versprach das Unwesen einzustellen und hielt Wort; denn die Speiserei wurde in Münnichs Haus auf die Stube des Studenten Dykershoff verlegt. Münnich mußte das schon eher leiden als Semler, welcher mir hernach sogar dafür dankte, daß ich sein Haus vom Tumulte befreit hätte.

Siehe da, ein Herr Magister! Gelehrte Unternehmungen

Mein Kollegienlesen war bekannt geworden, und Herr Semler befürchtete, man möchte mir das Handwerk verbieten, wenn ich mich nicht in die gelehrte Innung einschreiben ließ oder nicht magistrierte. Ich war dazu bereit; denn ich wußte schon, wie wenig man zu wissen nötig hat, um diese akademische Spiegelfechterei mitzumachen. Ich verschrieb mir also von meinem Vater Geld, um die

Fakultät und andere Promotionskosten bezahlen zu können. Mein Vater zeigte sich froh, daß ich Magister legens werden würde, und schickte mir dreißig Louisdors. Diese reichten zu, da er mir nicht lange vorher einen hübschen Wechsel geschickt hatte.

Jetzt meldete ich mich beim Dekan, dem Herrn Schulze, und dieser bestimmte mir einen Tag zum Examen. Zugleich schritt ich zur Ausarbeitung einer Dissertation über Ruprecht, den Pfalzgrafen, der von 1400–1410 die römische Königskrone getragen und einigen Anteil an dem 1409 zu Pisa veranstalteten Konzilium gehabt hatte. So wenig Hülfsmittel ich außer der Sammlung des Pistoreus und dem Thesaurus anecdotorum hatte, so sudelte ich doch so ein Ding De Ruperto Palatino zusammen, das ich Dissertatio inauguralis betitelte. Nach Semlers Rat sollten bloß Ruprechts Bemühungen für die Herstellung der Einigkeit der Kirche und für die Aufhebung des damals fürchterlichen Schismas der Päpste der Gegenstand der Disputation sein; da ich aber kaum acht Tage übrig hatte, so war mir dies Thema zu weitläufig und mühsam. Wie viel hätte ich da nicht lesen müssen! Ich stoppelte also zusammen, was ich vorfand, und teilte das Zusammengestoppelte in Paragraphen ein. Machen's doch viele Dissertationsschmiede auch so. Und meiner Meinung nach sollte niemals eine wichtige Materie in einer Disputation verhandelt werden. Solche Kleinigkeiten werden auf den Jahrmärkten der Literatur selten verhandelt, und ihr Inhalt geht mit ihnen verloren. Es gibt besonders ältere von reichhaltigem Werte, die man jetzt vergeblich sucht. Und an jeder noch so kleinen Abhandlung kann man doch so ohngefähr sehen, ob der Verfasser wissenschaftlich schreiben kann oder nicht*, und dann kommt doch die Hauptsache auf die Verteidigung an. Nach diesen Regeln betrachtet, war meine Disputation immer gut.

Nun sollte ich ins Examen, welches im Hause des Herrn Schulze gehalten wurde. Ich erschien, nachdem ich den Tag vorher die Herren von der Philosophischen Fakultät alle eingeladen hatte, am elften Jänner 1783 nachmittags um zwei Uhr. Nicht alle Fakultisten waren zugegen. Herr Forster sagte mir's gleich ab mit dem Zusatz, er liebe dergleichen Prüfungen nicht, wo man nicht wissen könnte, ob man examinierte oder examiniert würde.

* Viele, besonders Mediziner, lassen sich ihre Disputationen von andern fabrizieren. Da gibt es expedite Schreiber, welche in zwei oder drei Tagen ein Ding aushecken voll Gelehrsamkeit, d. h. voll Zitaten aus alten und neuen, in- und ausländischen Schriftstellern, sogar aus Arabern und Rabbinen. So ein Ding kostet zwei, drei Louisdors, auch mehr, nach den Umständen. Wer eins nötig hat und selbst dergleichen nicht fertigen kann, darf sich nur bei mir melden; ich will ihm so einen oder auch, wenn er die Auswahl haben will, mehrere Dissertationsfabrikanten nachweisen, die sie schichtweise liegen haben.

Herr Sprengel war ebenfalls nicht da, Herr Trapp entschuldigte sich damit, daß er nicht gern Männer sähe, die ihm nicht wohlwollten. Zudem würde er der Fakultät oder vielmehr den Herren Professoren nicht lange mehr lästig sein. Herr Goldhagen war verreiset. Also waren nur die Herren Eberhard, Christian Förster, der verstorbene Hofrat Karsten und Herr Schulze, der Dekan, gegenwärtig. Es wurde überall Latein gesprochen, welches ich ziemlich fertig mitreden konnte. Die Fragen und Antworten übergehe ich, sie betrafen meistens philosophische, historische, geographische und philologische Gegenstände. Das Examen dauerte bis gegen sieben Uhr abends, wo ich abtrat und bald zurückgerufen wurde und die tröstliche Entscheidung vernahm, daß ich immerhin promovieren könnte. Wer war froher als ich! Ich lief gleich zu meinem Bruder, teilte ihm meine Freude mit und schlief hernach unvergleichlich wohl.

Meine Disputation wurde inzwischen abgedruckt, und am 18. Jänner disputierte ich. Meine Opponenten waren Herr D. Semler, Herr Wald und mein Bruder nebst einem Schlesier Teisner. Ich hatte am Ende meiner Dissertation einige Sätze aus meines Vaters System angehängt, und man hatte das nicht einmal bemerkt. Ich war froh darüber, sonst hätte man sie vielleicht gestrichen.

Den Tag vor der Disputation machte mein Bruder über meinen Umgang mit seiner Hausjungfer einige spöttische Anmerkungen, welche mich aufbrachten, so daß es zu Bitterkeiten kam. Das Gezänk endigte sich damit, daß er mir erklärte, er würde nicht opponieren. Meine Antwort hierauf war protzig, und er ging fort, schmollend. Früh, da der Tanz vor sich gehen sollte, schickte er mir ein Billet, worin er mir meldete, daß er allerdings opponieren würde, entweder ordentlich, wenn ich nichts dawider hätte, oder außerordentlich, wenn ich ihm unter den ordentlichen Opponenten keine Stelle gestatten wollte. Ich sollte mich nur auf ganz neue Argumente gefaßt halten; denn er habe sich vorgenommen, mich zu hecheln (carminare). Ich schrieb ihm wieder, er solle immer den dritten Platz einnehmen, seine Argumente würde ich schon beantworten, davor sei mir nicht bange.

Als wir auf die Waage kamen, war diese so voll Studenten, daß wir kaum durchkonnten; denn fast die ganze Universität kannte mich, und jeder wollte gern hören, wie ich meine Sachen machen würde. Herr D. Semler fing die Oppositionen an und brachte einige Schlüsse vor, welche von seiner Gelehrsamkeit allerdings zeugten. Er machte es aber, weil ihm nicht recht wohl war, gar nicht lange. Ich hatte bei diesem Umstand die schönste Gelegenheit, öffentlich zu bezeugen, wie viel ich Semlern schuldig war, wie sehr ich ihn verehrte, und das tat ich mit einem mir sonst ungewöhnlichen Feuer. Ich konnte dazu meinen zu

Hause entworfenen Aufsatz nicht brauchen, sondern ließ hier meiner Empfindung freien Lauf, und diese bildete meinen Vortrag so glücklich, daß ich mit mir in Absicht dessen, was ich Semlern sagte, selbst zufrieden war. Herr Wald hat auch recht artig opponiert.

Nun kam die Reihe an meinen Bruder, welcher freilich ganz neue Argumente auftischte. Ich hatte meine Dissertation dem Herrn von Oberndorf, kurpfälzischen ersten Staatsminister, zugeschrieben und in der Dedication freilich Vorzüge an diesem Herrn gerühmt, die ich ihm im Herzen selbst absprach. Allein das ist ja der Fall bei den meisten Dedicationen. Mein Bruder griff also die Zuschrift an, und zwar mit Argumenten von folgender Art: Ein niederträchtiger Schmeichler ist ein Lügner, jener bist du, folglich bist du auch dieser. Ich stutzte gewaltig bei diesem Schluß, leugnete aber natürlich den Untersatz; er indes bewies ihn aus meiner Zuschrift. Ich hatte hier gesagt, Herr von Oberndorf mache die Pfalz glücklich; mein Bruder führte mehrere Tatsachen an, woraus das Gegenteil erhellete und worüber die Zuhörer lachten. Ich hatte ferner gesagt, Herr von Oberndorf sorge für die Heidelberger Universität; mein Bruder bewies, daß die Universität zu Heidelberg nie elender gewesen sei als gerade seit der Zeit, da Herr von Oberndorf am Ruder säße. Daß dabei manche gröbere Invektiven unterliefen, kann man sich vorstellen. Herr Schulze, der Promotor, sagte kein Wort, wie er mich denn ganz allein meine sieben Sachen defendieren ließ. Endlich wandte sich mein Bruder zu den Zuhörern und sagte: „Auctor dissertationis se veritati collaphos infregisse optume et ipse perspicit; verum sibi amissum patriae magnatum favorem sua se impudentia adulandique studio recuperaturum persuadet." Was sollte ich auf dergleichen Sarkasmen antworten? Mein Bruder hatte freilich recht, aber sagen hätte er's doch nicht sollen. Herr Teisner hat nicht viel gesagt.

So hatte ich nun einen akademischen Gradus und konnte ein großes M vor meinem Namen hinpflanzen. Das hab ich aber doch nur selten getan. Auch hörte ich lieber meinen Namen als den Magistertitel; denn alle akademischen Würden kommen mir so zunftmäßig vor und waren mir immer lächerlich. Ich hatte dergleichen bei den Alten nicht gefunden und wußte recht gut, daß diese Titulaturen und die Art, sie zu erlangen, Erfindungen der barbarischen Zeiten waren. Daher hat der Doktor, Lizentiat, Magister u. a. dergleichen Frivolitäten wenig bei mir gegolten. Auch hab' ich mich immer gewundert, wie Herr Bahrdt, der sich doch über manches Vorurteil weggesetzt hatte, wenigstens vorgab, sich darüber weggesetzt zu haben, noch immer den theologischen Doktor vor seinem Namen figurieren ließ. Er war, wie er in seiner Lebensgeschichte selbst gesteht, auf sehr anomalische Weise dazu gelangt, hatte hernach alles Verhältnis mit der lieben Theologie aufgegeben und war Billiardeur und Schenkwirt geworden, und doch blieb er dem Titel nach noch immer Doktor der Theologie. Das hat mich sehr befremdet. Er hätte sollen schlechtweg Herr Bahrdt heißen, das würde ihm an seinem Ansehn und an seiner Gelehrsamkeit gar nichts geschadet haben. Doch dies im Vorbeigehn.

Da ich jetzt mehr Recht als vorher hatte, Vorlesungen zu halten, so erklärte ich, um mich als Magister zu produzieren, die dunkeln Satiren des Persius, und so gewaltig viel Erudition ich auch dabei auskramte, so war ich doch mit meinen Lektionen innerhalb zwei Monaten fertig. Diese Vorlesung war gratis, und meine Zuhörer hörten mich gern. Daraus schloß ich, daß, wenn ich auf Ostern meine Kollegien ankündigen würde, ich nicht wenig Zuhörer haben dürfte.

Zensurangelegenheiten.
Gelehrte Unternehmungen

Ich wollte auf Ostern meine Vorlesungen anfangen und hatte die Anzeige davon gehörigen Orts eingereicht. Zu gleicher Zeit hatte ein hiesiger Buchdrucker meinen Roman, den ‚Baldrian Weitmaul‘, der Zensur übergeben. Unglücklicherweise enthielt dies Buch einige Stellen, die auf eine versteckte Art eben den Mann betrafen, dem es zur Zensur mitgeteilt war. Als Zensor strich er also diese Stellen und untersagte den Abdruck des Buches gänzlich. Er teilte mir diese Nachricht selbst mit, und als ich hierauf meine Handschrift in Schutz nehmen wollte, fügte er hinzu, er habe sie bei der Fakultät zirkulieren lassen und die Vota der Herren Fakultisten gingen einstimmig dahin, den Abdruck derselben zu verbieten, ja einige beständen sogar darauf, daß man mir das Kollegienlesen verbieten sollte, eben wegen meines Romans.

Daß es bei dieser Verhandlung dienstfertige Geister gab, die aus purer Menschenliebe Jagd auf Anekdoten über mich machten, um mich als einen schädlichen Menschen darzustellen, der sich zum Docenten durchaus nicht schickte, ist nicht nötig, erst zu erinnern. Freude war mir es aber und Genugtuung zum Teil, hintendrein zu erfahren, daß einige ansehnliche Männer sich meiner angenommen hatten und man mir das Collegienlesen fernerhin erlaubte, nachdem ich mich in einer Schutzschrift verteidigt und um die erwähnte Erlaubnis schriftlich nachgesucht hatte.

Indessen kam die Zeit heran, wo die Sommerkollegien ihren Anfang nahmen, und da las ich alte Geschichte nach Mangelsdorf und römische nach meinem eignen Kompendium. Ich hatte viele Zuhörer, besonders wurde meine römische Geschichte fleißig besucht. Ich freute mich über den Beifall und fragte nach den Kabalen und nach der Abgunst gewisser Herren nicht viel.

Ich war den Sommer über sehr fleißig und studierte ohne Unterlaß. Ich bereitete mich jedesmal auf meine Lektionen gehörig vor, hielt sie gewissenhaft und erwarb mir dadurch einen nicht üblen Kredit. Man fand in meinen Vorlesungen mehr Zusammenhang und Deutlichkeit als in denen eines gewissen andern Herrn Magisters – und ich hatte eben darum mehr Zuhörer als dieser. Ich bin niemals fleißiger gewesen als diesen Sommer. Wäre ich doch so geblieben! Allein es eräugneten sich Umstände, die mich aus meinem Gleise herausrissen. Man höre erst weiter!

Eben der Herr Zensor ließ mir von Zeit zu Zeit sagen, daß ich noch einmal disputieren müßte pro loco, würde ich es nicht tun, so müßte er mir auf den Herbst das Lesen überhaupt untersagen, ich müßte mich durchaus habilitieren. Ich stellte dem Herrn vor, daß ich ja doch ebensoviel jetzt wüßte als dann, wenn ich noch einmal disputiert hätte. Ich sei eben nicht reich und bäte also sehr, mir die Disputation pro loco zu erlassen. Aber vergebens.

Da ich hierbei einige Animosität wahrzunehmen glaubte, so nahm ich mir vor, mich nach einer andern Universität zu begeben, und zwar nach Jena. Ich schrieb demnach an den dortigen Prorektor, den Herrn Professor Wiedeburg, und an Herrn Professor Schütz. Beide gaben mir sehr bald und freundschaftlich genaue Auskunft über alles, jedoch mit der Besorgnis, daß ich mich durch Kollegienlesen auf dieser mittelmäßigen Universität schwerlich würde ernähren können.

Ich blieb also in Halle und suchte hier das zu tun, was ich tun sollte, nämlich noch einmal zu disputieren. Ich schrieb einige Bogen zusammen über den zu Anfang des vorigen Jahrhunderts zu Rom wegen Atheisterei oder Pantheisterei verbrannten Aventurier Jordan Brunus, dessen Leben Herr Adelung in seiner ‚Geschichte der menschlichen Narrheit' beschrieben hat. Ich nahm meine Data aus Bayles Wörterbuch, Brucker und la Croze. Hinten hing ich aus dem System der Brunischen Metaphysik einige Sätze an, welche ich glaubte mit andern schon bekannten Systemen vereinigen zu können, ja es sollte nach meiner Meinung zwischen den Sätzen des Brunus und denen des Herrn von Leibniz einige Ähnlichkeit stattfinden.

Diesen Aufsatz erhielt eben der Mann zur Zensur, der meinen Roman verworfen hatte. Ich kam um meiner Disputationsschrift einigemale zu ihm und mußte mir in aller Demut gefallen lassen, gefragt zu werden, ob ich mich auch auf

Philosophie gelegt hätte, ob ich wüßte, worin die formelle Wahrheit der Syllogismen bestehe, was eine adäquate Idee sei und dergleichen. Da mir diese Fragen ein wenig kindisch vorkamen, beantwortete ich sie auch nur obenhin. Dies mußte den guten Herrn verdrossen haben, und daher vielleicht die Äußerung gegen seine damalige Hausmamsell, die jetzt einen Schuster geheuratet hat: ich sei ein naseweises Magisterlein, das gern gelehrt tun wollte, aber noch erfahren müßte, daß ein Professor Ordinarius ein ganz anderer Mann sei als so ein Magisterlein. Die Hausmamsell sagte dieses ihrem damaligen Liebhaber, einem Perückenmacher, der Perückenmacher verkündete es Studenten, und durch diese erfuhr es endlich ich. Wenn ich zu der Zeit noch so rasch empfindlich gewesen wäre als einige Zeit vorher in der Pfalz oder wenn ich, um die Sache besser zu sagen, wirklich Achtung für den Mann gehegt hätte, so hätte ich mich zu rächen gesucht und von ihm auch räsonniert. Der gute Herr hätte mir ja auch herhalten müssen, wenn ich die Andekdoten, die damals von ihm und seiner Frau herumkursierten, hätte in meinen Zirkeln so auftischen wollen, wie er allerlei dergleichen von mir auftischte, um mich dadurch zu blamieren. Ich weiß es recht sehr gut, daß ich damals den gelehrten und ungelehrten Müßiggängern in und um Halle reichlichen Stoff hergab zum Zeitvertreib; aber das ist nun einmal so Mode, und ich hatte mir es im Grunde doch meistenteils selbst zuzuschreiben.

Ich disputierte pro loco als Präses, und mein Bruder respondierte. Dieser konnte mit dem Latein ziemlich zurechtekommen und befriedigte seine Opponenten nicht uneben. Meine Abhandlung, deren Abdruck ich nicht selbst korrigiert hatte, war voll Druckfehler, doch nicht so, daß sie den Sinn verstellt hätten und ausgesehen wie grammatikalische Schnitzer.

Das erste halbe Jahr meiner öffentlichen Lesereien verging ruhig, wenn ich die vorhin erzählten Händel mit meinem Herrn Zensor ausnehme, welche ich aber bald vergaß.

Schulden sind eine schwere Bürde, sie verleiten oft zur Verzweiflung

Meine beiden Disputationen, der Verlust des Honorars für meinen ‚Baldrian‘, die Geldausgaben, um mich durch Zerstreuungen von dem Ärger über dies und jenes zu erholen, nebst meiner Gutmütigkeit, einem jeden gern mitzuteilen, was ich hatte – das alles hatte mir Schulden zugezogen, zu deren Tilgung mein Wechsel nicht zureichte. Daß ich mit meinen Kollegien wenig werde verdient haben, versteht sich für mich als Anfänger schon von selbst. Einmal ist in Halle das

Freirennen der Kollegien gar sehr gewöhnlich. Da denken viele Studierende, das Geld könne in Lauchstädt, Leipzig, auf den Dörfern und beim Spiel besser angewandt werden als zum Honorare für die Dozenten*. Zudem war ich von jeher nachgiebig, und wer mich um etwas bat, dem konnte ich nichts abschlagen. Und so hatte ich von dreißig Zuhörern kaum zehne, die bezahlen wollten, und unter diesen zehn waren noch einige, die es hernach ganz und gar vergaßen. Ich glaube aber doch, wenn ich weiterhin bei der Universität geblieben wäre, daß ich in Zukunft bessere Einkünfte von Kollegien würde gehabt haben, weil ich mehr in Routine gekommen wäre, und ohne Zweifel auch einige Künste gelernt hätte, wie man gutzahlende Zuhörer in sein Auditorium hineinlockt.

Indessen setzte ich doch meine Vorlesungen fleißig fort. Da es mir aber an Holz fehlte, auch das Auditorium zu heizen, so verloren sich meine Zuhörer nach und nach. Die Studenten hatten sich zwar zum Holzgelde unterschrieben, allein nur wenige zahlten; und das bissel Holz, welches für das wenige Geld angeschafft werden konnte, war gar bald verbrannt, zumal da ich das Einheizen durch Leute mußte geschehen lassen, welche mich derb prellten. Was Wunder, wenn nun der eine Student, wie ich es selbst gehört habe, zum andern sagte: „Gern ging ich in Laukhards Reichshistorie, er gefällt mir besser als der . . ., aber es ist zu kalt in seinem Kollegium, man möchte das Fieber kriegen", und der andre dann replizierte: „Es ist schade, daß der Mann so in Not ist; hätt' ich Geld, ich kaufte ihm Holz." Wie gesagt, ich hörte dies von ohngefähr und hörte hinterdrein noch eine weitläufige Beschreibung meiner fatalen Lage, welche durchaus wahr, aber desto schmerzhafter für mich war.

Ich rannte nach Haus, als ich dies gehört hatte. Es war ohngefähr den 6. Dezember 1783, und schrieb einen äußerst heftigen Brief an meinen Vater, dem ich einen an meinen Bruder beischloß. Daß ich im letztern schröcklich loszog, vermutet jeder. Ich bat um schleunige Antwort und setzte dazu den 21. Dezember fest. Würde ich in dieser Zeit keinen Brief erhalten und kein Geld, so müßte ich das Äußerste wagen; es käme auf sie an, ob sie mich retten wollten oder nicht. Bitten konnte ich nicht mehr, bloß trotzen und rasen. Solch abscheuliche Briefe sind noch niemals aus meiner Feder geflossen. Früh schickte ich sie auf die Post und schien mir selbst ruhiger zu sein.

Der bestimmte Posttag kam heran, aber leider wieder kein Brief. Man ver-

---

* Noch vor einem halben Jahre hörte ich mit Verwunderung, wie ein Student, der doch, wie ich weiß, wöchentlich einigemal spazierenritt oder fuhr, mit dem Herrn D. Knapp so lange kriechend herumkapitulierte, bis endlich der Herr Doktor, um der Bettelei los zu werden, das Honorar für zwei Lehrstunden erließ.

setze sich in meine Lage und ermesse danach den Drang und Sturm meiner Empfindungen. Abends durchlief ich alle Gassen, gleichsam außer mir. Es war der Heilige Abend vor Weihnachten. Köster begegnete mir und fragte, wie mir's ginge. Ich stieß ihn zurück, ohne zu antworten, und rannte weiter. Köster mir nach und bat mich um Gottes willen, ihm meine Not oder den Grund meines Unwillens zu entdecken. Ich schwieg hartnäckig. Er wiederholte seine Frage mehrmals, warum ich ihm nicht antworten wollte. „Weil Du ein Schurke bist", erwiderte ich endlich.

Köster: Ums Himmels willen, Bruder, sag', was ist Dir. So spricht mein Laukhard nicht! So spricht ein böser Genius aus Dir.

Ich: Du bist ein Mensch. Alle Menschen sind Schurken. Also auch Du! Hast Du meinen Schluß verstanden? Geh'!

Köster: Ich lasse Dich nicht gehn! Bruder, sag', wo Du hin willst. Ich gehe mit, und wenn Du zum Teufel gingst. Ich lasse Dich so nicht gehn!

Köster verfolgte mich, so sehr ich mich bemühte auszureißen. Endlich fuhr ich in ein Loch, worin ich noch niemals gewesen war. Köster fuhr mir nach. Es saßen Gnoten, Soldaten und Menscher drin. Die Leute waren gewaltig lustig, tanzten, hüpften, spielten, taten schön und zeigten auch keine Spur von Gram oder Unmut. O, wie beneidete ich diese Gnoten und diese Soldaten! – Soldaten, und vergnügt? – Und du Magister, und so elend? – Soldaten? – Dieser Gedanke umfaßte meine ganze Seele, hallte anhaltend wider und vertiefte sich immer mehr in mich. – Köster forderte Branntewein, setzte sich, fing an lateinisch zu sprechen und drang jetzt dringender in mich, um die Ursache meines Kummers mir zu entlocken. Aber ich war stumm. Es schwärmten dunkle Bilder in mir herum von dem, was ich tun wollte. So sehr auch Köster zudrang, so sehr verhärtete ich mich. Endlich sagte er:˙„Hör, Bruder, ich habe noch deine particulas graecas. Vergib, daß ich sie noch habe." – „Es hat nichts zu sagen", erwiderte ich. „Wenn du jemanden weißt, der sie kaufen will, so gib sie hin und stelle mir das Geld zu. Weißt du aber keinen, so schick' sie mir morgen früh." Köster fragte, ob ich sie ihm für den Pränumerationspreis, ein Taler vierzehn Groschen, ablassen wollte. Ich hatte nichts dawider, und Köster lief den Augenblick nach Hause, um mir das Geld zu holen. Vielleicht war er auf den Gedanken gekommen, daß die höchste Geldnot der Grund meines Kummers sei. Er kam wieder, und wir verließen das liederliche Loch. Ich lief noch einigemal durch die Straßen, lief auch zum Kaufmann Mörschke und kam gegen elf Uhr, aber ohne Trunkenheit, nach Hause. Vor lauter Ärger warf ich mein Bette auf den Fußboden und legte mich drauf. Aber meine Unruhe war zu groß. Ich konnte nirgends bleiben, wußte auch nicht, wo ich war und was ich tat. Das war ein schröcklicher Zustand! Lachen konnte ich überlaut, alles woran ich dachte, kam mir sehr lächerlich vor, aber für den traurigsten Gedanken hatte ich keine Empfindung.

Früh war ich noch in Kleidern. Ich las in Tassos ‚Gerusalemme liberata' und las die äußerst rührende Stelle, wo Tancredi sein Mädchen ermordet. Diese Stelle hatte mich mehrmals inniglich gerührt, aber damals mußte ich überlaut dabei lachen.

Ich ließ mich frisieren und lief sodann sporenstreichs zur Christmette um sechs Uhr. Aus der Christmette lief ich, ohne zu wissen wohin, zum Tor hinaus, zu dem Wirte in den Pulverweiden. Ich forderte Breuhan, und die guten Leute wunderten sich, daß ich schon so früh Breuhan trinken wollte. Hier saß ich nun fast drei Stunden, ehe ich recht zu mir kam, und untersuchte meine Empfindungen. Die gestrige Lustigkeit der Gnoten und der Soldaten kam mir zuerst wieder in den Sinn, und da hob sich denn der Gedanke aus dem Gewühl der verwirrten Vorstellungen heraus: es wäre doch hübsch für dich, wenn du Soldat würdest! Dieser Gedanke schüttelte mich anfänglich freilich gewaltig zusammen, kam aber immer wieder und wieder, und ich ward endlich mit ihm vertrauter. Das war alles noch bloße Vorstellung, aber von nun an kam auch Überlegung dazu. Wenn du Soldat wirst, dachte ich, so bist du auf einmal von den hallischen Manichäern los. Dann bist du auch an deinem Bruder und Vater gerächt – an deinem Vater? deinem guten, biedern Vater? – o, man vergebe mir diesen tollen Gedanken und denke an meine Lage! – und endlich findest du ohne Zweifel Mittel und Wege, dir ein ruhigeres Leben zu verschaffen. Ruhe, von welcher Art sie sein, welchen Aufwand sie auch kosten möchte, Ruhe schien mir damals bei der gewaltig anhaltenden Unruhe, worin ich schwebte, das höchste Gut auf Erden zu sein.

Aber wo denn willst du Soldat werden? – Diese Frage löste sich bald auf. In Halle und an keinem andern Orte! In Halle bist du gekränkt, in Halle mußt du gerächt werden! – So kindisch rachsüchtig dachte ich damals in der Verwirrung!

Der Herr Magister wird endlich gar – Soldat

In diesen Gedanken saß ich bis nachmittags um drei Uhr bei meinem Philosophen*, der immer mit mir reden wollte, aber wenig Worte von mir herauszerren konnte. Ich war zu sehr weg und bloß mit dem Gedanken, Soldat zu werden, beschäftigt.

---

* So nannten wir damals den Wirt in den Pulverweiden.

Ich kam gegen Abend in die Stadt zurück, ging in die ‚Knochenkammer', nicht um zu trinken, sondern um frohe Leute aus der Klasse zu sehen, zu welcher ich von nun an gehören wollte. Ich sprach mit einigen, fragte sie, wie es ihnen ginge, und erhielt natürlich lauter befriedigende Antworten. Dieses machte meinen Entschluß immer fester. Nun war die Frage, an wen ich mich wenden sollte. Allein dazu, dacht' ich, sollte gleich früh Rat werden. Also verließ ich diesen Ort des lärmenden Vergnügens froh, so froh, als ich seit einem Vierteljahre nicht gewesen war. Zum Überfluß besuchte ich noch einen Klub bei Busch auf dem Ratskeller, wozu ich schon längst gehört hatte und der sich sehr oft, allemal aber sonntags und freitags, regelmäßig versammelte. Die Leute waren alle froh, mich wiederzusehen, da sie mich schon seit so langer Zeit nicht mehr gesehen hatten. Ich war über alle Gewohnheit lustig, und dies kam dem Ex-Schustermeister Michaelis, welcher eben auch zu diesem Klub gehörte, so befremdend vor, daß er nach seiner Art Anmerkungen darüber machte. Man stutzte aber nicht wenig, als ich meinen Entschluß, Soldat zu werden, deutlich genug zu verstehen gab. Wir waren indes im Preußischen, und so widersprach keiner. – So weicht der Mensch dem Bürger, der Ernährer dem Zuchtmeister!

Vom Ratskeller ging ich in das Haus, worin sonst mein Bruder gewohnt hatte und welches der Hanauer Puff hieß. Hier wohnte die Cheminonin mit ihrem Manne, einem Soldaten von des damaligen Hauptmanns von Müffling Kompanie. Ich kannte diesen Cheminon und beschloß, ihm meine Absicht zu entdecken. Nachdem ich mehrere Gläser Schnaps, alles aus betäubender Lustigkeit, eingestürzt hatte, nahm ich ihn auf die Seite und bat ihn, doch ja dafür zu sorgen, daß ich ganz früh einen Hauptmann sprechen könnte, gleichviel welchen.

Cheminon machte große Augen, als er von mir vernahm, daß ich Soldat werden wollte. Er wollte es anfangs nicht einmal glauben und dachte, ich hätte ihn zum besten. Allein ich beteuerte ihm hoch und teuer, das sei mein Ernst, und so glaubte er's. Nun lobte er mir, wie natürlich, seinen eignen Hauptmann, den Herrn von Müffling, und versprach mir, mich gleich am folgenden Morgen früh zu ihm zu begleiten. Ich blieb daher diese Nacht über in Cheminons Wohnung und soff mich voll in lauter Fuselbranntewein, welchen Madam Cheminon damals für Likör ausschenkte. Ich glaube, daß ich vergessen habe zu sagen, daß der berüchtigte Hanauer Puff weiter nichts war als eine Schnapskneipe. Madam Cheminon wußte aber auch zu leben und sorgte für immer artige Jungfern*. Das

---

* Jungfer heißt nach hallischem Sprachgebrauch eine Bürgerstochter, die keinen Mann hat. Kinder mag sie gehabt haben, das schadet nichts. Mamsell wird jedes mit frisiertem Kopf einhertretende

sahen einige Studenten gern, fanden sich fleißig ein und tranken den elenden Fusel für Likör.

Früh erinnerte ich den Cheminon an sein Versprechen. Er war willig dazu, sagte mir aber, sein Hauptmann käme diesen Tag auf die Wache, da könnte ich ihn auf der Hauptwache sprechen. Das war mir denn recht. Nachdem also die Wache aufgezogen war, ging ich mit Cheminon zum Hauptmann, dessen offenes Wesen mir gleich gefiel. Er war sehr gefällig, und wir redeten von allerlei, doch aber kam das Gespräch immer wieder auf mein Soldatwerden. Herr von Müffling hatte einen Band von der deutschen Übersetzung des Polybios vor sich, worin er lesen wollte. Ich hatte auch viel von Polybios gelesen und war mit der Historie dieses Schriftstellers bekannt. Daher räsonierten wir lange über die Kriegskunst der Alten, von welcher wir aber beide wenig verstanden. Der Leutenant von Drygalsky war die dritte Person.

Endlich kamen wir unserm Zwecke näher. Wir kamen auf gewisse Punkte, welche mir Herr von Müffling zu erfüllen versprach, einige davon sind freilich gehalten worden, aber - - -. Doch ich enthalte mich aller Anmerkungen, die sich mir hier aufdringen wollen. Vielleicht teile ich dergleichen einmal in meinem Alter, wenn nämlich das gute oder schlechte Schicksal mich alt werden läßt, der Welt mit unter der Aufschrift: ‚Bemerkungen eines alten Soldaten über das Soldatenwesen überhaupt und über das preußische insbesondere'. Ein Musketier sieht oft mehr und richtiger als mancher Herr Offizier samt seinem König. Diesen fehlt es an geschärftem Gefühl dazu.

Herr von Müffling bot mir acht Louisdor Handgeld und drang in mich, daß ich jetzt gleich entweder ja sagen oder alles abbrechen sollte. Und ich sagte ja. So war ich also angeworben. Nun ließ der Hauptmann einschenken, was das Zeug hielt, und da ich die Schnurre noch von der vorigen Nacht im Kopfe hatte, so war es natürlich, daß ich derb besoffen ward. Ich ging nach der großen Wachtstube, machte mit allen Soldaten, die da waren, Brüderschaft und war nun seelenfroh, daß ich Soldat war. Die Nacht über schlief ich in der großen Wachtstube, und zwar auf der Pritsche, obgleich Herr von Müffling mir in der Offizierstube ein Bette hatte bereiten lassen.

Man sollte denken, daß ich früh die Sachen anders als den vorigen Abend angesehn und mich derb über meinen unbesonnenen Schritt werde gekränkt haben. Das war aber nicht so. Meine Stimmung hatte sich nicht geändert, und als

---

Frauenzimmer ohne Mann genannt. Doch fängt gegenwärtig der Name Mamsell auch schon an, unfrisierten Haubenstöcken gegeben zu werden, daher Mamsell Minchen, Röschen, Nanettchen.

ich erwachte, freute ich mich noch immer über das, was ich getan hatte. Das Grundgefühl von Rache, die Sehnsucht nach Ruhe, nebst der täuschenden Erwartung der Dinge, die jetzt alle kommen würden, unterhielten die Spannung meiner Seele und versetzten mich zu sehr außer mir, als daß ich meinen damaligen gegenwärtigen Zustand hätte nach der Wahrheit prüfen und wertigen können. Ich sprach mit dem Hauptmann so unbefangen, als wenn ich schon zehn Jahre bei den Soldaten gewesen wäre. Herr von Müffling freute sich über dies mein aufgeräumtes Wesen und wiederholte mir sein Versprechen, daß ich es gut bei ihm haben sollte.

Ich hatte schon am vorigen Abend auf Begehren des Hauptmanns einen Zettel an den Prorektor geschrieben und ihm berichtet, daß ich aus gewissen Gründen Soldat geworden wäre. Das war nun freilich unnötig, denn der Prorektor hat in solchen Dingen nichts zu verfügen. Der Hauptmann fragte mich, ob ich noch haben wollte, daß er den Zettel an den Herrn Schulze abschicken sollte. Ich bejahte es, und Zutzel, der Unteroffizier, mußte ihn hintragen. Herr Schulze ließ dem Hauptmann wiedersagen, daß er ihm zu mir gratuliere. Auf meine Frage, was Schulze für eine Miene gemacht habe, antwortete Zutzel, er habe gelacht und seiner Frau die Sache mit Lachen erzählt. Das ärgerte mich. Der Unbefangene findet aber freilich manches nicht so wichtig als der Befangene im Taumel. Wohl dem, der hierdurch allmählich ein Körnchen vom Salz der Weisheit einsammelt, um nichts wichtiger zu finden, als es ist!

Ich wurde noch auf der Hauptwache eingekleidet und kam zu dem Unteroffizier Zutzel ins Quartier. Das war am dritten Weihnachtstage 1783.

Aber nun kam der Lärmen in der ganzen Stadt herum, und alle Straßen, alle Kneipen, alle vornehmen Zirkel und alle Puffkeller ertönten von der einzigen Nachricht: Magister Laukhard ist Soldat geworden! Man schrieb es gar weit und breit herum. Wer die Hallenser kennt, der weiß, daß das rechtes Wasser auf ihre Mühle war. Ich habe wenig Örter gefunden, wo der vornehme und der niedrige Pöbel so neugierig wäre als in Halle. Wenn etwas zu sehen ist, und sei es auch noch so unbedeutend, so läuft gleich alles zusammen, bleibt stehen und gafft halbe Tage lang, als wenn eine Kaiserkrönung zu sehen wäre. An den Verlust, den dieses Stillstehn des Erwerbstandes nach sich zieht, denkt man nicht. Sodann werden alle Neuigkeiten, alle Mären, sie mögen wichtig oder läppisch sein, in allen Zirkeln herum ausposaunt und ohne alle weitere Untersuchung geglaubt. Womit wollten die vielen Haar- und Bartputzer ihre leerköpfigen Kunden in Halle auch sonst unterhalten? Wie still würde es in den Damenklubs zugehen, wenn sie das Hökerweibergeschäfte unter ihrer Würde finden sollten! Wie mancher Herr Professor, Student, Bürger und Soldat würde vom Langweilen-Fieber ergriffen werden, wenn er an der Zeitverkürzung der Janhagelschaft keinen Anteil nehmen könnte! Jetzt, da ich dieses schreibe, trödelt man so viele sich selbst widersprechende Mären über den Feldzug gegen die Neufranken herum, daß einem die Ohren davon gellen möchten. Insbesondere verstehn die Herren, welche den Ratskeller besuchen, und die Gesellschaften bei Sandern, dem Branntweinschenken, recht derb zu kanngießern und die politischen Possen und Stadtmärchen, jeder nach seiner Art, auszuschmücken. Also war auch ich damals die Märe des Tages. Viele Philister, Menscher und ander Grobzeug kamen vor das Haus, wo ich logierte, mich zu sehen und zu schauen, wie mir die Montur wohl stehen möchte. Ich ging diesen Tag einigemal aus, und jedesmal begleitete mich ein Haufen Jungen, Menscher, Studenten und Philister. Die Kinder sangen sogar:

> Laukhard hin, Laukhard her,
> Laukhard ist ein Zottelbär.

andere:
> Laukhard hin, Laukhard her,
> Laukhard ist kein Magister mehr.

Und das alles sah und hörte Laukhard mit vieler Gleichgültigkeit. Wohl ihm, daß er Fassung und Selbstgewalt genug hatte, als ein isolierter Diogenes bei dem allen kalt zu bleiben! Man hatte ihn vorher hier und da degradierend genug dazu behandelt.

Gegen Mittag schickte mir Herr Schulze zwei Studenten und ließ mir sagen, daß, wenn ich wieder los sein wollte und Mittel dazu angeben könnte, er bereit wäre, alles für mich zu tun. Ich schrieb ihm einen lateinischen Brief, dankte ihm und bezeigte, daß das wohl nicht mehr gehen würde; wenn er aber mich befreien könnte, hätte ich nichts dawider. Ich wußte aber schon, daß dieses nicht mehr möglich war.

Meine Bekannten und Freunde unter den Studenten, besonders einige meiner Landsleute, kamen häufig und mit Tränen in den Augen zu mir und baten mich, doch Himmel und Erde für meine Befreiung zu bewegen, es würde ja alles noch gehen. Ich wurde sehr gerührt durch die Vorstellungen der ehrlichen, gutmeinenden Jünglinge. Die guten Leute nahmen sich meiner sehr tätig an, ohnerachtet ich es verbat. Sie liefen mehrmals zum Hauptmann, und als dieser sich nicht so erklärte, wie sie es wünschten, bombardierten sie den damaligen General des Regiments, den Fürsten Adolph von Anhalt-Bernburg. Der Fürst versprach den Studenten, um sich von ihnen loszumachen, daß er mich selbst vernehmen und dann resolvieren wollte, was rechtens wäre. Als ich diese Nachricht hörte, hatte ich genug und erklärte den Studenten, daß alle ihre Mühe verloren wäre: es würde bleiben, wie es wäre.

Nachmittags schrieb mir auch Herr D. Semler einen großen lateinischen Brief, welchen ich 1787 nebst mehr andern Schreibereien mit nach Hause nahm und zu Wendelsheim zurückließ. In diesem Briefe erschien das edle Herz des guten Mannes auf eine sehr sichtbare Weise. Ich hätte, schrieb er, dergleichen nicht unternehmen können, wenn ich nicht allen Glauben an die göttliche Vorsehung verloren hätte. Dieser Glaube sei das höchste Gut des Menschen. Man müsse ihn beibehalten, gesetzt auch, er sei Vorurteil. Hätte ich mich in meinen übeln Umständen, die ihm nun recht gut bekannt wären, nur an ihn gewandt, so würde er wohl Wege zu meiner Beruhigung entweder selbst eingeschlagen oder sie mir doch gewiesen haben. Indessen sei das nun einmal nicht mehr zu ändern, deswegen sollte ich auf eine Zeitlang Geduld haben und erwarten und hoffen, daß alles könnte verbessert und für meine Ruhe gut eingerichtet werden. Auf ihn sollte ich mich immer verlassen, er würde mir immer Freund und Beistand sein. Am Ende ermahnte er mich, ja fleißig zu studieren. Die Studia wären wahrer Balsam für Unglückliche. Dabei führte er mir einige Stellen aus Cicero und Ovidius an.

Semlers Brief rührte mich im Innern meiner Seele. Ich kannte den Mann und wußte, daß seine Worte Realitäten bezeichneten. Ich habe selten den Worten getraut, womit mir jemand seine Freundschaft und Dienste beweisen wollte. Aber bei den Worten einiger redlicher Männer machte ich immer eine Ausnahme, und das war auch bei Semlern der Fall. Semler war der wohlwollendste, tätigste Menschenfreund.

Den folgenden Tag, es war ein Sonnabend, war ich viel ruhiger als den vorigen. Ich konnte über alles, was mir begegnete, gehörig nachdenken. Und wenn ich nun so meine vorige Lage mit der gegenwärtigen verglich, fand ich diese eben nicht sehr schlimm. Mein natürlicher Leichtsinn kam mir hier, wie sonst bei vielen Vorfällen meines Lebens, zustatten. Ich legte alles auf die leichte Achsel. Es wird schon alles noch gut werden, dacht' ich, und wenn's nicht gut werden will, je nun, am Ende bleibt dir doch das Mittel übrig, welches keinem Menschen entsteht – das Pistol oder der Strick. Auch in dieser Vorstellung lag damals Beruhigung und etwas Angenehmes für mich. Die stoische Philosophie ist wahrlich kein dummes System, und der Mensch, welcher sich mit ihren Grundsätzen vertraut macht, kann unmöglich verzweifeln. Denn was die Moralisten, insbesondere die Pfaffen sagen, Selbstmord sei allemal Verzweiflung, ist mit der gnädigen Erlaubnis dieser Herren so wenig wahr, als er allemal Kleinmut oder Verbrechen ist. Ich habe meine guten Gründe für diese Behauptung. Meine Leser werden daher nicht zürnen, wenn ich ihnen meine Gedanken so ganz trocken hinlege. Ich gehöre nicht zu denen, welche aus Heroismus, zur Ehre Gottes oder zum Preis der Tugend alles Unglück und alle Not gern ertragen möchten. Würde ich meinen Zustand übermäßig elend fühlen, so würde ich ihn schon endigen. Alle Gründe und Beweise für die sogenannte allwaltende Vorsehung, wie diese von Leß, Hermes und Jerusalem beschrieben wird, haben mich niemals überführen können. Ich will gern jedem seinen Glauben in diesem Stück lassen und es jedem gern gönnen, in dem Vertrauen auf die göttliche Vorsehung und Regierung der Welt seine Beruhigung zu finden. Aber mir muß man es auch lassen, daß ich mich auf eine gewisse fatale Verkettung der Dinge gründe und dadurch mein Schicksal mir erleichtere. Mein Fatalismus hebt die Freiheit nicht ganz auf und ist daher unschädlich. Wer sich aber an diesem meinen offenherzigen Bekenntnis stoßen will, der muß sich noch mehr an den ‚Leiden des jungen Werthers' von Goethe stoßen. Diese gehen dogmatisch zu Werke, da ich es bloß historisch tue. Doch was hilft hier disputieren! Wem es wohl geht, erschießt oder erhängt sich nicht, und wem es so übel geht, daß er's tut, dem ist's zu verzeihen. Er geht mehr mechanisch als moralisch zu Werke. Und darum hob Friedrich II. die schändlichen Strafen dafür auch auf.

Sonntags früh wurde ich zum Fürsten geführt. Er bewies mir in Form Rechtens, daß ich mich wirklich hätte anwerben lassen und folglich Soldat bleiben müßte. Er sprach mir noch allerhand Trost zu, der aber bei mir nicht anschlug. Zutzel hatte mir den Herrn Fürsten schon den Tag vorher näher beschrieben. Man legte mir ohne weitere Komplimente den Soldateneid vor, und ich schwur ihn. Und so war mein Herr Soldat völlig fertig.

Mein Handgeld wollte mir der Hauptmann zwar übergeben, doch stellte er mir vor, daß ich besser täte, wenn ich's in seinen Händen ließe. Ich würde sonst drum geprellt werden. Er hatte recht! Auf der Revue 1787 hatte ich noch einen Rest davon. Freilich mußte ich jedesmal, wenn ich etwas haben wollte, mein eigen Geld gleichsam herausbetteln, wenigstens genau angeben, wozu ich es haben wollte. Allein da dieses Benehmen des Herrn von Müffling zu meinem Nutzen abzweckte, so hat es mich niemals verdrossen, so empfindlich mir es sonst ist, wenn man mir Unrecht tut.

Der Hauptmann wollte mich zu Cheminon ins Quartier legen. Allein da Zutzel mir anfänglich nicht übel gefallen hatte und ich bei Cheminon nicht gern sein wollte, weil immer Studenten hinkamen, so bat ich den Herrn von Müffling, mich bei Zutzeln zu lassen. Er wollte mir's freilich nicht versagen und sagte mir gleich, Zutzel sei ein wunderlicher Mensch und seine Frau sei vollends des Satans. Ich möchte also sehen, wie ich mit ihnen zurecht käme. Um mich indes mehr zu sichern, schärfte er beiden ein, mit mir ordentlich umzugehen und nicht zu machen, daß ich klagen müßte. Würde man mir aber dennoch etwas in den Weg legen, so sollte ich es ihm nur gleich anzeigen, Er wollte dann seine Sachen schon machen. Wie übel ich aber für mich gesorgt hatte, wird die Folge ausweisen.

Ich schaffte mir nun alles an, was der Soldat so an Kleinigkeiten haben muß, Bürsten, Haarwachs, Kreide, Ton, Puder und andere Kleinigkeiten, welche zur sogenannten Propretät erfordert werden. Meine Gewehrsachen habe ich immer von andern, wenn ich nämlich nicht für gut fand, es selbst zu tun, reinmachen lassen.

Meine erste Lage bei den Soldaten

Mein Wirt, der Unteroffizier Zutzel, war ein äußerst schnurriger Mensch von hämischem Charakter, der sich so recht freute, wenn er jemanden einen Stein stoßen konnte. Ich muß ihn etwas näher beschreiben, vorher aber anmerken, daß die meisten Unteroffiziere, die ich habe kennenlernen, preußische sowohl als andere, eine große Ähnlichkeit mit den Verschnittenen haben, welche die Weiber im Orient bewachen müssen. Da sie wie diese ihren Vorgesetzten auf eine ganz vorzügliche Art und noch unendlich mehr als der gemeine Bursche unterworfen und gehorsam sein müssen, auch sehr oft mißhandelt und belastet werden, so suchen sie ihren Unmut und ihre beleidigte Eigenliebe an den Soldaten auszuüben wie jene an den Weibern, werden aber auch nicht selten von den pfiffigen Burschen angeführt wie die schwarzen Kastraten von ihrem intriganten Frauenzimmer. Dies nebenher.

Zutzel mit seiner Eheliebsten war sehr fromm, das heißt, er las alle Tage in einer alten, dicken Postille und ging alle Sonntage regelmäßig zur Kirche. Er ist, wie er mir selbst oft gesagt hat, recht froh gewesen, als man ihn zum Abend- und Frühvisitieren ernannt hat, bloß weil er dadurch vom Wachttun befreit wurde und also jeden Sonntag die Kirche besuchen konnte, welches bei den Diensttuenden den Monat zweimal wegfällt. Vom lieben allmächtigen Gott wußte Zutzel sehr viel zu reden wie auch vom frommen Könige und Propheten David, vom lieben Gebet und andern dergleichen Dingen. Bei jeder Gelegenheit kam so was Gesalbtes vor. Aber man denke ja nicht, daß dieser Mensch nicht auch geflucht habe. Es gibt wohl keinen Bootsknecht bei der Ostindischen Kompanie, der besser fluchen und schwören könnte als Freund Zutzel. Beten und Fluchen war bei ihm in einem Odem. Bei diesen Tugenden besaß er wie manche seinesgleichen eine große Fertigkeit im Branntweinsaufen, den er sich jedesmal selbst holte und mit seiner Eheliebsten, welche ein ganzes Nößel doch immer noch ein Tröpfchen nannte, in bona pace verzehrte. Nichts war possierlicher anzusehen, als wenn Freund Zutzel dasaß mit dem Seitengewehr und einen blauen Mantel umhatte, eine schwarze Pudelmütze auf dem Kopf, die Brille auf der Nase, die Schnapspulle vor sich und so Strümpfe stopfte oder strickte, welches beides er aus dem Fundament verstand.

Die Madam Zutzel war ordentlich gemacht, einen Mann unter die Erde zu bringen, wenn er weniger unempfindlich gewesen wäre als der ihrige. Einer war ihr schon davongelaufen, weil er ihre absurden Grillen nicht weiter vertragen konnte. Darauf war sie geschieden worden, und so hatte sie Freund Zutzel genommen. Den ganzen langen Tag nörgelte sie, besonders wenn sie besoffen war, zankte mit ihrem Manne und ihren Soldaten, und wenn sie nichts zu zanken hatte, so schlug sie ihren Hund Perl oder ihre Katze Minette.

In diesem Quartiere lag ich nun! Wie wird's da dem armen Schelm gegangen sein? werden meine gutmütigen Leser ausrufen, und wenn sie das tun, so will ich ihnen mit einem Worte antworten: sehr schlecht, meine Herren! Einige Pröbchen.

Ich fing gleich, wie es sich von selbst versteht, an zu exerzieren, und zwar in Zutzels Stube. Freilich lernte ich nicht schnell, teils war ich des Dings nicht gewohnt, teils dachte ich, Zeit genug zu haben, diese große Kunst, welche hauptsächlich in der gleichmäßigen Fertigkeit und Akkuratesse besteht und vom dümmsten Bauernjungen begriffen wird, zu erlernen. Daß ich nun nicht flugs lernte, ärgerte meinen Zutzel, und er klagte mich beim Hauptmann als einen Menschen an, der viel zu dumm und zu tückisch zum Exerzieren sei. Herr von Müffling verschwieg mir das nicht, und ich konnte mich nicht besser rechtfertigen, als wenn ich fleißiger und aufmerksamer ward. Das ward ich, und Zutzels Klagen von dieser Seite fielen weg.

Freund Zutzel war gewohnt, mit den Rekruten, die er übte, umsonst zu frühstücken. Einige Zeit über ließ ich mir das auch gefallen. Allein da er gar anfing zu fordern, wies ich ihn ab und trank meinen Schnaps für mich allein. Das verdroß ihn häßlich. Da er nun sahe, daß ich oft mit andern Kameraden zur Frau Buchin oder auf die Bäckerherberge ging, so beschrieb er mich dem Hauptmann als einen Trunkenbold, der täglich in den Kneipen säße, sich vollsöffe und sich von andern prellen ließe. Der Hauptmann ließ dieses Vorgeben durch den Feldwebel untersuchen, und da er keine Exzesse fand, schwieg er. Der Feldwebel Wurm riet mir aber, wenn ich ausginge, sollte ich nur den Unteroffizier nicht wissen lassen, wohin. Der sei ein Kalefaktor*, vor dem man sich hüten müßte.

Aber nun ein Stückchen von schändlicherer Art. Es war uns ein Soldate desertiert, dessen hinterlassene Sachen Zutzel in die Kammer gelegt hatte, wo Trautwig und ich schliefen. Etwan acht Tage hernach wollte Zutzel die Sachen wegtragen, und siehe da, es fehlten einige Stücke an der Wäsche. Ohne weiter zu untersuchen, ob das jetzt Fehlende nicht schon vorhin gefehlt habe, behauptete er, entweder Trautwig oder ich müßten sie verkauft oder versetzt haben. Trautwig nahm das Ding sehr übel und suchte mich sogleich auf, um mir diese Beschuldigung mitzuteilen. Ich lief nach Hause, und nun gab's schöne Auftritte. Wir schlugen uns bald miteinander. Unsern Hauptmann fand ich nicht zu Hause. Zutzel aber wußte, daß er beim Obersten war. Er ging also hin und klagte uns an. Herr von Müffling schwieg für den Tag und befahl dem Unteroffizier bei Fuchteln und Arrest, zu uns von der Sache nichts zu sagen. Er würde das Ding selbst untersuchen.

Früh ließ mich Herr von Müffling zu sich holen und fragte sehr freundlich, ob ich nichts um die verlorene Wäsche wüßte. Er supponiere zwar nicht, daß ich selbige genommen hätte, allein mein Kamerad könnte es doch getan haben, und wenn ich davon wüßte, sollte ich es nur sagen. Es sollte verschwiegen bleiben, ja es sollte sogar keine Strafe erfolgen, weil er die Sache ersetzen wollte. Ich leugnete alles, weil ich wirklich nichts wußte, und der Hauptmann war sehr in Verlegenheit, was er tun sollte.

Es vergingen mehrere Tage. Die Sache blieb, wie sie war, und wir mußten manche Anspielungen von Zutzeln anhören, worauf allemal ein derbes Gezänk folgte. Endlich auf einen Sonnabend kam eine alte Frau zum Feldwebel Wurm, welche für den desertierten Soldaten gewaschen hatte, und zeigte an, daß sie noch einige Wäsche von diesem habe, welche sie an die Kompanie abgeben wollte. Und siehe da, die Wäsche war die verlorne. Wurm zeigte die Sache alsobald dem Kapitän an, und der gute Angeber erhielt den folgenden Sonntag bei der Kirchenparade durch den Fähndrich Röder fünfundzwanzig derbe Fuchteln.

---

* Kalefaktor heißt bei den Soldaten ein Offizierbedienter, der einheizen und andere Handdienste verrichten muß und zugleich Soldat ist. Dieser Name wird aber auch denen aus Spott zugelegt, die bei den Vorgesetzten alles Nachteilige, was sie von ihren Kameraden erfahren, anbringen. Daher das Zeitwort kalfaktern.

„Das ist", sagte der Kapitän, „für Lug und Trug und Fickfackerei. Wer mir einen Soldaten fälschlich angibt, der kriegt seine fünfundzwanzig Fuchteln aus dem Salze."

Es war mir, ohnerachtet der groben Beleidigung, die mir Zutzel zugefügt hatte, doch unangenehm, daß er so war gestraft worden. Wer aber das Ding mit kaltem Blute überlegt, wird finden, daß er sich sehr grob vergangen und die Fuchteln verdient hatte. Freilich mochte er wohl geglaubt haben, daß er die fehlende Wäsche in unsre Kammer wirklich gebracht hätte. Aber da hätte er vorher besser zusehen und nicht auf sein bloßes Dafürhalten gleich unschuldige Leute des Diebstahls beschuldigen sollen.

Der Hauptmann nahm hierauf Zutzeln die Soldaten und legte mich zu einem gewissen Müller, wo es mir besser ging.

Sturm und Sonnenschein

Mein Vater lag mir, wie billig, gleich vom Anfang meiner neuen Lebensart stark im Sinne. Was wird der ehrliche Alte empfinden und sagen, wenn er erfährt, daß nun alles an dir auf einmal ohne alle Hoffnung verloren ist? Dieser Gedanke fuhr mir immer durch Kopf und Herz und vergällte mir jeden Augenblick. Um diese Qual loszuwerden, bat ich den D. Semler schriftlich – denn persönlich wollte ich den ehrwürdigen Mann in meiner Soldatenuniform noch nicht angehen –, er möchte suchen, meinem Vater meinen Schritt zum Soldatenstande auf die glimpflichste Art beizubringen. Der gute Mann antwortete mir, das sei schon geschehen. Er hoffe, mein Vater würde mich mehr bedauern als über mich zürnen. Der Hauptmann hatte auch schon geschrieben. Allein lange erschien keine Antwort. Endlich kam ein Brief von meinem Vater an den Herrn von Müffling in sehr gemäßigtem und gesetztem Ton. Er kenne, schrieb er, das menschliche Herz, und mein Schritt käme ihm, da er meine Sitten, meine Denkungsart und meinen Leichtsinn auch kenne, gar nicht fremde vor. Er vergäbe mir von Herzen meine Verirrungen, sogar den letzten desparaten Schritt, so sehr er ihn sonst schmerzte. „Ich wünsche", fuhr er fort, „einen recht langen Brief von meinem Sohn zu lesen und bitte Ew. Hochwohlgeboren, ihn denselben in Ihrer Gegenwart oder in Gegenwart eines andern braven Mannes schreiben zu lassen, damit er gerade so schreibe, wie es ihm ums Herz ist, ohne lange herumsinnen und künsteln zu können. Ich möchte gern aus dem Briefe sehen, wie er jetzt wohl denkt." – Ich schrieb diesem gemäß in der Stube des Herrn v. Müffling an meinen Vater, und dieser Brief besänftigte ihn so, daß alle seine folgenden

Briefe an mich, an den Hauptmann und an den D. Semler auch nicht die geringste Spur von Vorwürfen oder Unwillen enthielten.

Die erste Exerzierzeit* ist mir, wie jedem Soldaten, beschwerlich gefallen. Allein ich überstand sie, und die folgenden Exerzierzeiten sind mir immer leichter geworden. Es fiel mir oft der Gedanke dabei ein, ob die Verdammten in der Hölle, welche doch nach der erbaulichen Lehre der orthodoxen Buchstabenkirche ewig gepeiniget werden sollen, nicht endlich allen Sinn für Qual und Angst und Not verlieren und alle Feuer- und Schwefelpfühle, alle Haken des Satans und dergleichen nicht für Kleinigkeiten halten werden. Die Gewohnheit vermag doch gewaltig viel!

Im Mai 1784 machte ich meine erste Revue bei Magdeburg und sah da den großen König zum erstenmal. Sein Anblick erschütterte mich durch und durch, ich hatte nur Auge und Sinn bloß für ihn. Auf ihn war ich und alles konzentriert, viele tausend Personalitäten in eine einzige umgeschmolzen! Ein Heer, eine Handlung! Mit seinen Taten war ich schon bekannt durch Bücher und Erzählungen. Es ist wahrlich etwas Göttliches, einen so großen Mann zu sehen! Der Gedanke, daß man zu ihm mit gehöre, erhebt zum Olymp hinaus ----------

Die Revue war ein rechtes Fest für mich. Ich mußte zwar derbe Märsche tun – man geht in drei Märschen elf Meilen –, allein die Neuheit der Sache und die Abwechselung der Gegenstände machten, daß ich alle Mühe vergaß und bloß an dem hing, was ich noch nicht gesehen hatte.

Etwas über Romanleserei und Lesebibliotheken

Ich hatte schon vor der Revue einige Studenten zu unterrichten im Lateinischen und Französischen. Meine ersten Scholaren waren Herr Salpius aus der Mark, Herr Böhm, jetzt Doktor der Medizin in Berlin, und Herr Gassel aus Westfalen. Nach und nach erhielt ich mehrere. Wenn einige, welche ich zu unterrichten die Ehre gehabt habe, ihre Namen in meinem Buche nicht finden, so können sie versichert sein, daß dies nicht daher rühre, weil ich sie vergessen hätte oder es für zu gering hielte, sie zu nennen – ich verehre vielmehr jeden, der zugleich mein Freund war, und das sehr aufrichtig –, sondern weil ich befürchte, manchem

---

* Die Exerzierzeit ist die Zeit, wo das vollständige Regiment wöchentlich fünfmal auf dem Felde exerziert wird. Unter Friedrichs II. Regierung dauerte sie gewöhnlich zwei Monate. Der jetzige König hat sie abgekürzt.

Leser Langeweile zu machen, wenn ich da ein großes Namenregister anführen wollte, wobei ich doch weiter nichts zu sagen hätte als: dem gab ich Stunden im Lateinischen, Italienischen, Französischen, mit dem las ich den Livius, diesen lehrte ich dies, jenen jenes.

Um diese Zeit fing ich auch an, Romane und Komödien zu lesen. Ich hatte zwar schon vorher dergleichen Sächelchen in Händen gehabt, sowohl französische als deutsche, aber niemals war ich erpicht darauf und ward es erst im Jahre 1784 und blieb es lange Zeit. Der verstorbene Antiquar Ernst, welcher mit guten und schlechten Büchern der angenehmen Leserei mittelmäßig versehn war und um den ich mich auf mehr als eine Art verdient gemacht hatte, brachte mir, da er fand, daß ich dergleichen Büchleins liebte, fast täglich einige, die ich anfangs nur so durchblätterte, dann mit Behagen las und endlich gar verschlang. Dies ging so weit, daß ich zuletzt nicht mehr imstande war, zwei Stunden nacheinander bei einem ernsthaften Buche auszuhalten, ob ich gleich tagelang in den abgeschmacktesten Romanen lesen konnte, sogar in denen, welche vom Verfasser der ‚Emilie Sommer' und Konsorten fabriziert waren.

Für mich konnte das noch so hingehen, wiewohl auch ich meine Zeit hätte besser anwenden können und sollen. Wenn aber junge Studierende nichts lesen als Skarteken dieser Art, so ist es beinahe unverzeihlich. In Gießen war dieses Unwesen zu meiner Zeit noch nicht Mode: denn da hatte es dem Herrn Buchhändler Krieger* noch nicht beliebt, sein Romanenmakulatur einbinden und

---

* Als ich 1787 mit einem Studenten bei diesem Buchhändler, welcher zugleich Speisewirt und Pferdeverleiher ist, in Gießen zu Mittage aß, hatte ich Gelegenheit, die Lesebibliothek der Herren Gießner zu beschauen. Sie bestand aus lauter Schofelzeug, welches im Laden liegengeblieben und eingebunden worden war, um wenigstens das Lagergeld herauszubringen. Gangbare und gute Artikel waren nicht darunter. Wer so was lesen wollte, hieß es, möchte sich's selbst kaufen. Herr Krieger führt keinen gedruckten Katalog von seiner Bibliothek, vielleicht weil er sich schämt, solch fatales Zeug zum Lesen aufzustellen wie die Schartekenkrämer Wolf und Schneider in Halle. Gut wär' es immer, wenn auch diesen beiden ein wenig auf die Finger gesehn würde. Es ist doch ärgerlich, Sächelchen zum Lesen heimlich herumzutragen, die durchaus die unerfahrne Jugend zu Ausschweifungen verleiten müssen. Ich mag die Schriften nicht nennen, die von ihnen zum Lesen verborgt werden und worin alle Arten von Wollust, sogar die Bestialität, in Kupfern abgebildet sind. Ein schlechter Mensch kann noch zuweilen, da er sich nicht immer gleichbleibt, einen guten Rat erteilen, auch selbst oft gut handeln. Aber ein Buch von der angeführten Art! Wenn physische Giftmischer bestraft werden, warum auch nicht solche moralische? Wenigstens sollte man keine Bücher zum Lesen verleihen dürfen, worüber kein gedrucktes Verzeichnis vorläge. Wer kann sonst die heimlichen Bücherverleiher kontrollieren, zurechtweisen oder sie, deren viele selbst ebensowenig Geschmack als Literatur haben, hindern, das zum Sittenverderb anzuschaffen und herumzuleihen, was ihnen von verdorbenen und lüsternen jun-

zirkulieren zu lassen, und der Gießner Bursche kauft selten ein anderes Buch, als was er im Kollegium braucht. Und so war die sogenannte schöne Lektüre oder das Romanen- und Komödienlesen zu der Zeit in Gießen ganz fremde. Mit Zotologie hat man sich da beschäftigt, und zotologische Gedichte waren die Modelektüre, bis endlich die Studentenkomödie und mit ihr das Lesen der Komödien seinen rechten Anfang nahm. In Göttingen waren zu meiner Zeit zwar einige Antiquarien, die Romane und dergleichen zum Verleihen hatten. Aber in Leipzig und Halle sind jetzt mehrere Büchereien, die einen reichen Vorrat für den Romanleser enthalten. Man kann da Tag und Nacht lesen und liest doch kaum den meßlichen Zuwachs dieser Stützen schwacher weibischer Seelen durch. Da hab' ich denn sehr viele gekannt und kenne noch viele, die wöchentlich drei, vier und mehrere Bände Romane und Komödien durchlesen. Wieviel bei solcher unsinnig emsiger Lektüre für andre Berufsarbeiten Zeit übrigbleibe, läßt sich denken, und wie sehr dadurch der Geschmack verdorben werde, lehrt die leidige Erfahrung. Ein fleißiger Romanleser scheut ernsthaftes wissenschaftliches Lesen ebensosehr als einer, der saure Gurken gegessen und sich die Zähne abgestumpft hat, feste Speisen scheut. Solche Leser sind und bleiben unwissende Stümper, und dann, wenn sie die Akademie verlassen, sehen sie ein, daß sie nichts gelernt haben. Erst vorige Woche ging ein gewisser P. von hier ab, der den ganzen Romanenkram beim Buchdruckergesellen Wolf und dem Soldaten Schneider durchstudiert hatte, nun aber, da er fort sollte, nicht einmal ein Thema aus einem sehr leichten Text finden konnte, der ihm vom Konsistorium aufgegeben war. Herrliche Zubereitung auf Brot und künftige Gemeinnützigkeit!

Ich mißbillige keinesweges die Lesebibliotheken. Ich weiß, daß sie das beste Mittel sind, gute Kenntnisse und deren Anwendung durch wohlfeilen Umlauf gemeiner zu machen. Aber wer in einer solchen Bibliothek nichts sucht oder aufstellt als Romane, verfehlt diesen Zweck sehr. Ja, Bibliotheken, die weiter nichts enthalten als Romane, sind von keinem Nutzen, sind sogar offenbar schädlich. Sie verwöhnen die Seele zu einem unverhältnismäßigen Gebrauch ihrer Kräfte; sie bringen ihr einen entscheidenden Hang bei, sich mehr mit Vorstellungen von bestimmter als unbestimmter Art abzugeben, und erhöhen dadurch die Empfindungs- und Einbildungskraft auf Kosten der Denkkraft oft ungeheuer. Da überdies die Gegenstände oder die Bearbeitung der meisten Romane über das Gebiet der wirklichen Welt hinausschwärmen, so flößen sie jungen Köpfen idealische

---

gen Wüstlingen empfohlen wird? Und nun die übertriebene Prellerei für ein solches Buch auf einige Tage! Das Buch zuweilen auf einen Tag drei Groschen!

Maßstäbe ein, die, gegen die wirkliche Welt gehalten, nie und nirgend passen, und bilden sie so zu Misanthropen, denen überall nichts recht ist. Im geschäftigen Leben, wo ernsthaftes und angestrengtes Überlegen erfordert wird, kann man aber diese Leutchen nicht brauchen, und am Ende werden sie politische oder geistliche Jeremiasse oder Jonasse, die weit eher imstande wären, allgemeine Unzufriedenheit anzuzetteln und dadurch nach und nach zum Aufruhr zu verleiten, als die freimütigsten Schriften, die irgend ein Philosoph zum Zuchtspiegel für Regenten und Untertanen aufstellt. Ist aber hieran unsere heutige Lehrmethode nicht hauptsächlich schuld? Kann das übertriebene Basedowisieren zum gesetzten männlichen Denken vorbereiten? Wird nicht überall mehr getändelt und gespielt als allmählich zum ausdauernden Fleiß bei Gegenständen des Denkens und Handelns angeführt? Wird nicht mehr auf ästhetisches Scheinen als auf philosophisches Sein gearbeitet? – Aber wir leben in den Zeiten der Spiele und der Täuschung! Könige spielen, Minister spielen, Soldaten spielen, Universitäter spielen, Konsistorialräte spielen, und nur der geplagte Bürger und Bauer arbeitet oft bis aufs Blut und rechnet auf Belohnung – im Himmel!

Wer da glaubt, daß ich das Wesen und die Folgen des Romanlesens zu hoch berechne, den wird schon der bloße Anblick einer Lesebibliothek und etwas Umgang mit Romanenlesern belehren können. Wenigstens stehen in der akademischen Lesebibliothek zu Halle die wissenschaftlichen Werke, wie alle Werke von mehreren Bänden, sobald sie nicht Romane sind, noch beinahe wie ganz neu da, und die lieben Romane sind beschmutzt und beschädiget. Ich bedaure den Herrn Bispink als den Inhaber dieser Anstalt, daß er sein saures Verdienst für eine Grille hingibt, die weder ihm noch andern frommet. Er fährt nämlich eigensinnig fort, die besten Werke von Messe zu Messe anzuschaffen, die in Geschichte, Statistik, Länder- und Völkerkunde, Philosophie, Theologie und dgl. einschlagen. Und wer lieset sie? Er hat nicht einmal in Halle soviel Liebhaber der ernsthaften Lektüre finden können, um ein Journalistikum aus den besten englischen, französischen und italienischen Zeitschriften gegen die billigsten Bedingungen zustandezubringen. Wenn es aber auf der berühmten Hallischen Universität so ist, wie mag es an kleinern und minder berühmten Örtern sein! Wie gesagt, wir leben in den Tagen der Spiele und der Täuschung. –

So denke ich jetzt. 1784 dachte ich anders. Und daher kam es denn, daß ich das Romanlesen so lange fortsetzte, als meine Freundschaft mit dem Antiquar Ernst währte.

Urlaub. Kirchlicher Zustand im Weimarischen

Es war mitten im Winter 1786, als mich mein Vetter, Herr Dietsch, der Weinhändler, zu sich auf den ‚Kronprinzen' kommen ließ und mir sagte, er habe Vollmacht von meinem Vater, Kaution für mich zu stellen und mir Urlaub auszuwirken. Ich kann nicht sagen, daß mich diese Nachricht sehr erfreut hätte. Ich hatte damals viele Herren, welche mich alle sehr ordentlich honorierten. Fürs andre war es Winter und das Reisen um diese Zeit sehr beschwerlich. Dann hatte ich auch gar wenig Lust, die Pfälzer Mosjehs je wieder zu sehen und mich von den schwarzen Hans-Narren in meinem Vaterlande bekritteln zu lassen. Aber diese und mehr andre Gründe wichen dem Willen meines ehrlichen Vaters, den ich zwar immer, leider nur nicht auf die rechte Art, geehrt und geliebt habe.

Nun fragte sich's, wie wir's mit meinen Schulden machen sollten. Herr Pauli, der Traiteur, erließ mir gleich zehn Taler, so auch der Buchbinder Münnich, aber der Schneider Thieme erst nach langem Akkordieren. Von kleinern Schulden wurde nichts abgezogen. Nachdem die Schuldensache in Ordnung war, erlaubte der General, daß ich abreisen konnte.

Ich hatte noch einiges Geld von Studenten zu fodern. An diese wies ich meinen Wirt Müller, der es auch richtig bekommen hat. Eben dem Müller schenkte ich meine sonstigen Effekten, die ich nicht mitnehmen konnte. Auch löste ich meine Uhr ein, welche viele Jahre versetzt gewesen war, kaufte mir ein Paar Stiefeln und einen blauen Oberrock zur Reise, erhielt meinen Paß und schob ab. Herr Leveaux hatte nach meines Vetters Einrichtung die Kaution beim Regimente ausgestellt.

Man kann leicht denken, daß die Empfindung der Freiheit, welche ich jetzt wieder genoß, eine sehr angenehme Empfindung gewesen sei. In Passendorf schon kehrte ich ein, so auch in Schlettau und Lauchstädt. In Neumark traf ich beim Wirt Thomas die Neujahrssänger an, es war gerade der Tag nach Neujahr. Es ist nämlich in Sachsen Mode, daß die jungen Bursche auf den Dörfern zur Neujahrszeit in die Häuser der begüterten Bauern einkehren und da Neujahrslieder, zum Beispiel ‚Das alte Jahr vergangen ist', ‚Das neugeborne Kindelein', ‚Hilf, Herr Jesu, laß gelingen' u. a. herkrächzen und dafür nach der Observanz belohnt werden. Das Geld wird hernach gemeinschaftlich versoffen. In der Pfalz singt bloß der Nachtwächter in der Neujahrsnacht dergleichen Lieder, und die jungen Bursche schießen das neue Jahr an, indes die ältern Bauern es anläuten. Alle sind zu der Zeit en canaille besoffen. Das ist so der Anfang der neuen Zeit.

In Naumburg blieb ich über Nacht, bekam sehr schlechtes Essen und noch schlechteres Quartier, mußte aber doch den andern Tag früh derb bezahlen. Auf dem Wege nach Erfurt mußte ich liegenbleiben. Meine engen Stiefeln hatten mir die Füße aufgerieben. Schon in Naumburg merkte ich das und wusch mir das Geschundene mit Spiritus. Aber es ward auf dem holprigt-gefrornen Wege nur noch schlimmer und nötigte mich, in einem weimarischen Dörfchen liegenzubleiben. Das Dörfchen hieß Neustädt, gemeinhin Neischt, und der Wirt Krippenstapel. Ich mußte vier ganze Tage dableiben, bis mein Fuß wieder fortkonnte. Um mir die Zeit zu vertreiben, las ich in einem lateinischen alten theologischen Schmöker, den mir der Herr Kantor borgte – es war Waltheri Harmonia Biblica –, und unterhielt mich des Abends mit dem Herrn Kantor. Dieser Mann, sonst ein großer Liebhaber vom Schnaps, liebte das Sprechen über theologische Sachen und haßte alle Freigeisterei. Doch war er, wie er sagte, dem Aberglauben gram und sprach von Gespenstern, Hexen und Kobolden mit Verachtung. Er erzählte mir eine Anekdote von seiner gnädigen Herrschaft, welche mir damals unwahrscheinlich vorkam, die ich aber hernach in einem Buche bestätigt gefunden habe. Des jetzigen Herzogs von Weimar Großvater sollte nämlich vor ohngefähr vierzig Jahren befohlen haben, daß man in jedem Dorfe an einem gewissen Tag einige hölzerne Teller auf eine gewisse Weise konsekrieren sollte. Diese konsekrierten Teller sollte man unter gewissen magischen Zeichen und Worten, wenn eine Feuersbrunst entstünde, einen nach dem andern hineinwerfen. Es würde alsdann beim Wurf des dritten das Feuer gewiß erlöschen. Wenn aber noch vor vierzig Jahren der weimarische Landesherr und seine Räte so finster waren, wen könnte es wundern, daß noch 1787 die dickste Finsternis auf den weimarischen Dörfern herrschte! Man sollte gar nicht glauben, daß diese einem Landesherrn angehörten, dessen Residenzstadt mit den hellsten Köpfen Deutschlands geschmückt ist. Hier sieht man recht augenscheinlich, daß auch die besten Schriftsteller nicht einmal in ihrem nächsten Umkreise auf die Volksklasse wirken, wenn Kirchen- und Schullehrer nicht die verdolmetschenden Vehikel ihrer Belehrung werden. Selbst lesen tut der gemeine Mann in Städten und Dörfern selten, und liest er auch, so ist das meiste für ihn zu hoch. Wo soll er also Licht hernehmen, wenn man es ihm in der Schule und Kirche unter Scheffeln versteckt oder, was noch ärger ist, wenn selbst Schul- und Kirchenlehrer so düster leuchten, daß sie des Putzens von allen Seiten selbst bedürfen! Und daß dies der Fall auf den meisten weimarischen Dörfern sei, wird uns nicht befremden, wenn wir wissen, daß selbst Weimar hiervon nicht ausgenommen ist. Stechen nicht auch die Predigten des jetzigen Vizepräsidenten Herders gegen die

Predigten seiner orthodoxen Herren Amtsbrüder in und um Weimar gegeneinander ab wie Tag gegen Nacht und Licht gegen Finsternis? Und doch haben die letztern mehr Zuhörer als der erstere, allerdings aus der Klasse der christlichen Krethis und Plethis, die auch im Weimarischen noch über alle Erwartung hinaus ist. Hierzu nehme man den weimarischen Katechismus nebst Gesangbuch und Kirchenagende. Welch ein alter Sauerteig riecht nicht in allen dreien! Herder, der göttliche Herder, hat gewiß Verbesserungen vorgeschlagen, aber die übrige liebe Geistlichkeit hat vielleicht die Delikatesse ihrer orthodoxen Denkungsart so weit getrieben, daß sie lieber alles aufopfern als Herdern folgen wollte, so folgsam als nämlich die Buchstabentheologen gegen Christi Geist – den gesunden Menschenverstand – sind und so zärtlich leise sie auf den Wunsch eines väterlichen Landesherrn horchen, um durch die Verbreitung besserer Einsichten glücklichere Menschen machen zu helfen. Und so hätte auch Weimar seine Gelehrten mehr fürs Ausland als für sich.

Wie mich Vater, Mutter, Tante und Bruder empfangen haben

Mein Vater machte mir ganz und gar keine Vorwürfe. Geschehene Sachen, meinte er, wären einmal nicht zu ändern, und da müßte man auch nicht weiter davon reden. Ein nur halb wahrer Grundsatz! Man muß allerdings davon reden, wenn man Klugheitsregeln daraus für sich oder andere nehmen kann. Allein mein Vater hatte so sein System, und nach demselben war mehr das Schicksal als ich selbst schuld an meinen Unfällen. Meine Mutter bedauerte freilich hauptsächlich das hübsche Geld, daß ich gekostet hatte und das nun nach ihrem Ausdruck in'n Dreck geworfen war. Aber der Alte bat sie, zu schweigen und uns keine trüben Stunden zu machen. Da schwieg sie dann. Meine alte Tante war vollends außer sich, da sie mich wieder sah, und konnte ihrer Fragerei gar kein Ende finden. Ich mußte mit meinem Vater allein auf sein Stübchen kommen. Da erklärte er mir, daß mein Soldatenwesen die üblen Gespräche, welche von mir längst herumgegangen wären, stark vermehrt und alle alten Geschichtchen wieder ins frische Andenken gebracht hätte. Man hatte nämlich mein Soldatwerden in einige Zeitungen eingerückt – als wenn es eine so große Sache wäre, wenn ein Magister Soldat wird! Ist denn überhaupt der Herr Magister eine so wichtige Kreatur? Aber vielleicht hatten die Herren Zeitungsschreiber zu Gotha und Frankfurt am Main damals gerade noch einige Zeilen nötig, ihre Blätter voll zu machen. Vielleicht wollte sich ein hämischer Mensch an mir rächen! Wer es von Halle aus nach Gotha geschrieben habe, weiß ich: es war ein Herr Müßiggänger. Genug, mein Soldatwerden war in den Zeitungen gestanden und hatte die alten Mären wieder aufgeregt. Daher, fuhr mein Vater fort, müßte ich, wenn ich dableiben wollte, lange lange Zeit einen sehr eingeschränkten Lebenswandel führen, damit das hundertmäulige Ungeheuer, die pfälzische Fraubaserei, sonst Fama genannt, endlich schweigen oder bessere Nachrichten von mir verbreiten müßte. Ob mein Vater hier für sein System konsequent gesprochen habe, will ich nicht untersuchen. Ich erklärte nur kurz, daß ich nicht bleiben würde. Ich ginge nach Verlauf meines Urlaubs wieder zum Regiment. Und dazu hatte ich meine guten Gründe, die ich hier angeben muß, weil man sich in Halle und anderwärts sehr gewundert hat, daß ich zurückgekommen bin.

Einmal war ich in der ganzen Pfalz verschrien als ein Mensch ohne Sitten und ohne Religion, und dieses böse Gerücht gründete sich auf unwiderlegliche Tatsachen. Die Nachrichten aus Halle und andern Orten hatten es nur noch verstärkt, und so hatte ein jeder Mosjeh Firlefanz Gelegenheit, mir zu schaden, sobald seine Firlefanzerei, sein Interesse oder seine Rachsucht es erfoderten. Wodurch hätte ich nun den Leuten die Mäuler stopfen sollen? Die Pfälzer vergessen alles eher als die skandalösen Geschichtchen. Man sieht's ja an mir! Und da war nun gar keine Wahrscheinlichkeit, jemals wieder in Kredit zu kommen.

Zum andern konnte ich gleich in den ersten Tagen mein Maul nicht bezwingen. Ich räsonnierte schon in Alzey – von Frankfurt am Main, wo ich mit den Leuten im Wirtshause über Christi Geburt sprach, will ich nichts sagen – im Beisein des Jägers Damian und anderer, teils Katholiken, teils Protestanten, sehr frei über die heiligen Dogmen, sprach von Pfaffen übel und lachte über alles, was dort übern Rhein heilige Ware ist. Da hieß es nun allgemein: Laukhard ist noch der alte Spötter. Ein alter Wolf läßt seine Nuppen nicht.

Und endlich drittens traute ich mir selbst nicht viel Gutes zu. Ich konnte mich nicht soweit einschränken, daß ich mein Trinken gemäßiget und ordentlich gelebt hätte. Ich fühlte das sehr gut und beschloß also, nicht dazubleiben. Es fielen auch gleich in den ersten Tagen einige Exzesse vor und machten neues gehässiges Aufsehen.

Meinen Bruder sah ich in den ersten Tagen nicht. Er war Vikarius in Dahlheim, einem zur kaiserlichen Grafschaft Falkenstein gehörigen Dorfe. Er wußte zwar, daß ich da war, allein er übereilte sich nicht. Unsre Freundschaft hatte längst aufgehört, und so waren wir eben nicht versessen, uns zu sehen. Endlich kam er doch, empfing mich aber kalt, und ich bewillkomte ihn noch kälter. Er bat mich, ihn zu besuchen. Das hab' ich einmal getan, aber nur ohngefähr auf vier Stunden. Seine Unterhaltung gefiel mir nicht, und die meinige mußte ihm lästig sein.

Thereschen hätte ich sehen und sprechen können, aber ich fürchtete mich vor dem Eindruck, den sie auf mich machen würde, und so wollte ich sie lieber gar nicht sehen. Sie war noch ledig. Ein gewisser Herr Huber, sonst Latus genannt, hatte um sie angehalten, aber den Korb bekommen. Ich ärgerte mich häßlich über den Latus, daß er mein Mädchen hatte haben wollen, und war froh, daß sie ihn abgewiesen hatte. Was man aber ein Tor ist! Man mißgönnt andern ein Gut, woran man keinen Teil haben kann und keinen haben will.

Sonst war es noch in der Pfalz, wie ich es im ersten Teil beschrieben habe. Der Schlappohr und der alte Schulz Hahn spukten noch immer, noch immer lief der feurige Mann herum, und das Maar drückte noch immer. Doch sahe ich auch da einen katholischen Priester, den Herrn Pastor Hoffmann zu Erbesbüdesheim, der an des versetzten Neuners Stelle gekommen war und stark wider Gespenster und Hexen predigte, auch den Katechismus des Pater Vogels nicht mehr öffentlich lehrte. Gott vergelte dem redlichen Mann seine Bemühungen und gebe ihm viele Nachfolger unter allen drei Religionen in der Pfalz, auch sonstwo, wenn's nötig ist!

Über den D. Bahrdt mußte ich hunderttausend Fragen beantworten; denn wohin ich kam, wollten die Leute etwas von ihm wissen. Bahrdt hatte sich zu sehr in der Pfalz bekannt gemacht, und von Halle aus waren viele Schnurren und Lügen über ihn dorthin versprengt worden. Ich war damals noch ein großer Verehrer dieses Mannes, den ich noch immer von der besten Seite ansah und ihn folglich manchmal verteidigte, und wenn ich auch damals schon in Absicht des verstorbenen Doktors so gedacht hätte, wie ich hernach dachte, so würde ich doch den Pfälzer Bonzen, Derwischen und Fraubasen die Freude nicht gemacht haben, über ihn zu räsonieren. Die Pfälzer kennen keinen Ketzer weiter als den D. Bahrdt; der hat unter ihnen gehauset. Die andern aber, zum Beispiel Semler, sind ihnen bloß dem Namen nach bekannt: ihre Schriften haben sie nicht gelesen.

Alles, was ich sah und hörte, machte den Entschluß immer mehr bei mir fester, nach Halle zurückzugehen, ja oft wünschte ich mich schon wirklich wieder da. Mein Glück in der Pfalz war einmal verscherzt, und ich war der Mann nicht, der es hätte wiederherstellen können. Sollte ich nun durch meine Gegenwart den Kummer meiner Eltern vermehren und sie mir noch abgeneigter machen? Ich sprach deswegen sehr ernstlich mit meinem Vater, und er hatte nichts dagegen, so sehr auch meine Mutter sich zu widersetzen schien. Denn daß sie es nicht ernstlich mit mir meinte und mich lieber weit von sich wegwünschte, hab' ich nachher erfahren. Sie war meinem Bruder einmal gewogen, und dieser wollte nicht, daß ich in der Nähe bleiben sollte.

Endlich kam die Zeit herbei, daß ich abfahren sollte. Mein Urlaub ging zu Ende, und ich foderte von meinem Vater so viel Geld, als ich zur Reise nötig hatte. Er gab mir es gern, und wenn ich den Schmerz abrechne, den mir die Trennung von meinen Eltern machte, so verließ ich die Pfalz ohne Betrübnis. Nichts bedaurte ich als den guten Wein, den ich nun nicht mehr trinken sollte. Sonst war ich gegen alles so ziemlich gleichgültig; denn Freunde fand ich ja in Halle wieder. Warum sollte ich mich also wegen jener grämen, die ich in der Pfalz zurückließ? Von meinem Bruder hab' ich keinen Abschied genommen, worüber er sich auch wohl nicht wird geärgert haben.

Der Major von Müffling freute sich sehr über meine Zurückkunft, die er, wie er sagte, immer erwartet hätte, obgleich alle andern daran gezweifelt hätten. Er ermahnte mich, besonders nun, da ich gleichsam wieder von neuem anfing, in Halle zu leben, die verführerischen Gelage und den Trunk zu meiden, welche Dinge allemal die schädlichsten Folgen haben müßten.

Maskierte Schlittenfahrt. Händel mit Quacksalbergesindel. Tod meines Vaters

Im Winter 1788 hielten die Studenten eine maskierte Schlittenfahrt, dergleichen ich noch nie gesehen hatte. Die Gießener Schlittenfahrten en masque waren zwar grell genug, hatten aber weiter nichts als Fratzen, Schlotfeger, Juden, Hanswürste, Bauern, Menscher und dergleichen. Allein die hallische enthielt Masken, welche zu allerlei Auslegungen Gelegenheit gaben und als persönliche Anspielungen von verschiedenen gedeutet wurden. So fuhr zum Beispiel ein Schwarzrock mit einer Ente im Arme herum, welche er liebkoste und küßte, und das sollte auf einen gewissen Herrn nebst Appendix zielen. Eine andere Maske persiflierte die Lehre vom Teufel usw. Der Prorektor schickte den Pedell zwar hin und ließ die Fortsetzung der Schlittenfahrt verbieten, allein die Stunde war herum, und die hallische Welt hatte neuen Stoff zur Erschütterung des Zwerchfells und zur Medisance.

In eben diesem Winter kam ein gewisser Augenarzt nach Halle, einer von jenen hundertundneunundneunzig Halunken, welche in Deutschland herumziehen, sich großer Geheimnisse rühmen, den Leuten die Beutel fegen und sie, wenn sie ihnen trauen, um Gesundheit und Leben bringen. Solche Afterärzte, die alle Krankheiten kennen und heilen wollen und doch arme Sünder in dem ABC der Arzneikunde sind, ziehen mit Privilegien im Lande herum und haben sich für ihr gestohlenes Geld das Recht erkauft, durch Betrügereien ferner zu stehlen. Das ist abscheulich, und Obrigkeiten, denen das Leben ihrer Untertanen teuer ist, sollten allen solchen Schuften eine Stelle im Zuchthause oder auch nach Befinden am Galgen anweisen. Denn wenn ja jemand Zuchthaus oder Galgen verdient, so ist es gewiß ein solcher Doktor Theriak.

Der, von dem ich jetzt rede, schlug seine Bude mitten auf dem Markte auf. Seine Begleiter waren eine alte Matrone, welche seine Frau hieß, aber nach dem Bericht seines Hanswurstes eine verloffene Kaufmannsfrau war, die den Mosjeh instand gesetzt hatte, Arzneien und andere Hanswurstiaden anzuschaffen. Sodann ein junges Mädchen, das in Mannskleidern auf dem Seil tanzte, endlich ein Herr Hanswurst, ohne welchen kein Doktor von dieser Art subsistieren kann. Der hallische Pöbel von verschiedenen Ständen lief da zusammen, gaffte den Wundermann an und freute sich gewaltig, wenn er seine unglaublichen Kuren mit aller nur denkbaren Unverschämtheit herperorierte. Die medizinische Rede des Kerls schien aber doch nicht hinlänglich, es mußte auch noch der Hanswurst auftreten und mit allerhand Zoten und Schnurren das hallische Grob in Bewegung setzen.

Im Frühling 1789 starb mein ehrlicher Vater. Er war nur sieben Stunden krank gewesen und war so ruhig, so schmerzlos ad aethereum patrem – wie er sich immer ausdrückte – hinübergeschwunden, als er es jederzeit gewünscht hatte. Er starb bei sehr heiterer Seele und sprach bis auf den letzten Augenblick. Er hatte mich meinem Bruder dringend empfohlen, wie dieser mir selbst geschrieben hat. Ich bin versichert, daß der gute Mann keine Gewissensbisse wegen seines Lebens empfunden hat; und wegen seines Glaubens und der Zukunft konnte er seinem philosophischen System* zufolge keine Unruhe fühlen.

* Es gibt wohl schwerlich eine Philosophie, viel weniger eine Religion, welche die Seele mehr aufheitern kann, als der Pantheismus. Das ist so meine Meinung. Zenos Philosophie konnte Helden hervorbringen, die sich mitten im Unglück noch glücklich fühlten. Aber welche Männer sollte Spinozas Lehre bilden, wenn sie gemeinnütziger gemacht würde und wenn das Volk der Pfaffen und der Afterphilosophen diese treffliche Lehre nicht mit dem Unnamen Atheisterei gebrandmarkt und obendrein verdreht hätte? Man sehe nur, wie Brucker, der große Brucker! und selbst der tolerante Bayle die Lehre des Spinoza verhunzt haben! Von andern Wichten, die aus diesen Werken abschrieben, ohne die Quellen selbst zu Rate zu ziehen, mag ich nichts sagen. Spinozas Lehre zeigt Realitäten für die Zukunft, die andern nur Ideen. Man lese ‚Gott. Einige Gespräche von Herder.' Gotha 1787.

Ich darf meinen Lesern wohl nicht sagen, daß ich den Tod meines biedern Vaters sehr tief gefühlt und ihm viele Tränen geschenkt habe. Noch jetzt schmerzt mich sein Verlust. O, über mich!

Mein Bruder berichtete mir diese Trauerpost und schien in seinem Briefe vielen Anteil an meinem Schicksal zu nehmen. Er fügte hinzu, er wolle für mich sorgen; denn mein Vater habe noch etwas Ansehnliches hinterlassen. Er hoffe, sein Nachfolger zu werden, und dann wollte er mich losmachen und zu sich nehmen und was des Dinges mehr war. Da mir aber seine Gesinnungen bekannt waren, so bauete ich auf seine Versprechungen wenig. Er wird doch nichts halten, dacht' ich, und dies mein Denken traf zu, wie die Folge zeigen wird. Ich schrieb an meine Mutter und ihn und bat sie, mir mit etwas Geld beizustehen. Sie versprachen's, aber drei Monate vergingen, ehe ich etwas erhielt.

Mein Bruder ist indessen nicht Pfarrer an der Stelle meines Vaters geworden; denn ein gewisser Schönfeld, ein Pfälzer Pfarrer, einer von denen, die ich im Ersten Teil beschrieben habe, hat zu Mainz tausend Gulden spendiert und durch diesen Kanal die Pfarre erwischt. – Mein Bruder wurde aber auch bald versorgt. Seit dem Briefe, den er mir wegen des Absterbens meines Vaters geschrieben hatte, hab' ich auch weiter keine Zeile von ihm gesehen, ob ich ihm gleich mehr als sechsmal geschrieben habe.

Kriegerische Aussichten. Tagebuch

Schon seit dem Tode König Friedrichs II. schien das gute Vernehmen zwischen Preußen und Östreich sehr erschüttert zu sein. Joseph II. war nach dem Bericht einiger Schriftsteller eben kein persönlicher Freund von unserm jetzigen König, und das Bündnis des Kaisers mit Rußland schien vollends gegen das Interesse von Preußen zu verstoßen. Daher plauderte man immer sehr viel von einem nahen Krieg, wenigstens hatten die politischen Kanngießer aller Stände reichhaltigen Stoff, bei Wein, Bier und Schnaps über Krieg und Frieden ihre Lungen zu erschüttern. Ich habe mich mein Tage über solche Sachen wenig bekümmert, doch hab' ich meine Zirkel gern über dergleichen räsonieren hören. Dabei werden oft recht komische Urteile gefällt, die in der Unwissenheit der Räsoneurs ihren Grund haben. Besonders sieht man da recht deutlich den Unterschied in den Gesinnungen und Urteilen der Protestanten und Katholiken. Letztere sehen den Kaiser als den obersten Beschützer ihres Glaubens an, sind ihm daher mit Leib und Seele gewogen und gönnen dem Könige von Preußen als einem Ketzer

Niederlage und Unglück, ob sie gleich in seinem Lande Schutz und Brot finden und genießen. Es ist doch eine wunderbare Sache mit dem Religionswesen, vorzüglich von seiten der Katholischen, diese ist immer egoistisch, immer rechthaberisch, immer despotisch. – „Der Protestant darf dem echten Katholiken nie trauen!", sagte Friedrich V., König von Dänemark, als sich ein vornehmer Katholik bei ihm zu einer Offizierstelle beim Seewesen meldete. „Ich bin ein Ketzer, und Sie müssen mich schon nach den Grundsätzen Ihrer Kirche hassen, wie sollten Sie also imstande sein, mein Interesse gegen den allerchristlichsten oder gegen irgendeinen katholischen König zu verteidigen?" Sehr wahr.

Im Februar 1790 starb Kaiser Joseph II., und nun kam es bald zu Irrungen. Preußen verlangte, Östreich sollte Frieden mit den Türken machen, aber Leopold sträubte sich. Also wurden von preußischer Seite Anstalten zum Feldzuge gemacht, und endlich wurde selbst marschiert.

Der preußische Soldat, im ganzen genommen, geht weit ungerner ins Feld als irgendein anderer. Ich sage dieses gar nicht, als zweifelte ich an dem Mut unserer Krieger; ich bin vielmehr versichert, daß sich bei keiner Armee mehr wahrer Mut reget als bei der unsrigen. Die Sache hat aber einen ganz andern Grund. Bei der kaiserlichen Armee und bei der ehemaligen französischen wie auch bei andern Heeren ist das Heurathen dem Soldaten sehr erschwert; kaum kann langer Dienst und besondere Umstände endlich ihm die Erlaubnis dazu auswirken. Allein bei unserer Armee ist nichts leichter, als einen Trauschein zu erhalten. Es ist daher sogar das Sprüchwort entstanden: Für einen Taler und vierzehn Groschen bekommt man eine Frau! Eben darum sind auch unsre meisten Soldaten verehlicht, und wenn es käme, daß unsre Weiber und Kinder mit ins Feld zögen, so würde unsre Armee allerdings einem Haufen ziehender Nationen aus den Zeiten der Völkerwanderungen ähnlich sehen. Außerdem sind wenigstens die Hälfte unsrer Krieger Landeskinder, welche immer Urlaub haben, auf dem Lande bei den Ihrigen leben und sich da von Ackerbau und andern Gewerben nähren. Nimmt man das alles zusammen, so findet man den wahren Grund, warum ich sagen kann, daß unsre Leute ungern ins Feld ziehen. Weib und Kind und Nahrung fesseln sie ans Haus und machen ihnen den Feldzug verhaßt. Allein eben das, was den Feldzug erschwert, macht die Leute auf der andern Seite getreu, gibt ihnen Anhänglichkeit an ihr Vaterland und bewahrt sie vor dem Ausreißen. Man halte mir diese Anmerkung zugute, sie schien mir hier am rechten Ort zu stehen.

Unser Regiment brach den fünften Junius auf. Ob ich gern aus Halle ging? Je nun, wie man's nimmt! Meine Lage war damals so, daß ich ohne Ungemach leben konnte. Ich wußte zwar nicht aus eigner Erfahrung, doch aus Nachrichten meiner Kameraden, daß das Marschieren und Im-Felde-Stehen eine sehr bösartige, beschwerliche Sache sei. Allein ich hoffte auch viel zu sehen, viel zu erfahren, und da machte die dem Menschen so natürliche Neugierde, daß ich an das Ungemach nicht mehr dachte, welches ein Feldzug mit sich führt.

    D. Semler ließ mich den Tag vor unserm Ausmarsch zu sich kommen und trug mir auf, auf die Lage und die Denkungsart der Länder achtzugeben, durch die ich kommen würde. Der gute Mann bedachte wohl nicht, daß dieses für einen Soldaten sehr schwer, ja oft ganz unmöglich ist. Wo soll der in Reih und Glied oder vom Marsche abgemattet Ort, Zeit und Lust hernehmen, um etwas Befriedigendes von der Art zu sammeln? Dabei riet er mir, ein Tagebuch zu führen und täglich aufzuschreiben, was mir begegnen oder merkwürdig scheinen würde. Eben diesen Rat hatte mir schon Herr Bispink gegeben, und ich habe ihn auch insofern befolgt, daß ich täglich einiges aufschrieb. Da ich aber damals das Tagebuch oder, wie es meine Kameraden nannten, das Strambuch bloß zu meinem künftigen Gebrauch bestimmte, so ließ ich alles Allgemeine weg und blieb bloß bei Einzelheiten stehen, welche mir dereinst eine angenehme Zurückerinnerung machen sollten. Schon jetzt macht mir das Nachlesen meines Büchleins angenehme Augenblicke; denn auch Kleinigkeiten werden interessant, wenn sie zu einer Zeit aufgezeichnet wurden, die individuell wichtig ist.

    Noch ehe wir abgingen, hieß es schon durchaus, daß der Krieg nicht vor sich gehen würde. Man würde alles zwischen Preußen und Östreich mit der Feder ausmachen. Diese Vorhersagung ist auch hernach wirklich eingetroffen.

Der Feldzug 1790. Dessau. Nowawes. Berlin

Wie gesagt, wir marschierten den fünften Junius 1790 aus der Garnison zu Halle, und unser erster Ruhetag war in Dessau. Unterwegs waren unsre jungen Soldaten gleich von Anfange munter und lustig; die ältern aber hingen den Kopf und sahen mürrisch aus, bis sich endlich nach und nach der Geist der Munterkeit durchaus verbreitete und das ganze Regiment zu einem Haufen lustiger Brüder ward. Ich habe es immer recht gern gesehen, wenn unsre Leute sangen und jubelten, ob ich gleich selbst nicht mitsinge. Die gewaltigen Zoten, welche gewöhnlich gesungen werden, konnten mich nicht beleidigen; sie beleidigen auch wohl niemanden, weil sie zu diesem Wesen zu gehören scheinen. Das macht so das Hergebrachte!

In Dessau hatte der dortige Fürst die Anstalt getroffen, daß wir alle recht gut bewirtet würden. Die Dessauer sind überhaupt artige, gute Leute, welche sich alle Mühe gaben, uns Vergnügen zu machen; besonders war mein Wirt, ein Ziegeldecker, ein recht guter Mann. Ich ließ mir in Dessau allerlei erzählen und hörte da manche Anekdote. – Hier wurde auch ein Deserteur von uns eingebracht, allein weil der Fürst für ihn bat, so kam er ohne weitere Strafe davon. Die Fürbitte, wozu sich der menschenfreundliche Fürst herabließ, hat ihn in meinen Augen sehr erhöht. Überhaupt verdient der Fürst von Anhalt-Dessau den Ruhm, den er durch ganz Deutschland hat. Alle seine Untertanen lieben ihn und rühmen die trefflichen Anstalten, welche er zur Verbesserung seines Landes und zum Wohl seiner Untertanen gemacht hat. Wie herrlich reiset es sich durch ein Land, dessen Fürst ein rechtschaffener Mann ist! Aber wo man Jeremiaden hören muß, wie in der Pfalz und im Hessenland, da fallen einem alle Sünden der Großen bei, und man wünscht sich weit weg.

Unser Marsch ging über Berlin, oder vielmehr in Berlin sollten wir bis auf weitere Order kantonieren, und so war unser nächstes Nachtquartier in Nowawes, einem böhmischen Kolonistendorf bei Potsdam. Ich logierte beim Schulmeister, welcher auch zugleich ein Kattunweber war. Der Mann klagte sehr über den Verfall der böhmischen Sprache in seinem Dorfe, so, daß die Jugend nicht mehr Böhmisch lernen wollte, die böhmischen Bücher nicht mehr verstünde und daß die Leute sogar keine böhmischen Predigten mehr verlangten, alles sollte auf Deutsch gehen! Ich stellte dem Manne vor, daß es großer Unsinn sei, mitten in Deutschland noch die böhmische Sprache unter den gemeinen Leuten fortsetzen zu wollen; die Leute könnten sonst was Nützlichers lernen. Aber da hatte ich des Herrn Schulmeisters Gunst gehabt! Er behauptete den Vorzug seiner Sprache vor allen andern, und als ich ihn noch weiter widerlegte, ward er grob, und ich mußte, um Händeln vorzubeugen, dem Meister nachgeben und stille sein. Er sagte nachher zu einem meiner Kameraden, ich sei ein superkluger Mensch, ders Gras wachsen hörte. – Du lieber Gott!

Mein Hauptmann, Herr von Mandelsloh, logierte beim Herrn Pastor. Dieser hatte von mir gehört und wünschte mich zu sprechen. Das war mir schon recht; denn fremde Geistliche habe ich immer gern gesprochen. Man sieht da oft seine Lust, wenn man so rechte Vorfechter aus der Schule des Pastor Goezen antrifft. Aufgeklärte Männer darf man unter Professionisten dieser Art nicht erwarten, ob es gleich keine geringe Freude ist, einen hellen Kopf unter Leuten dieses Standes anzutreffen. Letzteres war bei dem Herrn Pastor zu Nowawes der Fall nicht; er räsonierte stark über den Doktor Bahrdt und Semler, welche er als

Kompagnons ansah. Sehr gewogen war er dagegen dem hallischen Herrn Schulze, von welchem er wegen der Orthodoxie mächtig viel Gutes gehört hätte.

Seine Kinder informiert dieser Herr Pastor selbst, und zwar so, daß er sie das Cellarische Vokabelbuch der Nase nach auswendig lernen läßt, ohne auf Anwendung zu sehen; ebenso macht er's mit der Grammatik. Die Jungens können eine Menge Vokabeln und Regeln auswendig, aber an Verbindung und Anwendung haben sie noch nicht gedacht. Ich äußerte über diese verkehrte Lehrmethode, in welche er doch sehr verliebt ist, mein Befremden; allein der Herr Pastor versicherte mich, daß ich das Ding nicht verstünde; einer, der da ein Haus bauen wollte, holte erst die Materialien zusammen usw. Seine Tochter erster Ehe ist sehr belesen in Romanen und erhält diese herrlichen Produkte von den Offizieren aus Potsdam, welche, wie sie versicherte, ganz artige Leute sind.

In Berlin bemerkte ich den großen Unterschied zwischen den Einwohnern großer und denen kleiner Städte. Wenn in Halle oder sonstwo etwas vorgeht, dann steht der Pöbel auf allen Gassen und gafft; hingegen in Berlin sahen uns nur wenige zu, als wir einzogen. Sie hielten dergleichen ihrer Aufmerksamkeit nicht wert und hatten recht. Es waren mehrere fremde Regimenter in Berlin zusammengekommen, nachdem die ganze dasige Garnison ausmarschiert war. Unter diesen hatte unser Regiment, nach dem Geständnis aller Berliner, den Vorzug sowohl in Absicht der Sitten der Soldaten als in Rücksicht auf ihren guten Anzug. Herzog Friedrich von Braunschweig, ein Bruder des regierenden Herzogs, übernahm hier das Kommando über unser Korps.

Berlin hat zwar recht hübsche Häuser, und in diesen Häusern gibt es ganz artige Zimmer, allein wir wurden größtenteils in Gemächer geworfen, welche den Höhlen wilder Tiere ähnlicher sahen als Lagerstätten für Menschen. Die reichen Bürger gaben den ärmern, besonders Soldatenweibern und dergleichen, Geld, daß sie ihre Mannschaft einnehmen mußten, und so wurden wir zu armen Leuten hingelegt, welche freilich nicht in Palästen wohnen. Wer uns selbst aufnahm, der hatte entweder eine unterirdische Wohnung oder einen Boden oder sonst ein Loch, wohin er uns werfen konnte. Kurz, die Quartiere in Berlin waren durchaus schlecht und gaben zu sehr vielen Klagen der Soldaten Anlaß. Allein was war zu tun, man mußte Geduld haben. –

Unsre Soldaten, welche Arbeit fanden, verdienten sich hübsches Geld. Der Arbeitslohn ist in Berlin weit höher als in Halle und sonstwo. Vielleicht gaben auch die Herren Berliner etwas mehr, um sich bei den Fremden einen Namen zu machen. Immer gut! Wer aber nichts verdienen konnte, mußte in Berlin ganz kümmerlich leben wegen der dortigen großen Teurung. Daher sehnten wir uns beinahe alle wieder weg und wünschten, daß, wenn's einmal vorwärts gehen sollte, es nur recht bald vorwärts gehen möchte. Ich selbst fing an, des Dings überdrüssig zu werden, und ob ich gleich im Vergleich mit andern ein recht gutes Logis hatte, so war mir doch das Herumliegen verhaßt, und ich strebte, weiterzukommen. Wo man nicht immer bleiben kann, da mag man auch nicht gern lange bleiben.

Vorwärts. Etwas über Frankfurt an der Oder und Leopolds Ehrensäule

Im Anfang des Julius marschierten wir an einem Montag aus Berlin auf Frankfurt zu. Das Land hier ist sehr sandigt und unfruchtbar, und die Leute sind größtenteils arm. Sie heißen nach der Berliner Sprache die Sandmärker.

Gern hätte ich die Universität zu Frankfurt an der Oder näher kennengelernt. Allein wir gingen diese Stadt nur eben durch, und da ließ sich freilich wenig bemerken. Ich sahe zwar einige Studenten auf der Straße, die alle recht artig gekleidet gingen und gar nicht renommistisch aussahen. Ich schloß daher, daß der Komment auf dieser Universität jetzt auch sehr verfeinert sei. Allein nach meiner Zurückkunft nach Halle sprach ich mit einigen, welche sonst zu Frankfurt studiert hatten, unter andern auch mit einem, der von da relegiert war. Und diese Herren beschrieben mir den Frankfurter Ton als sehr roh, viel roher, als er in Halle ist.

An der Oder betrachtete ich die Säule, welche dem vortrefflichen Herrn Leopold von Braunschweig errichtet ist, und fühlte recht lebendig, daß dieser edle Fürst eines schönern Todes starb als mancher Held, der hunderttausend unschuldige Menschen auf die Schlachtbank führt und endlich auf Trümmern der Menschheit im Triumphe als Sieger einherschreitet, uneingedenk des schönen Lessingischen Spruchs: „Was Menschenblut kostet, ist Menschenblut nicht wert", dann sich hinlegt und stirbt und nun aus widervernünftiger Verwöhnung ein Mausoleum erhält! Wahrlich, Leopold hat die Ehrensäule mit größerm Recht verdient! –

Zu Dittersbach bei Sagan standen wir, das zweite Bataillon, wobei ich mich befand, vierzehn Tage still. Dies verursachte der Reichenbacher Kongreß, von dessen Ausgang Krieg und Frieden nun abhing. Unsere Leute disputierten täglich bis zum Zanken und zu Grobheiten, ob Leopold nachgeben oder den Krieg fortsetzen würde. Viele behaupteten das erstere, viele das letztere und wurden oft so aufeinander erbittert, daß sie sich mit Schlägen droheten. Ich sah dergleichen

Auftritte gern, sie erinnerten mich an die Zänkereien und die Spektakel der ältern und neuern Theologen und Philosophen, welche oft über Dinge disputierten, die kein Mensch bejahend oder verneinend entscheiden kann.

Hier in Dittersbach machte ich mich mit der Landesart und andern dahin gehörigen Sachen bekannt, und ich muß mit Erlaubnis der Herren Schlesier bekennen, daß ich wenig Genugtuung gefunden habe. Die Ackerfrüchte waren freilich dieses Jahr wegen der großen Dürre schlecht, dabei war es aber doch nicht schwer einzusehen, daß an dem schlesischen Ackerbau noch gar viel zu verbessern sei. Ganze Strecken recht guten Landes lagen öde, und niemand konnte sich entsinnen, daß je ein Pflug darauf gekommen wäre. Der Gartenbau taugt vollends nichts, wenigstens auf den Dörfern nicht. Die Leute sehnen sich nicht einmal nach Gartenfrüchten, sie essen jahraus jahrein ihre Knödel und ihre Suppe, bloßes Mehl mit Salz und Wasser, selten mit Milch, und sind damit zufrieden. Es gibt Familien, die das ganze Jahr hindurch auch nicht ein Lot Fleisch essen. An Einschlachten und an Geräuchertes ist gar nicht zu denken, ich meine noch immer auf den Dörfern; denn in schlesische Städte bin ich nicht gekommen. Die Lebensart der dortigen Bauern ist also sehr einfach; ihre allgemeine, ewige Kost, von der sie nie abgehen, ist Suppe und Knödel, selten etwas Butter und Käse.

Die Tracht oder die Kleidung dieser Leute ist sehr einfach und zeugt von der Armut der meisten. Fast alle beklagten sich, daß sie kaum so viel erwerben könnten, als hinreicht, die Abgaben an den König und den Edelmann zu entrichten. Woher nun Kost und Kleidung?

Der schlesische Landmann ist in allem Betracht ein Sklave. Die königlichen Abgaben, hörte ich mehrere sagen, wollten sie gern geben, wenn sie nur von der Tyrannei des Adels befreit wären. Der größte Teil des Adels tyrannisiert zwar allerorten, wo er nur kann, und sieht die Landleute als Geschöpfe an, welche aus einer ganz andern Masse gebildet sind als der gnädige Junker. Das tut der Adel sogar in der Pfalz, wo ihm sonst die Klauen gar sehr verschnitten sind. Auch da übt er so unter der Hand in den sogenannten ritterschaftlichen Dörfern seine Obermacht aus und saugt den armen Untertanen das Blut unter den Nägeln hervor. Aber nirgends ist die adelige Tyrannei ärger als in Schlesien, da können die Herren Unmenschen so recht nach Herzenslust die armen Untertanen scheren. Der Bauer da muß seinem Edelmann oder Gutsherrn arbeiten, sooft und viel er es verlangt, und was der Edelmann ihm dafür erstattet, ist der Rede nicht wert. Widersetzt sich der Bauer, so läßt ihn der Junker einsperren. -------- Ich habe Beispiele gehört, wobei mir die Haut schauderte. Und geht auch endlich der

Landmann klagen, so bekommt auf den äußersten Fall der Edelmann eine Nase so ganz im stillen, wird auch wohl einmal, wenn er's gar zu arg macht, etwas derber bestraft, behält aber doch immer die volle Gewalt, seinen Kläger nun noch weit ärger zu quälen. Ein Bauer wollte seinen Sohn zu einem edelmännischen Amtmann qualifizieren lassen und bediente sich dabei in vollem Ernst des Ausdrucks, er sollte ein Bauernschinder werden. Wer mehr von den winzig kleinen schlesischen Despoten wissen will, der findet es im ‚Deutschen Zuschauer' für 1791. – Und so fädelt man Volksaufstand – – – – – – – – – – –

In Merzdorf, einem Dorfe über Hirschberg, nahe an der böhmischen Grenze, war unsre letzte Kantonierung. In Merzdorf weiß man recht viel zu erzählen von Meister Rübezahl. Überhaupt sind die Schlesier sehr orthodox, folglich auch sehr abergläubisch; aber die Bergschlesier sind es über alle Maßen. Stundenlang wissen sie von ihrem Rübezahl und andern Gespenstern zu schwatzen, faseln tausend Fratzen her, und wenn man ihnen diese widerlegt, so werden sie grob und fangen an zu schelten. Wo Gespenster zu Hause sind, sind's auch Hexen, also auch hier.

Eine gute Eigenschaft darf ich aber nicht übergehen, die ich an den Schlesiern bemerkt habe. Sie ist freilich zum Teil in ihrem Aberglauben gegründet: sie fluchen und schwören nicht, reißen auch keine Zoten. Sie kreuzten und segneten sich allemal, wenn unsere Leute fürchterliche Flüche und derbe Zoten ausstießen. Die Schlesier Bauernmädchen sind auch lange nicht so gefällig und aufgeweckt als die in der Mark, in Sachsen und anderswo.

Reichenbacher Frieden. Rückmarsch. Orthodoxie in Schlesien. Herzog Friedrich von Braunschweig, einer der ersten Menschen

Endlich tat der Reichenbacher Kongreß seine Wirkung. Es war Friede, und wir erhielten Befehl zurückzumarschieren. Ich bin nicht imstande, die Freude zu beschreiben, welche den größten Teil unserer Soldaten auf einmal beseelte. Sie gebärdeten sich wie die Kinder, wenn sie ein hübsches Geschenk erhalten haben. Nur wenige sahen es nicht gern, daß der Spektakel ein Ende haben sollte. Diese wünschten sich ihren alten Fritze zurück: der, meinten sie, würde kein Ungemach gescheut haben, würde entweder ganz ruhig zu Hause geblieben oder in Böhmen flugs vorgedrungen sein, solange, bis die Türken von selbst Frieden erhalten hätten. Viel Blut würde es auch nicht gekostet haben, Östreich wäre schon zu schwach, um den Überrest von Schlesien nicht gern willig abzutreten, die Kriegskosten zu ersetzen und sich wenigstens in vierzig Jahren die Lust nicht wieder werden zu lassen, Europa in Krieg zu verwickeln und so auf Kosten anderer im trüben für sich zu fischen. ------

Ich hörte dem allen so im stillen zu, verglich, prüfte, und wenn es mir auf der einen Seite auch schien, daß der Reichenbacher Friede etwas vom Frieden Gottes an sich habe, der über alle Vernunft erhaben ist, so schien es mir doch auf der andern Seite, daß unser gutmütiger König sich bei diesem Feldzug doppelten Ruhm erworben habe. Es gehört doch wahrlich etwas mehr dazu als eine kaufmännische Seele, um die Kosten zur Mobilierung der Armee nicht zu achten, Verzicht auf Eroberungen zu tun und da dem Feinde selbst die Hand zum Frieden zu bieten, wo es etwas Kleines gewesen wäre, ihn durch Krieg vollends aufzureiben. Und so war unser liberaler König in meinen Augen doppelt groß.

Wir nahmen bis Sagan beinahe denselben Rückweg, worauf wir hingezogen waren; doch kamen wir auf andern Dörfern ins Quartier. Das Obst fing an zu reifen, und der vollste Baum war oft in einer halben Stunde leer. Die Soldaten machen es einmal nicht anders! Die Landleute schienen uns auch gewogner zu sein auf dem Rückmarsch als auf dem Hinweg, ob ich gleich überhaupt sagen muß, daß die Schlesier eben kein großer Freund von den Preußen und der preußischen Regierung sind. Die Katholiken besonders erinnern sich noch mit vielem Vergnügen an die östreichische Herrschaft und rühmen es, wie gut sie es damals gehabt hätten. Die Protestanten gestehen zwar, daß sie für ihren Gottesdienst jetzt Freiheit hinlänglich hätten, meinen aber doch auch, daß sie weit mehr abgeben müßten als sonst. Ich belehrte bei solchen Gesprächen die Leute allemal, daß in den kaiserlichen Ländern jetzt auch alles anders sei und daß die dortigen Untertanen in neuern Zeiten weit ärger mit Abgaben gequält würden als irgend andere in Europa. Diese Rede gefiel den Bauern, und da wünschten sie sich denn doch, lieber preußische Untertanen zu sein als östreichische.

Von Sagan gingen wir durch die Lausitz nach Berlin. Vor Sagan ist das ganze Leiden Christi in steinernen Figuren abgebildet und auf eine Viertelmeile in Stationen verteilt – ohne Zweifel zur größeren Erbauung des hart gedrückten Landmanns. Sorau war die erste sächsische Stadt, wo wir Nachtquartier hatten. Hier war der Abstand zwischen Schlesien und der Lausitz auffallend sichtbar; denn hier gab's Gartengemüse die Menge, und doch war der Sommer hier ebenso trocken gewesen als dort. Es muß doch viel Fehler in der Niedergeschlagenheit der schlesischen Landleute und der daher entstehenden Schlaffheit der Industrie liegen. Wer zur Schadloshaltung sich dumpf in die Ewigkeit hineinbrütet, der ist nicht fürs Zeitliche! – Die wendischen Meilen, welche in der Lausitz Mode sind, wollten unsern Leuten gar nicht behagen, sie sind beinahe noch einmal so stark als die schlesischen.

In Beeskow ließ uns der Herzog Friedrich von Braunschweig, unser Generalissimus, die Patronen abnehmen und sie auf der Spree nach Berlin schiffen. Das war ein großer Vorteil, den uns der väterliche Fürst verschaffte; denn nun marschierten wir weit leichter als zuvor.

In Guben, einer hübschen sächsischen Stadt, speiseten unsere sämtlichen Offiziere bei dem genannten Generalissimus. Unter andern fiel das Gespräch auf die verschiedenen Subjekte, welche sich manchmal bei den Soldaten einfänden. Der Herzog selbst erzählte, daß er einmal zu gleicher Zeit drei Geistliche von drei Religionen bei seinem Regimente gehabt hätte: einen Lutheraner, einen Reformierten und einen Katholiken, der Kapuziner gewesen war. Das hatte meinem Hauptmann, dem Herrn von Mandelsloh, Gelegenheit gegeben, dem Herzog zu sagen, daß bei seiner Kompanie sich ein Magister befinde, der vor Zeiten in Halle Kollegia gelesen hätte. Diese Nachricht war dem Herzog aufgefallen, und er hatte geäußert, daß er mich sprechen wolle.

Er kam an einem Morgen wirklich an die Kompanie geritten mit dem Herrn Generalleutenant von Kalckstein. Ich trat aus, und Herzog Friedrich redete mich sehr herablassend an: wie er allerlei Gutes von mir gehört hätte und nun mich sprechen wollte. Er fragte hierauf bald nach diesem, bald nach jenem, was auf mich Bezug hatte, und spaßte nach seiner ihm ganz besonders eignen witzigen Art über mancherlei. Sogar fiel unser Gespräch auf den Rübezahl, und der Herzog machte sehr treffende Bemerkungen. Unter anderm fragte er mich, ob ich Theologie studiert hätte, und als ich dies bejahte, lächelte er und sagte: „Siehe da, so sind wir ja alle drei Pfaffen, ich als Dompropst, Sie, Alter (zum Generalleutenant Kalckstein), als Domherr und Laukhard da als theologischer Gelehrter. Nun, nun, die Pfaffen sollen leben, die uns gleichen und es mit dem Vaterland und dem Könige gut meinen! (Zu mir:) Nicht wahr, mein Freund?" – Er hatte von meinem Tagebuch gehört und befahl mir, ihm einen Auszug daraus in Berlin selbst zu überbringen. Er forderte zwar das Tagebuch selbst, allein so gern ich es gleich hingegeben hätte, war es doch nicht so eingerichtet, daß es den Händen eines solchen Fürsten hätte können überliefert werden.

Ich sprach beinahe eine halbe Meile mit dem Herzog, indem ich immer neben ihm herging und auf der andern Seite den Generalleutenant von Kalckstein hatte. Endlich kamen wir an ein Dorf, und wir mußten uns trennen. „Leb' Er wohl, mein Lieber", sagte der Herzog, „und in Berlin sehen wir uns wieder. Aber, daß

Er's ja nicht vergißt, mich zu besuchen! Ich bin Soldat, also sans façon!" Darauf ritt er vorwärts, und sein Stallmeister überreichte mir in seinem Namen ein Goldstück. Da stand ich, und das menschenfreundliche Betragen des herrlichen Fürsten hatte mich so entzückt, daß ich vor Freude denen, die jetzt mit mir sprechen wollten, kaum antworten konnte.

Meine jetzige Lage.
Gesichtspunkte für die Beurteiler meiner Geschichte

Im vergangenen Winter gab Herr Bispink die Bücherverlagsverbindung auf, in der er seit 1788 mit Herrn Francke gestanden war. Ich hatte die Freundschaft dieses guten Mannes, der Broschüre wider Bahrdt ohngeachtet, immer behalten. Ich entdeckte ihm in seiner neuen Lage mein Vorhaben, meine Lebensgeschichte zu schreiben, und zeigte ihm den Plan an, den ich befolgen wollte. Er billigte ihn und versprach, den Verlag davon selbst zu übernehmen. Ich fing also an zu arbeiten, und gegenwärtiges Werkchen kam trotz der Exerzierzeit in vier Monaten zustande. Ob es dabei dem Publikum nun auch das sein werde, was ich gern wollte, daß es möchte, muß erst die Zeit lehren.

Übrigens habe ich den festen Vorsatz, immer nach mehr moralischer Besserung zu streben und wenn nicht noch ganz gut zu werden, doch der moralischen Vollkommenheit so nahe zu kommen, als es mir möglich ist. Ich habe doch gefunden, daß man, so man nur will, manche Unart ablegen kann. Warum sollte ich mit der Zeit nicht alles wieder gut machen, was die lange Übung in Possen und Ausschweifungen verdorben hat? Ob aber auch meine Lage sich so in körperlicher Hinsicht und im äußern Verhältnis verbessern werde, muß das Schicksal entscheiden, da es nicht ganz von mir abhängt. Ich fühle nun zwar auch wieder Menschenwürde und fühle recht gut, daß ich in einem andern Zustande, in einer andern Lage mehr nützen könnte und nützen würde, als ich im Soldatenstande kann. Allein es mag mir in Zukunft ergehen, wie es will, ich werde zufrieden sein und mein Schicksal preisen, daß es mir nicht noch viel schlimmer geht. Meine Verirrungen waren wirklich zu grob, als daß ich murren sollte, wenn unangenehme Stunden eintreten. Jetzt ist meine Zufriedenheit mit meinem Zustande nicht mehr Leichtsinn oder Fühllosigkeit wie sonst: es ist Resultat mancher ernsthaften Reflexionen, welche ich über das menschliche Leben im allgemeinen und über das meinige im besondern angestellt habe. Diese Reflexionen belehrten mich, daß nur gedrücktes, unerkanntes Verdienst sich beklagen darf, wenn es ihm nicht geht, wie es sollte; nicht aber ein Mensch, der sein Glück durch seine Verirrungen auf die schändlichste Art von sich gestoßen hat wie ich.

Ich weiß wirklich keinen, der so wie ich sich ohne alle Maske hingestellt hätte. Ich denke, man wird davon überzeugt sein. Überwindung hat dies um so mehr gekostet, da ich trotz allen meinen Verirrungen noch Mensch genug bin, das Schändliche meines Betragens einzusehen und nebst bitterer Reue tiefe Scham zu empfinden, nicht nur vor andern, sondern auch wieder vor mir. Mein Sturm hat sich gelegt, und nun sehe ich ein, was er zertrümmert und zerrüttet hat. Es betrifft meine innere Personalität, und da schmerzen Wunden tiefer. Mein äußeres Glück ist auch dahin!

Moralisiert habe ich selten. Ich schrieb vorzüglich für die akademische Jugend; daher die eigene Art von Anlage, Ausführung und Ton. Alles rasch, vieles studentisiert, burschikos und einiges gar renommistisch. Das Familiäre, dachte ich, das Ähnliche gleitet bei seinesgleichen mit minderem Widerstand herab. Und das wollte ich, damit das Ganze am Ende seinen Stachel desto tiefer und sicherer zurückließe. Habe ich hierin gefehlt, so war es ein Fehler meiner Einsicht aus Erfahrung, nicht meines Willens. Irren würde gewiß der, welcher aus dem allen folgern wollte, daß ich noch immer Behagen an meinen Verirrungen finden müßte. Du lieber Gott, Behagen an dem, was mich unglücklich gemacht hat, was mir gewiß immer zur quälendsten Zurückerinnerung dienen wird!

Vielleicht finden einige in meiner Biographie manches als überflüssig, ja einiges gar als schädlich: hierher rechne ich meine Bubenstreiche, die Eulerkappereien und Erzählungen von ähnlicher Art. Ich stellte sie aber hin, um mich ganz zu zeigen und dann, um Leuten, die immer das Alte loben, das Neue herabsetzen, den ehemaligen Studententon anzugeben und ihnen dadurch das Bekenntnis abzunötigen: Nein, so toll treiben's die Studenten doch jetzt nicht mehr! Heutzutage sind sie wirklich zivilisiert! Wem indes das nicht behagt oder wem meine Gründe dafür nicht genugtun und der also den gekünstelten Laukhard lieber hätte haben mögen als den natürlichen, den bedaur' ich scheniert zu haben und bitte ihn bei seiner Delikatesse und Präzision um Verzeihung.

Da steht nun Laukhard, wie er leibt und lebt, von vorzeiten und von jetzt, so individualisiert von innen und von außen, nach Anlage, Ausführung, Folge, Grundsätzen, Maximen, Gesinnungen, Handlungen, Sprache, so, daß in der Galerie der Menschen noch keiner sich ihm gleich hingestellet hat. Begaffe und begucke ihn denn jetzt, wer da will und kann! Mitleiden erregen wollte er nicht, nur ein wenig warnen, zurückscheuchen und – bessern!

II

Begebenheiten, Erfahrungen
und Bemerkungen
während des Feldzuges gegen
Frankreich

Titel der Fortsetzung von 1796/97:

F. C. Laukhards, / Magisters der Philosophie, und jetzt Lehrers der ältern / und neuern Sprachen auf der Universität / zu Halle, / Leben und Schicksale, / von ihm selbst beschrieben. / Dritter Teil, / welcher / dessen Begebenheiten, Erfahrungen und Bemerkungen / während des Feldzugs gegen Frankreich von Anfang / bis zur Blockade von Landau enthält. / Leipzig, / in Commission bei Gerhard Fleischer dem Jüngern. / 1796

An den Leser

Da ich den unseligen Feldzug des Herzogs von Braunschweig gegen die Franzosen in den Jahren 1792 und 93 mitgemacht und hernach vom Monat September 1793 bis in den Februar 1795 mich in Frankreich herumgetrieben habe, so kann sich der Leser schon vorstellen, daß ich ihm in der Fortsetzung meiner Lebensgeschichte manches liefere, das ihn ebenso wohl unterhalten als über gar vieles belehren kann. Schon dieses und dann der Gedanke, daß der Teil des Publikums, welcher meine Jugendstreiche, akademische Possen und andere Schwindeleien nicht ohne Vergnügen gelesen hat, auch das mit Interesse und Nutzen lesen werde, was einer allgemeinen und höhern Aufmerksamkeit wert ist, mußte mich bestimmen, meine Lebensgeschichte fortzusetzen.

Freilich werden manche es ungern sehen, auch wohl gar über mich zürnen, daß ich bei der Erzählung meiner und anderer Begebenheiten ihrer namentlich gedacht und vielleicht einiges von ihnen erzählt oder über sie bemerkt habe, das sie freilich gern ganz unberührt wissen möchten. Aber wozu dies in einem Zeitpunkte, wo die Begebenheiten zu viel Interesse haben, um sich nicht selbst zu verraten und zu charakterisieren! Und wenn selbst die Staatsschriften von England, Frankreich und Deutschland die Fehler ihrer Verfassung und Verwaltung gegenseitig haarscharf durchgehen und die Handhaber derselben, sie mögen auf dem Throne oder im Felde wirken, zur öffentlichen Prüfung oft nicht zum rühmlichsten aufstellen – wie wir dies entweder in jenen Staatsschriften selbst oder auszugsweise in unsern Zeitungen und Journalen im ‚Moniteur‘, im ‚Political Magazin‘, im Londner Chronikel, in Girtanners und Posselts ‚Annalen‘, in Archenholzens ‚Minerva‘, in der ‚Neuesten Geschichte der Staaten und der Menschheit‘, in der ‚Klio‘, in den ‚Beiträgen zur Geschichte der französischen Revolution‘ und anderwärts finden –, so wäre es töricht, einem einzelnen Referenten das verargen zu wollen, was der ganzen Welt schon vor Augen liegt, aber nicht immer unparteiisch und oft sehr mangelhaft. Überdies sind die Begebenheiten, welche ich erzähle, größtenteils alle so beschaffen, daß nicht das geringste falsche Licht auf die Person fallen kann, die ich genannt habe. Und wenn ich die Emigranten und einige andere ausnehme, deren ich eben nicht im besten gedenke, so bin ich überzeugt, daß alle andere, Große und Mindergroße, es mir durchaus nicht verargen können, daß ich mein Publikum mit dem, was sie taten, bekanntzumachen suche.

Kein Mensch hat mehr Ursache, recht zu tun und die Regeln der Bravheit genauer zu befolgen als der, welcher irgendeine Rolle auf dem Kriegstheater zu spielen hat; denn da wird alles von Freund und Feind auf die verschiedenste Art erklärt, und der größte Held bringt nur mit Mühe seinen ehrlichen Namen aus dem Felde. Im gegenwärtigen Kriege ist diese Wahrheit sehr sichtbar geworden, und Männer, deren Mut, Gerechtigkeitsliebe und militärische Talente noch im Frühling 1792 gleichsam als ausgemacht angenommen und allgemein anerkannt waren, erschienen schon in selbigem Jahre nach der unglücklichen Expedition nach Champagne in einem sehr zweideutigen Lichte, und alles, was sie hernach im Felde noch tun konnten, war nicht imstande, sie von Vorwürfen zu retten, welche der Ehre solcher Männer äußerst nachteilig sein mußten.

Man sage nicht, daß das einmal erworbene Ansehen dieser Verunglimpften hinlänglich sei, den Folgen nachheriger schiefer Urteile vorzubeugen; denn gegen Urteile hilft kein Ansehen, welches ohnehin wechselt wie das, worauf es beruht, – und die Nachwelt urteilt allemal nach schon gefällten Urteilen, aber nach Urteilen von Sachkundigen und Unparteiischen. Denn welcher Vernünftige wird den Trajanus für das halten, wofür ihn Plinius in seinem Panegyricus ausgibt, oder Karl VI. so nehmen, wie ihn die präkonisierende Biographie des Herrn von Schirach aufstellt? Wahrheit entscheidet am Ende immer, und so nützet unverdientes Lob ebenso wenig, als unverdienter Tadel schadet.

Ich glaube, Bücher von der Art, wie die Fortsetzung meiner Biographie ist, sind besonders schicklich, unbefangne Leser in den Stand zu setzen, richtig und ohne Gefahr zu irren, über manche Vorfälle des Krieges gegen die Franzosen sich zu unterrichten und viele Personen, welche daran Anteil hatten, nach Verdienst zu würdigen.

Ich habe kein Interesse, jemanden zu loben oder zu tadeln. Ich lebe zwar noch im Preußischen, allein keine Seele, die in diesen Staaten einiges Gewicht hätte, wird von mir wegen Wohltaten geliebt oder wegen Beleidigungen gehasset. Ich stehe nicht in der geringsten Verbindung und kann in einer einzigen Viertelstunde allen meinen Verhältnissen mit den Preußen ein Ende machen. Ich habe also zu Lob und Tadel noch weniger Ursache, als der ehrliche Tacitus hatte, welcher (Hist. Lib. I, C. II) bekennen mußte, daß zwar Galba, Otho und Vitellius ihm weder Gutes noch Böses erwiesen hätten (nec beneficio nec iniuria sibi cognitos), daß er aber unter Vespasianus, Titus und Domitianus immer in Staatswürden und Ämtern höhergestiegen sei. Aber, setzt er hinzu, da ich einmal aufrichtig zu sein versprochen habe, so muß ich jeden ohne Vorliebe und ohne Haß nennen.

Ich finde zwar, daß man sogar in öffentlichen Schriften aussprengt: der Kronprinz von Preußen lasse mich einen Gehalt genießen als eine Belohnung für meine Mission, allein man sprengt gar vieles aus! Freilich wenn es wahr wäre, dann hätte das Publikum ein Recht, bei mir vorauszusetzen, daß ich von diesem Prinzen und von der Armee, bei welcher er eine Zeitlang ein Kommando geführt hat, vielleicht anders sprechen möchte, als ich nach meiner Überzeugung hätte sollen. Aber ich erkläre hiemit ganz unbefangen, daß ich nicht die geringste Pension genieße und daß ich auch ganz und gar keine Hoffnung habe, jemals von Seiner Hoheit im geringsten unterstützt zu werden – vielleicht versperrte ich mir durch eigne Schuld den Weg dazu.

Aber ob ich gleich noch immer überzeugt bin, daß ich nach der Aufopferung dessen, was ich hatte, indem ich mich, bloß um dem Kronprinzen zu dienen und mich seiner Gnade zu empfehlen, in die Gefahr begab, mein Leben auf eine schimpfliche Art zu verlieren, allerdings auf einige Unterstützung zu hoffen das Recht hatte, so kann ich doch diesem vortrefflichen Herrn die Schuld nicht beimessen, daß ich ohne die versprochne Hülfe von seiner Seite bleibe und dadurch genötiget bin, Männern lästig zu sein, welche bloß Menschengefühl veranlaßt, mich in allen Stücken nach ihrem Vermögen zu unterstützen. Es gibt zwischen einem Fürsten, wie der Prinz von Preußen ist, und einem armen Teufel, wie ich bin, eine zu große Kluft: er kann sich nicht so tief herablassen, um meine Lage kennenzulernen, und ich kann mich bis zu ihm nicht erheben, um ihn darüber zu belehren.

Ich habe mich also über alle wirkliche und mögliche Verhältnisse hinausgesetzt und gerade so erzählt, wie ich die Sachen selbst erfahren habe, und hoffe, daß meine Leser hiernach von allen meinen Nachrichten urteilen werden.

Vielleicht macht man mir den Vorwurf, daß ich überhaupt eine gewisse Neigung für das System der Neufranken blicken lasse, und zählt mich vielleicht auch zu jenen, welche bei den politischen Kanngießern unsers Vaterlandes unter dem verhaßten Namen der Jakobiner oder Patrioten bekannt sind.

Ich gestehe ganz offen und ohne alle Furcht, daß ich durch meine Erfahrungen gelernt habe, von dem System der französischen Republik besser und richtiger zu urteilen als mancher politische Journalist, der aus Eigennutz, Haß oder Schreibsucht bloß räsonieren und schimpfen will. Ich habe von den Franzosen in ihrem eignen Lande keine Ungerechtigkeit erlitten. Und ob ich gleich schon in Landau als Emissär der Preußen verdächtig war und hernach in Dijon und besonders in Mâcon beinahe völlig überführt wurde, das Werkzeug eines verräterischen Anschlags gegen die Republik gewesen zu sein, so wurde es mir doch nicht schwer gemacht, mich gewissermaßen zu rechtfertigen, und wurde, wo nicht für völlig schuldlos erklärt, doch sofern losgesprochen, daß ich meine Freiheit wieder erhielt.

Das Verfahren der Franzosen gegen mich war also edel, und unedel wäre es nun von mir, wenn ich von ihren Anstalten gegen meine Überzeugung schiefe Urteile auftischen und Lügen einmischen wollte, um die ohnehin schon so verkannte und verhaßte Nation noch verhaßter zu machen.

Und so viel von den öffentlichen Nachrichten, welche ich in meinem Werkchen liefere. Was die Geschichte meiner eignen Angelegenheiten betrifft, so hoffe ich, daß meine Leser keine Langeweile daran haben werden. Meine Lage bestimmte mich, so zu handeln, wie ich handelte, und der billige Leser wird sich nicht wundern, wenn Laukhard, der seit 1775 in stetem Wirrwarr des Universitäten- und Soldatenlebens gewesen ist, nicht handeln konnte, wie er würde gehandelt haben, wenn ihm das Glück eines ruhigen Lebens zuteil geworden wäre. Es gibt Lagen in der Welt, die man trotz alles guten Willens wenig ändern und noch weniger verbessern kann. Und von dieser Art ist die meinige, das fühle, das erfahre ich alle Tage.

Außer diesem dritten Teil wird nächstens noch einer erscheinen, welcher meine Begebenheiten in Frankreich, meinen Aufenthalt bei den Schwaben und meine Rückkehr nach Halle enthalten wird. Daß dieser Teil der vorzüglichste in Rücksicht der Geschichte und der Länder- und Völkerkunde sein wird, versteht sich von selbst. Und wenn das Publikum bisher meine Biographie mit einiger Teilnahme gelesen hat, so hoffe ich, daß der Schluß derselben keines Lesers Erwartung täuschen wird.

Mit den Herren Rezensenten habe ich ganz und gar nichts zu schaffen. Die Herren sind ja Kunstrichter, oder wenigstens wollen sie es sein. Ich aber schreibe weder nach der Kunst noch für die Kunst: also –. Wollen sie sich aber dem ohnerachtet mit mir zu tun machen, je nun, in Gottes Namen!

Meinen Freunden und Bekannten, deren ich viele habe und worunter gewiß viele rechtschaffne Männer sind, empfehle ich meine Biographie im besten. Sie können versichert sein, daß sie dadurch, daß sie den Absatz derselben befördern helfen, mir einen wesentlichen Dienst erweisen.

Geschrieben zu Halle, den 29. September 1796

Begebenheiten während des Marsches von Halle bis Koblenz

Am Ende des zweiten Bandes meiner Lebensbeschreibung habe ich meinen Lesern berichtet, daß ich eben damals, als ich jenen Band endigte, bestimmt war, mit dem Thaddenschen Regiment, worunter ich zu der Zeit noch diente, und mit den übrigen preußischen Truppen den berühmten und berüchtigten Feldzug gegen die Neufranken mitzumachen. Was ich nun seit jener Zeit oder seit dem Frühlinge des Jahres 1792 bis auf meine Zurückkunft nach Halle im Herbst 1795 Merkwürdiges mitgemacht und erfahren habe, soll den Inhalt der Fortsetzung meiner Lebensgeschichte ausmachen.

Es war wirklich schade, daß ich auf dem endlich mit Ernst angetretenen Wege zu einer regelmäßigern und konsequentern Lebensart, worauf mich rechtschaffene Freunde und eigenes Nachdenken über meine dissolute Lage geführt hatten, durch den Feldzug aufgehalten und allen Verführungen zu einem wüsten Leben, das mit Feldzügen allemal verknüpft ist, wieder preisgegeben wurde. So wollte es aber das Schicksal, und wenn meine Leser dem ohngeachtet sehen, daß ich, ich will nicht sagen, besser, doch nicht schlimmer geworden bin, als ich zu der Zeit war, da ich Halle verließ, so müssen sie, wenn sie billig sein wollen, doch schließen, daß ich noch nicht ganz verdorben oder aller und jeder moralischen Empfindung und Besinnung unfähig gewesen sei.

Niemand ist dem Eigenlob mehr feind als ich. Ich fühle zu sehr meine eigene Unwürdigkeit und weiß, wieviel ich von der Achtung anderer durch meine ehemalige Lebensart habe verlieren müssen. Ja, ich sehe das Bestreben, diese Achtung mir wieder ganz zu erwerben, beinahe als einen Versuch an, das Unmögliche möglich zu machen.

Mein Individuum ist indes immer das Geringste, was dieses Werkchen dem Publikum interessant machen soll. Ich war Zuschauer und Mitakteur, obgleich einer der geringsten, wenngleich nicht gerade der kurzsichtigsten, auf einem Theater, worauf eine der merkwürdigsten Tragikomödien unsers Jahrtausends aufgeführt worden ist. Freilich haben andre da auch mit zugesehen, aber da jeder seine eigene Art zu sehen und zu bemerken hat, so will ich das, was ich gesehen und wie ich es gesehen habe, Ihnen, meine braven Leser, nun hererzählen.

Mein Abschied aus Halle hat mir sehr wehe getan. Ich trennte mich zwar nicht, wie die meisten Soldaten, von einer Frau oder, was noch weher tun soll, von einem Mädchen. Aber ich verließ Freunde, welche es wahrlich gut mit mir meinten und die ihre Freundschaft mir so oft und so tätig bewiesen hatten. Wer den Wert der Freundschaft nur leise fühlt und von einem wahren Freunde je geschieden ist, der kann sich vorstellen, mit welchen bittern Empfindungen ich Halle verlassen habe.

Ich hatte mich mit allem Nötigen, insofern ein Tornister es fassen kann, hinlänglich versehen. Und durch die Bemühungen des Herrn Bispink, dessen große Verdienste um mein moralisches und ökonomisches Wesen schon zum Teil aus dem zweiten Bande dieses Werkchens bekannt sind, war meine Börse in gutem Stande.

Den letzten Abend, es war den 13. Juni 1792, brachte ich in Gesellschaft einiger andern Bekannten noch recht vergnügt bei Herrn Bispink zu. Über die Kirschsuppe, die mir damals als mein Leibessen Madame Bispink vorsetzte, haben hernach unsere königlichen Prinzen, denen ich davon erzählte, mehrmals mit mir gespaßt.

Morgens, den 14. Junius, zog unser Regiment von Halle aus. Es schwebten allerlei Empfindungen auf den Gesichtern der Soldaten. Die wenigsten zogen freudig davon, doch ließen nur wenige Tränen erblicken, und die, welche ja nasse Augen sehen ließen, wurden von ihren Nachbarn bestraft, die es für unanständig halten wollten, daß der Soldat weine.

Vor dem Tore kam Herr Bispink noch einmal zu mir und brachte eine Flasche Wein mit, welche wir ausleerten oder vielmehr, welche ich in seiner Begleitung leerte und darauf endlich von diesem treuen Freunde mit allen Empfindungen schied, deren ich damals im Tumulte fähig war.

Unser erster Marsch war kurz, doch waren wir, als wir ins Quartier kamen, durchaus vom Regen naß, vergaßen aber dieses kleine Ungemachs bald, da die sächsischen Bauern uns nach ihrem Vermögen gut bewirteten.

Am andern Tage hatte ich schon einen Wortwechsel mit einem sächsischen Kandidaten der Theologie. Dieser sollte eine halbe Stunde von unserm Quartier für den dasigen Herrn Pfarrer auf den Sonntag predigen. Unterwegs war ihm der Durst angekommen, und so kehrte er in eine Schenke ein, worin ich mich gerade auch befand. Ich sah ihm sogleich am Äußern an, daß er ein Kandidat des heiligen Predigtamts war, und ließ mich mit ihm in ein Gespräch ein. Er sagte mir, daß er nun schon über sechzehn Jahre Kandidat sei, weil er kein Geld habe, um bei dem Konsistorium um Freunde zu werben.

Ich merkte, daß es in Sachsen gehen mag wie in der lieben Pfalz und daß man durch Geld sich auch hier wie aller Orten den Weg in den Schafstall des Herrn öffnen müsse. Beiher erzählte mir der Herr Kandidat, der auch zugleich Magister der Philosophie war, worauf er sich aber nicht viel einzubilden schien, daß die Herren Prediger in Sachsen gewaltig kommode Herren wären, welche immer für sich von Kandidaten predigen ließen und selbst auf ihrem Loderstuhle ruhig sitzen blieben und ihre Einkünfte bei einem Glase Bier oder Wein und einer Pfeife Tobak verzehrten.

In Weimar hatte ich mein Logis bei einem Seiler, dessen Vetter, ein Pastor vom Lande, in die Stadt gekommen war, den Preußen mit zuzusehen. Er speisete mit uns zu Mittage, und da er an mir, wie natürlich, nichts anders vermutete als einen Soldaten von gemeinem Schlage, so fuhr er mit einem erbaulichen Sermon über die Kraft des Gebetes bei den Gefahren des Krieges etwas feierlich heraus. Ich hörte zwar anfangs gelassen zu, konnte mich aber endlich, als er zu theologisch-plump ausfiel, nicht länger halten und stellte das Gebet in der gewöhnlichen Form als eine impertinente, unsinnige Vorschrift auf, die man sich erdreistete der Gottheit vorzuwinseln oder haarklein vorzumalen. Darauf griff ich das an, was man meiner Meinung nach sehr irrig Vorsehung Gottes zu nennen pflegt. Der Herr Pastor stutzte gewaltig und verlor gar die Sprache, als ich einige Wortunterschiede vorbrachte, auf die er wohl schwerlich je studiert hatte.

Auf dem ganzen Marsche bis Gießen habe ich weiter nichts erfahren, das des Erwähnens wert wäre. Wir wurden aller Orten, wohin wir kamen, sehr gut aufgenommen und behandelt.

In Eisenach machte ich eine sehr angenehme Bekanntschaft mit Herrn Rat Wolff, der mich dem Herrn Generalsuperintendenten Schneider vorführte. In der Person dieses würdigen Mannes fand ich einen Geistlichen, der einen wirklich, solange man bei ihm ist, die abscheuliche Seite seines Standes vergessen macht. Ich habe wenig Männer kennengelernt, die mit Herrn Schneider zu vergleichen wären. Seine Gelehrsamkeit ist bekannt, und von seinem rechtschaffenen Betragen zeugt die allgemeine Hochachtung und Liebe der Eisenacher. Ich vermutete, daß er, weil Herder ihm vorgezogen war, eben kein Freund von Herdern sein könnte. Ich lenkte also das Gespräch absichtlich auf diesen Mann und wurde gar angenehm überrascht, als ich Herrn Schneider mit Enthusiasmus von den großen Verdiensten Herders reden hörte. Nach Herrn Schneiders Zeugnis, worin freilich das ganze aufgeklärtere Publikum einstimmt, ist Herder die Zierde unsers Vaterlandes, der hellste Kopf, der größte Kenner des Guten und Schönen, der lebhafteste deutsche Stilist und der wärmste Verfechter des

Wahren, Guten und Schönen. Weimar kann stolz sein, in ihm einen der ersten Männer unserer Nation zu besitzen. Wie gesagt, das, was Herr Schneider von Herdern sagte, hat mich überrascht; denn ich wußte, daß beide einmal in Wahlkollision gekommen waren. Um desto mehr aber mußte ich den Mann schätzen, der des andern Verdienste so unparteiisch würdigte. Übrigens wird Herr Schneider gar wohl zufrieden sein, daß er nicht die weimarsche, sondern die eisenachsche Superintendentenstelle erhalten hat; denn diese ist einträglicher und bequemer, und der Superintendent zu Eisenach kann in seiner Diözese weit ungehinderter und freier handeln als der zu Weimar.

In Hersfeld, einer hessischen Stadt an der Fulda, kam es zwischen einigen von unsern Soldaten und einigen Bürgern im Wirtshaus ‚Zum Stern' zu Händeln, welche beinahe in Schlägerei ausarteten. Die Bürger saßen am Tische, tranken ihr Bier und besprachen sich über die Zeitgeschichte. Sie äußerten ihr Mißvergnügen über das Verfahren ihres Herrn Landgrafen, der nun abermals seine Landeskinder als Soldaten zum Behufe des Franzosenkrieges verhandelte und für den Landbau und andere Gewerbe weiter nichts zurückließe als Kinder, Weiber, Krüppel und Greise. Das führte sie immer weiter, und da kamen sie darauf, daß man überhaupt nicht Ursache hätte, die Franzosen anzugreifen. Diese hätten ja recht usw. Unsre Soldaten, die freilich damals noch nicht so dachten wie jetzt, legten sich drein und behaupteten geradezu, daß die Franzosen Spitzbuben, schlechte Kerls und dergleichen seien, daß man sie vertilgen müsse; und wer ihnen das Wort rede, sei gleichfalls ein schlechter Kerl, ein ‚Patriot'. Dabei schlugen sie, sie hatten alle eine Schnurre, mit den Säbeln auf den Tisch, daß die Splitter davonfuhren. Aber die Hessen, die vor Soldaten sich eben nicht fürchten, verbaten sich das Schimpfen; und als unsre Leute dennoch fortmachten und sogar einige Krüge und Gläser zerschmissen, griffen die Bürger zu, und es würde eine derbe Prügelei gesetzt haben, wenn nicht ein Offizier dazugekommen wäre und den Friedensstifter gemacht hätte.

Wir waren noch eine gute Stunde von Gießen, als schon Studenten und Bürger uns haufenweise entgegenzogen. Ohne Ruhm zu melden, muß ich sagen, daß ich an diesem Entgegenzuge vielen Anteil hatte; denn die guten Leute waren begierig, den Laukhard wieder einmal zu sehen, der ehedem eine so eklatante Rolle in Gießen gespielt hatte. Sie entdeckten mich bald, und nun war ich wie umringt. Ich konnte kaum vorwärts. Von alle Seiten ertönte: „Da ist Laukhard! Da ist Laukhard!" Unsre ganze Kompanie kam in Unordnung; denn alles stürzte hinein, um den alten Laukhard recht zu begaffen. Jeder hatte etwas anzubieten, und wenn ich hätte wollen, so wäre Laukhard wieder à la Gießen geworden.

Wir marschierten gerade durch Gießen und kamen auf die nächsten Dörfer zu liegen, wo wir den folgenden Tag Rasttag hatten.

Nachmittags kamen viele, wenigstens über dreißig Studenten, zu mir ins Quartier, brachten Wein und Eßwaren mit, und wir machten uns nach Herzenslust einen frohen Tag. Ich mußte ihnen versprechen, sie den folgenden Morgen in Gießen zu besuchen, und hielt Wort, da ich immer gern einen Ort wiedersehe, der mir ehedem so viel angenehme und unangenehme Stunden gemacht hat.

Ich ging also den andern Tag frühe hinein und fand, daß das gute Gießen nichts mehr und nichts weniger war als – Gießen. Die Straßen waren noch ebenso schlecht gepflastert, ebenso schmutzig als ehedem. Und die Bürger und Bürgerinnen samt den jungen Burschen und Mädchen saßen noch wie sonst in den Bier- und Brannteweinschenken, kurz, alles war noch beim alten.

Ich erkundigte mich nach der Beschaffenheit der Universität, konnte aber nichts Erbauliches herausbringen. Die Universität hatte an Studenten sehr abgenommen, aber an Professoren gewonnen, wenigstens der Zahl nach, wie in Halle, Leipzig, Jena und anderwärts. Der Komment der Bursche hatte zwar jenes alte Rohe nicht mehr, wie ich es im ersten Teile dieses Werkchens beschrieben habe, er war aber doch eben auch nicht besser geworden; denn ehedem lebten die Herren Gießener wild, jetzt leben sie – kindisch. Kinderei ist aber doch immer ebenso schlimm als Wildfängerei.

Meine Lebensbeschreibung war in Gießen fleißig gelesen worden. Da man voraussetzte, daß ich sie zu seiner Zeit fortsetzen würde, so entdeckte man mir Anekdoten und skandalöse Histörchen die Menge und bat mich, dieselben dereinst mit anzubringen. Aber warum sollte ich mein Buch von neuem zum Repertorium der Gießener Skandale machen? Es sind, wie die Folge zeigen wird, ganz andere und weit wichtigere Berichte übrig. Dann liegt ja auch dem lieben Publikum nicht viel daran, wenn es weiß, was die unbedeutende Frau Gemahlin dieses oder jenes unbedeutenden Herrn zur Berühmtmachung ihres Mannes beitrug! Verzeihen Sie mir also, meine Herren zu Gießen, daß ich von alledem, was Sie mir so reichhaltig mitteilten, keinen Gebrauch mache.

Von den Professoren besuchte ich nur die Herren Köster und Roos. Ich fand sie gegen mich noch immer so gut gesinnt, wie es Männern ansteht, die ihre Bekannten nicht nach der Kleidung beurteilen.

Mit Vergnügen hörte ich, daß die liebe Theologie an dem Doktor Bechtold für Gießen – denn außer Gießen ist Herr Bechtold wenig bekannt – eine Stütze verloren hätte. So war es zwar schon 1787. Aber seit dieser Zeit hat Herr Bechtold sich noch mehr bekehrt, und 1793 ging er schon so weit, daß er ganz frei erklärte, alle Geheimnisse, Sakramente und alle sogenannten übernatürlichen Anstalten Gottes zum Heile der Menschen seien Produkte der Unwissenheit, Furcht, Herrschsucht oder der idealisierenden Phantasie; die Bibel sei ein Buch, das die moralischen Einsichten der Menschen durchaus nicht bestimmen könne; in den Fabeln des Äsopus und in Ovidius' ‚Verwandlungen' finde man mehr Menschenverstand und bessere moralische Maximen als in den meisten Gleichnisreden Jesu. Dieser sei zwar ein großer Lehrer für seine gleichzeitigen Juden gewesen, aber auch ein großer Schwärmer. So weit ist selbst Bahrdt, als er in Gießen hauste, nicht gegangen, und doch wurde Bahrdt damals verfolgt – und Herr Bechtold bleibt im ruhigen Besitze seiner Ämter als Superintendent und als Professor. So sehr ändern sich Menschen und Zeiten!

Von Gießen bis Koblenz hatten wir gute Quartiere und leichte Märsche. Bei Limburg an der Lahn sah ich das erste Mal Emigranten. Sie waren prächtig gekleidet, auch stattlich beritten und nannten sich la gendarmerie françoise oder royale. Diese Gendarmerie bestand größtenteils aus Edelleuten, und viele von ihnen trugen das Croix de Saint Louis.

Koblenz. Manifest

Wir kamen den 9. Julius 1792 in Koblenz an, und hier hörte die Art von Subsistenz auf, welche wir bis dahin genossen hatten; denn bis hierhin waren wir von Bürger und Bauer ernährt worden und hatten kein Kommißbrot erhalten. Jetzt aber erhielten wir dieses und mußten für unsre Subsistenz von nun an selbst sorgen.

Ich und noch drei Mann wurden in ein Haus einquartiert, worin weder Tisch noch Stuhl noch Bank zu sehen waren. Der Hausherr war gestorben, und dessen Erben wohnten weit von Koblenz. Es war also unmöglich dazubleiben, zumal da auch weder Stroh noch Holz vorhanden war. Ich lief also zum Hauptmann, und dieser wirkte uns, freilich mit Mühe (denn die Herren zu Koblenz auf der Billetstube waren gar ungeschliffene, massive Herren) einen Zettel aus, nach welchem wir in ein Benediktiner-Nonnenkloster verlegt wurden.

Hier war es uns ganz erträglich, und nachdem ich mir durch mein bissel Latein die Gunst des Herrn Wolff als des Ökonomen des Klosters erworben hatte, reichte er mir vom echten Moselwein mehr, als ich verlangte, wenn er ihn gleich den übrigen sehr sparsam mitteilte. „Pecus hauriat undam", sagte er, „aber doctus vina, oder vinum da docto, laïco de flumine cocto" – ganz nach der

Kirchenökonomie der katholischen Geistlichkeit, bei welcher pecus und laïcus dem doctus und clericus gegenübersteht.

Herr Wolff war Priester, aber nicht der Beichtvater des Klosters, welcher, wie ich merkte, ein herrschsüchtiger, stolzer Pfaffe war. Von den Wissenschaften hielt Herr Wolff wenig, und außer seinem Brevier und Meßbuch vergriff er sich an keinem weiter. Vanitas vanitatum praeter amare Deum et bonum haustum vini bibere − war so sein Symbolum, und seine ganze Lebensart stimmte damit überein. Die Franzosen haßte er von ganzem Herzen, sowohl die Patrioten, weil sie der heiligen Kirche sich widersetzten, als die Emigrierten, weil sie ein Wirtshaus, dem Kloster gegenüber, in ein Bordell verwandelt hatten.

Ein Offizier unseres Regiments, Herr Graf von Einsiedel, der auch in diesem Barbara- oder Bärbelkloster logierte, wünschte meine Biographie zu lesen, und ich, um ihm zu willfahren, suchte dieselbe bei dem Buchhändler in Koblenz; denn es ist nur einer da. Der Buchhändler, welcher nicht einmal ein Verzeichnis von seinem Büchervorrate führte, sagte mir kurzum, daß er dergleichen Schriften gar nicht führen dürfte, selbst auch nicht führen möchte. Das seien alles gottlose, gefährliche Bücher, besonders die von den Protestanten oder, wie er nach der damaligen Koblenzer Art sagte, von den Unkatholischen. Was von diesen komme, sei gar nicht ratsam unter die Leute zu bringen: die Welt sei ohnehin pfiffig und arg genug!

Da unsere Leute nicht so viel Geld hatten als die französischen Emigranten, von welchen ich bald reden werde, so konnten sie nicht so viel verschleudern als diese, und wir waren daher bei den eigennützigen Koblenzern gar niedrig angeschrieben. Die Leute sagten uns unverhohlen, wir wären schroffe, garstige Preußen und hätten die französische Eleganz ganz und gar nicht. Ein Kaufmann, in dessen Laden ich mich über die schlechte Beschaffenheit seines Tobaks beschwerte, sagte mir geradeheraus, die Emigranten rauchten beinahe gar nicht, sonst würden die Koblenzer für guten Tobak gewiß gesorgt haben. Dieser da sei für die deutschen Völker vollkommen gut; die hätten ohnehin nicht viel wegzuwerfen und könnten den teuren Tobak nicht bezahlen.

Ich hatte mich über diese und andere Impertinenzen der Koblenzer eines Tages sehr geärgert, als ich bei meiner Zuhausekunft alle Ursache fand, meine muntere Laune zurückzurufen. Der Herzog Friedrich von Braunschweig, jetzt regierender Fürst zu Oels, den ich schon im ersten Bande als einen der ersten Menschen beschrieben habe und den jedermann dafür anerkennt, hatte für gut gefunden, mir auf einen lateinischen Brief gleichfalls lateinisch zu antworten. Diesen Brief fand ich in meinem Quartier und war über die edlen Gesinnungen dieses ehrwürdigen Fürsten beinahe außer mir. Es ist wirklich überaus angenehm, wenn man erfährt, daß noch große Männer sich unsrer erinnern. Man versöhnt sich dann wieder mit den Menschen und ist über den Schwächling, der uns zu verachten meint, nicht weiter böse, ja, wir dünken uns alsdann viel zu gut, als daß wir ihn auch nur mit Verachtung bestrafen sollten. Dies war jetzt mein Fall. Der Herzog versicherte mich nebenher, daß man mir den ganzen Feldzug hindurch auf seine Veranstaltung doppelte Löhnung reichen würde, und diese habe ich auch bis zu meinem Übergang nach Frankreich im Herbste 1793 richtig gezogen.

Hier ließ nun auch der Herzog [Karl Wilhelm Ferdinand] von Braunschweig als Generalissimus der vereinigten Armeen jenes Manifest an die Bewohner Frankreichs ausgehen, welches soviel Lärmen weit und breit erregt, den Politikern so reichen und mannigfaltigen Stoff zum Räsonieren und Deräsonieren geliefert hat und eine der Hauptursachen geworden ist an dem Verfall des Königtums in Frankreich, an dem Unglücke der preußischen Armee und an dem Tode des unglücklichen Louis Capet und seiner Familie. Ich enthalte mich aller Anmerkungen über diese Schrift; denn ich bin kein Politiker, kein Aristokrat, kein Demokrat. Doch muß ich dem Leser ein Gespräch mitteilen, welches ich lange Zeit hernach mit einem Bürger in Landau namens Brion geführt habe. Es enthält den Hauptgrund von der Entwicklung und Konzentrierung der Nationalenergie der Neufranken.

„Haben Sie hier", fragte ich diesen einsichtigen Mann, „das Manifest des Herzogs von Braunschweig damals auch angenommen und gelesen?"

Brion: Allerdings! Man hat es hier zwar nicht annehmen wollen, als es ankam. Einige wollten es gar öffentlich verbrennen lassen, wie hier und da schon geschehen war, aber alle gutgesinnten Patrioten, welche der Sache tiefer auf den Grund sahen, waren dafür, daß das Manifest angenommen und sogar öffentlich angeschlagen werden sollte.

Ich: Und dazu konnten gutgesinnte Patrioten raten?

Brion: Allerdings! Nicht um unsern Respekt gegen den Herrn Herzog zu beweisen – denn der hat uns nichts zu befehlen –, sondern wegen der Folgen, die dieses Manifest bei unsern Leuten unfehlbar haben mußte.

Ich: Eben wegen der Folgen, dünkt mich, war es wohl nicht ratsam, das Ding öffentlich bekanntzumachen. Wie, wenn die Leute erschrocken wären und sich vor den angedrohten Strafen gefürchtet hätten und dann zum Kreuz gekrochen wären?

Brion: So kann doch auch nur ein preußischer Korporal räsonieren! Eine Nation wie unsere sollte sich vor den Drohungen eines kleinen Reichsfürsten, der nebenher General über eine mäßige Armee Preußen und Östreicher war, fürchten und nachgeben? Wenn so feige die Franzosen hätten sein können, so verdienten sie wahrlich, von einem Tyrannen tyrannisiert zu werden, der Betbrüder, Verschnittene und Huren zu Vollziehern seiner Befehle machte. Ich glaube nicht, daß der Herzog, der doch auch Menschenverstand haben wird, dieses selbst je erwartet habe. Diese Folge konnte man also durchaus nicht voraussetzen, aber wohl andere und wichtigere.

Ich: Und die wären?

Brion: Nicht wahr, Freund, wenn einer, der Ihnen nicht eine Bohne zu befehlen hat, Befehle mit Gewalt aufdringen will, was tun Sie?

Ich: Ich gehorche nicht.

Brion: Werden Sie nicht auch über die Impertinenz des Befehlers erbosen und alles aufbieten, um seiner Usurpation zu trotzen?*

Ich: Nicht anders!

Brion: Nun, so mußten alle Franzosen das auch tun über die Impertinenz und die Usurpation eines fremden Generals, der viel zu schwach und noch weit von ihren Grenzen war und ihrer ganzen Nation in einem so gebieterischen Tone Gesetze vorschrieb, als wenn er wirklich mit seinen Soldaten zu Halberstadt oder mit seinen Leibeigenen zu tun gehabt hätte. Ist das nicht an dem?

Ich: Ja wohl, aber –

Brion: Ich verstehe schon, wohin das Aber zielt, doch davon nachher. Unsere Ehre wie unser Recht war durch dieses widersinnige und zweckwidrige Manifest vor der ganzen Welt kompromittiert. Mußte nun nicht der feste Vorsatz bei jedem braven ehr- und rechtliebenden Franzosen rege werden, der Großsprecherei des Herzogs und der daraufolgenden Gewalttätigkeit aufs tätigste zu widerstehen? Legte also nicht selbst das herzogliche Manifest den haltbarsten Grund zu dem tätlichen Widerstande, den er vom 20. September 1792 an immer empfunden hat?

Ich: Also war es ja wohl eben so unpolitisch als unmoralisch, so ein Manifest an Frankreich ergehen zu lassen!

Brion: Das versteht sich von selbst, wenn nämlich sonst, wie ich vermute, kein geheimer Grund das Manifest bewirkt hat. Denn wäre der Herzog ohne alles Manifest, unter der bloßen Erklärung, daß er die unterbrochene Ruhe in Frankreich mit Hülfe aller ruheliebenden Franzosen wiederherstellen wollte, zu uns gekommen, so hätte man denken können, daß aus seiner Unternehmung doch

---

* „Zwang erbittert die Schwärmer immer, aber bekehrt sie nie", sagt Sekretär Wurm in ‚Kabale und Liebe' von Schiller. Warum große Herren auf ewige Wahrheiten der Natur nicht mehr Rücksicht nehmen mögen! Übertriebene Kunst fällt doch durch und wird verächtlich oder empört.

noch etwas Gutes für den armen bedrängten Bürger und Landmann entspringen dürfte. Aber so erklärte er geradehin, daß er kein Gesetz wolle gelten lassen als den unbedingten Willen Ludwigs XVI. Und da konnte wohl ein Distelkopf einsehen, daß man uns alsdann wieder unter das alte und allgemein verhaßte Joch des Hofes, des Adels, der Pfaffen, der Finanziers und alles andern Lumpengesindels gewaltsam zurückpreschen würde. Und da hätte man sollen ruhig sitzen oder gar noch hülfreiche Hand mit anlegen?

Ich: Wohl nicht, aber –

Brion: Jetzt ein Wort auf Ihr Aber. Nicht wahr, Sie wollen sagen, daß der Herzog auf den Anhang des Königs und des Adels gerechnet und so gehofft habe, es werde ihm alles zurennen, sobald er sich ihnen nur nähere. Aber wenn er dieses wirklich gedacht hat, so war er von der innern Beschaffenheit Frankreichs und von dem regen und allgemeinen Willen des größten Teils der Nation sehr schlecht unterrichtet. Niemand war mit der Neuerung unzufrieden als der Hof, der Adel, die Pfaffen und die Finanziers. Alle anderen Franzosen, der Soldat, der Bauer, der Bürger, der Handwerker und selbst der Kaufmann größtenteils wünschten die Revolution und sahen in derselben die wohltätigste Anstalt für sich und für ihr Vaterland. Was ist aber der ganze Adel –

Ich: Der Adel ist die Stütze des Staats!

Brion: Der Adel Stütze des Staats? Dann müßte wohl auch ein Professor, der keine Kollegia liest, Stütze der Universität sein? Nein, nur der einsichtige und fleißige Bürger ist dem Staate nützlich und folglich dessen Stütze. Einsichtig und nützlich sind aber die Herren Adligen selten. Die meisten von ihnen leben bloß von dem Erwerb der arbeitenden Klasse und tragen zum gemeinen Besten größtenteils nicht einer Bohne Wert bei. Ohne sie also kann der Staat recht gut bestehen, aber nicht ohne den Bürger und Bauer. Ja, was diese verdienen, verzehren jene und machen obendrein noch Schulden. Und wenn die gemeine Klasse der Nationen nur erst ihr Vorurteil, ich meine die blinde Ehrfurcht für Pfaffen und Adel, ablegt, dann kann sich der Pfaffe und der Edelmann nicht mehr stützen: er fällt von selbst. Er kann höchstens emigrieren, kabalieren und Spektakel machen, aber tätig sich und andern helfen kann er nicht. Der Herzog konnte also nur hoffen, daß der kleinste Teil der Nation auf seine Seite treten würde, den mächtigern Teil behielt er immer wider sich. Also war es immer sehr unklug, auch unter dieser Voraussetzung, ein Manifest nach Frankreich zu schicken, zumal ein solches.

So Bürger Brion in Landau. Einige von uns sprachen schon damals in Koblenz nicht anders.

Französische Emigranten

In Koblenz bin ich mit einer großen Menge von den ausgewanderten Franzosen so genau bekannt geworden, daß ich mich nicht enthalten kann, ihnen ein eigenes Kapitel zu widmen. Dieses schändliche und schreckliche Ungeziefer kann noch immer nicht genug an den Pranger gestellt werden.

Diejenigen Deutschen, welche diesen Auswurf der Menschheit zur Zeit ihres sardanapalischen Hochlebens nicht gesehen haben, können sich ihre damalige Impertinenz leicht vorstellen, wenn sie nur die betrachten, mit der ein Ludwig XVIII. samt Konsorten durch wiederholte unsinnige Manifeste und Proklamationen dem gesunden Menschenverstande jetzt noch immer Trotz bieten, auch nachdem alle Hoffnung für sie verschwunden und sie selbst aufs äußerste gedemütigt und verächtlich geworden sind. Noch jetzt sind diese ci-devants abgeschmackte Großsprecher voll Dünkel und dummer Rachsucht.

Wie tief muß diesen elenden Hofinsekten der alte diplomatische Hofschlamm ankleben, und wie verpestet muß die Luft ehedem um sie gewesen sein, da sie es jetzt noch immer ist! Die härtesten Stöße des Schicksals haben ihre adligen Halbseelen noch nicht zur vernünftigen Besinnung bringen können, und so wandern sie wie verdammte Scheusale zur exemplarischen Belehrung für alle die, welche auf Vorrechte des Standes gestützet die Rechte der Menschheit ihrer usurpierten Konvenienz aufopfern und alles wie Sklav' behandeln möchten, was nicht zum Hof, zum Adel oder zur Söldnerei gehöret.

Vielleicht meinen einige meiner Leser, daß man doch nun der Emigrierten schonen müsse, da sie, von der ganzen Welt verlassen, die Strafe ihrer rachsüchtigen oder leichtgläubigen Entweichung aus ihrem Vaterlande nur gar zu sehr fühlen. Und aus diesem Grunde verdenkt es mir vielleicht mancher, daß ich die ärgerliche, empörende Beschreibung ihres Betragens vom Jahr 1792 jetzt noch aufstelle. Auch ist der Grund, daß man den Gestürzten nicht noch mehr niederdrücken müsse, stark genug, jeden, der Gefühl hat, von der Verfolgung eines Elenden abzuhalten.

Allein so wahr und ehrwürdig das alles für jeden Unglücklichen im allgemeinen ist, ja auch für manchen Emigrierten im besondern, so wahr ist es auch, daß die Häupter der Emigrierten und deren erster, tätiger Anhang durchaus es nicht verdienen, unter dieser menschenfreundlichen Bemerkung mitbegriffen zu werden. Ich muß mich näher darüber erklären, um den Vorwurf abzulehnen, daß ich Gefallen an dem Unglücke anderer finde.

Ich will mich gar nicht auf die Verbrechen einlassen, welche die ausgewanderten Herren und Pfaffen in Frankreich vorher begangen und dadurch sich sowohl an ihrer Nation als an dem ganzen Menschengeschlechte versündiget haben. Diese Verbrechen habe ich während meines Aufenthaltes in Frankreich von 1793 bis 1795 mehr als zuviel erfahren und beschreibe sie in den ‚Begebenheiten des Marquis von Vilençon' dereinst ausführlich. Ich frage nur, ob ein Haufen zügelloser, despotischer Menschen befugt war, sich den einhellig-reklamierten und vindizierten Vorrechten, der rechtmäßigen Gewalt und den gemeinnützigen Anordnungen einer gerade durch sie aufgewiegelten Nation nicht nur rebellisch zu widersetzen, sondern auch dann noch Anspruch auf das Mitleid und den Beistand anderer Menschen zu machen, nachdem sie alles versucht haben und nach Möglichkeit noch versuchen, ihr bedrängtes Vaterland der schrecklichen Verwüstung preiszugeben, alle Mächte gegen dasselbe aufzuhetzen und so Land und Leute weit und breit den verheerenden Folgen eines der entsetzlichsten Kriege bloßzustellen. Und das alles, um nur ihre usurpierten und zum Ruin der Nation mißbrauchten Vorrechte wieder zu retten und dann den alten Despotismus, mit Einstimmung aller Despotielustigen, so zu befestigen und zu verallgemeinen, daß Menschenrecht bloß ein leeres Wort und Fürstenwille die einzige Richtschnur unseres Fronlebens forthin überall geworden wäre? Man bedenke dies reiflich und übersehe die Folgen nicht, welche die von den Emigrierten betriebene gewaltsame Unterdrückung der französischen Nationalreform für alle übrigen Völker gewiß auch gehabt hätte, und sei alsdann denen noch hold, welche diese Unterdrückung hauptsächlich zu bewirken strebten.

Überdies berechne man den schrecklichen Schaden und das unzählige, mannigfaltige Elend, welches die Sittenlosigkeit, die Lügen und die Aufhetzerei der Emigrierten weit und breit gestiftet haben, und frage sich selbst, was eine Bande wert sei, welche das Unglück von Europa, vorzüglich von Deutschland, am meisten geschaffen hat. Man müßte, dünkt mich, weder Mensch noch Deutscher sein, wenn man ein Gesindel begünstigen wollte, welches das alles verschuldet hat und nebenher doch noch mit Verachtung auf uns Deutsche herabblickt als auf plumpe, unbeholfene Menschen, welche nicht für gut fanden, in Masse aufzustehen, um uns für die Vindizierung ihrer adligen und pfäffischen Vorrechte die Hälse brechen zu lassen und am Ende zum schuldigen Dank in ein Joch hineinzukriechen, wie ein Calonne, Artois und Condé es für die ganze Welt angemessen gefunden hätten.

Die Fürsten, das will, das muß ich schon sagen, welche diese ci-devants noch jetzt aufnehmen und begünstigen, mögen immer auf ihrer Hut sein, denn bei der geringsten unruhigen Begebenheit würden diese unstäten, herrschsüchtigen Geister Partei nehmen und das Arge ärger machen helfen. Auch mögen sie es nicht übersehen oder überhören, mit welcher Verachtung man jetzt von Fürsten spricht, welche den Emigrierten Vorschub geleistet und dadurch Frankreichs Unwillen gegen Deutschland so gereizt haben, daß Deutschland in Jahrhunderten es nicht vergessen wird, daß die Unklugheit vieler seiner Fürsten all das Ach und Wehe mit verschuldet hat, das ganz Deutschland noch lange fühlen wird.

Und welcher einsichtige Untertan könnte Achtung und Zutrauen zu einem Fürsten hegen, der Leute begünstiget oder gar um sich hat, deren gekränkter Stolz und Egoismus gegen alles, was Volk heißt, ewig Rache kochen und darum auch nicht aufhören wird, die höhern Stände gegen die untern aufzuhetzen! Aspekten von dieser Art entzweien immer mehr, heben alles Zutrauen und lassen für die Zukunft nicht viel Gutes erwarten.

Der König in Preußen hat vollends keine Ursache, diesen Auswurf der Menschheit zu hegen oder zu schützen. Sie hassen ihn alle und sprechen mit der bittersten Verachtung von ihm, seitdem der Separatfriede zwischen den Neufranken und ihm geschlossen ist. Sie prophezeien, wie Schriften von ihnen ausweisen, dem Hause Preußen noch obendrein nach ihrer tollen Emigrantenpolitik viel Übel und Niederlagen, welche es dereinst von Östreich zu befürchten haben soll.

Nach dieser Abschweifung erlaube man mir jetzt, die gewesenen französischen Herren so zu beschreiben, wie ich sie gefunden habe.

Unser General hatte zwar verbieten lassen, mit den Emigranten zu sprechen oder uns sonst mit ihnen einzulassen, er glaubte nämlich, diese gesetzlosen Herren möchten durch ihr Geld unsre Leute zur Desertion auffordern und sie unter ihr Korps, welches einige damals schon die französische Spitzbubenarmee nannten, verleiten. Das hatten die Herren auch schon getan und manchen, sogar von den Trierischen Soldaten, zu sich herangekirrt.

Ich ging aber doch schon den ersten Tag in ein Weinhaus, wo Franzosen ihr Wesen trieben, und ließ mich mit ihnen in ein Gespräch ein. Aber abgeschmacktere Großsprecher habe ich mein Tage nicht gefunden, und ich kann es noch immer nicht spitzkriegen, wie irgendein Deutscher für solche Franzosen einige Achtung hat haben können! Diese elenden Menschen verachteten uns Deutsche mit unsrer Sprache und unsern Sitten ärger, als irgendein Türk die Christen verachtet. Im Wirtshause machte die Haustochter beim Aufwarten ein Versehen, und – sacrée garce d'allemande! Chien d'allemand, bête d'allemand, con de garce d'allemande waren die Ehrentitel, die diese sacrés bougres d'émigrés uns Deutschen anhängten. Unsre Sprache verstanden sie nicht und mochten sie auch nicht lernen. Sie nannten sie jargon de cheval, de cochons – Pferde- und Schweinesprache.

Ich sagte einmal bei Gelegenheit einer schönen Tobaksdose, daß ich nicht Geschmack genug hätte, um von dem darauf gemalten Porträt zu urteilen. „Que dites-vous, monsieur", erwiderte ein Emigrant, „c'est assez que de savoir le françois pour avoir le goût juste. Un homme qui sait notre langue, ne peut jamais manquer d'esprit." Das war doch ein sehr anmaßliches Kompliment!

Und doch waren die Deutschen herablassend genug, diesen Emigranten zu hofieren und sie zu unterstützen. Darüber habe ich mich oft recht innig geärgert und ärgere mich noch, wenn ich bedenke, wie geringschätzig uns die Koblenzer, die Trierer und selbst die Luxemburger gegen die Emigrantenkanaille behandelten. Ich bediene mich hier freilich nicht sehr edler Ausdrücke. Aber wie das Original, so dessen Kopie!

Die Emigranten hatten damals Geld noch vollauf und folglich das Mittel, sich alles zu verschaffen, was sie gelüstete. Aber sie haben's auch toll genug verschleudert! Die kostbarsten Speisen und der edelste Wein, der bei ihren Bacchanalen den Fußboden herabfloß, waren für sie nicht kostbar und edel genug. Für einen welschen Hahn zahlten sie fünf große Taler ohne Bedenken. Mancher Küchenzettel, nicht eben eines Prinzen oder Grafen, sondern manches simpeln Marquis oder Edelmanns, kostete oft vier, fünf und mehr Carolins. Die Leute schienen es ganz darauf anzulegen, brav Geld zu zersplittern. Sie zahlten geradehin, was man verlangte. Ich sagte einmal zu einem, daß er etwas zu teuer bezahle. „Le françois ne rabat pas", erwiderte er und gab sein Geld.

Das schöne Roggenbrot, welches in Koblenz gebacken wird, wollte den edlen Herren nicht behagen. Sie aßen daher lauter Weizenbrot und nur dessen Rinde. Die Krume kneteten sie in Kügelchen und benutzten sie zu Neckwürfen bei Tische. Andere warfen die Krume geradezu aus dem Fenster. Dieses Benehmen hat jedoch selbst die Koblenzer geärgert, und ich dachte mehrmals: Exiget ad dignas ultrix Rhamnusia poenas! oder: Nur Geduld, es wird schon eine Zeit kommen, wo ihr weder Krume noch Rinde haben werdet.

Das ist auch bald hernach eingetroffen; denn schon auf der Retirade im Oktober 1792 haben die saubern Herren mehr Not gelitten als wir Preußen, wenngleich auch wir rohen Weizen damals abbrühten und aßen vor lauter Hunger, wie man dereinst sehen wird.

Die Emigranten waren alle lustige Brüder und Windbeutel von der ersten Klasse. Den ganzen Tag schäkerten sie auf der Straße herum, sangen, hüpften und tanzten, daß es eine Lust war anzusehen. Sie gingen alle prächtig gekleidet und trugen schreckliche Säbel. Die Säbel wurden größtenteils in Koblenz verfertiget, und so hatten die dasigen Schwertfeger Arbeit und Verdienst genug.

Daß Leute von dieser Art mir nicht gefielen, nicht gefallen konnten, ist für sich klar. Ich nannte sie, wie ich sie fand, die Pest für unser Vaterland – in jeder Rücksicht, physisch, politisch und moralisch. Man widersprach mir, berief sich auf die Ausgewanderten unter Ludwig XIV. und schloß von den Vorteilen durch diese auf Vorteile durch jene. Ich versetzte, daß es mit jenen gerühmten Vorteilen nur so und so stünde, daß, deutsch zu sprechen, auch jene Emigration für unser Vaterland in mancher Rücksicht eher schädlich als nützlich gewesen sei und dies wohl noch sei. Allein auch zugegeben, aber noch lange nicht als Wahrheit eingeräumt, daß jene Hugenotten, welche nach dem Widerruf des Ediktes von Nantes nach Deutschland gewandert sind, für Deutschland wirklich nützlich gewesen seien, so wären doch jene Emigranten mit den jetzigen im geringsten nicht zu vergleichen. Jene wanderten aus, weil sie mußten, weil ihr Gewissen sie drückte und sie Sankt Calvins Lehre mit der des Heiligen Vaters zu Rom nicht vertauschen wollten. „Übrigens", fügte ich hinzu, „waren es doch meist ehrliche, kunstvolle, betriebsame, stille Leute, deren Sitten die Sitten unsrer Vorfahren nicht so sehr verderbten als die der jetzigen unsere. Denn lassen Sie uns", fuhr ich fort, „die Herren einmal recht anschauen, und wir werden bekennen müssen, daß sie uns weiter nicht nützen, als daß sie unsere Kaufleute, Gastwirte, Huren und dergleichen reicher machen, aber auch alles übrige verpesten und zugrunde richten, was nur ihr Hauch berührt." Als ich dieses und mehr anderes gesagt hatte, legten sich endlich mehrere von den Anwesenden in unser Gespräch, und da wurden denn allerlei skandalöse Histörchen über die Herren Emigrierten aufgetischt. Ich erspare sie bis zu den ‚Begebenheiten des Marquis von Vilençon'.

Es ist überhaupt keine läppischere Kreatur auf Gottes Erdboden als ein französischer Emigrant dieser Zeit. Stolz und aufgeblasen wie der Frosch in der Fabel verachtet er alles, was nicht so wie er Franzos und von Adel ist. Die preußischen Offiziere hatten gar nicht Ursache, den Emigranten gewogen zu sein; denn diese haben sehr oft erklärt, daß der preußische Adel wie überhaupt der deutsche Adel eine noblesse de roture sei, eine noblesse bâtarde, daß ein preußischer Offizier, fût il colonel, noch lange nicht assez noble wäre pour être mousquetaire dans la maison du roi usw. So sprachen die Emigranten von unsern Offizieren, und doch buhlten diese um ihre Freundschaft und waren stolz auf die Ehre, mit solchen Messieurs umzugehen. Überhaupt hätten unsre Deutschen sich schämen sollen, daß sie den französischen Windbeuteln so nachliefen und wohl gar glaubten, daß sie von einer nähern Verbindung mit ihnen Ehre hätten. Dieses Gesindel verachtete ja uns, unsre Sprache und unsre Sitten, und wir hätten sie ehren sollen?

Ich habe mich allemal geschämt, wenn ich sah, wie manch sonst braver, ehrwürdiger deutscher Mann diesen verächtlichen Possenkindern hofierte und sich alle Mühe gab, ihre Gebärden und dergleichen affenmäßig nachzumachen. Die Franzosen, ich rede hier nur von den emigrierten, verdienen unsern ganzen Abscheu, unsere ganze Verachtung und können nicht einmal auf die Achtung einer Gassennymphe, geschweige auf die eines einsichtigen, braven Mannes Anspruch machen.

Unter den Emigrierten gab es jedoch einige, welche sich mit ihrem Emigrieren übereilt hatten und gern zurückgewesen wären, wenn es ohne Gefahr und mit Ehren hätte geschehen können. Dahin gehörte in Koblenz besonders der ehemalige französische Gesandte Graf von Vergennes, welcher die heimlichen Anstalten zu seiner Rückkehr nach Frankreich endlich bloß darum aufgab, weil man ihm seine Privilegien weigerte. Ich habe den Bedienten dieses Grafen oft gesprochen und einen Mann an ihm gefunden, welcher von den neufränkischen Angelegenheiten weit richtiger urteilte als alle Häupter und Unterstützer der Emigrierten.

Unter andern vernünftigen Äußerungen dieses Mannes war auch diese, daß nicht alle Ausgewanderten willig und frei ihr Vaterland verlassen hätten. „Stellen Sie sich", sagte er, „an die Stelle des Edelmanns oder des Geistlichen, und fragen Sie sich selbst, was Sie unter ähnlichen Umständen hätten tun können oder tun wollen. Die Prinzen, ein Condé, ein Artois, ein Monsieur fodern den Adel auf auszuwandern, um die armée contrerévolutionnaire formieren zu helfen. Sie sprechen von einem Einverständnis des Hofes mit den Hauptmächten Europens und schildern die Wiederherstellung der alten Verfassung durch deren Hülfe wie gewiß. Sie erklären alle, welche sich weigern, hieran teilzunehmen, als infam, als Verräter an dem Throne und bedrohen sie mit den schrecklichsten Strafen. Was soll der Adlige nun tun, zumal der im Dienste des Hofes? Bleibt er zurück und gelingt das, was ihm als so leicht ausführbar geschildert wird, so wird er ein Opfer der Rache, wird als ein Feind des Monarchen entweder gefänglich eingezogen, seines Standes, seines Postens und seiner Güter fiskalisch beraubt oder über die Grenze gejagt. Und er wie seine Familie ist beschimpft, arm und dem Schicksale preisgegeben. Dies Verhältnis hat wirklich sehr viele Adlige angetrieben, ihr Vaterland zu verlassen, und zwar solche, welche sonst immer bereit gewesen wären, zu bleiben und auf die Vorreche ihrer Geburt Verzicht zu tun.

Mit den Geistlichen", fuhr er fort, „hatte es eben diese Bewandtnis. Ein Geistlicher, der im Lande bleiben wollte, mußte der Nation den Eid der Treue ablegen. Aber schon dieser Eid machte, daß er von den rechtgläubigen Katholiken, deren es anfänglich noch immer sehr viele gab, als ein widerrechtlicher, unregelmäßiger Priester angesehen wurde, dessen geistliche Verrichtungen man als gotteslästerliche Handlungen betrachtet und sie selbst als Gottesschänder gemieden und, je nachdem unser Staatslos gefallen wäre, exemplarisch bestraft hätte. Zwar gab es bei uns wie in Italien, Portugal und Spanien sehr viele Scheinkatholiken, und ich selbst war nur dem Namen nach katholisch. Meine Voreltern waren nämlich reformiert, mußten aber zum katholischen Glauben übergehen, um ihre politische Existenz nicht zu verlieren. Indessen blieb die reformierte Lehre in unsrer Familie. Wir haßten die Katholiken und gingen doch in ihre Messe. So haben es viele Familien der Hugenotten gemacht. Ich würde jetzt, da in Frankreich jeder seine Religion nach Gefallen haben kann, mich wie viele andere öffentlich als reformiert erklärt haben, wenn mich Voltaire nicht bekehrt hätte. Nun aber ist mir alles gleichviel: Papst, Doktor Luther, Calvin – alles ist mir eins! Ich glaube weder dem einen noch dem andern: sie alle treiben Hökerei mit Fratzen, und die Pfaffen aller Religionen sind immer Pfaffen."

„Lassen wir jetzt", unterbrach ich ihn, „die Pfaffen Pfaffen sein. Ich bin nur begierig auf die Folge ihrer Bemerkung."

„Ich sagte, daß, wenn unsre emigrierten Pfaffen im Lande geblieben wären, man sie wegen ihres Eides auf die neue Konstitution als irreguläre, meineidige und gottlose Pfaffen betrachtet hätte. Und nun denken Sie deren Schicksal bei einem Verfall der Konstitution oder auch nur bei einer Herstellung der alten Hierarchie in Frankreich! Es würde ihnen auf jeden Fall kläglich ergangen sein. Nein, mein Herr, wenn ja jemand mit Recht Frankreich verlassen hat, so waren es die Pfaffen, welche sich auf ihre Pfafferei ernähren mußten. Die, welche den Nationaleid geschworen haben, um unangefochten in ihrem Vaterlande bleiben zu können, sind dennoch immer in Gefahr und werden vielleicht noch von ihren eignen Patrioten abgesetzt.

Nun sehen Sie", fuhr er fort, „daß nicht alle Edelleute, auch nicht alle Priester ohne Not und aus bloßem Haß gegen die Konstitution oder aus Stolz auf ihre Prärogativen oder aus Leichtsinn fortgelaufen sind. Viele haben wirklich Ursache dazu gehabt, und unter diesen verdienen mehrere unser Mitleid." – So dieser sachkundige Mann.

Auf die Frage, warum man denn überhaupt emigriert sei, erhielt ich größtenteils von allen denen, die ich darum befragte, nur Achselzucken zur Antwort.

Und wenn ich denn so meine Anmerkungen machte und bewies, daß es doch weit leichter gewesen sein würde, eine Gegenrevolution alsdann zu bewirken, wenn die Herren Prinzen mit ihrem Anhange in Frankreich geblieben wären, gab man mir meistens recht. Aus allen Gesprächen aber sah ich, daß die freilich mit der politischen Lage von Europa sehr unbekannten französischen Prinzen fest darauf gerechnet hatten, daß alle Könige und alle Mächte von ganz Europa zusammengreifen und ihnen alle Hülfe leisten würden. Da nun dieses sofort nicht geschah, so schimpften sie und die übrigen Emigrierten auch nicht schlecht auf die Höfe unsrer Großen und schrieben hernach all und jedes Unglück, das die Verbündeten erlitten, dieser Saumseligkeit zur Last. Auch hatten die Herren Prinzen auf eine weit stärkere Emigration gehofft und beiher sogar geglaubt, daß die stehende Armee in Frankreich sich auf ihre Seite schlagen würde und was der Dinge mehr sind, worauf ein Prinz rechnet, der wohl den Ton des Hofes, aber nicht den der Nation kennt und dann die Welt wie die Menschen darin als sein Eigentum betrachtet.

Schon ehe ich von Halle ging, hatte ich mir von den Emigranten sowie von der ganzen damaligen Lage der Dinge einen Begriff gemacht, welchen ich bis auf diese Stunde noch keinen Augenblick Ursache gehabt habe zu verändern. Die Emigranten habe ich gleich anfangs – jedoch, wie sich's von selbst versteht, mit Ausnahmen – für Schufte und Erzlügner gehalten und habe sie von Grund der Seele gehaßt und verachtet, weil ich überzeugt bin, daß sie die Hauptursache des jetzigen Krieges und des vielen unbeschreiblichen Unglücks in Deutschland geworden sind.

Daß sie schon lange die Blutegel gewesen waren, welche ihren Landsleuten, den Einwohnern von Frankreich, das Blut aussaugten und eine ihren Regenten, auch dem allerschwächsten, ich meine einem Ludwig XV., so treu und bis zum Enthusiasmus ergebene Nation endlich in Harnisch jagten und folglich die Revolution gewaltsam herbeizogen, ist klar am Tage und bedarf keines Beweises. Das gestehen sogar die Herren Girtanner und Konsorten, und dann muß es doch wohl so sein. Die schändlichen Menschen Artois, Condé, Provence, Lamballe, Polignac und hundert andre traten die Nation so lange mit Füßen, bis diese endlich das fürchterliche Joch abschüttelte und bis das Gebäude des Despotismus über diese Unmenschen selbst zusammenstürzte.

Nun rennten diese elenden Menschen aus ihrem Lande und posaunten in der ganzen Welt herum aus: Frankreichs Verfassung sei zugrundegerichtet, in Frankreich herrsche Anarchie, und wenn nicht alle Monarchen hier hälfen Einhalt tun, so stände ihnen das nämliche bevor. Sie fanden hin und wieder Gehör, und durch ihre scheußlichen Lügen und verdrehten Nachrichten zogen sie mehrere Große in ihre Partei, bis endlich ihr Zweck erreicht war, das ist, bis sie einen Krieg angezettelt hatten, welcher für ihr Vaterland und für ganz Europa so schrecklich geworden ist.

Als ich in Koblenz war, fragte ich mehrmals nach den Angelegenheiten Ludwigs XVI. und der Regierung von Frankreich, bekam aber nirgends befriedigende Antwort. Von der Königin habe ich keinen Emigranten gut sprechen hören. Überhaupt, meinten sie, schickten sich die östreichischen Mädchen (filles d'Autriche) nicht auf den französischen Thron, und sie führten dabei das Beispiel der Anna von Östreich, Ludwigs XIII. Gemahlin, an.

Dadurch nun, daß die Emigranten die allerlügenhaftesten Vorstellungen von der Lage ihres Vaterlandes verbreiteten, sind sie eigentlich die rechten Stifter, die rechte fax und tuba des fürchterlichen Krieges und aller seiner greuelvollen Folgen geworden. Man hat ihnen, leider, auf die unverantwortlichste Art geglaubt, und die abgeschmackten Zeitungsschreiber, besonders der zu Wien, Bayreuth, Neuwied und Leipzig, haben die Lügen des elenden französischen Hofgesindels nachposaunt und dadurch unserm leichtgläubigen deutschen Publikum eine Brille aufgesetzt, die jetzt viele Provinzen in tiefer Trauer verwünschen.

Von dem traurigen Sittenverderben, welches die Emigrierten in Deutschland gestiftet haben, bin ich auch Zeuge geworden. „Hier in Koblenz", sagte ein ehrlicher alter Trierischer Unteroffizier, „gibt's vom zwölften Jahre an keine Jungfer mehr. Die verfluchten Franzosen haben hier weit und breit alles so zusammengekirrt, daß es Sünde und Schande ist."

Das befand sich auch in der Tat so: alle Mädchen und alle noch etwas brauchbaren Weiber, selbst viele alte Betschwestern nicht ausgenommen, waren vor lauter Liebelei unausstehlich.

Gerade gegen dem Kloster über, wo ich im Quartier lag, war ein Weinhaus, dessen drei Töchter die Franzosen haufenweise an sich zogen. Ich ging eines Tages auch mit einem Emigrierten hinein. „Il y a là trois couplets", sagte er, „à deux refrains." Als wir hinkamen, saßen die drei Hausnymphen den Franzosen auf dem Schoße und hörten ihren unsauberen Reden mit dem größten Vergnügen zu. Bald hernach fanden sich noch mehr Dirnen ein, und es ging da wenigstens so arg her als in der ‚Talgfabrike' oder in der ‚Tranpulle' zu Berlin wohl nimmer. Man ging ab mit den Menschern und kam mit ihnen zurück, mir nichts, dir nichts. Mein Begleiter, der ohne Zweifel glaubte, daß ich kein Geld hätte, um eine Buhldirne für ihr Verdienst zu begnügen, erbot sich, dreißig Sous für mich zu zahlen; denn mehr, meinte er, würde eine solche Mamsell von einem pauvre prussien doch nicht verlangen. Der Ausdruck „pauvre prussien" würde mich im Munde eines Emigrierten sehr geärgert haben, aber wegen seiner Gutmütigkeit lachte ich darüber und nahm das Anerbieten nicht an.

Der General unseres Regiments ließ alle Soldaten vor dem Umgang mit den Koblenzer Mamsellen ernstlich warnen. Er wußte wohl, daß sie von den ausgewanderten Franzosen samt und sonders mit einem Geschenke begabt waren, welches er bei seinen Leuten nicht gerne häufig gesehen hätte. Indessen half doch die Warnung nicht gar viel; denn ich habe nachher bemerkt, daß viele mit der französischen Krankheit aus Koblenz gezogen sind. Manche sind hernach auch in den Lazaretten daran gestorben.

Die Mädchen zu Koblenz reichten nicht hin für die Emigranten und für die daselbst hernach häufig durchziehenden deutschen Völker. Es kam daher von weit und breit viel Gesindel dorthin zusammen und teilte mit den Koblenzerinnen ihre verdienstliche Arbeit. Anfänglich gingen die lockern Tierchen schlecht gekleidet, warfen sich aber durch die Freigebigkeit der Franzosen bald ins Zeug und erhöheten hernach auch, wie billig, den Preis ihrer Reize, welche zwar an innerer Konsistenz durch den starken Gebrauch sehr verloren hatten, doch aber immer mit bessern Lappen ausstaffiert wurden.

So wie in Koblenz hatten es die Emigrierten an allen Orten gemacht, wohin sie nur gekommen waren. Der ganze Rheinstrom von Basel bis Köln ist von diesem Auswurf des Menschengeschlechts vergiftet und verpestet, und die Spuren der greulichen Zerrüttung in den Sitten werden in jenen unglücklichen Gegenden noch lange erschrecken. Es ergibt sich daher von selbst, daß alle Landesherren, welche französische Emigranten in ihren Ländern begünstigten, sich an ihren Untertanen schändlich und jämmerlich versündigt haben. Freilich ist es hart, Flüchtlingen einen Zufluchtsort zu versagen, aber wenn das hart ist, so ist es im Gegenteil abscheulich, ein Gesindel einnisten zu lassen, welches das bissel gute deutsche Sitten vollends zugrunde richtete und die infame Krankheit, welche man schon in den Rheingegenden ‚Emigrantengalanterie' nennt, allgemein machte und allen Ständen mitteilte. Hätte auch jeder ausgewanderte Franzose ganze Kasten voll Gold mit nach Deutschland gebracht, so wäre das doch lange kein Ersatz für das Elend, worin sie unsre deutschen Weiber und Mädchen und durch diese einen so großen Teil unsrer lüsternen Jugend gestürzt haben. Man gehe nur an den Rhein und frage, und ich weiß, daß man über die Antwort erstaunen und erschrecken wird. Schon allein in Koblenz fand man über 700 infizierte Weibspersonen, als man ihnen nachher unentgeltliche Heilung anbot.

Die Emigranten waren alle gewaltige Windbeutel und führten einen Ton wie ein Fähndrich von vorgestern, doch mit dem Unterschiede, daß der Herr Fähndrich oft auch noch etwas Baurenflegelei mit seinem Junkerstolz verbindet, die bei den Franzosen nicht ist, wie ich ihnen zum Ruhme nachsagen muß.

Also diese waren starke Windbeutel, prunkten und prahlten mit Sternen und Ordenskreuzen, oft unterschobnen, und spielten den Großhans lächerlich – unbeschreiblich. Wenn man sie reden hörte, hätte man glauben sollen, sie hätten alle Reichtümer der Welt und wären aus den größten und vornehmsten Familien in Frankreich. Mein Vetter, der Duc, meine Base, die Duchesse, mein Onkel, der Comte, mein Schwager, der Marquis, usw. ließen die Leutchen jedesmal einfließen, wenn ein Fremder, auch nur ein sehr geringer, zum Beispiel ein Kerl wie ich, ihre Gelage besuchte. Sie hatten es recht gern, wenn man sich nach ihrer Familie und nach ihren sonstigen Verhältnissen erkundigte. Dann ergossen sie sich mit thrasonischer Beredsamkeit über ihre und ihrer Vorfahren Heldentaten, vergaßen denn auch die nicht, welche aus ihrem Stamme ehedem Bischöfe, Prälaten und Äbte gewesen waren. Ich habe oft lachen müssen, wenn mir emigrierte Kaufleute erzählten, wie ihr Geschlecht ehedem sehr nobel gewesen*, hernach aber durch den großen Aufwand derer von ihnen, welche im Militärstande gedient hätten, zur Armut herabgesunken und die Familie dadurch endlich genötigt worden sei, sich der Kaufmannschaft zu widmen, nur um Mittel zu finden, dem Hause seinen alten Glanz (son premier lustre) wiederherzustellen. So stolz waren selbst verloffene Krämer aus Frankreich! Was mag wohl ein Kerl wert sein, der hauptsächlich arbeitet, um erst reich zu werden und dann – als Edelmann wieder paradieren zu können! – Aber leider bedeutete adelig und geehrt in Frankreich sonst gleichviel, wenngleich das eine das andere meistenteils wirklich aufhob. Dank sei es der deutschen Aufklärung, daß adelig bei uns einen ganz anderen Begriff zu bezeichnen anfängt!

Mit dem Manifeste des Herzogs von Braunschweig waren die Herren gar nicht zufrieden. Sie waren hier übersehen, die sich Götter der Erde dünkten. Daß die Patrioten in Frankreich bald gestürzt werden würden, war bei ihnen wie gewiß. Nun fürchteten sie, indem das Manifest nichts Ausdrückliches von der Wiederherstellung des Adels enthielt, sie möchten an ihren ci-devant-Privilegien, Vorzügen, Ämtern, Pensionen und dergleichen verlieren; und wurden dem Herzog deswegen gram. Der Ärger darüber vermochte so viel, daß auch in ihrem Namen sie ein Manifest nach Frankreich schickten, welches, wie der Augenschein lehrt,

---

* Das Wort nobel bedeutet jetzt in der republikanischen Sprache so viel als liederlich, verächtlich usw.

ohne Zweifel von einem stolzen Edelmann und einem herrschsüchtigen Pfaffen zusammengestoppelt ist. Ich habe niemals einen Aufsatz gelesen, welcher soviel edelmännische, impertinente Poltronnerie und so viel tollen, pfaffischen Aberwitz enthalten hätte als dies Manifest der Emigrierten. Der Wisch verdient keine nähere Erwähnung. Der Henker hat das Ding hier und da in Frankreich verbrannt. Der König von Sardinien heißt darin der Nestor der Könige! – Guter Nestor von Pylos, mußt du dich noch mit dem Viktor Amadeus von Sardinien vergleichen lassen!

Als der Herzog von Braunschweig inne ward, was er leicht voraus hätte sehen können, daß sich unter den Aristokraten Patrioten aufhielten, befahl er, niemanden in Koblenz ein- oder auszulassen, ohne einen Paß entweder vom französischen Kommandeur oder von dem preußischen General Courbière. Allein dieses half wenig; denn Pässe waren bald nachgemacht. Man griff daher zu andern Mitteln und ließ alle in Koblenz befindliche Emigranten namentlich aufschreiben. Ich habe dieses Geschäft einige Male mitverrichtet. Die Emigranten gaben zwar, weil es einmal so sein mußte, ihre und ihrer Weiber und Töchter Namen an, allein sie wurden über dieses Aufschreiben als etwas, das sie erniedrige, sehr erbost.

Das Aufzeichnen der Namen war auch fruchtlos. Also befahl der Herzog, daß sich alle Emigranten, ihre Kranken allein ausgenommen, sofort aus Koblenz und allen Orten, wo Preußen wären, wegbegeben sollten. Einen ähnlichen Befehl gab auch der Kurfürst von Trier, aber der Befehl von diesem hätte ohne den des Herzogs wenig gefruchtet.

Der ernstliche Befehl des Herzogs machte gleichfalls viel Bewegung unter den Emigranten, aber vergebens. Selbst die Herren Koblenzer wollten es höchst unbillig finden, daß man so viel brave, um das Trierland (durch ihre Verschwendungen) so wohlverdiente Leute fortjagen wollte. Die Emigranten schwuren hoch und teuer, daß es höchst schimpflich sei, von den Preußen vertrieben zu werden, aber jetzt müsse man sich in die Zeit schicken. Sie schienen sogar zu glauben, daß es eigentlich auf sie hätte ankommen sollen, ob deutsche Truppen überhaupt, also ob auch wir Preußen in Koblenz sein dürften oder nicht. Dieser Wahn plagte sie, weil ihnen der Kurfürst von Trier als der Herr Vetter von ihren Prinzen sowohl in Zivil- als Militärsachen alle Gewalt überlassen und bestätigt hatte. Sie waren eben darum in ihrer übertriebenen Impertinenz anfänglich soweit gegangen, daß sie sogar foderten, der Herzog solle den Rapport jeden Tag an ihre Prinzen einschicken, wie wenn der Herzog von Braunschweig Subalterngeneral des Artois oder des Provence gewesen wäre.

Nach langem Zaudern also – denn der Befehl des Herzogs wurde nicht stracks befolgt – zogen die Emigranten endlich aus Koblenz. Es waren ihrer mehrere Tausend. Der Abzug geschah des Nachts, weil sie sich schämten, am hellen Tage eine Stadt zu verlassen, wo sie so lange den Meister gespielt hatten. Ihnen folgte vieles Lumpengesindel, besonders weiblichen Geschlechts, aus Koblenz nach. Sie nahmen ihren Weg nach Neuwied, Limburg, Bingen und sonstwohin, wo vorher schon alles von ihnen vergiftet worden war und nun noch weit mehr vergiftet wurde.

Man hätte denken sollen, die Koblenzer würden nach dem Abzuge der Franzosen höflicher gegen uns geworden sein, aber sie blieben grob, ja sie wurden noch gröber; denn sie sahen uns als die Ursache von der Entfernung von Leuten an, die zwar ihre Weiber und Töchter mit der venerischen Krankheit nach allen Graden angesteckt, aber zur Schadloshaltung doch brav Geld in die Stadt und in die umliegende Gegend geschleppt hatten.

Die Geschichte der Emigranten muß ich leider in der Folge noch mehrmals berühren, und darum mag's für diesmal hier davon genug sein. Ich sage nur noch: wehe allen denen, welche ihren Aufenthalt in Deutschland begünstigten!

Begebenheiten in Koblenz und im Lager bei Koblenz

Ich – denn mein teures Individuum lasse ich niemals aus den Augen –, also ich befand mich in Koblenz ganz gut, und da ich meinem Hauptmann und andern Offizieren als Dolmetscher diente, sobald man mit Franzosen zu tun hatte, so war ich von allen Diensten frei und konnte meine Zeit nach Wohlgefallen anwenden. Meistens saß ich bei Emigranten im Weinhause oder bei einem gewissen preußischen Feldjäger, welcher ein ganz heller Kopf und braver Mann war.

Nach ohngefähr zwölf Tagen rückten wir in ein Lager, eine Stunde von Koblenz, wo der König seine Armee musterte. Bei dieser Musterung äußerten die groben französischen Prinzen, daß diese Parade für Deutsche schon ganz gut sei. Ich wundre mich, daß der Herzog von Braunschweig, gegen welchen der Graf von Provence so gesprochen hat, diesem Poltron nicht auf der Stelle eine derbe Rückantwort gegeben hat, aber er strafte ihn nur mit Verachtung. Man sieht indes, wie hoch diese Leutchen sich und ihre Horde taxierten! Und doch waren eben sie es mit, um dererwillen wir uns zur Schlachtbank anschickten.

Über den geringen Aufwand, den der Herzog machte, räsonierten die Emigranten auch nicht wenig. Sie meinten, er müsse ein sehr armer Teufel von Fürsten sein, daß er nicht mehr aufgehen ließe. Aber so urteilten Menschen, denen weise Sparsamkeit ganz fremd war und die ihr Lob und ihre Größe in der unsinnigsten Verschwendung suchten.

Der Marketender unsers Bataillons war ein Jude, der aber gar nicht anstand, am Schabbes Geld einzunehmen, Speck zu verhandeln und was der Siebensachen mehr sind, die das mosaische Gesetz den Juden untersagt. Seine Toleranz ging gar so weit, daß er nichts dawider hatte, wenn seine junge Ehehälfte für sechs Batzen auch einen Christen ihrer Reize genießen ließ. Dieser Jude aus Neuwied hat uns indes jämmerlich geprellt, und zum Dank dafür wurde ein Lied auf ihn anfänglich schriftlich herumgetragen, hernach aber zu Frankfurt gedruckt und ihm zum Schimpf oft vorgesungen. Folgende Stelle zeugt von dessen Gehalt:

> „Weil er (der Jude) uns also Menscher hält,
> so denkt der Spitzbub eben,
> wir müßten ihm auch unser Geld
> für schofle Ware geben.
> Sein Bier entsetzlich sauer ist,
> sein Branntwein schmeckt wie Pfuhl vom Mist,
> sein Wein ist wahrer Essig" usw.

Überhaupt war man diesmal bei der preußischen Armee für gute Marketenderei gar zu wenig besorgt. Bei den Neufranken habe ich nachher diesen Punkt weit besser gefunden. Da hat man ordentlich angestellte Marketender, und ihr Geschäft (die Vivanderie) ist ein Gegenstand der Sorge des Kommissärs. Die Waren sind alle taxiert, und niemand darf höher verkaufen, als der gesetzte Preis ist. Man sorgt dort auch für die Herbeischaffung aller benötigten Waren. Aber bei den Preußen bekümmerte sich diesmal keine Seele darum, ob ein Marketender da war und wie er seine Sachen trieb. Da wurde denn der arme Soldat geschunden und geprellt zum Erbarmen. An dem schurkischen Patron von Neuwied haben wir die Probe mehr als zuviel gehabt. Bei unsrer jämmerlichen Retirade aus Champagne ist der Erzbetrüger von den Franzosen zwar ertappt und rein ausgeplündert worden, allein dies half der Prellerei im ganzen nicht ab.

An unserm preußischen Gelde haben wir den ganzen Krieg hindurch viel verloren. Wir wurden in Behmen und Sechsern bezahlt und litten an den letztern immer. Der Behm galt zum Beispiel im Trierischen dreieinhalb Kreuzer Trierisch. Der gemeine Mann hatte daher 35 Kreuzer, an Sechsern aber nur 32 Kreuzer; denn der Sechser galt dort nur zwei Kreuzer. Das ganze oder grobe Geld allein war ohne Verlust, aber wer gab es uns! Die Herren Regimentsquartiermeister haben die Sechser und Behmen immer durch Juden und andre Helfershelfer fleißig einwechseln lassen und dabei ansehnlich gewonnen. Man hat das Unwesen wohl bemerkt, aber nicht gesteuert. Als daher im folgenden Winter bei Frankfurt am Main einem gewissen Herrn Quartiermeister eine sehr ansehnliche Summe gestohlen ward, sagte selbst ein General: „Er kann das schon verschmerzen, hat er uns doch, wer weiß um wie viel, besch . . . en!"

Marsch von Koblenz nach Trier

Unser Weg von Koblenz nach Trier war sehr beschwerlich. Wir mußten über Berg und Täler, deren einige von unglaublicher Höhe und Tiefe sind. Die Sonnenhitze hat uns auf diesem Marsche recht gemartert, aber desto angenehmer waren uns die vielen Röhrbrunnen mit dem schönsten Wasser an der dortigen Chaussee.

Ich habe mich dann und wann nach den Gesinnungen der Trierer in Rücksicht der französischen Händel erkundiget und jedesmal gefunden, daß sie alles billigten, was die Franzosen zu ihrer Selbsthülfe vornahmen, und bloß das tadelten, was in Absicht der Pfafferei geschehen war. So hatten doch die Leute trotz der großen Finsternis, die ihre Augen benebelt hielt, eingesehen, daß der Untertan mit Recht verlangen könne, nicht lebendig geschunden zu werden. Eben dieser Meinung waren sogar Geistliche.

Eine Stunde von Trier wurde unser Lager aufgeschlagen, nahe an der Mosel, da, wo die Saar in diesen Fluß einfällt. In ganz Deutschland, soweit ich wenigstens darin herumgewesen bin, gibt es wohl keine schönere Gegend als da, wo hier unser Lager stand, aber leider machte die entsetzliche Hitze, daß wir den Anblick der schönen Natur beinahe gar nicht genießen konnten. Ich erinnere mich nicht, von der Sonne jemals mehr gebrannt worden zu sein als damals, und wenn wir noch gutes Wasser gehabt hätten, so hätten wir die Leiden der Hitze mindern können, aber da wurde alles Wasser zum Kochen und Trinken aus der Mosel geholt, und dieses war bis zum Ekel schlammig und unrein. Das Wasser dieses Flusses ist an sich schon ein schlechtes, garstiges Wasser und wurde durch das stete Pferdeschwemmen, das Baden und Waschen darin noch mehr verdorben. Man denke sich ein Wasser, worauf der Pferdemist überall herumschwimmt, worin die Soldaten haufenweise sich baden und wo deren Weiber und

Menscher die schmutzigen Hemden auswaschen. Solches Wasser kann niemand ohne großen Ekel trinken, und eben in dieser Sauferei, vermehrt durch jene entsetzliche Hitze, liegt wohl die erste Ursache von der fürchterlichen Ruhr, welche so viele Menschen in der preußischen Armee weggerafft hat.

In Trier bin ich einige Male gewesen und habe mich nach dem Zustande der dasigen Universität erkundigt, sie aber in einer sehr traurigen Lage angetroffen. Ehemals studierten hier viele aus den östreichischen Niederlanden, aber seit der Verordnung Kaiser Josephs II., nach welcher alle Landeskinder kaiserliche Akademien besuchen müssen, leidet Trier gar sehr. Der Ton der Trierischen Studenten hat von dem gewöhnlichen Universitätenton nicht das mindeste. Die Leute benehmen sich wie kopfhängerische Klosterschüler. Ich habe mit einigen dieser Herren gesprochen, aber alles, was sie sagten, machte mir keine vorteilhafte Idee von der antiquissima Trevirensi. Da ich nach dem berühmten Herrn von Hontheim fragte, wußten zwar einige so halb und halb den Namen Febronius, aber was Febronius eigentlich gelehrt habe, das wußten die guten Leutchen nicht. Doch welcher Prophet gilt in seinem Vaterlande! Und so konnte auch der große Febronius die kirchliche Aufklärung seiner Landsleute wenig befördern. Wenn aber die Trierer durch den jetzigen Zeitton nicht gescheuter geworden sind, dann ist an ihnen Hopfen und Malz verloren. Indes ich denke doch, sie werden jetzt nicht mehr so pfaffisch und unwissend sein als 1792.

Zum Beweise, daß das Trierland ein Hauptpfaffenland sonst war, will ich nur anführen, daß in einem Bezirke von einer einzigen Stunde drei sehr reiche Benediktiner-Abteien liegen. Diese waren den Custinianern eine sehr willkommene Beute.

Für unsre Seelen sorgte man in diesem Lager auch. Wir hatten nämlich lange keinen Gottesdienst gehabt, und die Herren Feldprediger der meisten Regimenter hatten eben nicht sehr darauf gedrungen. Aber nun sollten auch unsre Seelen einmal wieder erquickt werden, und so mußten die Feldprediger an einem Sonnabend eine Predigt halten, wobei man das Lied ‚Was Gott tut, das ist wohlgetan' absang. Es war gegen Abend an einem höchst schwülen Tage, und dies machte, daß alle Soldaten alle Donnerwetter zusammenfluchten, daß man sie um der sakermentschen Predigt willen gezwungen hätte, sich anzuziehen und da in der größten Hitze eine Stunde lang hinzustehen. Die Predigten handelten von der Ergebung in den göttlichen Willen, und man merkte es bald, daß ihre Komposition in die Hundstage fiel. Das war aber auch der erste und der letzte Gottesdienst für diesen Feldzug.

An Singsang hat es uns auch nicht gefehlt; denn Herr Dost, ein Antiquar aus

Halle, fiel auf den Gedanken, der Armee mit Gesangbüchern religiösen Inhalts und mit Kriegsliedern wie auch mit einer höchst undeutschen Übersetzung des Braunschweigischen Manifestes nachzuziehen. Die Gesangbücher habe ich nicht gesehen, wohl aber die in allem Betracht elenden Kriegslieder, welche er obendrein für die Arbeit unsers Feldpredigers Lafontaine ausgab, um den Wischen nur Kurs zu schaffen. Bei Luxemburg kaufte er sich gar einen Esel, lud diesem seinen Singsang auf und zog so mit nach Lalune und von da wieder zurück und schlief oft, wie er selbst erzählt hat, mit seinem Brotgefährten in den französischen Schweineställen. Zu Koblenz verkaufte er nachher sein lastbares Tier, ward krank und kehrte um nach Halle mit dem festen Vorsatz, niemals wieder als geistlicher Makulaturtrödler einer Armee nachzuziehen. Jetzt ist er akademischer Likörmeister zu Halle.

Ich habe oft lachen müssen über die Gerüchte, die man immer ausposaunte und gern für bare Wahrheit gelten ließ. Bei Trier hörten wir dergleichen viele, und wenn ich mich dann, wie man spricht, an den Laden legte und den Ungrund oder die Unmöglichkeit solcher Sagerei aufdeckte, so hieß es gleich, ich sei ein Patriot. Aber ich freue mich in gewisser Rücksicht noch, daß ich mich gleich von allem Anfang in Absicht des Ganges dieses traurigen Krieges nicht geirrt habe. Ich schloß damals und nachher immer nach Gründen, welche mir meine geringe Kenntnis der Geschichte an die Hand gab, und so mußte ich wohl richtig schließen; denn in der Politik wie in der Natur bringen ähnliche Ursachen auch ähnliche Wirkungen hervor, und die Menschen im vierzehnten, sechzehnten und achtzehnten Jahrhunderte sind sich im Grunde gleich. Man setze sie also in gleiche Lagen, und ihre Handlungen werden auch gleich sein.

Einfall in Frankreich. Anfang alles Elendes

Die Emigranten hatten ihr Heldenheer nun auch zusammengestoppelt und vereinigten sich mit uns bei Trier. Wie stark sie wirklich gewesen sind, hat man nie mit Gewißheit sagen können, wenigstens haben sie sich immer stärker angegeben, als sie in der Tat waren. Sie selbst haben die Menge ihrer Leute wohl nie recht gewußt wegen des ewigen Ab- und Zulaufens. Schon bei Trier rissen ihre Soldaten haufenweise aus, und das nach Frankreich, wo man sie damals noch ohne weiteres aufnahm. Nachher haben sie noch weit mehr verloren. Endlich nach dem Rückzuge aus Champagne verliefen sie sich beinahe ganz so, daß sie im Frühlinge 1793 wieder sozusagen von neuem errichtet werden mußten.

Gegen die Mitte des Augustes brachen wir von Trier auf und lagerten uns nach einigen schweren Märschen bei dem Dorfe Montfort, welches wegen verschiedner da herum vorgefallener merkwürdiger Batailien bekannt ist. Ich hatte hier Gelegenheit, die nahegelegene Stadt und Festung Luxembourg zu besehen.

Bisher hatte man immer gehofft, das Manifest des Herzogs von Braunschweig würde eine gute Wirkung auf die Franzosen haben und uns der Mühe überheben, in ihr Land selbst einzudringen. Dieses war sozusagen die allgemeine Erwartung fast aller Offiziere und Soldaten; denn diese waren schon jetzt des Krieges müde.

Aber wie sehr sahen sich die guten Leute in ihrer Erwartung betrogen, als sie von der mächtigen Veränderung hörten, welche am 10. August in Paris vorgefallen war. Die Begebenheit dieses für Frankreichs und seines Königs Schicksal so merkwürdigen Tages zerstörte alle ihre Erwartungen, und nun hieß es: „Jetzt ist kein Mittel; wir müssen geradesweges nach Paris! Die verfluchten Hunde, die Patrioten, müssen aufgehängt und gerädert werden!" Das war nun schon so gewiß wie Amen in der Kirche. Mir aber fielen dabei immer die Nürnberger ein, welche, wie man sagt, niemanden hängen, den sie nicht erst haben.

Der 19. August war der Tag, an welchem wir in Frankreich einrückten, und diesen Tag werde ich nicht vergessen, solange mir die Augen aufstehen. Als wir früh aus unserm Lager aufbrachen, war das Wetter gelinde und gut, aber nach einem Marsche von zwei Meilen mußten wir haltmachen, um die Kavallerie und Artillerie vorzulassen, und während dieses Halts fing es an, jämmerlich zu regnen. Der Regen war kalt und durchdringend, so daß wir alle rack und steif wurden. Endlich brachen wir wieder auf und postierten uns nächst einem Dorfe, das Brehain-la-Ville hieß, eine gute Meile von der deutschen Grenze.

Der Regen währte ununterbrochen fort, und weil die Packpferde weit zurückgeblieben waren, indem sie wegen des gewaltig schlimmen Weges nicht voran konnten, so mußten wir unter freiem Himmel aushalten und uns bis auf die Haut durchnässen lassen. Da hätte man das Fluchen der Offiziere und Soldaten hören sollen!

Endlich wurde befohlen, daß man einstweilen für die Pferde furagieren und aus den nächsten Dörfern Holz und Stroh holen sollte.

Das Getreide stand noch meistens im Felde, weil dieses Jahr wegen des anhaltenden Regens die Ernte später als gewöhnlich gefallen war. Das Furagieren ging so recht nach Feindesart: man schnitt ab, riß aus und zertrat alles Getreide weit und breit und machte eine Gegend, worauf acht bis zehn Dörfer ihre Nahrung auf ein ganzes Jahr ziehen sollten, in weniger als einer Stunde zur Wüstenei.

In den Dörfern ging es noch abscheulicher her. Das unserm Regiment zunächst liegende war das genannte Brehain-la-Ville, ein schönes großes Dorf, worin ehedem ein sogenannter Bailli du roi seine Residenz gehabt hatte. Um durch Laufen mich in Wärme zu setzen, lief ich mit vielen andern auch nach diesem Dorfe, wo wir Stroh und Holz holen sollten. Ehe aber diese Dinge genommen wurden, durchsuchten die meisten erst die Häuser, und was sie da Anständiges vorfanden, nahmen sie mit, als Leinwand, Kleider, Lebensmittel und andere Sachen, welche der Soldat entweder selbst brauchen oder doch an die Marketender verkaufen kann. Was dazu nicht diente, wurde zerschlagen oder sonst verdorben. So habe ich selbst gesehen, daß Soldaten vom Regimente Woldeck in eben diesem Dorfe ganze Service von Porzellan im Pfarrhofe und anderwärts zerschmissen; alles Töpferzeug hatte dasselbe Schicksal. Aufgebracht über diese Barbarei, stellte ich einen dieser Leute zur Rede, warum er einer armen Frau trotz ihres bittern Weinens und Händeringens das Geschirr zerschmissen und ihre Fenster eingeschlagen habe, aber der unbesonnene, wüste Kerl gab mir zur Antwort: „Was Sakerment soll man denn hier schonen? Sind's nicht verfluchte Patrioten? Die Kerls sind ja eigentlich schuld, daß wir so viel ausstehen müssen!" Und damit ging's mit dem Ruinieren immer vorwärts. Ich schwieg und dachte so mein eignes über das Wort „Patriot" in dem Munde eines Soldaten.

Die Männer aus diesen Dörfern hatten sich alle wegbegeben und bloß ihre Weiber zurückgelassen, vielleicht, weil sie glaubten, daß diese den eindringenden Feind eher besänftigen könnten. Aber der rohe Soldat hat eben nicht viel Achtung für das schöne Geschlecht, zumal bei Feindseligkeiten, und es gibt wüste Teufel unter diesen Leuten, welche einem Frauenzimmer allen Drang antun können, die aber vor jedem Mannsgesicht aus Feigheit gleich zum Kreuze kriechen.

Unsere Leute hatten auf den Dörfern die Schafhürden und Schweineställe geöffnet, und so sah man auf den Feldern viele Schafe und Schweine herumlaufen. Diese wurden, wie leicht zu denken steht, haufenweise aufgefangen und nach dem Lager geschleppt. Ich muß gestehen, daß ich mich auch unter den Haufen der Räuber mischte und ein Schaf nach meinem Zelte brachte. Ich dachte, wenn du's nicht nimmst, so nimmt es ein anderer oder es verläuft sich, und dieser Grund bestimmte mich, an der allgemeinen Plünderei teilzunehmen. Der rechte Eigentümer, dachte ich ferner, gewinnt doch nichts, wenn auch ich sein Eigentum nicht berühre, ja, ich werde alsdann noch obendrein für einen Pinsel gehalten, der seinen Vorteil nicht zu nutzen wisse. Kurz, alle Imputabilität des Plünderns gehört, wie mich dünkt, für die Aufseher über die Disziplin und den Lebensunterhalt. Diese haben zunächst alles zu verantworten.

Das Hammel- und Schweinefleisch wurde gekocht oder an den Säbel gesteckt und so in der Flamme gebraten und hernach ohne Brot und ohne Salz verzehrt; denn das Brot war uns auch ausgegangen, und hier zum ersten Mal fühlten wir Brotmangel, der uns nach dieser Zeit noch oft betroffen und bitter gequält hat, wie die Folge dieser Erzählung ausweisen wird.

Das Dorf Brehain-la-Ville und alle anderen in dessen Nähe sahen bald aus wie Räuberhöhlen, selbst das Dorf nicht ausgenommen, worin unser König logierte.

Endlich, als es bald dunkel war, kamen die Zelter an, worin wir uns durchnaß und überaus besudelt niederlegten und auf dem nassen Boden und Stroh eine garstige Nacht hinbrachten. Die Burschen, welche auf der Wache waren, gingen des Nachts von ihrem Posten in die Dörfer auf Beute.

Das abscheuliche, kältende Wetter und das schlechte, nasse Lager hatten die Folge, daß schon am andern Tage gar viele Soldaten zurück in die Spitäler gebracht werden mußten, weil sie das Fieber hatten und nicht mehr mitmarschieren konnten.

Ob unsre Vorgesetzten das Rauben und Plündern nicht verboten und diesem Unwesen nicht Einhalt getan haben? Allerdings haben das viele getan, aber nicht alle, und die, welche es noch taten – je nun, die sahen nicht alles, oder sie wollten nicht alles sehen. Es hieß: wir sind ja einmal in Feindeslanden. Wer etwas erwischen kann, dem ist's nicht groß zu verargen, zumal beim Mangel. Überdies ist's ja ein Wetter zum Krepieren. Wer kann da über den Soldaten zürnen, wenn er böser Laune wird!

Die armen Leute in den Dörfern, welche sich nun ihres Auskommens auf lange Zeit beraubt sahen, schlugen die Hände zusammen und jammerten erbärmlich, aber unsere Leute ließen sich von dem Angstgeschrei der Elenden nicht rühren und lachten ihnen ins Gesicht oder schalten sie Patrioten und Spitzbuben.

Ein Offizier von dem Regimente Romberg hatte es sogar gern gesehen, daß sein Kalefaktor einem französischen Bauern dessen Pferd genommen hatte. Es gefiel ihm, und er nahm es gegen ein kleines Gratial zu den seinen. Er glaubte, das Pferd gehöre auch zu den Kriegsgerätschaften, und da nun befohlen sei, daß man den französischen Landleuten und überhaupt allen dortigen Einwohnern alle Munition nehmen sollte, so meinte er, könnte er ja auch das Pferd mit dazurechnen und es behalten. Aber der Herzog von Braunschweig ließ den Syllogismus des Herrn Leutnants nicht gelten und zwang ihn, nicht nur das Pferd dem Bauern zurückzugeben, sondern er ließ ihn noch obendrein in die Wache stekken. Doch wurde die Logik mancher Herren dadurch nicht viel geändert; denn in der Folge haben einige noch gar manches Pferd auf diese Art sich zugeeignet.

Wegen des Plünderns hörte ich noch am nämlichen Tage zwei Offiziere – es war ein Kapitän und ein Major – dies miteinander reden:

Major: Aber bei Gott, es ist doch eine Schande, daß gleich am ersten Tage unsers Einmarsches solche Greuel verübt werden!

Kapitän: O, verzeihen Sie, Herr Obristwachtmeister, das ist eben unser Hauptvorteil, daß dieses gleich geschieht.

Major: Nun, lassen Sie hören, wie und warum!

Kapitän: Sehen Sie, das geht heute vor, und zwar etwas stark, ich gestehe es, aber nun macht das auch einen rechten Lärm in ganz Frankreich. Jeder spricht: So machen's die Preußen! So plündern die Preußen! So schlagen die Preußen den Leuten das Leder voll!

Major: Das ist eben das Schlimme, daß man nun so in ganz Frankreich herumschreien wird! Das wird uns wahrlich wenig Ehre machen.

Kapitän: Ei was, Ehre! Es schreckt doch die Patrioten ab! Sie werden denken: machen's die Preußen schon am ersten Tage so, was werden sie noch tun, wenn sie weiterkommen? Da werden die Spitzbuben desto eher zum Kreuze kriechen.

Major: Meinen Sie? Nein, mein Lieber, es wird die Nation erbittern und selbst die wider uns aufbringen, die es bisher noch gut mit uns gemeint haben. Und wirklich, das heißt doch nicht Wort halten!

Kapitän: Wieso, Herr Obristwachtmeister?

Major: Hat nicht der Herzog im neulichen Manifeste den Franzosen versprochen, daß er als Freund kommen und bloß die Herstellung der innern Ruhe zum Zweck haben wollte? Das heißt aber schön als Freund kommen, wenn man die Dörfer ausplündert, die Felder abmähet und Leuten, die uns nichts getan haben, das Fell ausgerbt! Pfui, pfui!

Kapitän: Das ist aber doch Kriegsmanier!

Major: Der Teufel hole diese Kriegsmanier! Ich sage und bleibe dabei: das heutige Benehmen unsrer Truppen und ihr verdammtes Marodieren wird uns mehr schaden, als wenn wir eine Schlacht verloren hätten.

Kapitän: Herr Obristwachtmeister, innerhalb drei Wochen ist die ganze Patrioterei am Ende, in drei Wochen ist Frankreich ruhig, und wir haben Friede. Wollen Sie wetten? Ich biete zehn Louisdor.

Major: Topp, wenn in drei Wochen Friede ist, so haben Sie gewonnen.

Der Hauptmann schlug ein und zahlte hernach bei Luxemburg auf dem Rückzuge zehn Louisdor.

Der Herzog erfuhr die Plündereien nicht so bald, als er sie gleich aufs schärfste untersagen ließ. Allein was half's! Anfangs folgte man, aber hernach, besonders auf dem Rückzuge, ging's trotz mancher exemplarischer Bestrafung oft sehr arg.

Sogar Weiber ließen sich beigehen, in die Dörfer zu laufen und da zu marodieren. Wir hatten nämlich einige solcher Kreaturen, größtenteils unverehelichte Menscher, welche sich an Soldaten gehängt hatten und so mitzogen, marodierten derb, und dies schon in den Trierischen und Luxemburgischen Dörfern und Feldern. Da befahl denn der Herzog, daß sie künftighin jedesmal von den Profosen der Regimenter geführt werden sollten.

Ein preußischer Profos ist aber eine gar traurige Personage. Der kaiserliche Profos ist ein angesehener Mann, welchen die Soldaten und Offiziere ihren Herr Vater heißen. Ich habe einige von diesen kennenlernen und besonders an dem Herrn Vater des Regiments Terzi, welches im Winter 1795 in Freiburg stand, einen sehr artigen, feinen Mann gefunden, der etwas studiert und den Kopf auf dem rechten Fleck sitzen hatte. So ein Profos hat auch gutes Traktament und artige Kleidung. Hingegen ein preußischer ist gewöhnlich ein alter Invalide, der schlechten Sold erhält und eine ausgezeichnete Uniform trägt, grau mit grüner Garnitur, auch keinen Steckenjungen hat, der die Gefangenen schließe oder die Stecken und Ruten schneide und dergleichen. Das muß der preußische Profos alles selbst tun. Daher ist er auch bei jedem Soldaten verachtet und verspottet. Keiner trinkt mit ihm, und er darf sich nicht unterstehen, in ein Wirtshaus oder in eine Marketenderhütte zu kommen, wo Soldaten sind. Sogar die Packknechte wollen den Profos nicht um sich leiden. So warf einst unser Packknecht Rohkohl unsern Profos bei Landau aus der Bierbude mit dem Zusatz: „Der Kerl will sich unter honette Leute mischen!" – Wenn man endlich weiß, daß auch die Packknechte von den Soldaten verachtet und bei jeder Gelegenheit mißhandelt werden, so kann man sich so ziemlich den Begriff machen, was der arme Profos bei den Preußen gelten müsse.

So also trieben es unsere Soldaten, so auch deren Weiber und Menscher! Auftritte von dieser Art waren daher nicht selten, und ich werde nicht ermangeln, sie in der Folge gehörigen Orts anzubringen und dies, damit man wisse, daß die Deutschen in Frankreich das erst taten, was die aufgebrachten Franzosen nachher in Deutschland dafür wieder taten. Hätten die meisten unserer deutschen Zeitungsschreiber, Journalisten und Almanachsschmierer das Betragen der Neufranken nach dem gleichartigen Betragen der Deutschen etwas kälter gewürdiget und sie anfänglich nicht immer wie blinde Kannibalen zu tief herabgesetzt, so hätten die meisten unsrer deutschen Fürsten wie ihre Minister wohl etwas heller dreingesehen und hätten dann es gewiß nie so weit kommen lassen, daß sie, meist flüchtig und nach dem Ruin ihrer Länder, endlich sich genötigt sehen, unter jeder auch noch so nachteiligen oder schimpflichen Bedingung in aller fürstlichen Herablassung und Blöße um Frieden gleichsam zu betteln bei denen, welche sie vorhin wer weiß wie tief verachteten. Und das waren denn die Früchte von der verteutschten Deutschheit!

Besitznehmung von Longwy

Am 20. August hatten wir schönes Wetter, allein wir wurden doch erst gegen Abend völlig trocken, weil wir den Tag vorher gar zu naß geworden waren.

Der Herzog befahl, erst Brot herbeizuschaffen, ehe das Lager aufgebrochen werden sollte, und dieses hinderte uns, früh aufzubrechen.

Als wir das Lager geräumt hatten, lag alles voll Schafshäute und Kaldaunen von Schafen und Schweinen, welche den Tag vorher geschlachtet waren. Ebenso verhielt es sich mit den Federn von den geraubten Hühnern und Gänsen.

An eben diesem Tage forderte der Herzog von Braunschweig mit einer nicht starken Avantgarde die Festung Longwy auf. Dieses Städtchen ist sehr artig gebaut und hat treffliche große Häuser und einige schöne öffentliche Gebäude. Die Befestigungswerke sind von dem berühmten Vauban. Longwy ist beträchtlicher als Verdun, ob es gleich viel kleiner ist. Bei der ersten Aufforderung weigerte sich der Kommandant, das Städtchen aufzugeben; als aber das grobe Feuern hinzukam, da drang die Bürgerschaft auf die Übergabe, damit das Örtchen nicht ganz zerschossen werden möchte; und so kam diese Festung in die Hände der Preußen. Longwy hätte sich zu der Zeit ohnehin schwerlich so lange halten können, bis Entsatz gekommen wäre. Die Übergabe dieses Platzes und der Festung Verdun haben indes eigentlich viel Unglück über die deutschen Armeen verhängt; denn wären die Franzosen hier nur standhafter geblieben und hätten sie uns mehr dabei beschäftigt, so wären wir nicht so weit vorgedrungen und hätten wenigstens bessere Anstalten für unsre Erhaltung getroffen.

Wir hatten unser Lager an einem schönen Gehölze, aber innerhalb acht Tagen war das ganze Holz zusammengehauen und verbrannt. Es hatte ehemals zu einer Abtei gehört.

In die umliegenden Dörfer wurden zwar Salvegarden gelegt, dieses aber hinderte nicht, daß auch sie nicht rein ausgeplündert wurden. Die Felder wurden obendrein weit und breit furagiert.

Das Wetter war die ganze Zeit über, als wir bei Longwy standen, schlecht. Es regnete ohne Unterlaß, und der Boden, welcher in Lotharingen ohnehin überall steif und leimigt ist, war beinahe ganz ungangbar; er hing sich an, wohin man nur trat. Die Lebensmittel waren hier sehr teuer, und das Brot, welches die französischen Bauern uns zuschleppten, mußte fast mit Gold aufgewogen werden.

Unser Hauptmangel war an gutem Wasser. In diesen Gegenden ist das Wasser überhaupt schlecht, und die elende Kost mit dem Mangel an gutem Getränke verbunden, dann das traurige Wetter nebst der anhaltenden Kälte vermehrten die Krankheiten ohne Aufhören. Tagtäglich brachte man von unsern Kameraden mehrere ins Lazarett nach Longwy, von welchen aber nur wenige zurückgekommen sind.

Die Emigrierten hatten unter anderm uns vorgeschwatzt, daß die Franzosen vor lauter politischem Trubel den Ackerbau fast gar nicht mehr betrieben. Daß aber dieses eine offenbare Lüge war, habe ich selbst bald gesehen, wie alle unsre Leute. Das ganze Land in Lotharingen und in dem kleinen Ländchen Clermontois, ja sogar in dem armen unfruchtbaren Champagne zeigte das Gegenteil. Der Ackerbau blühte hier sichtbar. Die Gärten waren gut angelegt, und die Dörfer verrieten den Fleiß und den Wohlstand ihrer Bewohner.

Ich habe mich mit Lotharingern mehrmals unterhalten und mit Vergnügen vernommen, daß sie durch die Revolution von jeder Seite durchaus gewonnen hätten. Die schrecklichen Abgaben, sagten sie, wären nicht mehr; jetzt könnten sie auch an sich denken, bauen, andern aushelfen, ihres Lebens wie ihrer Arbeit froh werden, einen Notpfennig ersparen; die vielen Akzisen hätten aufgehört; das grobe Wild verwüstete ihre Fruchtfelder nicht weiter – kurz, sie fühlten jetzt, daß sie Menschen wären und nicht mehr Sklaven des Edelmanns und der Priester.

Man muß, dünkt mich, bei einer Revolution nicht die vornehmen Kasten der Städter, noch weniger die Kaufleute, Juden, Wucherer, besoldete Gelehrte und Dienstleute, am allerwenigsten diejenigen fragen, welche bloß vom alten Systeme, von den Vorurteilen, dem Aberglauben und von dem Luxus der Nation sich zu nähren vorher gewohnt waren. Diese Leute sind alle nicht in der Lage, einen richtigen Begriff von der Staatsänderung anzugeben; denn sie haben dabei verloren, und ihr Verlust hindert sie, den Gewinn des Ganzen gehörig zu würdigen. Man frage den Landmann, den Handwerker, der nötige Sachen macht, kurz, die erwerbende Klasse, nicht die verzehrende, nicht den Höfling, den Priester, den Friseur oder das Modemädchen, und man wird von der Revolution richtiger urteilen lernen. Dabei aber denke man ja beständig, daß man eine Revolution vor Augen habe und daß bei einer Revolution, besonders wenn sie von allen Seiten her durch in- und ausländische Angriffe bestürmt wird, gar viel Abscheuliches und Grausendes vorfallen müsse. Dies nebenher!

Mein Hauptmann schickte mich einigemal nach Longwy, um allerhand für ihn einzukaufen. Ich benutzte diese Gelegenheit, mich auch hier nach der neuen Lage der Dinge in Frankreich zu erkundigen, und hörte, sobald die Leute vertraut wurden, mehr als ich erwartete. Das Haus des gewesenen Kommandanten von Longwy und das Gemeinhaus (maison commune) wurden zu Lazaretten eingerichtet, sahen aber schon bald nachher aus wie die Mördergruben.

Ich weiß nicht, wer anders als das alte barbarische Vorurteil, seinem Feinde alles mögliche Böse zuzufügen, und die übertriebene Furcht, dieses vom Feinde bewerkstelligt zu sehen, das Gerücht von Vergiften auch während dieses Krieges verbreitet haben mag. Mehr als einmal habe ich es bei uns äußern hören und sah sehr viele sich ängstlich danach richten. Daß es bei dem Eindringen der Franzosen in unsere Gegenden vielleicht von ihren kurzsichtigen deutschen Anhängern auch bei ihnen in Gang gebracht sei, läßt sich denken, und man hörte es, als sie in die Pfalz eindrangen. Bei uns wenigstens war es hier gang und gäbe, und viele unserer Leute waren sehr auf ihrer Hut, wenn ihnen ein Franzose etwas Gekochtes anbot; denn vor den ungekochten französischen Kühen, Schafen, Schweinen, Gänsen, Hühnern und Feldfrüchten hat sich keiner gefürchtet: jeder hat sie zurechtegemacht und hernach mit dem besten Appetit verzehrt.

Eines Tages nahm mich als Dolmetscher Herr von Sojazinski, unser Oberleutnant, mit nach einem Dorfe, wo er die Schutzwache machen sollte. Wir traten in ein Haus, wo sich der Hausherr zwar anfangs verleugnen ließ, hernach aber erschien, als ich die Frau im Namen des Leutnants versicherte, daß er sich nicht zu fürchten hätte und daß wir ihn nicht im geringsten kränken, vielmehr überall schützen würden. Unser gutes Benehmen erwarb uns endlich Zutrauen, und der Wirt nebst seiner Frau, welche in mich als ihren Vermittler viel Vertrauen setzten, reichten mir Brotsuppe und Speck. Ich bot meinen hungrigen Kameraden davon an, aber sie dankten, weil sie fürchteten, die Speisen möchten vergiftet sein. Sie rieten mir sogar, ja nicht davon zu kosten; denn es sei den Patrioten auf keinen Fall zu trauen. Aber ich aß unbekümmert, und als die Leute hernach sahen, daß mir wohl blieb, so verzehrten sie, was ich übriggelassen hatte. Man hat sogar von Vergiften der Brunnen radotiert; aber wer könnte das veranstalten! Kein mineralisches Gift, auch in noch so großer Quantität in einen Brunnen geworfen, kann, wie ich gehört habe, das Wasser infizieren; und wieviel Pflanzengift müßte man haben, um einen Brunnen voll Wasser schädlich zu machen! Gift, in einen Brunnen geworfen, soll vielmehr das Wasser verbessern. Freilich, wenn man vorzeiten an die Juden wollte, gab man ihnen das Brunnenvergiften schuld. Aber was tat man vorzeiten nicht alles!

Die französischen Magazine zu Longwy waren recht gut versehen. Da sie nun in die Hände der Preußen fielen, so ließ der Herzog uns einige Mal Tobak, Branntewein, gesalznes Fleisch, Speck und dergleichen daraus reichen. Aber leider wurde der Wille dieses vortrefflichen Mannes nur halb ausgeführt; denn manches, was zum Austeilen mitbestimmt war, wurde an die Marketender verkauft, und zwar von Herren, welche die Aufsicht über die Magazine führen sollten. Die Marketender verkauften alles uns armen Teufeln hernach wieder für schwere Münze.

Noch mehr habe ich mich geärgert, als ich sehen mußte, daß Strümpfe, welche der Herzog auch unter die Soldaten verteilt wissen wollte, teils in den Händen der Offiziere blieben, teils nach Luxemburg an Kaufleute verhandelt wurden. Das war doch auf jeden Fall unanständig, und ich wundere mich sehr, daß es nicht zu den Ohren des Herzogs gekommen ist, der in solchen Fällen keinen Spaß zu verstehen pflegt. Alle Offiziere, welche davon hörten, haben die Köpfe geschüttelt mit einem „Pfui Teufel!"

Unsre Herren Hauptleute fanden um diese Zeit auch ein Mittel, sich Milch zum Kaffee zu verschaffen, welche wegen der häufig geschlachteten Kühe nun selten und teuer war. Sie schafften Ziegen dazu an. Diese Tierchen fraßen Heu, Stroh und dergleichen, und sehr viele sind mit nach Deutschland gekommen. Vielleicht dankt mancher Offizier der Ziegenmilch sein Leben.

Einnahme von Verdun

Wir brachen nach einem ohngefähr zehntägigen Aufenthalte aus dem Lager bei Longwy auf und marschierten querfeldein auf Verdun zu. Der Boden war sehr feiste, hing an, und wir sahen aus, wer weiß wie! Schon bei Luxemburg hatte die preußische Reinlichkeit ein Ende. Jeder putzte sich, wie er für gut fand, und niemand sagte was, wenn auch einer einhertrat, wie es ging.

Unterwegs hier sah ich die ehemals berühmte Abtei Châtillon, welche die Nation schon damals verkauft und die Güter dazu, die gar beträchtlich waren, unter die Nachbarn verteilt hatte. Die Abtei selbst nebst der Kirche wurde schon zusammengerissen, und aus den Steinen und dem Bauholze wurden Häuser und Scheunen erbaut.

Unsre Märsche von Longwy nach Verdun waren sehr stark, das Wetter war heiß, und daher sind sogar einige Soldaten hier liegengeblieben und gestorben.

Eine Stunde von Verdun sah ich einen Auftritt, der mich gar nicht erbaute. Ein Offizier, der argen Durst haben mochte, foderte von einem Weibe, welches zur Türe heraussah, Wasser zum Trinken. Das Weib hatte keins und sagte das mit Bedauern. „Verfluchte Hexe", schrie der Offizier, „hole dich der Teufel mit allen Patrioten!" und schlug ihr mit seinem Stock ins Gesicht, daß das Blut herausprang. Im nämlichen Dorfe verging sich auch ein Unteroffizier von unsrer Kompagnie an einem Mädchen durch Ohrfeigen, weil es ihm nicht schnell genug Wasser herausbrachte. Männer sah man in diesen Dörfern beinahe gar nicht.

Der Herzog ließ, nachdem wir unser Lager vor Verdun aufgeschlagen hatten, auch diese Stadt sofort zur Übergabe auffodern. Allein hier würde er weit mehr Widerstand gefunden haben als bei Longwy, wenn anders der brave Beaurepaire nach seinen patriotischen Empfindungen hätte handeln können. Beaurepaire erklärte gleich anfangs, er könne mit dem Herzog sich nicht einlassen, noch weniger die Stadt übergeben; denn eine Festung sei das Eigentum nicht derjenigen Bürger allein, welche sie bewohnten, sondern der ganzen Nation und dürfe daher bloß im Falle der höchsten Not dem Feinde übergeben werden.

Nach dieser deutlichen Erklärung ließ der Herzog auf einem Weinberge gerade der Zitadelle gegenüber Schanzen aufwerfen und die Stadt beschießen. Dieses hatte die Folge, daß einiger Brand entstund, und nun foderten die Bürger oder vielmehr der Bürgerausschuß, daß Beaurepaire die Stadt öffnen sollte.

Als Beaurepaire sah, daß für ihn nichts mehr zu tun sei, erklärte er, daß wenigstens er frei sterben wolle, und erschoß sich im Beisein mehrerer Bürger und Offiziere.

Diese heldenmütige Aufopferung des braven Kommandanten brachte die Verduner nicht zur Besinnung, und so wurde die Stadt von dem nachher auch emigrierten Nyont den Preußen übergeben.

Es gab unter unsern Offizieren einige, welche meinten, daß man Beaurepaires Körper auf den Schindanger werfen müsse, aber zur Ehre aller übrigen muß ich sagen, daß alle Edeldenkenden unter ihnen laut bekannten, daß der Tod dieses wirklich großen Mannes Mitleid, Bewunderung und im ähnlichen Falle Nachahmung verdiente. Beaurepaire wurde demnach ganz ehrlich begraben und ist hernach zu Paris auf dem Nationaltheater apotheosiert worden.

Also wurde Verdun von den Preußen besetzt, und die französische Garnison, welche wie die zu Longwy größtenteils aus damals noch ungeübten Nationalgarden bestand, erhielt freien Abzug.

Herr von Mandelsloh, mein Hauptmann, schickte mich gleich am folgenden Tage nach Verdun, und ich begab mich recht gern dahin, weil ich begierig war, diese alte, berühmte Stadt näher kennenzulernen.

Die Festungswerke von Verdun sind eben nicht sehr beträchtlich; deswegen hat man Longwy und Thionville, nach unserm Heimgehen, mehr befestiget, aber Verdun liegenlassen, weil es von einigen Bergen kommandiert wird, von welchen her es leicht zu beschießen ist.

Die Stadt selbst hat mir sehr und ihre Einwohner noch mehr gefallen. Es waren gute, offene Leute. Ich machte einst beim Zurückgehen vor dem Tore Bekanntschaft mit einer gewissen Juliette Jally, der Tochter eines Rotgießers, und diese bat mich, wenn ich wieder in die Stadt käme, sie zu besuchen. Ich tat dieses gleich den folgenden Tag und hatte ein rechtes Fest. Jally, ein lebhafter, muntrer Mann, wußte es seiner Tochter noch Dank, daß sie mich hingebeten hatte. Mamsell Juliette war ebenfalls munter, aber mit allem Anstand. Überhaupt waren die Frauenzimmer in Verdun gesittete Geschöpfe, jedoch ohne Ziererei oder ängstliche Muhmenetikette. Ausnahmen gibt es überall, also auch hier.

Verdun stand ehedem in Kirchensachen unter dem Erzbischofe von Trier. König Heinrich [II.] hatte zwar die Bistümer der weltlichen Jurisdiktion des Deutschen Reichs entrissen, aber sie doch unter der geistlichen Botmäßigkeit der deutschen Erzbischöfe gelassen, zum Beispiel Straßburg unter Mainz, Verdun, Metz und Toul unter Trier und Cambrai unter Mecheln. Aber bei der Revolution erklärten die Franzosen, daß ihre Bischöfe ferner nicht mehr unter Erzbischöfen, am wenigsten unter ausländischen, stehen sollten, und da erklärte denn auch der Herr Kurfürst zu Trier, daß er die konstitutionellen Bischöfe in Frankreich nicht für rechtmäßige Seelenhirten halten könnte; denn die ehemaligen nach den Gesetzen des geistlichen Rechts ordinierten Herren waren meistens ausgewandert. Die Franzosen kehrten sich aber so wenig hieran als an die Bulle des Papstes von 1792, wodurch er alle konstitutionellen Bischöfe für unrechtmäßig und apostatisch erklärte. Die neuen Bischöfe wurden eingesetzt und verwalteten ihr Amt nach der Vorschrift der Nation. Es sind von diesen Bischöfen mehrere Hirtenbriefe herausgekommen, von welchen ich selbst einige gelesen habe. Sie betrafen die Einrichtung und Verbesserung des Schulunterrichts und waren durchaus der Wichtigkeit dieses Gegenstandes angemessen. Theologische Fratzen, wie man diese anderwärts, selbst bei Protestanten, in neuern Religionsverfügungen noch antrifft, waren schon damals in Frankreich verächtlich. Aufhelfen will man da die Menschen und veredeln, nicht noch mehr herabsetzen und verhunzen.

Geistliche gab es zu der Zeit in Frankreich noch aller Orten, aber keine Mönche und keine Nonnen mehr. Die vielen Klöster in Verdun waren zerstört, und bei der Räumung derselben ist, wie man mir erzählt hat und wie ich ganz gern glaube, großer Unfug getrieben worden. Man hat hier und da die heiligen Bilder zerschmissen und sogar der geweihten Hostien nicht geschont.

Unser König erlaubte den ausgewanderten oder vertriebenen Mönchen, ihre Klöster wieder zu beziehen, aber sie bezogen sie nicht, wahrscheinlich weil sie befürchteten, sie möchten abermals verjagt werden und dann das letzte ärger finden als das erste.

Wir fanden auch in Verdun recht gut versehene Magazine an Heu, Stroh, Mehl, Wein, Speck, Branntewein, Erbsen, Käse usw., ferner vielen Vorrat an Kleidungsstücken und Pferdegeschirr. Von diesen Vorräten haben unsere Leute sich manches zugeeignet, besonders von den Lebensmitteln. Diese wurden unter die Soldaten verteilt, und von dem hier vorgefundenen Mehle haben wir lange Kommißbrot gegessen. Aber dieses Kommißbrot, welches aus geschrotenem Weizen gebacken ward, wollte unsern Leuten nicht recht behagen; es stände nicht so gut wider, sagten sie, als das deutsche, und dann schmecke es zu weichlich.

Da ich sehr oft, beinahe täglich, nach Verdun geschickt wurde, so hatte ich Gelegenheit, auch für mich manches aus dem Magazin mitzunehmen. Oft habe ich meine Zeltbursche mit Schnaps und Wein versehen, und einmal habe ich sogar einen schönen neuen Offiziermantel mitgebracht. Ich ließ ihn einem Leutnant für 14 Taler, obgleich die goldne Tresse darauf allein mehr wert war. Ich dachte, nimmst du ihn nicht, so nimmt ihn ein anderer, und nach dieser Regel bestimmte ich damals manche individuelle Handlung.

Es ist überhaupt – um noch einmal davon zu sprechen – im Kriege eine ganz eigene Sache um das Mein und Dein. Wenn man gewiß wüßte, daß der wahre Eigentümer eines Dinges im Besitze desselben bleiben würde, wenn man ihm dasselbe ließe, so wäre es oft ein Schuftstreich, es wegzunehmen. Aber da man gewiß voraussetzen kann, daß es doch andern zuteil wird, wenn wir es liegenlassen, so dächte ich, verliert die Handlung viel von ihrer Häßlichkeit. Und das ist im Kriege sehr oft der Fall. Ich weiß zwar, daß die Herren Moralisten dies nicht werden gelten lassen; aber es käme auf eine Probe an, was selbst sie tun würden, wenn sie sich im Falle der Soldaten befänden! Wer indes über eine Handlung urteilen will, muß sich in die Lage des Handelnden versetzen, und wenn er das nicht kann, so wird er immer räsonieren wie der Blinde von der Farbe.

Nach dem Bücherwesen erkundigte ich mich in Verdun wie in Longwy und hörte fast nichts weiter schätzen als die Nationalblätter nebst Mably, Voltaire, Rousseau und andern, welche gegen den Despotismus und die Pfafferei geschrieben haben.

Die gefangnen Franzosen saßen auf der Zitadelle, wo man sehr leicht mit ihnen sprechen konnte. Ich benutzte diese Gelegenheit und fand, daß die Leute den Mut noch gar nicht verloren hatten. „Les ennemis se retireront, et nous voilà libres", riefen sie und pfiffen eins dazu.

Das sogenannte Drecklager

Im Lager bei Verdun hatten wir noch immer so halb und halb zu leben, aber von nun an litten wir auch Elend und Mangel, bis wir auf die deutsche Grenze zurückkamen.

Wir brachen von Verdun mitten im Regen auf und marschierten den ersten ganzen Tag im Regen fort. Unser Brot hatten wir größtenteils im Lager liegen lassen, weil wir ohnehin genug belastet waren und durch den abscheulichsten Kot waten mußten.

Den zweiten Tag kamen wir der französischen Armee oder vielmehr einem Korps derselben nahe. Wir marschierten zwar den ganzen Tag, aber so jämmerlich, daß wir jedesmal eine halbe Stunde vorwärts machten und hernach wieder eine Stunde, auch wohl länger, im Kote herum stillelagen wie die Schweine. Ich wurde, so wenig mich sonst Strapazen niederbeugen, auf diesem elenden Marsche so unmutig, daß ich meine Lage verwünschte und gewiß, wäre ich nicht so erschöpft gewesen, zu den Franzosen übergegangen wäre, so sehr ich die Desertion sonst auch hasse.

Endlich erreichten wir ein Dorf, l'Entrée genannt, worin der König sein Hauptquartier nahm und wobei wir unser Lager aufschlagen sollten. Aber unsre Packpferde waren aus Furcht vor den Franzosen zurückgeblieben, und wir mußten nun da unter dem freien Himmel liegenbleiben bis nachts zwölf Uhr. Wir machten freilich Feuer an und holten dazu aus dem Dorfe l'Entrée heraus, was wir in der finstern Nacht von Holz finden konnten. Aber diese Feuer, so höllenmäßig sie auch aussahen, waren doch nicht hinlänglich, uns gegen den fürchterlichen Wind und den abscheulichen Regen zu sichern.

Dieser Regen fing sogleich an, als wir die Zelter aufgerichtet und uns auf die blanke Erde – denn Stroh konnten wir in der Nacht doch nicht holen – hineingelegt hatten, und er wurde so heftig, daß das Wasser von allen Seiten in die Zelter eindrang und uns alle durchnäßte. Niemand konnte liegenbleiben, noch weniger schlafen, man setzte sich also auf die Tornister und Patrontaschen, und jeder fluchte auf sein Schicksal. Man denke uns in dieser Gruppe! Sogar hörte man die gräßlichsten Lästerungen auf Gott und sein Regenwetter. „Es ist Strafe Gottes", sagten die Vernünftigern, „Gott hat keinen Gefallen an unserm Kriege! Er will nicht, daß wir sein Werk in Frankreich stören sollen: die Revolution ist sein Werk, die Patrioten tun seinen Willen, und die Emigranten sind Spitzbuben, es hole sie alle der Teufel!"

Unsre Munition an Pulver wurde selbige Nacht größtenteils naß und zum Schießen unbrauchbar. Einige warfen auch schon bei ihrem Ausmarsche aus diesem Lager ihre Patronen weg und ließen sich hernach bei der Retirade, als wir sogar mehrere Pulverwagen verbrannten, andere geben.

Endlich ward es Tag, und die Soldaten krochen aus ihren Zeltern wie die Säue aus ihren Ställen, sahen auch aus wie diese Tiere, wenn sie aus Ställen kommen, welche in sechs Wochen nicht gereinigt sind. Der Kot, worin man sofort patschen mußte, wenn man aus den Zeltern heraustrat, lief gleich in die Schuhe; denn er war dünn und tief, worüber denn einige Soldaten dumpf brummten, andre laut fluchten, alle aber darin übereinkamen, daß dieses abscheuliche Lager sofort „Drecklager" heißen sollte.

Nun wurde befohlen oder vielmehr angesagt, daß Stroh sollte gelangt werden. Stroh holen hieß aber damals, den ungedroschenen Weizen – Roggen wächst in Champagne nicht, wenigstens hab' ich keinen gesehn; in Lothringen war Roggen anzutreffen –, also man holte den ungedroschnen Weizen aus den Scheunen, warf ihn wer weiß wie hoch ins Zelt und legte sich dann auf ihn hin. Dieses konnte um soviel leichter geschehen, da einem jeden erlaubt war, so viel Stroh, d. i. Weizen, zu nehmen, als er gerade wollte oder konnte. Da nun auch die Kavalleristen ihre Furage aus den Scheunen der Bauern holten, auch die Pack- und andre Pferde daraus versehen wurden, so kann man leicht denken, daß in den Dörfern, in deren Nähe unser Lager stand, nichts übrigblieb als Jammer und Leere. In l'Entrée war nach drei Stunden keine Weizengarbe mehr anzutreffen. Und das ging ebenso in den übrigen Dörfern. Daß alle Häuser obendrein rein ausgeplündert wurden, versteht sich von selbst.

Ich hätte bei diesem Stroh- oder Garbenholen beinahe den Hals zerbrochen; denn ich fiel in einer Scheune von einem hohen Gerüste, jedoch ohne Schaden.

Das Schicksal hat mich noch immer so ziemlich geschont, wie man in der Folge einige auffallende Beispiele davon sehen wird, aber vielleicht, um mich noch einmal weit härter mitzunehmen. Indes: „Mori nolo", sagt ein Philosoph, „sed me mortuum esse nihil curo." Und der Mann hatte wohl recht. Warum sollte ich es denn für ein Glück halten, daß ich in l'Entrée den Hals nicht brach, in Landau oder Mâcon nicht guillotiniert wurde oder daß mich der Franzose in Lyon, wie die Folge lehren wird, nicht niederstach? Ich sehe das noch nicht recht ein, aber soviel ist gewiß, daß, wenn einer von diesen Fällen mich weggerafft hätte, ich nachher mancher trüben und kummervollen Stunde überhoben geblieben wäre.

Ich habe in diesem Sumpflager öfters an einen Vorfall gedacht, der mir in Gießen schon sechzehn Jahre vorher begegnet war. Ich hatte nämlich einst den armen Eulerkapper mitperiert und war auf dem Rücksprung, weil Eulerkapper mich verfolgte, in eine Mistgrube gefallen und abscheulich besudelt. Damals lachte ich recht sehr über meinen komischen Zufall und rühmte mich desselben hernach mehrmals. Jetzt aber war ich mißmutig, da man mich zwang, in Champagne im Kote herumzupatschen!

Die Bauern in l'Entrée hatten ihre Kirche abgetragen und neues Holz zur Erbauung einer andern herbeigeschafft. Dieses neue Holz samt dem alten holte man ins Lager und verbrannte es, mitunter auch Kanzel und Orgelgeschnitz, Kruzifixe und dergleichen. Dabei wurde nun brav gelacht und Spaß getrieben, und noch jetzt sprechen die Soldaten vom französischen Kirchenholz im Drecklager.

Die Lebensmittel waren hier entsetzlich rar und teuer; ich zwar für meine Person litt von hier an – die beiden Nächte bei der Kanonade nur ausgenommen – bis nach Grandpré zurück keinen eigentlichen Mangel, bei weitem nämlich den nicht, welchen andre Soldaten ertragen mußten. Ich hatte bei der Kompagnie einen guten Freund an dem Furierschützen Lutze, welchen ich seit langer Zeit als einen ehrlichen Mann kannte. Dieser gab mir, als die Lebensmittel seltner wurden, den Anschlag, mich zu ihm ins Zelt zu legen, weil er als Furierschütze doch immer eher imstande sei, etwas herbeizuschaffen, als die andern. Ich tat das, und Lutze hat mich, solange ich bei ihm im Zelte war oder vielmehr, sooft er da war, immer mit allerlei Lebensmitteln und andern Sachen, als Tobak und dergleichen, versehen und selten sich dafür zahlen lassen, wenigstens gab er allemal das umsonst her, was er umsonst bekommen hatte.

Der Mangel an Lebensmitteln konnte auch durch die wirklich große Menge von Kühen, welche man den Landleuten dort herum genommen und der Armee nachgetrieben hatte, nicht sehr erleichtert werden. Was war auch ein halb Pfund elendes, altes Kuhfleisch für den Soldaten, der kaum in drei Tagen für einen Tag Brot hatte? Da mußte er ja doch hungern! Zudem wurde das beste Vieh von den angesetzten Treibern an die Bauern, welche von weitem herbeischlichen, verkauft. Das beste Fleisch wie auch alles Schwein- und Hammelfleisch war übrigens für die Offiziere und ihre Bediente, davon bekam der Soldat nichts.

Bisher waren wir in der Wäsche noch ziemlich rein geblieben, aber nun, da sich nicht mehr waschen ließ, da sogar das Leinenzeug im Tornister vermoderte, fanden sich auch sehr unangenehme Tierchen, diese schreckliche Plage des Soldaten im Felde, bei uns unerträglich ein. Selbst die Offiziere konnten ihnen nicht mehr entgehen und lernten nun auch erst recht das volle Elend des Kriegs erkennen.

Aber nichts nahm unsere Leute ärger mit als der Durchfall, der allgemeine Durchfall, und dann die darauf folgende fürchterliche Ruhr. Delikate Leser würde es aufbringen und ihren Ekel rege machen, wenn ich über diesen Gegenstand alles sagen wollte. Aber für delikate Leser ist dieser Teil meiner Schrift nicht, sondern für Männer, deren Absicht es ist, das Elend unsrer Feldzüge gegen die Neufranken in seiner wahren Gestalt kennenzulernen, und diese suchen nur Wahrheit, auch ekelhafte Wahrheit, wenn sie nur Resultate daraus ziehen können. Also – die Abtritte, wenn sie gleich täglich frisch gemacht wurden, sahen jeden Morgen so mörderisch aus, daß es jedem übel und elend werden mußte, der nur hinblickte: alles war voll Blut und Eiter, und einigemal sah man sogar Unglückliche darin umgekommen. Ebenso lagen viele blutige Exkremente im Lager herum von denen, welche aus nahem Drange nicht an den entfernten Abtritt hatten kommen können.

Ich bin versichert, daß nicht drei Achtel der ganzen Armee von dem fürchterlichen Übel der Ruhr damals frei waren, als wir das Sumpflager verließen. Die Leute sahen alle aus wie Leichen und hatten kaum Kräfte, sich fortzuschleppen; und doch klagten nur wenige über Krankheit – aus Furcht vor den Lazaretten oder vor jenen Mordlöchern, worin man die Erkrankten schleppte und worin so viele, viele um ihr trauriges Leben noch trauriger gekommen sind. Es wurden also nur die dahin gebracht, welche gar nicht mehr fort konnten, und deren war eine sehr große Menge.

Unser Marsch nach den Höhen
von La Lune oder Valmy

Aus dem Sumpflager hatten wir ohngefähr noch sechzehn Stunden nach La Lune, wobei die bekannte Kanonade vorfiel, jene nämlich, welche das Ziel unsrer Heldentaten in Frankreich gewesen ist; denn nach dieser Zeit bis auf unsern Separatfrieden ist gegen die Franzosen auf französischem Boden von uns beinahe nichts mehr getan worden, und was die Kaiserlichen darauf taten, ist eben auch nicht weit her.

Wir machten diesen Weg trotz unsrer ausgemergelten Körper in wenig Tagen und hatten immer mit Mangel zu kämpfen, weil der Feind uns hier in der Nähe war und kein Marketender uns zu folgen sich getraute. Einige Weiber und Menscher zogen zwar mit, aber die hatten leider selbst nichts, konnten also auch nichts verkaufen.

Am 19. September mußten wir nachmittags noch spät aufbrechen und vorwärts marschieren bis nachts um 9 Uhr, und hernach brachten wir ohne Zelter und beinahe ohne Infanteriewachen die Nacht unter offnem Himmel zu.

Auf dem Wege dahin sagte ein Offizier zum andern: „Höre, Bruder, morgen gibt's was! Die Franzosen werden angegriffen, und wenn sie nur stehen, so sind sie morgen abend alle in unsrer Gewalt." – „Sch... auch!" fing ein Soldat aus dem Trupp an, „seht ihr nur zu, daß sie euch nicht kriegen, sie – kriegt ihr gewiß nicht!" Darauf fing der Offizier an zu fluchen und wollte mit Gewalt wissen, wer so gesprochen hätte, um ihn zu bestrafen. Da aber niemand diesen verriet, so schwur er bei seiner hohen Ehre und daß ihn der Teufel in tausend Fetzen zerreißen sollte, wenn morgen die Spitzbuben nicht alle entweder tot oder gefangen wären!

Der Wind brauste diese Nacht fürchterlich, und es war gewaltig kalt. Waldung war dort in der Nähe nicht, wir liefen also scharenweise in die Dörfer und holten, was wir vorfanden: Stühle, Tische, Bettstellen, Fässer, Türen, Wagen, Karren – kurz, wir schleppten, was von Holz uns in die Hände fiel, ins Lager und machten Feuer wie in der Hölle. In den Dörfern selbst wurde Feuer in die Bauernhöfe getragen, und man zündete mit Strohfackeln in den Scheunen und Ställen herum.

Was von Vieh noch übrig war, wurde mitgeschleppt und im Lager in Töpfen und Kesseln, die man gleichfalls in den Dörfern gelangt hatte, gekocht und verzehrt.

Einer unsrer Offiziere, der Herr Major von Massow, wollte dem greulichen

Plündern und Anzünden steuern, aber seine Bemühungen waren fruchtlos. Man stellte ihm vor, daß eben jetzt, den Tag vor einem wahrscheinlichen Angriffe auf den Feind, ein scharfes Verfahren wider die Beutemacher am unrechten Orte sein würde.

So dachten alle; denn ich sah die Generale selbst ganz ruhig am Feuer sitzen und den Soldaten, als sie ihre geraubten Hühner usw. zurechtmachten, zusehen, ohne ein Wort darüber zu sagen. In solchen Tagen kann man ihnen das auch gar nicht zumuten, ob ich gleich überzeugt bin, daß die wenigsten von ihnen diese Greuel billigten.

Mehrere Dörfer sind in dieser garstigen Nacht durch den Brand sehr beschädiget worden, und eins derselben stand noch in vollen Flammen, als wir den andern Morgen um 9 Uhr vorbeimarschierten.

Vorfälle von dieser Art, welche unserm Militär eben keine Ehre machen, berichte ich sehr ungern, aber ich muß einmal schreiben, was ich gesehen habe, und dann sollen meine Berichte auch zum Einschärfen des wichtigen Satzes dienen, daß man von Menschen nicht mehr erwarten müsse, als sie nach ihrer Lage leisten können, daß man folglich billige Urteile fällen müsse von Freund und von Feind.

Sobald der Tag anbrach, wurde abmarschiert. Es hatte erst geschienen, als wenn das Wetter sich halten würde, aber gegen 7 Uhr fing es heftig an zu regnen, und wir wurden bis auf die Haut naß. Dennoch ging der Zug weiter bis gegen die Höhen von Dampierre, worauf Dumouriez sich postiert hatte, und hier fiel die bekannte Kanonade vor, von welcher, glaube ich, Nachricht genug gegeben ist.

Warum wir bei dieser Kanonade keinen Vorteil erhielten, ist handgreiflich. Der Feind hatte mehr Volk, mehr und besseres Geschütz und eine weit bessere Stellung als wir, besonders machte eine Batterie an einer Windmühle, wenn diese gleich von unserm Geschütz und aufliegenden Pulverkarren zusammengeschmissen wurde, es völlig unmöglich, den Feind mit Infanterie anzugreifen.

Der Verfasser der ‚Briefe eines preußischen Augenzeugen' über diesen Feldzug sagt im zweiten Pakt, S. 88 und 89, etwas von todblassen Gesichtern an Haupt- und Unterleuten während dieser Kanonade, vom Bücken vor Kanonenkugeln und dergleichen, und dieses hat der Rezensent dieser Briefe in dem ‚Magazin der neuesten Kriegsbegebenheiten' sehr übel aufgenommen und versichert bei seiner Ehre*, daß er (auf seinem Posten) weder Bücken noch Blässe, sondern alten,

---

* Daraus sieht man schon, daß der Rezensent ein Offizier ist. Aber nicht alles, was auf Ehre versichert

echten preußischen Mut gefunden habe. „Alle Soldaten", setzt er hinzu, „waren lustig und freuten sich sogar, den so lange verfolgten (?) Feind endlich einmal in Schlachtordnung aufmarschiert zu sehen. Alles avancierte mit frohem Mute und der festen Überzeugung, den Feind zu schlagen, und alles murrte, da Halt kommandiert wurde. Auch den Tag, als die Armee auf die Höhen neben Valmy anmarschierte, erwartete und wünschte Offizier und Soldat mit Vergnügen eine Bataille, und alles war mißvergnügt, da man, ohne etwas unternommen zu haben, ein Lager bezog. Es würde ewige Schande über preußische Truppen bringen, wenn es auch nur halb wahr sein könnte, was der Verfasser davon aufgezeichnet hat."

Wie aber, wenn es wirklich ganz wahr ist? Oder soll darum etwas nicht wahr sein, weil es mit der lieben Ehre nicht so recht besteht? Dann ließe sich unser ganzer Feldzug nach Champagne rein wegdemonstrieren und gar viel anderes, was doch weltkundig wahr ist. Der ehrenritterliche Rezensent wird demnach einsehen, daß Zuvielbeweisen mit Recht Nichtsbeweisen heißt. Überdies ist Wahrheit doch auch gut Ding, welcher man nicht zu nahe treten muß, wenn sie Zeugen zu Tausenden hat und wenn die arge Welt auf das Vertuschen und erkünsteltes Selbstlob wenig noch achtet.

Also, was das Erblassen und das Bücken betrifft, so versichere ich den Herrn gegenseitig zur Ehre der Wahrheit, daß ich auf meinem Standpunkte eben das gesehen und bemerkt habe, was der Verfasser der ‚Briefe' darüber erzählt hat. Ich kann ihm namentlich die Offiziere nennen, die ihren Trupp zum Bücken sogar ermahnten. Und wer könnte Offiziere und andere tadeln, die nach dem Gesetze der Sparsamkeit, Klugheit und wahren, vernünftigen Tapferkeit wie auch nach dem natürlichen Selbsterhaltungstriebe ausweichbaren Gefahren ausweichen, um sich, den Ihrigen und dem Staate, der doch die Menschen zum Soldatwerden und was zu deren Unterhalte und Bewaffnung gehört, hergeben muß, zu erhalten? Dies zu tun, denk ich, ist Pflicht, und es getan haben könnte also über preußische Truppen ewige Schande nur dann bringen, wenn die Ehre der Preußen es mit sich brächte, nicht nach weiser, zweckmäßiger Tapferkeit, sondern nach unweiser Tollkühnheit jeder, auch ausweichbaren Gefahr sich preiszugeben. Menschen sind doch keine Fürsten-Nieten!

Für das Erblassen spricht schon unsere vorhergegangene elende Lage, die allein hinreichend gewesen wäre, auch dem tapfersten und geübtesten Soldaten,

wird, ist darum wahr. Man denke an die hohen Versicherungen der ausgewanderten französischen Prinzen, Generale, Edelleute, Priester und dergleichen.

zu dessen Wollen doch auch das Können hinzukommen muß, den Mut zu lähmen und ihn, wenn auch nicht zur Verzweiflung, doch zum Verzagen und Erblassen zu stimmen, zumal im Angesichte einer tosenden feindlichen Kanonade. Unsere Leute waren ja meistens schon krank, alle waren ermattet und bis auf die Haut durchnäßt, der größte Teil hatte seit dem Mittage des vorigen Tages nichts gegessen, weit über die Hälfte – denn aus dem Siebenjährigen Kriege zählen wir nicht viel brauchbare Soldaten mehr – trat hier zum ersten Male vor feindliche Kanonen: ist es nun überhaupt glaublich, daß solche Leute unter solchen Umständen sich des nahen Feindes freuen, mit frohem Mute gegen ihn avancieren und über ein kommandiertes Halt murren werden? Das wird sich schwerlich jemand einbilden, der da weiß, welchen Eindruck neue und große Gefahren auf ungewohnte und sonst schon leidende Gemüter machen.

Auf dem Anmarsche gegen den Feind wurden erst die Gewehre geladen, welche vorher immer kugelleer geblieben waren, und während dieses Ladens konnte man die Totenblässe auf den meisten Gesichtern nicht der Soldaten allein, sondern auch der Offiziere deutlich bemerken. Die Ängstlichkeit ging so weit, daß, wer Spielkarten bei sich hatte, sie wegwarf aus Furcht, der liebe Gott möchte nun ihn strafen wegen eines so gottlosen Gerätes, als eine Spielkarte ist.

Doch genug, um den Lesern selbst es zu überlassen, wen von beiden sie bei der Equipage der Armee suchen würden, den Verfasser der ‚Briefe‘ oder den Rezensenten derselben in dem ‚Magazin‘? Der Verfasser der ‚Briefe‘ ist seiner Wahrheit und Wahrhaftigkeit sowohl in historischer als politischer Rücksicht auch bei der Nachwelt sicher genug, um keiner weitern Rechtfertigung vor seinen Zeitgenossen gegen einen hofierenden Rezensenten noch zu bedürfen. Sein Hauptverdienst ist, daß er den Geist des Krieges und dessen nächster Teilnehmer unter Soldaten, Bürgern und Bauern getreu schildert und alles, was hierauf Bezug hat und soweit sein Bemerkungskreis reichte, offenherzig vorerzählt, dann aber den Standpunkt und die Grundsätze mit edler Freimütigkeit angibt, nach welchen man das Erzählte bald a priori, bald a posteriori, entweder einzeln oder im Zusammenhange, nach Ursache und Wirkung oder nach Grund und Folge selbst übersehen kann. Das Historische diente ihm also zum Vehikel des Politischen, und dadurch unterhielt und belehrte er den gemeinen Leser wie den höhern.

Unsern König sah ich hier in Begleitung einiger Generale mitten unter den feindlichen Kugeln hinreiten und freute mich ebensosehr über das herrliche Beispiel, welches dieser mutvolle Monarch seinen Soldaten gab, als ich mich über folgendes äußerst dumme und abgeschmackte Gespräch zweier alter Unteroffiziere ärgerte. Ich will sie A und B nennen.

A.: Siehst du den Alten* dort?

B.: Seh'n wohl. Schau, wie die Kugeln ihm um den Kopf fliegen!

A.: Wenn er nur nicht getroffen wird!

B.: Narre, denkst du denn, daß er das könne?

A.: Warum nicht? Wenn ihm eine Kugel an den Kopf fährt, ist er weg.

B.: Ah, warum nicht gar! Eine eiserne Kugel trifft den König nicht.

A.: Und wie das?

B.: Schau, Bruder, das will ich dir sagen. Ich bin ein alter Soldat und hab' den Siebenjährigen Krieg mitgemacht, du kannst mir also glauben, daß ich's verstehe. Ein gekröntes Haupt wird von keinem Blei oder Eisen getroffen – das fällt weg, und wenn der König gerade unter die Batterie dort ritte!

A.: Aber es sind doch schon, wie man so hört, Könige vom Feinde erschossen worden.

B.: Jawohl, Bruder, aber das waren auch andre Kugeln, es waren Kugeln von Silber! Und siehst du, Bruder, wenn die Franzosen unsern Alten treffen wollen, so müssen sie silberne Kartätschen einladen, und dann wird er bald weg sein.

A.: Wenn das so ist, dann hat der Alte gut dahinreiten.

B.: Freilich wohl! Zudem haben die Könige von Preußen das Privilegium, daß ihnen weder Hieb noch Schuß schaden kann. Deswegen hat der alte Fritz im Siebenjährigen Krieg oft ganze Hände voll Bleikugeln aus seinen Ficken geholt und die Kanonenkugeln mit dem Hut aufgefangen.

A.: Höre, Bruder, du kannst recht haben! Drum gehn die Könige in Preußen wohl auch nur noch allein ins Feld, sie würden aber wohl hübsch zu Hause bleiben, wenn sie sich vorm Totschießen fürchten müßten. Dann würden sie's machen wie der Kaiser, der König in Spanien und die andern Könige. Die bleiben alle hübsch zu Hause und lassen ihre Leute für sich tot-, krumm- oder lahmschießen.

Durch solche absurde abergläubische Ideen entkräftet ein solcher Märchentrödler ein Beispiel von Tapferkeit, welches der König seinem Heere gibt und das für sich ganz unwiderstehlich wirken würde.

---

* In Sachsen und anderwärts spricht man vom Regenten mit komplimentvollern Ausdrücken; da sagt man: der gnädigste Kurfürst, Ihre Durchlaucht der Landgraf, Ihre Erzbischöfliche Gnaden usw. Hingegen der Preuße sagt schlechtweg: der Alte und legt auf diese Benennung doch mehr als der Sachse, der Hesse und der Mainzer auf seine prunkvollen Titulaturen.

Begebenheiten nach der Kanonade bei Valmy

Es ist hier der Ort nicht, zu beweisen, daß der damalige französische General Dumouriez weder uns noch seiner Nation ganz gewogen war. Darüber mag der Leser in andern Büchern Auskunft suchen. Dumouriez hätte uns noch am Tage der Kanonade viel schaden können, wenn er gewollt hätte. Das ist eine Wahrheit, welche unsre eignen Befehlshaber gerne eingestanden und die auch aus der Natur unsrer Lage deutlich genug erhellet.

Nach einem wechselseitigen Feuer von ohngefähr vier Stunden wurde abmarschiert, und wir zogen uns auf verschiedene Hügel, welche wir besetzten. Der König nahm sein Quartier auf dem Vorwerke La Lune, welches vorher einem Emigrierten gehört hatte, damals aber schon an Bauern verkauft war.

Unser Verlust an Toten und Blessierten belief sich auf 166 Mann, freilich ein ganz geringer Verlust bei einer vierstündigen Kanonade, aber allemal groß genug bei einer Kanonade, welche nach dem Zeugnis aller verständigen Kriegsmänner ganz ohne alle Hoffnung eines Sieges oder reellen Vorteils unternommen war. Diesen Verlust wird der vorhin zurechtgewiesene Rezensent unmöglich leugnen können, und nun möchte ich wissen, wie er ihn mit der von ihm angegebenen Absicht der Kanonade reimen wolle. Schon die Kanonade selbst widerspricht ihr; denn welcher Kluge schießt auf Leute, auf deren Herüberkunft er wartet?

Die Verwundeten wurden auf ein Vorwerk gebracht, wo sie wegen der elenden Pflege schon meistens in der ersten Nacht unter den heftigsten Qualen hinstarben. Gar wenige von allen bei La Lune verwundeten Soldaten sind mit dem Leben und kein einziger ist mit geraden Gliedern davongekommen. Das ist freilich schrecklich, aber daran war auch meistens unsere medizinische Anstalt schuld, welche bei keiner Armee elender sein kann, als sie damals bei unsrer war. Das machte aber, weil man steif und fest geglaubt hatte, die Franzosen würden uns keinen Finger entzweischießen. Man hatte sich aber verrechnet, und das garstig!

Es war entsetzlich kalt den Abend nach der Kanonade, der Wind ging scharf und mit Regen vermischt – und wir mußten da unter freiem Himmel stehen bis den andern Tag gegen Abend, aus Furcht, Dumouriez möchte sich seines Vorteils bedienen und uns angreifen. Zum Feuermachen fehlte es an Holz, also lief man in die hintenliegenden Dörfer und holte da, was man von Holz vorfand, hieb die Bäume im Felde nieder und machte große Feuer. Unser Bataillon war so glücklich, einige Wagen Brennholz zu erbeuten, welche für die französische Armee bestimmt waren.

Der Hunger quälte uns alle, denn unser Brot war schon lange verzehrt, und wenn man so unter freiem Himmel in Kälte und Nässe kampieren muß, hat man immer mehr Appetit als in der warmen Stube. Ebenso fehlte es uns an Wasser: die Nähe des Feindes ließ es nicht zu, es herbeizuholen, und so litten wir auch gewaltigen Durst. Einige Burschen, welche mehr Herz hatten als andre, gingen aber doch hin und holten welches, das sie hernach teuer genug verkauften. Einmal wurde ein solcher Trupp Wasserholer von einer feindlichen Patrouille aufgefangen, entging ihr aber wieder, weil die Finsternis sie begünstigte.

Gegen Tag sorgte der Himmel selbst für Wasser; denn es regnete gewaltig, und die Gräben füllten sich. Da aber hätte man die durchnäßten, hungrigen und schmutzigen Soldaten hinrennen und trinken oder vielmehr saufen sehen sollen!

Als es Tag wurde, verbreitete sich Angst und Schrecken in der ganzen Armee von neuem: jedermann vermutete, daß nun abermals ein neuer Angriff auf die Franzosen würde gemacht werden. Ich für mein Teil glaubte das nicht und war in dieser Rücksicht ruhig, ob ich es gleich nicht für unmöglich hielt, daß der Feind uns angreifen könnte, und dann versprach ich uns nichts weniger als einen glücklichen Ausgang der Sache. Aber die Herren Franzosen postierten sich bloß vorteilhafter und verschanzten sich nur noch besser als den Tag vorher.

Jetzt lief, wer laufen konnte und wollte, in die Dörfer und holte Holz, d. i. Türen, Wagen, Fässer, Leitern, Bretter, Tische, Stühle – kurz, was man an Holzwerk finden und fortbringen konnte. Die Bäume, besonders die schönen Pappeln an den Wegen – denn Champagne hat nur wenig Obstbäume – wurden weit und breit niedergehauen, um durch hinlängliche Feuer einem zahlreichen Volke, das in Wind und Wetter unter freiem Himmel stand und noch immer einen Angriff befürchtete, hinlängliche Wärme zu verschaffen. Gegen Abend zündeten die Östreicher ein Dörfchen an, nachdem sie dasselbe erst völlig geplündert hatten. Das arme Dörfchen brannte bald ganz und gar nieder, weil der Wind unaufhörlich brauste.

Dieser Tag war zwar unser Brottag, aber wir hofften vergeblich auf Speise: unsre Brotwagen waren aus Furcht vor den Franzosen zurückgeblieben und kamen erst spät am Abend. Der Hunger quälte uns jedoch nicht so sehr, als die immerwährende Furcht uns ängstigte, der Feind möchte uns angreifen. Ich suchte auf alle Art meinen Kameraden diese Furcht zu benehmen und nicht ohne Erfolg, und nachdem sie mit der Zeit sahen, daß ich recht hatte, hielten sie mich von nun an für einen Propheten und fragten mich in Zukunft über alle Vorfälle, welche sie befürchteten oder wünschten.

Gegen Abend stießen die Östreicher zu uns. Man hatte – ich weiß nicht warum – ausgesprengt, daß ihre verspätete Ankunft eigentlich schuld an unserm schlechten Erfolg bei der Kanonade gewesen sei. So räsonierten sogar viele Offiziere, aber jetzt weiß man das anders.

Gegen sechs Uhr schlugen wir endlich unsre Zelter auf, erhielten Brot und ruhten nun von den großen Strapazen aus. Ich habe niemals erquickender geschlafen als diese Nacht. Lutze versorgte unser Zelt am andern Tage mit guten Viktualien, und so waren wir in unserm Zelte, während die meisten andern weiter nichts hatten als ihr bissel Kommißbrot, auf einige Tage geborgen. Ich muß es nochmals wiederholen, daß ich dem braven Lutze manche Sättigung verdankte, wo die übrigen, sogar die Offiziere, hungern mußten.

Am dritten Tage nach der Kanonade änderten wir die Stellung unseres Lagers.

Als der Brottag wieder kam, war kein Brot da. Man gab vor, die Wagen könnten nicht vorwärts wegen des entsetzlichen Kotes, und da wir den Weg, welchen die Wagen von Grandpré kommen mußten, sehr wohl kannten, so beruhigten sich die Leute. Die wahre Ursache aber war, daß die Franzosen viele Wagen weggenommen hatten und die andern sich nun nicht getrauten, vorwärts zu fahren, und also liegenblieben. Man hatte zwar in den umliegenden Dörfern alles ausgeplündert und daselbst allerlei Eßwaren noch vorgefunden, allein das war doch für eine solche Menge wie nichts. Wenige hatten etwas erhascht, und die meisten hatten gar nichts.

Es wurde daher bei der Parole – man denke doch an die Fürsorge! – befohlen, Weizen zu dreschen, ihn bis zum Zerplatzen zu sieden, mit Butter und Speck zu schmälzen und dann zu essen. Das war nun so ein Stück von Parolebefehl, deren es in der Art mehrere gab – ein unausführlicher Befehl!

Weizen war zwar noch in den Dörfern, aber wo sollte man den dreschen? Der Kot war knietief, und darin drischt sich's gar übel! Und woher sollte man Speck, Butter und Salz nehmen, welches alles in der ganzen Armee nicht zu haben war? Kein Marketender war da, sogar der Jude war bei Grandpré zurückgeblieben – wer also sollte uns da das Nötige zum Schmälzen besorgen? Einige sotten jedoch Weizenkörner und aßen sie ohne Salz und Schmalz vor lauter Hunger hinein. Optimum ciborum condimentum fames!

Es gab zwar dort herum auf einigen Äckern noch Kartoffeln, welche man auch holte und kochte, aber leider war dieses eine gar zu geringe Hülfe. Die Äcker waren gar bald leer, und zudem waren die Kartoffeln von der Art derer, die man in Deutschland dem Viehe gibt, sie vermehrten auch noch die damals alles zerstörende Ruhr.

Selbst im königlichen Hauptquartiere zu Hans war Mangel über Mangel: auch da war kein Brot, und an Leckerspeisen war vollends gar nicht zu denken. Dieser Mangel ward indes dem französischen Generale bekannt, welcher dann frisches Obst und andre Dinge ins Hauptquartier schickte, um wenigstens den König von Preußen, seinen Feind, und dessen hohe Generalität vor Hunger zu sichern. Dieser Zug von Edelmut vermehrte bei unsern Soldaten die gute Idee, welche sie seit der Kanonade von den Franzosen schon hatten. Von nun an hörte man auch fast allgemein auf, sie Spitzbuben, Racker, dumme Jungen und dergleichen zu schelten.

Man hatte auch von allen Orten her so viel Vieh zusammengetrieben, als man nur konnte, und da erhielt denn freilich der Soldat auch Fleisch, aber mageres, elendes statt des Brots, und Brot muß der Soldat haben, wenn er nicht hungern oder an Nebenspeisen nicht erkranken soll.

Als am 27. endlich das Brot ankam – der 25. und 26. war ausgefallen –, so befahl der König, daß die Kompagnien dereinst, aber doch bald, die ausgefallenen Brottage den Soldaten bezahlen sollten, oder vielmehr er versprach, sie selbst zu bezahlen. Aber diese Zahlung blieb aus! Ohne Zweifel hat der gutmütige Monarch, der das Elend seiner Soldaten, welche über 59 Stunden ohne alle Speise sein mußten, wohl selbst fühlte, diesen armen Leuten einen kleinen Ersatz an Gelde für diesen Hunger bestimmt, aber wo das Geld blieb, ist eine andere Frage. Ohne Mühe sieht man ein, daß ein solcher Betrug leicht zu begehen war, aber ebenso leicht sieht man ein, daß ein Betrug von der Art unter allen Schurkereien die allerschändlichste, obgleich nicht die ungewöhnlichste ist.

Am allerlächerlichsten war der Parolebefehl wegen der Kreide. In Champagne gibt es ihrer viel, und nachdem man auf einem Hügel recht schöne entdeckt hatte, mußten Leute hin, sie auszugraben, und nun wurde befohlen, daß man diese Kreide unter die Soldaten verteilen sollte mit dem Zusatz, Seine Majestät der König schenke diese Kreide den Soldaten! In Champagne, dort bei Hans, war freilich der Ort, wo man Hosen und Westen mit Kreide weißen sollte! Ja, wenn der Herr Jesus dagewesen wäre und aus Kreide hätte Brot machen wollen!

Der Herzog von Braunschweig machte gleich einige Zeit nach der Kanonade einen Waffenstillstand mit dem General der Franzosen, kraft dessen alle Hostilitäten vor der Hand unterbleiben sollten.

Unsre Vorposten fanden während dieser Zeit aller Orten Zettel, welche die französischen Patrouillen ausstreuten, um unsre Leute zur Desertion aufzumuntern. Ich werde hier mit des Lesers Erlaubnis einen solchen Zettel in deutscher Sprache – sie waren deutsch und französisch – mitteilen, und das vorzüglich deswegen, weil ich in der Folge ein mehreres von der Lage der deutschen Deserteurs in Frankreich erwähnen muß. Ich schreibe zwar nicht gerne ab, weil das das Ansehen hat, als wollte man mit fremden Sachen die Bogen füllen aus Mangel an eignen, aber dann und wann ist's doch auch nötig, daß man schon gedruckte Dinge nochmals hersetze. Die Zettel hatten folgenden Inhalt:

„An die
      Östreichischen und Preußischen Soldaten.
      Kameraden,
Eure Offiziere hintergehen Euch immer, erzählen Euch nichts als Unwahrheiten von dem Kriege, welchen wir wider den Kaiser und den König von Preußen führen. Vernehmet hiermit die wahre Ursache desselben.

Es sind nunmehro drei Jahre verflossen, seitdem die Franken, müde ihres Elendes und der unaufhörlichen Drangsale, welche der Adel und die Hofschranzen sie fühlen ließen, und entschlossen, sich zu rächen, die Waffen ergriffen und feierlich erklärt haben, daß sie keinen Adelstand mehr dulden wollen und daß sie, weil alle Menschen Brüder und Kinder der nämlichen Mutter sind, alle gleich sein und die Freiheit haben wollen, sich nach ihrem Gutdünken zu regieren. Sie haben ihre Regierungsverfassung verändert und ihrem König die Macht benommen, ihnen Böses zu tun. Zu gleicher Zeit hat man in allen Kantons des Französischen Reichs Männer ernannt, deren Bestimmung es ist, ihnen gute Gesetze zu machen. Diese Bürger haben sich versammelt und erklärt, daß die Franzosen frei sind, daß sie alle gleich sind, daß ein jeder nach seinem Verdienste und seinen Talenten zu allen Ämtern und Ehrenstellen sowohl in der Armee als in der Kirche und den Gerichtshöfen gelangen könne. Sie haben die Felder von aller Knechtschaft freigesprochen; sie haben alle Auflagen, welche die Armut drükken, aufgehoben; sie haben die Kriegszucht angenehm gemacht, den Sold der Soldaten erhöht und den Kriegsdienst mit Vergnügen und Ehre verbunden; sie haben, mit einem Worte, so viel Gutes gestiftet, als ihnen möglich war. Alle Franzosen, nur die Edelleute ausgenommen, waren mit dieser Veränderung zufrieden. Diese Edelleute sind aus dem Reiche gegangen und haben sich bisher in den benachbarten Ländern aufgehalten. Sie haben alles getan, was sie konnten, um die ausländischen Fürsten zu Feinden der Franzosen und ihres Vaterlands zu machen. Der König von Frankreich, welcher den Adel liebt und unzufrieden ist, einen Teil seiner Macht verloren zu haben, keine Taxen mehr auflegen und die Soldaten nicht mehr schlagen lassen zu können, hat gleich alles Mögliche getan, die übrigen Könige zu vermögen, uns den Krieg anzukündigen. Der Kaiser und der König von Preußen haben die Waffen wider uns ergriffen und wollen uns schlagen, um den Adel wiederherzustellen und den König wieder in den Stand zu setzen, alles zu tun, was er will. Sie sind besorgt, daß ihre Völker es ebenso wie die Franzosen machen und gleich ihnen Freiheit und Gleichheit verlangen möchten. Sie sollen uns indessen nicht hindern, andre Nationen an unserm Glücke teilnehmen zu lassen. Wir sind niemandem feind.

Die Franzosen sind Brüder aller derer, welche frei sein wollen wie sie. Es hängt von Euch ab, uns nachzuahmen, und das ist es, wozu wir Euch einladen.

Unsere Nationalversammlung, die aus rechtschaffenen Männern besteht, welche wir ernannt haben, unsere Gesetze zu machen, will, daß alle östreichischen und preußischen Soldaten, welche ihren Dienst verlassen und nach Frankreich kommen, solange sie leben, einen Gehalt von 100 Livres genießen, welcher sich bis auf 500 Livres vermehren kann. So, wie einige derselben sterben, sollen die übrigen dabei gewinnen, und im Fall einer verheiratet ist, soll die Witwe nach seinem Tode den Gehalt genießen.

Sehet, Kameraden, wie wir die Soldaten behandeln, welche zu uns kommen, um unsre Freiheit zu verteidigen und sich derselben mit uns zu erfreuen. Kommt also hin nach Frankreich, ins Land der Gleichheit und der Freude! Verlaßt die Edelleute und die Könige, für welche Ihr wie eine Herde Schafe zur Schlachtbank geht, und kommt zu uns, Euren Brüdern, ein Glück zu suchen, welches der Menschen würdig ist! Wir schwören es Euch, daß wir Euch hernach helfen wollen, Eure Weiber, Eure Kinder, Eure Brüder, Eure Schwestern aus der Sklaverei zu retten, und Ihr sollt mit uns den Ruhm teilen, allen Völkern von Europa die Freiheit zu schenken."

Diese Zettel, ob sie gleich im Lager und in der ganzen Armee stark zirkelten, machten doch nur schwachen Eindruck und verleiteten nicht viel Soldaten zur Desertion, wenigstens sind von unserm Regimente kaum dreißig Mann in Frankreich vermißt worden. Das kam aber aus der ganz natürlichen Ursache, weil jedermann glaubte, der Friede sei im Werke, und darum denn hoffte, bald wieder zu Hause bei den Seinigen zu sein. Hätten die guten Leute damals schon wissen sollen, daß sie erst noch einige Jahre herumziehen müßten, so will ich das Leben verwetten, das Drittel der Armee wäre bei Hans ausgerissen. Man sah dies im Jahre 1793 bei der Retirade im Herbst! Doch davon zu seiner Zeit.

Das Wetter war die ganze Zeit über, die wir bei Hans im Lager standen, abscheulich: es regnete ohne Unterlaß, und dabei war es sehr kalt. Alle Tage mußte frisches Stroh oder vielmehr ungedroschener Weizen aus den Dörfern geholt werden, wodurch denn alle Dörfer im Umkreise weit und breit leer wurden. Das Wasser lief immer in die Zelter und machte das Lagerstroh zu Mist – also frisches!

Sollte nach Wasser oder Holz gegangen oder das elende Kommißfleisch gekocht werden, so zankte man sich erst eine halbe Stunde in den Zeltern herum, wer gehen sollte, an wem die Reihe wäre. Denn das Wasser sowohl als das Holz mußte eine gute halbe Stunde vom Lager gelangt werden, und bis dorthin mußte man bis an die Knie im Kote kneten. Feuer zum Kochen war sehr schwer anzumachen, weil man, nach geschloßnem Waffenstillstande, kein dürres Holz aus den Dörfern mehr nehmen durfte, folglich mit grünem Weiden- und Pappelholz sich behelfen mußte. Dieser Umstand machte, daß, als das Brot ankam, die Burschen in zwei Tagen gar kein Kochfeuer machen wollten.

Die preußische Reinlichkeit hatte zwar schon längst aufgehört, aber bei Hans hätte man die Herren Preußen, die sonst so geputzten Preußen, Offiziere und Soldaten, schauen sollen! Die weißen Westen und Hosen waren über und über voll Schmutz und noch obendrein vom Rauche gelb und rußig, die Gamaschen starrten von Kot, die Schuhe waren größtenteils zerfetzt, so daß manche sie mit Weiden zusammenbinden mußten, die Röcke zeigten allerlei Farben von weißem, gelbem und rotem Lehm, die Hüte hatten keine Form mehr und hingen herab wie die Nachtmützen, endlich die gräßlichen Bärte – denn wer dachte da ans Rasieren! – gaben den Burschen das leidige Ansehen wilder Männer. Kurz, wenn die Hottentotten zu Felde ziehen, so müssen ihre Soldaten reinlicher aussehn als damals wir. Die Gewehre waren voll Rost und würden gewiß versagt haben, wenn man hätte schießen wollen.

Der Herzog von Braunschweig hatte indessen immer Unterhandlungen mit dem General Dumouriez, wobei Herr von Manstein als Geschäftsträger gebraucht wurde. Als ich von diesen Unterhandlungen hörte, machte ich einmal im Beisein einiger Offiziere Bemerkungen darüber und sagte auf die Äußerung eines gewissen Herrn Leutnants, daß der General Dumouriez um Schonung bäte, ganz hitzig, daß die Reihe, um Schonung zu bitten, jetzt an uns wäre, daß unser Karren so tief im Kote stäke, daß wir Mühe haben würden, ihn nur halbwegs mit Ehren herauszuziehen usw. Der Offizier hinterbrachte diese und andre meiner Äußerungen meinem Hauptmann, und dieser brave Offizier warnte mich nur unter vier Augen vor ähnlichen Äußerungen. Er wollte, sagte er, mit mir zwar nicht disputieren, ob ich recht oder unrecht hätte, aber gesetzt auch, ich hätte recht, so wäre doch hier der Ort nicht, so zu sprechen, da ohnehin die Leute schwierig und desperat wären.

Meines Hauptmanns Rede war sehr vernünftig, aber es geht einem doch auch hart ein, eine Wahrheit, eine interessante Wahrheit, die uns zunächst angeht, bei sich verbergen und Lumpereien mit anzuhören, über die man nicht lachen kann, weil sie unser Gefühl empören, um so mehr, da das Übel, das aus diesen Lumpereien entspringt, uns selbst niederbeugt. Wenn einer zum Beispiel über zwanzig Jahre Herrn Schirachs ‚Politisches Journal' oder die Neuwieder Zeitungssudelei und dergleichen nachliest – wenn nämlich diese und ähnliche Wische nicht alle samt und sonders dann längst verlacht und vergessen sind –, so wird er freilich über die große Dummheit und Unverschämtheit dieser Skribler lachen. Aber jetzt, wer bedenkt, daß diese Schreier zum allgemeinen Elende so vieler Länder und Menschen und zum physischen und moralischen Verderben unsers lieben Vaterlandes auch ihr verfluchtes Scherflein beigetragen und geblendete Grützköpfe noch mehr verblendet haben, der kann die Wische von Neuwied, die des Herrn Schirach und von Göchhausen nicht ohne Ekel und Abscheu in die Hand nehmen. Ich bedaure daher auch jeden ehrlichen Mann, der diese Schmiralien lesen muß, und gestehe gern, daß ich lieber Pater Kochems ‚Legende', Oswalds ‚Unterhaltungen' und den ‚Kaiser Oktavianus' lesen wollte als die politischen Siebensachen eines Schirach, Göchhausen, Reichards in Gotha und anderer ihres Gelichters.

Ich habe dringende Wahrheiten nie ganz in petto halten können, und da ich immer nicht gleichgesinnte Menschen um mich hatte, so wurde ich bald als ein Patriot, bald als ein Jakobiner, dann als Demokrat und wer weiß was noch alles ausgeschrien. Aber geschadet hat mir mein freies Gerede niemals; denn im preußischen Heere sind Männer genug, die auch wissen, wo Bartel Most holt, und bei diesen und durch diese war ich immer sicher.

Es ist ganz gewiß, daß der Herzog von Braunschweig notgedrungen den ersten Vorschlag zum Waffenstillstand getan hat. Dumouriez nahm diesen Vorschlag aus Gefälligkeit gegen uns an und hatte, wie mich dünkt, hinlängliche Ursache dazu. Er konnte nämlich hoffen, daß der König von Preußen Friede mit den Franzosen machen würde, und so hatte die Republik – denn Frankreich war damals schon eine – einen mächtigen Feind vom Halse. In dieser Absicht schickte er eine Erklärung ins preußische Lager, worin er mit den besten Gründen und starker männlicher Beredsamkeit die Vorteile darlegte, welche Preußen aus dem Frieden mit Frankreich ziehen könnte. Ob man aber Dumouriez' Gründe für gültig ansah oder nicht, kann ich nicht sagen, genug, der Herzog schickte, ohne auf des französischen Generals Vorstellungen zu achten, demselben am 28. September abermals ein Manifest, welches zwar den gebieterischen

Ton des Koblenzer Aufsatzes nicht führte, doch aber noch immer die Herstellung Ludwigs XVI. und des erblichen Königtums erwähnte.

Und diesem Manifeste, welches zu gar nichts nützen konnte, ist denn auch der tragische Rückzug der Deutschen, der Einfall des Custine in die diesseitigen Rheinländer und das daraus entstandene Elend so vieler Tausender von Menschen zuzurechnen!

Es ist unbegreiflich, wie ein Fürst, ein so hellsehender Fürst, als der Herzog von Braunschweig ist, es übersah, daß er mit einem Feinde zu tun hatte, den er mit Gewalt nicht mehr zwingen konnte, und daß er trotz unsrer jämmerlichen Lage es dennoch wagte, diesem Feinde eine abermalige Kriegserklärung zuzuschicken. Ich mag diesen Punkt, dessen Resultate von selbst in die Augen fallen, nicht weiter verfolgen, glaube aber immer, daß dieses Manifest dem weisen Fürsten neuerdings extorquiert ist.

Dumouriez indes nahm das Manifest auf, wie er mußte. Er erklärte in einem Briefe an den General Manstein, daß nun aller Waffenstillstand aufgehoben sei und daß die Feindseligkeiten ihren Anfang wieder nehmen müßten. Der General Manstein, ein kluger, erfahrner Mann, fühlte schon im voraus die traurigen Folgen einer abermaligen Feindseligkeit und suchte daher den General der Franzosen auf jede glimpfliche Art zu besänftigen, allein Dumouriez blieb unerbittlich, bis endlich der Herr Graf von Kalckreuth nach seiner ihm ganz eigneń Klugheit durch seine überzeugende und gewandte Beredsamkeit bei Dumouriez und den übrigen fränkischen Heerführern so viel bewirkte, daß man die Preußen – abziehen ließ.

Es stand wahrlich bei den französischen Generalen, ob sie die Preußen abziehen lassen oder ob sie dieselben gefangennehmen wollten. Warum sie das letzte nicht taten oder wenigstens den Rückzug nicht noch mehr erschwerten, ist mir ein Rätsel, welches aber zu seiner Zeit vielleicht noch gelöst werden dürfte. Herr Graf von Kalckreuth könnte den besten Schlüssel dazu hergeben. Niemals aber ist die preußische Armee und ihr guter König in größerer Gefahr gewesen als am 29. September 1792.

Jämmerlicher Abzug aus Frankreich

Am 29. September, also an eben dem Tage – man merke das Dringende! –, wo der Herr Graf von Kalckreuth mit Dumouriez Traktaten gemacht hatte, brach unsre Armee schon auf und rückte zurück, oder vielmehr sie änderte nur ihre Position rückwärts, und am 30. ging's wirklich – zurück.

Das Wetter war anfangs recht gut, nämlich vom 29. an, allein am 3. Oktober fiel wieder das Regenwetter ein und nahm kein Ende, solange wir noch in Frankreich uns schleppten.

Man hatte in der ganzen Armee ausgesprengt, der Friede mit Frankreich sei gewiß und die Franzosen hätten sich gegeben, d. i. den alten Despotismus wieder angenommen. Wir hätten also in Frankreich nichts weiter zu schaffen und wären darum jetzt auf dem Wege nach Hause. Mir kam das Ding gleich spanisch vor, weil ich nicht begreifen konnte, wie eine Nation, welche einen 10. August und einen 2., 3. und 4. September mit Schrecken gehabt und gefördert hatte, sich hätte geben können, zumal da die Armee, welche sie hatte demütigen wollen, damals selbst gedemütiget und ihr also nicht mehr fürchterlich war, auch es nicht mehr werden konnte. Ich teilte meine Bedenklichkeiten einigen Männern im Regimente mit, welche auch Selbstdenken gelernt hatten, und diese gaben mir, nachdem ich ihnen alle meine Gründe vorgelegt hatte, recht. Besonders erinnere ich mich der guten und geraden Einsicht des Herrn Leutnants von Drygalsky, der schon, ehe wir aus dem Lager bei Hans aufbrachen, einen Einfall der Franzosen in Deutschland mit mir gleichsam als gewiß vermutete. Es wurde uns zwar stark widersprochen, aber leider: bald erfuhr man, daß wir uns nicht geirrt hatten.

Überhaupt muß man bemerken, daß der preußische Offizier sich es erlaubt, über dergleichen öffentliche Gegenstände selbst frei zu denken, und sich nicht scheut, seine Gedanken auch zu sagen, gesetzt auch, er vermute eben nicht viel Gutes. Der Östreicher ist hierin anders gesinnt, der glaubt steif und fest, sein gnädigster Kaiser müsse halter gewinnen, der sei halter unüberwindlich! Und so was macht sicher und lehrt nicht raffinieren.

Den 4. Oktober war ein ganz abscheulicher Marsch. Wir waren schon sehr frühe aufgebrochen, aber der jämmerliche Weg hinderte das Geschütz vorwärtszukommen, also mußten wir den ganzen Tag bis in die späte Nacht unterwegs bleiben und uns von dem unaufhörlichen kalten Regen bis auf die Haut netzen lassen. Spät in der Nacht, ohngefähr nach zehn Uhr, kamen wir auf dem Platze bei Besancy an, wo wir unser Lager schlagen sollten, oder vielmehr es kam nur ein großer Teil unsrer Armee dort an; denn gar sehr viele waren zurückgeblieben, teils weil sie nicht mehr fortkonnten, teils auch, weil sie sich in der stockfinstern Nacht verirrt hatten.

Hier sah ich ein gräßliches Schauspiel. Der Packknecht des Herrn Leutnants von Baschwitz war vor Mattigkeit in einen Weinberg gekrochen und dort eingeschlafen. Ein Offizier vom Regimente Woldeck ritt eben auch da durch, und sein Pferd trat dem armen Kerl auf die Brust, daß ihm das Blut zum Munde herausquoll. Wahrscheinlich hatte der Offizier diesen Unfall nicht bemerkt. Der Packknecht wurde unter unaufhörlichem Jammern eine Strecke vorwärts getragen, um ihm Hülfe zu schaffen, aber vergebens: es fehlte an Wagen, worauf man Kranke hätte legen können. Man setzte ihn also ab und ließ ihn ohnweit dem Wege liegen, wo er wahrscheinlich gestorben ist; wenigstens hat man ihn nicht mehr gesehen.

Ein anderes Unglück traf auf demselben Marsche einen Artilleristen, dem beide Beine durch das Umwerfen einer Kanone zerschmettert wurden; auch dieser ist im Kote liegengeblieben und gestorben.

Den Tag nach diesem scheußlichen Marsche war Ruhetag; man mußte nämlich Halt machen, um den zurückgebliebnen Leuten Zeit zu lassen, sich wieder zu sammeln. Hier sah man das erste Mal viele ohne Gewehr und Patronentasche ankommen. Die armen Leute hatten schon vollauf Mühe, nur ihren Körper fortzuschleppen, warfen also die Waffen weg, unter deren Last sie sonst hätten erliegen müssen. Einige schmissen sogar ihre Tornister fort. Der König selbst hat auf diesem jämmerlichen Rückzuge allen Soldaten, die er durch Hunger, Kälte, Regen und Ruhr abgemattet und wie Skelette gestaltet einzeln unterwegs antraf, den Rat gegeben, ihr Gewehr wegzuwerfen, mit dem Zusatz: er wollte ihnen schon wieder andere schaffen. Eben dieses rieten den abgematteten Kriegern alle Generale und Offiziere, in deren Busen noch Menschlichkeit rege war.

An diesem Ruhetage nahm Herr von Mandelsloh mich mit in das Dorf Besancy, um einigen Vorrat aufzusuchen, der jetzt äußerst selten geworden war. Ich war hier so glücklich, das Haus eines ehrlichen Bauern durch des Herrn von Mandelsloh nachdrückliches Verwenden gegen die Anfälle der Soldaten vom Regimente Woldeck vor der Plünderung und dessen Scheune vor dem Furagieren zu schützen, und dieses versüßte mir nachher die Beschwerlichkeit des äußerst kotigen Weges, wenn ich so ging und dachte an das ‚Homo homini lupus'.

Der Soldat im Lager ist gewöhnlich lebhaft und munter, er singt und treibt sonst allerlei, um die Zeit hinzubringen und das Lästige zu vergessen. Aber in den Lagern, welche wir, besonders auf dem Rückzuge aus Frankreich, aufschlugen, herrschte Totenstille: kein lautes Wort hörte man, wenn nicht hie und da einer fluchte oder mit seinem Kameraden zankte. Freundlicher Zuspruch war ganz außer Mode.

Von da marschierten wir einige Tage hintereinander, oder vielmehr wir wateten durch Wasser und Kot bis auf den 9. Oktober. Wegen der gewaltigen Wege und des beinahe immer anhaltenden Regens konnte man nur ganz kleine Märsche von drei, vier, höchstens fünf Stunden machen, und doch brach man jedesmal mit dem Tage, oft auch noch vor Tage auf und marschierte bis zur sinkenden Nacht. Kamen wir dann endlich an den Ort, wo das Lager sein sollte, so wurden die Zelter aufgestellt, freilich nicht so wie bei der Revue zu Magdeburg oder zu Berlin, sondern wie man nur konnte. Oft legten sich die Soldaten aus mehrern Zelten zusammen in eins und ließen die andern unaufgeschlagen im Kote liegen.

Waren die Zelter aufgeschlagen, so ging's in die Dörfer nach Stroh und Holz und nach Futter für die Pferde; beiher wurde mitgenommen, was noch da war und die entflohnen Einwohner nicht vergraben oder versteckt hatten. Alle Dörfer, bei denen die Armee gestanden hatte, wurden wüst und öde. Fand man in den Gärten noch Gemüse, so machten die hungernden Soldaten sie sich zu Nutze und kochten sie zum Kommißfleisch. In diesen Gegenden gibt es starke Bienenzucht, aber die Bienenstöcke, welche in den Dörfern, die wir passierten, anzutreffen waren, wurden alle verdorben und beraubt. Manche Soldaten wurden dabei oft so von den Bienen zerstochen, daß sie ganz unkenntliche Larven hatten. Der Anblick dieser im Gesicht und an den Händen dickgeschwollnen Bienenstürmer hat manche lachen gemacht.

Das Elend wurde täglich größer. Die Wege wurden immer schlechter und die Mannschaft wie die Pferde matter und kränker. Von Hans an bis nach Luxembourg war der Marsch der Preußen mit toten Pferden wie angefüllt, alle fünf Schritte lag so ein Tier, entweder schon tot oder doch dem Tode nahe. Manche hatte man auch, weil sie gar nicht mehr ziehen konnten, laufen lassen und sie dem Hungertode preisgegeben. Vielleicht haben nach unserm Abzuge die Bauern sie aufgefangen oder aus Mitleid getötet. Es war wirklich ein schrecklicher Anblick, so viel armes Vieh da herumliegen zu sehen, das zum Teil noch lebte und über deren Körper Wagen, andre Pferde und Menschen quatschten. Aber für Pferde durfte man damals kein Mitleid haben, man konnte es nicht 'mal für Menschen!

Die Kranken – mir schaudert noch die Haut, wenn ich an das Übermaß all des

Elends denke, welches unsre armen Kranken auf dieser verfluchten Retirade überstehen mußten! – die Kranken also mehrten sich jeden Tag, so, daß endlich kaum Fuhren genug zu haben waren, sie wegzubringen. Das Übel, welches unser Heer so schrecklich zerstörte, war, wie wir wissen, besonders die Ruhr; es lagen aber auch sehr viele an Gicht und andern arthritischen Zufällen. Die Ruhr mehrte sich durch den Notgenuß des unreifen Obstes und Weins.

Unsre Lager sahen bei unserm Aufbruch auch hier noch immer aus wie Begräbnisstätten oder wie Spitalhöfe. Die ekelhaften blutigen Exkremente machten einen scheußlichen und die da und dort liegenden Kranken und mit dem Tode erbärmlich Ringenden einen schrecklichen Anblick. Jeden Tag hatte ich den deutlichsten Beweis für meinen alten Satz, daß der Mensch – nach unsrer jetzigen bürgerlichen Einrichtung – eigentlich wie bestimmt sei, lasterhaft und unglücklich zu werden, und daß wenigstens gewisse Vorschriften der Moralphilosophie sich jetzt oft nicht anwenden lassen, folglich jetzt nichts weniger als allgemein sind.

Wieviel lasterhafte Menschen und wieviel Elende und Unglückliche hat der jetzige Krieg gegen die Franzosen nicht schon gemacht! Und doch ist der Krieg selbst, laut aller Bücher über theologische und philosophische Moral, von Hugo Grotius bis auf Göchhausens hochadlige Schriften, kein Laster für sich, ja er muß wohl noch eine edle Handlung sein nach den hohen und vielen Lobsprüchen, die wir in unsern Dedikationen, Gedichten und Predigten auf die Helden antreffen. Die Laster und das Elend, welches der Krieg mit sich bringt, sind freilich Akzidenzen, wie die Herren Jerusalem, Herder, Iselin und andre große Männer sprechen. Aber es sind doch Akzidenzen, welche aus dem Wesen des Kriegs selbst fließen, folglich davon unzertrennlich sind. Da nun der Krieg nicht nur nicht unerlaubt, sondern sogar in gewissen Fällen Pflicht ist (nach Grotius und Pufendorf), so muß man oft aus Pflicht etwas unternehmen, wovon Elend und Laster unzertrennlich sind, ja wodurch beide vermehrt und da, wo sie noch nicht sind, notwendig erzeugt werden. Folglich hat die Natur oder das, was sonst diese gegenwärtige Einrichtung der Dinge gemacht hat, sehr übel für das menschliche Geschlecht gesorgt, indem sie uns Pflichten auferlegt, deren Erfüllung Elend und Laster verbreitet und uns zur Erfüllung andrer Pflichten und zum Genuß der gemeinschaftlichen Güter unfähig macht. Das sind freilich abscheuliche Wahrheiten, aber es sind doch Wahrheiten, welche sich leider bei der Betrachtung solcher abscheulichen Gegenstände, wie der Krieg ist, von selbst aufdringen. Ich will sie nicht weiter ausführen und wünsche allen meinen Lesern, daß sie durch eigne Erfahrung nie davon mögen überzeugt werden. Kants philosophischer

Entwurf zum Ewigen Frieden wäre freilich das beste Präservativ dawider, aber dieser philosophische Erlöser der Welt prediget jetzt noch in der Wüste.

Die Toten, welche im Lager gestorben waren, sind dort liegengeblieben, und man überließ ihr Begräbnis den Franzosen, welche allemal über die Stellen uns nachzogen, wo unsre Lager gestanden waren. Diese, ob sie gleich als Franzosen unsre Feinde hätten sein sollen, hatten doch als gutmütige Menschen Mitleid mit unserm Elende und bedauerten die armen Unglücklichen, die so jämmerlich um ihr Leben kommen mußten. Daß man wirklich Tote unbegraben liegenließ, entschuldiget unsere damalige Lage, daß man aber auch unvermögende lebendige Menschen dahinliegenließ, war doch schrecklich und grausam! Der König hat von dieser Barbarei gewiß nichts gewußt, vielleicht wußten es nicht einmal die hohen Generale, aber einzelne Offiziere hätten es wissen müssen, und diese hätte man zu schwerer Verantwortung ziehen sollen. Doch wo kein Kläger ist, da ist auch kein Richter, und wer verklagt gern seinen Hauptmann? Daß indes dieser Anblick den Franzosen gedient hat, sich in ihrem Abscheu gegen alles, was Monarch und Monarchie heißt, noch mehr zu befestigen, läßt sich denken.

Auf den Wagen, worauf die Kranken transportiert wurden, fehlte es an aller Bequemlichkeit; die armen Leute wurden drauf geworfen, wenn sie sich nicht selbst noch helfen konnten, wie man die Kälber auf Karren wirft, und damit war es dann gut. Niemand bekümmerte sich, ob so ein Kranker etwas unter dem Leibe oder dem Kopfe hatte, ob er bedeckt war oder nicht; denn die, welche sich um dergleichen hätten bekümmern sollen, waren meistens selbst krank und hatten kaum Kräfte genug, sich fortzuschleppen. Starb einer unterwegs, so warf man ihn von dem Wagen auf die Seite und ließ ihn unbegraben liegen. Oft warf man noch Lebende mit herunter, die dann aufs jämmerlichste im Schlamme verrecken mußten*. Meine Leser müssen hier nicht an Übertreibung denken; ich würde, wenn ich auch noch abscheulicher schilderte, doch lange nicht genug sagen.

Auf allen Dörfern blieben Kranke zurück, die denn meistenteils aus Mangel an Pflege und Nahrung jämmerlich umkamen.

Den 8. Oktober mußte der Befehl gegeben werden, die Dörfer in der Gegend auszuplündern. Viele unsrer Leute glaubten, das sei die Folge eines geringen Angriffs der Franzosen auf die Östreicher, und meinten, daß man auf diese Art jenes Unrecht (man denke doch!) durch Plünderung der armen Bauern rächen wollte. Allein dieser Gedanke war falsch; denn bloß der große Mangel an Nah-

---

* Verrecken ist freilich ein sehr unedles Wort; es passet aber vollkommen, die Todesart unsrer Brüder auf dem Rückzuge aus Frankreich zu bezeichnen. Quid sumus!

rung für Menschen und Vieh und besonders für das Hauptquartier nötigte den Herzog von Braunschweig, diesen sonst menschenfreundlich denkenden Fürsten, die Ausplünderung von etwa neun Dörfern zu befehlen, welche auch durch mehrere Bataillons Infanterie und Husaren ausgeführt wurde.

Der Herzog hatte zwar befohlen, daß man strenge Mannszucht halten und beim Plündern niemand beleidigen sollte. Aber man bedenke, ob ein solcher Befehl wohl als zur rechten Zeit gegeben angesehen werden könne? Einem Soldaten, welcher plündern soll, welcher in Feindes Landen zu sein glaubt, welcher seit zwei Monaten alles Elend ausgestanden hat und darum vor lauter Erbitterung grollsinnig einherschleicht, dem will man befehlen, beim Plündern menschlich zu sein? Aber die Herren waren es auch nicht im geringsten: die Pferde, Ochsen, Schweine, Hühner, Gänse, kurz, alles, was man nur von Vieh finden konnte, sogar Hunde, trieb man zusammen. Dann nahm man aus den Dörfern, was nur noch zu nehmen war, besonders den ungedroschnen Weizen für die Pferde, und prügelte die Bauern und die Weiber, welche nicht noch entflohen waren, gar jämmerlich. Es waren aber zu der Zeit wenige noch entflohen, weil sie glaubten, Preußen und ihre Nation habe einen friedlichen Traktat abgeschlossen und erstere zögen als ihre Freunde jetzt zurück. Man hat für gewiß versichert, daß bei dieser Plünderung mehrere Bauern totgeschlagen oder totgehauen seien, und ich mag dieses gar nicht in Zweifel ziehen: ich weiß, wie sehr unser Volk litt und wie sehr es eben darum gegen die Franzosen, die ein großer Teil noch immer als die Urheber alles ihres Unglücks ansah, aufgebracht war.

Alle Furage, alles Gemüse usw. wurde am Hauptquartier zu Conconvoix in Empfang genommen. Darüber entstand ein greuliches Murren, besonders unter den Husaren, welche nun nichts für ihre Pferde zu füttern hatten; dieses Murren legte sich, als man versprach, sie den andern Tag abermals plündern zu lassen.

Es war wirklich sonderbar anzusehen, wenn ein Bauer, dem sein Pferd oder seine Ochsen, Kühe usw. genommen waren, ins Lager kam und sich beschwerte. Man befahl ihm, das entwendete Stück Vieh aufzusuchen, führte ihn aber nicht dahin, wo er es hätte treffen können, und traf er es von ungefähr, so schwor gleich ein Husar oder sonst jemand Stein und Bein zusammen, daß sich der Bauer irrte, und dann mußte dieser abfahren, auch wohl, wenn er sich nicht gleich fügte, noch eine Tracht Hiebe mit nach Hause nehmen.

Am 9. Oktober wurde also abermals geplündert oder, wie man es nannte, furagiert. Mir ist nicht selten der Gedanke eingefallen, daß, wenn die Franzosen das dortige flache Land auf fünf Meilen im Umkreise zerstört und die Dörfer abgebrannt hätten, die preußische Armee in die äußerste Hungersnot geraten wäre.

Um diese Zeit fing man auch an, die Munitionswagen zu verbrennen und die Kanonen einzugraben. Viele unsrer Offiziere haben vor übertriebner Ehrbegierde dieses zwar nirgends gern eingestanden, und ich habe selbst einige dreust behaupten hören, daß die Preußen niemals Kanonen eingegraben hätten und daß es Lästerung sei, ihnen dergleichen Schuld zu geben. Aber dieser Einrede ungeachtet muß ich hier bekennen – und jeder Augenzeuge wird es mit mir bekennen –, daß diese Sage ihre Richtigkeit hat. Eben in der Gegend von Conconvoix wurde eine Haubitze versenkt und hernach mit toten Körpern überdeckt, damit das Grab der Haubitze für ein Grab menschlicher Leichname angesehen und von den Franzosen nicht untersucht werden möchte. In der Folge sind aber, um einer Pest vorzubeugen, von den Franzosen alle Leichen der Preußen in tiefe Löcher vergraben worden, und da haben sie denn alles eingegrabne Geschütz entdeckt und zu ihrem Gebrauch umgegossen.

Die meisten Soldaten leerten auch ihre Patronentaschen aus und warfen die Patronen weg, und dieses war ihnen um so weniger zu verdenken, da schon alles Pulver durch die anhaltende Nässe ganz verdorben und unwirksam geworden war. Ich selbst habe meine Munition weggeworfen und bin bis Montabaur ohne alle Munition gegangen.

Am 10. kamen wir bei Laurmont ins Lager, aber man konnte hier kein Stroh bekommen, uns drauf zu legen, die Dörfer waren schon vorher durch die Kavallerie von allem Stroh beraubt worden. Wir mußten daher auf der bloßen nassen Erde in den Zelten herumliegen, und da es noch obendrein die Nacht stark regnete und das Wasser auch hier wieder in unsre Zelter eindrang, so brachten wir abermals eine ganz abscheuliche Nacht hier zu.

Die Märsche an den folgenden Tagen waren alle gleich abscheulich; die Pferde stürzten schrecklich zusammen und konnten das Geschütz nicht mehr fortbringen. Da man aber dasselbe nicht alles vergraben wollte, so mußten die Kavalleristen ihre Pferde dazu hergeben. Dies geschah, und die Reuter, welche hatten absitzen müssen, warfen nun ihre Gewehre auch weg, und so sah man Karabiner, Pistolen, Sättel und Kürassiersäbel häufig im Kote herumliegen.

Am 13. Oktober war ein noch schrecklicherer Marsch. Wir konnten kaum in einer Stunde 200 Schritte vorwärts kommen, so ganz abscheulich war der Weg und so sehr hielt uns die Artillerie und Bagage auf. Als wir bis auf den Abend gegangen oder vielmehr gekrochen waren, erreichten wir endlich die Stelle, wo wir lagern sollten. Aber kaum hatten wir abgelegt, als wir sofort Order bekamen, vorwärts zu marschieren. Der kaiserliche General Hohenlohe hatte seinen Abmarsch von Stenay verfrüht und dadurch unsre rechte Flanke entblößt.

Man marschierte fort bis des Nachts um elf Uhr, oder vielmehr, die Leute tappten herum in der stockfinstern Nacht, bis man endlich in einem Hochwalde Halt machte. Hier standen wir nun bis den 17. ohne Zelter, weil die Bagage unmöglich hatte vorwärts können. Kaum waren einige elende Zelter für den König und die Prinzen aufzubringen. Es regnete diese ganze Zeit über erbärmlich, und unsre Armee befand sich in den kläglichsten Umständen. Die hohen Eichbäume wurden abgesägt, gespalten und verbrannt. Die Feuer waren zwar auch hier höllisch groß, doch aber kaum hinlänglich, uns zu erwärmen. Ich entsinne mich nicht, jemals in einer elendern Lage gewesen zu sein.

Wir fanden auf den Feldern einige Kartoffeln, welche denen, die sie fanden, zur Nahrung dienten. Aus den Dörfern wurden auch noch einige Lebensmittel herbeigeschafft, auch schlachtete man das noch vorhandene Vieh und teilte das Fleisch unter die Soldaten.

Es wurde während unsers Stillstands im Walde alles angewandt, das Geschütz und die Wagen fortzubringen; man ließ noch mehr Kavalleristen absitzen und ihre Pferde vor die Kanonen spannen.

Ein Korporal kam hier ganz krumm nach dem königlichen Zelte und sah wegen seiner Ruhr aus wie ein Gerippe. Der König stand da und sah mit mitleidig-gebeugtem Blick dem übergroßen Elende seines Volkes zu. Als er den Unteroffizier erblickte, sagte er zu ihm: „Wie geht's, Alter?"

Unteroffizier: Wie Sie sehen, Ihre Majestät, schlecht!

König: Jawohl, schlecht, daß Gott erbarm! (Lange Pause) Die Spitzbuben!

Unteroffizier: Jawohl, die Spitzbuben, die Patrioten!

König: Ei, was, Patrioten! Die Emigranten, das sind die Spitzbuben, die mich und euch ins Elend stürzen. Aber ich will's ihnen schon gedenken!

So sah also der gutmütige König jetzt besser ein, wer ihn mißleitet hatte. Er hatte das nämliche schon dem Monsieur (dem Grafen von Provence) und dem General Clerfait zu Hans gesagt. „Ihr habt", waren seine Worte, „mich alle beide hintergangen. Diesmal will ich euch noch aus der Not helfen, worin ihr steckt, aber ihr sollt an mich denken."

Diese Gesinnung des Königs, welche nur zu gut gegründet war, ward nun auch die der ganzen Armee, und jeder Preuße haßte alle Emigrierten mit dem größten Recht von der Welt. Ihren lügenhaften und herrschsüchtigen Vorstellungen hatten wir all unser Elend ursprünglich zu danken.

Verdun wurde indessen am 14. Oktober dem General Kellermann von uns wieder übergeben. Den 17. Oktober brachen wir aus dem Walde von Châtillon, einer ehemals schönen, jetzt aber gänzlich zerstörten Abtei, auf und marschierten vorwärts auf Longwy zu. Auch dieser Marsch war, wie alle vorhergehenden und folgenden, abscheulich.

Das Gewehr, welches unsre Kavalleristen weggeworfen hatten, machten sich an diesem Tage die zusammengerotteten Bauern zunutze, fielen unsern Nachtrab an, schossen einen Husaren tot und nahmen andere noch gefangen. Die Bauern wollten sich wegen ihrer ausgeplünderten Dörfer und wegen ihres geraubten Viehes rächen. „Ces mâtins de prussiens", riefen sie, „payeront de leurs têtes nos vaches et nos oignons." Und damit schossen sie los. Die Arrière-Garde der Preußen kam dadurch in große Unordnung. So sehr war unser Mut und Ansehn gesunken, daß elende Lotharinger Bauern uns angreifen und zerstreuen konnten. Aber die französischen Husaren befreiten unsre Gefangnen aus den Händen ihrer Bauern und schickten sie uns zurück. Dieser Umstand ist zwar an sich geringfügig, er dient aber doch, die traurige Lage zu beweisen, worin sich damals unsere Armee befand. Hätten die Franzosen uns damals ernstlich angegriffen, als wir im Walde bei Châtillon standen, ich glaube, wir wären verloren gewesen.

Daß aber selbst die Franzosen unsere damalige Lage genau gekannt haben, erhellet aus folgendem. Eine hessische Patrouille wurde von einer französischen attackiert. Die Hessen wehrten sich verzweifelt, doch wurde ihr Offizier, Herr Leutnant von Lindau, gefangen. Der General Dillon schickte diesen Braven an den Landgrafen zurück mit einem Schreiben, welches ich, seiner Merkwürdigkeit wegen, hier einrücke:

„Ich habe die Ehre, Seiner Durchlaucht dem Landgrafen von Hessen-Kassel den Leutnant Lindau zurückzuschicken. Aus dem Zeugnis, das ich diesem Offizier habe geben lassen, werden Sie ersehen können, daß die allezeit große, allezeit großmütige französische Nation eine schöne Tat zu schätzen weiß und auch an ihren Feinden Tapferkeit hochschätzt. Ich ergreife diese Gelegenheit, Seiner Durchlaucht einige Gedanken vorzulegen, welche Vernunft und Menschenliebe eingeben. Sie können nicht in Abrede sein, daß eine ganze zusammengenommene Nation das Recht habe, sich diejenige Regierungsform, die sie für ratsam hält, zu geben, und daß folglich kein Privatwille den Willen der Nation hemmen könne. Die freie und auf ewig ganz unabhängige französische Nation hat ihre Rechte wieder an sich genommen und ihre Regierungsform abändern wollen, das ist in wenig Worten der Inbegriff desjenigen, was in Frankreich vorgeht. Seine Durchlaucht von Hessen-Kassel haben auch ein Korps Truppen nach Frankreich geführt. Als Fürst opfern Sie Ihre Untertanen für eine Sache auf, die Sie nichts angeht, und als Krieger müssen Sie die Lage einsehen, worin Sie sich itzt befinden. Sie ist gefährlich für Sie, Sie sind umringt, ich rate Ihnen, morgen früh den Rückweg nach Ihrem Lande anzutreten und das französische Gebiet zu räumen. Ich will Ihnen die Mittel verschaffen, sicher an den französischen Armeen vorbeizukommen, die sich verschiedner Posten, wo Sie durch müssen, bemächtiget haben. Dieser Antrag ist freimütig; ich verlange eine kategorische und förmliche Antwort. Die französische Republik entschuldigt einen Irrtum, sie weiß aber auch einen Einbruch in ihr Gebiet und die Plünderung desselben ohne Erbarmen zu rächen.

Dillon.

N. S. Ich sende Ihnen diesen Brief durch meinen Generaladjutanten Gobert, der auf Ihre Antwort warten wird. Ihre Beschleunigung ist dringend notwendig: ich bin im Begriff zu marschieren."

Dieses Schreiben beweiset hinlänglich, daß Dillon die üble Lage der deutschen Völker genau kannte. Das Schreiben war aber in einem Tone abgefaßt, welcher einem Fürsten, wie der Herr Landgraf von Hessen ist, unmöglich gefallen konnte. Nachdem also dessen Inhalt durch einen Zufall bekannt geworden war, so wurde auf Befehl des Landgrafen ausgesprengt, es sei erdichtet oder doch wenigstens nicht in die Hände Seiner Durchlaucht gekommen, noch weniger aber habe er es beantwortet. General Dillon erfuhr dieses und ließ nun unter seiner Bürgschaft das Schreiben nebst der Antwort, welche auf Befehl des Herrn Landgrafen darauf gegeben und freilich eines auf seine Fürstenehre höchst eifersüchtigen Mannes würdig war, durch den Druck und durch Zuschreiben an preußische Generale bekanntmachen.

Ich überlasse es meinen Lesern, die hieher gehörigen Anmerkungen selbst zu machen – einmal über unsre damalige Lage, dann über den offnen und edlen Republikanersinn und endlich über die diplomatischen Kunstgriffe des Dünkels, der Macht und des Schlendrians.

Ankunft auf deutschem Boden

Es war schon, ehe wir die Standquartiere verließen, befohlen worden, daß man besonders für gutes Schuhwerk der Soldaten sorgen und hinlänglich dazu mitnehmen sollte, um die abgehenden gleich wieder ersetzen zu können. Aber unsre Herren hatten so für sich auskalkuliert, daß der ganze Krieg wohl nur ein Vierteljahr dauern könnte, und waren eben darum auch in Befolgung dieses Befehls sehr nachlässig gewesen. Die Folgen der Fahrlässigkeit in einem so äußerst wichtigen Punkte zeigten sich bald. In der ganzen Armee fingen die Schuhe bei dem scheußlichen Rückzuge aus Champagne auf einmal so an zu reißen, daß beinahe kein einziger Soldat gutes Schuhwerk noch hatte. Sogar die Offiziere trugen zerrissene Stiefeln, und die armen Packknechte gingen vollends gar barfuß.

Es war schändlich anzusehen, wie die Preußen da ohne Schuhe durch den Kot zerrten und ihre Füße an den spitzigen Steinen blutrünstig aufrissen. Viele hatten ihre zerrissenen Schuhe auf die Gewehre gehängt, andere trugen sie in der Hand, manche hatten Lappen und Heu um die Füße gewickelt, um sie vor den kleinen scharfen Steinen zu sichern.

Freilich wurde befohlen, daß alle Soldaten, welche das Schuhmacherhandwerk verstünden und deren es bei allen Regimentern gibt, arbeiten und die zerrissenen Schuhe wieder ausbessern sollten. Aber da war was auszubessern! Es fehlte ja bei den meisten an Leder, Hanf und Pech. Überdies denke man sich einen Schuster, der im Schlamme und in der Kälte arbeiten soll! Unser Hauptmann gab zwar sein eignes Zelt für die Schuhmacher her und ließ sie darunter arbeiten, nur damit sie Platz haben sollten, und doch fehlten in unsrer Kompagnie die Schuhe ebensosehr als in andern. Der Feldwebel Gruneberg hatte immer seine wahre Not, wenn er die Wache kommandieren sollte: von vier Mann hatten allemal drei keine Schuhe und konnten doch barfuß nicht aufziehen! Marschieren durfte man wohl barfuß, aber nicht barfuß auf die Wache ziehen!

Der schlechte Zustand des Schuhwesens machte mehr scharfe meuterische Reden bei der Armee rege als selbst der Hunger. Die Soldaten klagten laut und brachen in Äußerungen aus, welche zu jeder andern Zeit wären bestraft worden, aber auf einem Rückzuge, wie unser Rückzug aus Frankreich war, mußten unsre Offiziere schon schweigen und die Leute murren und schimpfen lassen.

Bei der östreichischen Armee war es eben nicht besser, da hatten die meisten auch keine Schuhe und liefen barfuß. Auch die Herren Emigrierten mußten barfuß mit herumpatschen, eben jene großen Herren, welchen kurz vorher die Koblenzer, Wormser, Binger und andere Schuster die Schuhe nicht leicht und niedlich genug machen konnten!

Wie die Schuhe, so war auch die ganze übrige Montur. Ein Haufen herumziehender Zigeuner sieht ebenso reinlich und so ganz aus als damals wir Preußen. Man besang uns sogar in einem Schimpfliede.

Gegen Nacht kamen wir endlich müde und hungrig bei Longwy an. Ich hatte hier so meine eignen Betrachtungen, welche ich meinen Kameraden mitteilte.

„Heute", sagte ich, „ist der 19. Oktober. Am 23. August haben wir Longwy in Besitz genommen und hofften damals, so leicht wie Longwy ganz Frankreich zu erobern, und schon jetzt müssen wir Longwy zurückgeben und haben Spott und Schande und unersetzlichen Schaden von unserm Einmarsch in Frankreich! So sehr hat sich unser Stolz und Manifesten-Anspruch in acht Wochen demütigen müssen! Ich bedaure hierbei keinen mehr als unsern gutmütigen König wegen der vielen Opfer, die er an Geld, Menschen und Vieh den Emigrierten gebracht hat, nicht nur ohne Nutzen für jetzt, sondern auch mit wer weiß wie noch langem Verlust für die Zukunft. Ach, Preußens Ehre geht mir nahe, und vielleicht zittern wir bald vor denen, die sonst vor uns zitterten!" So sprach ich damals, und bald hieß es im ganzen Regiment: Laukhard ist ein Patriot, ein Franzose! Und doch hat – die Folge wird es zeigen – es wohl schwerlich jemand mit den Preußen besser und ehrlicher gemeint als Laukhard.

Es geht aber überhaupt so! Die Leidenschaften der Menschen wollen geschmeichelt sein, sonst ist es nicht recht. Wer einem Kranken sagt, daß er sterben werde, daß er gefährlich daniederliege, macht sich den Kranken und dessen Freunde zu Feinden. Selbst Locke, der große Locke, ward böse über seinen Arzt, als er ihm sagte, daß er nicht 24 Stunden mehr leben würde. „Es kann wahr sein", sagte der Philosoph, „aber mir hätte er es doch nicht sagen sollen." Überhaupt

> „Sollen wir freudig horchen und willig gehorchen, so mußt du
> schmeicheln! Sprichst du zum Adel, zu Fürsten, zu Königen: allen
> mußt du Geschichten erzählen, worin als wirklich erscheinet,
> was sie wünschen!"*

Freilich, was sie wünschen! Denn gerade dieses glauben sie am ersten und sind dadurch am leichtesten zu berücken. Dies lehrt die neuere Geschichte leider bis zu Tränen. Die Emigrierten, ganz in die empfohlne Hofkunst eingeweiht, stellten den großen Herren die Eroberung und Unterdrückung Frankreichs so leicht und so bald tunlich vor, daß es ihnen gelang, den gutmütigen König von Preußen und den Kaiser in den schrecklichen Krieg zu verwickeln, der eben jenes Elend über Deutschland brachte, welches ehemals ein ähnlicher Krieg des Darius und Xerxes über Persien und überhaupt über ganz Asien gebracht hat. Man kann leicht dartun, daß die Eroberung von Persien durch Alexander den Großen eine Folge der Unternehmungen der alten persischen Tyrannen gegen die Frei-

* Horen, I. Bd., S. 3.

heit der Griechen war, und so wissen unsre Herren gar nicht, was sie wollen, wenn sie drauf bestehen, Frankreich einen König jetzt wieder aufzudringen. Das freie Griechenland würde Persien niemals erobert haben, aber ein griechischer König konnte dieses tun und tat es. Wird einst Frankreich einen Alexander haben, so ist Deutschland seine Eroberung! Dies merke man sich in Wien und in Regensburg!

Man wird daher nach so vielen harten Erfahrungen doch endlich einmal klug werden und einsehen, daß die aristokratisierenden politischen Kanngießer, die nach Emigrantenart alles, groß und klein, gegen Frankreich aufhetzen, die ärgsten Feinde der Großen und ihrer Untertanen waren und noch sind und daß die braven Männer, welche den Großen und dem Publikum die Augen öffnen wollten, allerdings als ihre ersten und wahren Freunde einer Bürgerkrone wert sind. Es kömmt hierbei nichts an auf gehässige Namen von Patrioten, Demokraten, Jakobinern und dergleichen, es kömmt nur auf Wahrheit an, und diese Wahrheit – wer sagte sie? Ein Schirach, ein Girtanner, ein Göchhausen, ein Jung, ein Reichard in Gotha oder –? Doch ich will nur weitererzählen.

Am 20. war Ruhetag, und wir erhielten aus dem Magazin von Longwy Fleisch, Wein, Branntwein und Zwieback. Das war denn wieder zum erstenmal gehörig gegessen und gelabt!

Hier wurden auch die Soldaten wieder munter; denn nun hieß es: noch einen Marsch, und wir sind aus Frankreich! Die guten Leute bildeten sich ein, daß, wenn sie nur aus Frankreich wären, alles Elend gleich ein Ende haben würde, und bedachten nicht, daß der Same zu unbeschreiblichem Unglück, welches in der Folge auf unser liebes Vaterland fallen mußte, schon ausgestreut war und schon Keime gewonnen hatte.

Mein Hauptmann schickte mich nach Longwy, um einiges für ihn bei einem Tischer machen zu lassen. Der Tischer war ein gescheiter Mann und sprach von den Angelegenheiten der Zeit recht artig und bescheiden, aber sein Schwager, ein Gerber, welchem die Preußen sein Leder genommen und nicht bezahlt hatten, räsonierte bitter und schalt auf die Preußen derb, noch derber aber auf die Östreicher. Ich remonstrierte dem Menschenkinde, daß es unklug sei, auf die Preußen zu schimpfen, da sie noch Longwy in Besitz hätten. „Wie", erwiderte er, „was haben die Preußen in Besitz? Aus Gnade und Barmherzigkeit lassen wir sie hier durch, und da dürfen sie sich nicht dick machen! Ich will den sehen, der einem Franzosen ein Haar krümmen sollte, der würde schön ankommen, wäre es auch euer Braunschweig selbst. Es ist nicht mehr, wie's vor sechs Wochen war."

Ich merkte, daß der Mann recht hatte, und zuckte die Achseln.

Sonntags, den 21. Oktober, verließen wir das Lager bei Longwy und marschierten aus dem französischen Gebiete ab.

Ehe ich dieses Kapitel schließe, will ich den Leser noch auf eine Bemerkung aufmerksam machen, und die ist, daß gerade zu der Zeit, als die verbündete Armee ihre Operationen gegen Frankreich betrieb, die französische Nation ihre monarchische Staatsform in eine republikanische veränderte und daß eben diese Veränderung im Manifeste des Herzogs von Braunschweig und in dem Anfall der deutschen Armee auf Frankreich ihren Grund gehabt hat, daß folglich eben die Mittel, welche dienen sollten, dem Könige, Ludwig XVI., seine alte despotische Gewalt wiederzuerringen, gerade diese Gewalt zernichtet und den Grund zur nachherigen Hinrichtung dieses Fürsten gelegt haben.

Hieraus folgt nun unwidersprechlich, daß eben der Krieg der fremden Potentaten gegen Frankreich die Freiheit dieses Reichs gegründet hat, daß folglich diese Freiheit so lange bestehen muß, als der Krieg währet; denn im Kriege liegt ja ihre Entstehung oder der zureichende Grund ihres ersten Daseins. Da nun, wie aus der Geschichte aller Zeiten erhellt, die Freiheit im Kriege allemal Enthusiasmus ist, Enthusiasmus aber entweder erst mit seinen Helden zugrunde geht, wie dort mit Leonidas und seinen braven Brüdern bei Thermopylä, oder seinen Feind mutig besiegt, wie im Miltiades bei Marathon, so ist es nicht nur eine gefährliche Sache, den Krieg mit einem freigewordenen Volke fortzusetzen, wie die Begebenheiten von 1792, 93, 94, 95 und 96 nebst der Geschichte der Griechen, Schweizer, Niederländer und Nordamerikaner beweisen, sondern es ist auch selbst für das Interesse der Könige eine höchst absurde, zweckwidrige Sache. Denn eben dadurch, daß man das freie Volk bekriegt, macht man es aufmerksamer, einiger, mutiger, trotziger, folglich tapferer, kräftiger, selbständiger und zum Widerstande fähiger – die andern Folgen nicht einmal mitzuzählen, wie da sind, daß die Herren Potentaten sich vergebens erschöpfen, sich der Beschimpfung und Verachtung preisgeben, dadurch selbst bei ihren Untertanen immer mehr an Ansehen verlieren, lächerlich werden, ja nach und nach bei ihnen den Gedanken und den Mut erregen, es der bekriegten, aber freien Nation nachzumachen und sich von der oft beschimpfenden und widersinnigen Vormundschaft eines Menschen zu befreien, der wohl leicht selbst mehr als sie eines Vormunds zuweilen noch bedürfte, und dergleichen.

Frankreich hat das alles klar und mächtig bewiesen, wenngleich einige politische Querseher ihresgleichen haben weismachen wollen, daß Belladonna und die Guillotine die französischen Soldaten die Gefahren habe verachten und den Feind überall tapfer angreifen machen. Aber wehe über das Hirn dieser armseligen politischen Schlucker! Tyrannei soll tapfer machen! Braver Moncey und du, ehrwürdiger Dampierre, edler Beaurepaire und all ihr würdigen Verteidiger eures Vaterlandes gegen so viel Feinde – ihr, deren Blut für das hohe Kleinod der Freiheit verspritzt ist, ihr also habt euer Leben aufgeopfert aus Furcht vor der Guillotine? Das können nur die Philosophen, die Höflinge und die Minister zu Schilda glauben! Aber ein Mensch, der Menschenverstand hat und nur etwas historische Kenntnisse besitzt, hat hier andre Gedanken: er denkt, daß Druck und Drang von inkompetenten oder despotischen Richtern notwendig Freiheitssinn erzeugt, daß Krieg diesen Freiheitssinn vermehrt und bis zum Enthusiasmus erhebt und daß dann eine freie Nation wenigstens so lange frei sein muß, als der Krieg währt oder als sie noch befürchten kann, daß man ihr die Freiheit rauben wolle. Dieses ist eine goldne Wahrheit, die allen wahren Weisen längst eingeleuchtet hat und endlich auch noch denen in England einleuchten wird, von welchen Cicero weissagt, wenn er spricht: Eventus stultorum magister! Man hat das ja schon gesehen.

Was hoffte man nicht alles im Juli 1792! Man hoffte, daß Frankreich sich sofort geben, d. i. den König als souverän wieder anerkennen würde. Man rückte deswegen so schlecht vorbereitet an. Allein je näher die Gefahr für Frankreich erschien, desto mehr hob sich jener Freiheitssinn, der den Republikanern allein eigen ist. Die gräßlichsten Blutszenen machten den Anfang. Man denke an den 10. August! Die Alliierten erobern Longwy und Verdun und siehe da: in Paris den Auftritt vom 2. September! Endlich erklärt sich die Nation für frei und setzt ihren König gänzlich ab, und das gerade damals, als man zu einem entscheidend sein sollenden Treffen Anstalt machte. Ergo hat ja der Krieg selbst, und zwar der Krieg allein, den Gedanken der Nation rege gemacht: wir wollen frei sein und für unsre Freiheit leben oder sterben!

Lager bei Luxemburg

Unsre Armee kam den 21. Oktober auf deutschen Boden zurück, aber auch hier hatte das Elend und die Not noch kein Ende. Wir lagerten uns in den Kot, und zwar ohne Lagerstroh, und doch sollten wir hier auf Order stehenbleiben!

Am ersten Ruhetage, dem 22., desertierten einige Soldaten vom Regiment Woldeck. Man setzte ihnen nach, weil man ihre Spur wußte, aber die Nachsetzenden mochten sich wohl etwas zu weit verlaufen haben und über die Grenze gekommen sein. Genug, sie stießen auf eine französische Patrouille, welche sie angriff und gefangennahm. Einer von ihnen kam dabei ums Leben, und die andern wurden nach Longwy, welches den folgenden Tag gänzlich geräumt wurde, überbracht, aber bald zurückgeschickt, jedoch mit dem Vermelden des französischen Generals, daß man künftig, wenn wieder so ein anomalisches Verfolgen der Deserteurs statthaben sollte, die Nachsetzer nicht als Preußen, sondern als Störer der allgemeinen Sicherheit und Ruhe ansehen und als solche behandeln würde. Das war freilich derbe und dient als Wink über die Qualität unseres Rückzugs.

Unser Lager stand dicht an einem Dorfe, wohin wir gingen, um uns Kartoffeln, Birnen und andere Lebensmittel einzukaufen. Auch in diesem Lager war das Wetter abscheulich; denn es regnete beinahe noch immer ohne Unterlaß. Aber der Gedanke, daß wir doch wieder auf deutschem Boden wären, versüßte den meisten alles Elend und stellte ihre Munterkeit einigermaßen wieder her. Man hörte wieder frohere Gespräche, und die armen Teufel von Soldaten freuten sich, daß sie bald wieder in ihre Heimat kehren würden. Mir schien diese Hoffnung schlecht gegründet, ob es mir gleich nicht ganz unglaublich vorkam, daß der König von Preußen mit den Franzosen habe Frieden machen können. Ihre Nachsicht mit uns auf unserm Rückmarsche schien mir dies zu bestätigen. Man wollte damals sogar die Artikel dieses geheimen Friedens wissen, aber es ging hier wie allerorten: die politischen Kanngießer wissen alles, nur das nicht, was die Hauptsache ist, und sehen vor lauter Bäumen den Wald nicht.

Den 24. kamen wir bei Luxemburg an, wo wir bis den 29. stehenblieben. Hier erholten wir uns wenigstens wieder mit Essen und Trinken, obgleich das Wetter auch hier schrecklich und abscheulich war. Wir waren indes an das schlimme Wetter schon gewöhnt, und da wir hier in diesem Lager hinlänglich zu essen haben konnten und hatten, so waren wir wenigstens wieder munterer als vorher.

Die Luxemburger brachten uns allerlei Viktualien, auch Branntwein und Wein ins Lager, und ich hatte Gelegenheit, einigemal in diese schöne Stadt zu wandern und mir daselbst einen guten Tag zu machen. Bisher hatten die Soldaten wenig kaufen können, weil nichts zu kaufen da war, und so konnten sie ihre Löhnung aufsparen und hatten daher alle Geld mehr als gewöhnlich. Aber im Lager bei Luxemburg war das Geld bald alle; indes man hatte Ersatz dafür. Es ist eine herrliche Sache, wenn man sich nach ausgestandner großer Not und Mangel endlich einmal wieder sättigen und pflegen kann!

In diesem Lager wurde nun auch die Nachricht allgemein bekannt, daß der General Custine in Deutschland eingefallen wäre und Mainz erobert hätte.

Daraus schlossen nun die Verständigern, daß der Krieg noch kein Ende haben würde, und unser ganzes Volk wurde mit Schreck und Entsetzen erfüllt: die Fortsetzung des Krieges, besonders eines Krieges gegen die Franzosen, war in den Augen der klügern Preußen nun das höchste Übel.

Am 29. Oktober brach endlich unsre Armee von Luxemburg auf. Es war eben wieder ein abscheulicher Tag, kalt und naß, wie wir so viele schon gehabt hatten. Die Zelter ließ man größtenteils liegen, weil sie ganz unbrauchbar geworden waren, und was man davon noch mitnahm, mußte man doch hernach bald wegwerfen, weil alles vermorscht war.

Meine Füße wurden immer schlimmer, und ich mußte mich von Trier bis Winningen, einem ohnweit Koblenz gelegnen badischen Städtchen, mitfahren lassen. Der ganze Rückmarsch durchs Trierland war ebenso elend und noch elender, als unser Hinmarsch gewesen war. Sogar gesellte sich jetzt noch der Spott der Einwohner zu dem Elende, welches uns drückte. Es ist wirklich eine penible Sache für einen Soldaten, in einem Trupp zu sein, der besiegt oder mit einer langen Nase vom Feind zurückkömmt: er muß sogar vom Janhagel Spott einstecken, und der Janhagel im Trierlande wußte seine Grobheiten so satirisch und so beißend einzurichten, daß er dem Janhagel in unsern Fliegenden Blättern nichts nachgab.

Ich dachte, wir würden hier Rasttag halten, da aber der Abmarsch gleich auf den andern Tag befohlen wurde, ich indes noch nicht gehen konnte, so mußte ich mich zu den Kranken und Maroden gesellen, welche die Menge in mehrern Schiffen nach Neuwied gefahren wurden.

Von Neuwied ging ich über Koblenz allein nach Faltern immer zu Fuße, wenngleich jämmerlich, weil die Kranken von hier aus keinen Wagen weiter hatten und ich mich nicht dazu verstehen wollte, mich in die Mördergrube zu Koblenz, das ist: ins Lazarett zu legen.

Beschreibung der Feldlazarette

Die unendlichen Krankheiten, besonders die Ruhren, welche unser unglückliches Militär auf diesem unseligen Feldzuge befielen, machten die Anlegung vieler Feldlazarette nötig. Zu Grandpré, Verdun, Longwy, Châtillon, Luxemburg, Trier, Koblenz, Wesel, Neuwied, Usingen, Frankfurt am Main, Höchst, Homburg, Friedberg, Gießen und noch an viel mehr Orten waren preußische Feldlazarette, welche alle mit Kranken vollgestopft waren. Ich habe mehrere dieser Mördergruben selbst beobachtet, und was ich da gesehen habe, will ich dem Leser ehrlich mitteilen, jedoch mit dem Bedinge, daß der zu delikate Leser dieses Kapitel überschlage.

Ich hörte, daß mein Freund, der Unteroffizier Koggel, zu Longwy im Lazarette krank läge. Ich wollte ihn also besuchen und ging hin und hinein, ohne von der Schildwache angehalten oder nur über etwas befragt zu werden. Dieses ließ mich gleich anfangs nicht viel Ordnung im Lazarette selbst erwarten. Aber wie entsetzte ich mich, als ich gleich beim Eingange alles von Exkrementen blank sah und nicht einmal ein Fleckchen finden konnte, um unbesudelt hinzutreten. Der gemeine Abtritt reichte für so viele ruhrhafte Kranke unmöglich zu, auch fehlte es den meisten an Kräften, ihn zu erreichen, und Nachtstühle sah ich beinahe gar nicht. Die Unglücklichen schlichen also nur bis vor die Stube und machten dann alles hin, wo und wie sie konnten. Es ist abscheulich, daß ich sagen muß, daß ich sogar tote Körper in diesem Unflate liegen sah.

Ich schlüpfte schnell durch ins erste beste Zimmer, aber da drängte sich mir auch sogleich ein solch abscheulicher mephitischer Gestank entgegen, daß ich hätte mögen in Ohnmacht sinken. Es war der Duft viel ärger, als wenn man ein Privet ausräumt oder über einen vollen Schindanger des Sommers geht. An Räuchern dachte man gar nicht, auch wurden die Fenster niemals geöffnet, und wo hie und da eine Scheibe fehlte, da stopfte man die Öffnung mit Stroh und Lumpen zu.

Das Lager der Kranken war dem vorigen ganz angemessen: die meisten lagen auf bloßem Stroh, wenige auf Strohsäcken, und viele lagen gar auf dem harten Boden. An Decken und andere zur Reinlichkeit dienliche Dinge war vollends nicht zu denken. Die armen Leute mußten sich mit ihren elenden kurzen Lumpen zudecken, und da diese ganz voll Ungeziefer waren, so wurden sie von diesem beinahe lebendig gefressen.

Ich stund da und wußte nicht, was ich vor Mitleid und Ärger sagen sollte. Ich fragte endlich nach der Krankenpflege, erfuhr aber, daß hier außer einem bissel Kommißbrot nichts vorfalle. An Arznei fehlte es beinahe ganz!

Ich wollte, wie man weiß, den Unteroffizier Koggel sehen; aber weder Feldscher noch Krankenwärter konnte mir sagen, in welchem Zimmer ich ihn treffen könnte. So sehr fehlte es an aller besondern Aufsicht! Sogar hörte ich einen sagen: „Wen hier der Teufel holt (er wollte sagen: wer hier stirbt), ist geliefert, kein Guckuck frägt weiter nach ihm."

Voll Ekel und Abscheu ging ich fort und verwünschte das Schicksal der Krieger, welche bei einer eintretenden Krankheit oder Verwundung in solche Mordlöcher gesteckt und so schlecht verpflegt werden, daß sie ihr Achtgroschen-Leben elender aufgeben müssen als das elendeste Vieh.

Aber bald bedachte ich, daß dort in Longwy vielleicht die Not selbst eine solche elende Lage der armen Leute nötig machte. Ich wußte, daß der König Befehl gegeben hatte, die Kranken gut zu behandeln und für ihre Wiederherstellung, und wenn es des Monats 1 000 Taler mehr kosten sollte, gehörig zu sorgen. Ich beschloß daher, mehrere Feldlazarette zu untersuchen, um ein richtiges Urteil darüber fällen zu können.

Ich tat dies schon in Trier, aber da sah ich noch mehr Greuel. Die Lazarette waren ebenso schmutzig, die Pflege ebenso elend und die Lagerstätten ebenso abscheulich als in Longwy. Außerdem mußten noch vom 30. bis 31. Oktober mehr als 280 Kranke in Trier unter freiem Himmel auf der Gasse liegenbleiben; in den Hospitälern war für sie kein Platz mehr, und niemand wollte sie in die Häuser aufnehmen, weil es allgemein hieß, die Preußen hätten die Pest. Es krepierten, ja, es krepierten diese Nacht mehr als 30 auf der Gasse. Seht, Menschen, soviel gelten euresgleichen im Kriege!

Die andern Lazarette, die ich weiter sah, waren alle von dieser Art. Woher kömmt aber dieses schreckliche Übel, wodurch der König oder vielmehr der Staat so viel Leute verliert? Denn in diesem Feldzuge sind sehr wenig Preußen vor dem Feinde geblieben, aber mehrere Tausend sind in den Hospitälern verreckt, deren meiste man gewiß hätte retten können, wenn man ihnen gehörige Pflege hätte können oder wollen angedeihen lassen.

Der Hauptfehler der preußischen Lazarette ist, wie mich dünkt, in der Anlage selbst zu suchen. Die Aufseher sind lauter Leute vom Militär, ohne angemeßne Erfahrung und Kenntnisse, und meist lauter solche, die sich da bereichern wollen. Ihre Besoldung ist schlecht, und doch kommen sie, wenn sie auch nicht lange darin sind und blutarm hineinkamen, allemal mit vollem Beutel heraus. Es muß' also an der Subsistenz der Kranken defraudiert und die ganze Einrichtung so konfus und unordentlicht gemacht oder geführt werden, daß man die Defraudation nicht so leicht entdecken kann.

Bei dergleichen Einrichtungen pflegt alles zusammenzuhängen und für den gemeinschaftlichen Vorteil gemeinschaftliche Sache zu machen. Selten findet sich ein Mann von Rechtschaffenheit, der seinen Einfluß zur Verbesserung tätig machen möchte, und wenn er sich findet, so wird er bald unterdrückt. Herr von Sojazinsky, Leutnant bei unserm Regimente, wollte einige gute Anstalten in Frankfurt für das Lazarett durchsetzen, aber er hatte so viel Verdruß dabei, daß seine ohnehin schwache Gesundheit noch mehr dadurch litt und er bald verstarb.

Er besuchte uns einst bei Mainz. „Nun, Herr Leutnant", fragte ich ihn, „wie schlägt Ihnen das Lazarett zu?" – „Ach", war die Antwort, „die Fickfackereien, die ich da sehen muß und nicht hindern kann, bringen mich noch um!"

Dem Könige wird freilich genug angerechnet, aber für die Kranken wird das wenigste verwendet. Ich habe gesehen, daß Feldschere und Krankenwärter den Wein fortsoffen, der für die Kranken bestimmt war, und die guten Essenzen selbst verschluckten. Zwei Menscher in Koblenz, welche den Feldscherern zur Liebschaft dienten, verkauften den Reis aus dem Hospital, und die Kranken mußten hungern. Zu Frankfurt am Main kaufte man Reis, Graupen, gedörrtes Obst und dergleichen im Spital sehr wohlfeil. So war es auch in Gießen.

Um nun den Betrug nicht so sehr sichtbar zu machen, geht alles mysteriös und unordentlich in den Lazaretten zu.

Die Krankenwärter sind Soldaten, welche bei den Kompagnien nicht mehr fortkönnen, alte steife Krüppel, die sich zum Krankenwärter schicken wie das fünfte Rad am Wagen. Diese, deren teilnehmender Menschensinn durch den militärischen Korporalsinn abgestumpft ist, lassen den armen Kranken eine Pflege angedeihen, daß es eine Schande ist. Daß sie sich mit den Feldscherern und den andern Meistern, die in den Lazaretten etwas anzuordnen haben, allemal einverstehen, versteht sich von selbst; denn auf die geringste Vorstellung des Feldschers oder eines andern Vorgesetzten würde der Herr Krankenwärter weggejagt. Ein Oberkrankenwärter, wie ich sie in den französischen Hospitälern zu Dijon und anderwärts gefunden habe, ist gar nicht da.

Für Reinlichkeit, dieses erste Hauptstück der Krankenpflege, worauf mehr ankömmt als selbst auf die medizinische Verpflegung, wird so wenig gesorgt, daß ich Kranke weiß, denen die Hemder an dem Leibe verfault und sie selbst von den Läusen dergestalt zugerichtet worden sind, daß sie tiefe Löcher am Leibe hatten. Freilich sollen die Krankenwärter entweder selbst waschen oder waschen lassen, aber das geschieht nicht. Ferner sehen die Stuben aus wie die Spelunken, und der mephitische Gestank verpestet die Luft aufs abscheulichste. Wer in eine solche Krankenstube hereintritt, verliert den Appetit zum Essen wenigstens auf einen Tag.

Die Feldschere oder wie man sie seit einigen Jahren nennen soll, die Chirurge, sind meistens Leute, welche gar wenig von ihrem Handwerke innehaben und daher das Elend in den Spitälern durch ihre Unwissenheit und Unerfahrenheit noch vergrößern. Für die Besetzung der Regimenter durch Oberchirurgen ist ziemlich gut gesorgt, ob es gleich auch da Leute gibt, welche nicht viel mehr wissen als jeder gemeine Bartkratzer. Die Generalchirurgi sind Männer von Einsicht und Verdienst, aber die gemeinen oder Kompagniechirurgen sind größtenteils elende Stümper, die bei ihrem Lehrherrn nicht mehr gelernt haben als Rasieren und Aderlassen, beides elend genug noch obendrein. Wer freilich sein Brot sonst verdienen kann und nicht für das kindische Vergnügen ist, in Uniform einherzuschreiten und ein Spießding an seiner Pfuscherseite herumzuschleppen, wird sich hüten, für den geringen Gehalt, den so ein Mensch zieht, den beschwerlichen Feldscherdienst bei einer Kompagnie zu übernehmen.

In die Feldlazarette nimmt man zwar dann und wann die geschicktesten, welche man noch bei den Regimentern findet, aber eben dadurch entblößet man die Regimenter ihrer brauchbarsten Wundärzte. Was kann aber einer von dieser Art allein ausrichten, sobald ihm alle übrigen Mitoffizianten entgegen sind oder entgegen handeln!

Ob man aber gleich der Regel nach nur brauchbare Ärzte in die Feldlazarette nehmen sollte, so geht doch hier auch sehr vieles nach Gunst, und so werden sehr viele elende, unwissende, traurige Wichte angestellt. Die Oberchirurgi, welche die Aufsicht über die Lazarette führen, können teils jeden Kranken nicht selbst untersuchen und behandeln wegen der Menge, teils sind sie dazu zu kommode oder zu delikat. Sie schauen daher nur dann und wann, und zwar nur so obenhin, in die Krankenstuben, lassen sich vom Feldscher, sehr oft auch nur von dem Krankenwärter referieren, verordnen dann so was hin im allgemeinen, werfen – um sich respektabel zu machen – mit einigen fehlerhaften lateinischen Wörtern und Phrasen umher, überlassen hierauf alles den Unterchirurgen und gehen in Offiziersgesellschaften, l'Hombre zu spielen oder sich sonst zu vergnügen.

Mir sind ganz schändliche Beispiele bekannt geworden, wie selbst Oberchirurgi die medizinische Pflege deswegen vernachlässigten, weil sie das Geld, das für Arznei, Essig, Wein und dergleichen bestimmt war, an die Offiziere, die in den Lazaretten als Inspektoren angestellt waren, verspielt hatten und folglich diese Sachen nicht mehr kaufen konnten. Die Offiziere hätten freilich nach ihrer Pflicht darauf inquirieren und den Chirurgus zur Herbeischaffung der Arznei anhalten sollen, aber eben sie hatten ja das Geld gewonnen, welches sie, im Fall das Ding zur Sprache gekommen wäre, hätten herausgeben müssen; sie schwiegen also, und die armen Leute waren geprellt.

So ungeschickt die preußischen Feldscherer gewöhnlich zu sein pflegen, so wenige sind noch obendrein in den Spitälern angestellt. Zwei, drei solcher äskulapischen Büffel sollen eine Anzahl von 200, 300 und mehrerer schwerkranker Personen pflegen, wie dieses in dem jetzigen Kriege gar oft der Fall war.

Da man in Verpflegung der Lazarettkranken schon ohnehin sehr ökonomisch zu Werke geht und da noch obendrein jeder von dieser Subsistenz das seine ziehen will, so kann man leicht denken, daß die Diät der armen Kranken sehr schlecht sein muß. An zweckmäßige Einrichtung der Speisen wird gar nicht gedacht, noch weniger an deren zweckmäßige Verteilung. Etwas elende Brühe, Brühe größtenteils, die kaum ein Windspiel fressen möchte, ist die Suppe, worin dann und wann ein bissel Graupen, Mehl, Grütze oder Brot getan wird. Die Krankenwärter wissen alles schon so einzurichten, daß nicht ein Auge Fett darauf zu sehen ist und daß die Brühe aussieht und schmeckt wie die elendeste Gauche.

Das Fleisch in den Lazaretten ist schon das elendeste, das man finden kann, und nicht selten stinkt es schon und hat Maden gezogen. Dieses elende Luder wird nun auf die elendeste Art zurechtgemacht, ganz unsauber in die Kessel geworfen und oft kaum halb gar gekocht. Ebenso steht es mit dem Zugemüse, und was für Zugemüse! Ein wenig Reis und Gerste, nebenbei auch Rüben, Kartoffeln, Linsen, Erbsen, Bohnen und dergleichen für todkranke Menschen!

„Wer in den Lazaretten nichts zuzusetzen hat, muß drin krepieren", ist ein so bekannter Satz bei der preußischen Armee, daß jeder Soldat entweder durch eigne Erfahrung oder doch durch die Erfahrung vieler anderer davon überzeugt ist und an dessen Wahrheit im geringsten nicht zweifelt. Das mag aber doch eine treffliche Einrichtung sein, wo der kranke Feldsoldat Geld haben muß, um im Lazarette, wo seine Gesundheit, die er für seinen Herrn zugesetzt hat, hergestellt werden soll, nicht Hungers zu krepieren! Ich kenne Feldschere, welche sich Geld geben ließen, damit sie dem gebenden Kranken die nötige Hülfe leisten möchten, und welche den, der nichts geben konnte, liegen und krepieren ließen.

Von den vorfallenden Diebereien in den Lazaretten mag ich gar nicht reden. Genug, wer etwas hineinbringt, muß wohl darauf acht haben, daß es ihm nicht von den Krankenwärtern oder von den andern Kranken gemauset wird.

So sehen die Feldlazarette der Preußen aus, aber die der Östreicher sind um kein Haar besser. Auch da herrscht der nämliche Geist, die nämliche Unordnung, der nämliche Mangel. Und hieraus läßt sich nun erklären, warum so viele Menschen in den Hospitälern so elend umkommen und warum die Armeen durch diese Mordlöcher so schrecklich leiden!

Montabaur, Limburg usw.

Unser Regiment marschierte den 10. November nach Montabaur, einem ganz mit Pfaffen und Klöstern angefüllten trierischen Städtchen. Ich aber konnte wegen meiner Füße nicht nachkommen, mußte daher in einem Dorfe, Neuhäusel, über Nacht bleiben und mir da ganz allein bei einem armen Grobschmied Quartier machen. Der Grobschmied und seine Frau waren brave Leute, die mir viel Gutes taten und mich wegen meiner sehr angeschwollnen Füße herzlich und teilnehmend bedauerten.

Den folgenden Tag schlich ich nach Montabaur, wo man mich noch gar nicht vermißt hatte, so sehr war man noch der Unordnung gewohnt.

Die Regimenter wurden sehr auseinandergezogen und in die Gegenden an der Lahn in Kantonierung gelegt. Das Dorf, worin unsre Kompagnie lag, hieß Edelborn. Weit und breit habe ich nichts Roheres und Abergläubischeres angetroffen als die gemeinen Trierischen Bauern, und doch liebten sie ihren Erzbischof nicht und waren der neufränkischen Revolution gar gewogen.

Custine hatte indessen zur Schadloshaltung seiner Nation nicht nur jenseits des Rheins gehauset, er hatte auch Frankfurt weggenommen, die Saline bei Friedberg zu Nauheim geplündert und dem Fürsten von Weilburg starke Kontribution aufgelegt, aber die Bauern und Bürger waren überall verschont worden, und eben diese Schonung machte, daß diese Leute die Franzosen eben nicht für gar zu schlimm hielten. Damit aber der Fortgang der fränkischen Waffen nicht noch weiter um sich reißen möchte, beschloß unser König, sobald es möglich sein würde, die Gäste über den Rhein zurückzutreiben und ihnen die besetzten Plätze wieder wegzunehmen. Aber unsere Leute waren zu müde, zu sehr abgemattet, man mußte also Halt machen und sie ruhen lassen, auch mußte frische Munition herbeigeschafft werden; denn die, welche wir mitgenommen hatten, war, wie ich mehrmals gesagt habe, völlig verdorben.

Endlich, am 25. November, brachen wir auf und zogen nach der Lahn zu auf der Frankfurter Straße. Die Wege waren hier zwar gut, das Wetter aber kalt und die Luft rauh und voll Schnee. Auf diesem Marsche haben wir abermals sehr viel ausgestanden und nicht wenig Not gelitten an Lebensmitteln. Es sollte aber einmal vorwärts gehen, und so gestattete man uns nicht einmal einen Rasttag.

Den 29. kamen wir vor Homburg an der Höhe, mußten aber, weil alles sich dahin zusammengedrängt hatte, die Nacht unter freiem Himmel zubringen. Es war sehr kalt und windig, und Holz fehlte. Man ging daher in die nahen Dörfer, holte heraus, was von Holz da war, und machte starke Feuer. Eins dieser Dörfer, welches mit französischen Kolonisten besetzt ist und dem Landgraf von Hessen-Homburg gehört, wurde bei dieser Gelegenheit sehr übel mitgenommen.

Am 30. November erhielt unser Regiment in Homburg Quartier und ich bei dem Schulmeister der französischen Kolonie. Dieser Mann war, wie beinahe alle französischen Kolonisten, aus angeerbtem Widerwillen gegen den ehemaligen französischen Thron ganz enthusiastisch für die neue Verfassung Frankreichs eingenommen. Als er merkte, daß ich derselben auch nicht abgeneigt war, so hatte ich seine ganze Gunst. Früh am andern Tage kam ein Bekannter des Schulmeisters, ein Schuster, der mich mit zum Frühstück nahm und mir versprach, daß er mich, wenn ich Lust hätte, ins Land der Freiheit zu treten, sicher und unentgeltlich nach Frankfurt bringen wollte, von woher ich gar leicht über den Rhein und wohin es mir beliebte weiterkommen könnte. Ich weiß wahrlich nicht recht zu sagen, warum ich dieses gewiß gut gemeinte Anerbieten damals nicht annahm, ich glaube, daß ich es noch angenommen hätte, wenn wir länger in Homburg geblieben wären; denn damals war ich des ganzen Soldatenlebens wegen der Soldaten-Greuel recht herzlich müde. Allein noch in selbiger Nacht um 10 Uhr wurde Marsch befohlen, und wir brachen wirklich nach Frankfurt auf.

Einnahme von Frankfurt am Main.
Folgen davon

Der Herzog eroberte am 2. Dezember die Stadt Frankfurt am Main. Ich habe dieser Wiedereroberung nicht mit beigewohnt; ich überlasse es also meinen Lesern, die davon noch nicht echt unterrichtet sein mögen, anderwärts selbst Auskunft darüber einzuholen.

Unser Bataillon wurde nur gebraucht, um die Franzosen bei Eschersheim wegzutreiben, wo sie noch um 2 Uhr nachmittags standhielten. Bei dieser Aktion haben wir einen Kanonier und vier Mann eingebüßt. Die Franzosen ließen uns das Dorf bald über; denn ein panischer Schrecken schien sie ergriffen zu haben.

Nun war Frankfurt wieder im Besitz der Deutschen, und unser Regiment rückte abends um 10 Uhr in Vilbel ein, wo wir vierzehn Tage stehen blieben.

Frankfurt war, solange die Franzosen darin waren, von diesen wenig oder gar nicht gekränkt worden, und wenn Custine zur Entschädigung für unsre Invasion nach Frankreich nicht eine so starke Kontribution gefodert hätte, so würde die Stadt noch Vorteile von seiner Gegeninvasion gehabt haben. Aber dennoch war gleich nach der Wiedereinnahme auf einmal alles wieder deutsch, was vorher französisch in Frankfurt gewesen war. Sogar die Markörs auf den dortigen Kaffeehäusern markierten auf deutsch, die Mamsellen hießen Jungfern, ohne es jedoch immer zu sein, aus Toilette ward Putztisch, aus Pique Schippen, aus Coeur Herz und aus Carreau Eckstein usw. Dieses läppische Zeug sollte, wie viel anderes von eben der Art, Beweis des deutschen Patriotismus sein, und die Frankfurter trieben es, bis sie endlich selbst preußische Offiziere französisch sprechen hörten, wo sie sich denn schämten und die Jungfer wieder in Mamsell umtauften usw.

Die Frankfurter Zeitungen, besonders die Reichs-Ober-Postamts-Zeitung – denn in dem einen Frankfurt kommen mehrere heraus –, waren während des Aufenthalts der Franzosen in Frankfurt ganz auf ihrer Seite und nahmen alles dienstwillig auf, was Custine, van Helden und andre dem Publikum mitteilen wollten. Es stehen daher auch selbst von Custine und Böhmer viele grelle Aufsätze in diesen Zeitungen, besonders das berüchtigte Proklama an den Landgrafen von Hessen-Kassel, worin er aufs gehässigste benannt und angriffen wird. Die Herren Zeitungsschreiber waren aber keineswegs von den Franzosen gezwungen worden, so oder so zu schreiben, Custine hatte ihnen vielmehr ausdrücklich sagen lassen, daß, wenn man seine Aufsätze nicht für wahr hielte oder sonst Anstand nähme, sie einzurücken, man sie immerhin hinlegen könnte. Sobald aber die Preußen Frankfurt innehatten, lautet das Ding aus einem andern Tone. Die Zeitungsschreiber erklärten einhellig in ihren ersten Blättern, daß sie von den Franzosen gezwungen und aus Furcht vor der Guillotine (ohe!) eins und 's andre gegen ihre Überzeugung und gegen ihren deutschen Patriotismus – gerade als wenn ein deutscher Zeitungsschreiber deutschen Patriotismus haben könnte! – in ihre öffentlichen Blätter aufgenommen hätten, welches den Neufranken zu favorisieren schiene, nun aber, da diese Tyrannei aufhörte, würden sie sich auch als wahre deutsche Patrioten zeigen usw.

Wer aber die Zeitungsschreiber nur von ferne kennt, der weiß gar wohl, daß dieses saubere Volk samt und sonders allemal den angestimmten Ton nachstimmt und daß es ihnen um nichts weniger zu tun ist als um Wahrheit und Publizität. Wenn aber übrigens die Verbreitung der gröbsten und gefährlichsten Lügen zugunsten der deutschen Armeen und schamloses, hämisches Herabsetzen der feindlichen Beweise des deutschen Patriotismus sind, so muß ich den Frankfurter Zeitungsschreibern das Lob zugestehen, daß sie große Patrioten sind.

Ich befand mich indessen ganz erträglich im Flecken Vilbel, ging einigemal nach Frankfurt, meine Verwandten und Freunde dort zu besuchen, und genoß bei diesen Gelegenheiten allemal ein Vergnügen, welches mir seit meines Abschiedes aus Halle ganz unbekannt geworden war. Mit meinem Wirte in Vilbel hatte ich manches Gespräch politischen Inhalts, erfuhr aber kein Wort zum Nachteil der Franzosen, überhaupt wurde damals das Betragen derselben allgemein gerühmt. Sie gingen mit den Landleuten friedlich um, fluchten und schalten nicht, foderten nichts umsonst und zahlten alles mit barem Gelde. Freilich hatten sie die Herren, die Pfaffen, Edelleute und Fürsten mitgenommen, aber die meisten Bauern und Bürger waren vielen von eben diesen Herren schon lange nicht gut und freuten sich, daß auch sie einmal gezüchtigt worden waren.

Nirgends hatte man die Franzosen besser und freudiger aufgenommen als in den Mainzischen Dorfschaften am Main. Man muß nämlich wissen, daß die dortigen Leute gewaltig steif noch päpsteln, dabei aber von der wahren Beschaffenheit der neufränkischen Händel gar nicht unterrichtet waren. Sie glaubten daher, die jetzigen Franzosen würden das Spiel bei ihnen wieder spielen, was die ehemaligen dort herum spielten, wenn sie Krieg im Reiche führten, d. i. alle Ketzer zur römischen Religion zwingen. Also sahen sie im Geiste schon das ganze Darmstädter, Weilburger und anderer Land, an welches sie grenzen, zum wahren Glauben durch die Franzosen gezwungen. Als aber die garstigen Leute bei ihrer Dahinkunft sich um nichts weniger bekümmerten als um die verschiedenen Abstiche im An- und Ausputzen der Gehirn-Idole, so sah man verächtlich von ihnen weg, haßte sie, und dies um so mehr, je greller ihnen ihre Pfaffen den Greuel der neufränkischen Einrichtung beschrieben und verdammten.

Der Pastor von Wickert, einem Dorfe zwei Stunden von Mainz, hatte sich hierin vorzüglich ausgezeichnet. Er hatte in der christlichen Lehre unter andern auch die große Wahrheit abgehandelt, daß man ohne Beichte nicht selig werden könne, daß aber die Beichte bei einem ordentlich geweihten Priester geschehen müsse, weil, wer bei einem apostatischen oder gar unrecht geweihten beichte, ein Sakrilegium beginge und dann, wenn er stürbe, geradezu zur Hölle hinabführe und ewig verdammt würde. Nachdem er diese wichtige Wahrheit ausführlich bewiesen hatte, so fragte er die Kinder also, und dies (man bewundere seine Tauben-Einfalt und Schlangen-Klugheit!) in Gegenwart einiger Franzosen: „Sage mir, mein Sohn, haben denn die jetzigen Franzosen ordentliche Priester?"

Junge: Das weiß ich nicht.

Pastor: Nein, mein Kind, die haben sie nicht. Denn ihre Priester sind nicht von rechten Bischöfen geweiht, folglich sind sie Belialskinder und keine Priester. Was sind also ihre Sakramente?

Junge: Gotteslästerung und Gottesschändung.
Pastor: Schön, mein Kind. Wenn also ein Franzose seinem Priester beichtet, was begeht er?
Junge: Eine Todsünde.
Pastor: Recht so! Wenn nun so ein Franzos' stirbt, wo fährt er hin?
Junge: Zum Teufel in die Hölle.
Pastor: Wofür sind denn die Franzosen zu halten?
Junge: Für böse Christen, für Ketzer.
Pastor: Ja, wollte Gott, daß sie nichts Ärgers als böse Christen, als Ketzer wären! Sie sind noch viel mehr, sie sind verruchte, exkommunizierte und überteufelte Teufel, die sich an der heiligen Kirche versündigt, das Evangelium verleugnet, die Sakramente geschändet, die Heiligen gelästert und sogar die Mutter Gottes verspottet haben. Aber sie werden ihren Lohn schon bekommen, der Herr wird sie ausrotten wie die Rotte Korah.

Einige französische Soldaten, Deutsche von Geburt, hatten diese Possen mitangehört und sie ihren Kameraden wiedererzählt. Diese wurden über des Pfaffen unbesonnene Frechheit rasend, liefen hin ins Pfarrhaus und würden den geistlichen Herrn da gleich hergenommen haben, wenn dieser nicht gleich nach der Kirche zu einem echtgeweihten Saufbruder nach Wallau gegangen wäre. Sie paßten ihm daher im Felde auf und stellten ihn, als er zurückkam, zur Rede. Der Herr Pastor, von Wein erhitzt, ward aber grob und erklärte, daß er von dem, was er an heiliger Stätte lehrte, keiner gottlosen Rotte, wie sie und alle Franzosen wären, Rechenschaft zu geben hätte. Die Ungläubigen ergriffen ihn indes und wackelten ihn, trotz seiner überseligen Rechtgläubigkeit, wacker herum.

Die Winterquartiere oder Quasiwinterquartiere

Die preußischen Truppen wurden dort in der ganzen Gegend am Main und am Gebürge in die Winterquartiere verlegt. Unser Regiment bezog Höchst, Nied und Griesheim, unsre Kompanie lag in Nied ganz allein mit den Bäckerknechten, und ich hatte meine Wohnung bei einem recht braven Manne, dem Fischer Rhein. Dieser Mann war protestantisch und konnte gar kein Ende finden, wenn er von den Bedrückungen anfing, womit man im Mainzischen die Protestanten verfolgt hätte. Es geht, wie ich merkte, in diesem Ländchen ebenso arg zu wie in der Pfalz oder auch wohl noch ärger. Jeder schlechte Kerl, der nur katholisch ist, gelangt dort zu Ämtern und Ehren, und kein Protestant, und wäre er noch so ehrlich und noch so geschickt, wird je befördert.

Ich wunderte mich sehr über dieses Unwesen und erwiderte, daß ja doch der Kurfürst selbst in Mainz Protestanten angestellt habe. Aber Rhein stach mir den Star: „Man wollte", sagte er, „tolerant scheinen, daher hat man einige, aber doch nur solche Protestanten angestellt, welche Aufsehen gemacht hatten, und das gerade nur in Mainz." An allen andern Orten, fügte er hinzu, sei und bleibe der Katholik im Alleinbesitz aller Gunst und aller Rechte, und der Protestant habe immer das Nachsehen. „Das möchte", fuhr Rhein fort, „noch hingehen. Daß man aber allemal dem Katholiken recht gibt, wenn er gleich handgreiflich unrecht hat, und daß der Protestant beim sonnenklarsten Rechte dennoch allemal verlieren muß, das ist abscheulich." Rhein hat mir mehrere Fälle dieser Art mitgeteilt, welche ich indes hier übergehe. Dergleichen Dinge aber beweisen hinlänglich, daß man sich eben nicht sehr wundern müsse, wenn die Franzosen in der Pfalz und im Mainzer Lande bei den Protestanten mehr Eingang gefunden haben als bei den Katholiken; denn wer ist wohl gern wegen seiner Meinungen, Religion und dergleichen in seiner bürgerlichen Existenz zurückgesetzt und geneckt?

Diesen Umstand belieben doch die ja in acht zu nehmen, welche aus der größern Anhänglichkeit der dortigen Protestanten an die Franzosen haben folgern wollen, der Protestantismus an sich führe zum Aufruhr, wenigstens mehr als der Katholizismus. Dies heißt Ursache und Wirkung verwechseln und jemanden das Brandlöschen übelnehmen, dessen Haus wir erst selbst in Brand steckten!

Daß ein Teil der Katholiken am Rhein dem alten Staatssysteme damals treuer blieb, macht weniger ihr Kirchensystem als die vielen reichlich und bequem nährenden Präbenden oder Faultierstellen, deren heilige Früchte sie entweder selbst schon zogen oder für ihre Brüder, Vettern und dergleichen zum Troste ganzer Familien erwarteten. Man sah dies ja aus den Hauptgründen mit, welche man öffentlich an den Tag gab, um die Leute da herum von dem Franzosensysteme abzuhalten. Schafft ihr, hieß es darin, euren Kurfürsten, das hohe Domkapitel, den Adel, die Klöster und dergleichen ab, was soll, was kann aus all den Tausenden werden, welche von denselben Brot, Ehre und Bedienung haben?*

---

* „Wie, wenn die alles das, womit sie so herrisch groß tun, nicht erst selbst von uns hätten?" sagte mir einst ein katholischer Kaufmann, der sich über den Trubel des Rheinischen National-Konvents mit mir unterhielt. „Was aus all den Tausenden werden soll?" fuhr er fort. „Je nun, was aus den übrigen wird, die ohne Präbenden, Bedienungen und Hofbrot ihr Auskommen im Schweiße ihres Angesichts

Am 6. Jänner 1793 schlugen die Preußen die Franzosen bei Hochheim, und von dieser Zeit an wurde Hochheim von unsern Truppen besetzt. Die gefangenen Franzosen wurden mit Trommeln und Pfeifen durch die Dörfer und Städte bis nach Frankfurt gebracht, und dem Janhagel stand es aller Orten frei, diese Gefangenen mit Schreien und Schimpfen zu insultieren. Die Frankfurter, eine äußerst neugierige und faselhafte Nation, zogen ihnen zu mehrern Tausenden entgegen und begleiteten sie mit unbändigem Geschrei und Jubel bis in die Stadt. Einige schmissen sogar mit Steinen und Kot auf sie. Ich war selbigen Tag gerade in Frankfurt bei meinem Freunde, dem Herrn Dambmann, und ärgerte mich recht sehr über den Unfug, den der vornehme und geringere Frankfurter Pöbel an den Kriegsgefangnen beging.

Die Lügen über unsre und der Franzosen Lage wurden so allgemein bei uns, daß man alle Tage widersprechende Nachrichten hörte, welche von kurzsichtigen, müßigen Köpfen erfunden und von andern ebenso verschraubten Märchenbrütern verbreitet und geglaubt wurden. Ich widersetzte mich immer, so viel an mir war, diesen elenden Erdichtungen und suchte meinen Bekannten nach meiner Einsicht wahrere und gründlichere Vorstellungen von den verschiednen Verhältnissen beizubringen, welche ich damals zwischen uns und den Franzosen bemerkte. Da ich bei diesen Gelegenheiten manches Wort zugunsten der Neufranken, ihrer Konstitution und des Mutes der Soldaten fallen ließ, so wurde ich auch jetzt wieder allgemein Patriot genannt und für einen Anhänger der Franzosen ausgeschrien. Aber, wie ich schon oben sagte, meine Vorgesetzten, besonders der Herr Major von Wedel und der Herr Hauptmann von Mandelsloh, waren einsichtige, brave Männer, welche selbst einsahen, daß unsre Lage so gut eben nicht und die der Franzosen bei weitem nicht so schlimm war, als man sie in den Zeitungen ausschrie. Sie ermahnten mich daher, nur behutsamer im Reden zu sein und jedesmal zu untersuchen, mit wem ich es zu schaffen hätte. Dieser Rat war klug, und ich habe ihn auch meistens befolgt, aber dann und wann riß mich das Feuer der Dispute und meine Überzeugung dennoch so hin, daß ich sogar in Wirtshäusern öffentlich die Partei der Franzosen nahm; doch habe ich meiner Freimütigkeit wegen bei den Preußen eben keine unangenehmen Folgen empfunden.

Unter anderm Troß, welcher, um etwas zu verdienen, der Armee nachgezogen war, befand sich auch eine Bande Marionettenspieler, welche dort herum den

verdienen. Für diese kann man unbesorgt sein, aber nicht so für das Auskommen der einigen Hunderte, die ihr Herrenwesen auf Kosten des Schweißes von mehreren Tausenden treiben."

hohen und niedern Pöbel mit Fratzen amüsierte. Das Meisterstück dieser Bande, deren Direktor der Sohn des ehemaligen mainzischen Hofrats Schott war, war eine Farce, betitelt ‚Der betrogne Cüstinus'. In diesem Dinge beging Custine mit seinem Bedienten, dem Hanswurst, allerhand Greuel. Da sah man Morden, Brennen, Sengen, Notzüchten, schwangern Weibern den Bauch aufschneiden und so fort. Hierauf erschien ihm ein Engel und ermahnte ihn, Buße zu tun und den Rosenkranz zu beten, Custine aber läßt den Engel zur Türe hinausschmeißen. Eben dieses widerfährt dem Tode. Endlich kommt der Teufel, macht „burr, burr" und zerreißt den Custine in tausend Fetzen. Dieses elende Zeug und mehreres die von derselben Art, dessen Gegenstand aber allemal die Franzosen waren, wurde in Frankfurt, Höchst, Rödelheim und an andern Orten häufig gespielt und von Herren und Damen, von Mamsellen und Huren beklatscht und belacht, bis endlich einige Herren Generale, worunter auch Herr von Thadden war, das Unanständige dieser öffentlichen Beschimpfung eines feindlichen Generals und seiner Nation fühlten und den Spaß verboten. Die Marionettenspieler ließen nun den ‚Cüstinus' und legten sich aufs Zotenreißen, welches ihnen nicht minder einbrachte.

Seitdem wir Koblenz und Verdun verlassen, zum erstenmal verlassen hatten, hatten unsre Leute sowie unsre Offiziere sich um das liebe Frauenzimmer wenig bekümmern können, aber jetzt, nachdem sie sich nach und nach erholt hatten, regte sich auch das Geschlechtsbedürfnis wieder bei ihnen, und dazu fanden sie in und um Frankfurt Nahrung genug. Dem hochweisen Magistrate dieser Reichsstadt muß man es zwar nachrühmen, daß er die Hurerei unter dem Schutz der Gesetze nicht so erlaubt wie zum Beispiel Berlin, wo noch 1792 eine Verordnung, die Lohnhuren betreffend, herauskam, aber demohnerachtet hat es in Frankfurt an feilen Schwestern niemals gefehlt. Seit der Emigrantenzeit war auch dort in der ganzen Gegend das Sittenverderben sehr eingerissen, und das Frauenzimmer, welches ohnehin in den Rheingegenden fürchterlich verliebt ist, hatte nun alle Scham und Scheu abgelegt und war für jeden. Frankfurt war besonders der Sammelplatz feiler Menscher von hohem Kaliber und niedrer Ordnung, wie man sie haben wollte, von sechs Kreuzern an bis zu sechs Talern Rheinisch. Auf den Dörfern liefen auch Nymphchen dieser Art in Menge herum, welche meist aus dem Darmstädtischen hinkamen, selbst Bauernweiber und Bauernmädel machten sich kein groß Gewissen daraus, einem lüsternen Kerl aus der Not zu helfen.

Aus diesem liederlichen Wesen entstanden nun häufige venerische Krankheiten, welche bisher lange unbekannt bei uns gewesen waren, und gaben den Feldscheren, welche sich seither nur mit der Ruhr und dem Durchfall beschäftiget hatten, neue Arbeit.

*

Die Hinrichtung des armen Ludwigs XVI. verbreitete, sobald sie bekannt wurde, und das wurde sie sehr bald, in der ganzen Armee anfänglich Schreck und Unwillen gegen ein Volk, welches sogar seinen König hätte hinrichten können. Nun hieß es, kann es den Franzosen nicht mehr gut gehen, nun muß Gottes Zorn und Rache sie verfolgen, man wird das bald genug sehen. In allen Gesellschaften, in allen Wirtshäusern und Schenken wurde von nichts gesprochen als von der abscheulichen Hinrichtung des armen Königs von Frankreich. Aber je mehr man von dieser ungewöhnten Trauerszene sprach, je mehr man das Grausende derselben ruminierte, desto mehr verschwand das Gräßliche derselben, und die ruhige Untersuchung darüber folgte auf die Deklamationen. Viele meinten, die Franzosen müßten doch wohl Ursache gehabt haben, so was vorzunehmen, es müßten doch auch gescheite und gewissenhafte Leute in Paris sein.

Während dieser Epoche war ich einst im ‚Schwan', einem Gasthofe zu Höchst, mit Herrn Ruff. Das Gespräch kam von Ludwig XVI. auf die je hingerichteten Könige. Ich sprach, daß ihrer nur drei bekannt wären, welche durch das Gesetz seien hingerichtet worden: Agis von Lakedämon, Karl I. von Großbritannien und Ludwig XVI. von Frankreich. Tausend Monarchen seien zwar ermordet worden nach dem bekannten Spruch des Juvenalis:

> Ad generum Cereris sine caede et sanguine pauci
> descendunt reges, et sicca morte tyranni,

mir sei aber doch kein Exempel von gesetzlich hingerichteten Königen weiter bekannt als von den drei angegebnen. „Was den Lakedämonier belangt", fuhr ich fort, „so war der ein Untertan der Gesetze und folglich auch der Poenalverordnungen. Seine Hinrichtung war zwar höchst ungerecht, denn Agis war unschuldig, aber es war doch keine Frage in jener Republik, ob man den Vorsteher derselben, welchem man sehr uneigentlich den Namen König gab, hinrichten könnte, sobald er nach den Gesetzen des Todes schuldig wäre erkannt worden. Zu Lakedämon wurde Agis durch ein altes Gesetz verurteilt und nicht durch eine Verordnung, welche erst bei einer Volksrevolution wäre gemacht worden.

König Karl I. in England wurde zwar unter gerichtlicher Form getötet, aber die, welche sich über ihn zu sprechen erkühnten, waren nicht die englische

Nation: es waren die Anhänger des Cromwell und seiner Partei. Die Nation hatte diese Faktion nicht als eine Vertreterin ihrer Rechte aufgestellt, folglich konnte dieselbe auch nicht das Todesurteil über Karl I. sprechen, ihr Spruch war folglich ungerecht, und so schuldig dieser Prinz auch sein mochte, so war doch seine Ermordung eine grausame Ungerechtigkeit und ein schröcklicher Eingriff in die Rechte des englischen Volkes. „Aber mit Ludwig XVI.", fuhr ich weiter fort, „scheint mir das Ding eine ganz andere Bewandtnis zu haben. Der Nationalkonvent oder die Nationalversammlung vertrat wirklich die ganze Nation und hatte folglich das Recht, Gesetze zu machen, ohne jemand, selbst den König nicht ausgenommen, um Rat zu fragen. Dieses Gesetz, daß das Volk, durch die Nationalversammlung repräsentiert, eine Änderung in der Regierungsform machen könnte, hatte selbst der König angenommen und sanktioniert. Von nun an war also die Souveränität des Königs aufgehoben, d. i. er wurde dem Gesetz oder allen aus dem Rechte der Natur und der Menschheit hergeleiteten und herzuleitenden unmittelbaren Regeln des öffentlichen Gouvernements unterworfen.

Ludwig XVI. war also damals, was eigentlich jeder wahre König nur sein sollte, gesetzlicher Verwalter der Nationalkraft nach dem Nationalwillen oder nach den Gesetzen, welche die Nation selbst entworfen und gutgeheißen hatte. Verwaltete er nun sein Oberstaatsamt nach dem allgemeinen Staatswillen, so tat er seine Pflicht und war des Gehorsams, der Ehre und seiner Besoldung bei der französischen Nation sicher und wert, denn jetzt erfüllte er den Nationalkontrakt und war das, was er nach demselben der Nation zu sein feierlich geschworen hatte. Handelte er aber dawider, besoldete er nach der Zivilliste, wie man ihn beschuldigte, die rebellischen Emigrierten, und war er mit den Feinden der Nation gegen die Nation sogar einverstanden, so war er der erste, der den Nationalkontrakt brach, der sich selbst seiner Vorzüge nach demselben verlustig machte, der als der ärgste Meineidige und Hochverräter an der Nation dieser für seine gesetzwidrigen Handlungen verantwortlich blieb, der also den Nationalrepräsentanten es zur Pflicht machte, ihn vor ihr Gericht zu ziehen, die Nation war vor ihm zu sichern, seine Handlungen zu untersuchen und seine Vergehungen nach dem Nationalwillen zu bestrafen.

Ich weiß zwar recht wohl", setzte ich hinzu, „daß 1789 ein Gesetz in Frankreich gemacht ist, nach welchem der König unverletzbar sein sollte. Allein dieses Gesetz konnte allemal, wie jedes andere, geändert und abgeschafft werden, sobald die Nation als die eigentliche und rechtmäßige Gesetzgeberin einsah, daß es dem öffentlichen oder allgemeinen Wohl zuwider war. Hieraus ergibt sich nun von selbst, daß Ludwig XVI. vor das Gericht des Nationalkonvents gehörte, und die einzige Frage wäre noch aufzulösen, ob er wirklich Staatsverbrechen begangen habe, welche den Tod verdienten, um auch seine Hinrichtung vollkommen zu rechtfertigen. Ich will dem armen Ludwig keine Verbrechen schuld geben; denn ich habe die Akten seines Prozesses nicht gelesen*, aber behaupten muß ich, daß der Konvent das forum competens war, wovon er gerichtet werden mußte, und da dieser die Nation vertrat, so wissen die, welche von einer Appellation an das Volk reden, nicht recht, was sie wollen.

Überhaupt, ob ein Volk seinen Souverän richten könne", fügte ich hinzu, „scheint sogar zu den despotischen Zeiten der römischen Kaiser kein Problem gewesen zu sein. Der römische Senat oder die Repräsentanten des römischen Volkes erklärten den Claudius Nero für einen Feind des Vaterlands und bestimmten ihn zum Tode. Kurz, die Geschichte wie der gesunde Menschenverstand lehrt, daß bei jeder wohl und rechtmäßig eingerichteten Menschenregierung der Regent seinen Untergebnen verantwortlich bleiben muß, indem es wider die Pflicht eines jeden und aller sein würde, sich unbedingt und wider das natürliche Recht zur Freiheit jemanden zur willkürlichen Behandlung ohne alle Rücksprache zu unterwerfen."

Ich ließ mich damals noch weitläufiger über diese wichtige und zu der Zeit sehr interessante Materie aus. Ein Offizier von der Kavallerie, ein Rittmeister, saß in einiger Entfernung von mir und schien eben auf meine Reden nicht sehr zu merken. Einige Tage hernach kam ein Reuter und bat mich, zu seinem Herrn nach Rödelheim zu kommen. Hier fand ich meinen Rittmeister, den ich nicht nennen will, um ihn nicht in den Verdacht der Jakobinerei zu bringen, nebst noch einigen andern Offizieren. Diesen Herren mußte ich mein ganzes System, so wie ich mir es damals geformt hatte, weitläufig bei einem Glase Rheinwein erklären. Sie schienen mit meiner Behauptung und Auseinandersetzung zufrieden, nur warnten sie mich, behutsam damit zu sein; denn von preußischer Seite, meinten sie, müsse man sich wenigstens noch immer stellen, als wenn man schrecklich böse auf die Buben wäre, welche ihren König hingerichtet hätten.

---

* Man wolle es nicht aus der Acht lassen, daß ich dies im Winter 1793 vortrug, folglich von dem noch nicht Gebrauch machen konnte, was ich nachher in Frankreich über Ludwig XVI. erfuhr.

Unser Zug über den Rhein

Unsere Armee hatte, wie ich schon gesagt habe, an allem entsetzlichen Verlust gelitten, besonders an Mannschaft. Man mußte daher schlechterdings die Regimenter wieder suchen vollzählig zu machen, und dazu wurden die jungen Leute von den Depots genommen. Diese Depots sind sozusagen die Pflanzschulen der Regimenter und dienen zugleich zum Unterbringen der Soldaten, welche nicht mehr dienen können. Diese Einrichtung war vor der Regierung des jetzigen Königs unbekannt und hat sowohl ihre Vorteile als ihre Nachteile.

Recht eifrig sorgte unser König für anständige Kleidung des Heeres und für Wiederanschaffung aller verdorbnen und zugrundegegangnen Gerätschaften. Auch wurden die Pferde wieder ersetzt, welche teils auf dem Feldzuge geblieben, teils den Winter über so zahlreich nachkrepiert waren.

Schade war es für unsere Leute, daß die neue Montur gerade erst den Tag vor dem Abmarsch ausgegeben wurde; denn die alte konnte man doch nicht mitnehmen, und zum vorteilhaften Anbringen war keine Zeit mehr, man mußte sie also an die Juden verkaufen, wie man nur konnte.

Als unsre Leute wieder gekleidet und mit ihrem Zubehör hinlänglich versehen waren, so schien es, daß sie wieder neuen Mut bekommen hatten. „Nun sind wir gekleidet", hieß es, „jetzt können wir die Franzosen nur wieder angreifen." Aber die Klügern unter uns meinten, daß die neuen Röcke auch wieder alt werden würden und daß man die Gewehre wohl abermals von sich werfen könnte. Das Ende eben des Jahres 1793 hat diese traurige Weissagung wahrgemacht.

Den 21. März brachen wir endlich auf und marschierten abwärts, um den Rhein bei Caub zu passieren. Caub ist eine alte rostige Stadt und gehört dem Kurfürsten von Pfalzbayern. Sie ist berühmt wegen ihrer Schiefergruben und besonders wegen des dortigen guten Weinwuchses. Die Einwohner zu Caub sind aber grobe, ungeschliffene Menschen, sprechen eine Sprache, ärger als die Hunsrücker, und hassen einander gar mächtig wegen der Verschiedenheit ihres Glaubens. Die Preußen, welche bei Lutheranern einquartiert waren, hatten es gut, diejenigen aber, welche bei Katholiken lagen, wurden von diesen als Ketzer angesehen und schlecht behandelt.

Bei Bacharach war eine Schiffsbrücke über den Rhein geschlagen, die wir passierten. Eine andere war bei St. Goar, aber wegen der Franzosen konnten wir diese zum Übergehen nicht benutzen. Auch hätten sie uns bei Bacharach den Weg versperren können, wenn sie aufmerksam genug gewesen wären. Aber unser Glück wollte, daß sie in den Gebürgen die Pässe nicht besetzten, durch welche unser Zug notwendig gehen mußte, und so kamen wir binnen einiger Tage glücklich auf die Höhen jenseits des Rheins.

Bacharach ist eben wie Caub eine uralte, schmutzige Stadt und ebenso berühmt wegen ihres vortrefflichen Rheinweins. Gleich neben der Stadt stand vorzeiten die Residenz der alten Pfalzgrafen am Rhein, und eine Strecke unten, mitten im Fluß, steht auf einer Insel ein Wachtturm, welcher den Namen „die Pfalz" noch führt und sonst der Witwensitz der Pfalzgräfinnen war.

Ich kann mir es noch nicht recht erklären, warum die Franzosen uns so ganz ungehindert über den Rhein gehen und bis Kreuznach und Stromberg vorrücken ließen. Es war wohl bloß Sorglosigkeit ihrer Anführer und gar zu großes Zutrauen des Generals Neuwinger auf seine Schanze bei Kreuznach und auf die Postierungen bei Stromberg und Bingen. Bei Stromberg und Bingen kostete es den Preußen wenig Mühe, die Franzosen wegzujagen, ein panischer Schreck hatte sie einmal befallen.

Bei Kreuznach an der Nahe oder Nohe wichen die Franzosen bald, so sehr sich auch Neuwinger bemühte, sie zum Stehen zu bringen. Er selbst wurde gar sehr und gefährlich mit Säbelhieben verwundet und fiel so in unsre Hände.

Neuwinger wurde nach Stromberg gebracht und daselbst sogar wider seinen Willen verbunden und recht gut besorgt. Unser König, der jede Tugend schätzt, er finde sie an Freund oder Feind, befahl, daß man den braven Neuwinger, das waren seine eignen Worte, ebenso behandeln sollte, als wenn Er es wäre.

Die von einem panischen Schrecken ergriffnen Franzosen flüchteten sich von Kreuznach nach Alzey zu. Bei Wendelsheim, ebendem Orte, wo ich geboren bin, holten unsre Husaren sie ein und jagten sie weiter. Es liegen dort herum viele Franzosen, aber auch mehr als ein Preuße, begraben.

Ich übergehe alle Vorfälle, wodurch wir Meister des ganzen Rheinstroms in so kurzer Zeit geworden sind. Sie sind hinlänglich beschrieben und in allen Zeitungen so sehr ausposaunt worden, daß selbst Preußen, die dem ganzen Katzenjagen beigewohnt hatten, lächelten, wenn man Kleinigkeiten, zum Beispiel die Bagatelle bei Odernheim, den winzigen Anfall auf dem Rindertanz ohnweit Steinbockenheim, das Plackern bei Flonheim und dergleichen für große signalisierte Viktorien ausgab. Man muß aus dergleichen Dingen nicht viel Aufhebens machen, weil sie es nicht verdienen, indem sie nichts entscheiden und doch immer Menschen kosten.

Die Franzosen zogen sich in aller Eile zurück und warfen auch noch mitunter ihre Gewehre und anderes Geräte weg. Sie waren schlecht angeführt, hatten keinen Plan und konnten auf alle Fälle – nichts verlieren. Blieb ihnen nur Mainz oder konnten sie es dereinst entsetzen, so mußten die Preußen alle wieder über den Rhein und die Franzosen waren wieder Meister des Stroms und des ganzen Landes.

Klubistenjagd jenseits des Rheins

Das Wort Klubist, sofern ich es brauche, hat eine zweifache Bedeutung. Ich merke dieses an wegen der künftigen Vollständigkeit des deutschen Wörterbuchs. Einmal im engern Verstande bedeutet es ein Mitglied irgendeines Klubs, d. i. einer zur Verbreitung der französischen Grundsätze von Freiheit und Gleichheit errichteten Volksgesellschaft. Im weitern Sinne bezeichnet es jeden, der dem neufränkischen Systeme hold ist oder ein Verteidiger irgendeines Menschenrechts. Im letzten Sinne hat also das Wort Klubist mit den Wörtern Demokrat, Jakobiner und andern ähnlichen beinahe gleiche Bedeutung.

Wir lernten dieses Wort, das in England jedes Mitglied einer geschloßnen Gesellschaft ebenfalls anzeigt, erst am Rheine kennen, nachdem wir vom Mainzer Klub nähere Nachricht einzogen. Wie verhaßt die Klubisten bei den Preußen größtenteils gewesen sind, läßt sich leicht denken.

Ich bin überzeugt, es würde unserm guten Könige niemals eingefallen sein, Jagd auf Klubisten zu machen, wenn nicht übelgesinnte, herrschsüchtige, rachekochende, hämische Menschen, deren es dort über dem Rhein nur gar zu viele gibt, auf eine recht teuflische Art ihre Mitbürger und Landsleute denunziert hätten.

Man weiß, daß gleich nach Custines Ankunft in Mainz die ganze dortige Gegend – Kurpfalz ausgenommen – durch den Repräsentant Merlin und seine Anhänger, besonders durch Georg Forster, zur Teilnahme an einer neuen Verfassung entweder beredet oder gezwungen wurde. Man mußte, man mochte wollen oder nicht, zur Freiheitsfahne schwören, Freiheitsbäume errichten und sich bis dahin dem neuen Systeme gemäß organisieren. Doch das alles gehört nicht hierher, und darum sei es verschoben.

Man hatte dem Könige den Wisch eines Mainzer Klubisten gezeigt mit der Überschrift: „An Friedrich Wilhelm Hohenzollern". Der gütige Monarch lachte darüber und legte das unsinnige, kindische Geschwätz ruhig auf den Tisch. Aber nachher hat man dem Könige stärker zugesetzt und auf alle Weise gesucht, ihn wider die Klubisten aufzubringen. Von allen Seiten her kamen Libelle und Denunziationen, welche entweder an den König selbst oder an unsre Generale gerichtet waren. Die Herren Grafen, Fürsten, Edelleute, Dompfaffen und dergleichen in der dortigen weiten Gegend ermangelten nicht, seiner Majestät vorzustellen, wie die infamen Kerls, die Klubisten, die Rechte der Fürsten zernichtet und allerhand demokratischen Unfug getrieben hätten. Sie foderten daher im Namen aller deutschen Fürsten den König auf, die beleidigte Hoheit zu rächen. Der König, umgeben von rechtschaffnen, einsichtigen Männern, versicherte anfangs, daß er sich mit dergleichen Untersuchungen nicht befassen könnte. Aber die Herren verlangten ja auch keine gesetzliche Untersuchung, sondern faktische militärische Prozeduren!

Sie steckten sich daher nebst ihrem aristokratischen Anhange hinter die preußischen Offiziere, ja sogar hinter Unteroffiziere und Soldaten, und ließen die Demokraten oder die Klubisten (denn das war ihnen alles eins) gegen alle Form Rechtens, nach welcher auch der ärgste Bösewicht erst gehört und dann nach den Gesetzen gerichtet werden muß, militärisch ängstigen und verfolgen.

Die weitern Gründe, warum auch manch sonst heller, braver Rheinländer demokratisiert hat, enthält ein Stück von dem Gespräche, welches ich mit Herrn Köster, Pfarrer zu Niedersaulheim, einem Vetter von mir, führte, als er mich während der Blockade von Mainz besuchte. „Was bewog Sie denn", fragte ich ihn, „den Neufränkischen Grundsätzen beizutreten?"

Köster: „Nicht ihr Glanz, auch nicht ihre Neuheit, ebensowenig ihre Kühnheit und Größe. Aber wenn es unsern Fürsten erlaubt war, sich durch die Flucht zu retten, warum sollte es uns nicht erlaubt sein, uns durch Klugheit zu retten? Und bloß Klugheit war es, daß ich und tausend andere uns lieber fügten als uns unnützerweise necken oder gar ohne Sack und Pack fortjagen ließen. Freilich, wenn wir wie unsre Herren Geld und Kredit genug gehabt hätten, um nach ergriffner Flucht unser Brot und unsre Bequemlichkeit überall zu finden, und wären uns wie ihnen Land und Leute zu Gebot gestanden, um unsere Wohnungen und unsern gewöhnten Wohlstand aus ihrem Beutel und Ertrag dereinst wiederherzustellen, o, dann wäre es für die meisten Torheit gewesen, sich durch Flucht nicht ebenso zu retten wie sie. Aber hier, lieber Vetter, lag der Knoten, und Schande war's für die Klubisten-Profose, daß sie auf diesen Knoten so wenig Rücksicht nahmen! Retten mußten wir uns einmal selbst, so gut es ging; denn unsere Herren ließen uns im Stich und hatten an unsern Schutz vorher beinahe gar nicht gedacht, so daß es einem mäßigen Haufen Franzosen eine Kleinigkeit war, eine Hauptreichsfestung, die Festung Mainz, nebst der angrenzenden Gegend ohne vielen Widerstand in Besitz zu nehmen. Wir waren wie eine res derelicta, und die ist, wie die Juristen sagen, primo occupantis. Die Franzosen als feindliche Eroberer maßten sich zum Ersatz für die Invasion in ihr Gebiet des

Heldenrechts an, hoben die Herren-Verfassung auf und führten eine neue, nach ihrer in Frankreich, ein, und nun hatten wir nur die Alternative, entweder als durch Eroberung in Besitz genommenes Volk uns unter der Gewalt und den Verfügungen der neuen Besitzer zu fügen oder als standhafte Anhänger der Herren-Verfassung uns als Rebellen zur Schanzarbeit abführen zu lassen oder unser Vermögen für die Republik konfisziert werden zu sehen und dann als Bettler auszuwandern. Hätte also keiner sich fügen sollen oder wollen, so wären alle beraubt und vertrieben worden, und was hätte einem Landesherrn an einem verwüsteten und menschenleeren oder verarmten Lande dann noch groß liegen können! Fügte man sich aber und nahm man neueingeführte Stellen an, da blieb man bei dem Seinigen, verhütete Anarchie, beugte der Besetzung der öffentlichen Stellen durch raubgierige Bösewichter oder Unkundige der Landessitten und dergleichen vor, hielt die öffentliche Ordnung, ungestörte Geschäftigkeit und den davon abhängenden Wohlstand aufrecht, und Volk und Fürst waren gerettet, wenn es den letzteren gelang, ihr okkupiertes Land zu vindizieren.

Sie können", fuhr mein Vetter fort, den ich nicht unterbrach, weil alles, was er vortrug, sich hören ließ, „mir sagen: die Rheinländer hatten kein Recht, ihre pacta publica aufzuheben oder das Band zu lösen, wodurch sie an ihren Herren und das Reich gebunden waren, und hierin sollen Sie recht haben, wenn Sie eine dauerhafte, ungezwungene und freiwillige Hebung oder Lösung dieses Bandes ohne hinlängliche Ursache und gegenseitige Einwilligung meinen, aber nicht, wenn das Gegenteil auch nur des ersten Punktes, wenigstens auf ein ad interim, statt hat. Und, lieber Vetter, wie konnte man fodern, daß wehrlose Untertanen das hätten hindern oder unwirksam machen sollen, was ihre wehrhaften Herren selbst nicht konnten oder wenigstens nicht taten? Was verdiente der Hirt, der erst Wölfe herbeilockte oder sorglos sie herankommen ließe, dann davonliefe und nachher es den Schafen verargen wollte, daß sie eine gute Seite mit den Wölfen gemacht und dadurch sich gerettet hätten und nicht sich den Wölfen so und so lange widersetzt hätten, bis sie von ihnen alle zerrissen oder zerstreut gewesen wären? Wer Anhänglichkeit und Gehorsam von Untertanen fodern will, muß sie vor der Lage hüten, worin ihnen beides unmöglich wird, und straft er hernach dennoch, so verfährt er nach dem Harpyensystem und ist mehr als Tyrann. Ich hoffe, lieber Vetter, Sie und Vernunft und Recht auf meiner Seite zu haben. Und nun möcht' ich wohl wissen, wie unsere Herren ihre Regentenklugheit bei der Mit- und Nachwelt retten werden oder jene des Gegenteils überführen, welche das gewöhnlich-linkische Benehmen der Fürsten, oder vielmehr ihrer Räte und Minister, zumal in dieser Zeit als Grunds genug anführen, warum man den Herrenstand ganz und gar abschaffen solle, um für seine Sicherheit auf alle Zeiten und auf alle Fälle selbst zu sorgen und diese Sorge nicht denen zu überlassen, welche in Friedenszeiten den großen Herrn spielen und sich füttern und hofieren lassen, zur Zeit der Gefahr aber davonlaufen, ihre Untertanen preisgeben und sie hernach noch gar strafen, wenn sie sich nach dem Rechte der Selbst- und Nothülfe während der Zeit ihrer Verlassenheit halfen, so gut es ging!"

Ich: Als Pastor wissen Sie, was die Mietlinge im Evangelio sagen wollen, und das sind die Herren mit dem Krummstabe beinahe immer, diese also möchten immerhin abfahren. Für die übrigen aber ist eine vernünftige Konstitution, auf deren Exekution die Nation durch Volksstände aufmerksam mitwacht, noch ein Mittelweg.

Pastor: Konstitution? Du lieber Gott! Wir hatten gar eine doppelte: eine des Landes und eine des Reiches, und doch – was halfen sie?

Ich: Und eben weil sie nichts halfen, bedürfen wir einer wirksamern und angemessnern, und diese, hoffe ich, wird die Zeit herbeiführen. Nur Geduld!

Als ich ihn fragte, ob er nicht gehofft oder gefürchtet hätte, daß wir oder jemand anders über kurz oder lang das Land reinigen und alles auf den alten Fuß zurückbringen würden, sagte er: „Das wohl, aber gewiß nicht auf lange. Sie kennen die Franzosen: ihr Enthusiasmus hat keine Grenzen, und ihr Enthusiasmus geht jetzt auf Freiheit oder Tod. Sie wissen aus der Geschichte, daß ein Volk frei ist, sobald es frei sein will. Und nun ein Volk wie die Franzosen! Vetter, sie sind wie die Kiesel: je mehr Schläge, desto mehr Funken! Geben Sie acht, sie läutern sich, konzentrieren sich, kommen zurück und stürmen halb Europa!"

Genug, Köster, ein heller, einsichtiger Mann, sah damals schon ein, daß die Franzosen wieder vordringen und alles zerstören würden, was die Preußen und Östreicher dort auch machen möchten. Er hatte sich aber in die Zeit geschickt. Weil er also gefürchtet hatte, es möchten ihm wegen seiner Klubisterei – denn so hieß, wie ich schon gesagt habe, aller Schein von Anhänglichkeit am französischen Systeme – Händel gemacht werden, so vertraute er sich dem General von Wolfframsdorf, erklärte ihm alle Umstände, und dieser sonst eben gegen Klubisten nicht gutgesinnte Offizier sagte ihm, er möchte nur ruhig sein, er habe ganz und gar nichts zu befürchten.

Belagerung der Festung Mainz

Wenn ich dieses Kapitel so überschreibe, so bin ich keineswegs gesonnen, eine vollständige Beschreibung von der Belagerung dieser Festung zu liefern; das ist schon von andern geschehen, freilich immer so oder so und selten ausführlich und noch seltner zuverlässig. Ich für mein Teil erzähle hier, was mich betrifft, und über Begebenheiten selbst mache ich nur hie und da Anmerkungen, welche dem Leser, wie ich hoffe, nicht mißfallen werden, wenn er sonst Einsicht und Kenntnis von militärischen Operationen hat.

Ich habe einmal einen ganz närrischen Grundsatz, nach welchem ich überall und in allen Stücken zu Werke gehe. Ich glaube nämlich, daß jeder Mensch, dem die Natur Augen, Ohren und Nase gegeben hat, darum mit seinen Augen auch sehen, mit seinen Ohren auch hören und mit seiner Nase auch riechen müsse und daß er fremder Sinne nicht nötig habe, wenn seine eignen noch in brauchbarem Stande sind. Gern rede ich mit Männern von Erfahrung und Kenntnissen, aber das ist auch alles; ich lasse mir von keinem etwas aufbinden oder aufdringen. Ich weiß, daß die größten Feldherren von Agamemnon an bis auf den Herzog von Braunschweig und den Prinzen von Coburg gewaltige Schnitzer begangen haben im Kriege, Schnitzer, worüber sich jetzt der geringste Korporal wundert. Daher habe ich folgenden Grundsatz niemals als unumstößlich annehmen können: Was dieser oder jener große General tat, das war recht getan. Denn sonst müßte ich ja auch die Belagerung von Mainz für ein Meisterstück halten – und das war sie doch wohl nicht!

Was die Herren Philosophen betrifft, die allein weise sind, wie sie meinen, so bin ich überzeugt, daß Marcus Tullius recht hat, wenn er spricht, es sei nichts so abgeschmackt, das nicht dieser oder jener Philosoph behauptet habe. Und die Theologen! Wahr und wahrhaftig, käme Christus zurück, er machte es den meisten von ihnen wie ehedem den Schriftgelehrten und Pharisäern! Und sie, verwürfe er ihre symbolischen Bücher, kreuzigten ihn ohne Erbarmen von neuem! Ich gehe demnach meinen Gang für mich – unbekümmert um den gebahnten Gang dieses oder jenes, er heiße Held, Philosoph, Theolog, Sultan oder Papst. Ist mein Gang nicht der rechte Gang, je nun, so ist er wenigstens der Gang, den ich mir wohlbedächtig wählte, und dies, weil Freiheit und Selbständigkeit das höchste Gut auf der Welt sind oder zu sein scheinen.

Wir rückten am 14. April ins Lager vor Mainz, welches aber nur von weitem, jenseits des Rheins, über eine starke Stunde, beinahe gegen zwei Stunden eingeschlossen wurde. Es war an einem Sonntage, und der Pöbel, groß und klein, aus der ganzen dortigen Gegend kam heran, uns und unser Lager zu besehen. Unter diesen waren viele meiner Bekannten, welche sich bemühten, mir ihre Anhänglichkeit und Freundschaft zu beweisen.

Lange standen wir ziemlich ruhig. Man machte zwar hie und da einige Schanzen zur Verteidigung, hatte aber noch kein Geschütz, um einiges von Erfolg gegen die Festung vorzunehmen.

Die Mainzer Besatzung war damals 18000 Mann stark. Dieses war wirklich für eine Ausdehnung, wie damals die Mainzer Werke sie hatten, wozu noch Castel und die Petersaue, eine Rheininsel, und noch verschiedne andre Inseln zu der Zeit gehörten, viel zu schwach. Custine hatte hier einen argen Fehler begangen, daß er sich mit seinem Korps, welches nach Germersheim zog, nicht in Mainz warf. Den Deutschen war es übrigens zu verzeihen, daß sie im Anfang der Belagerung nur langsam zu Werke gingen: es fehlte ihnen an allem, an Geschütz und an Mannschaft. Damals, als wir anrückten, war unsre Belagerungsarmee am linken Rheinufer höchstens 16000 Mann stark. Freilich kamen hernach, aber ziemlich spät erst, die Königlichen Garden, mehrere Bataillons kaiserlicher Truppen, dann Darmstädter und Pfälzer dazu, wodurch denn 37000 Mann herauskamen.

An Reuterei hatten wir wirklich zu wenig. Das Reuterregiment des Herzogs von Weimar, die sächsischen Dragoner und Husaren waren jenseits des Rheins, und diese Kavallerie reichte, wie mich dünkt, nicht hin, besonders da die sächsischen Husaren ihr Handwerk noch nicht recht verstanden. Man nehme mir das nicht übel, und die Herren werden jetzt wohl selbst·einsehen, daß sich Husaren nicht sofort aus Dragonern machen lassen und daß zu einer ähnlichen Organisation etwas mehr nötig sei als der Pelz und der Säbel. Deswegen hat man nachher noch Husaren von Wurmser hinzugenommen.

Das Wetter war während der ganzen Belagerung größtenteils gut und den Schanzarbeiten günstig, welche denn auch stark betrieben wurden. Zu diesen Arbeiten brauchte man Soldaten und die Bauern aus der ganzen Gegend.

Der Soldat arbeitet überhaupt nicht gern. „Wenn ich hätte arbeiten wollen", spricht er, „wäre ich nicht Soldat geworden." Und wahrlich, ein Graben, woran 150 Mann zwei volle Tage arbeiten, kann in einem gar füglich durch 30 oder 40 ordentliche Schaffer fertig werden.

Die Bauern sind bei militärischen Werken ebenfalls schlechte Arbeiter. Einmal sind die Leute immer gezwungen, und da schicken sie Krethi und Plethi, Kinder, Weiber, Mädchen, kurz alles, was nur gehen kann. Bei der Arbeit selbst wird entweder geflucht oder gekackelt und wenig oder nichts ausgeführt.

Es scheint auch nicht sehr billig zu sein, den armen Bauern, welche ohnehin ihre liebe Not mit Lieferungen, Fuhren und dergleichen haben, auch noch die Last der Schanzarbeiten aufzulegen. Man bedenke, wie der arme Landmann bedrängt wird, wenn so ein Ungewitter in seiner Nähe schwebt, besonders die, welche auf 6, 8, 10 bis 12 Stunden von einer belagerten Festung zu Hause sind. Sollten sie aber demohngeachtet doch arbeiten, so sollte man den armen Leuten wenigstens Tagelohn geben. Ich habe bei Mainz und bei Landau arme Leute arbeiten sehen, welche in 24 Stunden nichts essen konnten, weil ihr Vorrat alle war und sie keinen Kreuzer Geld hatten.

Daß man die armen Bauern bei solchen Arbeiten auch noch mißhandelt, davon bin ich selbst Zeuge gewesen: dumme, unverständige Korporäle und unmündige Offiziere schlugen die armen Leute, daß es eine Schande war.

Barbarisch ist es vollends, daß man Landleute da arbeiten läßt, wo Gefahr ist, verwundet oder erschossen zu werden. Gefährliche Arbeiten müssen bloß dem Soldaten, der einmal für dergleichen gefährliche Posten besoldet wird, überlassen werden, aber auch dieser müßte nebenher dafür belohnt werden.

Daß wir während der ganzen Belagerung sehr stark geplagt wurden, läßt sich denken. Tag für Tag beinahe im Dienste und Nacht für Nacht fast in die Schanzen, das war freilich hart, aber wegen der überall zu schwachen Belagerungsarmee notwendig.

Unsere militärische Strenge hielt aber nicht überall gleichen Schritt; denn als ein gewisser Leutnant auf dem rechten Rheinufer, wohin er auf die Mainspitze kommandiert war, das Unglück hatte, daß die Franzosen ihn in einer Redoute überfielen und die Kanonen vernagelten, nachdem sie die Besatzung teils getötet, teils verjagt hatten, und als man diesen Überfall dem Leutnant vorzüglich Schuld gab, weil man einsah, daß bei größerer Wachsamkeit dergleichen so leicht nicht hätte geschehen können – denn die Preußen merkten die Franzosen nicht eher, als bis diese schon völlig in der Schanze waren –, so wurde er deswegen nur mit vier Wochen Arrest bestraft! Eben dieser Herr Leutnant erhielt hernach, als er bei einer ganz unbedeutenden Gelegenheit seine unbedeutende Schuldigkeit nicht ganz versäumte, den preußischen Orden pour le mérite, der freilich multitudine compotum laude frustratur, wie Livius über die spolia opima sich ausdrückt.

Weil ich doch hier von Orden rede, so will ich zugleich der Medaillons gedenken, welche bei Mainz anfingen ausgeteilt zu werden. Es waren goldene und silberne Denkmünzen mit der Aufschrift ‚Verdienst um den Staat' und sollten jenen Unteroffizieren und Soldaten zuteil werden, welche sich besonders auszeichnen würden. Die Östreicher hatten schon seit dem Türkenkriege, wo Kaiser

Joseph II. das Ding aufbrachte, dergleichen Medaillen, aber mit vermehrtem Traktament. Allein bei den Preußen bleibt so ein bezierter Achtgroschenmann, wie einst ein Soldat sich darüber ausdrückte, immer ein Achtgroschenmann wie vorher, da soll bloß die Ehre gelten und das Verdienst belohnen.

Überhaupt haben diese Medaillons wenig genutzt, aber durch erregte Eifersucht und Uneinigkeit desto mehr geschadet. Es war dieses ganz natürlich. Mancher oder vielmehr die meisten erhielten die Medaillen aus Gunst, weil sie bei den Offizieren gut stunden, ihnen kalefakterten und dergleichen, wie der Majorsbediente, der bald nachher doch zum Henker lief. Dieser Umstand brachte indes soviel zuwege, daß die bemedaillierten Burschen von den übrigen verachtet und gehaßt wurden. Man gab dem Dinge sogar allerhand unedle Beinamen, und noch jetzt in Halle mokieren sich sogar die Soldatenweiber darüber. So hörte ich noch neulich eine zu ihrem Kinde auf dem Arme sagen, als gerade ein Bemedaillierter ihr vorüberging: „Sieh', Fritzchen! Auch ein Kamerad mit einem Pfennig zur Semmel!"

In Frankreich gab man ehedem das ‚Zeichen des langen Dienstes', und das war mit gewissen Vorteilen verknüpft. Ein solcher ancien militaire – denn so hießen die mit dem Zeichen beehrter Soldaten – durfte mit dem Stock nicht mehr geschlagen werden, so sehr dieses damals auch noch bei den Franzosen grassierte. Aber bei den Preußen sah ich einige trotz ihrem silbernen Medaillon dennoch tüchtig durchprügeln; sogar Unteroffiziere mit dem goldenen Pfennig erhielten nach Umständen ihre derben Fuchtel. Der Orden pour le mérite und das Medaillon sind demnach keineswegs Beweis, daß der, welcher sie trägt, wirklich Verdienste besitze, sie zeigen bloß an, daß er, wer weiß wodurch, die Gunst seiner Vorgesetzten gehabt habe. Auch will mancher von diesen durch den Schimmer seiner Untergebnen selbst gern mitschimmern.

Lange hatte unser Bataillon auf der linken Rheinseite gestanden und rückte den 17. Juni auf die andre Seite ins Lager ohnweit Bischofsheim, wo der damalige Oberste von Rüchel das Oberkommando hatte. Hier war unser Dienst weit schwerer und gefährlicher als auf der linken Seite.

Wir hatten unter andern schlimmen Posten auch die sogenannte Leimgrube, dicht an einer Rheininsel, zu besetzen. Diese Grube wurde von unsern Leuten bald die Mordgrube genannt, weil alle Tage mehrere daselbst erschossen wurden; denn auf der Insel, welche nur durch einen schmalen Kanal davon getrennt war, stunden die Franzosen, und sobald sich nur einer von uns über den aufgeworfnen Damm mit dem Kopfe erhob, schossen sie so gewiß, daß sie ihm allemal das Hirn zerschmetterten. In diesem Mordloch liegen viele von den Unsrigen begraben; von unserm Bataillon allein büßten mehr als dreißig Mann ihr Leben da ein.

Die Franzosen waren, wie gesagt, nur durch einen schmalen Kanal von unserm Posten getrennt, und sonach konnte man gegenseitig alles hören, was auf dieser oder jener Seite gesprochen wurde, wenn man nur vernehmlich sprach. Merkten nun die Deutschen, daß auch Deutsche unter den Franzosen waren, so ging sofort das Geschimpfe an, welches zuweilen viele Stunden immer im nämlichen Tone fortging, endlich bloß zum Spaße. Ich will für gewisse Leser einen solchen Schimpfdialog hier anführen, nur um zu zeigen, daß auch die kühnsten Ideen ohne Wirkung bleiben, sobald sie familiär werden, zumal Ideen vom Feinde.

Preuße: Hör du sakkermentscher Patriot, wirst du bald die Schwerenot kriegen?

Franzose: Elender Tyrannenknecht, sag', wird dich dein Korporal bald lahm oder totprügeln müssen?

Preuße: Du verfluchter Königsmörder!

Franzose: Du niederträchtiger Sklav!

Preuße: Ihr Spitzbuben habt euren König ermordet, und dafür müßt ihr alle zum Teufel fahren.

Franzose: Wenn ihr keine Hundsfötter wäret, so würdet ihr es allen Tyrannen ebenso machen! Wenn ihr das tätet, so wäret ihr noch Menschen, so aber seid ihr Tyrannensklaven und verdient alle Prügel, die ihr bekommt.

Preuße: Ihr habt noch alle eure Strafe vor euch. Die ganze Christenheit wird euch angreifen und eure gottlosen Taten bestrafen.

Franzose: Laß sie doch kommen, die ganze Christenheit mit dem ganzen Heer des Teufels und mit der Armee des Erzengels Michael. Wir fürchten uns nicht!

Preuße: Aber Mainz müßt ihr hergeben, das soll euch der Teufel nicht danken.

Franzose: Laß auch Mainz zum Teufel fahren: glaubt ihr denn, wir scheren uns um so ein Rackernest, wie Mainz ist? Da steckt noch alles voll Pfafferei und Adel. Aber so leicht sollt ihr's doch noch nicht kriegen.

Preuße: Wenn ihr nur euern König nicht umgebracht hättet –

Franzose: Kamerad, sei kein Narr! Es ist nun einmal so, und weil's einmal so ist, daß wir keinen König mehr haben, so wollen wir auch dafür sorgen, daß weder euer König noch der Kaiser noch der Teufel uns einen wieder geben soll.

Preuße: Aber wo kein König ist, da sind auch keine Soldaten.

Franzose: O du armer Kerl du, wie räsonierst du so dumm! Ja freilich, solche Soldaten gibt es dann nicht wie du und deinesgleichen. Ihr seid Sklaven, leibeigne Knechte, die einen Tyrannen über sich haben müssen, der ihnen kaum halb satt zu essen gibt und sie prügelt, spießrutenlaufen und krummschließen läßt, wenn's ihm einfällt. Solche Soldaten sind wir nicht, wir sind freie Leute, republikanische Krieger.

Preuße: Das ist aber bei uns anders: wir haben einen Herrn, dem wir gehorchen müssen.

Franzose: Weil ihr gehorchen wollt ... usw.

Solche Gespräche fielen oft zwischen unsern Leuten und den Deutschen unter den Franzosen vor, und man hatte seinen Spaß daran und lachte darüber. Ähnliche und noch derbere Ausdrücke über Tyrannen und Tyrannensklaven und dergleichen haben uns unsre Zeitungsschreiber, Journalisten und andere Zeitschriftsteller in ihren Auszügen aus den Volks- und Konventsverhandlungen der Franzosen wie auch aus den Invektiven der englischen Oppositionspartei aufgehoben: und was hat's geschadet! Der Mensch, im Durchschnitt, ist eine passive Gewohnheitsmaschine, der endlich – solange es ihm bei heiler Haut nur halbwegs erträglich geht – sich an Mordszenen und Zeitungsberichten darüber gewöhnt, ohne davon nur noch menschlich gerührt zu werden: warum denn nicht auch an Schimpfen und Brandmarken! Man muß die Menschen gar wenig kennen, wenn man glaubt, daß Schriftsteller auf sie bis zum Aufstand wirken können, dies ist nur der Erfolg von dem Harpyensystem der Fürsten oder ihrer Finanzminister. Eberhard und Tieftrunk haben recht, wenn sie sagen: Fürsten, seid gerecht, und eure Throne stehen unerschütterlich!

Wie gesagt, unsre Soldaten lachten über die Invektiven der Franzosen und reizten sie oft dazu, bloß nur zum Spaß. Als endlich die öftere Wiederholung das Interesse daran schwächte, wurden sie gegenseitig sanfter und nannten sich zuletzt gar Kamerad oder Bruder. Sie machten oft sogar Kartell unter sich, versprachen, sich nicht zu schießen, und traten sodann auf die Verschanzung, wo sie sich ganz freundschaftlich miteinander unterhielten.

Unter andern mißlungenen Versuchen auf die Festung war auch die Errichtung gewisser schwimmender Batterien, wozu ich weiß nicht welcher unerfahrne Mensch den Anschlag gegeben hatte. Selbst unsre Offiziere erklärten das ganze Unternehmen für ein unausführliches Hirngespinst, allein einige Herren waren davon eingenommen (embêtés würde ich auf französisch sagen), und es mußte wenigstens ins Werk gesetzt werden. Aber leider, es ging schief: das ganze Ding fuhr den Rhein hinab und wurde von den Franzosen an der Brücke aufgefangen.

Sechsundsiebzig Mann und mehrere Offiziere wurden gefangen. Die Franzosen behandelten alle recht artig, nahmen ihnen nichts als ihre Waffen, ließen aber den Offizieren die Degen, und nachdem sie alle gut bewirtet hatten, brachten sie dieselben den andern Tag wieder zu den Preußen.

Ehe ich meine Erzählung von der Mainzer Belagerung schließe, muß ich noch etwas von der Hurenwirtschaft im Lager anführen. Daß dahin von allen Orten her feile Dirnen heranschlichen, versteht sich von selbst, das ist in den Standlagern nicht anders. Ebenso war es in diesem Kriege bei Mainz. Bei unserm Regimente gab es eine ordentliche Hurenwirtschaft, das heißt ein ordentliches Bordellzelt, worin sich vier Dirnen aufhielten, welche, um doch einen Vorwand zu haben, Kaffee schenkten und dann jedem zu Dienste waren. Sie hatten sich förmlich taxiert, und Lieschen, die schönste, galt 45 Kreuzer, Hannchen 24 Kreuzer, Bärbelchen 12 Kreuzer, die alte Katherine 8 Kreuzer.

Ein Pfaffe aus der dortigen Gegend besuchte mich eines Tages, und da ich von seiner Orthodoxie überzeugt war, so wollte ich doch auch eine Probe machen, ob er das donum continentiae hätte. Ich führte ihn also ins Bordellzelt, und wir fingen an zu zechen. Nachdem sein Kopf nur etwas heroisch geworden war, ward schön Lieschen seine einzige Unterhaltung, er schäkerte mit ihr auf die unanständigste Art im Beisein der Soldaten, welche sich über den unverschämten Pfaffen teils ärgerten, teils freuten. Endlich ging er fort, und Lieschen folgte ihm – ins nahe Getreide. Da hatt' ich denn neuen Zunder für meinen Haß gegen die gleisnerische Frömmigkeit aller orthodoxen Pfaffen, welche, wenn sie die Orthodoxie nicht erheucheln, meist durch die Bank ebenso große Ignoranten als Sünder sind, nur daß sie den Schein scheinheiliger vermeiden.

Unser Oberste, der Herr von Hunt, machte endlich dem Skandal des Bordellzeltes ein Ende und jagte die Menscher fort. Sie zogen darauf zu den sächsischen Dragonern, wo sie ihr Wesen weitertrieben. Bei den andern Regimentern waren die Bordellzelte nicht minder.

Ich war, damit ich doch auch wieder etwas von mir erzähle, die ganze Zeit der Mainzer Belagerung über munter und gesund und freute mich meines Daseins erst recht, als ich sah, daß unsere Leute die Franzosen von Tag zu Tag näher kennen und höher achten lernten. Meine Zeit, die ich vom Dienste übrig hatte, vertrieb ich mit Bücherlesen und in der Gesellschaft meiner Freunde, deren ich eine Legion in jener Gegend habe. Alle Tage hatte ich Zuspruch, aber nicht allemal war mir der Zuspruch erfreulich. Viele kamen nur aus Neugierde, um den Kerl zu sehen, welcher so mancherlei Ebentheuer bestanden hatte. Solche Menschen sind wirklich unerträglich, aber ich wußte auch allemal ihre Neugierde mit Sarkasmen abzuspeisen: mit Pfaffen sprach ich von der Pfafferei – nach meiner Art, mit Juristen kommentierte ich über die Hure Jurisprudenz, und den Medizinern erklärte ich das goldene Sprüchlein:

> Qui quondam medicus, nunc est vespillo Diaules;
> quod vespillo facit, fecerat id medicus.

Hiedurch scheuchte ich die Eulen von mir. Aber allemal war es mir herzlich lieb, wenn ich einen alten ehrlichen Bruder wieder zu sehen bekam.

Mainz wurde den 23. Juli 1793 an die Deutschen übergeben; aber wahrlich, diese Übergabe war nicht so sehr die Folge der deutschen Tapferkeit oder der Not der Franzosen als vielmehr Folge gewisser geheimer Unterhandlungen, bei denen Merlin vorzüglich interessiert war. Das Gesetz seiner Republik erlaubt erst dann die Übergabe einer Festung, wenn es ihr an den Lebensmitteln mangelt oder wenn der Feind eine brauchbare Bresche geschossen hat; keins von beiden war in Mainz der Fall.

Marsch von Mainz nach dem Gebürge

Den 27. Juli nachmittags brachen wir von Mainz auf, marschierten die Nacht durch und kamen den andern Morgen früh um acht Uhr nach Alzey. Es war damals sehr heißes Wetter, und daher fand der General von Manstein, welcher unsre Kolonne anführte, für gut, uns des Nachts gehen und am Tage ruhen zu lassen. Es war nicht sehr dunkel und guter Weg, wie die Wege in der Pfalz überhaupt sind, und so war diese Anstalt heilsam und löblich.

Auf dem Marsch von Tiefental nach Forst, am 28. Juli, hatte ich bei Neuleiningen das Unglück, in der stockfinstern Nacht meinen rechten Fuß zu vertreten, und mußte daher auf einem Bauernkarren gefahren werden. Ein barmherziger Bruder von Deidesheim gab mir recht guten Spiritus, und in drei Tagen war mein Fuß wieder hergestellt.

In Forst mußten wir viktorisieren oder das Gewehr einigemal losschießen, weil ein General unsrer Verbündeten einigen Vorteil über den Feind gewonnen hatte. Die Siege waren größtenteils unbedeutend, und so war denn auch das Viktorisieren unbedeutend und des Pulvers nicht wert. Die Franzosen mokierten und erbosten sich allemal darüber, und ihre Ehrbegierde wiegelte sie reger gegen uns auf, bei uns aber erregte es Verdruß und Murren, weil die Soldaten hernach ihre Gewehre für nichts und wieder nichts putzen mußten. Man sollte billig bis auf den Frieden warten und dann zusehen, ob die Göttin Viktoria uns oder dem Feinde günstiger gewesen sei.

In Frankreich habe ich hernach oft die bittersten Sarkasmen über das Viktorisieren der Verbündeten hören müssen und konnte sie nicht widerlegen, weil die Citoyens immer die wohlgegründete Bemerkung machten, daß ein und der andre winzige Vorteil über den Feind immer eine Kleinigkeit bleibe, solange man nicht dauerhaften Nutzen daraus ziehen könnte, und von dieser Art wären die Vorteile der kombinierten Mächte nie gewesen. Wie gesagt, man hätte billig bis zum Frieden oder bis zur gänzlichen Entkräftung der Franzosen warten sollen. Jetzt schossen wir heute Viktoria, und in kurzer Zeit wußten wir vor Angst und Schrecken nicht zu bleiben.

Nach acht Tagen veränderten wir das Kantonierungsquartier, und unser Bataillon kam nach Niederkirchen, einem speyerischen Dorfe, wo ich mein Lager bei einem Schuster bekam.

Den 14. August rückte unser Bataillon nach Maikammer, eine gute Stunde von Edenkoben, wo damals das Königliche Hauptquartier stand, welches vorher in Dürkheim gewesen war. Wir brachen abends auf, marschierten durch Neustadt und kamen früh gegen vier Uhr in Maikammer an.

Es war gerade das Fest der Himmelfahrt Mariä. Ich ging in die Kirche, bloß zum Zeitvertreib und um die hübschen Gesichter der dortigen katholischen Mädchen anzusehen, welche bei der Andacht einnehmender werden sollen. Überhaupt hat jene Gegend auffallend schöne Mädchen, schönere wirklich als Sachsen. Die Pfalz, besonders am Gebürge, Schwaben und der Breisgau zeigen Gesichter, wie man sie in Sachsen selten antrifft.

Ich ging also in die Kirche und sah dem Spektakel der Prozession und der Weihe der Kräuter und Blumen zu, welche an diesem Tage für das ganze Jahr zur Verjagung der Gespenster, Hexen und allen Zaubers wie auch der Krankheiten und andrer Übel geweihet werden. Während des Hochamts oder der feierlichen Messe präsentierten die Bauern einigemal die Gewehre in der Kirche, nahmen sie nach Tempos bei Fuß, knieten nieder nach Tempos, zogen die Hüte nach Tempos ab und setzten sie ebenso regelmäßig wieder auf: alles während der Messe! Endlich bestieg der Kaplan die Kanzel, und ich erwartete nun auch eine ähnliche Predigt, voll katholischer Salbung, das heißt eine magere jämmerliche Abhandlung über die unbefleckte Jungfrau und ihre Himmelfahrt. Allein ich fand auf eine sehr angenehme Art, daß ich hierin geirrt hatte. Der junge Geistliche sprach kein Wort von der allerseligsten Jungfrau, sondern hielt mit vielem Anstand und Beredsamkeit eine Predigt über die Trostgründe, welche der Leidende aus der Hoffnung eines künftigen bessern Lebens schöpfen könnte. Er schränkte sich bloß auf die Unglücklichen ein; denn die Glücklichen, sagte er, sehnen sich nach dem Ziele ihres Daseins nicht, und bewies, daß dem mancher Trostgrund fehlen müßte, welcher an der Unsterblichkeit seiner Seele und an dem künftigen Leben zweifelte. Ich muß gestehen, daß der Mann seine Sachen recht schön machte, und dieses Bekenntnis von meiner Seite muß um so unparteiischer scheinen, da ich seit langer Zeit Gründe zu haben glaube, auf alles Ultramundanische nicht so recht zu rechnen und das meiste davon der Ungenügsamkeit der Menschen und ihrer kaufmännisch-spielenden Phantasie zuzuschreiben.

Um diese Zeit kamen viele Gesandte im Hauptquartier zu Edenkoben an, welche aber zum Teil in Maikammer logierten, weil es an Platz in Edenkoben fehlte. Die Nähe des Hauptquartiers ist für die Armee allemal eine fatale Sache. Sie verteuert die Lebensmittel gar sehr; denn wer etwas zu verkaufen hat, trägt es hin, wo die Leute Geld genug geben können, und der arme Soldat kann mit seinem wenigeren Gelde zu Hause bleiben. In Maikammer war zum Beispiel Milch genug, aber wir hatten große Mühe, etwas zu bekommen, weil sie alle ins Hauptquartier getragen wurde. Das war eine von den Ursachen, warum wir hier viele Not litten.

Die Gesandten ließen sehr viel aufgehen, und besonders die der französischen Prinzen, welche nebst ihren Leuten eine unbändige Üppigkeit sehen ließen. Sie hatten ihre Mätressen mit, und ihre Bedienten schlichen den Bauermädchen nach, kamen aber einigemal in Kollision mit unsern Soldaten, und der Buckel wurde ihnen derbe ausgegerbt.

Was die Gesandten eigentlich wollten? Je nun, man wollte einen Plan machen, wie von nun an die Franzosen angegriffen, geschlagen und hernach regiert werden sollten, auch, wie man Frankreich beschränken und ein gut Stück davon reißen wollte und dergleichen. Man hatte aber die Rechnung auch hier wie im vorigen Jahre ohne den Wirt gemacht!

Eines Tages saß ich in einem gewissen Dorfe vor der Türe und rauchte mein Pfeifchen. Ein recht großer Herr ritt vorüber, grüßte mich, sprach mit mir – wir kannten uns schon lange –, und da es heiß war, bat er um Milch. Ich rief die Hausfrau, und diese, weil es ein Herr mit einem Stern war, erbot sich, sogleich welche herzugeben. Der Herr stieg ab und ging in die Stube. Die Hausfrau war recht derbe, ich meine im Physischen; der Herr schäkerte mit ihr immer traulicher und befahl mir denn endlich, sein Pferd ins Wirtshaus zu führen und mir da auf seine Rechnung eine Bouteille vom Allerbesten geben zu lassen. Ich verstand den Wink und führte mich ab. Lange hernach kam der Herr ins Wirtshaus, lachte schelmisch, fragte mich, ob wir wohl Schwäger sein möchten, zahlte die Zeche, gab mir noch einen Laubtaler, und dahin ritt er. Ich fragte hernach die Gefällige, wie ihr der Herr mit dem Stern gefallen hätte. Sie konnte des Lobens und Rühmens kein Ende finden, da war's ein schöner, allerliebster Herr usw. Endlich rühmte sie sich sogar der Vertraulichkeit, womit er sie beehrt hätte. So sind die Weiber! Meist eitle Dinger, und was ihrer Eitelkeit schmeichelt, ist ihnen willkommen. Was also Wunder, daß eine Bauerfrau, sogar eine katholische, die Umarmungen eines hohen, mit einem großen Stern prangenden Herrn für hohe Ehre schätzte, zumal da der Herr obendrein nicht geizig war!

Bistum Speyer

Es ist allemal meine Gewohnheit, wenn ich durch ein Land komme, mich nicht sowohl um dessen Produkte und die Kleidungen der Einwohner zu bekümmern, als vielmehr nach der Art der Regierung zu fragen und dann über den Wohl- und Wehstand eines Landes mein Urteil zu fällen.

Die Produkte stehen in allen geographischen Notizen, aber von den Regierungen schweigen die Herren Geographen sehr weislich. Doch wissen wir die Namen und die Geburtstage und dergleichen von allen „Höchst-Dero" aus hundertundneunundneunzig Taschenkalendern und großen, dickleibigen genealogischen Handbüchern.

Ich hatte mir schon seit dem vorigen Jahre einen Hauptsatz so aus der Erfahrung gebildet, nach welchem ich sozusagen a priori, d. i. ohne weiter ins einzelne zu gehen, von der Beschaffenheit der Landesregierungen urteilte. Mein Obersatz war dieser: Wenn in einem Lande das französische System leicht Eingang findet, so taugt die Regierung dieses Landes nicht viel. War nun das Land gar katholisch, so folgerte ich, daß die Regierung vollends gar nichts taugen müsse, und dies deswegen, weil sich diese Leute nur durch die höchste Not gedrungen entschließen können, ihrem heiligen Glauben Eintrag zu tun, um sich zu einem zu bekennen, der jenen ganz aufhebt.

Das war nun leider der Fall im Bistum Speyer, welches bisher von keiner Ketzerei war besudelt worden, wohin – die Reichsstadt Speyer ausgenommen, wo aber der Bischof nichts zu sagen hat – die Lehre Luthers und Calvins, welche doch das ganze umliegende Land, die ganze Pfalz und den Elsaß infiziert hatte, nicht hatte dringen können. Und doch ist da der französische Freiheitsbaum ohne alle Mühe gepflanzt worden!

Ich fragte nach den Ursachen, und hier sind sie.

Der vorige Bischof war zugleich Kardinal der römischen Kirche und ein inniger Freund des Kurfürsten von der Pfalz und war wie dieser ein Freund der Pracht und des Aufwands. Das Land ist klein, trägt also nicht viel, und doch trieb der Herr Bischof einen Staat wie ein Kurfürst. Er hielt Soldaten, stellte Parforcejagden an – und das in einem Lande, wo es beinahe nur Hasen und Rebhühner gibt –, unterhielt Komödianten, ließ Opern spielen und verschwendete ansehnliche Summen an Gebäuden und nichts eintragenden Bergwerken. Übrigens waren Seine Eminenz sehr orthodox.

Bei dieser Haushaltung wurde nun der Landmann und der Städter nicht nur gewaltig bedrückt, sondern es mußten auch ansehnliche Schulden gemacht werden. Man borgt aber den Herren Bischöfen nicht anders, als wenn das Domkapitel einwilliget, um sich an dieses als eine moralische Person halten zu können auf den Fall, daß die physische Person Seiner Bischöflichen Gnaden als insolvent abfährt. Und so war viel geborgt.

Nach dem Tode dieses Kardinals kam der damalige Domdechant, Graf von Styrum, an die Regierung. Dieser hatte das Unwesen unter der vorigen Regierung eingesehen und machte gleich Anstalten, die alten Schulden abzutragen. Neue Auflagen waren das Mittel dazu. Anfänglich machte man den Bauern und Bürgern weis, die Auflagen sollten nur so lange währen, als noch Schulden auf dem Lande hafteten, aber die Schulden wurden nicht nur nicht abgetragen, sondern noch ansehnlich vermehrt, und die Auflagen blieben. Beiher wurden von seiten des Stifts große Prozesse mit den Untertanen geführt, welche dann, wie sich's für diese Gegenden versteht, allemal zum Nachteil der letztern entschieden wurden.

Außerdem klagten die speyerischen Leute gar sehr darüber, daß der Herr Bischof alle Ämter mit Ausländern und größtenteils mit solchen besetzte, welche vom Pfälzischen und Mainzischen Hofe empfohlen würden. An diesen Höfen wolle nämlich der Herr Bischof gern hoch angesehen sein, suchte also so viel von den dasigen Lieblingen unterzubringen, als er könne. Alle Hofbedienungen, alle Zivilstellen und andre wären demnach mit Ausländern besetzt. Um aber doch auch von seinen Untertanen einigen zu Brot zu verhelfen, schenke der Herr Bischof von Zeit zu Zeit dem Kurfürsten von der Pfalz so und so viel junges Bauervolk zu Soldaten. Aus der Pfalz nehme man überflüssige Kammerdiener, Jäger, Advokaten und dergleichen ins Land und versorge sie stattlich. Damit aber die Volksmenge nicht zu groß werde, so schicke man arbeitsame Landeskinder des geringern Standes weg und lasse sie bei fremden Fürsten die Muskete tragen. Wer sich im Speyerischen unterstehe, außer der Ehe zur Bevölkerung beizutragen, der müsse entweder eine große Geldbuße abtragen oder ohne Barmherzigkeit zu Mannheim Soldat werden. Aus Sankt Martin ist auf diese Art ein Bursche mit Gewalt nach Mannheim geschleppt worden, weil es sich fand, daß das Mädchen, mit welchem er verlobt war, vor der priesterlichen Einsegnung schwanger ging. Er war der einzige Sohn einer alten Witwe, welche er ernähren mußte und welche jetzt, da ihr ihre Stütze fehlt, betteln geht.

Hier zu Lande besteht auch noch die allerliebste Verordnung wie in allen katholischen Sultaneien jenseits des Rheins, daß zwei Personen, welche die Ehe vor der Ehe treiben, einander nachher nicht eher heurathen dürfen, bis sie die Dispensation mit schwerem Gelde erkauft haben. Ich sprach wegen dieser erzdummen, läppischen Verordnung mit dem Oberkellner von Speyer und bewies ihm, daß man vielmehr sorgen sollte, daß solche Leute je eher je lieber zusammenkämen. Aber der Herr Oberkellner erwiderte, dieses Gesetz sei gegeben, um Leute, welche sich einander liebten und sich zu verbinden dächten, desto mehr von aller Unzucht abzuhalten, weil sie bedenken müßten, daß die Folgen der Antizipation ihrer Verbindung Hindernisse in den Weg legten. „Ah was", fing der Schreiber des Herrn Oberkellners an, „die Päpste haben so ein dummes Gesetz eingeführt, weil sie wußten, daß derlei Fälle oft genug kommen würden und daß sie also brav Geld für Strafen und Dispensationen schneiden könnten!"

Ein bischöflicher Beamter sitzt weit fester als einer, der unter einem Fürsten steht. Der princeps saecularis, wie es in der kauderwelschen Sprache heißt, kann seine Spitzbuben zum Teufel jagen, wenn er will, aber der geistliche Fürst muß doch erst das liebe hochwürdige Domkapitel zu Rate ziehen, und da hat denn ein solcher Blutegel immer schon Freunde und folglich das Privilegium, zu schinden und zu rauben bis an sein Ende.

Da alle Untertanen des Hochstifts leibeigen sind – man denke sich die Leibeigenschaft unter einem Bischof mit den alten Kirchengesetzen und dem Geiste des Christentums vereinbar! –, so ist ihnen nicht nur überall verboten, ins Ausland zu heurathen, sondern sie dürfen nicht einmal sich an einem andern Orte niederlassen, wenn er gleich eben bischöflich ist. Nur mit schwerem Gelde kann die Erlaubnis dazu erlangt werden.

Überdies ist das ganze Hochstift voller Pfaffen und Edelleute, welche ihre Tyrannei üben nach Herzenslust. Überhaupt haben die Pfaffen und die Adeligen in den Bistümern mehr Gewalt und mehr Ansehen als in andern Ländern. Die adeligen Familien sind allemal mit diesem oder jenem Domherrn, oft auch mit dem Herrn Bischof selbst vervettert oder verschwägert, und da können sie denn tun, was sie wollen. Und die Pfaffen vollends sind unter pfäffischer Regierung allmächtig. Man höre und richte!

Ohnweit Bruchsal, der Residenz des Fürstbischofs, war ein Pfarrer, welcher mit dem Müller des Ortes wegen vertauschter Kleien prozessierte. Die Sache, so unwichtig sie auch war, artete in einen Injurienprozeß aus, und beide Parteien ließen sich durch ihre Advokaten derb und weidlich schimpfen. Einige Zeit hernach begegnete der Pfarrer dem Müller auf der Straße und fing an, heftig zu schelten. Der Müller, vom Pfaffen aufs äußerste gebracht, gab ihm einen Stoß, daß er rücklings hinstürzte. Es kamen Leute dazu, und der Müller wurde arretiert, entfloh aber nachher und kam glücklich nach Karlsruhe. Nun wurde sein ganzes Vermögen konfisziert, seine Frau und Kinder ins Elend gestürzt und er des Landes verwiesen – alles nach Anwendung des: si quis suadente diabolo usw. Dem Pfaffen geschah nichts!

Man kann im Speyerischen fragen, wo man will, wem das oder jenes schöne Gut, Schloß, Haus usw. gehöre, und die Antwort ist allemal: dem Herrn von . . ., dem Kloster, dem Prälaten, dem Pfaffen und so fort.

Nachdem ich diese Kundschaften eingezogen hatte, so fand ich einen neuen Grund, jenen erwähnten Hauptsatz für wahr und richtig zu halten, aber nicht allein ihn selbst, sondern auch seinen schlichtweg umgekehrten, nämlich: Wo die Regierungsform schlecht und unzweckmäßig und für den Untertanen drückend ist, da muß das französische System Beifall finden. Warum zum Beispiel ist man im Speyerschen, das doch so erzkatholisch ist, so gut patriotisch, und warum ist man im Badischen, das protestantisch ist, mit der fürstlichen Regierung so zufrieden, daß man sich ganz und gar keine Veränderung wünschet?

Antwort: weil der Markgraf von Baden ein Fürst ist, der seine Untertanen liebt, für ihr Wohl sorgt und sie nicht aussaugt. Das ist das ganze Geheimnis, ein Geheimnis, das jeder Fürst praktikabel finden könnte, wenn er nur wollte oder wenn das Interesse der politischen Untervampire es nicht hinderte.

Ich habe auf meiner Reise im Herbste 1795 in Durlach mit einigen Bürgern recht frei und unbefangen über die Angelegenheiten der Zeit gesprochen, und nirgends hörte ich freiere Urteile als da, und doch bezeigten alle, wie sie da waren, eine unerschütterliche Anhänglichkeit an ihren Fürsten. Die Badenser hassen alle Tyrannei und lieben ihren Herrn doch aufrichtig. „Oderint dum metuant" ist gewiß ein scheußlicher und dem Regenten selbst gefährlicher Grundsatz, zumal heutzutage. Die freien Grundsätze tun's wahrlich nicht, die machen keinen Aufruhr, ja gerade sie halten ihn nach der englischen Kunstpolitik durch die Oppositionspartei in England zurück. Und wird wohl jemand von den Pocken angesteckt, der keinen Stoff dazu im Körper·hat? Man gehe doch ins Gothaische oder Braunschweigische und predige da das Freiheitssystem von nun an bis in Ewigkeit: die Gothaer und Braunschweiger werden zuhören, selbst mit einstimmen und doch ihren Herzögen treu bleiben. Aber in Hessen und in andern paralytischen Ländern und Ländchen möchten freilich jene Grundsätze zünden, nicht für sich, sondern nach dem Stoff, den die Regierung selbst dazu hergibt.

Patriotenjagd im Speyerischen

Sobald die Franzosen aus dem Speyerischen Distrikt – Merlin von Thionville und Georg Forster hatten dieses Land jenseits des Rheins zu einem Distrikt formiert und organisiert – weggezogen waren, erhob sich ein gewaltiger Sturm gegen alle Französischgesinnten oder Patrioten. Man kann leicht denken, daß bei dem Dasein der Franzosen manches von den Einwohnern war getan und gesprochen worden, welches der alten Obrigkeit, besonders den Beamten, den Pfaffen und dem Adel nicht gefallen konnte. Als daher die Franzosen weg waren, dachte man, sie würden in alle Ewigkeit nicht wieder kommen, und man fing an, ihre verlassenen Anhänger auf das grimmigste zu verfolgen. Ich muß dergleichen Dinge anbringen, weil die Patriotenjagd allerdings eine Hauptursache jener Verwüstungen gewesen ist, womit im Anfange des Jahres 1794 die Franzosen jene Gegenden heimsuchten.

Der Magistrat der Reichsstadt Speyer zeigte sich ganz besonders wütend gegen die armen Patrioten. Es gibt wohl schwerlich in der ganzen deutschen Anarchie ein elenderes Gouvernement als in den Reichsstädten, besonders in den kleinen, unbedeutenden: da geht es abscheulich her! Diese führen zwar den Titel einer freien Stadt des Heiligen Römischen Reichs, aber die Bürger darin sind ebenso frei, als etwan ein Schuster oder Schneider zu Venedig auf den stolzen Namen eines Republikaners Anspruch machen kann. Die Nobili sind Herren zu Venedig, in den Reichsstädten sind es die Patrizier und die dem Rat einverwebten Familien; der Pöbel ist Sklav und denkt doch, wie frei er sei! Zu Frankfurt am Main gestattet man dem Fremden alle Freiheit, zu Worms, Speyer usw. hat der Fremde kaum das Recht, Luft zu schöpfen. Warum? Zu Frankfurt denkt man gut merkantilisch und kann ohne Fremde nicht schachern; zu Speyer lebt man für sich und verachtet alles, was nicht aus Speyer ist.

Als demnach die Herren zu Speyer wieder in Aktivität waren und das ganze

Frankensystem auf immer, wie sie wähnten, vernichtet sahen, fielen sie gar mörderlich über die her, welche den Franzosen günstig gewesen waren oder gewesen zu sein schienen. Diese wurden nun eingezogen und ihre Güter sequestriert, mehr als 230 an der Zahl!

Damals lagen die vom Korps des Prinzen von Condé in Speyer; es waren aber gerade zum Unglück die sogenannten Schwarzen Maikäfer, d. h. die Soldaten des Kardinals von Rohan, darunter, eine zusammengelaufene schändliche Canaille, deren Offiziere lauter Emigrierte waren. Selbst die Östreicher und Preußen konnten das verdammte Gesindel durchaus nicht leiden. Diese Buben verübten nun auf Anstiften ihrer Anführer und des elenden aristokratischen Gesindels in Speyer allen Mutwillen an den sogenannten Patrioten. Sie plünderten ihre Häuser, mißhandelten ihre Anverwandten, indes die Unglücklichen selbst in den schändlichsten Löchern schmachten mußten.

Der Magistrat ließ es aber bei dem bloßen Einsperren nicht bewenden, sondern er befahl noch, daß die Patrioten die öffentlichen Arbeiten verrichten sollten, und dabei hatten dann Unteroffiziere von der Rohanschen Bande die Aufsicht. Da wurden denn die armen Leute aufs härteste und schimpflichste mißhandelt, mußten hart arbeiten und erhielten nichts als Prügel, Wasser und Brot. Die Wut der aristokratischen Canaille ging so weit, daß sie sogar den Unteroffizieren Geld und Wein gaben, damit sie diesen oder jenen recht mißhandeln und schlagen möchten.

Dergleichen Barbareien übte der Magistrat zu Speyer aus und ließ sie ausüben, ohne daß es irgendeinem Zeitungssudler eingefallen wäre, seinen Schildbürgern davon Nachricht zu geben.

Im ganzen Bistum Speyer wurde die Patriotenjagd äußerst streng betrieben, und beinahe in allen Dörfern wurden Leute eingesteckt und ihre Häuser der Wut der schmutzigen Aristokraten preisgegeben. Viele Bauern waren bei dieser Gelegenheit weit wütender als selbst die Preußen und Östreicher, welche denn doch nach und nach einsahen, daß die Leute bei ihren Umständen unmöglich anders hatten handeln können.

Der Herzog von Braunschweig machte endlich dem abscheulichen Unwesen der Patriotenjagd ein Ende und verbot, denen weiter nachzuspüren, welche zur Zeit der französischen Domination derselben das Wort gesprochen hatten. Aber was half das denen, die einmal schon eingezogen und in Verhaft waren! Diese mußten ihr elendes Leben im Kerker hinziehen, Schuldige und Unschuldige, sogar Weiber mit Kindern! Aus allen Gegenden zusammengeschleppt, aufeinandergehäuft und wie Tote der Vergessenheit übergeben, schrien sie endlich, nach vier Monaten, um das erste Gebot der Gerechtigkeit für Gefangene – um Untersuchung und Verhör. Ihre Gesundheit war durch die elende Arrestantenkost, durch den Mangel an Bewegung, die Plagen des Ungeziefers und durch die noch zehnmal härtern Qualen des Kummers um Weib und Kinder und zerrüttete Nahrung langsam zernagt. Und nun die ansteckenden Seuchen bei der durch die zusammengesperrte Menge vergifteten Luft! Ihr Zustand war mehr als schrecklich, aber der Gedanke an den Zustand ihrer verwaisten Familien, welche in der Verzweiflung die Hände wund rangen und vergebens nach ihren Nährern seufzten, war noch schrecklicher. Und doch nach vier Monaten noch immer kein Verhör! „Die Gerechtigkeit", schrien sie, „ist die erste Stütze des Staats. Gerechtigkeit gehört nicht allein dem Schuldigen zur Strafe, sie gehört vorzüglich dem Unschuldigen zum Schutze. Aber ohne Untersuchung, ohne Verhör, ohne Verteidigung ist keine Gerechtigkeit möglich; ohne Untersuchung, ohne Urteil leiden, ist nicht gerecht leiden. Dem Schuldigen kann die Gerechtigkeit seine erduldeten Qualen an der Strafe zugute rechnen; aber wie will sie den Unschuldigen für die Plagen der Gefangenschaft, für den Verlust des Vermögens und der Nahrung, für den noch größern Verlust der Gesundheit und für alle namenlosen Leiden seiner ganzen Familie entschädigen?" So schrien sie, aber die Oberpfaffen am Rhein blieben taub!

Und nun wundern Sie sich gewiß nicht mehr, meine Leser, daß die Franzosen, nachdem sie zu Ende des Jahres 1793 und im Anfange 1794 die Deutschen zurückgejagt und die Rheinländer wieder in Besitz genommen hatten, nun auch raubten, plünderten und die aristokratischen Einwohner mißhandelten. Man darf nur glauben, daß die Franzosen von dem unmenschlichen Verfahren der Deutschen gegen die Verteidiger und Anhänger des Freiheitssystems genau unterrichtet waren und, dadurch äußerst aufgebracht, so verfuhren. Nun fragt sich's, wer denn hauptsächlich an dem Unglücke schuld war – und die Antwort ist nicht schwer.

Indessen hatte der Herzog von Braunschweig einige Vorteile bei Trippstadt und Pirmasens über die Franzosen erfochten, auch einige gefangen gemacht. Zweiundsechzig kamen durch Maikammer. Ich habe niemals offnere und festere Gesichter gesehen als die dieser Gefangnen. Sie sangen, tanzten und sprangen, als wenn sie zur Hochzeit gehen sollten. An der Wache mußten sie Halt machen. Ich näherte mich und redete einen von ihnen an. „Du sprichst Französisch?" fragte er zur Antwort, „du bist wohl gar ein Franzose?"

Ich: Nein, ich bin ein Deutscher. Viele Deutsche sprechen französisch.

Er (reicht mir die Hand): Willkommen, Kamerad! Aber wärst du ein

Franzose, ein Emigrant, ein foutu chien d'aristocrate – sieh an (er hob einen Stein auf): mit diesem Stein zermalmte ich dir dein Gehirn.

Ich: Und das hättest du das Herz hier zu tun?

Er: Allerdings! Ein Emigrant muß mir krepieren, wo ich ihn nur finde. Das sind die Bösewichter, die unser und euer Vaterland ins Verderben gestürzt haben.

Hierauf sangen alle das bekannte Lied, dessen Refrain jedesmal ist:

> „Dansons la Carmagnole:
> Vive le son
> du canon!"

Selbst ein Göchhausen gesteht in seinen ‚Wanderungen' den unbezwinglichen Mut der französischen Gefangnen und ist ein um so unparteiischerer Zeuge, da er bei den Franzosen ganz und gar nichts Gutes zu finden gewohnt ist. Aber persönliche Unerschrockenheit war, wie ich ganz zuverlässig weiß, in den Augen des blinden Göchhausen niemals eine Tugend.

Sehr bedenklich für uns hielt jeder Kenner die in jener Gegend befindliche Bergkette, welche der Feind immer durchbrechen konnte, weil wir nicht imstande waren, dieses ungeheure Gebürge ganz zu besetzen, und weil die Franzosen besser Bescheid darin wußten als wir. Deshalb wurde soviel als man konnte für die Verhinderung eines Durchbruchs gesorgt; und da zu diesem Behufe immer starke Kommandos ins Gebürge geschickt werden mußten, so wurde der Dienst hier sehr erschwert. Man tat aber alles gern, weil man immer mit der baldigen Übergabe von Landau und mit guten Winterquartieren im Elsaß schmeichelte.

Viele von unsern Offizieren waren hier neuerdings von dem gänzlichen Ruin der Franzosen so gewiß, daß sie sogar Wetten anstellten, daß in so und so viel Zeit die Deutschen in Paris sein, Ludwig XVII. einsetzen, die Glieder des Nationalkonvents aufhängen, den Adel herstellen und den Pfaffen ihre alte Pfafferei wieder verschaffen würden. Die Einnahme von Toulon durch die Engländer und die Rebellion in Lyon, der Tod der Repräsentanten Le Pelletier, Chalier und Marat, die Fortschritte der sogenannten armée royale in der Vendée und mehrere solche Begebenheiten waren die Anlage zu dieser Rechnung.

Aber nun kam die Trauerpost von der Hinrichtung der Königin Antoinette, des Generals Custine und vieler andrer, auf welche man gerechnet hatte, die Schlappe der Engländer bei Dünkirchen und die Fortschritte der Franzosen in den Niederlanden nebst denen gegen die Spanier und Sardinier. Diese unangenehmen Nachrichten schlugen unsern Mut sehr wieder nieder, so daß man sogar verbot, davon zu reden; aber je mehr man dies verbot, desto mehr geschah es, und so wurden diese unangenehmen Dinge immer bekannter.

Belagerung von Landau

Wir zogen den 18. September ins Lager bei Landau und schlossen es jetzt rundum vollends ein. Dieser Platz ist eine von den Festungen, welche der berühmte Vauban angelegt hat; sie ist trefflich verwahrt, hat ein Fort und ein Hornwerk und kann sich unter Wasser setzen, welches aber die Ingenieure in Landau diesmal nicht für nötig fanden.

Ohnerachtet Landau schon seit langer Zeit von den Deutschen blockiert war, so hatte man doch zu einer ernsthaften Belagerung sich wenig angeschickt. Es waren noch keine Schanzen aufgeworfen; aber wozu hätten diese auch nützen sollen, da man kein Geschütz hatte! Es ist ganz unbegreiflich, wie man nur den Gedanken hat fassen können, das mit Festungen gleichsam angefüllte und ganz umzingelte Frankreich ohne hinlängliches Geschütz anzugreifen.

Schon im Sommer hatte der General Wurmser, welcher in der dortigen Gegend sein Wesen trieb, mit dem französischen General Gillot unterhandelt und von ihm die Übergabe der Festung erwartet, aber vergebens. Ebenso ging es unserm Kronprinzen auch mit dem neuen Landauer Kommandanten Laubadère. Dieser war als ein guter, ehrlicher Republikaner bekannt, und eben darum ließ ihn der Kronprinz anfänglich nur einmal aufbieten.

Die Stadt war so eingeschlossen, daß nichts herein, nichts heraus konnte, und da man sich vorstellte, daß die Garnison und die Bürgerschaft nicht gut mit Proviant versehen wären, so hoffte man, daß die Übergabe sich höchstens bis gegen das Ende des Novembers verziehen könnte, und erwartete nichts weniger, als daß die Republikaner die Festung entsetzen würden.

Inzwischen verübten die Östreicher in den dort herumliegenden französischen Örtern alle möglichen Greuel. In Langenkandel und an mehrern Orten bei Landau sind ihre Barbareien über allen Glauben gegangen. In dem ersten Orte ermordeten sie ein kleines Mädchen, weil es in seiner Einfalt gerufen hatte: „Es lebe die Republik!" Einem Schulmeister hackten sie beide Hände ab, weil er ein Verteidiger der Patrioterei war. Eine Frau samt ihrem Kinde, das sie an der Brust säugte, verlor das Leben, weil sie den Unmenschen Menschlichkeit predigte. Als ich nach Landau und Straßburg kam, fand ich aller Orten Zettel angeschlagen, worauf dergleichen Greueltaten angezeigt waren, um deren willen die Nation gegen diese Verächter aller Rechte aufgerufen wurde.

Der König machte indessen Anstalt zu seiner Abreise nach Berlin. Die polnischen Händel nötigten ihn, sich an Örter zu verfügen, wo er denselben näher sein konnte. Er ist auch wirklich den 30. September von uns abgefahren.

Ich für meine Person befand mich im Lager so ziemlich wohl. Ich hatte beinahe täglich Besuch von Bekannten aus der dasigen weiten und breiten Gegend, und von diesen erfuhr ich die ganze Litanei von allem, was seit meiner Abwesenheit aus der Pfalz vorgefallen war, aber ich erfuhr selten etwas Erfreuliches. Alles war so beim alten geblieben, und wenn ja der eine und der andre etwas hatte bessern wollen, so hatte er es sofort zu tun mit den Pfaffen, Edelleuten und Beamten, welche ihn an allen Unternehmungen hinderten. Alle hofften eine Generalreform nach dem Ende des Krieges. Gebe sie der Himmel!

Ich werde endlich noch gar geheimer Gesandter

Ich habe in der ganzen bisherigen Erzählung keine Rolle von Bedeutung gespielt und hatte nur selten Gelegenheit, dem Leser von meinem kleinen Ich etwas zu sagen, das seiner Aufmerksamkeit wert gewesen wäre. Man kann daher das, was ich bis jetzt geliefert habe, mehr für historische Bruchstücke über den Feldzug und die Operationen, welchen ich beigewohnt habe, ansehen als für meine eigne Geschichte. Von nun an aber erzähle ich hauptsächlich wieder von mir, und da man immer an sich mehr Interesse nimmt als an allem, was uns umgibt, so hoffe ich, daß meine Nachrichten von nun an für den Leser interessanter sein werden, besonders für diejenigen meiner Leser, welche Interesse an mir finden. Und die Anzahl dieser ist, wie ich zu meiner Beruhigung weiß, nicht gering.

Die Veränderung meiner Lage, welche hier bei Landau vorging, hat auf alle meine nachherigen Schicksale Einfluß gehabt und wird ihn wahrscheinlich auch auf meine zukünftigen haben, so daß ich unverzeihlich handeln würde, wenn ich nicht alles, was dahin einschlägt, genau und umständlich beschreiben wollte; Man wird mir also verzeihen, wenn ich hier gegen meine bisherige Gewohnheit weitläufiger werde und Kleinigkeiten anführe, sobald diese meine Geschichte in ein helleres Licht stellen.

Ich war unsern Prinzen und den großen Generalen schon lange dem Namen nach bekannt, aber viele von ihnen hatten auch schon mehrmals mit mir gesprochen. Ich muß öffentlich gestehen, daß ich von diesen Herren immer human und freundlich bin behandelt worden, und kann mich insbesondre rühmen, daß der Prinz Louis von Preußen, der Herzog von Weimar, die Generale Prinz von Hohenlohe und dessen Vetter, der Prinz von Hohenlohe, Oberster bei Wolfframsdorff, die Herren Generale von Manstein, von Kalckreuth und mehr andre mir ganz besonders gut begegnet sind.

Der Prinz von Hohenlohe, ich meine den damaligen Obersten bei dem Regiment von Wolfframsdorff, hatte in Dürkheim gehört, daß ich mit dem Bürger Dentzel, Volksrepräsentant und zu der Zeit in Mission bei der Rheinarmee, ehemals bekannt gewesen sei. Diese Nachricht war ihm aufgefallen, und er beschloß, deswegen mit mir zu sprechen.

Ich war eben auf einer Schanze, als man mir sagte, der Prinz von Hohenlohe wolle mich sprechen. Da ich seine Art, Leute zu behandeln, kannte, so lief ich mit Freuden hin, wie ich war. „Ihre Durchlaucht", sagte ich, „müssen mir verzeihen, daß ich komme, wie ich war, als ich hörte, daß Sie mich sprechen wollten. Ich konnte mich nicht überwinden, durch Anziehen und Putzen einen Augenblick zu verlieren." – „Das war recht, mein Lieber", erwiderte der Prinz, „nur herein. Bei mir muß man keine Komplimente machen."

Ich trat ins Zelt und fand da mehr Gesellschaft, welche recht munter war. Ich mußte mit Tabak rauchen und Wein trinken, welchen der Prinz ganz trefflich hatte, da er ein Liebhaber von gutem ist. Der Prinz war wie immer sehr aufgeräumt und erzählte einige Anekdoten vom alten König. Unser Gespräch fiel bald auf die Franzosen, und ich freute mich recht über die gesunden Urteile des Prinzen. Er war selbst ehemals in Frankreich gewesen, hatte da ganzer zehn Jahre gedient und verstand also den Handel besser als mancher andere. Endlich fragte er mich, was ich von den französischen Angelegenheiten dächte. Aber ehe ich antworten konnte, fiel ein Offizier von unserm Regimente lächelnd ein: „Ah, gnädigster Herr, den da müssen Sie nicht fragen; das ist ein Patriot!"

Prinz: So? Ist's wahr, Laukhard?

Ich: Verzeihen Sie, Monseigneur! Ich bin kein Patriot im gehässigen Sinn. Ich liebe den König und die Deutschen, aber ich liebe auch die Menschen und muß daher oft anders denken, als die zu denken gewohnt sind, welche nichts sehen und hören wollen als Fürsten und Sklaven.

Prinz: Schön, das ist brav! Aber glaubt Er denn, daß die Franzosen jetzt auf dem letzten Loche blasen?

Ich: Nein, das glaube ich nicht. Die Franzosen haben noch zu viele Hülfsmittel, sich zu behaupten, und es wird noch schwer halten, sie zu bezwingen, geschweige denn, ihre Macht ganz und gar zu tilgen.

Prinz: Er hat doch die römische Historie studiert, Laukhard?

Ich: Ja, gnädigster Herr.

Prinz: Nun, so weiß Er ja auch, daß die Soldaten, welche an der Wohlfahrt des Vaterlandes zweifelten, gestraft wurden.

Ich: Ei, gnädigster Herr, ich zweifle an der Wohlfahrt des Vaterlandes gar nicht; ich wünsche und hoffe, daß es Deutschland und besonders Preußen recht gut gehen möge. Aber ich kann doch auch nicht behaupten, was unmöglich und was unwahrscheinlich ist. Und von dieser Art wäre die gänzliche Niederlage der Franzosen durch uns.

Prinz: Lassen wir das jetzt. Es denkt ein jeder, was er will. Man muß nur ein ehrlicher Mann sein. – Aber à propos Laukhard, ich habe gehört, Er kenne den Repräsentant zu Landau, den Dentzel?

Ich: Ja, Ihre Durchlaucht, den kenne ich schon seit vielen Jahren.

Prinz: Genau?

Ich: So ziemlich. Wir haben manchesmal miteinander gezecht und sonst Abenteuer bestanden. Ich glaube gar, daß wir noch Vettern sind.

Prinz: Was ist denn das für ein Mann?

Ich: Gnädigster Herr, in der Lage, worin ich und Dentzel uns befanden, habe ich seinen Charakter nicht kennenlernen, ich habe mich auch nicht einmal drum bekümmert. Es ist, soviel ich weiß, ein unternehmender Kopf und sonst kein falscher Kerl.

Prinz: Je nun, wir sprechen vielleicht ein andermal mehr davon. Jetzt getrunken und lustig!

Es wurde getrunken aus großen Gläsern, scharf, und die Zotologie wurde ziemlich herumgeholt. Gegen Abend ging ich in mein Zelt und fand eben einen Brief von meinem redlichen Bispink, welcher das Vergnügen dieses Tages krönte.

Gleich am folgenden Morgen schickte der Herr Hauptmann von Nieweschütz, welcher die Kompagnie des Prinzen damals kommandierte, zu mir und ließ mich holen. Dieser edle Mann, der mir sehr viel Freundschaft in der kurzen Zeit, die wir noch zusammen waren, erwiesen hat, traktierte mich mit Malaga, und nach einem langen Gespräche über diesen und jenen Gegenstand aus den Wissenschaften, worin sich der Hauptmann rühmlich umgesehen hat, wurde das Gespräch ganz unmerklich wieder auf Dentzel gelenkt. Ich sagte ihm, was ich wußte. „Hören Sie", sagte der Hauptmann, „Sie können Ihr Glück machen. Der Prinz wird mit Ihnen sprechen, und dann machen Sie Ihre Sachen klug." Ich stutzte und drang in den Hauptmann, sich näher zu erklären; aber er sagte, daß er nichts mehr sagen könne: ich sollte nur klug sein. Ich versprach ihm, mich allen Befehlen des Prinzen zu unterziehen.

Ich war kaum wieder bei meiner Kompagnie, als ich aufs neue gerufen wurde. Es war zum Prinzen Louis von Preußen, welcher hinter der Brandwache auf mich wartete. Hier hatte ich folgende merkwürdige Unterredung.

Prinz Louis: Guten Tag, Laukhard! Ich hab ein Wort mit Ihm zu sprechen!

Ich: Bin immer Euer Hoheit zu Diensten!

Prinz Louis: Eh bien; aber jetzt fodre ich keinen Dienst im eigentlichen Sinn, ich fodre was, das uns und Ihm großen Vorteil bringen soll. Er kennt Dentzel zu Landau?

Ich: Ja, Ihre Königliche Hoheit.

Prinz Louis: Glaubt Er wohl, dem Manne beizukommen?

Ich: Ich verstehe Sie nicht ganz.

Prinz Louis: Ich werde mich erklären. Seh Er, Dentzel ist Représentant du peuple bei der französischen Rheinarmee, der Mann hat also vielen Einfluß, der dann erst recht sichtbar sein wird, wenn von der Übergabe der vor uns liegenden Festung die Rede sein soll. Diese Übergabe kann nicht lange mehr anstehen – allein sie wird und muß auf alle Fälle noch viel Blut kosten. Wir haben also einen Plan erdacht, wie wir ohne Blutvergießen zu unserm Zweck gelangen könnten.

Ich: Das wäre ja herrlich!

Prinz Louis: Ja, sieht Er, und dazu soll er nun helfen!

Ich: Und wenn ich mein Leben dabei aufopfern sollte, gern!

Prinz Louis: Schön! So spricht ein braver Soldat. Laukhard, es ist beschlossen, Ihn nach Landau zu schicken.

Ich (betroffen): Nach Landau, mich?

Prinz Louis: Ja, Ihn nach Landau, lieber Laukhard. Sieht Er, Er kennt den Repräsentanten Dentzel, dieser vermag alles. Kann er ihn gewinnen, so ist Sein und unser Glück gemacht.

Ich: Aber auch mein Unglück, Ihre Hoheit, wenn ich entdeckt werde.

Prinz Louis: Ah, Er muß sich nicht fürchten! Pardieu, die Franzosen werden Ihm den Hals nicht brechen!

Ich: Aber die Franzosen sind Vokativusse, Ihre Hoheit. Die Kerls spaßen eben nicht viel.

Prinz Louis: Überleg Er die Sache, lieber Laukhard! Findet Er, daß es nicht geht, à la bonne heure, so haben wir gespaßt, und alles bleibt entre nous; findet Er aber, daß Er Mut genug hat, die Gefahr nicht zu achten und sein Glück zu befördern, so entschließe Er sich und sage mir Bescheid. Adieu! Aber alles bleibt noch unter uns. (Geht ab)

Ich schlich unruhig und mürrisch ins Lager zurück. Tausend Ideen, tausend Grillen liefen mir durch den Kopf, und ich war doch nicht imstande, einen festen Entschluß zu fassen. Die Sache schien mir zu wichtig.

Einmal war es mir freilich erwünscht, endlich einmal eine Gelegenheit zu bekommen, mich mit Ehren von den Soldaten loszuwickeln. Bisher nämlich hatte ich das Lästige und Drückende dieses Standes mehr als zuviel erfahren und empfunden. Davon kam ich also weg, wenn ich den Vorschlag Seiner Hoheit annahm, und dann hatte ich mit Herren zu tun, welche mir eine Laufbahn eröffnen konnten, worauf ich wenigstens eher und besser für mich sorgen konnte als bei den Soldaten. Herr Bispink hatte mir zwar, als wir vor Mainz standen, angetragen, daß er mich, sobald ich nur einwilligte, von dem Regimente entweder loskaufen oder einen Rekruten von meiner Größe für mich stellen wollte. Er hatte diesen letzten Punkt mit dem Herrn von Patzensky, Hauptmann bei unserm Depot in Halle, schon besprochen, auch über die ganze Sache an unsern Feldprediger, Herrn Lafontaine, geschrieben und ihn um seine Vermittelung ersucht. Aber ich konnte mich durchaus nicht überwinden, eine Güte von dieser Art von einem Manne anzunehmen, der mich schon lange mehr als brüderlich unterstützt hatte und die ich ihm vielleicht nie hätte vergelten können. Ich lehnte also sein Anerbieten unter dem Vorwande ab, daß der Krieg gegen die Franzosen mich zu sehr interessierte, als daß ich nicht wünschen sollte, ihm bis zu Ende mit beizuwohnen. Im Grunde aber hatte ich des Soldatenlebens herzlich satt, und so war es mir lieb, hier endlich eine Gelegenheit vor mir zu sehen, meinen Abschied durch eine eklatante Dienstleistung selbst zu verdienen. Dadurch erwürbe ich mir, dachte ich damals, auch zugleich ein Recht auf eine sorgenlose Existenz im Preußischen und wäre nicht genötigt, mich auf eine prekäre Lebensart dereinst irgendwo einzulassen. Freilich war viel Gefahr bei der ganzen Unternehmung, allein wenn sie gelang, so war auch viel Vorteil auf meiner Seite zu erwarten.

Auf der andern Seite mochte ich den Vorschlag auch deswegen nicht verwerfen, weil ich dadurch Ursache werden konnte, daß eine blutige Belagerung in eine friedliche Übergabe verwandelt würde, wodurch das Leben vieler Menschen, sowohl bei den Unsrigen als bei den Franzosen, gewann.

Freilich hätte ich den Salto mortale niemals gewagt, wenn ich den Geist der Nation schon damals so gekannt hätte, wie ich ihn bald darauf kennenlernte und welcher vorzüglich dahin geht, daß dem Feinde nicht eine Spanne breit Platz in der Republik eingeräumt werde oder bleibe. Das erste Grundgesetz der Nation ist die Unteilbarkeit des Reichs; diese muß erhalten oder die Nation muß vernichtet werden. Aber ich kannte die Franzosen damals von dieser Seite ebensowenig als der König von Preußen und alle koalisierten Mächte sie auch noch nicht kannten und viele, leider, noch immer nicht zu kennen scheinen.

Aber die Gefahr, welcher ich mich notwendig aussetzen mußte, schreckte mich immer nicht wenig. Ich hatte gehört, daß die Franzosen einige Tage vorher einen Emigrierten, welcher von den Kaiserlichen desertiert war, in Landau aber als französischer Flüchtling erkannt wurde, ohne langen Prozeß hatten totschießen lassen. Was einem Spion und einem Emissär gebührte, war mir lange bekannt; ich hatte die Praxis davon bei Luxemburg und bei Mainz gesehen.

Den Tag nach meiner Unterredung mit dem Prinzen Louis kam der Adjutant des Kronprinzen zu mir, nahm mich mit hinter die Brandwache und fragte mich, ob ich dem Antrag des Prinzen Louis nachgedacht hätte. Ich bejahte.

Adjutant: Nun, was denkt Er davon?

Ich: Ich denke, daß es ein sehr gefährliches und halsbrechendes Stück Arbeit ist.

Adjutant: Weiter nichts?

Ich: Das aber doch für mich und für uns alle nützlich werden könnte.

Adjutant: Das auf alle Fälle nützlich werden muß. Denn gesetzt auch, Er richtet nichts aus, so lernen wir doch die Gesinnungen der Leute kennen. Und das ist schon viel – versteht Er mich?

Ich: O ja, ich verstehe Sie wohl! Also wenn ich nichts ausrichte, so sehen die Preußen, daß auf diese Art dem Repräsentanten nicht beizukommen war, und nehmen ihre Maßregeln auf eine andere Art. Ich zahle indes mit meinem Leben, und die Herren haben einen Maßstab ihrer Unternehmungen mehr. Allerliebst!

Adjutant: Ei, lieber Laukhard, ich meine das nicht so! Wenn Er auch nichts ausrichtet, so ist Er deswegen doch noch nicht verloren. Er muß nur seine Sachen gescheit anfangen. Und kommt er wieder aus Landau zu uns, so ist sein Glück auf alle Fälle gemacht.

Ich: Ja, wenn die Festung durch mich in unsre Hände kommt!

Adjutant: Und wenn das auch nicht geschieht: Er ist auf alle Fälle gedeckt und seiner Belohnung sicher. Das wäre schön, die Übergabe der Festung zur Bedingung seiner Belohnung zu machen! Er wird auf alle Fälle königlich belohnt und auf immer vor Armut und Not in Sicherheit gesetzt. Aus einem Mann, wie Er ist, muß noch einmal was in der Welt werden. Pardieu!

Ich: Alles gut, Herr Adjutant, aber das Ding bleibt immer kützlig.
Adjutant: Freilich wohl! Aber was ist Er denn, Laukhard? Ist Er nicht Soldat, und muß ein braver Soldat nicht vor die Kanonen gehen?
Ich: Natürlich!
Adjutant: Ist Er noch nicht vor den Kanonen gewesen?
Ich: O ja, schon mehr als einmal.
Adjutant: Hat Er da sich wohl gefürchtet und geängstet?
Ich: Herr Adjutant, wenn mir ein andrer diese Frage vorlegte, ich weiß nicht, ich –
Adjutant: Ich schmiß ihm hinter die Ohren, nicht wahr? Das ist recht gesprochen, mein Lieber, so hör ich's gern. Nun sieht Er, wenn Er ohne Furcht vor die Kanonen ging, wo Er doch nicht viel tun konnte, warum wollte Er jetzt eine Gelegenheit vorbeilassen, wo weniger Gefahr ist und wo Er viel tun kann?

Dieser Grund bestimmte mich beinahe. Ich sagte dem Adjutanten, daß ich für den Kronprinzen alles zu wagen und alles zu tun bereit wäre. Er möchte also Seiner Hoheit meinen Entschluß melden und Sie versichern, daß ich nur Ihren Befehl erwartete.

Es war mir, wie es sich versteht, verboten worden, diese kützlige Sache irgend jemanden bekannt zu machen, aber dies foderte schon meine eigne Sicherheit. Ich hatte nicht einmal das Herz, sie meinem Hauptmann anzuvertrauen; dieser fragte auch ganz und gar nicht, was die großen Herren mit mir gesprochen hätten.

Meine Instruktion vom Kronprinzen

Am 25. September wurde ich aufs Pikett nach Nußdorf geschickt. Hier hatten die Leute gerade Herbst- oder Weinlese, welche sie notwendigerweise schon so frühe anfangen mußten, weil sonst die deutschen Soldaten auch keine Beere in den Weinbergen gelassen hätten. Unsre Leute gingen scharenweise hinein und holten ganze Brotsäcke voll Trauben, welches ihnen um so weniger verboten war, da man die Trauben als ein Präservativ gegen die Ruhr ansah.

Ich war kaum in Nußdorf, so kam schon ein Bote aus dem Lager mit dem Befehl, daß ich sogleich zurückkommen sollte. Ich lief nach meiner Kompagnie und fand da jemand, der mich nach dem Zelte des Kronprinzen begleitete. Der Kronprinz empfing mich nach seiner edlen Gewohnheit freundlich, drückte mir die Hand und fragte mich, ob ich dem Vorschlag nachgedacht hätte. Ich bejahete dieses und versicherte Seine Hoheit, daß ich alles für die Ehre und den Vorteil der preußischen Waffen tun würde. „Ich habe schon viel Gutes durch meinen Vetter (den Prinzen Louis, Sohn des Prinzen Ferdinand von Preußen) von Ihm gehört, lieber Laukhard, und hatte mir vorgenommen, für Seine Loslassung von den Soldaten zu sorgen. Nun zeigt sich aber eine Gelegenheit, wobei Er dem Staate noch nützlich sein kann, und bei dieser denke ich auch Sein Glück zu machen. Er ist frei; von diesem Augenblick an ist Er kein Soldat mehr. Jetzt erkläre Er, ob Er das noch tun will, wovon die Rede ist?"

Ich: Ja, gnädigster Herr, ich werde mein Möglichstes tun, den Auftrag Eurer Königlichen Hoheit pünktlich auszuführen.

Kronprinz: Nun wohl, in Gottes Namen! Er soll sehen, daß ich nicht undankbar bin und daß ich Wort halte. Morgen früh um 7 Uhr komme Er zu mir, dann soll Er seine Instruktion haben.

Ich ging, der Adjutant folgte mir und gab mir einen Louisdor, um mir mit meinen Kameraden, wie er sagte, einen guten Tag zu machen. Als ich ihm aber vorstellte, daß es notwendig Aufsehen machen müßte, wenn ich heute lustig lebte und die Nacht zum Feinde überginge, so gab er mir recht, und ich ging mißmutig nach der Kompagnie.

Wir hatten einen Burschen, welcher gar nichts verschweigen konnte. Diesen nahm ich mit zum Marketender, war aber immer still und unruhig. Auf sein Befragen, was mir denn wäre, antwortete ich, daß er mir ja doch nicht helfen könnte.

Er: Wer weiß auch, Bruder!

Ich: Nein, du kannst mir nicht helfen, aber wenn du mich nicht verraten willst, so kann ich dir wohl sagen, was mir eigentlich ist.

Er: Gott strafe mich, Bruder, wenn ich ein Wort sage!

Ich: Sieh, du weißt, daß ich immer gut patriotisch war!

Er: Ja, mein Seel', du hast oft geschwatzt wie ein Franzos.

Ich: Nun schau, das Ding hat der Kronprinz erfahren und läßt nun Untersuchung anstellen. Er meint gar, ich habe mit den Patrioten zu Neustadt unter der Decke gesteckt.

Er: Aha, deshalb sind die Herren immer bei dir gewesen!

Ich: Freilich! Glaub nur, das Ding geht mir höllisch im Kopf herum. Aber daß du ja nichts ausplauderst!

Er: Der Teufel soll mich holen, Bruder! Nein, was ich weiß, erfährt kein Mensch; da soll mir lieber die Zunge erlahmen.

Ich hatte dem Menschen den Unterricht von meiner Lage bloß in der Absicht gegeben, daß er das Ding unter den Soldaten verbreiten sollte, und hatte mich nicht betrogen. Denn ehe eine Stunde verging, wußte die ganze Kompagnie, daß ich der Patrioterei wegen angeklagt sei und nun schwere Strafe zu erwarten hätte. Einige behaupteten, ich müßte Gassen laufen, andere aber, welche das Ding besser wissen wollten, sagten, daß ich gar könnte gehenkt werden, wenigstens müßte ich zeitlebens in die Karre. Ich hörte die läppischen Urteile und freute mich bäß darüber. Denn nun fand das Vorgeben von meiner Desertion Glauben, und kam dann ein wirklicher Deserteur von uns nach mir nach Landau, so war ich vor ihm auch da sicher. Mein Hauptmann wußte das alles, sprach aber mit mir nicht ein Wort davon.

Die Nacht brachte ich sehr unruhig hin. Früh schrieb ich noch einen Brief an Herrn Bispink, worin ich ihm meldete, daß man etwas Wichtiges mit mir vorhabe, worüber ich ihm, sobald es sich tun ließe, nähern Aufschluß geben wollte, nur möchte er bis dahin meinetwegen ganz unbekümmert sein.

Um 7 Uhr ging ich zum Prinzen von Hohenlohe, der mich erst mit Malaga traktierte und hernach zum Kronprinzen führte. Hier erhielt ich meine Instruktion. Da es meinen Lesern gleich viel gelten kann, worin die Natur dieser Instruktion bestanden habe, so werden sie sich begnügen, wenn ich ihnen ganz kurz melde, daß mein Auftrag dahin ging, die Festung Landau ohne militärische Angriffe an die Preußen zu bringen, und zwar – durch Geld. Ob ich gleich viel Vertrauen auf den Mut und die Ehrlichkeit der Republikaner hatte, so wußte ich doch auch, daß Geld alles vermag. Und da man eine sehr große Summe bestimmt hatte, um zum Ziele zu gelangen, so verzweifelte ich nicht ganz an dem guten, das heißt gewünschten Ausgang meines Auftrags.

Der Kronprinz sprach weitläufig, über zwei gute Stunden, während ich mit ihm frühstückte, über die Angelegenheiten, welche mich zunächst angingen, und dann über das Allgemeine. Alle seine Urteile waren richtig und bestimmt, und man merkte wohl, daß er sich in den öffentlichen Geschäften fleißig umgesehen hatte. Besonders hat mich der herablassende, sanftmütige, von allem Stolz entfernte Charakter dieses Fürsten entzückt. „Wir sehen uns gewiß noch vor Weihnachten wieder", sagte er zu mir, „und dann reiset Er mit mir nach Berlin und geht dann nach Halle, wenn Er will!" Der treffliche Prinz konnte nicht voraussehen, daß ich von damals an 18 Monate in der Gewalt der Franzosen würde bleiben und unter steter Todesgefahr herumirren müssen.

Nachdem ich über den ganzen Inhalt meiner geheimen Sendung unterrichtet war, empfahl ich mich und ging. Der Prinz von Hohenlohe begleitete mich und händigte mir eine Handvoll Gold ein, wovon ich in Landau leben sollte. Ich ging mit dem Prinzen nach seinem Zelte, wo er mir ein Billet einhändigte, welches ich an den Herrn Major von Wedel, der damals unser Bataillon kommandierte, abgeben sollte.

Dieser rechtschaffne Mann sah mich sehr mitleidig an, als er das Billet gelesen hatte, und sagte wörtlich weiter nichts als: „Wenn's dann so sein muß, so mag es so sein! Guter Laukhard, Er geht diesen Abend nach Nußdorf; es wird Ihn niemand aufhalten. Das übrige werd' ich schon bestellen."

Den Tag über hielt ich mich sehr ruhig. Gegen Abend ging ich aus dem Lager mit Sack und Pack; denn ich gab vor, ich müßte jemand auf dem Pikett ablösen. Man ließ mich ohne Umstände passieren. In Nußdorf fand ich meinen Hauptmann, den Herrn von Mandelsloh, welcher durch den Herrn Major von Wedel von allem unterrichtet war. Er zog mich auf die Seite. „Ich weiß alles", sagte er, „also brauchen wir nicht viel Erklärung. Jetzt geh Er nur nach der untern Wache, und bleib Er da, bis ich komme."

Unsre Leute hatten eben einen Keller aufgewittert, worin noch Wein war, und holten diesen in großen Häfen auf die Wache, wo er unmäßig gesoffen wurde. Ich aber hatte nicht das Herz, einen Tropfen mitzutrinken, ging daher in ein Nebenhaus, wo ich mir eine Mostbrocken machen ließ. Von meinen Sachen wollte ich nichts mitnehmen als meine Wäsche und einen hebräischen Psalter, welchen mir Herr Bispink auf mein Bitten geschickt hatte. Ich habe diesen Psalter hernach auf meinen Touren durch Frankreich immer mit herumgetragen und erst bei meiner Zurückkunft aus diesem Lande einem Freunde geschenkt. Die hebräische Sprache hat mir immer gefallen, nicht wegen des in derselben verfaßten Alten Testaments, wo freilich manche hübsche Urkunde, vermischt mit unzähligen Fratzen und Torheiten, vorkommt, sondern wegen der großen Simplizität derselben.

Gegen 12 Uhr des Nachts kam Herr von Mandelsloh, mein Hauptmann, und noch ein Major von dem Regimente von Wolfframsdorff. „Laukhard kann mit uns gehen", sagte der Hauptmann. „Er kann Ordonnanz machen. Wir wollen ein wenig die Posten visitieren." Ich legte meine Tasche ab, nahm nichts als Tornister und Seitengewehr und begleitete die Herren. Wir gingen gerade zum Dorf hinaus auf die Landauer Straße, und meinem braven, mitleidigen Hauptmann war das Herz so beklommen, daß er kaum reden konnte. Der Major führte also das Wort und sprach sehr viel über die Schuldigkeit des Soldaten, sein Leben für seinen Herrn zu wagen. Ich fand dieses Gespräch für mich damals eben nicht sehr passend und remonstrierte so lange, bis der Major mir zugab, daß der Soldat erst dann sein Leben nach Recht und Pflicht wagen müsse, wenn er selbst einsehe, daß sein Herr für eine durchaus gerechte Sache mit den Waffen auftrete.

Auch wollte der Herr Major nicht zugeben, daß ein Herr eben darum gehalten sei, seinen Soldaten die Ursachen anzugeben, warum er Krieg anfange oder warum er diesem oder jenem Hülfsvölker gebe. Allein ich versetzte, daß der Soldat, der, ohne zu wissen warum, in den Krieg ziehen müsse, niemals mit soviel Mut und Zutrauen fechte als der, welcher von der Gerechtigkeit und Notwendigkeit des Krieges überzeugt sei.

Unter diesem Gespräche kamen wir eine gute Strecke von Nußdorf ab. Es begegnete uns eine Patrouille, welche uns berichtete, daß in der Tiefe alles ruhig sei. „Nun", sagte Herr von Mandelsloh, „so begleiten wir unsern Laukhard noch eine Strecke. Die Franzosen werden uns nicht gleich haschen." Er war herrliches Wetter und lichtheller Mondschein. Wir gingen sachte weiter. Endlich ermahnte ich die Herren selbst, zurückzugehen, indem man nicht wissen könne, was hie oder da aufstoße oder im Hinterhalte laure. Die Herren sahen die Notwendigkeit zurückzukehren selbst ein, gaben mir noch manch nützlichen Rat, wünschten mir gute Verrichtung – und damit Gott empfohlen. Der letzte Handdruck meines biedern Hauptmanns war herzig, aber noch herziger sein Antrag, hier noch mit umzukehren, wofern ich in meinem Entschlusse auch nur das mindeste wankte oder ihn bereute. Allein meine Antwort war ebenso kurz als entschlossen diese: „Ein ehrlicher Mann hält Wort, und wenn's sein Leben kosten sollte!"

Mein Übergang zu den Franzosen

Kaum war ich dreißig Schritte vorwärts gegangen, als eine französische Patrouille von drei Dragonern auf mich zukam und mir ihr „Qui vive?" zurief. Ich gab mich sofort für einen preußischen Deserteur an. „Sois le bien venu!" rief ein Dragoner, „komm näher! Aber Kerl, du sprichst Französisch, bist wohl gar ein Franzose?"

Ich: Warum nicht gar! Ich bin ein Deutscher.

Dragoner: Aber sacré mâtin*, du sprichst ja Französisch. Wo hast du das gelernt?

Ich: Meint Ihr denn, daß die Deutschen nicht auch Französisch können?

Dragoner: Vive la Nation! Kamerad, du mußt „du" sagen! Foutre! Du bist bei Republikanern, die sagen alle du. Also du bist kein Franzos?

---

* Sacré mâtin, chien, sacrée garce, sacrée pie, sacrée soutane, sacrée merde und tausend andere Floskeln sind die Würze für die republikanische Sprache des gemeinen Volkes in Frankreich. Im Jahre 1793 und 1794 waren diese Floskeln mit ein Beweis des echten Robespierreschen Patriotismus.

Ich: Nein! Ich hab's ja schon gesagt.

Dragoner: Gut! Du bist ein braver Junge, daß du deinen Tyrannen verlassen hast. Aber wo sind denn deine Kameraden?

Ich: Was für Kameraden?

Dragoner: Sacré mâtin, ich habe doch welche sprechen hören!

Ich: Ich habe so für mich getrallert.

Dragoner: Nein, es waren mehrere Stimmen. Ich muß wohl nachsuchen.

Zwei Dragoner sprengten wirklich fort und suchten, ob noch jemand in der Nähe wäre. Man stelle sich meine Angst vor! Denn es war ja leicht, sehr leicht möglich, daß mein Hauptmann und der Major erhascht und eingebracht wurden – und dann war Laukhard geliefert. Ein Dragoner blieb inzwischen bei mir und sprach sehr freundlich. Endlich nach langem Hin- und Hersuchen kamen die beiden andern zurück und versicherten, daß doch nichts da wäre; es müßte vielleicht eine feindliche Patrouille gewesen sein. Nach meiner Zurückkunft nach Halle erfuhr ich von dem Herrn Hauptmann von Mandelsloh, daß ihnen die Dragoner wirklich auf den Hals gekommen wären, daß sie sich aber in die Weinberge versteckt hätten, um nicht entdeckt zu werden. Sie waren beide unbewaffnet, hatten nichts als ihre Degen und wären da ohne Umstände gezwungen gewesen, sich nach Landau führen zu lassen. Gut nur, das dieses nicht geschehen ist!

Meine Dragoner führten mich auf die kleine Schanze vor dem deutschen Tore, wo ein Hauptmann und ein Leutnant das Kommando hatten und wo 50 Mann zur Wache waren. Der Hauptmann war froh, daß ich mit ihm reden konnte, und unterhielt sich mit mir die ganze Nacht. Der Leutnant saß da und las in der französischen Übersetzung des ‚Fräulein von Sternheim'. Die Soldaten legten mir hundert Fragen vor, welche ich beantworten mußte, die ich aber so beantwortete, wie es mir zuträglich schien. Ich bediente mich hier der Ausdrücke monsieur, messieurs, avoir la grâce, la bonté, de permettre und dergleichen, aber der Hauptmann bat mich, alle freiheitstötenden Ausdrücke (termes liberticides) nicht mehr zu gebrauchen. „Du bist jetzt", sagte er, „im Lande der Freiheit, mußt also auch reden wie ein freier Mann."

Ich: Das ist wohl wahr, aber dir zum Beispiel bin ich doch Respekt schuldig.

Er: Gerade so viel als ich dir. Bin ich dein Herr? Oder hab ich dir zu befehlen?

Ich: Du bist aber doch Hauptmann!

Er: Und du bist Mensch, und das ist hinlänglich, um frei zu sein und von niemandem abzuhängen. Aber ich merke, lieber Freund, du hast noch keinen Begriff von der Freiheit. Wenn dir's nicht zuwider ist, so will ich dir hierüber einige Auskunft geben. Sag mir einmal: darfst du stehlen?

Ich: Bewahre! Stehlen darf niemand!

Er: Warum nicht?

Ich: Weil's nicht recht ist.

Er: Gut! Woher weißt du, daß es nicht recht ist?

Ich: Weil es der Vernunft und dem natürlichen Gesetz zuwider ist.

Er: Das ist nicht richtig gesprochen. Es muß heißen: weil es dem geschriebnen Gesetz zuwider ist. Verstehst du mich?

Ich: O ja, aber das Naturgesetz muß doch die Grundlage aller geschriebnen Gesetze sein.

Er: Das gehört alleweile nicht hierher, so wahr es sonst ist. Das Naturrecht bildet keine Gesellschaft, wo aber Gesellschaft ist, da gibt es positive Gesetze, und es muß sie geben. Und was diese befehlen, das ist recht und erlaubt, und was sie verbieten, ist unrecht und nicht erlaubt. Jetzt will ich dir auch sagen, was Freiheit ist. Freiheit heißt das Vermögen, bloß nach solchen Gesetzen zu leben, welche vernünftig und dem gemeinen Wesen nützlich sind. Sklaverei hingegen heißt von Gesetzen abhängen, welche absurd, unbillig, ungerecht usw. sind. Hast du mich verstanden?

Ich: O ja. Ich bitte, nur fortzufahren.

Er: Du siehst also, daß Freiheit keine Gesetzlosigkeit ist und nichts weniger mit sich bringt als das Vermögen, willkürlich zu handeln oder seinen besondern Willen dem allgemeinen Willen vorzuziehen. Jeder muß sich dem allgemeinen Willen unterwerfen.

Ich: Was verstehst du unter allgemeinem Willen?

Er: Darunter verstehe ich den Willen der Nation, auf diese oder jene Art als Nation zu existieren. Die Modifikation dieser Existenz macht den Grund aller Gesetze aus, sie ist die Grundlage der öffentlichen Ruhe und darf folglich von keinem einzelnen Mitgliede übertreten, verändert oder verdreht werden. Nun glaube ich, hast du einigen Begriff von der Freiheit, welche die Franzosen einführen wollen.

Ich: Aber seid ihr denn jetzt frei?

Er: Wie man es nehmen will. Unsre gesetzgebende Macht hat die Notwendigkeit eingesehen, Gesetze und Verordnungen zu machen, welche mit der vernünftigen Freiheit der Bürger nicht bestehen können. Dergleichen Verordnungen haben wir viele.

Ich: Also seid ihr ja nicht frei!

Er: Höre, Freund, wenn du das Fieber hast und wirklich König bist, bist du da frei? Antwort: nein! Frankreich hat jetzt das Fieber, Frankreich liegt im schrecklichsten Paroxismus, dessen Krisis sich fürchterlich äußert. Und nun überlege, ob da die friedliche Lage der Freiheit in vollem Maße, so wie wir sie wünschen und mit der Zeit haben werden, jetzt schon statthaben könne?

Ich: Da ihr aber diese schrecklichen Krisen, diesen Paroxismus zum voraus sehen konntet, warum finget ihr eure Revolution an?

Er: Dieser Paroxismus ist nicht ganz Folge der Revolution. Warum kamen eure Fürsten, uns zu stören und dadurch unsern Zustand zu verschlimmern und zu verlängern? Warum mußten unsre Großen, unser Capet, unsre Adligen, unsre Pfaffen Rebellion und Blutvergießen stiften, unter der Hand unterhandeln und dadurch die Revolutionsgesetze, die tribunaux révolutionnaires, die Guillotine, die Füsiliaden und andre scheußliche Auftritte notwendig machen? Die Revolution an sich war an dem großen Unglück, das unser Land betroffen hat und das wahrscheinlich noch einen großen Teil von Europa niederdrücken wird, nicht allein schuld!

Ich: Du bekennst also doch, daß die Revolution gelegentlich großes Unglück über Frankreich gebracht hat. Also ist sie gegen eure Erwartung anders ausgefallen, als sie sollte.

Er: Ganz und gar nicht. Man hat, wenigstens haben gescheite Köpfe diese Folgen größtenteils vorausgesehen. Aber es mußte einmal brechen. Wir sind nicht allein für uns da, wir müssen auch auf unsre Nachkommen bedacht sein. Ein Volk ist anzusehen wie ein Körper, der viele Jahrhunderte lebt. Wenn daher an diesem Körper brandartige Glieder sind, so muß man diese wegschaffen, gesetzt auch, es müsse frisches Fleisch mit abgeschnitten werden.

Ich: Ich verstehe dich, du meinst den Adel –

Er: Nicht den Adel allein. Ich meine alle die, welche an der unrechtmäßigen Obergewalt unsrer Tyrannen teilhatten und ihre Bübereien unter dem Schutz der willkürlichen Einrichtung eines einzigen verübten. Und diese waren vorzüglich die Pfaffen, die Edelleute, die Pächter, die Monopolisten und anderes unzähliges Gesindel, welches nun zerstört und zertrümmert ist.

Ich: Und ihr fürchtet euch nicht, daß alles dieses wiederhergestellt werden könnte? Ihr bedenkt nicht, daß ihr alsdann noch weit mehr gedrückt sein werdet, als ihr es jemals unter euren Ludwigen waret?

Er: Eben weil wir dieses denken, bieten wir alles auf, um jenem vorzubeugen, fest entschlossen, entweder alles zu verlieren oder alles zu gewinnen; ein Mittelweg ist für uns schon unmöglich geworden, und dies vorzüglich durch das Versehen eurer Fürsten. Dies sieht der größere und edlere Teil unserer Nation lange ein, und darum bemühen sich eure Fürsten zu ihrem eignen Ruin sehr töricht, uns wieder zu irgendeiner Art von willkürlicher Tyrannei zurückzubringen.

Ich: Man ist aber im Kriege niemals wegen des Erfolges sicher. Es könnte doch geschehen, daß die vereinigte Macht so vieler Fürsten endlich eine allgemeine Veränderung in eurem jetzigen Systeme hervorbrächte. Denn erstlich –

Bisher hatten die Soldaten geschwiegen und aufmerksam zugehört, aber bei meiner letzten Äußerung fingen alle an zu murren, und ein ganz junger Volontär sagte mir in recht barschem Ton: „Du sollst sehen, Citoyen, daß alle Könige und alle Pfaffen und alle Edelleute nicht imstande sein werden, uns zu besiegen. Frei wollen wir bleiben oder sterben." – „Ja, das wollen wir", riefen alle. „Wer uns besiegen will", fuhr der Volontär fort, „muß unser ganzes Volk ausrotten, aber das soll und kann weder der Teufel noch der Papst noch sonst ein Tyrann!" Ich fand nicht für gut, den Volontärs die Möglichkeit einer gänzlichen Niederlage von ihrer Seite weiter zu zeigen, und versicherte sie, daß ich selbst nichts sehnlicher wünschte, als daß das angefangene gute Werk Bestand haben und alle seligen Fürchte bringen möchte, welche Frankreich davon erwartete. „Ich nehme dir's nicht übel", versetzte der Volontär, „daß du so sprichst, wie du gesprochen hast. Du kommst von den Tyrannen her, und wie kann man in der Sklaverei lernen, vernünftig und frei zu denken!"

Der Hauptmann fragte mich, ob ich Hunger hätte. Ich verneinte es. „Nun, trinken wirst du doch eins, nicht wahr? Kameraden", fuhr er fort, indem er sich zu den Soldaten wendete, „geh doch einer, wer will, hin und hole eine Feldflasche voll Wein!"

„Ich habe noch eine hier", schrie ein Volontär. „Die steht dir zu Willen*." Er brachte sie, und wir fingen an zu trinken.

Ich mußte mich besonders über das anständige Betragen dieser Leute wundern. Es herrschte unter ihnen die trefflichste Ordnung und die strengste Disziplin. Ganz anders hatte man uns die französische Zucht vorgeschildert: da waren es Leute, welche von gar keiner Subordination wüßten, die täten, was sie wollten, die auf den Befehl ihres Offiziers nicht hörten und was des albernen Vorgebens mehr war. Allein hier sahe ich zum erstenmal, gegen meine Erwartung, wie es wenigstens im Dienste so ordentlich bei den Franzosen zuging, als es bei den Preußen je zugehen kann.

Ich weiß es noch gar gut, daß man bei den Preußen einen gewaltigen Unter-

---

* Man bemerke, daß man in Frankreich nicht mehr sagt: à votre service, sondern: à ta volonté.

schied zwischen guten und bösen Offizieren macht, aber in Frankreich ist dieser Unterschied nicht einmal denkbar. Hier findet gar keine Willkür statt, überall herrscht und entscheidet das Gesetz. Das Gesetz kennen alle, alle finden es gut und notwendig, und so beeifert sich jeder, dem Gesetz zu gehorchen. Aber unter dem Gesetz steht der Offizier so gut als der Volontär; was das Gesetz vorschreibt, erkennen beide für Recht und Pflicht, und über dies hinaus vermag die Willkür nichts. Was kümmert's also den Soldaten in Frankreich, ob sein kommandierender Offizier ein Isegrim oder ein Engel ist? Der Soldat muß seine Pflicht tun, davon kann ihn der Offizier nicht freisprechen, und als Patriot im echten Wortverstand tut er sie gern. Erlaubte Dinge dürfen ihm übrigens nicht verboten und unerlaubte nicht gestattet werden – und damit ist's alle.

Die Strenge der preußischen Disziplin, vorzüglich in Wesel, muß den Franzosen überhaupt scheußlich genug beschrieben sein. Denn hier fragten sie mich fleißig, wieviel Hiebe der preußische Soldat täglich bekomme. Ob denn ihr Kommißbrot in der Tat über allen Glauben schlecht sei? usw. Ich mußte die ganze Nacht herhalten und plaudern, aber ich tat das gern, indem schon hier mir manches Vorurteil verschwand, welches ich in Absicht der Franzosen noch hatte.

Früh sagte mir der Hauptmann seinen Namen, bat mich, ihn zu besuchen, wenn er abgelöst sein würde, und darauf ließ er mich durch einen Volontär, aber ohne Gewehr, zum General Laubadère, dem Volksrepräsentanten Dentzel und dem Kriegskommissarius, dessen Namen ich vergessen bin, abführen.

Landau

Es war ohngefähr fünf Uhr morgens, als ich zum Divisionsgeneral Laubadère geführt wurde. Der General war schon früh auf und völlig in Uniform. Ich traf ihn in Gesellschaft einiger Offiziere, mit welchen er eben frühstückte. Er freute sich, als er vernahm, daß ich seiner Sprache mächtig war.

Die Franzosen verstehen größtenteils nichts als Französisch; als ich daher einige seiner Fragen französisch befriedigt hatte, faßte er mich bei der Hand, hieß mich niedersetzen und an dem Frühstücke teilnehmen. „Scheue dich nicht", sagte er, „du bist bei freien Leuten, bei Leuten, welche wissen, daß andre auch Menschen sind wie sie, und welche niemanden verachten als den freiwilligen Sklaven. Der freiwillige Sklave allein verdient Verachtung, und", fuhr er mit Hitze fort, „wenn dieser freiwillige Sklav deswegen Sklave wird oder bleibt, damit er andre noch mehr, als er selbst es ist, zu Sklaven machen helfe, dann verdient er Abscheu und Ausrottung wie seine Tyrannen."

Ich bezeigte dem General, wie meine Lage es erfoderte, meine Einstimmung und versicherte ihn – welches mir die Göttin Eleutheria vergeben mag und welches ich nicht ohne Scham gestehen kann –, daß eben diese Grundsätze mich vermocht hätten, die Preußen zu verlassen und Schutz und Beistand bei der Nation der freien Franken zu suchen. „Bravo!" sagte Laubadère und reichte mir ein Glas Wein. „Du bist ein guter Kerl (bon garçon)! Betrage dich, wie es einem freien Mann gebührt, und du erlangst das französische Bürgerrecht – den besten Lohn, den die Republik dir geben kann!"

Das Frühstück war sehr frugal: Brot, Knoblauch und Wein war alles. „Nicht wahr", sagte der General, „du wunderst dich, daß ich so schlecht frühstücke! Eure Generale essen wohl besser, das weiß ich, die sind nicht mit einem Stück Brot zufrieden." Der Obrist von der Reuterei, welcher ehemals in Preußen selbst und sonstwo gewesen war, versicherte, daß die Generale der Preußen und Östreicher gar viel in Banketten aufgehen ließen, daß sie darin sogar etwas suchten, und er begleitete diese Bemerkungen mit einigen spitzigen Einfällen. Ich wollte und mußte doch auch was sagen und führte das Beispiel Friedrichs des Zweiten an, der allemal mäßig gelebt und wenig auf die Vergnügungen der Tafel gewendet hätte. „Ja, ja, Friedrich der Zweite", erwiderte Laubadère, „ich weiß es recht gut. Allein wo habt ihr nur noch einen? Es ist ganz und gar keine Gleichheit unter euch", fuhr er fort, „eure Obern leben wie die Prinzen und pflegen sich nach Herzenslust, aber die armen Soldaten müssen hungern bis zum Schwarzwerden." Ich mochte dieser Äußerung nicht weiter widersprechen.

Laubadère und sein Generaladjutant Doxon (sprich Dosson) befragten mich sofort über die Beschaffenheit der Belagerung der Stadt Landau. „Du bist", sagte Doxon, „eben kein Dummkopf, das sieht und hört man dir an: also kannst und mußt du uns Auskunft geben, wie's draußen aussieht, was unsre Feinde im Schilde führen und was wir von ihnen zu erwarten haben." Ich mag nicht wiederholen, was ich damals gesagt habe, aber ich kann heilig versichern, daß ich kein Wort vorbrachte, welches für die Belagerer Nachteil hätte haben können.

Doxon führte mich nachher auf den Kirchturm, wo ich durch ein Fernrohr sehen mußte, um ihm die Stellung der feindlichen Lager und Batterien zu erklären. Er war mit dem, was ich ihm angab, zufrieden und nahm mich mit in den Gasthof ‚Zum Lamm', wo wir noch eine Bouteille Wein ausleerten. Darauf ging es zum Repräsentanten Dentzel, bei welchem alle Gefangnen und Deserteurs eingeführt werden mußten.

Dieser seltsame Mann war ehemals mein Bekannter gewesen, und wenn ich nicht irre, so sind wir gar noch verwandt. Ich habe freilich die Genealogie meiner Familie nie studiert und habe meine Tante nicht bei der Hand, welche sonst als ein lebendiges Repertorium von allen Vetter- und Basenschaften Auskunft zu geben weiß, aber so, daß mein verstorbener Vater oft mit ihr deswegen zankte und ihre Eitelkeit mit der Bemerkung demütigte, daß es einem ehrlichen Kerl gleichviel gelten könnte und müßte, ob er mit dem großen Mogul oder mit dem Scherenschleifer Benotsacht verwandt sei. Ich erinnere mich aber doch noch dunkel, daß meine Tante von dem Herrn Vetter Dentzel gesprochen hat.

Genug, Dentzel hatte die Schule zu Dürkheim besucht und hernach in Halle die Theologie studiert, sonst auch da recht lustig gelebt und war einer von jenen Studenten, welche der Prorektor Pauli, dieser schreibselige Historiker, einmal aus der Kneipe ‚Zum Posthorn', wo es damals Buhldirnen gab, hatte holen und aufs Karzer setzen lassen. Dentzel erinnerte sich nachher dieser Schnurre noch mit Lachen. In seinem Kandidatenstande suchte er Eingang bei Mamsell Sabinchen Michaelis, dem schönsten Mädchen in der ganzen Pfalz. Allein Mamsell Sabinchen trug damals die Nase höher, als daß ihr Dentzel hätte behagen können: sie gab der Liebelei eines Prinzen Gehör und ward dadurch endlich ebenso unglücklich, als sie vorher schön war.

Dentzel, der bei Sabinchen nicht ankommen konnte, ließ seiner satirischen Laune freien Lauf und beleidigte durch allerlei Sarkasmen auf das Mädchen den Hofrat, ihren Vater, und den Herrn Prinzen von Leiningen selbst. Dies brachte ihn um alle Hoffnung, im Leiningischen je versorgt zu werden, und dies um so mehr, da die dortigen Versorgungen ohnehin immer sehr anomalisch vor sich gingen. Er vettermichelte sich also in Landau bei verschiednen französischen Offizieren an und erhielt die Feldpredigerstelle bei dem Regiment Deuxponts. Da er ein heller Kopf und lustiger Bruder war, so fiel es ihm leicht, dem trefflichen, äußerst humanen und liberalen Prinzen Maximilian von Pfalzzweibrück, welcher damals in Landau als Obrist stand, zu gefallen. Dieser Prinz war bei den Landauer Bürgern sehr beliebt, und sie bestrebten sich, ihm überall zu willfahren. Als er daher den Dentzel zur Oberpfarrstelle in Landau ihnen empfahl, erhielt er sie ohne Anstand. Er heuratete nachher die Tochter eines reichen Kaufmanns und lebte, einige Zänkereien mit seinen erzorthodoxen, intoleranten Kollegen abgerechnet, ganz ruhig und vergnügt bis auf den Ausbruch der Revolution.

Kaum hatte diese den Anfang genommen, so trat Dentzel sogleich auf ihre Seite und verfocht die Rechte des Volks so stark und eifrig, daß man ihn als die höchste und stärkste Stütze des Patriotismus verehrte. Beim Ausbruche der

Revolution hatte Ludwig XVI. in alle Departements einige von seinen Kreaturen abgeschickt, welche man Königs-Kommissarien (commissaires royaux) nannte und die starken Anteil an allen Verhandlungen zum Vorteile des Souveräns zu nehmen und zu bewirken wußten. Dentzel warf einst einen dieser Kommissäre, der zu sehr monarchisch jesuitisierte, vom Gemeinhause und brachte es dahin, daß er die Stadt räumen mußte. Darüber entstanden Klagen gegen ihn, er aber zog sich mit Ehren aus der Sache. Dentzel wurde daher in Landau angebetet von allen Patrioten, und was er angab, wurde gebilligt und ausgeführt. Um sich aber durch die Verwaltung seines geistlichen Amtes nicht zu schaden, gab er seine Pfarrstelle auf und hieß nun schlichtweg Herr Dentzel.

Der erste Abgeordnete, den die Landauer nach Paris geschickt hatten, hatte da nicht so gehandelt, wie man es gewollt hatte: er wurde also abgerufen und Dentzel statt seiner auf die damalige Nationalversammlung abgesandt. Hier hatte er nun Gelegenheit, seinen Patriotismus zu zeigen, und tat dieses auch mit einer solchen Freimütigkeit und Uneigennützigkeit, daß man ihn schon im Jahr 1792 zu Missionen gebrauchte. So war er auch damals, als man über das Schicksal des unglücklichen Ludwig Capet in der Versammlung stimmte, abwesend. Ich fragte ihn einmal, was er von der Hinrichtung dieses Fürsten hielte. „Jetzt", antwortete er, „muß ich sie freilich billigen, indem sie geschehen ist. Wäre ich aber am Tage der Verdammung des armen Teufels in Paris gewesen, er hätte eine Stimme für sich mehr gehabt; denn nimmermehr hätte ich auf seinen Tod gestimmt."

Robespierre und Marat schätzten Dentzel, und so war es ihm möglich, bei der Gründung der Republik seinen Einfluß mannhaft zu behaupten. Er erhielt daher auch 1793, im Juli, die Mission zur Rheinarmee.

Als ich zu ihm hereintrat, sah er mich eine Zeitlang starr an. „Wie heißt du?" fragte er endlich.

Ich: Ich heiße Laukhard.

Dentzel: Von Wendelsheim?

Ich: Allerdings.

Dentzel (mir die Hand reichend): Willkommen, Bruder, im Lande der Freiheit! Nun, das war doch ein gescheiter Streich von dir, daß du deine Tyrannen verlassen hast! Komm, setze dich und erzähle mir was Neues!

Ich setzte mich, und Mamsell Lutz, die man bald näher kennenlernen wird, mußte mir ein Glas Likör herbeiholen. Unser Gespräch betraf die Preußen, die Universität Halle, Jena und Gießen, den Eulerkapper, den D. Bahrdt, dessen eifriger Anhänger er gewesen war, die Revolution in Frankreich, die Belagerung, den ‚Magister Weitmaul' und hundert andre ernsthafte Dinge und Possen. Der

General Laubadère war unterdessen hinzugekommen. Gleich beim Eintritt rief ihm Dentzel entgegen: „Hier, General, ist mein Landsmann Laukhard, ein lustiger Bruder (un sacré gaillard), der mir sehr willkommen ist. Wir wollen einen tüchtigen citoyen françois aus ihm machen." Dentzel hatte den ersten Band meiner Lebensgeschichte gelesen und spaßte da besonders über die Historie mit Thereschen, welche ihm schon von alten Zeiten her bekannt gewesen war. Er gestand mir, daß er auch einmal ein bissel in Therese geschossen oder, nach Pfälzer Ausdruck, verschammeriert gewesen wäre.

Die gute Aufnahme des Repräsentanten setzte mich in muntere Laune, und der Wein, den ich getrunken hatte, machte, daß ich ins Gelag hinein plauderte, und die Gesellschaft, welche aus Dentzel, dem General Laubadère, dem General Delmas (man spricht das s am Ende aus; einige schreiben unrecht Delmace) und der hübschen Bürgerin Lutz bestand, war mit mir zufrieden.

Ich blieb zum Essen bei Dentzel und hatte das Vergnügen, den General Delmas, einen feurigen jungen Mann, näher kennenzulernen. Dieser hat eine sehr hübsche Frau, die Tochter des Löwenwirts aus Pruntrut, der Residenz des ehemaligen Fürstbischofs zu Basel. Die Citoyenne Lutz ist oder war die Tochter eines Fleischers, der in dem Feldzuge von 1792 und 1793 sich viel Geld durch Lieferungen erworben hatte, damals aber schon tot war. Sie lag immer bei Dentzel und vertrieb ihm in Abwesenheit seiner Frau, welche er in Paris gelassen hatte, die Zeit, war aber doch auch gegen andre nicht sehr hart oder spröde.

Dentzel scherzte sehr dreiste mit ihr und ließ immer, nach Pfälzer Art, einiges aus der Zotologie mit einfließen. Wir sprachen, wie sich's denken läßt, Französisch; denn weder Laubadère noch Delmas verstanden Deutsch. Da ich nun oft die Wörter Monsieur und Mademoiselle hören ließ, so bestrafte man mich deswegen in Freundschaft und sagte mir, ich müßte bloß mit Citoyen oder Citoyenne anreden und alles um mich her duzen, wie ich denn auch von jedem, selbst von der Lutzen, geduzt wurde.

Niemals habe ich meine Würde als freigeborner Mensch lebhafter gefühlt als damals, da ich – dem Namen nach – verloffener preußischer Soldat zwischen einem Repräsentanten der mächtigen französischen Nation und zwischen zwei Divisionsgeneralen saß und diesen so ganz in allen Stücken gleichgehalten wurde. Die Gedanken und Gesinnungen, welche damals bei mir rege wurden, lassen sich erraten; wenigstens gaben sie mir einen neuen Beweis zu meinem alten Prinzip, daß die Neufranken so lange unüberwindlich sein werden, als sie selbst es nur wollen. Ihr Gleichheitssystem ist ein Kitt, den nichts übertrifft!

Freund Dentzel trug mir auf, ihn fleißig zu besuchen, aber das Unglück wollte bald, daß ich von dieser mir damals gewiß sehr schätzbaren Erlaubnis keinen öftern Gebrauch machen konnte. Als ich wegging, drückte er mir die Hand und versprach mir, auf alle Art und Weise für mich zu sorgen. Ich wußte damals noch nicht, daß mich diese Verheißung dereinst der Guillotine nahebringen könnte!

Meine Lage in Landau

Ich wurde auf die Liste der ausländischen Deserteurs gesetzt und bekam mein Quartier auf dem ehemaligen Kaufhause (douane), wo ich noch einige zwanzig preußische, östreichische und Condéische Überläufer antraf. Die Verpflegung, welche wir erhielten, war gut; denn man gab uns wie den Volontärs gutes Brot, frisches Fleisch, Speck, gesalzene Butter, Käse, Linsen, Erbsen und noch obendrein täglich zehn Sous Papiergeld. Ein Sergeant Schmid und ein Korporal hatten die Aufsicht, welche aber von keiner Bedeutung war, da beinahe ein jeder tat, was er wollte.

Ich muß diese hottentottische Gesellschaft etwas näher beschreiben. In einem allmächtig großen Gemache, wo wenigstens 100 Mann hätten logieren können und wo Pritschen (lits de camp) in vier Reihen angebracht waren, befanden sich ohngefähr damals vier Kriegsgefangne und etwa achtundzwanzig Deserteurs. Einer davon war mit einer Frau da, welche auch andern zu Dienste stand. Der Kerl hieß Bachmayer und war von den Anspachischen Dragonern. Wer ihm nur zu saufen gab, dem erlaubte er allen Umgang mit seinem Weibe. Die andern waren teils Franzosen von der Condéischen Armee oder von Rohan, dann Polacken, Deutsche, Italiener, meist Lumpenvolk und Diebe. Nichts war vor diesem Gesindel sicher: sie stahlen einander selbst alles und verübten alle nur möglichen Exzesse. Viele waren mit ihren Pferden und Gewehren nach Landau gekommen und hatten sie dort verkauft. Da sie nun auf diese Art viel Geld hatten, so soffen sie in einem weg und machten den fürchterlichsten Spektakel, rauften und schlugen sich wie unsinniges Vieh.

Wie mir bei diesen Bestien zumute war, kann man leicht denken! Diese schöne Gesellschaft nahm gar noch täglich zu; denn täglich oder vielmehr nächtlich kamen immer einige Deserteurs an, so daß der Haufe dieses Gesindels bei unserm Abmarsche von Landau über sechzig Mann stark war. Und so wie sich die Anzahl der Deserteurs vermehrte, vermehrte sich auch die Unordnung. Der General selbst konnte sie nicht mehr leiden und sagte im allgemeinen, es sei eine foutue canaille um die Ausreißer.

Um aber doch diese Leute zu beschäftigen und durch Beschäftigung von schlechten Streichen abzuhalten, hatte der General befohlen, daß die deutschen Deserteurs, wenn sie wollten, in den Handmühlen mitarbeiten könnten. Es waren nämlich acht Handmühlen angelegt, welche täglich sechzehn Mann, acht am Tage und acht des Nachts, im ganzen also 128 Mann beschäftigten. Jeder dieser Arbeiter oder Handmüller bekam für 12 Stunden, wovon er aber nur 6 Stunden mahlte, 50 Sous in Papier. Auf diese Art mußte der Proviant-Kommissär bloß für die Arbeiter an den Handmühlen täglich 320 Livres oder 80 Rthr. in Papier auszahlen.

Es ist aber falsch, wenn man ausgesprengt und sogar in öffentlichen Schriften nacherzählt hat, daß man die Deserteurs zu Landau gezwungen hätte, in den Handmühlen zu arbeiten. Gezwungen wurde keiner, aber wer kam, dem mußte Arbeit gegeben werden; denn das hatte der General ausdrücklich anbefohlen, um den Deserteurs Beschäftigung und zugleich Gelegenheit zu verschaffen, sich etwas nebenher zu verdienen. Wer aber nicht kam, wurde auch nicht einmal ermahnt zu kommen, denn es fanden sich immer Franzosen genug, welche aus purem Patriotismus gern arbeiteten und drehten. Es war überdies auch leichte Arbeit, wobei man Tabak rauchen und plaudern konnte. Ich selbst habe einigemal auch gedreht.

Bei der Bäckerei waren ebenfalls einige Deserteurs angestellt; als diese aber anfingen, das Brot zu stehlen und zu verkaufen, so wurden sie alle davon entfernt. Außer den 50 Sous erhielt noch jeder Arbeiter bei den Handmühlen und in der Bäckerei täglich eine halbe Bouteille weißen Wein.

Es gefiel mir in der Gesellschaft dieser Leute durchaus nicht; ich suchte daher anderen Aufenthalt. Da ich noch mit Gelde versehen war, so ging ich öfters in den Gasthof ‚Zum Lamme', wo ich immer französische Offiziere antraf, welche froh waren, einen Preußen aufzufinden, der ihre Sprache innehatte. Unter andern ward mir ein Hauptmann aus Nantes, welcher etwas studiert haben mochte und ein wenig Latein verstand, sehr gewogen und bewies mir bis zu meinem Abmarsch aus der Festung viele Freundschaft.

In der Gesellschaft dieser Leute und dann auch im Umgange mit den französischen Soldaten und Bürgern fing ich an, meine althistorischen und allgemeinen Ideen über die fränkischen Angelegenheiten nach Erfahrung und im besonderen zu rektifizieren und manches besser einzusehen, als ich es vorher einzusehen imstande war. Ich hatte zwar schon bei den Preußen vieles kennen und vergleichen lernen, hatte manchen Irrtum, der unsern Leuten anhing und vielen noch anhängt, abgelegt und manches richtig abstrahiert, allein ich hatte doch noch nichts so selbst an Ort und Stelle mit angesehen und war noch nicht bei Republikanern gewesen. Ich hielt es daher nun für meine Schuldigkeit, die Sache, so viel ich davon einsehen konnte, genau zu betrachten und so tief in sie einzudringen, als es meine Kräfte gestatteten. Das habe ich denn, solange ich mich bei den Franzosen, vom 26. September 1793 bis den 4. Februar 1795, aufgehalten habe, treulich getan, und kein Tag ist mir vergangen, wo ich nicht einiges Bemerkungswürdige gesehen, gehört oder erfahren hätte. Wenn nun meine Leser bedenken, daß gerade in diese Zeit, die ich in Frankreich zubrachte, die wichtigsten Begebenheiten dieser Republik, sowohl im Innern als im Äußern, fallen, so werden sie gewiß keine Langeweile bei meiner Erzählung empfinden, welche ich auch so vollständig und so gründlich liefern werde, als es meine freilich sehr beschränkte Bemerkungsfähigkeit zulassen wird. Der Erfolg muß mein Wort entscheiden.

Die Offiziere klagten einhellig über die gar zu geringe Garnison der Stadt und behaupteten, daß Custines Verräterei oder Sorglosigkeit daran schuld wäre. Landaus Besatzung war damals nicht stärker als acht Bataillons Infanterie, also höchstens 8000 Mann, wenn die Bataillons vollzählig gewesen wären. Aber das waren sie nicht. Die meisten Bataillons hielten kaum 500 Mann und noch darunter. Zudem lagen sehr viele Leute in den Hospitälern. Die Kavallerie war für einen so wichtigen Platz auch gar nicht hinlänglich, daher denn auch keine Ausfälle geschehen konnten, wie vorher bei Mainz geschehen waren. Landau hat zur gewöhnlichen Besatzung in Kriegszeiten immer eine Mannschaft von 12- bis 14000 Mann Infanterie und 1000 Mann Kavallerie nötig, denn es ist eine Grenzfestung, welche in Kriegszeiten immer in belagerungsfähigen Zustand gesetzt und erhalten werden muß. Dies war damals um so mehr der Fall, da die Östreicher und Preußen nach der Eroberung von Mainz den Krieg gerade in diese Gegenden spielen wollten.

Mit Munition war Landau reichlich versehen, es hatte gutes, neues Geschütz in Menge und Pulver in fünf Magazinen, womit man eine jahrelange Belagerung hätte überstehen können. Die Kanoniere der Stadt, d. i. diejenigen Bürger, welche seit 1790 auf Verordnung des Königs oder vielmehr nach der Angabe des berüchtigten und berühmten Lafayette im Artilleriewesen geübt waren, verrichteten die Dienste auf den Schanzen, Redouten usw. Eben darum waren auch nur wenige Kanoniere von der Feldarmee in der Festung. Ich kann diesen bürgerlichen Artilleristen das Zeugnis geben, daß sie ihr Handwerk recht tüchtig verstanden.

Die ganze Bürgerschaft war auch zu Kriegsdiensten organisiert und in Kompagnien abgeteilt. Jeder streitbare Bürger war bewaffnet und mußte, da die

Besatzung selbst nicht stark genug war, die Posten alle zu besetzen, auf die Wache ziehen und die Posten auf dem Wall und andre von minderer Wichtigkeit versorgen.

Dentzel hatte, als er einsah, daß Landau von den deutschen Truppen bald ganz würde eingeschlossen werden, befohlen, daß jeder Bürger sich wenigstens auf sechs Monate verproviantieren sollte, und dieses war auch so geschehen, daß am 26. Dezember 1793 noch nicht der geringste Mangel in Landau merkbar war.

Daß aber die Deutschen bei dem allen doch einen groben Schnitzer begangen haben, ist gewiß, denn sie mußten die Einerntung des Getreides 1793 zu hindern suchen, und sie hätten dieses auch gekonnt, wenn sie, statt oben bei Neustadt herumzuliegen, die Felder um Landau noch vor der Ernte furagiert hätten. Einer Stadt, welche man belagern will, und das war mit Landau der Fall, muß man keine Zeit zur hinlänglichen Anschaffung der Lebensmittel gestatten. Aber wie viele Schnitzer sind nicht in diesem Kriege begangen worden!

Laubadère und Dentzel.
Geheime Unterhaltung mit dem letztern
in bezug auf meine Mission

Dentzel und der General Laubadère waren keine Freunde. Woher ihr gegenseitiger Haß entstanden war, weiß ich nicht, aber so viel weiß ich, daß sie einander haßten. Vielleicht war es dem Soldaten lästig, vom Bürgerlichen abzuhängen. Sie gingen zwar von Hause aus, wie man sagt, sehr freundlich miteinander um und mußten dieses schon tun, da nach dem Gesetze ein General ohne den Repräsentanten und der Repräsentant ohne den General nichts, gar nichts unternehmen darf. Daher waren sie täglich beisammen.

Laubadère ist ein stiller, gesetzter Mann, welcher nicht viel Wesens macht und unter andern auch niemals zu tief ins Glas guckt, ob er gleich den Wein nicht verachtet. Er kann aber eine hübsche Portion zu sich nehmen, und der irrt sehr, der da glaubt, bei einem Glase Wein oder sonst in lustiger Gesellschaft etwas aus ihm herauszulocken. Er ist auch nicht mehr jung und mag immer seine Fünfzig hinter sich haben. Außerdem sucht er nichts weniger, als mit Kenntnissen zu schimmern, und noch weniger bemüht er sich, witzig zu sein. Er ist schlicht und recht, dabei ein tüchtiger Soldat, aber strenge und sehr auf seiner Hut.

Dentzel hingegen ist ein feuriger, hitziger Kopf, der oft mehr schwatzt, als er verantworten kann, und der selten überdenkt, mit wem er spricht oder zu schaffen hat. Er liebt den Wein sehr und trinkt nicht selten mehr als zuviel, und dann plaudert er ins Gelag hinein. Er hatte gegen das Kommando des Generals Laubadère protestiert und wollte, daß Gillot es übernehmen sollte. Er sprach obendrein immer mit Herabwürdigung von Laubadères militärischen Talenten und versicherte jedem, wer es nur hören wollte, Delmas sei ein ganz andrer Mann. Er werde auch, fügte er hinzu, sobald Landau entsetzt sein werde, an den Konvent schreiben und sich den General Delmas zum Kommandanten der Festung ausbitten. Laubadère sei im Grunde ein Betbruder, ein Rosenkränzler, so sehr er auch öffentlich den Atheisten spielen wolle.

Diese Reden, welche Dentzel aller Orten hören ließ, wurden dem General hinterbracht, und nun läßt sich ihre Wirkung denken. Zur Aussöhnung dienten sie gewiß nicht.

Außerdem hatte Dentzel, um die Garnison in den Stand zu setzen, die Belagerung aufs längste auszuhalten, die Subsistenz der Soldaten um etwas geschmälert, auch statt des bis dahin gewöhnlichen weißen Brotes gemischtes geben lassen, gebacken aus Weizen-, Roggen- und Gerstenmehl. Wenn nun die Garnison sich über dieses oder jenes beschwerte, so schob Laubadère die Schuld allemal auf Dentzel, und dieser wurde auf die Art der Gegenstand des allgemeinen Hasses der Garnison.

So stand es mit Dentzel, als ich in Landau ankam, und meine Leser bescheiden sich schon von selbst, daß meine Mission viele Schwierigkeiten haben mußte. Ich fühlte dies gleich selbst, und doch war ich dumm oder unbesonnen genug, einen Streich ausführen zu wollen für andere, der mir nicht gelingen, wenigstens nur äußerst schwer gelingen konnte, und Vorteile für mich aufzugeben, die ich weit leichter und gewisser hätte bewirken können. Pfui über mich und meine kurzsichtige Gutmütigkeit! Wenn ich noch jetzt daran denke, möcht' ich mir allemal vor die Stirn schlagen vor Ärger, daß ich die schickliche Gelegenheit, die ich damals auf mehr als eine Art in Händen hatte, mich bei der Republik zu insinuieren und mein Glück zu machen, so fahren ließ und einem Hirngespinste nachrannte, welches mir weiter nichts als Gefahr und Not gewirkt und mich beinahe verrückt gemacht hat! Aber wie es geht! Wenn die Sache vorbei ist, dann erst sieht man ein, wie man sie zu seinem Vorteil hätte nutzen können. Doch wer ändert das Vergangne!

Ich besuchte Dentzel zwei Tage nach meiner Ankunft förmlich, und da führten wir folgendes Gespräch:

Dentzel: Ja, ich glaube beinahe selbst, daß Landau noch am Ende den Deutschen in die Klauen fällt. Die Spitzbüberei bei uns ist gar zu groß!

Ich: Spitzbüberei? Doch wohl hier in Landau nicht?

Dentzel: Das will ich eben nicht behaupten. Aber gesetzt, daß unsre hiesige Garnison auch noch so ehrlich ist, so ist doch unsre Gefahr immer nicht klein.

Ich: Allerdings nicht, besonders wenn der Entsatz nicht bald kommen sollte.

Dentzel: Das ist eben der Teufel! Wenn Landau in den Händen der Republikaner bleiben soll, so muß es bald entsetzt werden. Wir allein sind viel zu schwach, um uns mit Vorteil lange zu behaupten. – Aber glaubst du auch, Landsmann, daß wir auf Entsatz rechnen können?

Ich: Das mußt du besser verstehen als ich.

Dentzel: Den Teufel kann ich verstehen! Weiß ich denn, ob die Generale, welche uns entsetzen sollen, ehrliche Leute sind oder nicht? Wie, wenn sie sich bestechen lassen? Eure deutschen Herren sind Vokativusse, und unsre Mosjehs haben so allerhand Gesinnungen, worauf man nicht fest bauen kann.

Ich: Das weiß ich. Es sind euch gar viel schon untreu worden.

Dentzel: Das ist leider sehr wahr. Schau, da war Lafayette, Luckner, Henriot und besonders die Halunken Custine und Dumouriez – alle die Kerls und noch eine ganze Hetze ähnlicher Schufte sind abgefallen, und man hatte so sehr auf sie gerechnet!

Ich: Also denkst du, das könnte auch hier so der Fall werden?

Dentzel: Ich fürchte es. Mir wenigstens kömmt es vor, unsre Armee müßte schon da sein, wenn keine Schurkenstreiche vorgefallen wären.

Ich: Aber dann müßtest du wenigstens für deine Sicherheit sorgen.

Dentzel: Ja, da sorgt sich's was weg, wie ihr in Halle sagt, das Jahr ist lang! Doch es mag gehen, wie es will, ich bin ein ehrlicher Kerl. Ich schere mich den Teufel drum, tue das Meinige und damit holla!

Ich: Alles gut, aber –

Dentzel: Aber? Glaubst du denn, daß die Preußen mich hängen werden, wenn ich ihnen in die Hände falle?

Ich: Das wohl nicht; aber du hast doch viel wider dich. Sieh, du bist ein Kind des Deutschen Reichs. Du weißt, daß nach dem Conclusum des Kaisers und des Reichsgerichts alle die als Verräter des Vaterlands erklärt sind, welche Deutsche von Geburt sind und doch im Dienste der Republik verbleiben. Dabei hast du einen sehr angesehenen Posten: du bist ein Mitglied jenes Konvents, welcher den König von Frankreich zum Tode verurteilt und alle Fürsten ohne Ausnahme für Verbrecher und Tyrannen erklärt hat. Du hast selbst in deinen Zetteln sehr ehrenrührig vom Könige in Preußen und von dem Kaiser gesprochen.

Dentzel (aufmerksam): Das ist wahr. Aber Landau kann mit Sturm nicht erobert werden, dazu ist es zu fest. Also muß doch erst kapituliert werden, und dann erhalte ich meine Freiheit durch Akkord.

Ich: Wer steht dir dafür, daß man Landau nicht mit Sturm erobern werde? Und gesetzt, es würde bloß ausgehungert, so müßte die Garnison sich doch auf Diskretion ergeben. Aber wir wollen einmal eine Kapitulation voraussetzen. Wird Laubadère, der dir nicht grün ist, dich auch darin einschließen? Und wenn er es tut, wird er nicht, vielleicht aus Haß gegen dich, dich in die Hände der Feinde fallen lassen? Oder können die Belagerer nicht gerade auf deine Auslieferung bestehen?

Dentzel: Du hast, meiner Seele, recht! Ich bin in einer hundsföttischen Lage!

Ich: Und gesetzt auch, du kömmst frei durch, können deine Feinde nicht falsche Klagen wider dich anbringen? Hat nicht schon mancher unter der Guillotine bluten müssen, der es nicht verschuldet hatte? Ich dächte, du sorgtest für deine Sicherheit!

Dentzel: Und würde ein Spitzbube wie Dumouriez, nicht wahr?

Ich: Nein doch. Der ehrliche Mann sucht nur dann seine Sicherheit, wenn er der guten Sache nicht mehr nützen kann. Dann erst fügt er sich in die Zeit.

Dentzel: Das kann nicht sein. Es gehe, wie es will: ich bleibe der Republik getreu. Sie lebe – oder fort von der Welt!

Diese letztern Worte sprach Dentzel mit vielem Nachdruck und Feuer, und ich fand für ratsam, an mich zu halten, für diesmal nämlich; denn gleich den folgenden Tag hatte ich folgende Unterredung mit ihm von neuem.

Dentzel: Freilich, wenn ich so recht Geld hätte, so einige zwanzig- oder dreißigtausend Taler, Mordsakkerment, ich gäbe meinen Posten auf, setzte mich nach London oder nach Berlin oder sonst wohin, lebte frei und kümmerte mich um die ganze Welt nicht weiter! Es ist doch nur Hundsfötterei in der Welt!

Ich: Hast du etwan Verdruß gehabt?

Dentzel: Tüchtig! Heute habe ich mich schon mit dem Teufel und seiner Großmutter herumgezankt – da mit dem General und dort mit dem Großmaul, dem Maire. Die Kerls wollen alles besser wissen!

Ich: Du sprachst zuvor von vielem Gelde; ich dächte, die Zeitumstände machten es dir leicht, so viel zu bekommen, als du nur magst.

Dentzel: Wieso?

Ich: Gestern schienst du zu glauben, daß Landau in die Hände der Deutschen fallen werde.

Dentzel: Das glaube ich auch heute noch.

Ich: Je nun, wenn es denn nicht zu retten ist, so muß man's hingeben, und das zur rechten Zeit, um einem Bombardement und Blutvergießen vorzubeugen.

Dentzel: Was gewinne aber ich dabei? Ich als Deutscher? Als erklärter Rebell?

Ich: Sieh an, wenn du itzt Anstalt machtest, daß die Preußen Landau kriegen, so könntest du deine Sicherheit und deinen Vorteil so hoch treiben, als du wolltest.

Dentzel: Woher weißt du das? (Sehr nachdenklich): Und dann die Mittel und Wege dazu! Und dann ehrlich!

Ich: Landsmann, bin ich sicher vor dir? Darf ich reden?

Dentzel: Was du willst, Landsmann! Ich verspreche dir bei allem, was dir und mir heilig ist, ich werde dich nicht verraten.

Jetzt hielt ich dafür, daß es Zeit wäre, näher zu rücken. Ich gab ihm also ein Oktavblatt mit Folgendem:

„Wenn es geschehen kann, daß Mittel ausfindig gemacht werden, wie die Festung Landau ohne gewaltsames Beschießen und Menschenblut den gegenwärtigen Belagerern überliefert werde, so sollen die Angeber der gedachten Mittel das Recht haben, eine ehrenvolle Kapitulation nicht nur vorzuschlagen, sondern auch neben einer vollkommenen Sicherheit ihrer Personen einer der Größe dieses Dienstes angemessenen Belohnung in Gelde gewärtig sein."

Dentzel (stutzt gewaltig): Hat das der Kronprinz von Preußen geschrieben?

Ich: Wie du siehst. In meiner Gegenwart hat er's geschrieben.

Dentzel (vergleicht den Zettel mit einem anderen Auffoderungsbillet von der nämlichen Hand): Richtig! Richtig! Aber wahrlich, das ist zu arg!

Ich (mit forschendem Blicke): Nun, was denkst du dabei?

Dentzel (finster): Daß die Deutschen Vokative sind und mich zum Schurkenstreiche verleiten wollen. Aber bei Gott, Laukhard, zum Verräter bin ich noch zu ehrlich, denn auch ich schwur Tod oder Freiheit, und eins von beiden muß mir werden, wie meinen Brüdern! Sonst hol uns alle der Teufel!

Ich (verlegen): Sehr edel und großmütig!

Dentzel (mich starr in die Augen fassend): Und doch konntest du dich brauchen lassen, mich zum Gegenteil bereden zu wollen? Laukhard, Laukhard, du bist, wie ich merke, noch immer der alte Unbesonnene, der gutmütig und schwach genug ist, sich ohne weiteres Nachdenken wie ein unmündiges Kind zu allem beschwatzen und verleiten zu lassen! So warst du sonst, und so, wie ich merke, bist du noch jetzt. Und eben darum will ich mein gegebnes Wort für diesmal dir halten und schweigen. Aber – merke dir's wohl – du bist verloren, wenn du dich noch einmal unterstehst, bei mir oder jemanden anders das mindeste zu wagen, was nur von ferne einer Verräterei ähnlich sieht. Ich rate dir, sei auf deiner Hut! Von nun an werde ich auf alle deine Schritte und Tritte, auf alle deine Worte und Handlungen acht geben lassen, und versiehst du es im mindesten, so bist du geliefert. Dies merke dir und geh! Du wirst mir verächtlich! Geh, geh!

Ich (entschlossen): Verächtlich? Ich bitte dich, Repräsentant, lies das Billet noch einmal, und du wirst sehen, daß du dich übereilst! Höre nur noch etwas gelassen zu! Sieh, wie du selbst einsiehst und neben dir jeder Einsichtige: eure Besatzung ist zu schwach, sich mit Vorteil gegen die Belagerer länger zu behaupten. So weit die Preußen und Östreicher jetzt vorgedrungen sind und so wenig ihr auf die Ehrlichkeit eurer Generale und den Ernst und die Bereitwilligkeit eurer Nation, wie es scheint, rechnen könnt, um Entsatz und Sicherheit zu erwarten, so sicher mußt du einsehen, daß Landau den Preußen gewiß in die Hände fallen wird. Fällt es durch Sturm oder Bombardement, dann wehe dir, wehe der Besatzung! Zum Sturm und Bombardement hat der Kronprinz von Preußen Beruf und Mittel – und dennoch wünscht dieser menschenfreundliche Prinz, das auf friedlichem Unterhandlungswege an sich zu bringen, was am Ende unwidersprechlich sein werden muß. Und dies wünscht er, ohne die Häuser der Landauer einzuäschern oder Menschenblut zu vergießen. Repräsentant, kann ein Fürst je edler, menschenfreundlicher denken? Und sieh, zu diesem guten Werke wirst du – du, dessen Pflicht es ist, für das Beste der Landauer Bürger und Soldaten zu sorgen und im Fall der Not aus dieser Not eine Tugend der Schonung und Erhaltung zu machen, du, sag' ich, wirst zu diesem guten Werke mit aufgefodert! Ich tue das nun, und bloß darum willst du mich verächtlich finden? Bei Gott, Repräsentant, Menschenrechte zu retten kann dir nicht heiliger, Verräterei zu verabscheuen kann dir nicht pflichtiger sein als mir! Hätte ich nicht alles nach meiner eignen Überzeugung gerade so gefunden, wie ich es dir hier zergliederte, wahrlich, ich stände nicht vor dir! Geirrt kann ich haben, aber um Verräter an deiner Nation durch dich zu werden – o, Dentzel, wenn ich dazu fähig wäre, dann lieber tot als lebendig!

Dentzel: Alles gut, Laukhard, aber meine Pflicht und Ehre gebieten mir, das Äußerste abzuwarten, und geht's dann nicht anders: wohlan, ich schwur auf Tod! Genug, du würdest mich sehr verkennen, wenn du mich auf irgendeinen Fall einer Verräterei fähig halten wolltest, und damit ist es alle! Von nun an besuchst du mich nicht weiter, gehst und bist – ich rate es dir wohlbedächtig – forthin ganz auf deiner Hut!

Der Ton und die Miene, womit Dentzel das alles sagte, überraschte meine Erwartung sehr und brachte mich nicht wenig außer Fassung. Ich bedachte, wen ich vor mir hatte, schwieg endlich und ging. Aber von nun an war guter Rat teuer! Dentzel hatte das eigenhändige Billet des Kronprinzen von Preußen in Händen, Dentzel war nichts weniger als verschwiegen, und Wein war sein Lieblingstrank. Wie leicht war es nun möglich, ein Wörtchen fallen zu lassen, das mir meinen Kopf hätte kosten können! Den Beleg dazu hatte er in den Händen. Er konnte, wenn er mir sein Wort nicht halten wollte, diesen sogar benutzen, seine Treue und Anhänglichkeit für die Republik zu beweisen und sich beim Nationalkonvent festeres Zutrauen und entschiedenes Übergewicht über seinen Gegner, vorzüglich über Laubadère, zu verschaffen. Das alles ließ sich als möglich denken. Ich dachte es ohne Unterlaß, und meine Seele schwebte auf der Folter der Furcht ohne Aufhören.

Da ich, wie die Folge zeigen wird, solange ich in Frankreich war, mehr denn einmal als der Verräterei verdächtig vor Gericht gefodert, auch zweimal förmlich deshalb eingezogen, am Ende aber noch immer mit dem Leben davongekommen bin, so muß man Dentzeln das Verdienst lassen, daß er, trotz allen seinen Schwächen, dennoch Mann genug gewesen ist, der französischen Nation ebenso treu zu dienen als einem Unvorsichtigen Wort zu halten und dadurch dessen Leben zu retten. Daß Dentzel in dieser Rücksicht sich ein sehr großes Verdienst um mich erworben hat, wird die Folge erst ausweisen.

Aufstand wider Dentzel. Gefahr für mich

Es war an einem Sonntagnachmittag, etwan vierzehn Tage nach meiner Ankunft in Landau, als in allen Straßen ein gräßliches Geschrei ertönte. „Aux armes, volontaires!" schrie man, „aux armes! On va nous trahir. C'est Dentzel, qui veut nous livrer aux prussiens!" Dieses Zetergeschrei hörte man in allen Straßen der Stadt, und ehe man sich's versah, stand die ganze Garnison unter den Waffen.

Laubadère erschien auf dem Paradeplatz, gerade vor dem Kaufhause, und hielt eine Rede an die Soldaten, worin er sie versicherte, daß er sein Leben eher verlieren als etwas Böses wider sein Vaterland unternehmen würde. Dabei sagte er ganz deutlich, daß unter denen, in deren Händen viel Gewalt wäre (entre les mains desquels se trouve un grand pouvoir), Spitzbuben und Schufte wären, welche man wie alte Schweine abkehlen müsse (qu'il faut égorger comme de vieux porcs). Mit diesen Worten zielte der General ganz sichtbar auf den Repräsentanten.

Woher der erste Lärmen seinen Ursprung genommen hatte, weiß ich nicht genau anzugeben. So viel ist sicher, daß Dentzel auf dem Conseil de défense gewesen war und da gesagt hatte, daß er nur schwache Hoffnung zum Entsatz hätte und daß Landau wohl noch fürchterlich fallen könnte. Delmas und Laubadère waren zugegen. Ersterer gab Dentzeln Beifall und lachte. Laubadère ward böse und sagte, nur Übelgesinnte könnten an der Wohlfahrt und Rettung des Vaterlandes zweifeln! Darauf fuhr Dentzel auf und versicherte, daß vielleicht der am wenigsten Hoffnung zur Erhaltung der Republik hegte, der sie jetzt für unbezwinglich ausgäbe. Sie waren darauf fortgegangen, jeder aber mochte wohl noch dieses und jenes zu andern gesagt haben, worüber denn der Spektakel ausbrach.

Die Volontärs liefen wie rasend in ganzen Haufen hin nach dem Hause des Repräsentanten und foderten mit den ärgsten Flüchen und Drohungen, daß er erscheinen sollte. Dentzel erschien am Fenster und wollte die Menge durch Zureden und Verteidigung seiner Unschuld besänftigen, aber er hatte kaum angefangen, als mehr denn zwanzig Gewehre gegen ihn losbrannten, doch ohne ihn zu treffen. Dentzel entfloh hierauf und verbarg sich, wie ich nachgehends gehört habe, in ein leeres Weinfaß im Keller.

Laubadère ward bald von der Gefahr, worin Dentzel sich befand, unterrichtet. Weil er nun in schwere Verantwortung verfallen wäre, wenn die rasenden Soldaten dem Dentzel den Garaus gemacht hätten, so eilte er herbei und haranguierte die Volontärs, welche immer schrien: „A bas le foutu mâtin! A bas le foutu traître!" Endlich, nach vielem Schreien, Schimpfen und Sakramentieren, war Laubadère so glücklich, die wütenden Leute zu besänftigen, so daß sie abzogen und Dentzels Wohnung ruhig ließen. Es wurde aber diesem, damit er bei einem neuen Tumulte sicher sein könnte, eine Schutzwache von zwölf Mann gegeben.

Die Volontärs gingen indes noch nicht nach ihren Quartieren, sondern schickten eine starke Deputation aus ihrem Mittel an den General, welche fodern mußte, man sollte Dentzel außer aller Aktivität setzen und, sobald es geschehen könnte, bei dem Heilsausschuß als einen Feind und Verräter des Vaterlands und der Republik angeben. Laubadère, um sie zu beruhigen, bewilligte alles, und von dieser Zeit an, wo Dentzel in Arrest geriet, hat er einige Wochen lang ein unumschränktes Ansehen in Landau behauptet. Die ganze folgende Nacht war fürchterlich unruhig, kein Mensch unterstand sich, auf der Straße zu erscheinen oder herumzugehen.

Wie mir bei dieser Sache ums Herz war, mögen sich die Leser vorstellen. Ich ging indes doch ins ‚Lamm' zu den Offizieren und fragte, warum denn der Repräsentant so verfolgt würde. „Warum? Er steckt mit den Preußen unter einer Decke, der sacré bougre! Er will die Stadt verraten und uns alle dem Feinde in die Hände spielen. Er hat sogar seine Spione hier! Aber wenn wir diese herauskriegen, so soll auch kein Fetzen an ihnen ganz bleiben." – Das war freilich kein tröstliches Avertissement für meine Wenigkeit!

Ich legte mich erst späte nieder und schlief noch weniger. Ohngefähr um zwei Uhr nach Mitternacht kam der Gemeindebote und foderte mich aufs Rathaus oder Gemeinhaus. Ich erschrak anfangs nicht wenig, faßte mich jedoch bald und fragte, was man mit mir wollte. „Das weiß ich nicht", erwiderte der Gemeindebote. „Ich soll dich hier nur abholen." Ich folgte dem Menschen bis in die Gerichtsstube.

Man hielt da gerade einen sogenannten Sicherheits- oder Kriegsrat (conseil de défense), wobei der General Laubadère auch gegenwärtig war, aber kein Wort hören ließ. Man foderte mich sofort vor die Schranken und legte mir folgende Fragen vor: Ob und seit wann ich Dentzel kennte? Ob ich ehedem starken Umgang mit ihm gehabt? Ob ich seit Anfange der Revolution an ihn geschrieben? Ob ich Briefe von ihm erhalten hätte? Ob mich der preußische General Manstein – ich begreife noch immer nicht recht, wie man hier auf den General Manstein gekommen ist! Manstein war, soviel ich mich entsinne, damals nicht bei Landau, wenigstens habe ich ihn nicht gesehen, und er hat überhaupt eben nicht gar großen Einfluß bei der preußischen Armee gehabt, besonders nachdem das, was zwischen ihm und den Franzosen bei Ste. Menehould vorgefallen war, zu sehr bekannt ward – also: ob der General Manstein mich an Dentzel geschickt und ihm durch mich eine Summe Geldes für die Übergabe von Landau habe bieten lassen? Ob Dentzel nicht gegen mich über die Republik räsoniert und gesagt habe, daß sie zugrunde gehen müßte? Diese und wohl noch zwanzig andre Fragen beantwortete ich so freimütig und befriedigend für das Conseil de défense, daß es beschloß, mich auf der Stelle freizulassen, weil es an mir keinen Verdacht einer Falschheit oder Subordination finde. Wer war froher als ich, daß ich den Klauen einer Inquisition entgangen war, wobei ich gar leicht meinen besten Kopf hätte verlieren können. Ich ging nach meinem Quartier und legte mich schlafen.

Früh gegen zehn Uhr ließ Laubadère mich holen. Er war allein und sehr freundlich gegen mich. Nachdem er mich hatte niedersetzen und einen Becher Wein trinken lassen, redete er mich so an: „Citoyen, du bist zwar diese Nacht für unverdächtig erklärt und in Freiheit gesetzt worden. Aber du darfst eben nicht denken, daß nun alles aufs reine sei."

Ich: Wie denn so? Hat jemand noch was gegen mich einzuwenden?

Er: Ich und noch mehrere sind überzeugt, daß du ein Emissär der Preußen bist, der hierher kam, um Dentzel zu bestechen.

Ich: Ei, seht doch einmal an! Wenn du das so sicher weißt, warum hast du denn diese Nacht auf dem Conseil de défense geschwiegen?

Er: Närrischer Kopf, das hab' ich deinetwegen getan! Ich wollte dich nicht in Gefahr bringen, aber hier mußt du mir bekennen.

Ich: Was hast du denn für ein Recht, mich so zu Rede zu stellen?

Er: Wenn du mir hier nicht bekennst, so laß ich dich wieder aufs Conseil fodern. Dentzel ist ein schlechter Mensch (malheureux).

Ich: Was geht das mich an?

Er: Gegen dich ist er auch ein Verräter.

Ich: So?

Er: Ja, gegen dich! Er hat eben heute ausgesagt, daß du von den Feinden und namentlich vom General Manstein (ich holte wieder ganz frei Odem) an ihn geschickt seist und ihm allerlei Vorschläge zur Übergabe getan habest.

Ich: Wenn Dentzel das gesagt hat, so ist er ein Lügner.

Er: Das kannst du so hinsagen? – Gut, ich werde ihn mit dir konfrontieren lassen. – Doch nein, du dauerst mich, du bist ein leichtsinniger, unbesonnener Mensch oder vielleicht aus Unkunde für deine Tyrannen eingenommen. Kurz, dir kann ich es nicht verdenken, wenn du dich durch Anlagen verräterischer Absichten an der Republik versündigt hast. Also gestehe mir nur frei, wie weit du mit Dentzel gekommen bist, und ich verspreche dir, daß du keine Gefahr laufen sollst.

Ich: General, mache mir den Kopf nicht warm oder komm sofort aufs Conseil und bringe deine Aussage da an!

Er: Citoyen, besinne dich. Du willst aufs Conseil? Ich bitte dich um deines eignen Kopfs willen, bekenne mir, was an der Sache ist, und du bist sicher! Denn kömmst du nochmals vors Conseil, so wirst du arretiert und es geht an deine Gurgel.

Ich: Ich fürchte nichts! Komm, ich gehe aufs Conseil, und wenn du mich nicht hinbringen läßt, so gehe ich allein hin und erzähle, wie du mich behandelst. Verstehst du mich, General? Du bist Dentzels Feind, den willst du stürzen und mich vielleicht zum Werkzeuge deiner Absicht gebrauchen. Aber ich sage dir, du kömmst schief bei mir an. Dentzel ist unschuldig, wenigstens weiß ich nichts, das ihm zur Last fallen könnte.

Er: Also hältst du ihn wirklich für unschuldig?

Ich: Allerdings! Ich bitte dich nochmals, General, laß mich in Ruhe, oder ich muß mir beim Conseil Ruhe schaffen.

Laubadère schien wirklich von meiner Unschuld überzeugt zu sein, wenigstens sagte er mir endlich, daß er mich nur für verdächtig gehalten und mich darum sondiert habe. Er hätte geglaubt, mich auf die Probe stellen zu müssen, ob ich und Dentzel oder vielleicht neben uns noch andre Übelgesinnte etwas Arges gegen Landau im Schilde führten. Nun aber sei er vor der Hand von meiner Ehrlichkeit überzeugt. Ich sollte jetzt nur gehen, mich aber um zwölf Uhr unfehlbar bei ihm zum Essen einfinden.

Bei diesem sehr frugalen Mittagsmahle lernte ich den Kriegskommissär von Landau näher kennen, einen schon ältlichen Mann und ehemaligen Freund des großen Voltaire. Er war aus Genf und hatte vor Zeiten da advokiert, war aber bei der letzten Genfer aristokratischen Revolution genötigt worden, sich zu entfernen. Es war mir besonders lieb, mit einem Manne zu sprechen, der mir vom alten Philosophen, den ich schon längst verehrt hatte und dessen ‚Dictionnaire philosophique' mein symbolisches Buch ist, allerlei Anekdoten erzählte. Ich habe nachher noch mehrmalen mit diesem Manne, welcher Fatio hieß, zu tun gehabt und allemal etwas Interessantes von ihm erfahren.

Als er merkte, daß ich orthographisch französisch schrieb, trug er mir auf, die Bons oder die Brot-, Fleisch-, Öl- und andere Zettel für die Subsistenz der Deserteurs in Zukunft zu besorgen, statt des Maroufles, des Sergeanten Schmid, welcher weder lesen noch schreiben könnte. Für diese Bemühung erhielt ich alle vier Tage eine Mundportion mehr als die andern wie auch alle fünf Tage 40 Sous Zulage in Papier.

Ich muß dem General Laubadère nachsagen, daß er von diesem für mich gefährlichen Tage an mich besonders gut leiden konnte und daß er mir oft gestand, er habe mir durch seinen ungegründeten Verdacht Unrecht getan. Du lieber Gott! Doch praetor non judicat interiora.

Fernere Begebenheiten in Landau

Von dieser Zeit an ließ der Kronprinz von Preußen, der auf meine Vermittelung vielleicht mehr rechnete, als meine beschriebene Lage sie zuließ, Landau beinahe täglich durch Trompeter zur Übergabe auffodern, erhielt aber immer die Antwort, daß man Entsatz erwarte und das Äußerste daran wagen wolle, diese wichtige Festung dem Freistaate zu erhalten.

Dentzel saß indessen immer in Arrest. Aber nachdem die Leute kaltblütiger geworden waren, fingen schon viele unter den Bürgern und Soldaten an, ihn für unschuldig zu erkennen und das harte Verfahren wider ihn auf den Haß zu schieben, womit Laubadère ihn verfolgte. Laubadère verlangte demnach, daß man die Sache nach Paris schicken sollte, allein das Conseil de défense wendete dawider ein, daß dieses nicht anginge, weil die Briefschaften vom Feinde aufgefangen werden könnten, wodurch denn dieser notwendig von Landaus ganzer innern Lage unterrichtet werden müßte. Dentzels Sache blieb also noch einige Zeit liegen.

Laubadère verlor das Zutrauen der Landauer Bürger durch folgenden Vorfall noch mehr. Da er mutmaßen konnte, daß die Belagerung noch lange anhalten dürfte, so wollte er ein Gesetz in Ausübung bringen, welches einen General autorisiert, aus einer blockierten Stadt alle die zu entfernen, welche bei der Belagerung unnütz sind. Er ließ daher dieses Gesetz abdrucken und anschlagen und ermahnte die, welche sich unfähig fühlten, dem Vaterlande bei dem damaligen Zustande zu dienen, auszuwandern.

Er ging noch weiter: er ließ durch einen Offizier und durch einen Municipalbeamten von Haus zu Haus alle die aufschreiben, welche seiner Instruction gemäß auswandern sollten. Hiedurch aber entspann sich ein gefährlicher Aufstand, denn da sollten alte Männer, Weiber, Kinder, hochhaubige Mamsellen und Damen auswandern und ihre Häuser nebst Hab und Gut im Stiche lassen. Ganz Landau kam darüber in Harnisch, und Laubadère mußte nachgeben. Das Gesetz, welches auf diese Art die Leute aus ihren Häusern jagt, ist hernach auch ganz und gar kassiert worden. Es war im Grunde auch unausführbar und konnte zu dem gefährlichsten Aufstande, ja zu Konspiration mit dem Feinde Anlaß geben.

Dentzel, wie ich oben berichtete, hatte den Laubadère einen Betbruder geheißen. Folgender Zug scheint das Gegenteil darzutun. Er hieß mit dem Vornamen Joseph Marie*. Um diese Zeit änderte er denselben und nannte sich Maurice Leonor. Er wollte, wie er sagte, die Namen eines alten und dummen Hahnreis und einer jungen jüdischen Hure nicht weiterhin führen**. Im ‚Lamm' zu

---

* Man weiß, daß der Name der allerseligsten Jungfrau generis communis ist und folglich Männern und Weibern beigelegt wird.
** Zürnen Sie nicht, meine frommen Leser, daß ich diese und weiterhin ähnliche Ausdrücke wiederhole! Eine Schrift, worin Beiträge zur neuern französischen Geschichte vorkommen, kann ohne dergleichen nicht bleiben. Berichteten doch auch die Evangelisten die Lästerungen der Juden auf Christum!

Landau erzählte man mir diese Schnurre, und ich nahm mich – nicht sowohl um die Jungfernschaft der Maria zu retten, denn an dieser liegt mir, unter uns gesagt, ebenso wenig, als dem Papst Sixtus V. an der Jungfernschaft der Königin Elisabeth lag, sondern um den ‚Lamm'-Mamsellen zu hofieren, welche sich über diese Äußerung zu entrüsten schienen – des Jungfern-Blümchens der armen Marie an wie auch der gehörnten Stirn des lieben Josephs und suchte darzutun, daß man den guten Leutchen zu nahe träte. Nun aber ging auch das Gespötte erst recht und allgemein los, und ich merkte, daß ich in einer Gesellschaft von Leuten war, vor denen jeder Kirchenchrist ein Kreuz schlagen muß. Alles was kirchlich heilig heißt, wurde spöttisch herumgeholt, und insbesondere bekam die Historie unsers Herrn und Heilandes von einigen gewaltige Stöße. „Was?" rief endlich ein Offizier, „Maria keine Hure? Sie war noch mehr, sie war eine Ehebrecherin von der allerseltsamsten Art! Ich will es beweisen. Nicht wahr, Kameraden, Maria war Christi Mutter; Christi Vater war Gott der Vater; Maria war also Gott des Vaters Frau. Maria empfing Christum durch die Überschattung des heiligen Geistes. Der heilige Geist kam also Gott dem Vater als Marias Mann ins Gehege und setzte ihm Hörner auf. Der heilige Geist ist folglich ein Ehebrecher, Maria eine Ehebrecherin. Und was ist nun Christus?"

„Seht, Kameraden", fuhr er fort, „solche abgeschmackte Fratzen trugen uns bisher unsre Pfaffen als Glaubensartikel und Bedingungen unserer Seligkeit vor und nannten die Heiden blind wegen ihrer mythologischen Lehren über Jupiter und andere Götter und Göttinnen! Versteht mich aber recht, Kameraden! Was ich jetzt sagte, ist eine schikanierende Widerlegung der abgeschmackten und den gesunden Menschenverstand ewig schikanierenden Hauptlehre unserer Pfaffen und Pfafferei. Sonst ist und bleibt Christus eins der ehrwürdigen Muster für alle Retter der Vernunft, der wahren Moral und Religion und vorzüglich der Rechte der Menschheit und der Toleranz vor den Eingriffen der schmutzig interessierten und mosaisch-herrschsüchtigen Pfaffen. Die Schriftgelehrten und die Pharisäer, überhaupt die Pfaffen jener Zeit, waren dem edlen Christus, wie ihr wißt, unausstehlich. Wo er nur konnte, stellte er sie an den Pranger als Heuchler, übertünchte Gräber und dergleichen. Von Anbetung im Tempel zu Jerusalem oder auf dem Berge zu Samarien wollte er nichts wissen, nur von Anbetung des Vaters aller Menschen im Geist und nach der Wahrheit. Die Scheidewand zwischen Juden und Heiden lehrte er zerstören, und nach seiner Vorschrift sollte nur *eine* Herde und *ein* Schafstall sein. Alle Menschen ohne Unterschied des Standes und der Geburt sollten Brüder sein, wie alle nur eines Vaters Kinder wären – Gottes. Seht, Kameraden, dahin muß es in Frankreich erst noch kommen, wenn wir wahre Christen sein wollen*. Bisher waren wir Pfaffen- und Kirchen-Christen, ich meine getaufte Büttel der Vernunft und der Menschheit.

Aber hört weiter, Kameraden! Sind wir erst wahre Christen, das ist: vernünftige Menschen, und sehen wir ein, daß die Hauptsittengesetze, welche Christus vortrug, Sittengesetze der allgemeinen Vernunft oder der moralischen Harmonie sind, die wir wie Christus durch unsre besondere Vernunft auffinden und als verbindlich anerkennen, und bemühen wir uns ernstlich, sie durch den Einfluß unseres Willens auszuüben, um das im Kleinen zu werden, was Gott im Großen ist, tätig, weise, gütig und gerecht, und dies soweit unsere Kräfte zureichen, zum Besten des Einzelnen und des Ganzen – o, dann können wir alle Pfaffen und Kirchen und Kirchenlehren entbehren, und uns kann es gleichviel sein, ob Christus dies oder jenes war; denn der Wert seiner Lehre hängt nicht von seiner Person, sondern von der Übereinstimmung mit der Vernunft ab."

Vorträge von dieser Art über Moral, Religion, Menschenrechte, Staat, Politik und dergleichen hört man in den Gasthöfen und Schenken Frankreichs jetzt beinahe ohne Unterlaß, und wo solche Vorträge auf solche Art gehört werden, da höre ich lieber zu, als daß ich sie durch Dreinreden oder Widersprechen stören sollte. Ich schwieg also gleich und ließ Joseph und Maria fahren, sobald ich merkte, daß meine Apologie wenig fruchten würde. Da ich eben auch keine Lust hatte, meinen eignen Glauben den Lamm-Mamsellen zu Gefallen zum Scheine weiter zu widerlegen, so ließ ich alles gehen, wie es ging, und hörte den teils gröbern, teils feinern Sarkasmen manches dieser Spötter nicht ohne Teilnahme und ganz gelassen zu. Denn die Verspottung der heiligen Fratzen halte ich schon lange für eine Art von Genugtuung dafür, daß man die Denk- und Preßfreiheit ursprünglich und hauptsächlich um ihrenwillen beschränkt und verfolgt hat.

Überhaupt merkte ich nicht nur hier, sondern fast in allen Städten Frankreichs, in welchen ich gewesen bin, ein Ideen-Kommerz, das mich oft in Erstaunen setzte. Die mehrsten hatte man, wie die meisten, die ich darüber befragte, mich versicherten, schon vor der Revolution insgeheim für sich gesammelt, und dies um so gieriger, je strenger man die Bücher verbot, worin sie vorkamen. Und so ist es auch hier wahr, daß jedes Bücherverbot mehr schadet als nützet. Läßt man jedes Buch seinen Weg ungehindert wandern, so wird der geringste Teil des

---

* Was hier der Offizier behauptete, sah der Nationalkonvent, durch die Kabalen und Faktionen der Priester aufmerksam gemacht, endlich auch ein, und daher der damals in Frankreich bald erfolgende Einsturz des päpstlichen Kirchensystems. In Landau war die letzte Messe den 27. Dezember 1793. Statt sich darüber zu ängstigen, erschallte Spott und Jubel. So locker sitzt dem Volke sein – Popanz. Und doch will man ihn sich sichern!

Publikums es seiner Aufmerksamkeit kaum wert halten, im umgekehrten Falle der größte. Überdies, enthält ein Buch Irrtümer, auch gefährliche, und zirkuliert es frei und frank, so kommen diese desto eher und freimütiger zur Sprache, zum Pro und Contra, und die Wahrheit behält am Ende die Oberhand.

Das Ideen-Kommerz der Franzosen hat selbst durch den Krieg unendlich gewonnen. Denn auch von dem weckenden Geiste der Revolution abgesehen, gibt es jetzt kein Kriegsheer weiter, worin die Köpfe von jeder Art so kompliziert und vereint wären als in ihrem. Überall ungehinderte Mitteilung der Grundsätze, Gedanken und Erfahrungen unter den vielen Hunderttausenden von verschiedenen Gewerben, aus Landleuten, Bürgern, Kaufleuten, Gelehrten, Künstlern usw. Fürwahr, Robespierre ist durch sein allgemeines Aufgebot in gewisser Rücksicht der Prometheus von Frankreich geworden!

Das Papiergeld hatte damals in Landau wenig Wert. Der Repräsentant hatte zwar anschlagen und befehlen lassen, daß das Assignatengeld oder, wie man es damals gewöhnlich nannte, das Rauschegeld, im Gegensatz des Klingegeldes, sowie das Numerär- oder das bare Geld seinen Kurs haben sollte. Aber daran kehrten sich die Landauer wenig: zwei Sous in Münze wurden zehn, ja endlich gar zwanzig Sous in Papier gleichgehalten. Die Bouteille Wein, die man für fünf oder sechs Sous Geld haben konnte, kostete in den gewöhnlichen Weinhäusern schon fünfzig, ja gar sechzig Sous Papier. Dentzel wollte dieses Unwesen mit der Schärfe abschaffen, aber gerade als er daran wollte, erregte sich der Aufstand, wodurch er außer Aktivität gesetzt wurde. Der General hatte das Herz dazu auch nicht; also blieb alles bis zum Entsatz der Stadt, wonach denn freilich sehr wahrscheinlich auch dort das sogenannte Maximum oder die allgemeine Taxe aller Waren und aller Lebensmittel gegolten hat.

Der General unterhielt immer einige Leute, welche ihm beständig, wenigstens wöchentlich einmal, Nachricht von dem Zustande der Armee überbringen mußten. Daß diese nicht allemal erfreulich ausgefallen sein wird, wissen die, welche sich der Begebenheiten der französischen Armeen von jener Zeit erinnern. Wie aber die Spione, lauter Landauer Bürger, immer so ungehindert durch die Belagerer schleichen konnten, begreife ich noch jetzt nicht ganz. Die Stadt war enge eingeschlossen, also müssen die feindlichen Posten sehr geschlummert oder die Leute ganz besondere Schlupfwinkel gewußt oder sonst Um- und Auswege gefunden haben.

Einmal habe ich in Landau einem sonderbaren Schauspiele beigewohnt. Als die Nachricht von der Hinrichtung der Marie Antoinette, Gemahlin Ludwigs XVI., und von der des Generals Custine, der Laubadères und Dentzels abgesagter Feind war, in Landau ankam, ließ sie der General sofort durch Abfeurung von 48 Kanonen feierlich bekannt machen. Darauf wurde ein großes Feuer auf dem Marktplatze angezündet, und der Schinder mußte die Bildnisse der Königin und des Custine hineinwerfen. Hierauf hielt Laubadère eine Rede, worin er auf die sacrée garce fürchterlich loszog, welche durch ihre Herrschsucht und ihre Hetzereien am Wiener Hofe Frankreich und ganz Europa ins Unglück gestürzt habe. Endlich dankte er dem Genius der Republik, daß diese Pest nun durch das Beil der Gerechtigkeit (le glaive de la loi) vernichtet sei. Die Volontärs applaudierten ihm wie rasend und sangen zum Beschluß ihre Carmagnole*, welches ein skandalöses Lied auf die Königin ist, durch alle Straßen. In ganz Frankreich hieß man die Königin schon lange nicht anders als Madame Veto; und daher heißt es in der Carmagnole:

> Madame Veto a mal au cul:
> c'est Lafayette, qui l'a foutue
> de son con tout brûlé;
> Fayette en porte la clé.
> Dansons la Carmagnole!
> Vive le son du canon!

Überhaupt sind die Franzosen auf die Königin Antoinette weit mehr aufgebracht als auf sonst jemanden, selbst den verabscheuungswürdigsten Egalité, sonst Herzog von Orleans, nicht ausgenommen. Sie sehen diese Dame als die Hauptursache alles Unglückes und alles Elendes an, welches über ihre Nation gekommen ist, ja sie nennen ihren Namen nicht, ohne auszuspucken und ohne die heftigsten Verwünschungen gegen ihr Andenken auszustoßen.

Ich sprach lange nachher einmal in Dijon über die Standhaftigkeit, mit welcher diese Prinzessin gestorben ist, und rühmte es wenigstens, daß sie ohne Ängstlichkeit und ohne Trotz auf der Blutbühne erschienen sei, auch alle Schmähungen des Pariser Pöbels, ohne ihre Miene zu verändern, männlich verschmerzt habe. „Ist das wohl lobenswert?" erwiderte mir ein Chirurgus. „Starb nicht auch Mandrin mit der größten Standhaftigkeit sogar auf dem Rade? Ich leugne gar nicht", fuhr er fort, „daß Antoinette einen großen Geist gehabt hat, sie war ja die Tochter der

---

* In den ‚Pièces fugitives et républicaines' wie auch in dem ‚Parnasse républicain' findet man eine Menge skandalöser Lieder auf den König, die Königin, die Emigranten, die Priester und die treulosen Generale. Ich kenne nichts Beißenderes als diesen kaustischen Zuchtspiegel für recht viele von denen, welche sich Götter der Erde dünken.

berüchtigten Marie Therese! Aber eben deswegen war sie für Frankreich desto schlimmer und gefährlicher, denn Größe ist nicht immer Güte. Genug, wir sind froh, daß sie nicht mehr ist."

Auf dem Gemeinhause waren alle Wände beklebt mit Dekreten und Verordnungen, täglichen Nachrichten und dergleichen. Diese Zettel wurden von Zeit zu Zeit abgerissen, und es fand sich, daß manche, wenn sie oben das Bedürfnis aufs Häuschen zu gehen spürten, im Herabgehen einen Zettel von der Wand abrissen. Es wurde also öffentlich durch den Ausrufer angesagt, daß, wer künftig auf der Straße oder auf dem Gemeinhause einen angeschlagenen Zettel abreiße, eine achttägige Arreststrafe zu gewarten habe. Herrmann, ein Zuckerbäcker und Mitglied der Munizipalität, wurde darüber ertappt und nun nicht nur auf acht Tage eingesteckt, sondern auch seines Amtes entsetzt.

Zur Zeit des Terrorismus oder des Schreckenssystems in Frankreich wurde die Abreißung der angeschlagnen Zettel allemal mit dem Tode bestraft, indem man das als ein Zeichen des Mißfallens an der Verfassung und als ein Signal zur Meuterei ansah. In Landau war man damals nicht so strenge. Überhaupt konnte man ziemlich laut sagen, was man an der neuen Verfassung zu tadeln fand. Einige taten dies auch freimütig genug, weil sie schon als gewiß voraussetzten, daß die zu schwach besetzte Stadt in die Hände der Preußen fallen würde. Die öffentliche Meinung war und blieb indes immer für die Republik. Landau zählte nur wenig Aristokraten.

Französisches Militär

Ich war nach der überstandnen Gefahr ziemlich ruhig und suchte die Zeit so gut als ich konnte hinzubringen. Da man mit niemanden in der Welt eher Bekanntschaft machen und Freundschaft und Umgang errichten kann als mit den gutmütigen, jovialischen und offnen Franzosen, so war es auch sehr leicht, viele von der damaligen Landauer Garnison näher kennenzulernen.

Ich hatte noch immer allerlei Vorurteile gegen die französischen Volontärs mitgebracht, welche ich hier aber bald und gerne ablegte, denn ich fand diese Leute weit besser, als ich sie mir vorher gedacht hatte. Man weiß ja, wie sauber man die französischen Ohnehosen (Sansculottes)* und ihre Ohnehosenschaft

---

* Sansculottes heißt bekanntlich Ohnehosen. Einmal zielte man mit dieser Benennung auf diejenigen, welche gestrickte, fleischfarbene und so glatt anschließende Beinkleider trugen, daß es schien, sie trügen gar keine oder wären ohne Hosen. Diese Glättlinge nannte man nachher Muscadins. Eigentlich

(Sansculotterie) beschrieben hat und hier und da noch beschreibt! Die von der französischen Nation organisierte Miliz erschien überall wie ein Haufen roher Buben, der nicht besser wäre als ein Haufen Luftgesindel und Zigeuner. Pfui der Lügen und der Schande! Ich hatte zwar von den Volontärs nicht mehr so arge und kindische Vorstellungen als Herr von Göchhausen und Konsorten, ich dachte mir aber doch ganz andre Leute unter ihnen, als ich nachher wirklich fand.

Freilich waren sie nicht so nach der Schnur gezogen und geübt wie die Preußen, sie marschierten nicht so nach und auf der Linie, sie konnten kein Minutenfeuer machen und preßten sich nicht in ihre Röckchen ein wie diese. Dagegen verstanden sie ihren Dienst hinlänglich und hatten, was allen unsern Lohnsoldaten fehlt, eine unbegrenzte Anhänglichkeit für ihre Sache. Ich habe fast von allen gehört, daß sie wüßten, wofür sie kämpften und daß ihnen der Prozeß ihrer Nation lieber und teurer sei als ihr Leben. Das einzige Wort: „Es lebe die Republik!" ist bei den Volontärs allemal das erste und das letzte, und alle ihre Gesinnungen und Anstrengungen erhalten von dieser Hauptidee Leben und Feuer. Freiheit oder Tod ist ihre einzige und ewige Alternative.

Ich erkundigte mich sehr genau nach der Art, wie man diese meist sehr jungen Leute unter das Gewehr gebracht hatte, und fand, daß, obgleich mehrere auf den Befehl ihrer Vorgesetzten mitmußten, doch die allermeisten ganz freiwillig zugelaufen waren. Ihrer Begierde, dem Vaterlande zu dienen, konnten die abgeschmackten Beschreibungen und Märchen nicht Einhalt tun, welche das Gesindel der Aristokraten in ganz Frankreich verbreitet hatte. Man hatte nämlich mit Fleiß ausgesprengt, daß der Feind soundso vielmal stärker wäre, als er wirklich war, und daß weder die Preußen noch die Östreicher von Weichen wüßten, auch nicht von Pardon.

aber nannten die Höflinge und der Adel alles, was zum Volke gehörte, und zwar zur derben, zerlumpten oder uneleganten Klasse, die den Hof- und Adelsdruck am meisten gefühlt hatte und darum beim Ausbruch der Revolution am bittersten auf sie eindrang, verachtungsweise Sansculottes. Ein Hofschranze sagte daher einmal zu Dumouriez, daß man ihn und die übrigen Nationalminister bei Hofe Ministres Sansculottes nenne. „Aber", antwortete Dumouriez, „wenn wir Ohnehosen sind, dann wird man desto eher sehen, daß wir Männer sind."
Der Name Sansculottes, der nachher zur Gegenverachtung als Ehrenname beibehalten wurde, hat weit schrecklichere Folgen in Frankreich gehabt als in den Niederlanden der Schimpfname Gueux oder Bettler. Man muß hiebei bemerken, daß fast alle Schimpfnamen der Faktionen niedrig sind, und doch ist es fast allemal die vornehmere Partei, welche sie zur Bezeugung ihrer Verachtung erfindet. Aber man bemerke nur auch, daß sie mehrteils Ursache haben, es zu bereuen. Dies zr Erläuterung über den Namen Sansculottes für die, welche dessen Ursprung vielleicht noch nicht wissen.

Daß sie im Jahre 1792 aus Frankreich so eilig abgezogen waren, schrieb man dem elenden Wetter und dem Mangel an Lebensmitteln allein zu, sonst würden die Preußen die Armee der Franken bei Ste. Menehould gänzlich zernichtet haben. „Jetzt aber", fuhren die Aristokraten fort, „haben wir weiter nichts als das allerschrecklichste Schicksal zu erwarten. Ludwig Capet ist hingerichtet, und die ganze Welt rüstet sich, seinen Tod zu rächen. Preußen und Östreich, Holland und England, Spanien und Sardinien, Rußland und das ganze Deutsche Reich, ja alle andren Fürsten in ganz Europa, vielleicht auch gar der Großtürk, fallen uns auf den Hals und werden den Untergang unsrer ganzen Nation beschleunigen, sobald wir uns ihnen ferner widersetzen. Es ist aber den Großen von Europa bloß darum zu tun, Ruhe und Wohlstand in Frankreich wiederherzustellen und die Mörder des Königs zur Verantwortung und Strafe zu ziehen. Der Nationalkonvent sieht das ein und weiß, daß er auf jeden Fall verloren ist. Und eben deswegen will er mit Gewalt, daß wir uns rüsten und gegen den unbezwinglichen und fürchterlichen Feind ziehen sollen. Wenn wir dies tun, so sind wir und der Konvent verloren, tun wir es aber nicht, je nun, so muß der Konvent nachgeben, und wir haben Frieden und Ruhe!"

Das war der Inhalt aller aristokratischen Predigten in Frankreich im Jahre 1793. Aber die Idee von einer gesetzmäßigen Freiheit und einer edlen Unabhängigkeit ohne das Joch einer willkürlichen Herrschaft oder Despotie war schon damals so tief in die Gemüter eingedrungen, daß bei dem Aufgebot im Herbste eben des Jahres alles zulief, so sehr, daß man endlich gar genötigt war, recht sehr viele wieder nach Hause zu schicken.

Dieser Umstand ist in mancher Rücksicht wichtig. Denn es gibt gewisse deutsche Politikaster, welche die Bereitwilligkeit der Franzosen, gegen den Feind zu dienen, dem Zwange und der Guillotine zuschreiben und eben dieses Mordinstrument zur Quelle des Republikanismus in Frankreich angeben. Aber abgerechnet, daß nur ein schildaischer oder schirachisierender Politiker dafür halten kann, daß ein feines, großes Volk sich aus Furcht vor der Guillotine von einer kleinen, sehr kleinen Anzahl Bürger, deren Autorität sich lediglich auf den Begriff von Wahl und Freiheit stützt und nicht den geringsten herkömmlichen religiösen oder politischen Grund hat, bewegen lassen sollte, seine Kinder den grausamsten, aufs äußerste erbitterten Feinden entgegenzustellen, und dies ganz gegen seine Neigung – dieses unsinnige politische Geschwätz abgerechnet, so ist ja gewiß, daß bei dem Aufgebote von 1793 noch nicht die allergeringste Spur von Gewalt sichtbar war, geschweige denn, daß man denen, die nicht mitziehen wollten, mit der Guillotine gedroht hätte. Die jungen Franzosen waren ihrem

Gesetze gehorsam, welches befiehlt, daß jeder Franzose gehalten ist, die Waffen zu ergreifen, wenn sein Vaterland leidet und es ihn dazu auffodert. Die aufgebotene Klasse ging auch ohne Murren. Woher sonst ihre Tapferkeit, ihre Siege!

Und wenn man ja noch an Zwang denken will, so überlege man nur, daß junge Mädchen – nicht eine oder zehne, denn die könnte man allenfalls ins Register der Närrinnen bringen, sondern mehrere Hunderte – sich erboten, mit ins Feld zu ziehen, daß viele wirklich mitgezogen sind und daß sie nachher, als es dem Frauenzimmer verboten wurde, Kriegsdienste zu leisten, ihr Geschlecht sehr sorgfältig verbargen, bloß deswegen, damit sie der Ehre, für ihr Vaterland zu fechten, nicht beraubt werden möchten.

Hat man die Mädchen vielleicht auch mit der Guillotine bedroht? Das einfältige Gewäsche wäre überhaupt gar keiner Antwort wert, wenn nicht Männer, die doch für einsichtig gehalten werden wollen, Fratzen von der Art fleißig wiederholten und dadurch der öffentlichen Meinung, so viel nämlich an ihnen ist, eine falsche Richtung beibrächten und hierdurch den Krieg verlängern hülfen.

Und eben diese Männer sollten sich wirklich schämen, da sie doch wissen müssen, wenigstens wissen sollten, wenn ihr ganzes Studium nicht gerade so viel wert sein soll als eine taube Nuß, daß ehemals der bloße Republikanismus in Griechenland, zu Karthago, in der Schweiz, in Holland und in Amerika die seltsamsten Wunder getan hat. Weswegen lernen wir Geschichte? Vielleicht, daß wir wissen mögen, quo anno ante Christum natum Minos Gesetze gegeben und Miltiades die Perser geschlagen hat? Nein, wahrlich, wer mir nicht sagen kann, was die Gesetze des Minos bewirkt und was für Ursachen und Folgen die Siege des Miltiades gehabt haben, der mag meinetwegen auch vergessen, daß Minos und Miltiades je in der Welt waren.

Ich wenigstens habe sehr viele französische Soldaten gekannt – ich ward, wie man dereinst sehen wird, selbst noch einer – und habe das an ihnen gefunden, was jene edlen Verteidiger Griechenlands auch an sich hatten, nämlich warme Liebe zu ihren Vaterlande, eine Liebe, die der Deutsche deswegen nicht kennt, weil er als Deutscher kein Vaterland mehr hat. Der Enthusiasmus für ein Phantom verraucht bald, aber der Enthusiasmus für ein wahres Gut dauert, solange dieses Gut selbst dauert, und wird durch die Bemühungen derer, die uns das Gut entreißen wollen, nur noch mehr angefacht. Ein bestrittenes Gut, das uns interessiert, lernen wir eben durch das Bestreiten besser kennen und inniger lieben.

Man hatte mir die Subordination der Franzosen auf der häßlichsten Seite geschildert und die Sansculottes als die undiszipliniertesten Truppen ausgeschrien.

Aber ich sah sehr oft das Gegenteil. Die Kriegsgesetze der Franzosen, welche in einem kleinen Buche, Code militaire genannt, enthalten sind, sind so strenge und so kategorisch, als die preußischen nimmer sein können. Freilich steht nicht auf dem Titel, daß sie nur Unteroffiziere und gemeine Soldaten verbinden sollen, denn die französischen Kriegsgesetze gehen alle ihre Kriegsleute an und werden – nach ihrem Gesetz der Gleichheit – ohne Ansehen der Person am Obristen wie am Gemeinen ausgeübt. Bei dem allem fodern die Gesetze ihres Code militaire die strengste Befolgung, und wer dawider sündiget, kann seine Strafe sich schon vorher selbst diktieren; denn Ausnahmen und Begnadigung oder Rücksicht auf vorhergegangne schlechte oder gute Aufführung oder sonstige Milderungsmittel finden durchaus nicht statt. Mit einem Worte, das Gesetz und nur das Gesetz ist die Disziplin der französischen Krieger und nicht der absolute, oft sehr eigensinnige Wille des Offiziers, und der neufränkische Krieger gehorcht willig und ohne Murren.

Ich habe die Franzosen und die Preußen und mehrere andre deutsche Soldaten sehen Dienst tun. Erstere verrichten, was sie zu tun haben, allemal mit Lust und unterzogen sich dem beschwerlichsten Dienste, ohne zu klagen. Hingegen die deutschen Mietlinge oder Lohnsoldaten werden gar leicht unzufrieden und verwünschen den Tag, an dem sie zum Dienste gekommen sind, sobald sie nur von harten Strapazen oder von Mangel gedrückt werden. Ganz Europa ist in Bewunderung und Erstaunen geraten, als die so verächtlich dargestellten Franzosen in den Jahren 1793, 94 und 95 Dinge ausführten, wozu eine eiserne Geduld und ein unbezwinglicher, durch den heißesten Enthusiasmus angefeuerter Mut nötig ist. Sollten dieses Leute tun können, welche die Disziplin verachten und ohne Subordination in den Tag hineinleben?

Da der französische Soldat keineswegs von dem Eigensinne der Vorgesetzten abhängt, so gibt es auch da keine Offiziere, welche man nach der Bedeutung, die diese Worte bei den Deutschen haben, in gute und schlimme Offiziere einteilen könnte. Der Franzose weiß nicht, was ein „Gifter", „Giftmichel" oder ein „Männchen wie ein Braten" ist, denn Schimpfen und Schlagen sind bei ihnen unerhörte Dinge. Sündigt der Soldat, so kann ihn sein Vorgesetzter strafen, aber nur in gewissen leichten Fällen. Zu schweren Fällen muß schon das Kriegsrecht oder die Cour martiale, der Volksrepräsentant oder wohl gar das Tribunal militaire, wie eins zu Auxonne gewesen ist, entscheiden. Der Offizier hat hier nicht mehr Recht als der Gemeine, sein Zeugnis gilt gerade nicht mehr und nicht weniger als die Aussage jedes andern Bürgers.

Die Strafen der Soldaten oder der Volontärs sind zwar weder Prügel noch

Gassenlaufen, auch nicht andre hin und wieder übliche läppische Bestrafungen, ich meine Eselreiten, Gewehre tragen, Pfahlstehen und dergleichen, sie sind aber doch strenge und dem Verbrechen angemessen, als Arrest bei Wasser und Brot oder Wegjagung mit Infamie oder der Tod. Alle militärischen Verbrechen beziehen sich nur auf drei Punkte: auf Nachlässigkeit im Dienste, auf Verletzung der Subordination und auf Verräterei. Dahin gehört auch die Desertion, ein Einverständnis mit dem Feinde und dergleichen. Alle anderen Verbrechen, zum Beispiel Diebstahl, Duell, Schlägerei, Mord, Notzüchtigung und dergleichen werden nach den gemeinen oder bürgerlichen Gesetzen geahndet.

Ich war recht gern in der Gesellschaft der Landauer Volontärs – Soldaten wollten sie nicht mehr heißen – und lernte alle Tage durch Erfahrung einsehen, daß sehr viele in Deutschland eine unerträglich schiefe Idee von ihnen gefaßt haben. Ihre Gespräche betrafen fast immer politische Gegenstände und wechselseitige Aufmunterung zur Tapferkeit und zur Verteidigung des Vaterlands. So sehr sie auch in ihren Meinungen über die innere Verfassung und Regierung Frankreichs und über die Debatten und Faktionen des Nationalkonvents voneinander abwichen, so sehr stimmten doch alle darin überein, daß erst das Vaterland gerettet werden müßte und daß der kein ehrlicher Franzose sei, der etwas anders wolle als Freiheit oder Tod.

Ich sondierte sie oft über ihre Gedanken von den deutschen Soldaten und fand, daß sie sich von uns keine so weggeworfne Vorstellung machten, als sehr viele unter uns sich von ihnen zu machen gewohnt sind. Doch schlossen sie immer, wenn sie etwas Gutes von uns gesagt hatten, damit, daß es schade sei, daß wir für Tyrannei und Despotismus ins Feld zögen und für Menschenrechte und Freiheit wenig Sinn zu haben schienen.

Ganz anders machten es in dieser Rücksicht die ersten Emigrierten. Diese Messeigneurs und Messieurs sprachen von den deutschen Truppen so wegwerfend, daß ich mich wundere, wie es möglich gewesen ist, daß man nur daran denken konnte, diesem verächtlichen Haufen wieder zu seinen alten Rechten zu verhelfen. In Koblenz behaupteten viele, und das ganz öffentlich, daß ihr Bouillé die ganze Armee der Alliierten kommandieren müßte, daß der Herzog von Braunschweig sich nicht dazu schicke, daß es der Ehre des französischen Namens zuwider sei, wenn die Elite de la noblesse françoise sich von einem pauvre diable de prince allemand sollte kommandieren lassen, und daß sie nicht unter einem Fürsten dienen würden, der niemals l'honneur d'approcher le roi de France gehabt hätte.

Das Exerzieren lernt der eine Franzose von dem andern, ohne daß Schimpfen,

Fluchen, Stoßen oder Stockprügel die Fehlenden noch mehr verwirren oder in Furcht setzen sollten. Die Nation hat ein Exerzierbüchelchen drucken lassen und an die streitenden Nationalen verteilt. Hierin finden sie alles, was ihnen zu ihrer militärischen Belehrung dienen kann. Ängstliche Kleinigkeiten, die entweder zur bloßen Parade oder zur taktischen Pedanterie gehören, aber im Kriege wegfallen und nie etwas entscheiden, sind nicht darin. Es ist zum Erstaunen, wenn man in Frankreichs Städten und Dörfern junge Leute, ja Kinder haufenweise sich in der Soldaterei üben sieht. Die öffentlichen Anstalten zur Anbildung junger Krieger unter der Aufsicht von Invaliden zu Paris sind berühmt und ermunternd.

Was der Patriotismus nicht ganz aufregt oder vollendet, das ersetzt die Ehrbegierde, welche durch die jedesmalige öffentliche Bekanntmachung einer jeden patriotischen Handlung, zumal im Felde, angefeuert und unterhalten wird. Die Belohnung der Verstümmelten und Invaliden machet der französischen Nation wahre Ehre und den beweibten und bekinderten Soldaten einen Mut, wie ihn kein goldnes oder silbernes Verdienstzeichen bewirkt.

Ihre Feld- und Schlachtgesänge stimmen mit ihrem Republikanismus und dem Zwecke ihres Krieges treffend und eingreifend überein und sind voller Kraft und Feuer und beleben den Mut bis zum Enthusiasmus. Sie sind Produkte ihrer besten und eindringendsten Dichter, und mit der Musik und Melodie dazu von Meistern in der Kunst verhält es sich ebenso.

Um das Interesse ihrer Armeen an ihrem Nationalprozeß durch Unkunde in dem jedesmaligen Gange desselben nicht erkalten zu lassen, schickt ihnen die Regierung alle Nachrichten von merkwürdigen Vorfällen, alle Verhandlungen und Dekrete jedesmal unentgeltlich zu. Auch hat fast jede Armee ihre Schriftsteller und Novellisten, welche die Begebenheiten des Tages aus den vielen französischen Zeitungen, Journalen und Flugblättern zweckmäßig ausheben und sie wöchentlich zur Unterhaltung und Belehrung der Kämpfer herausgeben. Zur Abwechselung fügen sie kleine moralische Aufsätze – über Schonung des Bürgers und Landmanns in feindlichen Landen, über humane Behandlung der besiegten oder sich ergebenden feindlichen Soldaten, über die Pflicht des Harrens und Duldens in harten Kämpfen mit der Natur oder über die Pflicht der tapfern Vaterlandsliebe im Kampfe mit dem Feinde und dergleichen – sehr oft hinzu, auch kommen Gedichte, Bitten und Warnungen der Generale, Belohnungen und Bestrafungen nebst Anekdoten von edlen und tapfern Handlungen ihrer Kameraden bei ihrer und andern Armeen vor, und das alles erhalten die Bataillons ohne die mindeste Ausgabe.

Und diese psychologisch-politische Maschinerie ist der Schlüssel zu den

Riesentaten eines Volkes, das von so manchem deutschen Federbuben und Schwächling anfänglich gar arg und übertrieben beschimpft und verachtet ward, vor welchem aber jetzt Könige und Fürsten Respekt zu hegen endlich teuer genug gelernt haben.

Beschreibung der Klubs oder der Volksgesellschaften in Frankreich

In Landau machte ich mit einem jungen, muntern Manne Bekanntschaft, welcher Korporal bei den Stadtkanonierern war. Er war ein Sohn des Büchsenmachers Brion, der, in Paris geboren, sich aber in Landau verheurathet hatte und da zur Zeit der Revolution die Oberaufsicht über die dasigen Zeughäuser bekommen hatte. Der junge Mann führte mich in seine Familie ein, und da fand ich lauter Leute, welche mir baß behagten. Bürger Brion der Ältere war ein trefflicher Mann, ein angesehner und reicher Bürger und ein heller Kopf, der sogar sich, ohne studiert zu haben, mit der Literatur abgegeben hatte. Er war ehemals der Liebling des humanen Pfalzgrafen Maximilian von Zweibrücken. Seine Frau war eine gute, lustige Frau, welche sich gern mit mir abgab und gern von meinen Begebenheiten erzählen hörte. Die Tochter dieser Leute, ein hübsches Mädchen von 19 Jahren, war allemal froh, wenn ich kam, denn ich tischte dann und wann allerhand Histörchen auf.

Brion fand deswegen Geschmack an mir, weil ich, wie er sagte, die Revolution in Frankreich aus dem rechten Gesichtspunkte ansähe und nicht in den Tag hinein räsonierte. Er hatte sich viele hieher gehörige Schriften angekauft, welche er mir mitteilte und woraus ich vieles lernte. Unter andern besaß er die in sechs starken Bänden zu Straßburg herausgekommene ‚Geschichte der neufränkischen Freiheit‘, welche alle Dekrete der Assemblée nationale und alle Begebenheiten bis zum 22. September 1792 enthält und zur genauen Kenntnis der damaligen Begebenheiten unumgänglich nötig ist. Es wundert mich, daß ich dieses Werk noch nicht in Deutschland gesehen habe, es klärt immer weit mehr und richtiger auf als die schiefen Nachrichten des Herrn Girtanner.

Mit Vergnügen las ich auch die Wochenschrift, welche der unglückliche Eulogius Schneider unter dem Titel ‚Argos‘ herausgegeben hatte und wovon Brion etwan 20 Stück besitzen mochte. Dieser ‚Argos‘ ist lesenswert, aber gewiß für Aristokraten unverdaulich. Schneider hat das ganze Wesen der Grundsätze des echten Republikanismus darin auseinandergesetzt, aber eben deswegen ist er ein neuer Beweis geworden, daß man recht gut denken und dennoch recht schlecht handeln könne.

Diese und andere Schriften von eben der Art gaben den Stoff zu meiner Unterhaltung mit Brion her, und unsere gewöhnlichen Gespräche waren, wie auch der Zeitton sie angab, politischen Inhalts.

Ich trug noch immer meine preußische Uniform. Brion gab mir einen dunkelblauen Rock und eine rote scharlachne Weste, dazu kaufte ich mir lederne gelbe Beinkleider, neue Schuhe und einen eckigen Hut und sah nun, indem ich auch die Kokarde trug, aus wie ein Citoyen françois. Ich wollte, da ich noch Geld hatte, dem braven Manne wenigstens vier Laubtaler geben – der Rock war noch ganz neu –, aber er nahm auch keinen Heller.

Brion nahm mich einigemal mit in den Klub oder in die Société populaire, welche damals in Landau noch jedem offenstand. Von diesen französischen Klubs muß ich meine Leser etwas umständlich unterhalten; denn das ist notwendig, um von der Lage der Dinge in Frankreich und ihrer Veränderung richtig urteilen zu können. Und wenn ich Sachen von Wichtigkeit, die ich genau habe kennenlernen, nicht auch genau erklären wollte, wozu sollte dann mein Buch dienen? Dann wäre es ja nicht mehr wert als irgendein schaler Roman, zum Beispiel das ‚Heimweh' von Stilling.

Bei dem Anfange der Revolution gab es gleich durch ganz Frankreich viele Anhänger des neuen Systems, aber es gab auch viele, welche den treuen Freunden dieses neuen Systems angst und bange machten. Sogar die Herren Geistlichen predigten öffentlich, daß das Ding keinen Bestand haben würde, und die Herren Freunde der ci-devant-Herren verkündigten den nahen Ausbruch einer Gegenrevolution, welche dem ganzen Wesen ein Ende machen würde. Die Nationalversammlung war selbst geteilt, und die redlichen Anhänger des neuen Systems sahen ein, daß alle Bemühungen, dem Staate eine bessere Form zu geben, fruchtlos sein würden, wenn die öffentliche Meinung sich nicht bestimmt zeigte, um daraus abzunehmen, was man von der Nation erwarten könne. Sie autorisierte daher im Jahre 1790 die Volksversammlungen, das heißt, sie erlaubte und ermahnte sogar, daß diejenigen, welche zum Besten des Vaterlandes beratschlagen wollten, an bestimmten Tagen zusammenkommen und einander ihre Gedanken mitteilen möchten, welche dann, wenn sie wichtig genug wären, allemal sollten in Betrachtung gezogen werden, wenn man sie der Versammlung in Paris selbst vorlegen würde. Diese Konventikel hießen gleich anfangs Sociétés populaires oder, auf englisch-deutsch, Klubs. Sie waren völlig frei, und jeder konnte Anteil daran nehmen, sogar Fremde und Ausländer. Damit aber eine

Ordnung darin erhalten würde, wählten die ordentlichen Mitglieder derselben, d. i. diejenigen, welche ihre Namen in das Buch der Société hatten eintragen lassen, alle Monate einen Vorsteher. Dieser Vorsteher mußte bei jedesmaliger Zusammenkunft die Berichte von allem abstatten, was in dem ganzen Reiche vorgefallen war, und besonders mußte er die neuen Gesetze und Verordnungen erklären und seine Meinung darüber sagen. Ohne seine Erlaubnis durfte niemand im Klub reden, wer aber reden wollte, foderte das Wort, und er mußte es ihm gestatten.

In dieser Volksversammlung liegt der wahre Keim des Republikanismus, welcher sich in ganz Frankreich so schnell verbreitet hat. Die Ehrbegierde der Präsidenten spornte sie an, sich mit der Lage der Dinge und besonders mit dem Unterschiede des Despotismus und der Freiheit bekannt zu machen, und die Neugierde trieb jung und alt in die Versammlungen, um sich da erzählen und belehren zu lassen. So voll der Saal in Landau auch beständig war, so war doch alles äußerst still. Alles war auf das, was der jedesmalige Redner vorbrachte, erpicht, sogar die Frauenzimmer hörten in aller Stille zu, wenn sie gleich sonst, auch bei den rührendsten Auftritten in der ‚Emilia Galotti' oder in ‚Romeo und Julie', kaum eine Minute schweigen können.

Die pfiffigern Aristokraten fanden gar bald, daß diese Sociétés populaires endlich einmal das Grab des Königtums werden möchten, und setzten sich dawider, aber die Assemblée nationale unterstützte sie mit allem Ansehn und Nachdruck. Zu Mâcon, einem Städtchen nicht gar weit von Lyon, hatte ein Bürger im Klub gesagt, daß man dem Könige die Gewalt nehmen müßte, die Verordnungen der Nation zu sanktionieren, die Nation könne allein Gesetze machen, und dazu werde die Sanktion des Oberbeamten derselben oder des Königs gar nicht erfodert. Der Maire der Stadt, ein steifer Aristokrat, vernahm dieses und verbot für fernerhin die Zusammenkunft, aber die Klubisten versammelten sich dennoch. Da ergrimmte der Maire, und er und andere Aristokraten entschlossen sich, die Versammlung mit Gewalt zu stören. Er bewaffnete also seinen Anhang und drang in den Saal der Sozietät ein. Es floß Blut von beiden Seiten, und mehr als dreißig Bürger mußten ihren Geist in diesem Bürgerspektakel aufgeben, selbst der Maire wurde totgeschlagen. Ähnliche Vorfälle hat es in Frankreich mehr gegeben, und selbst die scheußlichen Auftritte in Avignon, von denen ich weiterhin reden werde, haben unter andern ihren Grund in der Störung der Volkssozietäten.

Pfeilschnell verbreiteten sich die bessern Grundsätze von Freiheit von einem Ende des Reichs bis zum andern und wurden jedem begreiflich. Auch religiöse

Gegenstände wurden in solchen Gesellschaften verhandelt, und ich selbst habe den Pfarrer Ackermann in Landau einst eine ganz herrliche Rede halten hören über die Gewalt des Papstes. Er bewies auf die allerfaßlichste Art, daß der Bischof zu Rom weiter nichts sei als – ein Bischof zu Rom und daß es eine große Torheit sei, einem Bischof zu Rom als Lehrer die ganze Christenheit zu überlassen, weil doch der Papst nicht imstande sei, jeden Christen zu unterrichten. Eine noch ärgere Narrheit aber sei es, ihn zum Herrn der ganzen Christenheit zu machen.

Die Sozietäten verbanden sich nach und nach unter sich selbst, zum Beispiel die Société zu Lyon schrieb nach Vienne, nach Challonnes, nach Châlons, nach Mâcon usw., teilte den dortigen Sociétés ihre Meinungen mit, und diese ließen die zu Lyon ihre Gedanken wieder wissen. So formierte sich der Gleichsinn und die brüderliche Einigkeit unter allen Franzosen. Sie wurden miteinander genauer bekannt und suchten es einander in Patriotismus zuvorzutun.

Die Nationalversammlung begünstigte diese Sozietäten nach allen Kräften, denn sie sah den handgreiflichen Vorteil, welchen sie stifteten. Daher schrieb die Assemblée nationale hin und wieder an die Klubs und nahm ihre Briefe mit Beifall auf, ja man erlaubte den Abgesandten dieser Gesellschaften, in der Assemblée aufzutreten und von den Gesinnungen ihrer Mitbürger Bericht zu erstatten. Viele dieser Reden sind in den Zeitungen und Bulletins gedruckt worden, und manche davon sind ihrer Naivität wegen des Aufbewahrens würdig.

Ludwig XVI. oder vielmehr sein unsinniger aristokratischer Anhang merkte bald, daß er keine größern Feinde hatte als eben die in den tausend und tausend Klubs befindlichen Patrioten. Um sie zu stören, sollte ein Gesetz gemacht werden, vermöge dessen die Klubs sich monatlich nur einmal, und zwar unter der Aufsicht eines commissaire royal, versammeln sollten, und wo ein solcher commissaire royal nicht existierte, sollten auch keine Klubs weiter gehalten werden. Hätte Antoinettes Faktion dieses durchsetzen können, so wäre die fränkische Freiheit auf einmal gescheitert. Aber die Göttin Eleutheria wachte, und das schändliche Beginnen, der Nation ihre Freiheit zu rauben, laut ihre Meinung zu sagen, ging zugrunde.

Die commissaires royaux waren königliche Kreaturen. Der König ernannte sie allemal selbst, und sie waren eben darum da, um das Interesse desselben zu unterstützen. Und nun diese – sollten die Volkssozietäten dirigieren! Sie maßten sich dieses Recht hin und wieder auch an. Sogar in Landau selbst und in Weißenburg hatte der Maire wegen des Klubs einen so hitzigen Streit mit dem Königskommissar, daß dieser den Maire gegen alles Recht gefangennehmen ließ, aber dabei auch selbst in Gefahr geriet, vom Volke auf der Straße ermordet zu werden.

Indessen wurden die Volkssozietäten von Tag zu Tag angesehner, und schon schien der nicht mehr ein recht guter Bürger zu sein, der nicht dazugehörte oder seinen Namen nicht einschreiben ließ. Da aber eben diese Sozietäten es sich gleichsam zur Regel machten, das Ansehn der Assemblée von der antiroyalistischen Partei – man weiß, daß damals zwei Faktionen in der Nationalversammlung waren – aus allen Kräften zu unterstützen, so war es natürlich, daß man von nun an keinen mehr einnahm, der nicht für einen braven Patrioten, d. i. für einen Gönner und Freund der neuen Einrichtung bekannt war. Jede Sozietät formierte sich also aus eigner Autorität Gesetze, welche alle diejenigen, die eintreten wollten, zu befolgen versprechen mußten. Die Sozietäten wurden dadurch engere Verbindungen, und wer sich dazu bekannte, unterzog sich der Verteidigung aller Einrichtungen der Assemblée nationale.

Die Royalisten stifteten gegenseitig jetzt auch Volkssozietäten. Da nämlich kein Gesetz da war, welches nur eine einzige Sozietät in einem Distrikt, in einer Stadt oder in einem Dorfe erlaubt oder vorgeschrieben gehabt hätte, so konnten sich außer der schon errichteten Gesellschaft noch andere hervortun. Im Jahre 1792 und 1793 gab es der royalistisch gesinnten Gesellschaften mehrere, besonders in Marseille, Toulon, Lyon und Nantes, wie überhaupt in Städten, deren Hauptbewohner sich mit der Fabrizierung oder mit dem Verhandeln der Waren für den Luxus der Großen und des Adels abgaben und folglich ihr kaufmännisches Interesse dem edlern Nationalinteresse vorzogen. Hier wie in dem ganzen Département de la Vendée als dem Hauptsitze der pfäffischen Dummheit und Entmannung wurden durch die antirepublikanischen Gesellschaften die echten republikanischen lange gänzlich unterdrückt und vernichtet. Freilich bekannten sich die königlich gesinnten Gesellschaften nicht öffentlich zur Aufrechterhaltung des Despotismus und der päpstlichen Kircherei, sie sagten bloß, daß sie Ordnung und Ruhe erhalten und einer gänzlichen Anarchie entgegenarbeiten wollten; im Grunde aber arbeiteten sie gegen die Dekrete der Nationalversammlung wirklich.

Die Emigrierten, welche im Jahre 1791 sich auf den Grenzen von Frankreich so zahlreich verbreitet hatten, unterhielten mit diesen königlich gesinnten Gesellschaften immer einen Briefwechsel und ermunterten die, wie sie sagen, redlich gesinnten Franzosen, doch ja das Untier der Anarchie – sie meinten aber die Nationalversammlung – niederzustoßen und die Gesetzmäßigkeit, d. i. das Königtum oder vielmehr den alten Despotismus wiederherzustellen. In den Jahren 1793 und 1794 sind sehr viele hingerichtet worden, bei denen man Briefe von der Art gefunden hat.

Da endlich so viele Faktionen in Frankreich herrschten, so war es wirklich das Werk eines festen Patriotismus, der doch noch den bessern Teil der Nation beseelte, daß nicht alles zugrunde ging, zumal als die auswärtigen Feinde mit auftraten. Ein kräftiges Mittel, ob es gleich ein kaustisches Mittel war, war die Surveillance, woraus der Jakobinismus und Terrorismus und Robespierres Tyrannei entsprungen ist.

Surveillance.
Ursprung und Macht des Jakobinismus

Der Wetteifer der Volkssozietäten und der Königlichgesinnten hat in Frankreich die Surveillance gestiftet. Man versteht unter Surveillance oder Wachsamkeit oder Aufsicht die Gewalt oder das Recht eines jeden französischen Bürgers, auf alles acht zu haben, was dem Wohl des Staates zuwider ist.

In Paris war die vornehmste Volksgesellschaft, und sie wurde, weil sie ihre Zusammenkünfte aux Jacobins oder in dem ehemaligen Kloster der Jakobinermönche hielt, Jakobinerklub (Assemblée des Jacobins, auch Jacobins schlichtweg) genannt. In diese Gesellschaft traten gleich anfangs lauter warme Patrioten und machten durch ihre tätige Bearbeitung und Verbreitung des Republikanismus beinahe mehr Aufsehen als selbst die Nationalversammlung, deren viele Glieder an dem Jakobinerklub teilnahmen. Ihr Hauptgrundsatz war: „Renoncer à sa liberté c'est renoncer à sa qualité d'homme, aux droits de l'humanité, même à ses devoirs."*

Die Nationalversammlung war gleich bei ihrer Entstehung ein gelähmter oder paralytischer Körper ohne Geist und ohne Leben. Hundert Faktionen entzweiten die Mitglieder, und der König oder sein Anhang arbeiteten dem Interesse des Volks und der Freiheit, welches doch die Gegenstände der Assemblée und ihrer Verrichtungen waren, wenigstens sein sollten, beständig entgegen. Die ehrlichen oder, wenn man anders will, die für das Volk redlich gesinnten Glieder der Versammlung sowie viele andre Verfechter der Freiheit sahen endlich ein, daß sie durch die Assemblée unmöglich erhalten, geschützt und befördert werden könnte, und suchten eben darum das Heil des Volkes in den Volkssozietäten

---

* Rousseau: ‚Du contrat social', chap. IV.

allein; das Volk sollte und mußte, wie die Erfahrung zeigte, sich durch Gemeinsinn und tätiges Mitwirken selbst retten.

Ein Menge kleiner Schriften, welche im Jahr 1792 noch vor dem fürchterlichen 10. August in Frankreich erschienen und an allen Ecken und Enden zerstreut wurden, belehrten das Volk, daß es in seiner Assemblée nationale kein Heil zu suchen habe und daß die Konstitution geändert werden müsse, weil es unmöglich sei, daß das Volk unter einem Könige frei sei oder werde. So weit hatte es der starre und verkehrte Anhang des Königs gebracht!

Von dieser Zeit an behaupteten die Jakobiner öffentlich, daß man keinen König mehr haben müsse, und ein Feind der königlichen Herrschaft hieß von da an Jakobiner.

Die Sociétés populaires im ganzen Reiche, d. i. die echten Logen der Freiheit, machten jetzt gemeinschaftliche Sache mit den Jakobinern zu Paris und nahmen alle dieselben Gesinnungen an. Endlich kam der schreckliche Tag, der 10. August 1792, wo das Königtum gestürzt und endlich am 22. September die Republik errichtet wurde. Die gräßlichen Szenen, welche überall dabei vorfielen, waren zum Teil in dem Plan der Jakobiner, einmal, um die Hauptfeinde der Nationalrettung wegzuschaffen, und dann, um andere von ähnlichen Versuchen zurückzuschrecken.

Um diese Zeit fiel das ganze Ansehen der Nationalversammlung übern Haufen, und die Jakobiner waren jetzt durch ganz Frankreich allmächtig. Man maßte sich zwar dieser Gewalt nicht öffentlich und erklärt an, doch geschah alles, was damals ausgeführt wurde, durch die Betreibung der Volkssozietäten, bis endlich eine Convention nationale 1793 zustande kam, die aber bis zum Messidor 1794 von den Jakobinern ganz und gar regiert wurde als von den Meistern und Herren der öffentlichen Meinung.

In allen Städten und an allen Orten, wo Volksklubs gehalten wurden, hatten diese die Aufsicht auf alle ihre Mitbürger, und es war hinreichend, bei einem solchen Klub in Verdacht des Aristokratismus zu geraten und Güter, Freiheit und Leben zu verlieren, wenn man ihn nicht besuchte oder Mäßigung gegen Verdächtige empfahl.

Frankreich lag damals allerdings in einer fürchterlichen Krise. Von außen standen mächtige Feinde, welche dem neuen und erst aufzurichtenden Gebäude mit Gewalt den Sturz drohten, im Lande waren konvulsivische Auftritte zwischen Royalisten, Moderantisten und Jakobinern. Siegte eine Partei, so mußten die andern notwendig unterliegen und zugrunde gehen.

Endlich siegten die Jakobiner völlig. Selbst die Beschuldigung der Feinde, daß nur sie die Herstellung der vorigen Regierung hinderten, diente ihnen zu mehrerer Begründung ihres Ansehens. Jetzt galten sie als die einzigen Retter des Volks und des Vaterlands. Dumouriez' Treulosigkeit endlich, nebst dem nun sich immer mehr entwickelnden Aufstand in der Vendée und vollends der Abfall von Toulon und Lyon bestätigten ihren Sieg aufs vollkommenste. „Freiheit oder Tod" war von da an das Losungswort durchs ganze Reich; jeder Tag gab neue Beweise, wie sehr dieser Grundsatz die Herzen der Franzosen beseelte!

Ob Frankreichs Nation damals, als der Jakobinismus alles bändigte, frei war, ist eine Frage, die kaum der Antwort würdig ist. Um aber doch einigen meiner Leser durch eine richtige Vorstellung derselben vielleicht ein Vorurteil zu benehmen, will ich sie lösen.

Die Nation war unter der Gewalt des Jakobinismus nichts weniger als frei; das fällt von selbst in die Augen, und ich werde weiter unten Tatsachen hin und wieder anführen, woraus dieses sonnenklar erhellen wird. Allein im Jakobinismus lag doch der Grund, und zwar der einzige Grund, zur entschiedenen Entjochung und zur ernsthaften Begründung einer gesetzlichen Freiheit für Frankreich.

Frankreichs Freiheit war durch die Despotie der Könige, durch den Stolz und den Übermut des Adels und der Geistlichkeit längst zugrunde gegangen und vernichtet worden. Der Anhang dieses alten Systems war noch sehr stark, und diesem allein arbeitete der Jakobinismus entgegen, und zwar so glücklich, daß er ihn völlig unterdrückte. Erst mußte der alte Schaden ausgeschnitten oder vielmehr ausgebrannt werden, erst mußten die alten Beulen, die alten Geschwüre des Staatskörpers gereinigt und geheilt werden, ehe man eben diesem Staatskörper eine ungehinderte Wirksamkeit gestatten konnte.

Aber nachdem dieses geschehen war, mußten jene violenten Mittel, die man bei der Vorkur angewandt hatte, auch aufhören. Bei wildem Fleisch ist lapis infernalis oder Höllenstein notwendig; wer aber auf das frisch anwachsende, gesunde und die Wunde zuheilende Fleisch noch kaustische Mittel bringen wollte, wäre ein ausgemachter Narr oder Tyrann.

Daß der Jakobinismus an schrecklichen Auftritten schuld war, ist außer allem Zweifel. Ich selbst habe Szenen gesehen und von andern, die ich nicht gesehen habe, Folgen wahrgenommen, bei deren Andenken mir die Haut noch schaudert. Also war der Jakobinismus allerdings ein Übel, ein schreckliches Übel – aber war er ein notwendiges Übel?

Um diese Frage mit Unparteilichkeit zu beantworten, muß man kaltblütig zu Werke gehen. Und wer dieses tut, dem werden folgende Betrachtungen von selbst einfallen.

Frankreich war durch die Regierung an den Rand des Verderbens gebracht und seinem Untergange nahe; dies konnte der Hof nicht leugnen. Die Nation oder vielmehr der bessere Teil derselben machte Foderungen an die Regierung, um sich zu retten; die Foderungen wurden angenommen, gestattet, sanktioniert, aber – nicht gehalten. Die Gesetze, welche man zum Vorteil des Volks gemacht hatte, waren ohne Kraft, und der König selbst trat sie mit Füßen. Auf den Grenzen standen Feinde, welche die Herstellung der Despotie und die gänzliche Vernichtung aller Volksfreiheiten drohten. Fremde Fürsten insultierten die Nation mit ihren Manifesten, und die eignen Generale der Nation waren Meineidige. Wo sollte Rettung herkommen? Ja, die inneren Bewegungen ließen befürchten, daß das Blut derer bald fließen würde, welche bisher Freiheit und Volksglück gewünscht hatten. Hier nun war es nötig, daß diejenigen, welche Mut genug hatten, sich öffentlich als die Anführer der Volksfreunde darzustellen, sich anstrengten, durch heftige Anstalten und strenges Verfahren den Geist der Nation zu erforschen, ihn bestimmt zu fixieren und zu beleben, und nach diesen wirklich wahren und einleuchtenden Grundsätzen hat Frankreich eigentlich dem Jakobinismus seine Rettung und seine Existenz als Republik zu verdanken.

Wäre freilich durch Gesetze und in rechtlicher Form das zu erhalten gewesen, was man durch Strenge und Schrecken zu erzwingen suchen mußte, so wäre der Jakobinismus oder, wie man ihn seit 1794 auch heißt, der Terrorismus, ebenso abscheulich als die Bartholomäusnacht. Aber bei der schrecklichen Alternative, entweder wieder ins alte Joch des Despotismus, der Pfafferei und der Tyrannei des Adels noch sklavischer als zuvor zurückgeworfen zu werden oder frei zu werden und zu bleiben, findet der Menschenfreund tausend Gründe, das Schreckenssystem zu rechtfertigen und zu entschuldigen, ohne jedoch die fürchterlichen Exzesse gutzuheißen, welche so häufig vorgefallen sind, ob er sich auch gleich hiebei erinnert, daß, wenn man eine Saite zu sehr spannt, man sich eben nicht wundern darf, wenn sie zerspringt und dem unvorsichtigen Spanner ins Auge schlägt.

Es ist nun, glaube ich, sehr sichtbar, daß der Ursprung des Jakobinismus nicht sowohl in der ersten französischen Konstitution noch überhaupt in den billigen Foderungen der Nation als vielmehr in den Bemühungen der Feinde, die Freiheit der Nation niederzudrücken, in den Angriffen der Ausländer, in den Wirkungen des aristokratischen Anhangs in Frankreich und in der Untreue und der Verräterei der französischen Generale, besonders des Dumouriez, zu suchen sei. Hätte man der ersten Konstitution nicht solche schreckliche und gewalttätige Mittel entgegengesetzt, so würde nimmermehr ein Jakobinismus entstanden sein.

Nach den jetzt angeführten Gründen ist es ebenfalls gar schwer, über den wahren Charakter und das wahre Verdienst oder Mißverdienst eines Marat, Robespierre und anderer Terroristen zu urteilen. Sie mögen aber gewesen sein, was sie wollen, man muß ihnen das immer lassen, daß sie eine der Hauptursachen gewesen sind, daß die Republik Frankreich noch besteht.

Als ich von Landau näher ins Innere von Frankreich kam, war eben der Jakobinismus oder Terrorismus in seiner größten Wirksamkeit, und die ganze Nation lag in den gräßlichsten Konvulsionen. Aber diese Konvulsionen wurden von einsichtigen Männern regiert und zu heilsamen Zwecken geleitet. Die Nation sah ein, daß ihre Rettung nur auf diese Art möglich war, und autorisierte sie gleichfalls dadurch, daß sie die Verfahrungsart der Jakobiner herrschend werden ließ. Hätte die Nation dies nicht gewollt, wie hätte eine Handvoll Menschen es wagen dürfen, sich die strengste Aufsicht über mehr als zwanzig Millionen ihresgleichen anzumaßen, zumal zu einer Zeit, wo alles auf das Recht und Unrecht einer Anmaßung oder Anmaßlichkeit aufmerksam war! Also war damals dennoch nichts weniger als Anarchie in Frankreich, wie man in Deutschland so dreist und frech ausgesprengt hat.

Wie man in Frankreich jetzt Hochzeit macht

Ein Schweizer, welcher von der Legion Mirabeau desertiert war und sich in Landau ansässig machen und da sein Handwerk als Ziegeldecker treiben wollte, heurathete um diese Zeit ein Mädchen aus der Stadt und ward auf diese Art Bürger. Da aber die Verheurathung in Frankreich jetzt auf eine ganz andre Art abgetan wird wie bei uns, so werde ich vielleicht nicht unrecht tun, wenn ich meinen Lesern zu einem richtigen Begriff davon verhelfe, zumal da man in Deutschland hin und wieder ausgesprengt hat, die Franzosen liefen jetzt zusammen wie das liebe Vieh.

Als ich zurück aus Frankreich kam, hörte ich zu meinem größten Erstaunen einen emigrierten deutschen katholischen Pfaffen in Offenburg ganz im Ernste behaupten, daß die Ehen der Franzosen keine rechten Ehen wären, daß ihre jetzigen Kinder weiter nichts als Hurkinder wären, daß der Bruch eines solchen Konkubinats, eines solchen unreinen Bündnisses nicht nur kein Ehebruch, sondern ein verdienstliches Werk wäre und dergleichen. Aber ein katholischer Pfaffe, besonders ein emigrierter, konnte wohl nicht gescheiter sprechen! Die meisten Emigrierten räsonieren ja ohnehin von den französischen Angelegenheiten wie der Blinde von der Farbe.

In Frankreich bindet der bloße Eheverspruch ganz und gar nicht. Vor der Bestätigung desselben steht es jedem Teile frei abzutreten, sobald er Ursache dazu zu haben glaubt, aber von dem Termin der legalen Bestätigung der Ehe (confirmation du mariage) an wird diese als ganz vollzogen angesehn.

Ich äußerte einst meine Verwunderung über diese Einrichtung und gab zu verstehen, daß es doch wohl besser sein möchte, wenn man auch dem bloßen Versprechen wenigstens so viel gesetzliche Verbindlichkeit zueignete, als jedes andre bürgerliche Versprechen hätte. Mein Antagonist aber bewies mir, daß dieses hier der Fall nicht wohl sein dürfte. „Denn wenn sich", sagte er, „schon vor der Vollziehung der Ehe Hindernisse zeigen, so ist es sehr ratsam, die Heurath ganz einzustellen, um die kontrahierenden Teile nicht unglücklich zu machen. Lieben sie sich wirklich und finden sie ihr gemeinschaftliches Glück in ihrer nähern Verbindung, so werden sie zusammeneilen, auch ohne vorhergegangne gesetzmäßige Verlobung. Und ist dieses nicht, so soll man ja lieber alles anwenden, um sie zu bereden, daß sie voneinander ablassen." Ich fand dieses eben nicht widersinnig.

Wer ein Mädchen verführt, ich meine ein ehrliches Mädchen, dessen sonstiger Ruf unbescholten ist und das nicht in die Klasse der feilen Dirnen gehört, so muß er sie, wenn es sonst geschehen kann, heurathen, oder er setzt sich dem Verdachte, ein schlechter Bürger zu sein, auf immer aus. Und dieser Verdacht – so zivilisiert ist man nämlich jetzt in Frankreich schon – wirkt dort weit stärker als bei uns die kirchliche Vorstellung von Himmel und Hölle. Die Folgen vom erstern fühlt man in Frankreich handgreiflich, aber die Folgen vom letztern? Ja, wer weiß, sagt schon der Bauer.

Wenn nun jemand ein Mädchen hat, das er gern heurathen möchte, so begibt er sich mit demselben nebst einigen Zeugen von beiden Seiten auf die Municipalität seines Distrikts, wo allemal ein bureau des mariages angestellt ist. Jedem ist erlaubt, bei solchen Vorfällen gegenwärtig zu sein, und ich habe mehr als einmal dieser Zeremonie beigewohnt.

„Was wollt ihr?" fragt der Präsident.

Bräutigam: Ich und diese Bürgerin wollen einander heurathen.

Präsident: Wie heißt du, und wo bist du her?

Bräutigam: Ich heiße N. und bin von N.

Präsident: Bürgerin, wie heißt du, und woher bist du?

Braut: Ich heiße N. und bin von N.

Präsident: Habt ihr Zeugen bei euch?

Bräutigam: Ja, hier ist der Bürger N. für mich und der Bürger N. für meine Braut.

Präsident: Bürger N., könnt ihr für die gegenwärtigen neuen Brautleute ein Zeugnis ablegen, daß sie gesetzmäßig können zusammengegeben werden?

Zeugen: Ja, wir bezeugen, daß der Bürger N. und die Bürgerin N. unbescholtne Republikaner und von allen andern Verbindungen frei sind, welche ihre Ehe hindern könnten.

Präsident: Höret nun an die Gesetze, deren Befolgung die Nation von jedem Bürger und jeder Bürgerin fodert, welche sich ehelich verbinden wollen.

Hierauf nimmt der Präsident das Gesetzbuch und liest ihnen die kurzen, leicht zu verstehenden Gesetze vor, welche sich auf die Ehe, deren Zweck, Pflicht und Dauer beziehen. Der Inhalt ist nicht sehr mannigfaltig, aber durchaus vernünftig und einleuchtend. Ich erinnere mich, daß die Ehe in diesen Gesetzen die Pflanzschule der Republik (la pépinière de la république) genannt wird und daß man sehr auf die Ausschweifung loszieht.

Wenn dieses geschehen ist, so erinnert sie der Präsident, nach drei Dekaden oder nach dreißig Tagen wiederzukommen, um ihre Heurath einschreiben zu lassen. Darauf werden Anschlagezettel in allen Sektionen der Distriktstadt angeklebt. Es sind hiezu eigne Plätze bestimmt, wo man täglich lesen kann, wer heurathen will, und da die Franzosen sehr neugierig sind, so findet man da auch immer Leser. Sind die Brautleute von einem Dorfe, so wird ein solcher Zettel auch auf dem Dorfe angeheftet.

Nach Verlauf von drei Dekaden kommt das Brautpaar mit den Zeugen wieder auf die Munizipalität des Distrikts, wo man sie nochmals zur Erfüllung der Bürgerpflichten ermahnt und sie sodann in die Liste der verehelichten Bürger und Bürgerinnen einschreibt.

Bis hieher kostet der ganze Handel auch nicht einen Heller. Wer aber einen Trauschein haben will, zahlt dem Schreiber für seine Mühe, Papier und Petschaft fünfzehn Sous in Papier – und das ist alles.

Die Ehescheidung hält in Frankreich jetzt härter als in irgendeinem andern Lande. Diese Behauptung wird denen gewiß sehr paradox vorkommen, welche sich haben weismachen lassen, daß man da auseinanderlaufen könne, wie's einem beliebt, und daß der geringste Unwillen oder Überdruß schon hinlänglich sei, sich zu trennen.

Der Bürger Sénard, erst öffentlicher Ankläger zu Dijon, hernach Prokurator am tribunal criminel, war ehedem Advokat am Parlament zu Dijon. Dieser versicherte mich, daß sonst vierzig seinesgleichen am Parlamente gewesen wären, deren jeder das Jahr über wenigstens zwanzig Ehescheidungen in der Provinz oder dem Gouvernement Burgund zustandegebracht hätte. Das machte also das Jahr hindurch über 800 Ehescheidungen in einer Provinz. Diese Scheidungen waren freilich nach dem katholischen Kirchenrechte nur von Tisch und Bette, aber desto schädlicher waren sie, indem sie nun eine anderweitige Eheverbindung verhinderten und so alle Unordnungen und Ausschweifungen gleichsam notwendig machten und den Wohlstand sehr vieler Familien untergruben. Wir haben ja in Deutschland dergleichen auch, und es wäre zu wünschen, daß man die Leute bei Ehescheidungen, wenn doch geschieden werden soll, so auseinandersetzte, daß sie von beiden Seiten wieder heurathen könnten.

So gang und gäbe die Ehescheidungen indes vorzeiten in Frankreich waren, so selten sind sie jetzt. Von dem Jahre 1792 bis 1794 sind in dem ganzen Département von Côte d'Or, sonst Burgund, nur vier Ehescheidungen völlig zustandegekommen, also nach diesem Maßstabe ohngefähr 336 Ehescheidungen innerhalb zwei Jahren in der ganzen Republik, und vielleicht nicht einmal so viel, denn das Département von Côte d'Or ist eins der größten und volkreichsten von Frankreich.

Die Ursachen, nach welchen ohne Umstände geschieden wird, sind Ehebruch, Sitzenlassen und grobe Verbrechen. Wer sonst aus geringern Ursachen sich trennt, fällt in den Verdacht eines schlechten Bürgers (il est censé oder soupçonné mauvais citoyen), und dieser Verdacht ist in Frankreich ohngefähr das, was ehedem die Exkommunikation in der christlichen Kirche war, wovon die literarisch-gelehrten Herren Juristen viel sagen können. Ich werde weiterhin vom Verdachte eines schlechten Bürgers absichtlich mehr sagen, denn auch dieser Punkt gehört zur Kenntnis der Entstehung und Verbreitung des Civismus in Frankreich.

Alle Kinder müssen zehn Tage nach ihrer Geburt auf der Munizipalität angegeben und einregistriert werden. Da wird denn Vater und Mutter aufgeschrieben nebst dem Namen des Kindes, den ihm seine Aeltern beilegen. Die öffentliche Taufe ist seit 1793 verboten, wer aber die geheime brauchen will, mag es tun, nur muß es zu Hause im stillen geschehen. Die meisten Kinder, welche seit 1793 geboren wurden, sind nicht getauft und geraten doch ebenso gut als jene, welchen der schwarze Herr den Kopf mit kaltem oder warmem Wasser gewaschen hat. Den ci-devant-Priestern, welche, als die wahre ecclesia pressa oder vielmehr suppressa, noch hie und da existieren, aber ohne alle Priesterwürde, ist es durchaus nicht erlaubt, eine Taufe zu verrichten. Wenn ja getauft sein soll, so muß es jemand tun, der nie Priester war. Das ist aber auch ja gleich viel, da jeder Christ, sogar ein Ketzer, gültig soll taufen können. O sanctae gentes, quarum nascuntur in undis numina!

Bombardement von Landau

Es ist nun Zeit, daß ich wieder zu den Begebenheiten zurückkomme, wovon ich in Landau Zeuge war.

Der Kronprinz von Preußen hatte sich einmal vorgesetzt, Landau wegzunehmen, es möchte kosten, was es wolle, und nachdem er den General Laubadère fast täglich um die Übergabe angegangen war, aber in der Güte seinen Zweck nicht erreichen konnte, entschloß er sich, Anstalten zum gewaltsamen Angriff dieses Platzes zu machen. Worauf er hierbei weiter rechnen mochte, läßt sich denken.

Laubadère wurde sehr bald von diesen tätigen Anstalten unterrichtet und suchte sich, so gut er konnte, in Verteidigungsstand zu setzen. Er ließ die Kasematten bewohnbar machen, um seine Garnison da zu sichern gegen das feindliche Feuer, und dann mußte das Pflaster in der ganzen Stadt aufgerissen werden, um die Wirkung der Bomben unschädlicher zu machen und zu hemmen.

An einem Sonntage früh hörte man in der Ferne ein gewaltiges Kanonenfeuer. Die Franzosen versuchten damals schon, durch die Linien, welche kurz vorher von den Östreichern waren erobert worden, durchzubrechen, um Landau zu entsetzen. Um nun der Garnison Schreck einzujagen und sie zu verhindern, einen bei solcher Gelegenheit sehr ratsamen Ausfall zu wagen, ließ der Kronprinz einige Haubitzen aus einer an der Ostseite von Landau angelegten Batterie in die Stadt werfen. Die Haubitzen taten sofort ihre Wirkung.

Da die Landauer so was niemals erfahren hatten, so fuhren sie gar mächtig zusammen und glaubten nun, der Jüngste Tag sei vorhanden. Aber der General ließ in allen Straßen ausrufen, daß er gewiß wisse, daß die Preußen für dieses Mal das Bombardieren nicht fortsetzen würden; denn sie hätten noch keine hinreichende Munition dazu; dieses sei ihm durch zuverlässige Spione hinterbracht worden. Er hatte sich auch nicht geirrt, denn gegen Mittag hörte das Bombardieren von seiten der Preußen schon auf.

Da aber doch das Schießen bei den Weißenburger Linien noch immerfort gehört wurde, so entschloß sich der General Delmas, einen Ausfall zu wagen. Dieser nahm also zwei Bataillons, la Montagne und la Corrèze, und marschierte durch ein Auslaßtor aus der Festung, um die Preußen auf der Seite nach Weißenburg zu zu delogieren. Allein dieser Ausfall mißglückte gar garstig, denn die Preußen schossen ihm ohngefähr acht Mann tot, verwundeten mehrere und zwangen ihn, spornstreichs wieder nach Landau zurückzukehren.

Dieser mißlungene Versuch gefiel dem Obristen von der Reuterei am wenigsten. Er behauptete, daß man aus Mangel an hinlänglicher Kavallerie bei Tage keinen Ausfall wagen müßte, und stellte dem General Laubadère recht lebhaft die Gefahr vor, worin sich die beiden Bataillons befunden hätten, niedergemacht oder doch gefangengenommen zu werden, wenn die Preußen nur klüger gewesen wären und sie eine kleine Strecke weiter hätten vormarschieren lassen. „Du bist verantwortlich", fuhr er fort, „wenn künftig wieder so ein Schnitzer gemacht wird, besonders da der Repräsentant außer Aktivität gesetzt ist. Jetzt handelst du nur nach deiner Einsicht; aber gib acht, daß du immer so handelst, wie du es verantworten kannst." Der Obrist stellte ihm dabei auch dies vor, daß es bei den jetzigen bedenklichen Zeiten besser sein würde, wenn man den Repräsentanten wieder in Mitwirkung setzte, zumal da die Beschuldigung gegen ihn gar nicht bewiesen sei. Laubadère gab hierauf nach, und noch denselben Abend wurde Dentzel seines Arrestes entlassen und war wieder nach wie vor Repräsentant.

Ich sah Dentzel einige Tage nachher auf dem Wall. Er grüßte mich freundlich und sprach mir unbefangen zu, aber über unsre Sache wurde von jetzt an auch kein Wort mehr erwähnt.

Nun blieb es noch einige Zeit ganz ruhig in Landau. Die Bürger machten indes ihre Häuser bombenfest, d. i. sie trugen Mist auf die Böden, damit die Bomben, welche etwan durchs Dach fallen könnten, da liegen bleiben und platzen möchten, ohne weiter durchzudringen und das ganze Haus zu beschädigen.

Endlich erhielt der Kronprinz so viel Belagerungsgeschütz, daß er Landau einige Tage ziemlich heftig beschießen konnte. Den 27. Oktober, an einem Sonntage Nachmittag, hatte er unter scharfer Bedeckung von drei Bataillons hinter Nußdorf, eine Viertelstunde von Landau, eine Batterie errichten und alles zum Beschießen der Festung in Stand setzen lassen. Montags frühe, den 28. um halb sieben, fing das Feuer schon an und währte, wiewohl mit einigen Pausen, bis den 31. um acht Uhr des Abends.

Die preußischen Batterien waren nur auf der Nordseite angelegt und konnten daher die Stadt nur auf einer Seite ängstigen. Zudem mußten die Kanonenkugeln sowie die Bomben und Haubitzen alle im Bogen geschossen werden. Ans Brescheschießen war vollends gar nicht zu denken, und das Fort nebst dem Hornwerk, diese Hauptwerke der Festung, litten beinahe gar nichts. Also war es bloß darauf angesehen, die Stadt in Brand zu stecken, um vielleicht die Einwohner zu bewegen, den General zur Übergabe zu zwingen. Kurz, man mochte denken, es sollte bei Landau gehen, wie es bei Longwy und Verdun das Jahr zuvor gegangen war.

Wirklich waren die Landauer, welchen dergleichen Spektakel ganz neu waren, sehr bestürzt, und viele hielten sich für verloren. Einige sprachen gleich anfangs ganz laut von der Übergabe und hielten es für ratsamer, das Städtchen den Deutschen zu überlassen, als zuzugeben, daß die Preußen es zusammenschössen.

Dentzel, welcher jetzt wieder in vollem Ansehen stand, ließ die Bürger, wenigstens die vornehmsten oder angesehensten derselben, aufs Gemeinhaus fodern. „Landau", sagte er, „ist eine Grenzfestung, ist der Schlüssel zum Elsaß und ein Eigentum der Republik. Wir müssen nun, da an Landau so viel liegt, dafür sorgen, daß dieser Platz erhalten werde. Ein Gesetz befiehlt, daß der, welcher bei Belagerungen von Übergabe spricht und dadurch Verzweiflung unter seine Mitbürger verbreitet, mit dem Tode bestraft werde, und ihr mögt euch darauf verlassen, daß ich jeden, der gegen dieses Gesetz sündiget, nach aller vorgeschriebenen Strenge behandeln werde." Diese Rede, welcher ein öffentlicher Anschlag auf allen Straßen folgte, der dasselbe besagte, stellte die unvorsichtigen Reden von Übergabe und dergleichen zur Ruhe.

Das fürchterliche Kanonieren und Beschießen hatte, wie gesagt ist, donnerstags, den 31., schon aufgehört, aber die Landauer fürchteten noch immer, daß es wieder angehen und vielleicht noch heftiger fortgesetzt werden möchte. Es begaben sich daher einige orthodoxe fromme Männer und ein Ausschuß andächtiger Matronen zum Pfarrer Ackermann und baten ihn, öffentliche Betstunden anzustellen, um Gott und seine Heiligen zu bewegen, daß sie doch alles fernere gräßliche Unglück in Gnaden von ihnen abwenden möchten. Allein Ackermann stellte ihnen vor, daß man keine Hülfe vom lieben Gott erwarten müßte, welche man sich selbst schaffen könnte durch Geduld, Mut und Beharrlichkeit. Zudem dürfte er ohne den General und den Repräsentanten keine Neuerungen im Gottesdienste vornehmen.

Ackermann gab sofort von dem Ansuchen der Devoten dem General Nachricht. Dieser erschien auf dem Marktplatz und sagte: „Die Gefahr, Bürger, ist vorbei! Alles, was die Preußen an Munition gehabt haben, haben sie uns zugeworfen: hätten sie mehr gehabt, so hätten sie noch nicht aufgehört. Seid also getrost und hoffet auf baldige Befreiung! Unsre Brüder bei der Armee werden nicht zaudern, euch aufs kräftigste zu Hülfe zu eilen!" Diese Versicherung machte den Bürgern wieder Mut.

Fernere Begebenheiten zu Landau

Die Lebensmittel gingen indes nach und nach in den Magazinen zusammen, und der Lieferant oder Amunitionnaire Bartholomäi versicherte, daß die Garnison nur noch bis auf Weihnachten zu essen haben würde, da er bei der letzten Untersuchung einer Niederlage viele Säcke mit Spreu statt Mehl gefüllt aufgefunden habe. Dentzel ließ die Niederlagen des Getreides und des Mehls nun alle durchvisitieren, und da fanden sich wirklich über hundert Säcke, die von habsüchtigen Verrätern mit Spreu und Häckerling angefüllt waren. Dieser Betrug mußte aber schon unter dem Kommando des Generals Gillot gespielt worden sein, vielleicht auch schon früher, und so fiel er niemandem von den damals in Landau Gegenwärtigen zur Last, doch machte diese Entdeckung abermals sehr starken Eindruck auf die Garnison. Man berechnete nun noch genau, was für Vorrat da sei, und fand, daß die Garnison noch bis zu Ende des Januars subsistieren konnte.

Dentzel ließ die Bürgerschaft in der Kirche der ehemaligen Augustiner zusammenkommen und hielt eine sehr pathetische Rede, worin er sie ermahnte, ihren Überfluß an Lebensmitteln an die Garnison abzugeben, da man entschlossen sei, Landau erst dann hinzugeben, wenn alles aufgezehrt sein würde, und die gutgesinnten Bürger brachten noch auf einen ganzen Monat Lebensmittel für die Besatzung zusammen.

Das frische Fleisch ging vorzüglich zuerst zusammen, und da man doch für das Lazarett frisches Fleisch haben mußte, so wurde beschlossen, Pferde zu schlachten und davon der Soldatenschaft ein halbes Pfund täglich nebst sechs Lot Speck, etwas Käse, Butter, Essig und Öl zu reichen, und diese Subsistenz genossen wir bis zum Entsatz der Stadt. Außerdem erhielt der Mann noch eine halbe Bouteille Wein täglich.

Daß die Landauer Garnison und Bürgerschaft während der Belagerung Mäuse, Katzen und Hunde gegessen habe, wie in einigen Nachrichten erzählt wird, ist ebenso eine Unwahrheit, als daß die Stadt aufs äußerste sei gebracht gewesen. Landau konnte sich noch immer bis zum März 1794 halten. Der Zwieback, womit ein ziemlich großes Magazin angefüllt war und den der General bis auf die letzte Not sparen wollte, ist gar nicht angegriffen worden, Bohnen und Erbsen auch nicht.

Die Deserteurs fingen aber doch nach und nach an, sehr in Furcht zu geraten, denn ihnen war nach ihrer Meinung nichts gewisser, als daß die Deutschen doch endlich die Stadt erobern und sie dann ein hartes Schicksal haben würden. Sie wurden also einig, den General Laubadère zu bitten, daß er ihnen den Ausgang aus Landau erlauben wolle, wo sie denn bei Nacht sich durch die deutschen Posten ins Gebürge und von da zur französischen Armee schleichen wollten. Die Sache wurde dem General auch wirklich vorgestellt, aber er wies sie ab. „Ihr kommt nicht durch und könnt nicht durchkommen", sagte er, „und ich würde die Verantwortung haben, wenn ich euch der Gefahr aussetzte, aufgehascht zu werden. Aber ich verspreche euch, im Fall wir ja kapitulieren müßten, daß für euch soll gesorgt werden. Ihr sollt auf jeden Fall frei nach Frankreich kommen."

Die Deserteurs beruhigten sich doch nicht ganz, und einige wagten es, bei Nacht aus der Festung wegzulaufen und schlichen gegen Abend auf einen Abtritt auf dem Wall, wo sie Stricke befestigten und sich um Mitternacht daran herabließen. Zwei davon entkamen glücklich, drei aber wurden von den Schildwachen angehalten und zurückgebracht. Diese ließ der General einige Tage einstecken.

Mir wurde die Zeit besonders lang, und ich wünschte nichts sehnlicher, als daß Landau den Deutschen zuteil werden möchte. Ich wünschte dieses bloß um meinetwillen; denn ich befürchtete, wenn Entsatz käme, so möchte die Sache des Repräsentanten nachher noch einmal genauer untersucht und ich nicht aufs angenehmste hinein verwickelt werden.

Landau durch die Franzosen entsetzt

General Laubadère hatte durch einen Spion von der Rheinarmee Nachricht erhalten, daß man alle Kräfte aufbiete, die Weißenburger Linien zu durchbrechen, um Landau zu deblockieren, und die bei der Armee befindlichen Repräsentanten hatten ihm befehlen lassen, täglich früh um sechs Uhr eine Anzahl Vierundzwanzigpfünder abzufeuern zum Signal, daß die Festung noch außer der Gefahr sei, sich der Gewalt zu ergeben. Diese Order wurde auch täglich aufs pünktlichste befolgt und das Signal allemal durch ein Gegensignal von der sich immer mehr nähernden Armee erwidert.

Niemals ist ein militärisches Unternehmen heroischer und glorreicher vollbracht worden als die Wiedereroberung der Linien im Elsaß und der Entsatz der Festung Landau am Ende des Jahres 1793. Die französischen Truppen, bisher von königlich gesinnten oder aristokratischen Verrätern verräterisch behandelt und schlecht angeführt, waren vor einigen Monaten der Übermacht gewichen und hatten die Linien von Weißenburg schändlich verloren. Der Erfolg dieses

Verlustes war, daß sie sich hinter das Gebürge ziehen und dem Feinde das flache Land bis nach Straßburg hin überlassen mußten. Die Lage der Franzosen ward noch bedenklicher, da in Straßburg eine Konspiration entstand, wodurch man den Kaiserlichen die Stadt überliefern wollte. Wäre Straßburg damals in die Hände der Kaiserlichen gefallen, so war zwar Landau noch nicht erobert, aber alsdann mußte erst Straßburg wieder erobert werden, und die Linien der Deutschen waren noch sicher.

Daher bemühten sich die Republikaner, unaufhörlich vorzudrängen, trotz den entsetzlichen Mordgefechten bei Lautern. Die Preußen machten sogar Versuche auf die Bergfestung Bitsch, und wenn schon diese Versuche fehlschlugen, so mußten doch die Franzosen immer mehr einsehen, welche Gefahr ihnen drohte.

Sie fanden es daher unumgänglich notwendig, die Elsasser Linien anzugreifen und da durchzubrechen. Den 22. Dezember vereinigte sich der größte Teil der Moselarmee mit der Rheinarmee, und nun begann das Riesenwerk. „Toulon ist wiedererobert, also auch hier: Landau oder der Tod!" – war das Losungswort, unter welchem sie wie wilde Bären fochten und auf die Kaiserlichen einfielen. Aber am 26., als am andern Christtage, wagten sie endlich eine Hauptschlacht und fochten, besonders auf dem Geisberg bei Weißenburg, wie Wütende. Der Erfolg davon war, daß die Kaiserlichen und die Reichsvölker, welche in Weißenburg und in den angrenzenden Örtern standen, weichen und dem siegreichen Feinde das Feld lassen mußten. Die Franzosen wurden Meister von den Linien im Elsaß, d. i. von einer großen Reihe Schanzen, Verhauen und dergleichen, welche oberhalb Hagenau anfängt und herunter bis nach Bergzabern hinläuft und wenigstens 12 bis 14 Stunden Länge hat. Die Franzosen eroberten viele Kanonen und machten viele Gefangne. Der Verlust der Kaiserlichen an Menschen, Magazinen, Pulver, Waffen, Kleidungsstücken und dergleichen war unermeßlich.

Der Rückzug der Preußen und Östreicher wurde schon den 26. Dezember in Landau bemerkt, aber am 27. kam die gewisse Nachricht, daß die Befreiung nahe und völlig gewiß sei. Man kann sich kaum vorstellen, welche frohe Wirkung diese Nachricht unter der Bürgerschaft und der Garnison hervorbrachte. Einer lief immer gegen den andern und schrie freudig: „Weiß du was Neues? Die Preußen ziehen ab! Wir sind entsetzt!" Der General legte sich in sein Fenster und schrie einmal übers andere: „Me voilà au comble de mes voeux: la place est sauvée, la place est à la République!"

Endlich kamen französische Husaren und brachten Briefe an Laubadère und an Dentzel. Die Landauer Bürger rissen sich um diese Husaren, jeder wollte sie in sein Haus haben, jeder wollte sie bewirten. Abends war ich selbst in einem Hause, wo einige Husaren zusammen zechten.

Den 28. Dezember wurde Landau förmlich geöffnet; denn da waren die Preußen völlig abgezogen und hatten ihren Weg nach Germersheim zu genommen. Der General Lefebvre bezog die Festung, und Laubadère nebst Delmas und der bisherigen Garnison zogen ab.

Die Deserteurs, zu welchen ich damals noch gerechnet wurde, sollten in Begleitung von zwei Gensdarmes nach Weißenburg und von da weiter nach Frankreich gebracht werden. Mir aber wurde gesagt, daß der Repräsentant und der General befohlen hätten, ich sollte noch dableiben. Diese Worte erschreckten mich; da man mich aber nicht festsetzte und da der Befehl von Leuten kam, denen eine Untersuchung auf meiner Seite eben nicht sehr willkommen sein konnte, so beruhigte ich mich.

Die Deserteurs gingen den 28. früh um neun Uhr aus Landau. Gleich darauf begab ich mich zum Adjutanten Doxon, um ihn zu fragen, warum ich nicht folgen sollte. „Ei was", sagte dieser, „da steckt gewiß ein Mißverständnis. Laubadère geht noch heute weg und kann sich für jetzt mit dir nicht befangen. Geh du immer nach Weißenburg und sei in Zukunft ein braver Citoyen, dann wird dir's schon noch gut gehen."

Ich nützte diesen Wink und verließ Landau um 11 Uhr, nachdem ich noch vorher mit dem braven Brion gegessen und von ihm und seiner guten Familie Abschied genommen hatte. Diese biedern und hellen Leute werden mir zeitlebens unvergeßlich bleiben.

Meine Reise von Landau nach Straßburg

Auf dem Wege von Landau nach Weißenburg traf ich jeden Augenblick Reuter und Volontärs an, welche ihrem Heere noch nachzogen, bei Bergzabern aber gesellten sich einige zu mir, die auch nach Weißenburg wollten. Ich hatte da Gelegenheit, vieles über die französische Armee zu erfahren, und insbesondere erklärte mir einer, warum die Guillotine ihren Heeren folgen müßte. „Das geschieht", sagte er, „um uns vor Verräterei zu sichern, welche uns überall verfolgt und welche wir mit Gewalt unterdrücken müssen. Stelle dir einmal die Spitzbübereien der Aristokraten vor! Sie haben sich hier und da zu Wegweisern aufgeworfen, wenn kleine Abteilungen von Republikanern die Gegend nicht kannten. Alsdann haben sie die unbesorgte Mannschaft den Feinden in die Hände geführt, und diese haben die Irregeführten niedergehauen. Wenn nun so ein Schurke entdeckt wird, so spaziert er nach dem Befehl der Volksrepräsentanten jetzt auf die Guillotine, die wir eben deswegen immer bei uns haben. In Soldatensachen hat man aber die Guillotine niemals bei der Armee gebraucht, und selbst die Deserteurs sind nie guillotiniert, sondern erschossen worden." – Es ist daher ein sehr ungegründetes Vorgeben, daß die französische Bravour der Guillotine ihr Dasein zu danken habe.

Wir mußten bis auf den 30. Dezember nachmittags in Weißenburg bleiben, weil wir mit einem Transport Kriegsgefangner nach Straßburg wandern sollten. Am 29. erhielten wir Brot und Wein, und den 30. zogen wir ab, an der Zahl etwan 60 Deserteurs und 600 Gefangne. Ein Kapitän und 50 Volontärs begleiteten uns, doch ohne auf uns scharf achtzugeben; da hernach in Straßburg die Zahl nicht mehr ganz voll war, so glaube ich, daß mehrere weggelaufen sind.

Erst den 31. kamen wir nach Hagenau, einer Stadt, die sonst beinahe ganz offen war, jetzt aber mehrere Schanzen und Werker hat, welche teils durch die Franzosen, teils durch die Deutschen errichtet sind. Wir wurden ins Franziskanerkloster gebracht, wo wir so viel kaiserliches Kommißbrot erhielten, als uns gefiel. Die Kaiserlichen hatten bei ihrem übereiligen Zurückzug nicht einmal ihr Kommißbrot mitnehmen können und litten daher unterwegs starken Mangel, wie ich hernach gehört habe.

Aus Hagenau waren weit mehr ausgewandert als aus Weißenburg, wie denn überhaupt keine Provinz mehr Emigranten nach Deutschland geschickt hat als der Elsaß, besonders der Unterelsaß. Die Ursache hiervon ist nicht schwer aufzufinden. Elsaß stand nie recht in Verbindung mit Frankreich und handelte immer mit Deutschen; selbst die Sprache band es an Deutschland. Und dann sind die Elsasser von allen Religionen viel zu orthodox, als daß ihnen das neue System sogleich hätte gefallen können.

Den Weg von Hagenau nach Straßburg werde ich niemals vergessen. In einem Dorfe ohnweit Hagenau kam ein Junge von ohngefähr zwölf Jahren auf einen gefangnen Ratzen zugelaufen, mit wütender Miene und einem Messer in der Hand, und schrie: „Der Hund da muß mir verrecken!" Die Volontärs entfernten den Jungen, aber vergebens; er kam immer wieder und schrie ohne Unterlaß, der kaiserliche Hund müsse verrecken. Der Offizier wollte wissen, was der Junge vorhabe. „Ach", schrie er, „dieser Kerl da hat mir meinen Vater totgeschossen, und jetzt will ich ihn auch totstechen." Der Junge wurde aber mit Gewalt abgewiesen, und der Hauptmann sagte so vor sich hin: „Ce sont de sacrés mâtins ces bougres de Kayserlics!" Der Ratze versicherte indessen hoch und teuer, daß er den Bauern nicht erschossen habe, allein die Leute im Dorfe schwuren alle, daß gerade so ein Kerl wie er den armen Mann erschossen habe, bloß weil er gesagt hatte: „Ihr müßt doch wieder zurück, unsre Leute kommen schon."

In Straßburg lief alles auf, als wir ankamen, und schrie: „Es lebe die Republik!" – „Seht", rief einer dem andern zu, „hier gehen von den Leuten, welche uns unterdrücken wollen! Hört einmal, ihr Leute, was macht euer Kaiser? Ist er noch offnen Leibes?"

Auf dem großen Platze wurden wir gezählt und hernach in das ehemalige prächtige Palais des Landgrafen von Darmstadt geführt, wo man unsre Namen aufschrieb. Die Preußen und Östreicher wurden getrennt, und diese erhielten nicht so gutes Quartier als jene, aber Gefangne und Deserteurs blieben noch immer beisammen. Wir wurden sehr gut verpflegt, erhielten Brot, Fleisch und Wein und lagen auf guten Strohsäcken in warmen Zimmern.

Ich wollte, weil ich in Straßburg Bekannte hatte, ausgehen und wendete mich deswegen an den Commis, welchem die Aufsicht über die Deserteurs und Gefangnen anvertraut war. Aber dieser entschuldigte sich und sagte, daß er das nicht erlauben dürfte; vor einigen Tagen habe er auch einige Gefangne ausgehen lassen, diese aber hätten schlechte Streiche verübt und in der Stadt gestohlen. Nun sei es ihm verboten, aber der Kriegskommissär würde am andern Morgen früh kommen, und der würde mir es wahrscheinlich gestatten. Früh kam dieser wirklich, und als er hörte, daß ich den Eulogius Schneider, damals öffentlichen Ankläger bei dem Tribunale zu Straßburg, besuchen wollte, erlaubte er mir nicht nur auszugehen, sondern schenkte mit noch drei Livres in Papier „pour boire à la santé de la République".

Ich ging aus, und mein erster Gang war nach der Kathedralkirche oder dem berühmten Münster. Allein wie fand ich da alles verändert! Der ganze Münster war ausgeleert: alle Heiligenbilder, alle Wappen, alle prunkvollen Grabschriften, alle Altäre, kurz alles, was ehemals die Augen der Betrachter auf sich gezogen hatte, war weg. Man hatte aus dem Münster den Tempel der Vernunft gemacht, d. i. denjenigen Ort, wo man zusammenkam, republikanische Reden anzuhören.

„Es ist doch wahrlich schade", sagte ich, „um die herrlichen Kunstwerke, die hier zerstört sind!" – „Was", erwiderte ein Mann, der neben mir stand, „schade um Kunstwerke, welche den Aberglauben und den Despotismus predigten?"

Ich: Dem Vernünftigen predigen die Werke der Kunst niemals Aberglauben und Despotismus, weit eher Abscheu dagegen.

Er: Um Vergebung, Citoyen, was nennst du ein Werk der Kunst?
Ich: Ein Werk, das die Natur veredelt getreu ausdrückt.
Er: Was ist denn ein religiöses Kunstwerk?
Ich (stockend): Das ist – ist –
Er: Ich will dir's sagen! Ein religiöses Kunstwerk ist ein Meisterstück, worin man religiöse, durch den Aberglauben geheiligte Histörchen und Fabeln so vorstellt, daß sich die Einbildungskraft diese Fabeln als wirklich oder wirklich geschehen vorstellen kann.
Ich: Gut! Aber ein Vernünftiger wird die Fabeln dennoch nicht glauben, wenn auch seine Einbildung noch so sehr dadurch affiziert wird.
Er: Ganz recht, ein Vernünftiger, d. i. ein von Vorurteilen freier Mensch. Aber der Pöbel!
Ich: In Frankreich gibt's ja keinen Pöbel mehr!
Er (lacht): Im politischen Sinne sind wir freilich alle gleich – aber im moralischen! Es gibt in Frankreich ebenso schwache Leute wie in Deutschland. Und da doch die Fratzen bei uns einmal durchs Gesetz vertilgt sind, so muß auch der Samen vertilgt werden, woraus sie wieder entstehen könnten. Dahin gehören denn die religiösen Zeremonien, die Kirchen, die Bilder, die Gemälde und alles, was darauf Bezug hat. Mit den Kunstwerken, welche den Despotismus laut predigen und die Tyrannei ehrwürdig machen helfen, hat es eben die Bewandtnis. Und eben darum sind die Ehrensäulen, Trophäen, Grabmäler, Inschriften nebst den Sklaven in Fesseln um Fürsten zu Pferde und dergleichen bei uns abgeschafft und zerstört worden, teils aus Haß gegen die Tyrannen, welchen zu Ehren dergleichen war aufgerichtet worden, vorzüglich aber, um zu verhindern, daß diese Dinge nicht über kurz oder lang der öffentlichen Meinung schaden möchten. Wollten wir konsequent handeln, so konnten wir nicht anders. Und wie mich dünkt, ist jedes Kunstwerk, und wenn's das schönste wäre, verächtlich, sobald es zur Verfälschung oder Entwürdigung des Menschen systematisch dient. Lieber ungezwungene, schlichte und unverfälschte Natur und kein Kunstwerk als viele Kunstwerke und die Natur – in Fesseln!
Ich hatte nicht Lust, weiter zu widersprechen, und ging und seufzte – über die Kunst auf dem Throne und über die Natur in Fesseln.

Religionszustand in Frankreich
am Ende des Jahres 1793

Die herrschende Religion in Frankreich war vor der Revolution die römisch-katholische. Man weiß, durch welch abscheuliche Mittel die Pfaffen und deren abgestumpfte Beichtkinder und Büttel Ludwig XIV. und XV. diese Religion zur herrschenden und alleinigen gemacht haben. Noch lange wird man sich an die Wirkungen dieser saubern Religion, zum Beispiel an die Hinrichtung des Jean Calas zu Toulouse, erinnern.

Unter der Regierung Ludwigs XVI. war freilich viel Toleranz in Frankreich; das kam aber nicht daher, als wenn die Pfaffen toleranter geworden wären, nein, die Ursache war vielmehr, daß die Laien den Pfaffen und der Kircherei entwachsen waren und daß die Bücher des Voltaire, des Rousseau, des Montesquieu und andrer Philosophen von allen Klassen gelesen wurden und Eingang überall fanden, weil sie verständlich, unterhaltend und in der Landessprache geschrieben waren. Dadurch war nun freilich viel vorbereitet, aber die Hierarchie bestand dennoch immer, weil die Klerisei reich genug war, sich Anhänger zu verschaffen und zu erhalten.

Im Anfange der Revolution, wo die Tilgung der Nationalschulden das Thema des Tages war, fing man an, die Geistlichkeit finanziöser zu mustern. Man sah, daß für den Klerus eines Landes, das höchstens 25 Millionen Menschen zählte, ein Klerus, der 130 Millionen Livres Einkünfte hatte, viel zu reich wäre. Dieser Klerus könne allerdings etwas von seinen unermeßlichen Schätzen, welche sich wenigstens auf 2600 Millionen belaufen müßten, zur Bestreitung der allgemeinen Bedürfnisse, zur Tilgung der ungeheuren Schulden usw. hergeben. Daß von den Pfaffen selbst nicht viel zu schöpfen sein würde, verstand sich schon von vorne. Man griff also zu, und die Nationalversammlung schaffte alle Erzbistümer ab, reduzierte die Bistümer auf 83 und hob alle geistlichen Zwinger oder die Klöster auf.

Der König sanktionierte dieses Gesetz, und Nonnen und Mönche verließen ihre Zuchthäuser meist frohen Mutes. Aber die Theologen, die Geistlichen, welchen das Heil Israels am Herzen lag wegen des Heils ihrer Küchen und Keller, waren nicht zufrieden mit der neuen Ordnung und protestierten. Man verachtete ihre Protestation und befahl, daß sie alle ohne Ausnahme der Nation schwören und forthin niemand als Herrn anerkennen sollten als den König und die gesetzgebende Macht der Nation. Auch dieses Gesetz sanktionierte Ludwig XVI., bereute dies aber nachher in seiner letzten Stunde.

Nun wanderte eine Menge Geistlicher von hohem und niederm Kaliber, Erzbischöfe, Bischöfe, Prälaten, Abbés und mehr dergleichen Geziefer aus und verbreiteten im Auslande alle nur ersinnlichen bösen Gerüchte wider die französische Nation. Die Nation besetzte indes die durch Emigration erledigten Stellen der damals noch notwendigen Geistlichen gleich mit andern Subjekten, welche Geschicklichkeit und Eifer genug fürs gemeine Beste hatten. Man muß gestehen, daß unter den neuen sogenannten konstitutionellen Bischöfen Männer von reifer Einsicht und von großen Verdiensten gewesen sind. Dies sieht man schon aus ihren Hirtenbriefen, welche allerdings von Einsicht und guten Gesinnungen voll sind.

Die ehemaligen Bischöfe waren nach der Beschreibung, welche die Franzosen von ihnen machten, eingemachte Libertins und Wollüstlinge. Sie saßen oft ganze Jahre in Paris oder auf ihren Lustschlössern, verpraßten ihr Geld, hielten sich Mätressen und bekümmerten sich im geringsten nicht um ihr Bistum. Die Pfarreien waren für Geld feil, und dieses ist eben nichts Wunderliches, da die Bistümer selbst zu Rom taxiert waren. So z. B. war der Erzbischof von Lyon zu 3000 Fiorini oder Florenen taxiert, der Bischof zu Clermont zu 4550, der Bischof zu Limoges zu 1600, der Erzbischof zu Bordeaux zu 4000, der Bischof zu Dijon auf 1233, der zu Auxerre auf 4400 usw. Man bedenke die entsetzlichen Summen, welche jedesmal beim Absterben der Bischöfe nach Rom gingen, und den gewaltigen Verlust, welchen der Heilige Vater zu Rom durch die Revolution erlitten hat!

Da die Pfarreien für Geld feil waren und die Herren Bischöfe das von den Konkurrenten zu den Pfarreien wieder zu sammeln suchten, was ihnen ihre Konfirmation zu einem Bistume in Frankreich zu Rom gekostet hatte, so erhielt der die Pfarre, der die Kirchengesetze über die Simonie rüstig vorbeiging und das meiste dafür anbot. Aber nun kann man auch denken, wie die französische Geistlichkeit beschaffen war! Leute meist ohne Sitten und Kenntnisse wurden mit den geistlichen Ämtern belehnt und waren echte Kreaturen der Bischöfe, die ihnen aber eben nicht auf der Haube saßen, weil sie wohl wußten, daß sie selbst ihre Diözesen schlecht genug besorgten. Hat etwas das Sittenwesen der Franzosen, vorzüglich in Rücksicht auf eheliche Treue und Keuschheit, gelockert oder vielmehr untergraben, so war es die Menge wohllebender junger Geistlicher, welche durch das Gesetz des ehelosen Standes nur noch lüsterner wurden und im Beichtstuhle die kennenlernten, welche ihrer standesmäßig geschärften Lüsternheit um so ergiebiger entsprachen, je unvermerkter die Empfindungen der Andacht in die des Mitleids und der Liebe sich schmiegen.

Die französischen Pfaffen, gestützt auf ihre Exemtionen und Privilegien, besonders die Vornehmen, die Bischöfe, Prälaten, Äbte usw., waren mit dieser Einrichtung, welche ohne den Willen des Heiligen Vaters und ohne ein Nationalkonzilium zustandegekommen war, gar nicht zufrieden und zogen haufenweise aus nach Deutschland, Spanien und Italien. Zu Rom quälten sie den Heiligen Vater so lange, bis er endlich scharfe Breves nach Frankreich schickte. Aber die Nation lachte über die päpstlichen Breves und machte Dekrete, daß die Befehle des Papstes durchaus nichts gelten sollten, daß der nichts mehr sei als Bischof zu Rom.

Außerdem dekretierte die Nationalversammlung, daß in Zukunft alle und jede Meinungen in Religionssachen vollkommen frei zirkulieren sollten, daß jeder öffentlich sagen und behaupten könne, was er von den übersinnlichen Dingen halte, und daß besonders die Reformierten, welche man fernerhin nicht mehr mit dem gehässigen Namen Hugenotten belegen sollte, ihren freien und ungehinderten Gottesdienst halten könnten.

Dieses vernünftige Dekret machte, daß die noch häufig in Frankreich heimlich existierenden Reformierten, besonders in Languedoc, in dem Delphinat, in der Provence, in Burgund usw., welche bisher zum Teil den katholischen Gottesdienst aus Furcht und Zwang mitgemacht hatten, sich sofort für unkatholisch erklärten. Sogar Geistliche und Mönche bekannten sich zur reformierten Kirche, und schon fing man an, reformierten Gottesdienst hin und wieder öffentlich zu halten. Auf diese Art war also alles wieder verloren, was ehemals die Verfolgung der Pfaffen bewirken wollte, nämlich daß Frankreich ganz katholisch sein sollte, und die Assemblée hatte mehr getan, als Heinrich der Große durch das Edit de Nantes 1598 konnte.

Der ehelose Stand der Geistlichen – diese Pest für die Sitten der Weiber im alten Frankreich – schien der Nationalversammlung so wichtig, daß sie deswegen schon 1791 häufig debattierte und endlich festsetzte, daß jedem Geistlichen, er möge Priester sein oder sonst das Gelübde der sogenanten Keuschheit, d. i. ledig zu bleiben oder ohne rechtmäßige Gattin zu leben, abgelegt haben oder nicht, es freistehen sollte zu heurathen, doch sollte niemand dazu gezwungen werden. Dieses Dekret machte anfänglich gewaltige Sensation, und viele gemeine Leute, die bisher die Konkubinen ihrer Pfaffen so nachgiebig geduldet hatten, kreuzten und segneten sich, als sie hörten, daß ihre Geistlichen Weiber nehmen sollten wie jene der Ketzer. Daher mag es auch gekommen sein, daß eben nicht gar viele Pfarrer – von Bischöfen weiß ich keinen einzigen – sich dieses Rechtes bedienten. Die meisten zweifelten an der Dauer der damaligen Dinge und fanden es klüger, sich keiner Strafe oder Kompromission für die Zukunft auszusetzen. Bei vielen wirkte auch der kompromittierte Stolz ihres Standes.

Die Nationalversammlung ging nach und nach noch weiter und griff endlich wirkliche Dogmen der christkatholischen Kirche an: sie erklärte nämlich, daß die wirklich geschiednen Personen wieder heurathen könnten, damit dem Unwesen, welches aus der Trennung notwendig folgen müßte, vorgebeugt werden möchte. Die konstitutionellen Priester billigten dieses Dekret, aber desto mehr schrien die orthodoxen dawider, sogar in der Assemblée setzte es starken Widerspruch. Aber auch dieses Dekret sanktionierte Ludwig XVI., und so hörte die Ehe auf, ein unauflösliches Sakrament zu sein.

Die kanonischen Strafen wurden auch kassiert, die Beichtzettel abgeschafft und der Gottesdienst von allem Zwange befreiet. Alles das waren Eingriffe in die Rechte der Geistlichkeit und des Papstes, ganz gegen das kanonische Recht. Weil nun viele, besonders die Freunde der Pfaffen, sich auf die Freiheiten der gallikanischen Kirche, die Rechte der Geistlichkeit, das Jus canonicum usw. beriefen, so dekretierte endlich im Jahre 1792 die Assemblée, daß die Geistlichkeit ihre Gesetze forthin bloß und allein von der gesetzgebenden Macht der Nation zu erhalten habe, daß alle älteren Gesetze, Privilegien, Konkordaten, Canones, Bullen, Brevia und so fort durchaus nichts mehr gelten sollten und daß in Religionssachen bloß der klare Ausspruch der Heiligen Schrift anzunehmen und als Glaubensartikel zu befolgen sei.

Da lag nun Papst, Kirche und Konzilien! Das hieß dem Katholizismus ganz ans Herz greifen! Man weiß nämlich, daß die römische Kirche unter andern ihr Wesen in der Einigkeit des Glauben (unitate fidei) setzt, das heißt, daß diese Religion fodert, daß alle katholischen Christen ihre Lehren auf dieselbe Art ohne alle Änderung und Abweichung gerade so nachbestimmen sollen, wie die Kirche oder der Papst sie ihnen nach der Bibel oder der Tradition vorbestimmt. Diese Glaubensquelle stopfte der Nationalkonvent nun zu und verwies bloß auf den klaren Ausspruch der Bibel. Die Bibel aber ist eine Sammlung von Büchern, die sich in den Lehren von der vermeinten größten Wichtigkeit, zum Beispiel der Rechtfertigung, der Gnadenwahl, der Person Jesu usw., nicht nur gewaltig widersprechen, sondern auch so unbestimmt und dunkel geschrieben sind, daß jeder seine Lehre darin finden kann, wie denn Katholiken, Reformierte, Lutheraner, Sozinianer, Anabaptisten, kurz, alle christlichen Sektierer der ältern und neuern Zeit ihre Lehren darin gefunden und daraus bewiesen haben.

Diese Beschaffenheit der Bibel ist den Katholiken so einleuchtend, daß sie eben darum glauben, sich an die untrügliche Aussage eines unfehlbaren Richters, des Papstes oder der Kirche, in Glaubenssachen halten zu müssen. Wenn also der Konvent dem Papste und der Kirche entsagte, so entsagte das Volk der Bibel. Und so war der Meisterstreich fertig, daß forthin bloß die Vernunft und der bestätigte Wille der Nation das Ruder auch im Kirchenwesen führen sollten.

Für einen, der in den neuern Zeiten nicht selbst in Frankreich gewesen ist oder der den Glauben des großen Haufens für etwas mehr als ein oberflächlich übertünchtes Phantasiegemälde hält, ist es freilich schwer zu begreifen, daß ein sonst so erzkatholisches Volk, wie die Franzosen im Durchschnitt waren, sich diese gewaltsamen Eingriffe sofort gefallen ließ. Aber wenn man das überlegt, was ich oben von den Volkssozietäten und deren Einfluß auf die öffentliche Meinung gesagt habe, so wird man es nicht mehr unbegreiflich finden, daß diese Neuerungen so schnellen und festen Fortgang gefunden haben.

Die konstitutionellen Geistlichen waren allemal Mitglieder der Volkssozietäten oder der Jakobinerklubs. Um sich hier Eingang bei dem Volke zu verschaffen und das Mißtrauen des großen Haufens von sich entfernt zu halten, bemühten sie sich, die religiösen Materien, von welchen in den neuen Dekreten die Rede war, fleißig zu untersuchen und zu verhandeln. Daher war die Religion jedesmal einer der vornehmsten Gegenstände nicht nur im Klub, sondern alle Sonntage – die Festtage wurden gleich samt und sonders abgeschafft, nebst den sogenannten zweiten Hohen-Festen – predigte der Pfarrer zu seiner Gemeinde über die Gewalt des Papstes, über die Kirche, über das Ansehn der Bibel, über Priesterweihe, Mönchswesen und so fort. Und da alle diese Reden, freilich nach dem Maße der Einsichten des jedesmaligen Redners, nach freiern Grundsätzen gemodelt waren, so wurde die Denkfreiheit gefördert, und das Volk kam von seinem alten, eingewurzelten Aberglauben ziemlich zurück.

Zur Ermunterung der bessern Denkungsart in der Religion wurden diejenigen Bischöfe und Pfarrer, welche sich besonders durch Lehre und Volksunterricht auszeichneten, öffentlich in der Assemblée gelobt, und sie erhielten Belohnungen, welche ihnen durch Dekrete zugesichert wurden. Diejenigen aber, welche die Anhänglichkeit an den Papst predigten, wurden ihrer Stellen entsetzt. Das Wort papisme (Papismus) erhielt um diese Zeit eine ganz besondere Bedeutung: bisher war es von den Protestanten bloß gebraucht worden, um die katholische Religion dadurch zu bezeichnen, zur Zeit der Revolution hieß es die Meinung, daß der Heilige Vater zu Rom das Haupt der katholischen Kirche sei.

Ludwig XVI. hat alle jene Dekrete, welche bis beinahe an seinen Sturz (den 10. August 1792) wegen der Geistlichkeit, des Gottesdienstes und der Religion gegeben wurden, selbst gutgeheißen und durch seine Unterschrift zu wirklichen

Gesetzen erhoben, und doch hat er, nachdem er von seiner Höhe gestürzt war, heilig versichert, daß er die Eingriffe der Nation in die Rechte der Geistlichkeit jederzeit verflucht und verabscheut habe und daß er die Sanktion dieser gottlosen Befehle für seine größte Sünde halte. Es muß also wohl wahr sein, was man so oft gesagt und so oft geleugnet hat, daß Ludwig XVI. es mit seinem Volke niemals gut gemeint habe und daß er niemals aufrichtig zu Werke gegangen sei.

Im katholischen Lehrbegriffe beruht alles auf der Lehre von der Unfehlbarkeit der Kirche; was diese spricht, d. h. was ein Konzilium ausmacht und der Papst bestätigt, ist wahr, und wer es leugnet, ist ein Ketzer.

Dieses wußten in Frankreich alle Pfaffen recht wohl, welche mit der neuen Einrichtung nicht zufrieden waren. Viele waren ausgewandert, aber es blieben doch immer noch genug übrig, um im ganzen Reiche Unruhe und Rebellion anzuzetteln. Man gab auch im Anfange des Jahres 1792 und vorher noch nicht so scharf auf diejenigen acht, welche aus- und eingingen, und so schlichen von den ausgetretenen Priestern viele wieder zurück und suchten die echt römischen Grundsätze aufrechtzuhalten oder gar noch zu verbreiten.

Der Konvent, welcher am 21. September 1792 seinen Anfang genommen hatte, gab gleich mehrere scharfe Dekrete des Inhalts, daß die Priester, welche den Nationaleid nicht geschworen hätten, ihn binnen einer gewissen Zeit schwören oder gewärtig sein sollten, deportiert, das ist nach Cayenne in Amerika gebracht zu werden. Aber das Priestertum hatte schon Märtyrer, folglich auch sehr eifrige Anhänger und Verteidiger in Menge. Am 10. August, besonders am 2. und 21. September, waren viele Priester in Paris und andere an andern Tagen und Orten, zumal in Orleans, Dijon und anderwärts, von Mördern hingerichtet worden, und diese sah man alle als Heilige an. Manche Priester traten auf und erklärten, daß sie eher sterben als den Nationaleid schwören wollten. Es sind mir Beispiele von Standhaftigkeit erzählt worden, welche man allerdings jenen an die Seite stellen könnte, die man von den Märtyrern der ersten Kirche zu rühmen und zu bewundern pflegt.

Zu Dijon zum Beispiel trat ein alter, eisgrauer Priester in die Versammlung der Jakobiner mit den Worten: „Honneur et gloire à Dieu et malheur aux rebelles!" Der ganze Klub stutzte. „Was willst du?" fragte ihn einer. „Ich will Gottes Ehre und das Recht des Königs verfechten oder sterben!" Ein Mitglied der Versammlung, welches mit dem alten Strudelkopf verwandt war, wollte ihn retten und wegbringen, aber er blieb und schrie ohne Aufhören: „Ich will sterben für Gottes Ehre und für das Recht des Königs!" Der Verwandte stellte ihm ernstlich vor, Gott würde Gott bleiben, auch wenn er für dessen Ehre nicht stürbe, und alle

Könige in der Welt würden sich klüglich hüten, für irgendeinen ihrer Untertanen ihr Leben aufzuopfern, er möchte also kein Narr sein und sich der Lebensgefahr für seinen Ex-König nicht aussetzen. Als Priester sollte er lieber mit gutem Beispiele vorgehen und sich dem Willen der Nation unterwerfen. Alles vergebens. Er wiederholte seine erste Beteuerung, und nun ergriff man ihn, führte ihn ins Gefängnis, klagte ihn an, und er starb unter der Guillotine. „Gott und König" waren seine letzten Worte.

In allen französischen Städten konnte man damals auf allen Straßen angeklebte Urteile in Menge lesen, welche gegen Priester gesprochen waren, die sich den Befehlen der Nation tätig widersetzt hatten.

Daß der Konvent bei diesen Umständen nicht wenig beunruhiget gewesen sei, ist leicht zu denken, zumal da die Mitglieder desselben als einsichtige Männer gar wohl merken konnten, welchen Einfluß der Fanatismus auf die öffentliche Meinung schon hatte, und an der öffentlichen Meinung lag ja ganz allein die Erhaltung der Republik! Die auswärtigen Feinde waren nicht so fürchterlich als die Pfaffenbrut im Lande.

Da Güte und vernünftige Belehrung nicht zureichten, den Priestern folgsame Achtung gegen den gesetzlich autorisierten Willen der Nation einzuflößen, so fing man an, Strenge gegen sie anzuwenden, und deportierte alle rebellischen nach der Cayenne. Diese Deportation geschah meistenteils unter den lächerlichsten und schimpflichsten Aufzügen. So saßen in Langres sehr viele Priester und einige Bischöfe im Gefängnis, um deportiert zu werden. An dem Tage, wo man sie auf offnen Wagen aus Langres führte nach Brest zu, machte ein Haufen junger Leute, worunter viele Jakobiner waren, eine Farce, derengleichen man bisher in Langres gewiß noch niemals gesehen hatte. Sie kleideten sich als Päpste, Kardinäle, Bischöfe, Äbte, Weltpriester, Mönche und Nonnen, ritten auf Eseln, Ochsen und Stecken, trugen Kreuze, Venerabels, Monstranzen, Weihwasserkessel, Rosenkränze und dergleichen. In ihrer Gesellschaft befanden sich Juden, Spitzbuben, Türken mit Turban, und endlich kam der Teufel, der den Beschluß machte. Diese karikaturmäßige Prozession zog mit den zu deportierenden Priestern zum Tor hinaus, begleitete sie über eine Meile und trieb allen ersinnlichen Spott mit den armen Leuten, welche durch die Verspottung ihres heiligen Standes gewiß mehr gekränkt wurden als durch die Deportation selbst.

Alle Priester, welche von da an entdeckt wurden, zog man ein, und wenn man gleich kein Verbrechen an ihnen fand, so wurden sie doch für verdächtig erklärt und als Gefangene bewahrt. Man setzte nämlich voraus, daß Menschen, die ein Glaubenssystem zunftmäßig gelernt und unter respektablen Vorteilen und Ansehn getrieben hätten, schon durch den hierarchischen Geist ihres Standes, wenn auch nicht durch den imponierenden Gehalt ihrer Zunftlehre, sich immer angetrieben fühlen würden, ein Staatssystem auf alle mögliche Art untergraben zu helfen, das ihr Kirchensystem auflöste und ihr bisheriges kitzelndes Ansehn ebenso tief herabsetzte, als es ihr Beutel-Interesse finanzmäßig beschränkte. Die tägliche Erfahrung machte diese Voraussetzung durchaus nötig. Priester, die vorher Bibel und Brevier bespottet hatten, um mit Voltaires und Rousseaus Schriften sich brüstend auszuzeichnen, griffen in aller Andacht wieder zur Bibel und zum Brevier, als man sie praktisch zu dem führen wollte, womit sie vorher theoretisch geprahlt hatten. Pfaffengeist ist einmal so; selbst Christus schilderte ihn mit eben den Zügen.

Um also das angefangene Werk durch Priesterintrigen nicht länger hindern zu lassen, richteten die Jakobiner Adresse über Adresse an den Nationalkonvent, daß er Maßregeln ergreifen möchte, dem Unfuge vorzubeugen, welchen die Priester ohne Aufhören stifteten. Aber der Konvent, hieß es endlich, kann nicht helfen, so lange wir noch überhaupt Priester haben. Es war nämlich bekanntgeworden, wenigstens hatte man es in ganz Frankreich ausgesprengt, daß der Papst den Priestern heimlich erlaubt habe, den Nationaleid zu schwören, daß sie aber an diesen Eid dennoch gar nicht gebunden, sondern vielmehr verpflichtet sein sollten, gerade gegen das Interesse der Republik, zum Besten der Monarchie und der Kirche unter der Hand mitzuwirken.

Kurz, man fand, daß solange Priester und öffentliche Religionsübungen sein würden, die Republik nicht bestehen könnte. Die Sache wegen der Religion kam demnach oft vor in den Beratschlagungen des Konvents, bis endlich der konstitutionelle Bischof von Paris – sein Name fällt mir nicht gleich bei – selbst öffentlich im Namen der gut und ehrlich gesinnten Geistlichkeit antrug, daß man alle positive Religion abschaffen und die Vernunft allein als die hinreichende und einzig sichere und reine Quelle der Wahrheit und als die unwidersprechlichste Lehrmeisterin der menschlichen Glückseligkeit ansehen und öffentlich autorisieren möchte. Und dieser Vorschlag, auf den man freilich schon lange gedacht hatte, wurde angenommen. Das geschah gegen das Ende des Jahres 1793.

Der Nationalkonvent dekretierte also, daß in Zukunft kein öffentlicher Gottesdienst, keine öffentliche Religion statthaben und daß alle Symbole derselben, alle äußere Zeichen abgeschafft sein sollten.

Welcher Triumph für die Jakobiner! Aber auch welcher Donnerschlag für alle, welche noch steif und fest dem angewöhnten Systeme der Religion anhingen!

Die Folgen dieses Dekrets waren, daß sofort alle Priester nicht mehr Priester waren. Sie traten wieder zurück in den gemeinen Bürgerstand und genossen, im Falle sie sich sonst nicht nähren konnten, eine mäßige Besoldung. Sehr wenige von den konstitutionellen Priestern widersetzten sich diesem Dekrete; die meisten gaben laut ihren Beifall und waren die ersten, welche in den Klubs und sonstwo das Volk von dem Ungrunde jeder positiven Religion zu unterrichten suchten.

Es gibt Leute, welche nicht begreifen können, wie ganz Frankreich seine alte Religion so auf einmal habe fahren lassen können, und es wäre wirklich ein Wunderwerk, wenn das auf einmal geschehen wäre. Aber hatte man nicht nach und nach das alte katholische System, das vom Papste abhing, in ein neues konstitutionelles System, dessen Stütze die Autorität des Volkes war, verändert? Dieses neue konstitutionelle System wankte nur noch, und es kostete wenig Mühe, es zur gelegenen Zeit ganz umzuwerfen. Die Leute hingen nicht mehr an dem alten Systeme, und an das neue waren sie noch zu wenig gewöhnt, um es ohne Widerstreben nicht fahrenzulassen.

Der Konvent hat daher nicht sehr viel gewagt, als er die öffentliche Religion vernichtete. Sein Schritt war genau berechnet, das Volk durch die Jakobiner dazu vorbereitet, und die Mehrheit der Nation war ganz dafür empfänglich. Der gemeine Mann hat überdem nur einen Popanz von Religion, aber gesunden Menschenverstand meist immer genug, um über seinen alten Popanz endlich selbst zu spotten, sobald er auf das Unsinnige und Lächerliche desselben von einem sonst ehrlichen oder ansehnlichen Mann aufmerksam gemacht wird. Wahrlich, nur die hellste Religion ist die haltbarste Stütze der Moralität und des Staates!

Die Kirchen wurden seit dem letzten Dekrete bis auf weiteren Befehl bloß zugeschlossen. Die Jakobiner aber, welche befürchteten, daß der Gottesdienst doch wiederhergestellt werden könnte, fanden für gut, die Kirchen als die vornehmste Stütze desselben gleich zu entheiligen und sie ihrer bisherigen Bestimmung zu entziehen. Sie brachten auch glücklich ein Dekret heraus, daß die Kirchen und Priesterhäuser für Nationalgüter erklärt wurden. Die Administration dieser neuen Güter wurde den Departementern und Distrikten übergeben. Neuer Triumph für die Jakobiner!

Die Kirchen wurden hierauf im ganzen Reiche verwüstet. Ich rede hier von den Pfarrkirchen und Kathedralen; denn die Klosterkirchen waren schon vorher meistens ausgeräumt und zu profanem Gebrauch bestimmt worden.

Zu allererst warf man von den Türmen alle Glocken herab, welche man größtenteils nach den Gießereien schickte, um Kanonen und Mörser daraus gießen zu lassen. Auch wurde eine große Menge dicker Sous (gros sous) aus Glockenspeise gemünzt. Man ließ nur gerade so viele Glocken in den Städten und Dörfern, als zu den Turmuhren erforderlich waren. Von den Türmen ging man in die Kirche selbst, nahm alles Gold, Silber, Edelsteine und andre Kostbarkeiten weg, womit zum Beispiel die heiligen Reliquien geziert waren, und schickte das alles in den Schatz der Distrikte und Departementer. Die Meßgewänder wurden öffentlich auf dem Trödel verkauft und die Kirchenleinwand, als Altartücher, Alben, Röcheln, Humeralen und dergleichen, in die Hospitäler geschickt. Das Holzwerk der Kirchen, als Altar, Kanzel, Orgel, Beichtstühle und Bänke, wurde an Tischler, der Marmor an Marmorarbeiter, das Eisen an Schlosser und Schmiede verkauft.

Daß Frankreich durch diese Zueignung einen Schatz gewonnen habe, größer als ihn manche Protestanten schätzen mögen, kann man nicht bezweifeln. Man berechne einmal alle goldenen und silbernen Venerabels, Monstranzen, Kelche, Patenen, Bischofsstäbe, Weinkännchen nebst ihren Tellern, alle silbernen Rauchfässer, Statuen, Leuchter, Krankenkreuze und Ciborien, alle golden und silbernen Quäste und Borten an den Dalmatiken, Meßgewändern, Antipendien, Venerabels-Velen, Kommuniontüchern, Kanzelbehängen, Prozessionshimmeln und dergleichen, alle Edelsteine um das Hostienbehältnis in den Venerabeln und Monstranzen, an den Einfassungen und Verzierungen der Reliquien, alle silbernen Särge für ganze Heiligenkörper nebst den silbernen Kapseln für einzelne Glieder, alle silbernen Ampeln, Engelchen, Heilige-Geist-Tauben, Jesuskindchen und Votivtafeln für Menschen und Vieh, alle silbernen, zinnernen und bleiernen Orgelpfeifen, alle Weihwasserkessel von Kupfer, Messing oder Marmor nebst dem Silberbeschlag an den Missalen, ferner alle feinen Spitzen zu und an den Alben, Humeralen und Röcheln, dann alles Eisenwerk zu Gittern, Chortüren, Ampelstangen, Befestigungsstangen an den Altären und zu Spindeln in den Glockenachsen – das alles berechne man nach der Anzahl der Kathedral-, Pfarr-und Klosterkirchen in ganz Frankreich, die Oratorien und Kapellen nicht einmal mitgerechnet, endlich erwäge man den Geist einer Religion, welche das Sündenkonto durch fromme Stiftungen und Schenkungen so ganz und gar saldiert, daß noch ein Verdienst-Überschuß zu einem Wechsel übrigbleibt, den der liebe Gott dereinst im Himmel zu honorieren hat – das alles, sage ich, berechne man, dazu die Kirchengebäude, Priesterhäuser, Gärten, Grundstücke, Kirchhöfe und Kapitalien: und man wird die Millionen ansehnlich finden, welche der Aberglaube reichlich zusammengebracht und vermehrt hat, um die Wunden einer Nation dereinst damit heilen zu helfen, welche er ihr über ein Jahrtausend schlug.

Die Bildsäulen der Heiligen von Stein und Gips wurden alle zerschlagen und die hölzernen als Brennholz an Kauflustige verkauft. Alle Kruzifixe, alle Grabmäler und Mausoleen wurden vernichtet und eingerissen. Die Volkssozietäten betrieben dieses vandalische Werk mit solchem Eifer, daß innerhalb weniger Zeit Frankreich gar keinen Anstrich mehr hatte, als wenn die katholische Religion je darin geherrscht hätte. Weil aber die Jakobiner nichts mehr haßten als das Kreuz, so ließen sie gleich anfangs die Kreuze von den Kirchentürmen herabschmeißen und warteten nicht, bis man etwan einmal diese Türme selbst demolieren würde.

Die Frauenzimmer trugen vorher Agnus-Dei und Kreuze am Halse. Aber jetzt, da man dieses Zeichen überhaupt als ein antirevolutionäres Zeichen ansieht, untersteht sich keine weiter, auf ihren profanen Busen durch einen Schmuck aufmerksam zu machen, der die herzinnige Andacht der Anbeter von dem gekreuzigten Heiland so leicht zu den Schächern verirren läßt.

In Frankreich waren sonst sehr viele Reliquien, als Heiligen-Leichname, Häupter, Beine und so fort, auch viele heilige Gnadenbilder. Man tat einst den Vorschlag, diese Dinge, welche ehemals so viel Wunder getan haben sollten, zu sammeln und einmal, wenn der Friede hergestellt sein würde, an fremde Völker, die auf dergleichen Sachen noch viel halten, zum Beispiel an die Herren Spanier, Italiener, Östreicher, Bayern usw., zu verkaufen. Allein dieser Vorschlag wurde verworfen. „Es soll und darf", schrien die Jakobiner, „nichts aus Frankreich kommen, was irgendwo Aberglauben und Pfafferei verbreiten könnte. Aus Frankreich soll andern Völkern Licht aufgehen!" Also wurden alle heiligen Überbleibsel, größtenteils unter tausend Sarkasmen von seiten der Jakobiner, vernichtet.

Der Sturz der christlichen Religion in Frankreich zog auch den der jüdischen nach sich. Die Synagogen wurden verboten und ebenso wie die christlichen Kirchen zugeschlossen. Auch hat das Judentum drei Märtyrer gehabt, welcher eher sterben als den Schabbes und dergleichen aufgeben wollten. Aber die vernünftigern Juden, deren es hier und da auch in Frankreich gibt, ließen sich die neue Einrichtung gefallen, arbeiteten am Schabbes, ließen ihren Knaben die Vorhaut, aßen Schweinefleisch und zogen mit zu Felde. Man muß indes wissen, daß sich die israelitischen Glaubensgenossen nicht so häufig in Frankreich wie in Deutschland, Polen usw. befinden; es gibt ganze Departementer, wo kein Jude zu sehen ist.

Die Herren Maçons oder Freimaurer mußten ihre Gesellschaften ebenfalls aufgeben. Sie taten dies, entsagten ihrer Zusammenkunft und schlossen sich an die Jakobiner, ja man wollte sogar behaupten, daß die Hauptsache der Jakobiner schon von Cromwells Zeiten an der vornehmste Gegenstand der Freimaurerei gewesen sei. Wenn das ist, so hatten die Bischöfe in Frankreich wohl nicht unrecht, als sie schon vor vielen Jahren die Aufhebung dieses Ordens motivierten und ihn als dem Staate, das ist dem Königtum, und der Religion, das ist den Pfaffen und der Hierarchie, schädlich darstellten.

Auch die Zerstörung der Mausoleen war eine Folge der Aufhebung des öffentlichen Gottesdienstes. „Zerstört die Überbleibsel der Tyrannei!" schrien die Jakobiner, und die Gebeine der Könige und der Großen wurden herausgegraben. Die berühmte Abtei zu St. Denis, nicht weit von Paris, ist jetzt ein Hospital und die Gruft der Könige – eine Holzniederlage. Die metallenen Särge der Könige und der Personen aus der königlichen Familie sind eingeschmolzen, und die Gebeine wurden sonstwohin begraben, verbrannt, ja, je nachdem sie es verdient hatten, sogar zerstreut und vom Pöbel verunehrt und beschimpft. Selbst Ludwig XIV. liegt nicht mehr ganz beisammen, der stolze Ludwig! Es ist wahrlich eine seltsame Katastrophe in den menschlichen Dingen!

Aber wenn eine Nation noch nötig findet, sich an der Asche ihrer ehemaligen Beherrscher zu rächen und deren längst vermorschte Knochen der Beschimpfung preiszugeben, dann muß es doch eben nicht die höchste Ehre des Menschen sein, Nationen zu beherrschen!

Zwischen Beherrschen und Beherrschen ist indes ein Unterschied wie unter dem Eindruck, den der gute und arge Beherrscher noch bis auf die segnende oder fluchende Nachwelt zurückläßt. Man sah dies neuerdings in Frankreich bestätiget. So stürmisch die Nation in ihrem Hasse gegen das Königtum verfuhr, so gerecht zeigte sie sich jedoch gegen Könige von Verdienst. So wurden Heinrich IV. und Ludwig XII., dem ehemals das französische Volk den schönen Beinamen des Vaters des Volkes gab, auch bei der Zerstörung der Gruft von St. Denis verschont, und ihre ehrwürdigen Reste wurden mit dem lauten Zuruf der Bürger: „Es sind gute Könige gewesen! Ihre Gebeine sind uns heilig!" in allen Ehren beerdiget.

Zu Dijon im Karthäuserkloster in der Vorstadt lagen die Herzoge von Burgund aus der jüngern Linie mit ihrer Familie begraben.* Auch diesen ließen die Jakobiner im Grabe keine Ruhe. Die längst vermauerte Gruft wurde aufgebrochen, die Särge eröffnet und was brauchbar darin war, weggenommen, die

---

* Diese Linie fängt mit Philipp dem Kühnen, König Johannis Sohn, 1363 an und endigt sich mit Karl dem Kühnen, 1477.

zinnernen Särge an die Zinngießer verkauft und die Gebeine der alten burgundischen Regenten auf einem Schubkarren hinausgefahren und in ganz gemeine Erde verscharrt. Ich sprach einmal in Dijon über diese Begebenheit und wunderte mich, daß man die alten Herzoge nicht habe ruhen lassen. „Ei was, Herzoge!" erwiderte ein Bürger, „es waren Blutsauger, die alten Tyrannen von Burgund. Und Tyrannen verdienen Verfolgung im Leben und Schimpf und Schande nach dem Tode!"

Daß bei der Aufhebung der öffentlichen Religion in Frankreich manche Exzesse von rasenden Jakobinern und ihren Anhängern, den Sansculotten, sind verübt worden, kann man um so eher denken, da alles so schnell und mitunter tumultuarisch zuging. Dahin gehört unter andern, daß die Sansculotten – diesen Namen führten 1793 und 94 alle die, welche für echte Patrioten gehalten sein wollten – in die Häuser liefen und da die Bilder, Rosenkränze und Gebetbücher mir nichts dir nichts wegnahmen, zerschmissen und zerrissen und jeden insultierten, welcher sich diesem Mutwillen widersetzte. Besonders verfolgte man die Rosenkränze und die Mutter-Gottes-Bilder, welche man ohne Gnade alle zerschlug. Bei dieser Gelegenheit wurden auch die Bilder der Könige und anderer hoher Personen zerrissen und vernichtet. Jeder Hauswirt war gehalten, alle Zimmer den Sansculotten aufzumachen, damit sie nachsehen konnten, ob kein konterrevolutionärer Quark (ordures contrerévolutionnaires) sich fände; und wenn einer nicht aufmachen wollte, so schlugen die Sansculotten die Türen mit Gewalt auf.

Robespierre, welcher um diese Zeit in Frankreich das höchste Ansehn sowohl im Konvent als unter den Jakobinern hatte, wollte doch dem Volke, das einmal an Versammlungen zu gewisser Zeit gewöhnt war, ein Etwas geben, das anstatt der Religion die öffentliche Meinung leiten sollte; aber nun fragte sich, was?

Sollte man einen neuen Gottesdienst einführen? Das wäre höchst inkonsequent gewesen. Nein, es mußte sozusagen eine Anarchie in der Religion entstehen, und um diese Anarchie herbeizuführen, beschloß der Konvent, daß in jeder Stadt, auch in jedem Dorfe, ein Tempel der Vernunft sein könnte, nicht sein müßte. In diesem Tempel der Vernunft sollten alle zehn Tage Reden gehalten werden können zur Begründung der echten Bürgertugenden und der Ausrottung des Aberglaubens, das ist der bisherigen öffentlichen Religion.

Die Jakobiner, deren Namen damals Legion hieß, bemeisterten sich sofort dieses Tempels, und nur echte Jakobiner hielten die Reden darin. Gewöhnlich waren die Kathedralkirchen oder sonst die vornehmsten dazu ausersehen, und der Redner bestieg an den festgesetzten Tagen die Kanzel. Weil aber auch diese als ein schädliches und verhaßtes Erinnerungsmittel den Jakobinern ein Dorn in den Augen war, so riß man sie überall ein und errichtete für den Redner eine eigne Bühne.

Die Reden mußten jedesmal zuvor im Jakobinerklub vorgelegt und geprüft werden, damit ja nichts darin vorkäme, was nur von weitem nach Royalismus oder Christentum schmeckte. Sogar durfte von Gott, dessen Regierung und von der Unsterblichkeit der Seele nicht ein Wort einfließen; auch die Begriffe über diese Dinge sollten durch eine Art von Anarchie geläutert werden. Kam so etwas vor, so wurde es gestrichen, und hatte der Verfasser gar einiges zugunsten der Bibel gesagt, so ward er obendrein deshalb noch verantwortlich.

Den Inhalt dieser Reden können meine Leser schon erraten. Sie rollierten meistens über Freiheit, Gleichheit und Vaterlandsliebe, über Haß und Vernichtung der Tyrannei und der Pfaffen, und mitunter kamen derbe Ausfälle auf den Stifter der christlichen Lehre, auf seine Mutter und seine Apostel vor. Der Vater Papst wurde vollends nicht geschont, und die sonst ehrwürdigen Gebräuche der Religion in Frankreich, die Messe, Sakramente, Fegfeuer und dergleichen fertigte man mit derben Sarkasmen ab. Beiher wurden auch die Gesetze erklärt und das Volk zur Befolgung derselben aufgemuntert.

In Kolmar hörte ich die erste Rede im Tempel der Vernunft. Der Prokurator Glocsin hielt sie mit allem Pathos über das Recht der Völker, ihre Tyrannen zu richten, wenn sie das Volk drücken und die Gesetze nach Belieben beleidigen. Er bemühte sich, besonders darzutun, daß der Satz: „Die Obrigkeit ist von Gott", grundfalsch sei, indem Gott – man möge sich dieses Wesen denken, wie man wolle – unmöglich die Wege billigen könne, auf welchen die ersten Regenten zur Herrschaft gekommen wären. „Hat etwan", sagte er, „Gott den ersten Frankenherzog zum Könige in Gallien gemacht? Clovis war ein Ruchloser, ein Erzräuber! Sein Recht auf Gallien war das Recht des Räubers auf das Gut des unbewaffneten Wanderers oder das Recht der Sklavenhändler auf die Freiheit der armen Afrikaner. Aber", fuhr er fort, „wenn Gott dem Clovis das Recht über Gallien gegeben hat, wenn Gallien demnach rechtmäßig auf Clovis' Nachkommen fortgeerbt ist – wer gab dann dem Pippin das Recht, die Herrschaft dem Stamme des Clovis zu entreißen und auf seine Familie zu bringen? Und wie ist hernach dieses Recht auf die capetingische Familie gekommen, woraus unsre letzten Tyrannen gewesen sind? Lauter Widersprüche! Wenn Gott die Menschen erschaffen hat, so hat er sie frei erschaffen. Das Recht der Fürsten hat seinen Ursprung nicht in der göttlichen Regierung, sondern in der Dummheit der Menschen und in ihrem Sklavensinn. Die Völker Europens", fügte er hinzu, „werden uns jetzt hassen, weil wir dem Ludwig Capet die Gewalt, uns zu tyrannisieren, genommen und ihn für seine Bosheit bestraft haben. Aber die Zeit wird kommen, wo eben diese Völker unserm Beispiele folgen werden."

Reden von dieser und ähnlicher Art habe ich viele gehört und mitunter einige, die allerdings verdienten, gehört, gelesen und beherzigt zu werden. Da sie allemal höchst wichtige Gegenstände abhandelten und der Redner frei untersuchen und sprechen durfte, so fehlte es selten an Gründlichkeit und Stärke.* Vorzüglich gute Reden wurden gedruckt, herumgeschickt und hernach in allen Weinhäusern und Gesellschaften vorgelesen, bekommentiert und beexegesiert, und so wurde deren Inhalt immer mehr wirksam gemacht.

Es stand jedermann frei, an der Zusammenkunft im Tempel der Vernunft teilzunehmen. Jeder gute Patriot fand sich ein, die Neugierigen auch, und so war die Versammlung immer sehr ansehnlich und zahlreich. Die Worte ‚Tempel der Vernunft' standen mit großen goldenen Buchstaben über den Türen der ehemaligen Tempel des Aberglaubens. Oft wurden drei, vier und mehrere Reden an einer Dekade gehalten, und man kam oft erst abends um zehn, elf Uhr aus der letzten. Zum Einschläfern war keine.

Das Zeichen zum Anfang jeder Versammlung wurde mit Läuten einer Glocke gegeben, aber auf ganz andere Art wie zu dem Gottesdienste bei uns: die Glocke wurde bloß einseitig angeschlagen. Der Anfang dieses Vernunft-Dienstes oder dieser Vernunft-Huldigung, wenn man so sagen darf, wurde mit Absingung gewisser Lieder gemacht, wozu auch Instrumente gespielt wurden. Die Lieder waren aus den Sammlungen republikanischer Gesänge, welche man jetzt in Frankreich sehr häufig, gut und enthusiastisch-belebend hat. Vorzüglich wurde der Marseiller Marsch musiziert und gesungen. Der Beschluß geschah wieder mit einem republikanischen Liede.

So hatte denn Frankreich am Ende des Jahres 1793 bis in den Sommer 1794 gar keine eigentliche Religion, welche öffentlich wäre geübt worden, nicht einmal eine öffentliche natürliche, denn diese erfordert wenigstens öffentliches Bekenntnis des Daseins Gottes und der Unsterblichkeit der Seele als Beweggründe der Moral. Aber in Frankreich sollte alle Moral aus dem Bürgersinn, aus dem Patriotismus geleitet werden. Über diese Quelle, die in die Sinne fällt, konnte man bürgerlich wachen und sie durch Gesetze läutern und festen Fußes verfolgen. Das hieß den Sinn-Menschen sinnlich fixieren, wie jede Regierung als

---

* „Wer frei denkt, denkt gut", sagt Haller, und in den ‚Berlocken an den Schillerschen Musenalmanach' heißt es (S. 105): „Meisterwerke gedeihn nie, wenn ein Nero gebeut."

öffentliche äußere Gewalt dies eigentlich nur sollte, weil sie dies eigentlich nur kann und weil es unweise und unklug ist, notwendige, gewisse Zwecke von der Wirksamkeit zufälliger und ungewisser Mittel zu erwarten. Dasein Gottes und Unsterblichkeit der Seele kann man bezweifeln, aber nicht, daß ich ein schlechter Bürger bin, sobald ich die Gesetze übertrete, die mich nach dem erklärten Willen meiner Nation zum guten Bürger haben wollen.

Man hat so oft und so viel gesagt und sagt es noch, daß kein Staat ohne öffentliche Religion, das heißt ohne öffentlich gehandhabten Glauben an unsichtbare Dinge, bestehen könne. Ich mag nicht weiter untersuchen, wie weit diese Behauptung gegründet sei. Aber fragen möchte ich doch, ob die Franzosen nach Abschaffung aller öffentlichen Religion schlechter geworden seien, als sie waren, da sie noch Pfaffen, Messe, Sakramente und allen religiösen Schnickschnack vollauf hatten? Die ganze französische Geschichte von 1793 und 1794 zeigt, daß das Volk in Frankreich wenigstens nicht schlechter geworden ist, nachdem die öffentliche Religion abgeschafft war; denn gerade um diese Zeit besiegten sie alle ihre Feinde. Es mag daher doch nicht so allgemein wahr sein, daß man Kirchen, Pfaffen, Glaubenseinigkeit usw. haben müsse, um als Staat zu bestehen, ja ein Volk ohne alle Religion ließe sich noch immer als Volk und gesittetes, das ist nach guten Gesetzen regiertes Volk denken. Noch mehr: wenn man Christi Lehre rein auffaßt und sie von aller Einwirkung der Zeit, des Orts und der Personen entblößt, so war ihr Zweck unwidersprechlich, die Moral der Vernunft zur Alleinherrscherin in der Gesellschaft zu machen und die Religion als die Privatsache des einzelnen Menschen aufzustellen. Dadurch war das Wohl der bürgerlichen Gesellschaft im ganzen gesichert, aber die Gewissensfreiheit der Bürger im einzelnen von der gewalttätigen Bedrückkung und Fesselung der Priester auch erlöset. Vorher war alles Priesterreligion und durch diese alles den Priestern sklavisch unterworfen. Um nun von diesem Joche die Menschen zu befreien, lehrt Christus, daß die wahre Würde und das wahre Wohl des Menschen nur durch eignes Handeln, nur durch Moral und nicht durch Opfer und den übrigen Apparat der Priesterreligion begründet und gesichert werden könne.

Die Sprache des gemeinen Pöbels – denn der politischen Gleichheit in Frankreich unbeschadet gibt es doch noch gemeinen Pöbel dort genug, so wie es in Deutschland unter den Adeligen, Gelehrten, Damen usw. gemeinen Pöbel gibt – wurde durch die Vertilgung der Heiligtümer bereichert; denn nun fluchte und schwur man bei den ehemals ehrwürdigen Dingen, welchen man die unanständigsten Beinamen gab. Ein gemeiner Christ würde sagen, man habe Gott gelästert. Wenn es erlaubt wäre, die Unanständigkeiten der Pöbelsprache zu wiederholen, so sollten hier Redensarten vorkommen, worüber der fromme Christ sich kreuzen und segnen würde. Aber wir wollen sie übergehen.

Die Dekadis, das ist die zehnten Tage im Monate, deren jeder dreißig hat, waren bloß Ruhetage oder Tage, woran man, ohne als schlechter Bürger verdächtig zu werden, müßiggehen konnte.

Aber im Anfange des Monats Mai 1794 tat Robespierre den Vorschlag, moralische Feste an den Dekadentagen anzuordnen. Die Rede des Robespierre, die er hierzu hielt, ist wohl leicht eine der schönsten, die jemals gehalten sind, und verdient von jedem gelesen zu werden, der Gefühl für das Wahre und Schöne hat. Mit dem Feuer eines Demosthenes und mit Kants Gründlichkeit bewies er hier, daß die Moral die erste Stütze der bürgerlichen Gesellschaft sei. „Darin", fuhr er fort, „besteht das Geheimnis der Staatskunst und der Gesetzgebung, daß man moralische Tugenden aus den Büchern der Philosophie in die Gesetze und in die öffentliche Verwaltung verpflanze und die gemeinen Begriffe von Rechtschaffenheit in seinem Privatbetragen auf das Betragen der Völker anwende."

Der Konvent krönte die Rede des Robespierre mit dem lautesten Beifall und erklärte feierlich (um Pitts und aller Übelgesinnten oder Engbrüstigen Verleumdung und Besorgnis öffentlich zu begegnen), daß die Republik das Dasein des Höchsten Wesens und die Unsterblichkeit der Seele sowie die Beobachtung der Menschenpflichten als die einzige, des Höchsten Wesens würdige Verehrung anerkenne. Als Hauptpflichten nahm man weiter an: Verabscheuung der Unredlichkeit und der Tyrannei, Bestrafung der Tyrannen und Verräter, Unterstützung der Unglücklichen, Achtung gegen Schwache, Verteidigung der Unterdrückten, Ausübung alles Guten gegen andere, Vermeidung aller Ungerechtigkeit und dergleichen. Die Feste selbst wurden nach den großen Begebenheiten der Republik, nach den großen Tugenden und nach den großen Naturgaben benannt und sollten den Menschen an die Gottheit und an des Menschen Würde erinnern.

Darauf erhob man die blutigen Rettungstage, den 14. Juli, den 10. August, den 21. Jänner und den 31. Mai, als die Gründungstage der Freiheit zu Festen. Außer diesen wurden Dekaden-Feste angeordnet, z. B. das Fest des Höchsten Wesens, das Fest des menschlichen Geschlechts, des französischen Volks, der Wohltäter der Menschheit, der Märtyrer der Freiheit, der Freiheit und Gleichheit, der Vaterlandsliebe, des Hasses gegen Tyrannen, der Gerechtigkeit, der Wahrheit, der Liebe, der Jugend, des männlichen Alters, des hohen Alters, des Ackerbaues usw. Alle Talente, welche zur Beförderung der Schönheit und des Nutzens dieser

Feste durch Hymnen oder bürgerliche Gesänge oder durch sonst etwas beitragen konnten, wurden in diesem Dekrete dazu aufgefodert und einer öffentlichen Belohnung versichert. Übrigens wurde nochmals wiederholt, daß es jedem freistände, seine Meinung über religiöse Gegenstände zu hegen und zu sagen, wie er es für gut fände.

Man sieht leicht ein, daß dieses Dekret bloß die Folge oder die Wirkung einer überlegten Politik war und daß man nichts weniger als eine neue Religion gründen wollte. Eine neue Religion ist eine, die bisher noch nicht bekannt war. Die aber, welche der Konvent zur Übung autorisierte, ist ja die alte, natürliche, welche Konfuzius und Sokrates und Plato und Christus und alle andere Weisen gelehrt haben, welche D. Bahrdt und Zollikofer vortrugen und welche endlich, wenn aller andre Phantasienkram wegfällt, immer bleiben wird.

Man hat in andern Ländern herumgeschrien, die Franzosen hätten eine neuheidnische Religion angenommen: das ist eine tolle Behauptung! Man bedenke doch, daß in dem Religions-Dekrete ganz und gar keine Rede von irgendeinem Lehrbegriffe vorkömmt und daß einem jeden freisteht, seinen lieben Gott und das Verhältnis, worin er mit ihm zu stehen meint, so einzurichten, wie er will und wie es ihm gutdünkt. Will jemand in Frankreich den Jupiter und die Venus für wirkliche Wesen, für Gottheiten halten, so mag er es tun: aber einen öffentlichen Gottesdienst für Jupiter und Venus darf er nicht aufbringen.

Alle Erkenntnis der Wahrheit kann nur nach und nach stufenweise kommen. Erst muß der negative Weg gegangen werden, zumal bei einmal Verwöhnten. Man muß erkennen, daß das, was man bisher als Wahrheit annahm, sie nicht war. Dann schreitet man zum Positiven, forscht nach, was und wie das denn ist, von dem wir erkennen, daß es das nicht ist, wofür wir es bisher nahmen. Den negativen Weg schlug man in Frankreich ein, indem man das römische Hierarchiesystem als falsch und schädlich in den Klubs erklärte und es endlich nach vorhergegangner besserer Belehrung öffentlich abschaffte. Darauf ging man – wir wissen schon, wann und wie – den positiven.

Marsch von Straßburg nach Kolmar

Den 3. Jänner zogen ohngefähr 80 Deserteurs und etwan 400 Kriegsgefangene aus Straßburg nach Schlettstadt zu.

Wir wurden durch 40 Mann Volontärs, alle von einem Bataillon, du Var, begleitet, und ein Hauptmann namens Landrin führte das Kommando. Dieser Mann hatte einen äußerst feurigen roten Kopf, und ich versprach mir eben darum wenig Gutes von ihm nach dem alten deutschen Sprichwort: „Rot Haar und Erlenholz wächst auf keinem guten Boden". Aber ich ward bald zu meiner Freude gewahr, daß ich mich an Hauptmann Landrin geirrt hatte. Einige Stunden von Straßburg hielten wir in einem Orte an, weil noch eine Fuhre herbeigeschafft werden mußte, um einige erkrankte Kaiserliche mit wegzubringen. „Es ist doch vom Teufel", sagte der Hauptmann zum Sergeanten, „daß keiner von uns Deutsch und keiner von den Gefangnen Französisch versteht! Da kann ich nun nicht einmal den Leuten sagen, was ich haben will!" Ich hörte dieses, lief hin und sagte, daß ich Deutsch und Französisch verstünde. „Das ist brav", sagte der Hauptmann, „von nun an sollst du mein Dolmetscher sein." Ich mußte sofort mit ihm trinken und den ganzen Weg bis Schlettstadt mit ihm sprechen. Es war ein sehr muntrer Mann, dem aber schon bei einer Attacke der linke Arm lahm geschossen war. Er war aber nicht abgegangen und hatte die Pension nicht genommen, die doch jedem Verstümmelten nach der Verordnung der Nation von Rechts wegen zukömmt.

Ich bin in dieses Landrins Gesellschaft von Straßburg bis Besançon in der Franche Comté geblieben und habe ihm vieles zu verdanken, wie ich denn beinahe aller Orten, wohin ich gekommen bin, brave Leute getroffen habe.

Die angenehme Gegend von Schlettstadt nach Kolmar konnte ich nur wenig beobachten, denn es war alles mit Schnee bedeckt. Die Sonne schien aber sehr helle, und so machte das gestreckte vogesische Gebürge einen unterhaltenden Prospekt.

Als wir in Kolmar eintraten, schrie alles: „Es lebe die Republik!" Ein ungezogner Soldat vom preußischen Regiment Kleist mochte sich über dieses Geschrei ärgern und rief entgegen: „Ich sch-ß auf eure Republik!" Sogleich entstand ein fürchterlicher Spektakel, und der Hauptmann mußte Halt machen lassen. Der Soldat sollte herausgefunden werden, dieser aber war unter die andern gelaufen, und der, welcher ihn angegeben hatte, konnte ihn nicht mehr von denen unterscheiden, welche eine Montur trugen wie er. Der Hauptmann ließ nun einen Kreis auf dem Markte schließen, und ich mußte in seinem Namen allen Deserteurs und Gefangnen bedeuten, daß alle Schimpfwörter und Lästerungen gegen die Französische Republik mit dreimonatlichem Arrest bestraft werden sollten, und hienach hätte sich ein jeder zu fügen. Das ist nicht zu hart, fügte er hinzu, denn wer in einer Monarchie auf den Regenten schimpfen wollte, würde wohl noch schlechter ankommen.

In Kolmar sah ich zum erstenmal eine Exekution mit der Guillotine. Ein Dorfmaire wurde hingerichtet, weil er einen Geistlichen, der den Eid nicht schwören wollte, einige Zeit bei sich verborgen gehalten hatte. Er bestieg das Gerüst mit vieler Geistesgegenwart und sagte noch, ehe er niedergelegt wurde, recht laut: „Ich bin doch kein Schelm!"

Ich muß gestehen, daß die Guillotine damals einen seltsamen Eindruck auf mich gemacht hat, den ich den ganzen Tag nicht verwinden konnte. Der Apparat und die mir so ganz fremde Art, jemanden hinzurichten, erschütterten mich gewaltig, ob ich gleich einsah, daß unter den mir bekannten Hinrichtungsarten keine schneller, sicherer und weniger quälend ist als diese. Der Hinzurichtende kann beinahe gar nichts empfinden als die Todesangst, man müßte ihn denn so hinrichten wie den Chalier zu Lyon. Die meisten von denen, welche ich habe auf der Guillotine sterben sehen, schienen nicht einmal Todesangst zu fühlen, sie waren unerschrocken und plauderten noch, als man sie schon ans Brett befestigte.

Der Hauptmann bemerkte Niedergeschlagenheit an mir und fragte nach der Ursache. Ich gestand ihm, daß der Anblick der Hinrichtung mir durch die Seele gefahren sei. „Mir ist's auch so gegangen", sagte er, „aber nun bin ich dergleichen schon gewohnt. Du wirst noch mehr guillotinieren sehen und nicht mehr davor erschrecken." Er hatte recht, man gewöhnt sich nach und nach auch an die allerscheußlichsten Szenen. Man denke an die Vieh- und Menschenschlächter!

Reise von Kolmar nach Besançon

Von Kolmar hatten wir zwei sehr starke Märsche nach Belfort. Ich würde mich unterwegs, wie mir der Hauptmann oft riet, des Wagens bedient haben, wenn ich nicht ein böses Beispiel hätte vermeiden wollen und wenn ich nicht gern immer mit dem braven Rotkopf gesprochen hätte. Jeden Tag erfuhr ich neue Beweise seiner Gutmütigkeit, und ich muß ihm nachsagen, daß er nicht eine Flasche Wein trank, ohne daß ich Anteil daran nehmen mußte. Früh tranken wir Wein und aßen Brot und Knoblauch dazu. „C'est le déjeuner de Henri Quatre", sagte immer der Hauptmann. Es ist nämlich bekannt, daß dieser große und wahre König, der noch jetzt, wie wir oben gesehen haben, im republikanischen Frankreich als ein Vater des Volks verehrt wird, nie etwas anders zum Frühstück genoß als Wein und Brot.

Auch gegen die übrigen Deserteurs und Gefangnen war Landrin sehr gütig, und er erlaubte ihnen, nach ihrer Bequemlichkeit zu marschieren, auch wohl zurückzubleiben und nachzukommen. Als der Sergeant erzählte, daß die Kaiserlichen die bei Fort Vauban gemachten Kriegsgefangenen schlecht behandelt und sie mit Schlägen fortgetrieben hatten, erwiderte er: „Das kann wohl sein, aber darum müssen wir es den Kaiserlichen nicht nachmachen. Menschlichkeit ist eine gar schöne Tugend!"

Nicht weit von Belfort fängt man an, lauter Französisch zu sprechen, aber das ist ein Französisch, wobei einem die Ohren ebenso fürchterlich klingen als bei dem elsassischen Deutsch.

Befort oder Belfort – man spricht das l nicht aus – ist beinahe so groß als Landau und ist ebenso der obere Schlüssel zum Elsaß, wie dieses der untere ist. Es ist von Vauban trefflich befestigt, hat aber diesen ganzen Krieg über weder Kanonen noch Garnison gehabt, weil beides bei den Armeen war.

Abends beratschlagte der Kapitän mit dem Sergeanten und mir, ob er den folgenden Tag Ruhetag halten oder gleich weitermarschieren sollte. „Du kannst tun, was du willst", war unsere Antwort. „Das weiß ich, aber ich möche doch wissen, ob die meisten Gefangnen lieber hier ausruhen wollten als morgen fort nach Lille marschieren." Ich mußte also aufs Schloß, um die Gefangnen und die Deserteurs, die dort einquartiert waren, darüber zu fragen. Ich fand, daß alle gern wieder ruhen wollten. Ich hinterbrachte das dem Hauptmann, und dieser machte einen Rasttag.

In der Vorstadt sah ich ein Haus mit folgender Inschrift in französischen Knittelversen:

> Cette maison est à un père de huit fils,
> dont quatre combattent l'ennemi
> et quatre s'y préparent aussi*.

So elend diese Verse als Verse sind, so sehr müssen sie doch bei jedem Vorübergehenden eine nicht geringe Idee von dem Patriotismus dieser Leute erwekken.

* „Dieses Haus gehört einem Vater von acht Söhnen. Viere davon kämpfen mit dem Feinde, und vier bereiten sich hier darauf vor."

Den 9. Jänner gingen wir von Belfort nach Lille, einem Flecken am Doubs, da, wo eben die sogenannte Franche-Comté angeht. Ich weiß nicht recht, ob man Lille oder l'Isle schreiben muß, ich möchte beinahe das letztere vorziehen, indem dieser Flecken gerade auf einer Insel liegt, die der Fluß hier bildet.

Unser Weg ging durch das Mümpelgardische, welches sonst dem Herzog von Württemberg gehört hatte, seit einiger Zeit aber schon zur Französischen Republik gezogen war. Das Ländchen scheint gar nicht unfruchtbar zu sein, und die Dörfer darin verraten mehr Wohlstand als die in der eigentlichen Franche Comté. Die Mümpelgarder erhielten von der Republik die Versicherung, daß keine ihrer jungen Leute ausgehoben und zu den Armeen geschickt werden sollten, und noch im Anfange des Jahres 1795, als ich wieder durch diese Gegenden kam, hatte man ihnen Wort gehalten. Das ganze Ländchen war sonst lutherisch, aber der lutherische Gottesdienst hatte auch hier damals schon völlig aufgehört.

Der Kapitän war diesen Tag über sehr väterlich gewesen, und deswegen ärgerte es mich gar sehr, daß unsre Deserteurs ihm des Abends so vielen Verdruß machten. Man hatte die Gefangnen in einen leeren Schafstall und die Deserteurs in einen andern gebracht und Wache davor gestellt. Der Kapitän befürchtete, und dies nicht ohne Grund, daß mancher sich möchte belieben lassen fortzulaufen wegen der Nähe der Gebürge, welche die Schweiz von Frankreich trennen. Ich war indessen mit ihm zum Maire gegangen.

Auf einmal kam Klage, die Deserteurs hätten mit Gewalt die Schildwache weggedrängt und wären mir nichts dir nichts nach der Schenke gelaufen, wo sie sich's wohl sein ließen. Landrin geriet natürlich in Hitze, fluchte aber mehr auf die Volontärs, welche die Leute durchgelassen hatten, als auf die Deserteurs. Ich mußte in der Schenke in seinem Beisein den Burschen eine derbe Strafpredigt halten und sie bedrohen, daß er sie zu Besançon als Meutmacher angeben würde, wenn so was noch einmal geschähe. Hierauf mußten sie wieder in den Schafstall.

Der kaiserliche Leutnant Zimmer gab dem Hauptmann durch Zeichen zu verstehen, daß man die Kerls tüchtig durchprügeln sollte, und ich erklärte ihm dieses näher. Aber Landrin verwarf den Wink mit Unwillen. „Die Hunde schlägt man", sagte er, „und nicht die Menschen. Diese straft man nach den Gesetzen, oder geht das nicht an, so wehrt man sich gegen sie und sticht sie im Fall der Not wohl auch auf der Stelle nieder. Einen Menschen zu ermorden, der mich gröblich beleidigt, wäre mir eine Kleinigkeit; aber einen Menschen mit Stockprügeln zu strafen, würde ich mich ewig schämen."

Überhaupt hatte der Hauptmann Landrin seltsame Begriffe, worüber wir auf dem Marsche oft disputierten und wobei er recht in Feuer kam. Er meinte nämlich, daß persönliche und gesetzliche Freiheit die einzige Quelle aller Moralität sei, daß aber diese mit der Zeit ihre vortrefflichen Folgen so allgemein in der Französischen Republik und bei allen künftighin freiwerdenden Völkern beweisen würde, daß selbst alle bürgerlichen Poenalgesetze überflüssig sein würden. Ich widersprach ihm immer und berief mich auf die Schwachheit der menschlichen Natur und auf die Geschichte aller Völker und aller Zeiten. „Was willst du", so antwortete er mir immer mit Feuer, „du berufest dich auf die Geschichte aller Zeiten, und du hast recht; denn bisher ist auf der weiten Erde noch kein freies Volk gewesen, wenigstens ist noch kein kultiviertes* Volk so lange frei geblieben, daß es sich hätte moralisch bessern können. Aller despotische Zwang macht die Menschen böse; denn er macht sie zu Heuchlern und zerstört in ihnen jene Liebe zur Aufrichtigkeit im Reden und Handeln, ohne welche der Mensch unmöglich gut sein kann."

Den 11. Jänner kamen wir nach Besançon. Die Gesellschaft mit meinem braven Landrin sollte nun ein Ende nehmen. Er war bloß beordert, die Gefangnen und Deserteurs nach Besançon oder, wie dort herum die gemeinen Leute sprechen, Sanson zu bringen und dann mit seinen Volontärs nach der Mosel-Armee zu seinem Bataillon du Var zurückzukehren.

Ich bezeugte ihm schon unterwegs darüber mein Leidwesen und versicherte ihn, daß es mich freuen sollte, wenn er mich zu seinem Bataillon nehmen könnte. „Gern wollte ich das tun", antwortete er, „aber es ist einmal verboten, bei der Armee gegen den Feind feindliche Deserteurs oder Gefangne anzunehmen, sei aber deshalb ohne Sorgen! Ich will mich erkundigen, wie ich dir helfen kann. Noch heute spreche ich dich wieder."

Vor dem Tore zu Besançon stand eine Menge Einwohner, welche uns mit dem Absingen des Marseiller Marsches und der Carmagnole empfingen, es aber doch nicht so machten wie die Lieblinge des Exleutnants Göchhausen, ich meine die

---

* Ich glaube, daß der Hauptmann Landrin sehr recht hatte, die Freiheit einer kultivierten Nation von der Freiheit oder vielmehr von der Zügellosigkeit einer rohen Horde wilder Menschen zu unterscheiden. Jene verdient erst mit Grund den Namen Freiheit, dahingegen diese so ziemlich an die Freiheit grenzt, wovon die Lehrer des Naturrechts in ihren Büchern reden, wenn sie behaupten, jeder Mensch sei von Natur frei geboren. Die echte Freiheit kann nur vernünftig und sozial sein, und bloß der ist vernünftig und sozial, der im gleichen Schritte mit dem höchsten Grade der Kultur seines Jahrhunderts fortschreitet. Folglich ist auch sogar der Begriff der Freiheit relativ. Ich mag diesen Gedanken hier nicht verfolgen, in dem Kapitel aber, worin ich meinen Lesern die wahren französischen Begriffe von Freiheit mitteilen werde, sollen sie auch die Folgerungen dieser Grundsätze finden.

Herren Philister zu Frankfurt am Main, welche die armen französischen Kriegsgefangnen mit einem Hagelregen von Steinen und Kot begrüßten. Aber wir waren ja auch keine exkommunizierten Königsmörder!

In Besançon nahm mich Landrin mit in sein Quartier und ging hernach fort auf die Munizipalität und zum Kriegskommissär. Gegen acht Uhr des Abends kam er voller Freuden wieder, gab mir die Hand und sagte: „Du bist geborgen, Freund! Du kannst in unsre Dienste treten, wenn du willst." Ich versicherte ihn, daß ich dieses herzlich wünschte. „Nun wohlan denn", fuhr er fort, „ich habe dir einen Paß nach Mâcon oder, wenn's da nichts ist, nach Lyon ausgewirkt, da findest du ausländische Bataillons, welche der Republik in der armée révolutionnaire dienen. Willst du dahin? – „Von ganzer Seele", war meine Antwort. „Gut", fuhr er fort, „übermorgen früh gehst du ab. Nun trink, Citoyen, und sei fröhlich. Es lebe die Republik!" Niemals hatte ich den ehrlichen Landrin munterer gesehen als den Abend, und er versicherte mich, seine Heiterkeit käme daher, daß er mir hätte dienen können.

Den folgenden Tag verhandelte ich meinen Rock und Weste gegen einen habit de police oder habit national, das ist einen blauen Rock mit weißen Klappen und roten Aufschlägen und Kragen nebst einer weißen Weste. Ich gab noch einen Kronentaler zu.

Frankreich war ehemals die Garderobe von ganz Europa: alles machte die französischen Flitter-Moden nach. Aber seit der Revolution hat die Erfindung der Moden in diesem Lande aufgehört, die Nation ist ernsthafter geworden. Jetzt geht jeder, wie er will, doch schlicht und ungezwungen, wie es freie Männer ziemt. Die meisten tragen die Kleidung der Volontärs, um im Fall der Not zur Verteidigung des Vaterlandes gleich bereit zu sein. Dies ist die Pflicht für jeden, und jeder ist darauf gefaßt und eingerichtet. Das Wort Soldat ist abgeschafft, und wenn man es hier und da auch noch hört, so hat es doch keine häßliche Nebenidee von Sklaverei, Sittenlosigkeit und dergleichen.

Als ich aufgestanden war, ging ich gleich zu Landrin. Er sagte mir, daß wir den Nachmittag um zwei Uhr zum Kommissär gehen würden, ich möchte jetzt nur die Stadt besehen.

Den Nachmittag ging ich mit dem Hauptmann zum Kriegskommissär, wo ich einen Paß erhielt, nach welchem ich mich zu den bataillons étrangers employés au service de la république begeben sollte. Mein Paß lautete nach Mâcon.

Ich blieb den Abend noch bei meinem Hauptmann, früh aber zogen wir beide auf verschiednen Wegen aus Besançon: er nach der Mosel-Armee mit seinen Leuten und ich nach Dôle zu. Er drückte mir beim Abschiede recht freundlich die Hand, schenkte mir noch 30 Livres in Papier und ermahnte mich zur ewigen Liebe der Freiheit als dem einzigen Glück der Menschen. Ich weinte bei dem Abschiede von diesem Biedermann, auch die Volontärs gaben mir die Hand und wünschten mir alles Glück. Ewig wird Landrin mir unvergeßlich sein, und nimmermehr werde ich das oben erwähnte Sprichwort als eine allgemeine Wahrheit gelten lassen.

Meine Reise von Besançon nach Lyon

Ich war nun ganz allein und ging bis zum ersten Etape, ohngefähr fünf Stunden weit, wo ich über Nacht blieb. Das Wort Etape wird wohl meinen Lesern größtenteils unverständlich sein, ich will es daher erklären, zumal da es kein deutsches Wort gibt, das es völlig ausdrückt.

Seit der Revolution hat man aus allen Gegenden des inneren Frankreichs nach den Grenzen zu gewisse Stationen angelegt, welche ein reisender Soldat täglich bequem zurücklegen kann. Auf diesen Stationen muß er allemal seinen Paß zeigen und ihn unterschreiben lassen. Dann bekömmt er frei Quartier, anderthalb Pfund Brot, ein halbes Pfund Fleisch und eine Bouteille Wein. Solche Stationen heißen Etapes und die Versorger derselben Etapiers. In allen größeren Städten sind Kriegskommissäre, welche von Station zu Station dem Reisenden noch obendrein drei Sous für jede Stunde bezahlen müssen. Daß man nun gerade nach den Etapes gehen, folglich oftmals, wie es sich fügt, Umwege machen müsse, versteht sich von selbst.

Mein Weg ging über Dôle, Chalon sur Saône und Bourg en Bresse nach Mâcon. Mâcon ist eine altfränkische Stadt an der Saone, wo ich zum erstenmal einige von den echten Ohnehosen antraf. Ich muß ihre Organisation wohl ein wenig näher beschreiben.

Als im Jahre 1793 Lyon rebellierte und Toulon in die Hände der Feinde fiel, da ward dem Konvent bange, das ganze mittägliche Frankreich möchte sich zur royalistischen Partei schlagen. Man hielt daher die Rebellen zu Toulon und Lyon gerade für die gefährlichsten Feinde der Republik und das mit dem größten Recht. Die Herren Lyoner hatten ihre Emissärs in allen dortherum liegenden Städten, in Mâcon, Vienne, Montpellier, Valence und andern, um auch diese Städte zum Widerstand aufzuwiegeln. Die Nationalmacht war auf den Grenzen. Es wurden also in aller Eile Truppen zusammengerafft und in diese Gegenden geschickt. Jeder Offizier hatte das Recht, anzunehmen zum Dienste der Republik, was nur wollte. Ja, wer 20, 30 bis 40 Mann zusammen hatte, durfte sich zu ihrem

Anführer aufwerfen, und er blieb es. Es ging da ohngefähr so zu wie bei der Errichtung des östreichischen Freikorps. Daß nun bei diesen Leuten sich allerlei Gesindel einfand, läßt sich denken; aber die Not war dringend, und man durfte auf diesen Mißstand nicht lange Rücksicht nehmen.

Und diese so errichteten Korps hießen mit einem Namen die armée révolutionnaire und waren die echtesten aller Ohnehosen oder Sansculottes. Daß aber mit dergleichen Leuten sich etwas recht Tüchtiges ausrichten lasse, beweisen die blutigen und entsetzlichen Belagerungen von Lyon und Toulon, die in der Geschichte aller Zeiten wenig ihresgleichen haben.

Nachdem Lyon erobert war, gingen viele dieser Truppen nach den Grenzarmeen, viele aber blieben in den Städten von Lyonnois, Dauphiné, Provence usw., damit man sie, wenn ja noch einige Reste von Rebellion sich regen sollten, sogleich bei der Hand haben könnte.

Bei dieser armée révolutionnaire waren mehrere Bataillons, welche aus ausländischen Deserteurs und Kriegsgefangenen zusammengesetzt waren und sich den Ruhm der Tapferkeit miterwarben. Zwar war es schon im Dezember 1793 verboten worden, Ausländer bei den Armeen aufzunehmen, welche auf den Grenzen Krieg führten, aber bei der revolutionären Armee durften sie noch immer dienen. Und zu so einem Bataillon sollte ich denn auch stoßen nach der Absicht des braven Landrins.

In Mâcon meldete ich mich beim Kriegskommissär, und dieser sagte mir, das deutsche Bataillon sei in Lyon, ich könnte aber hier nähere Nachricht einholen, da Sansculottes in Mâcon lägen, welche erst vor einigen Tagen von Lyon gekommen wären.

Ich war über diese Nachricht froh und suchte und fand eine Schenke, worin es vor Sansculotten strotzte. Kaum hatte ich mich hingesetzt, als ein derber Ohnehose mich anredete und fragte, wo ich herkäme und wo ich hinwollte.

Ich: Will nach Lyon und suche Dienste.

Er: Was bist du für ein Landsmann?

Ich: Ein Deutscher. Ich habe den Preußen gedient, bin aber nach Frankreich gekommen, die gute Sache unterstützen zu helfen.

Er: Bravo! (Trinkt mir zu.) Auf das Wohl der Republik! Also du gehst nach Lyon! Kannst übermorgen Gesellschaft haben; es gehen einige von hier dahin. Dienst kriegst du auf alle Fälle, foutre! Jetzt sauf!

Den dritten Tag nach meiner Ankunft zu Mârcon ging ich mit vier Sansculotten auf Lyon.

Lyon

Lyon hieß damals Commune affranchie, weil diese Stadt sozusagen aus den Händen der Aristokraten wie aus einer Sklaverei gerissen und der Freiheit wiedergegeben war. Sie hat diesen Namen so lange behalten, als die Jakobiner den Meister öffentlich spielten; nachher wurde der alte Name Lyon wieder hervorgesucht.

Diese Stadt, welche ehemals nach Paris die schönste, volkreichste und wohlhabendste in ganz Frankreich war und deren Handel wegen ihrer Industrie und wegen ihrer herrlichen Lage an zwei schiffbaren Wässern, der Rhône und der Saône, sich in die ganze Welt verbreitet hatte, gibt nun dem Reisenden einen traurigen Anblick. Lyon ist zwar nicht abgebrannt, aber ihre besten Paläste, Hospitäler, Fabriken, Kirchen usw. liegen in der Asche, und die übrigen Häuser sind größtenteils gar sehr beschädiget. Was aber das ärgste ist, so ist das Blut von mehr als 10000 ihrer Bewohner in und unter ihren Mauern geflossen, und niemals sind so viele tote Körper in die Rhône geworfen worden als im Winter 1793/94. Die Kunstwerke, woran in Lyon ein Überfluß war, sind nun alle zerstört, und da, wo sonst Ludwigs XIV. metallene Bildsäule stand, stand damals, als ich da war, die Guillotine, worauf jeder sterben mußte, der nur von Königen und Regenten Gutes sprach. Es ist doch ein wunderbarer Wechsel in den menschlichen Dingen!

Die Bürgerschaft zu Lyon bestand sonst meist aus Handelsleuten und Fabrikanten, und diese hatten sich mit schwerem Gelde manche Monopolien angekauft. Gewisse Zeuge, welche zum Beispiel in Vienne gemacht wurden, mußten erst nach Lyon gebracht und da gestempelt werden, sonst durften die Verfertiger sie bei schwerer Strafe nirgends verkaufen. Ein auffallendes Beispiel des Lyoner Handelsdespotismus gibt die arme Stadt Avignon. Diese hatte ehedem viele und schöne Fabriken, worin gedruckte Leinwand gemacht wurde, und von diesem Verkehr lebten die Einwohner. Aber die Lyoner steckten sich hinter den päpstlichen Vize-Legaten – Avignon gehörte vorzeiten dem Papste –, boten Geld über Geld, und der Heilige Vater verbot die fernere Verarbeitung der gedruckten Leinwand in seiner eignen Stadt, damit die Einwohner einer fremden Stadt mehr Vorteil davon ziehen könnten. So väterlich sorgte der Heilige Vater für seine Leute, und seine Leute – darbten.

Zu Anfange der Revolution waren die Lyoner ganz auf seiten der Assemblée nationale. Aber sobald sie sahen, daß eine republikanische Verfassung statthaben sollte, gleich änderten sie ihre Gesinnungen. Bei dem vorgeschlagnen Systeme des Föderalismus waren nirgends eifrigere Verteidiger dieser Fratze als eben die

Herren zu Lyon, denn da dachten sie doch wenigstens die zweite vornehmste Republik unter den 84 fränkischen Republiketten auszumachen. Aber nichts wollte ihnen weniger in den Kopf als die allgemeine Freiheit des Handels, weil dadurch alle ihre Monopolien wegfielen. So patriotisch dachten die Lyoner!

In Lyon hatte sich ebenso wie in den meisten französischen Städten ein starker Klub von Volksfreunden oder Jakobinern gesammelt, der aber freilich nur sehr wenige von den Großen und Reichen unter seine Mitglieder zählte. Da aber die Jakobiner sich besonders für echte Patrioten ausgaben und in dieser Rücksicht oft sehr anzüglich und verächtlich von den Petitmätern oder Muscadins redeten, auch noch obendrein eine Surveillance für sich, freilich mit Genehmigung der Obrigkeit, errichteten, so gerieten sie immer mehr mit denen zusammen, welche nicht Jakobiner waren.

Endlich verlor Ludwig Capet sein Leben, und der Jakobinerklub gab deshalb eine Adresse an den Konvent, um diesem für die Hinrichtung des Tyrannen zu danken. Diese Adresse war das Signal zur Rebellion. Sie war von mehrern Tausend unterzeichnet und enthielt unter andern, daß hier der Konvent die Namen aller rechtschaffnen Bürger und aller wahren Patrioten in Lyon sehen könnte. „Es gibt zwar", hieß es in diesem Aufsatz weiter, „hier noch einige, welche blödsinnig oder boshaft genug sind, eure Anstalten zu mißbilligen, aber wir hoffen, daß unser Eifer für das gemeine Wohl alle ihre Machinationen zerstören soll."

Die Adresse wurde dem Bulletin einverleibt und sollte nun der Gewohnheit nach auch in Lyon angeschlagen werden. Aber darüber entstand ein Auflauf, wobei viele Menschen von seiten der Jakobiner und der Patrioten – denn so nannten sich um jene Zeit die Lyoner Aristokraten – ermordet wurden. Der Auflauf war hart an dem Rhône, und der Fluß strotzte vor Leichen.

Der Präsident des Jakobinerklubs, Chalier, ein unternehmender Kopf, riet jetzt, daß man, um fernern Aufstand zu verhüten, die Straßen mit Kanonen besetzen sollte. Er gab davon der Munizipalität Nachricht, aber diese verwarf den Anschlag, und die Feinde der Jakobiner stellten den Bürgern vor, daß man die Absicht habe, alle Nichtjakobiner niederzumachen. Dieses Vorgeben war an sich absurd, fand aber doch Eingang, und Chalier wurde angeklagt, auch eingesteckt, aber sogleich wieder freigemacht. Dabei aber blieb es nicht, denn um Mitternacht überfielen die Aristokraten den Saal, worin die Jakobiner zum Teil noch versammelt waren, töteten deren über 150 und zerstörten das ganze Gebäude. Bei dieser Gelegenheit kam die ganze Stadt in Harnisch, und gar viele Menschen wurden selbige Nacht ermordet.

Chailler ward flüchtig, und die Jakobiner klagten eine große Liste von Lyonern als Aristokraten und Feinde der Republik zu Paris an. Der Konvent schickte auch einige Sansculotten, welche dann doch in Lyon Furcht verbreiteten. Da aber diese bald zur italienischen Armee abgingen, so wollten die Lyoner, daß die Regierung geändert und ein Interims-Parlament errichtet werden sollte. Dieses Parlament sollte weder im Namen des Königs noch des Konvents regieren, und am Frieden würde man ja sehen, zu welcher Partei man sich bekennen sollte. Das war so ein Vorschlag von Kaufleuten, die ihrer Sache ganz gewiß sein wollen, doch ohne es sich etwas kosten zu lassen.

Der Konvent befahl der Lyoner Munizipalität, diese gefährlichen Unternehmungen zu hindern, und diese, mit Einverständnis der Jakobiner, errichteten in Lyon eine armée révolutionnaire von drei Bataillons: Freiheit, Gleichheit, Brüderschaft. Täglich zog eins dieser Bataillons auf die Wache, patrouillierte durch die Stadt und steckte jeden, der ihnen verdächtig vorkam, ins Gefängnis. Es ist gar nicht zu leugnen, daß auch hierbei sowohl von den Jakobinern als von der Revolutions-Armee gar manche Exzesse vorgefallen sind.

Viele Lyoner Bürger, aber auch viele Jakobiner wurden bei den von Paris geschickten Repräsentanten als Störer der öffentlichen Ruhe angeklagt und eingesteckt. Die Bürger befreiten ihre Mitbürger mit Gewalt aus dem Gefängnis; das nämliche taten auch die Jakobiner, und beide Parteien forderten endlich, daß man ein besonderes Gericht errichten sollte, um die Streitigkeiten zwischen der Partei des Konvents (parti de la convention) und der Partei der Unparteilichkeit (parti de l'impartialité) zu entscheiden. Über diesen seltsamen Vorschlag verloren viele Menschen ihr Leben. Die in Lyon stehende Revolutions-Armee, ohngefähr 1800 Mann stark, war bei den fast alle Tage vorfallenden Gefechten mit den Unparteiischen – so nannten sich um diese Zeit die Aristokraten – bis auf ohngefähr 800 herabgeschmolzen und den Lyonern gar nicht mehr fürchterlich. Sogar die Jakobiner wurden gezwungen, die Stadt zu verlassen und sich nach dem Gebürge zu flüchten; was zurückblieb, wurde totgeschlagen. Auch die Ohnehosen zogen aus.

Der Konvent hatte dem General der Alpenarmee Befehl erteilt, eine Truppe von vier Bataillons nach Lyon zu schicken. Das geschah auch, aber die Lyoner fochten gegen die Truppen der Republik so heftig und so glücklich, daß sie das Feld erhielten und die Soldaten des Konvents beinahe gänzlich niedermachten. Dies geschah am 29. und 30. Mai 1793.

Die Lyoner feierten jetzt ein Siegesfest, wie noch keins war gefeiert worden. Sie ließen öffentlich eine Kirche vom republikanischen Greuel reinigen, zogen in

Prozession dahin, ließen Messe lesen für das Wohl des Königs Ludwigs XVII. und für das Verderben der Demokraten*. Die päpstliche Bulle wider die Feinde der Kirche wurde öffentlich angeschlagen und was der aristokratischen Narrheit und der kaufmännischen Politik und Theologie mehr war. Aber abscheulich war es, daß man nun die noch in Lyon befindlichen Jakobiner aufsuchte, sie mordete, ja sogar ihrer Weiber und Kinder nicht schonte. Selbst die Repräsentanten waren ihres Lebens nicht mehr sicher und mußten die besten Gute-Worte geben, auch versprechen, sich bald wegzubegeben. Übrigens ist es völlig falsch, was der Korrespondent des Herrn Girtanners sagt, daß selbst die Lyoner dem Konvent von dem Nachricht gegeben hätten, was bei ihnen vorgefallen wäre, vielmehr weigerten sie sich von da an, den Konvent anzuerkennen, indem sie unparteiisch bleiben wollten. Sie stellten sogar den Adel wieder her, ja einige adelten sich selbst in Hoffnung, daß Ludwig XVII. dereinst ihren Adel bestätigen würde. So tollkühn war man in Lyon!

Chalier und mehrere seiner Anhänger wurden gefangengesetzt und vor einem aristokratischen Tribunal verhört. Man fragte ihn, ob er den Sohn Ludwigs XVI. für seinen Herrn erkenne? „Nein!" antwortete er. „Das Gesetz ist mein Herr, und der junge Capet ist ein so dummer Junge, daß ich ihn nicht einmal zu meinem Bedienten haben möchte." Diese Antwort gab er, sooft man ihm obige Frage vorlegte: man legte sie ihm aber alle Tage vor.

Der Konvent foderte die Untersuchung des Prozesses über Chalier und seine Freunde, allein die Lyoner versagten den Gehorsam und instruierten den Prozeß dieser Unglücklichen ganz für sich. Sie wurden alle hingerichtet.

In Lyon hatte man die Nationalkokarde abgeschafft und an deren Stelle eine weiße oder die königliche aufgesteckt. Chalier küßte noch auf der Blutbühne die dreifarbige Hutschleife, und dafür wurde nach seiner Hinrichtung sie zum Spott an seinen abgehackten Kopf genagelt.

Wenn die Guillotine recht geht, so muß der Kopf auf einen Schlag herabfahren, wenigstens kann er nur noch an der unteren Haut hängen bleiben. Aber bei der Hinrichtung des Chalier wurde das Messer so eingerichtet, daß es dreimal fallen mußte, ehe der Unglückliche sterben konnte. Dieser Umstand von der Barbarei der Lyoner ist in Frankreich allgemein bekannt, und bloß aus dieser

---

* Monopolien sind gegen das Interesse jeder Nation, fördern aber das Chatouillen-Interesse der Fürsten und deren Minister sehr. Es wird also Geld reichlich spendiert, und das Monopol ist fertig. Aber eine ganze Nation durch Bestechung dahin zu bringen, daß sie einzelnen etwas einräume, was allen schadet – das sahen die Lyoner und Konsorten ein, daß das nicht ginge: und daher ihre Anhänglichkeit an den Thron und ihr Haß gegen Demokraten und Demokratismus!

Ursache ist hernach auch der Henker oder der Guillotineur hingerichtet worden: er hatte gegen das Gesetz einen Menschen bei der Exekution gemartert.

Auch die Volksrepräsentanten mußten jetzt Lyon verlassen und begaben sich nach Paris, wo sie von allem, was in der rebellischen Stadt vorgefallen war, genaue Nachricht gaben. Der Konvent faßte denn nach strenger Untersuchung der Sache ein Dekret ab, daß die Stadt Lyon für rebellisch erklärt, erobert, geplündert und von Grund aus zerstört werden sollte. Zwischen der Saône und dem Rhône sollte eine Schandsäule errichtet werden mit der Inschrift, daß hier dereinst eine berühmte Stadt gestanden habe, welche aber rebellisch geworden sei und deshalben so jämmerlich nun daniederliege.

Chalier wurde des Pantheons würdig erklärt, und beinahe in allen Städten wurden Straßen und Hospitäler nach seinem Namen benannt. Er, Lepeletier und Marat hießen lange Zeit die vornehmsten Märtyrer der Freiheit.

Meine Lage bei den Sansculotten

Ich habe nicht nötig zu erzählen, wie Lyon von der größern republikanischen Armee erorbert und zerstört, d. i. aufs fürchterlichste zugerichtet worden ist; das mögen meine Leser in unsern Journalen suchen, wo sie die nähern Umstände dieser grausamen und entsetzlichen Tragödie finden werden. Ich glaube aber doch bewiesen zu haben, daß der Konvent bei den damaligen mißlichen Umständen nicht anders konnte, als so ein hartes Urteil über Lyon zu sprechen. Lyon rebellierte gerade zu einer Zeit, wo die Republik noch keine innere Konsistenz hatte und auf allen Seiten von den fürchterlichsten Feinden bedroht und geängstiget wurde. Und hätten sich die Städte Marseille, Toulon und Lyon behaupten können: dann gute Nacht Republik, gute Nacht Freiheit!

Ich ging noch den nämlichen Tag, als ich in Lyon angekommen war, hin und wieder herum, fand aber wenig Straßen, wenig Winkel, wo das Elend der Zerstörung nicht sichtbar gewesen wäre. Ganze Reihen Häuser waren weggebrannt und gerade die allerschönsten. Kirchen, Klöster und alle Gebäude der ehemaligen großen Herren waren ruiniert. Auch hatten die Hospitäler während der Belagerung großen Schaden erlitten. Als ich an die Guillotine kam, floß das Blut derer, welche wenige Stunden vorher waren geköpft worden, noch auf dem Platze. Dieser Anblick machte mich schaudern. Ich trat in eine nahe Schenke zu einem Haufen Ohnehosen und sagte, es würde doch hübsch sein, das Menschenblut dort wegzuschaffen. „Warum?" antwortete einer. „Das ist aristokratisches Rebellenblut, das müssen die Hunde auflecken. Hast du heute guillotinieren sehen?" – „Nein." – „Nun gut, morgen spielt man das nämliche Spiel, dann kannst du zuschauen."

Die Leute sprachen vom Kopfabschlagen, wie wenn sie vom Nußklöpfen gesprochen hätten: „Alles, was aristokratisch ist, muß sterben!" war allemal der Refrain. Man ging bei der Untersuchung auch nicht immer sehr genau zu Werke, und es war schon hinlänglich, von Adel oder Priester gewesen zu sein, um den Kopf zu verlieren, wenn man auch sonst nichts begangen hatte. „La noblesse, la prêtrise, ce sont des crimes", hieß es, und das Urteil war fertig.

Die Guillotine reichte zum Hinrichten nicht zu, und so schoß man die unglücklichen Schlachtopfer vor dem Tore mit Kartätschen tot, und was da nicht gleich auf der Stelle blieb, das expedierten die Sansculotten mit ihren Säbeln und Bajonetten. Und doch waren alle Grausamkeiten, welche durch die Guillotine und die Füsiliaden in Lyon vorgingen, noch lange nicht hinreichend, die Wut und Rachsucht der Ohnehosen zu begnügen. Sie hatten gehofft, Lyon sollte nach dem ersten Konventsschluß geplündert und verbrannt werden, und als dieses nicht geschah, da murrten sie laut.

Die zum Tode Verurteilten gingen größtenteils mit vieler Gleichgültigkeit und manche mit wahrer Frechheit zum Richtplatz, ja es war sozusagen wider den guten Ton, Betrübnis oder Furcht vor dem Tode blicken zu lassen. Ein Beispiel muß ich hier erzählen als einen Beweis von Liebe, die auch im Tode standhaft blieb.

Die achtzehnjährige Gattin eines jungen Lyoners hatte ihrem Bruder bei den Emigranten etwas von ihrem Schmuck schicken wollen, damit er es verkaufen und davon leben könnte. Der Brief, worin kleine Diamanten sehr künstlich unter dem Siegel versteckt lagen, wurden aufgefangen, und nach der Eroberung der Stadt wurden der Mann und die Frau eingezogen und inquiriert. Die Frau leugnete, daß ihr Gatte um das Geschenk für ihren Bruder gewußt hatte, er aber widersprach und gestand, daß er allerdings darum gewußt, ja sogar zur Absendung desselben geholfen habe. Da nun das Gesetz alle die zum Tode verurteilt, welche den Emigranten die geringste Hülfe leisten wollen, so wurden diese beiden jungen Eheleute, welche weiter keinen Teil an der Lyonschen Rebellion genommen hatten, zur Guillotine abgeführt.

Sie erschienen beide auf dem Blutgerüste, hielten sich fest umschlungen und sagten sich ganz unbefangen die zärtlichsten Dinge. Endlich riß die junge schöne Frau sich los und sagte zu ihrem Gatten, der sie wieder umarmen wollte: „Hâtons ce moment, mon ami; c'est pour nous rejoindre bientôt!"* Sie legte sich sofort aufs Brett, und ihr Kopf flog herunter. Ihr Geliebter bat den Guillotineur, ihn die teuren Wangen seiner Freundin noch einmal küssen zu lassen, und als dieses geschehen war, übergab er sich mit der größten Gleichgültigkeit den Händen des Henkers. Als der Guillotineur beide Köpfe dem Volke hinwies, schrie auch keine Seele: „Es lebe die Republik!", wie doch sonst gewöhnlich ist; alle schauten in stumpfen Schmerz verloren vor sich hin und bewiesen dadurch, daß sie noch nicht alles Gefühl für Natur und Menschlichkeit verloren hatten. Diese Geschichte war lange das Gespräch des Tages und wurde mit sehr humanen Glossen begleitet. „Natur", riefen viele, „edle, allmächtige Natur, was ist gegen dich Kunst, Politik und Tod!"

Den Tag nach meiner Ankunft ging ich zum Kommissär, wie er mich bestellt hatte. Er las das Zeugnis des Hauptmanns Landrin sehr aufmerksam durch und sagte dann zu mir: „Ja, du kannst vielleicht hier ankommen als Volontär bei den Truppen der Republik, aber da muß ich dich an einen Colonel weisen. Gehe hin auf die Place Marat zum Colonel von Montagne, der nimmt dich ohne Zweifel."

Ich traf nun zwar den Colonel nicht, wohl aber einen andern Offizier, der mich, nachdem ich mein Anliegen eröffnet hatte, sogleich mitnahm und in die Ecurie führte, wo eine ganze Kompagnie Ohnehosen beisammen Quartier hatte. Diese Ecurie war vorzeiten ein prächtiges Gebäude nahe an der Saône und hatte einem Prinzen zugehört. Man nannte diesen Palast seit der Revolution Ecurie oder Pferdestall, um dadurch die Lebensart der ehemaligen Prinzen in Frankreich durchzuhecheln, die ausgesuchtes Futter gehabt hatten, ohne es zu verdienen, und ebenso zügellos sich gebärdeten wie jedes unbändige Pferd.

Hier fand ich Ohnehosen von allerlei Volk: Deutsche, Italiener, Spanier und Holländer, meistens Deserteurs, auch Kriegsgefangne mitunter, welche man zur Zeit des Aufstandes im mittäglichen Frankreich bewaffnet hatte. Die meisten aber waren durchgängig Franzosen, und so war ihr Nationalinteresse durch ihr Übergewicht vor dem Privatinteresse der Rebellen und Ausländer gesichert. Bei dem Anblick dieses buntscheckigen Gemisches von Leuten, welche noch größtenteils die Uniform der Herren trugen, denen sie kurz vorher gedient hatten, fielen mir die Volonen der Römer ein, von welchen der große Diktator sagte, sie seien immer gut genug, für das gemeine Wohl zu fechten. Ich konnte daher bei der wunderseltsamen Karikatur nicht lachen, die diese Miliz beim ersten Anblick machte.

* „Lassen wir diesen Augenblick beschleunigen, mein Freund, damit wir bald wieder vereinigt werden!"

Als der Offizier und ich ankamen, schrie er: „Citoyens Sansculottes, hier bring ich euch einen Deutschen, der aber französisch spricht. Er will brav werden wie ihr!" – „Vive la république!" schrie mir gleich der ganze sansculottische Schwarm entgegen. Ich erwiderte diesen Zuruf mit den nämlichen Worten und war sofort gleich unter den Burschen bekannt.

Ich wollte mir nun auch Kameraden nach meinem Geschmack suchen, mit welchen ich nähern Umgang pflegen könnte. Den deutschen Deserteurs traute ich wenig, wie ich denn überhaupt sagen muß, daß unter zehn Deserteurs allemal neun schlechte Kerls sind. Nicht als wenn ich die Desertion an und für sich für ein schlechtes Stückchen hielte – wie könnten sonst Fürsten und ihre dienstfertigen Werber so gierig nach ihnen haschen! –, sondern weil ein braver Bursche, sobald er von vernünftigen Offizieren als Mensch menschlich behandelt wird, selten in die Notwendigkeit versetzt wird, überzulaufen. Also machte ich mich an einige französische Sansculotten – sie nannten sich selbst so oder révolutionnaires; Soldaten wollten sie nicht heißen, auch nicht einmal Volontärs –, redete freundlich mit ihnen und bat sie, mit mir ins Wirtshaus zu gehen, wo ich eine Bouteille zahlen wollte. Drei gingen mit, und da ich mit Papier und Geld noch ziemlich versehen war, so ließ ich sie gut bewirten.

Die Ohnehosen waren fidele Brüder, alle drei aus Auvergne, die bald meine Freunde wurden. Sie gaben mir weitläufige Nachricht von dem Zweck ihres Berufes. „Wir sind bloß da", sagten sie, „die Rebellen, die Verräter des Vaterlandes, die Aristokraten, die Edelleute und die Pfaffen totzuschlagen. Bei uns heißt es kurzweg: Friß Vogel oder stirb! Pardon geben oder nehmen sind uns unbekannte Dinge. Du solltest nur gesehen haben, wie unsre braven Brüder da draußen vor dem Rackernest (Lyon) zusammenstürzten! Alle Tage kamen Hunderte, oft Tausende um, aber das machte uns nicht irre! Wir marschierten über die Leichen unsrer Kameraden und kriegten doch endlich das Rebellennest. Schade nur, daß wir es nicht abbrennen durften! Recht tust du übrigens, daß du zu uns dich gesellst, aber den Tod darfst du nicht scheuen! Foutre! Es lebe die Republik!"

Das war so die Instruktion, welche die Ohnehosen mir gaben, und daß sie echt war, habe ich aus vielen Beweisen eingesehn. Ich fragte auch, wie sich die Ausländer bei ihnen aufführten, und hörte da zu meiner Freude, daß die Deutschen allemal brave Ohnehosen wären, besser als die Spaniolen und noch besser als die Italiener, welche man vorwärtsstoßen müßte. Aber wer einmal bei ihnen sei, der müßte wohl brav werden, denn wollte er sich fürchten und weichen, so stieße ihm sein nächster Kamerad das Bajonett in den Wamst, und dann wäre er schon bezahlt.

Der Dienst der Ohnehosen in Lyon bestand außer den Wachen, welche sehr stark und allemal mit scharf geladnen Gewehren besetzt waren, darin, daß sie Tag und Nacht starke Patrouillen machten, alles Verdächtige arretierten und alle Tage einen Kreis um die Guillotine schlossen; denn alle Tage wurden mehrere hingerichtet. Ich fragte auch nach den ausländischen Bataillons, hörte aber, daß sie nicht mehr existierten, sondern verteilt wären. Wie stark aber damals die Revolutionsarmee war, konnte mir niemand sagen, denn täglich kamen einige hinzu und einige gingen ab. Diese Armee war in dem ganzen mittäglichen Frankreich, in dem ehemaligen Lyonnois, Dauphiné, Languedoc und Provence zerstreut, wo ihrer viele von den Aristokraten oft erschlagen wurden, viele auch davonliefen oder mit Pässen sich nach der Armee begaben, welche in der Vendée gegen die Brigands kämpfte. Doch sollen auch damals noch wenigstens 80 000 Mann Revolutionstruppen in jenen Gegenden gestanden oder vielmehr herumgeschwärmt haben.

Wenn man nun überlegt, daß vor sechs Monaten von allen diesen Kriegern noch keiner ein Gewehr trug und daß doch damals schon durch sie die ganze fürchterliche Rebellion im mittäglichen Frankreich gedämpft, Marseille beruhiget, Lyon erobert und Toulon zerstört war, so kann man sich so ohngefähr einen Begriff machen, was eine Nation vermag, welche für ihre Freiheit aufsteht. Diese schafft Armeen in einem Zeitraum, worin die Monarchen ihre schon längst stehenden, längst geübten Heere kaum aus ihren Garnisonen führen können. Es ist beinahe unglaublich, welche Märsche die Ohnehosen gemacht und wie geschwinde sie an Orten operierten, wo man sie noch lange nicht einmal vermutete. Gegen solche Krieger hilft weder Kriegslist noch Taktik noch überlegene Macht. Nichts kann sie zurückwerfen als gleicher Mut. Und welches Monarchen Krieger messen sich wohl an Mut mit Republikanern, die für ihre eigne Sache fechten und dabei nichts sehen als Sieg oder Tod?

Den folgenden Tag ging ich in Begleitung mehrerer Ohnehosen zum Colonel, welcher ehedem ein ehrlicher Seifensiedergeselle gewesen war, aber bei der Eroberung von Lyon seine Bravour auffallend bewiesen hatte. Er sah mich freundlich an, und nachdem er verschiedene Fragen über meinen Patriotismus und über meinen Haß gegen alle Aristokraten und Pfaffen getan hatte, sagte er: „Tu peux exister avec nous; tu auras bientôt un fusil." Das war mein ganzes Engagement. Handgeld ist überhaupt bei den Franzosen schon längst nicht mehr Mode, denn sie meinen, durch Annehmung eines Handgeldes verkaufe der Mann sich und seine Haut und werde dadurch leibeigen. Wer aber so niederträchtig oder so dumm sein könnte, sich um irgendeinen Preis zum Leibeignen zu verkaufen, der verdiene Verachtung und sei nicht wert, daß er das Vaterland und die Würde und die Rechte des Menschen verteidigen helfe. Sie setzen hinzu: wer durch viehhändlerischen Selbstverkauf Verräter an sich wird, wird es weit eher an andern werden. Dies ist es, warum der französische Volontär kein Handgeld nimmt und noch weniger der Sansculotte. Der Soldateneid ist auch ganz abgeschafft wie jeder andere. „Wer schwört mehr Eide", sagen sie, „als die Söldner der Fürsten, und wer achtet sie weniger als wieder sie! Dies zeigt die Menge ihrer Deserteurs."

Der Colonel hatte nicht einmal nach meinem Namen gefragt, und erst einige Zeit hernach schrieb mich der Sergeant ins Register. Sogar der Korporal, welcher das Prêt oder die Löhnung und das Brot besorgen mußte, machte bloß ein Zeichen, daß er nun einen Mann mehr zu besorgen hatte.

Ich war sehr vergnügt, nun bei den Sansculotten zu existieren, und trank mit einigen Kameraden bis den andern Morgen auf das Wohl der Republik und der Sansculotterie. Warum ich vergnügt war? Je nun, meine Herren, weil ich bei einem Korps existierte, wovon ich mich losmachen konnte, sobald ich wollte; denn kein Sansculotte ist gebunden. Auch sah ich die Möglichkeit vor mir, irgend etwas zu tun, was mich der Republik hätte empfehlen können; und nun die Ehre, einer freien Nation zu dienen! Vielleicht war ich auch darum vergnügt, weil ich das Besondere liebe. Und ich als Sansculotte – war doch wohl was Besonderes?

Daß es mir leicht war, die Gunst aller meiner Kameraden zu erwerben, sowohl der Offiziere als der Gemeinen – denn die alle heißen Kameraden oder Brüder –, bilden sich diejenigen meiner Leser schon für sich ein, die mich von meiner Wiege an kennen. Ich tat alles, was sie taten, schwadronierte wie sie, lief herum wie sie, trank wie sie, schimpfte auf Aristokraten und Pfaffen wie sie und war also in allen Stücken gerade wie sie. Mein Dienst erstreckte sich, solange wir in Lyon waren, bloß auf das Patrouillieren und zur Guillotine ziehen, um welche wir täglich nachmittags um zwei Uhr einen Kreis schließen mußten. Ich würde, denk' ich, meine Leser beleidigen, wenn ich ihnen noch viel von dem traurigen Spektakel schildern wollte, vor welchem ich anfänglich zurückschauderte, hernach aber es gleichgültig oder doch ohne Zuckungen betrachten konnte.

Einer von den Repräsentanten, welche damals in Lyon das schreckliche Amt, die Empörer zu strafen, ausübten, war der in ganz Europa bekannte Collot d'Herbois. Von diesem Manne habe ich in Lyon eben nichts Vorteilhaftes, doch auch nichts Nachteiliges reden hören. Aber nach meiner Rückkehr nach Deutschland habe ich erfahren, d'Herbois sei Komödiant gewesen und habe ehedem in Lyon gespielt, wo man seine elende Aktion brav ausgezischt habe. Nachher sei er Mitglied des Nationalkonvents geworden und habe die Bestrafung der

Lyoner übernommen, vorzüglich, um sich wegen des ihm auf dem Theater in dieser Stadt widerfahrnen Schimpfes zu rächen.

Ich kann nicht sagen, ob diese Theatergeschichte gegründet sei, doch scheint es mir eben nicht sehr. In Lyon selbst habe ich nichts davon gehört, und in Lyon war man eben nicht gewohnt, von den Volksrepräsentanten mit Schonung zu sprechen. Es gibt dergleichen Anekdoten mehr. So soll zum Beispiel Robespierre ein naher Anverwandter des im Jahre 1757 zu Paris hingerichteten Franz Damiens gewesen sein und eben wegen dieser Hinrichtung die Bourbonen so sehr gehaßt haben. Es gibt überhaupt keinen Mann, der sich bei der jetzigen Revolution ausgezeichnet hat, dem man in den deutschen Zeitungen, Journalen, Annalen und dergleichen nicht etwas anhinge. Und wenn man ja weiter nichts weiß, so sprengt man aus, General Pichegru sei doch nur eines Bauern Sohn, General Hoche ein Handwerker von Profession, General Lefebvre ein uneheliches Kind usw. Aber da Pichegru, Hoche und Lefebvre bewiesen haben, daß Bauernsöhne, Handwerker und Hurkinder große Helden werden können, welche Hochgeborne, Durchlauchtigste, Hochwürdigste, Exzellente Generale zurückwerfen und besiegen, so kompromittieren solche Anekdotenkrämer am schändlichsten sich selbst und beweisen jedem denkenden Menschenforscher, daß eine alberne Plappergans weiter keine Rücksicht verdiene.

General Laporte wollte gegen das Ende des Jänners von Lyon nach Vienne, einer beinahe acht Stunden von Lyon gelegnen Stadt. Er ließ unter den Sansculotten bekanntmachen, daß er ohngefähr 600 Mann nötig habe: wer mitwolle, könne sich melden. Diese Art, zum Marsch aufzufodern, vermeidet alles Passive, und der Anführer kann auf seine Leute um so zuverlässiger rechnen, je mehr es ihr eigner Wille ist, unter ihm zu agieren.

Ich hatte zwar Lust, noch in Lyon zu bleiben, aber meine Kameraden redeten mir zu mitzugehen, weil sie vermuteten, daß da unten in dem verfluchten Gebürge der Aristokraten etwas für sie zu tun sein würde. Ich ließ mich also auch einschreiben und zog nebst anderen Haufen mit einem von 150 Mann, welchen ein Colonel führte, nach Vienne. Auch unsre 150 Mann nannten sich sogleich „Bataillon de la Montagne".

Vor dem Tore befahl der Colonel, daß den andern Morgen um elf Uhr alle in Vienne sein müßten; er müßte erst noch zurück in die Stadt und würde schon nachkommen. Darauf ritt er zurück, und wir machten, wie es jetzt unter den marschierenden Franzosen gebräuchlich ist, truppweise vorwärts. Der anführende Offizier oder General zeigt den versammelten Leuten gewöhnlich nur den Ort ihrer Bestimmung und die Zeit, wann sie diesen erreichen sollen, an und überläßt es ihnen, ihren Marsch dann nach ihrer Bequemlichkeit darauf einzurichten.

Wer je ein preußisches Regiment hat marschieren sehen, der müßte sich sehr gewundert haben, wenn er bei unserm Trupp einen Soldatenmarsch hätte entdecken sollen. Wer aber die Preußen aus Champagne hat ziehen sehen, der kann, was die Unordnung anbetrifft, sich so ohngefähr vorstellen, wie die Ohnehosen von einem Orte zum andern wandern, aber auch bloß nur, was die Unordnung anbelangt; denn wir waren alle nicht so siech und krank, nicht so hungrig und nicht so abgerissen als die Preußen damals, ob wir gleich wegen der sehr verschiedenen Kleidung buntscheckig genug aussahen.

Die Bürger zu Vienne hatten an der Lyoner Rebellion keinen Anteil genommen. Sie wunderten sich also gar sehr, daß man sie, wie sie meinten, exequieren wollte, und versagten unserm Trupp den Eingang, ob sie gleich das Tor nicht sperrten. Die Ohnehosen, welche auf einer großen Wiese an dem Rhône versammelt standen, fluchten und schwuren hoch und teuer, daß sie eindringen und alle Muscadins morden wollten, die sich weigern würden, die braven Rächer der Republik aufzunehmen. Der Lärmen ward endlich allgemein, und Laporte hatte Mühe, die Ruhe unter ihnen herzustellen. Er ritt selbst in die Stadt und versicherte die Bürgerschaft, daß diese Einquartierung ganz und gar keine Exekution sei und daß diese Truppen kaum drei Tage dableiben würden. Auf diese Versicherung empfingen uns die Bürger mit Freudengeschrei, und unser Trupp kam in ein Kloster zu liegen.

„Das sind doch verfluchte Kerls, die Vienner", sagten die Ohnehosen. „Foutre! Man muß ihre Gesinnungen untersuchen!" In dieser Absicht zerstreuten sich nun fast alle in der Stadt hin und wider, liefen in die Häuser und bekamen überall, wo sie einkehrten, vollauf zu trinken, so daß endlich der ganze Trupp so ziemlich benebelt gegen Abend in das Kloster zurückkam. Hier gestanden sie denn, daß die Einwohner der guten Stadt Vienne rechtschaffene Citoyens, gute Patrioten und gute Jungens wären.

Wir blieben nur eine Nacht in Vienne; denn am andern Tage wurden wir beordert, abzugehen und die Straße nach Grenoble zu nehmen. Alle Ohnehosen steckten die Köpfe zusammen und fragten sich, was das wohl zu bedeuten habe? Aber selbst die Offiziere, welche wir bei uns hatten, wußten keine Auskunft. Wir erhielten auf zwei Tage Brot, und nun marsch aus dem alten Vienne, wo die Straßen ebenso kotig sind als in der Vorstadt Glaucha zu Halle.

Fünf ganze Tage brachten wir unterwegs zu, obgleich es kaum zwanzig Stunden von Vienne nach Grenoble sind. Wir machten aber sehr große Umwege, um

Dörfer zu erreichen und da einmal auf gut sansculottisch zu trinken, d. h. ohne zu bezahlen; denn auf den Dörfern zahlt ein echter Ohnehose nichts. Dann ist auch der Weg in jenem Lande wegen der fürchterlichen Gebürge und wegen der vielen Flüsse sehr übel. – Die Bauern sprechen eine sehr unverständliche Sprache, welche aus Italienisch und Provenzalisch zusammengesetzt ist, doch verstehen sie meistens das Französische. Die Sprache dort herum ist noch schändlicher als die in den Gebürgen von der Franche Comté.

Unsre Ohnehosen gingen, wie man weiß, nicht zusammen, sondern truppweise in mehreren Haufen, verfolgten auch nicht immer denselben Weg, sondern schwärmten herum nach den Dörfern und fragten nur, ob sie auf den Etape und nach Grenoble kommen würden. Endlich sahen wir das friedliche Grenoble von ferne.

Die Dauphiné oder vielmehr das Delphinat – die dortigen Einwohner nennen es selbst so – ist ein sehr gebürgiges, fatales Land, worin aber schöne, fruchtbare Gegenden sind. Dort, wo Grenoble liegt, ist eine recht schöne Gegend, und wenn's nicht so kalt auf den Bergen gewesen wäre, so hätte ich wenigstens die große Kartause besuchen mögen, welche einige Stunden von da auf einem scheußlichen Gebürge liegt. Sie ist jetzt ausgeleert, und alle seltenen Kostbarkeiten sind zerstört.

Diese Kartause war sonst, wie man mir in Grenoble erzählt hat, ein sehr wohltätiges Institut, worin jeden Tag viele Arme gespeiset wurden. Aber zum Ersatz dafür besaß auch diese Kartause beinahe alles gute Land, alle Wiesen, Weinberge usw. auf einige Stunden im Umkreise. Weil es nicht wahrscheinlich ist, daß jemand auf den einsamen Gebürgen dort die Kartause in Zukunft bewohnen werde, und weil die Nation die Kosten des Abreißens wohl niemals daran wenden möchte, so wird dieses weitläufige Gebäude noch viele Jahrhunderte hindurch dem Reisenden ein Dokument des Aberglaubens und der asketischen Nachteulerei bleiben.

Unter den Städten in Frankreich gibt es sehr wenige, worin bei der gewaltsamen Revolution nicht Blut geflossen wäre, und zu diesen wenigen gehört Grenoble. Es steht oder stand zwar damals eine Guillotine auf dem Markte, aber sie war – welches den Einwohnern dieser guten Stadt wahrlich Ehre macht – noch nicht gebraucht worden.

Die Grenobler schienen mir überhaupt durchaus gutmütige Leute zu sein, wenigstens nahmen sie uns alle recht freundlich auf und teilten uns das Ihrige mit, ohne daß wir sie darum ansprachen.

Reise nach Avignon

Unser Marsch war eigentlich nach der italienischen Armee oder nach der Alpen-Armee angelegt. Mehrere Truppen der Revolutions-Armée waren nach der Rhein-Armee, andere nach der Vendée- und einige nach der Pyrenäen-Armee geschickt worden. Die Abteilung, bei welcher ich mich befand, war nach der Alpen-Armee bestimmt.

Wir gingen also ab auf den fatalsten Wegen nach Valence zu. Auf den Bergen war es immer formidabel kalt und in den Tälern gewaltig heiß, obgleich nur erst der Februar anging. Ohngefähr im halben Februar – es mochte etwa der 12. sein, soviel ich noch rechnen kann – kamen wir nach Avignon, der Hauptstadt des ehemaligen päpstlichen Gebietes, und wurden wieder in ein Kloster einquartiert. Wo also vorzeiten die Hauptpropagandisten des Aberglaubens ihr Brutnest gehabt hatten, da logierten jetzt dessen Bestürmer.

Avignon

Diese Stadt mit ihrem Gebiete war ehemals eine freie Stadt oder eine kleine Republik, verlor aber ihre Freiheit, und Papst Clemens VI. kaufte diese Stadt und das dazugehörige Land von Johanna, Königin von Sizilien und Gräfin von Provence, im Jahre 1348 für 80000 Florenen.

Sie ist im vierzehnten Jahrhundert sehr berühmt gewesen, indem vom Jahr 1305 bis 1377 die römischen Päpste, an der Zahl sieben, hier residiert haben. Sie liegt an dem Rhône, worein hier die Sorgues stürzt, und ist besser gebauet als irgendeine Stadt in der Provence. Ehemals hat Avignon sehr geblüht durch den starken Handel mit gedruckter Leinwand, aber seitdem der Heilige Vater, von den Lyonern bestochen, seinen Untertanen die Verfertigung der gedruckten Leinwand bei Strafe des Bannes verbot, ist die Nahrung dieser Stadt sehr verfallen, wird sich aber bei der jetzigen Regierung gewiß wieder heben.

Vor der Revolution stand hier ein Erzbischof mit großen Einkünften und noch außerdem ein päpstlicher Legat, welcher meistenteils ein Kardinal war und die ganze Landschaft so wie das Comtat verwaltete. Auch war hier viel Adel und eine sehr zahlreiche Klerisei. Zu Anfang der Revolution beschloß Avignon, sich mit Frankreich zu vereinigen; aber der Papst hatte hier noch viele Anhänger, und so entstanden einige sehr blutige Auftritte, wobei von beiden Seiten die abscheulichste Barbarei verübt wurde.

Avignon kam eigentlich erst im Jahre 1792 zur Vereinigung mit der Französischen Republik unter dem Namen des Departements von Vaucluse, zu Ehren des großen Franz Petrarca, welcher in der Grotte zu Vaucluse, fünf französische Meilen von Avignon, ehemals seine Laura besungen hat. Gegenwärtig ist alles ruhig in Avignon, und zu meiner Zeit hatten die Jakobiner einen starken Klub darin, welcher alles, was von der ehemaligen Tyrannei der Päpste übrig war, zerstört hatte.

Ich habe mich in dieser Stadt besonders umgesehen, weil sie viel Interesse für mich hatte, da ich mich an die alte hier ausgeübte Hierarchie so recht lebhaft erinnern konnte. Denn hier hat Clemens V. die Schätze, die er den Tempelherren genommen hatte, auf dem Schlosse angehäuft. In Avignon stiftete Johann XXII. die römische Dataria, die Annaten, Reservationen, Provisionen und anderes Teufelswerk, welches ihm 25 Millionen Gulden, eine für jene geldarme Zeit unermeßliche Summe, einbrachte. In Avignon sprach Clemens VI. den Bannfluch über den tapfern Kaiser Ludwig den Baier. Die Päpste zu Avignon sind alle in der Geschichte merkwürdig: Clemens V., Johann XXII., Benedict XII., Clemens VI., Innocenz VI., Urbanus V. und Gregorius XI. haben von hier aus die Christenheit, welche besonders im vierzehnten Jahrhundert so tief gesunken war, als sie beinahe sinken konnte, gewaltig tyrannisiert; ja einige von ihnen haben sogar die Menschheit durch ihre großen Laster entehrt. Petrarca lebte damals und schilderte den päpstlichen Hof zu Avignon als eine Schule der Laster, einen Mittelpunkt der Irreligiosität, des Atheismus und des Aberglaubens. Das alles wußte ich recht gut aus der Geschichte und erinnerte mich an alle Greuel der päpstlichen Herrschaft um so lebhafter, da ich mich an ebendem Orte befand, wo ehedem ein großer Teil dieser Greuel verübt war.

Der päpstliche Palast steht auf einem Berge und sieht einem Zwingherrensitz aus den Zeiten des Faustrechts ähnlicher als einer Wohnung des Oberpriesters der Friedensreligion. Es ist ein solides, mit hohen Türmen versehenes altes Gebäude. Ehedem bewohnte es der päpstliche Legat, doch stand der größte Teil der Zimmer leer. Bei der Revolution hat das Feuer in diesen heiligen Mauern vieles beschädiget; und als ich sie besah, waren sie der Aufenthalt des lüderlichsten Gesindels, welches der Maire von Avignon aus der Stadt in die päpstliche Burg verwiesen hatte. Die schamlosesten Huren aus der ganzen Gegend trieben also da ungescheut ihr schmutziges Gewerbe, wo ehedem der Statthalter Christi gewohnt hatte! Ein seltsamer Wechsel der menschlichen Dinge!

Der Palast des Erzbischofs ist durch den Brand ebenfalls sehr beschädiget und die Kathedralkirche stark verwüstet worden. Keine Seele bewohnte damals den erzbischöflichen Palast als luftiges Gesindel, welches sonst nirgends unterkommen konnte.

Da die Bürger zu Avignon sich dem Papste entzogen hatten, so zernichteten sie auch alles, was an dessen Regierung erinnern konnte. Der Thron, worauf die alten Päpste gesessen waren, wurde vom Pöbel zerschlagen, ihre Grabmäler gänzlich zerstört und ihre Knochenreste hingeschmissen. Die vortrefflichen Gemälde und die Inschriften, welche hier und da zu sehen waren und wovon die Reisebeschreiber so viel berichten, sind alle nicht mehr. Auch hier sind die Franzosen ihrem Grundsatze treu geblieben: daß man alle Symbole der politischen und religiösen Tyrannei zernichten müsse, gesetzt auch, man müßte die größten Meisterstücke mitzernichten, wenn man anders die von dieser und jener Tyrannei herkommenden Übel aus der Wurzel heilen wolle.

In der ehemaligen Franziskaner-Kirche ist das Grab der berühmten Laura, welche Petrarcas Muse unsterblich gemacht hat*. Man wies mir den Ort, aber weder Grabmal noch Inschrift konnte ich unterscheiden, weil viel Schutt sie bedeckte. Laura soll in einem bleiernen Sarge liegen. Franz I., König von Frankreich, hat das Grab dieses schönen Mädchens öffnen und ein von ihm selbst zu ihrem Lobe verfertigtes Gedicht hineinlegen lassen. Jedermann in Avignon weiß von diesem edel-liebenden Paare, und doch hat man, wie ich gehört habe, zu Vaucluse diesem feinen, großen und freien Dichter auch nicht das geringste Denkmal errichtet, wohl aber das ganze Ländchen mit Kapellen und andern Pfaffenpossen angefüllt. Hätte ich das geringste Sehenswürdige zu Vaucluse vermutet, so wäre ich dahin gewallfahrtet, aber so mochte ich den Weg dahin für nichts und wieder nichts nicht machen.

Es ist wohl keine Stadt in ganz Frankreich, wo nach Verhältnis der Größe mehrere Kirchen und Klöster sind als in Avignon. Von weitem sieht die Stadt aus, als wären lauter Kirchen darin wegen der vielen hervorragenden Türme. Aber schon zu meiner Zeit fing man an, Kirchen, Türme und Klöster einzureißen, und Avignon sieht ohne Zweifel jetzt nicht mehr so betürmt aus als vorher.

Während der Revolution öffneten diejenigen, welche der eingeführten Regierung zuwider waren, bei einem Auflauf die Gefängnisse auf dem Schloßberg, und die zahlreichen Gefangnen warfen sich auf die, welche sie für die Urheber ihres

---

* In der fünften Sammlung von Herders ‚Briefen zur Beförderung der Humanität' finden diejenigen, welche den Petrarca noch nicht gehörig kennen, schon genug, um diesen seltnen Geist zu bewundern und zu achten.

Unglücks hielten, her, zerstörten ihre Häuser, mordeten sie, ihre Weiber und Kinder und trieben allen Unfug, den man von Gefangnen erwarten kann, die so anomalisch in Freiheit gesetzt werden.

Es gibt in Avignon viele Juden, denen aber, wie ich oben erwähnt habe, der öffentliche Gottesdienst auch verboten ist und die gleich den Christen mit ins Feld ziehen müssen. Vorzeiten wurden diese Leute hier sehr bedrückt und durften des Abends nach acht Uhr nicht ausgehen, oder jeder Christ hatte das Recht, ihn auf alle mögliche Art zu mißhandeln. Wenn ein Jude gehenkt wurde, so hatten sie ihren eignen Galgen jenseits des Rhône; denn die Regierung hatte den Grundsatz, daß es sich für einen Galgen-Christen nicht schicke, neben einem Galgen-Juden an einem und demselben Galgen zu hängen. Jetzt aber sind alle Galgen, Räder und Rabensteine in ganz Frankreich abgeschafft.

Das Comtat und die Stadt Avignon müssen jetzt sehr viel gewinnen, da sie nun mit dem übrigen Frankreich frei handeln können. Unter der vorigen Regierung war das nicht so, denn da mußten alle Waren, welche im Comtat verfertigt wurden, und alles Getreide, Wein, Öl, Safran und was sonst noch von dort ausverfahren wurde, schwer verzollt werden. Aber das Unwesen mit dem Zoll, der Akzise usw. hat längst aufgehört.

Die Einwohner zu Avignon sind im ganzen brave, freundliche Leute, weit höflicher als die im Delphinat, obschon auch diese ein ehrlicher Schlag Menschen sind. Ich wenigstens würde sehr undankbar sein, wenn ich den Avinionesen nicht das Zeugnis einer großen Hospitalität geben wollte.

Meine Rückreise von Avignon nach Lyon

Nachdem ich ohngefähr neun Tage in Avignon zugebracht hatte, wurde eine große Anzahl kriegsgefangner Piemonteser daselbst eingebracht.

Der Repräsentant befahl nun, daß man alle Kriegsgefangnen und Ausländer weiter ins Innere von Frankreich bringen sollte, um sie von der zu nahen Grenze mehr zu entfernen; denn von Avignon nach den Alpen ist es gar nicht weit, und wer einmal in diesen Gebürgen ist und den Weg weiß, kann leicht nach Italien kommen, obgleich der, der keine Wege kennt, immer Gefahr läuft, sich zu verirren und Hungers zu sterben.

Die Gefangnen sollten nach Toulouse gebracht werden, und der Kommissär wollte mich mit dahin schicken. „In Toulouse findest du auch Preußen", sagte er, aber ich wußte, daß nur Spanier und Sardinier da waren. Auch hatte ich keine

Lust, mit den Piemontesern zu gehen, in deren Gesellschaft es mir gar nicht gefiel. Ich stellte also dem Kommissär vor, daß mich der Hauptmann Landrin, desen Zeugnis ich ihm vorwies, deswegen nach Mâcon empfohlen hätte, damit ich Dienste bei der Republik haben könnte. Da nun dieses nicht anginge und ich mich selbst von den Ohnehosen getrennt hätte, so wäre es doch billig, daß er mich wieder zu meinen alten Kameraden gehen ließe. „Du hast recht", erwiderte der Kommissär. „Du wirst ohne Zweifel deine Preußen in Mâcon oder in Langres oder in Dijon oder da herum finden, in Lyon kannst du das Nähere hören, und dahin will ich dir einen Paß geben." Das geschah.

Meine Zurückreise nach Lyon war eben nicht merkwürdig. Ich ging über Montélimar, Valence und Vienne, aber nicht über Grenoble, wohin mein Paß nicht wies, den man genau befolgen muß, wenn man nicht als Vagabunde angehalten sein will. Ich hatte größtenteils den reißend-laufenden Rhône zur Linken. Ich gab mich auf den Dörfern und in den kleineren Städten für einen Kriegsgefangnen aus und hatte das Vergnügen zu sehen, daß alle Leute Mitleid mit mir hatten und mir gern unentgeltlich Brot, Wein und Oliven in Menge mitteilten. Auf diese Art wollte ich, ohne jemals Not zu leiden, durch ganz Frankreich gezogen sein. Wenn ich irgend einmal wegen der bösen Wege auf den Ort des Étapes nicht kommen konnte, so sprach ich den ersten besten Bauer um ein Nachtquartier an, und kein einziger hat mir dieses versagt, vielmehr machte jeder sich eine Freude daraus, mich zu beherbergen und zu bewirten. Besonders wohltätig fand ich diejenigen, deren Kinder in der Armee dienten; sie meinten, daß sie verbunden wären, notleidenden Ausländern beizustehen, denn wer könnte wissen, ob nicht eben in dem Augenblick auch ihre Kinder der Hülfe bedürften.

Das war Sprache der Natur, die den Feind vergessen macht, sobald seine Lage auf den Menschen in ihm hinweist. Diese humane Sprache sollte man – zumal zur Zeit des Krieges – zum Besten der unglücklichen Schlachtopfer desselben noch eindringender und verständlicher zu machen suchen und nicht sie noch verwirren und schwächen wollen, wie der Verfasser der ‚Wanderungen' [Göchhausen] es zu tun versucht hat. Ihr, die ihr als Kriegsgefangne so gute Menschen in Frankreich gefunden habt, ihr schämet euch gewiß wie ich, wenn ihr nach eurer Zurückkunft hört, wie unmenschlich an so manchem Orte man sogar die mit dem Tode ringenden französischen Kriegsgefangnen behandelt hat. O Herder, o ihr Verfasser des ‚Kosmopoliten' in Deutschland – in Deutschland fehlt es noch sehr an Humanität! Humane Menschen gibt es unter uns genug, aber auch humane Regierungen viele? Wahrlich, diejenige, welche man so häufig kannibalisch genannt hat, war es in der erwähnten Rücksicht durchaus nicht! Zeugen für diese Wahrheit sind mehrere Tausende unter uns da: man frage sie und erröte!

Zu Ende des Februars kam ich nach Lyon zurück und hörte vom Kommissär, daß ich weiter müßte, es stände mir aber frei, wohin ich wollte; sein Rat indes wäre, ich ginge nach Dijon in Burgund; denn da gäbe es sehr viele Deutsche, und außerdem wäre Dijon der wohlfeilste Ort weit und breit. Ich versprach, mich zu besinnen, und bat ihn, er möchte mich ausruhen lassen, welches er auch tat. Seine Frau bemerkte, daß meine Schuhe abgerissen waren, und bewog ihn, mir ein Paar neue zu geben.

In Lyon oder wie es damals noch hieß, in Commune affranchie hatten die scheußlichsten Exekutionen jetzt aufgehört, und alle die waren gefallen, welche sich des Verbrechens der Rebellion schuldig gemacht hatten. Man hat die Anzahl der hier Hingerichteten sehr verschieden angegeben, man kann aber immer annehmen, daß sie sich zum mindesten auf 1 700 belaufen habe. General Rousin war dahin geschickt worden und hatte das schreckliche Schauspiel ausgeführt.

Als ich diesmal da war, hatte zwar das Guillotinieren ein Ende, d. h. man richtete die Leute nicht mehr so haufenweise hin, obgleich noch dann und wann einzelne sterben mußten und die Untersuchungen noch immer fortgingen, denn in Lyon saßen noch sehr viele als verdächtig, und Lyon hatte ein außerordentliches Revolutionstribunal.

Ich muß hier in der Kürze einiges von diesem Tribunal anbringen, um falschen Begriffen vorzubeugen, die man sich davon machen könnte. Nach der ersten Anordnung sollte nur in Paris und nirgend anders ein Revolutionstribunal existieren, das ist ein Gerichtshof, wo Verbrechen gegen die Grundgesetze des Staats untersucht und bestraft werden sollten. Aber bald ergab sich's, daß das Revolutionstribunal in Paris nicht hinreichte wegen der überall zunehmenden Revolutionsverbrechen. Also wurden solche Gerichtshöfe aller Orten errichtet, wo sie nach der Meinung der Volksrepräsentanten und nach dem Gutachten der Jakobiner nötig waren. Sie sollten aber der Natur ihrer Einrichtung und Bestimmung gemäß keine permanenten Tribunale sein, sondern gleich aufhören, sobald die traurige Veranlassung vorbei wäre, die sie notwendig gemacht hätte. Ihre Organisation hing lediglich von den Repräsentanten ab, und diese allein wählten ihre Beisitzer. Viele Departementer hatten gar keins, doch gab es ihrer in den meisten. Die vornehmsten waren zu Straßburg, Besançon, Departement von Doubs, Lyon, Bordeaux, Nantes, Toulon, Marseille, Rennes und an anderen Orten. Das hitzigste war freilich immer das Pariser, doch sind in Nantes unter der Administration des blutdürstigen Carrier mehr Grausamkeiten vorgefallen als selbst in Paris und Bordeaux, wo man doch auf einmal 96 Priester, die nicht schwören wollten, guillotinierte.

Schon im März 1794 wurde das Ansehn oder die Gewalt der Revolutionstribunale sehr verringert, und endlich fielen sie ganz mit dem Tod des Robespierre.

Lyon hat nach dem Sturz der Jakobiner seinen alten Namen wieder erhalten so wie Toulon und Marseille. Dieses letztere hatte den schnurrigen Namen Sans nom.

Ich fand in Lyon einige von den Ohnehosen, welche ich vor einigen Wochen hier gekannt hatte und die sich sehr wunderten, daß ich zurückkäme. Ich erzählte ihnen meine ganze Begebenheit, und da meinten sie, es könne nicht fehlen, es würden gewiß wieder foutus muscadins rebellieren und zu Paaren getrieben werden müssen, dann sollte ich nur auch kommen, ich könnte Offizier werden!

Ich ging mit einigen Ohnehosen abends in eine Schenke an einem Dekadentage, aber noch jetzt wünsche ich, ich wäre damals nicht mitgegangen.

In dem Weinhause waren mehrere Ohnehosen und andre Leute, welche sich, wie damals vorzüglich gewöhnlich war, mit den Historien des Tages unterhielten und eben die Zeitung gelesen hatten, worin die Fortschritte der republikanischen Waffen beschrieben waren. Sie waren alle munter und tranken auf nichts als auf das Wohlsein der Republik. Ich mischte mich in ihr Gespräch und machte meine Sache so gut, daß sie mir das Zeugnis gaben, ich sei trotz meiner deutschen Geburt würdig, ein citoyen françois zu sein und die Waffen der Freiheit zu führen.

Unter andern war ein gewisser Offizier da, ich glaube, er hieß Lasalle, der mir stark zutrank, auch selbst schon einen derben Rausch weghatte und mitunter gewaltig auf die Feinde der Republik loszog, denen er nichts als Tod und Verderben prophezeite. Ich ließ ihn immer reden und widersprach erst, als er anfing, die fremden Soldaten als feige Memmen und Hundsfötter darzustellen. Da aber konnte ich mich nicht mehr halten und sagte ihm gerade heraus: wer so räsonierte, habe noch keinen Preußen gesehen, das seien auch Männer so gut als die Franzosen.

Er: Das ist nicht wahr: die Deutschen sind Tyrannen-Sklaven so gut als die Spanier, die Holländer und die Piemontesen.

Ich: Gut, aber laß sie für ihre Freiheit, für ihr Vaterland erst einmal auftreten, und du sollst sehen, daß sie ihren Mann stellen.

Er: Aber nur nicht wie die Franzosen! Foutre! Die Deutschen sind Memmen und lassen sich von ihren Fürsten treiben und verkaufen wie das Schlachtvieh.

Ich: Citoyen, hole mich der Teufel, wenn ich mich jetzt nicht zu den Fremden rechnen müßte. –

Er (hitzig): Nun, was willst du damit sagen, Citoyen?

Ich: Ich würde dir das Maul stopfen und den Mut der Deutschen verteidigen.

Er (sehr lebhaft): Nun wohl, verteidige ihn!

Ich: Ich habe keinen Degen.

Er: Da sieht man's! Weil du keinen Degen hast, so willst du uns weismachen, du hättest Courage, dich mit mir zu messen. Geh, trink und halt das Maul!

Einer aus der Gesellschaft: Sacré mâtin! Höre, ich will dir nur sagen, daß du gleich gehen und Degen holen mußt! Wenn alsdann der Fremde keinen Mut hat, sich mit dir zu schlagen, so hast du recht; wenn du aber keine Degen holst, so halt' ich dich für einen Zänker, der sich nicht getraut, seine Händel auszumachen. Verstehst du mich?

Er (aufstehend): Sollen gleich welche da sein, nur ein wenig Geduld!

Er ging fort, und ich erwartete ihn ohne Furcht zurück. Vielleicht trug der Wein, der damals meinen Kopf beherrschte, das seinige nicht wenig bei, daß ich meinen Mann so unbefangen zurückerwartete. Endlich nach einer halben Stunde kam er und brachte zwei Degen von gleicher Länge, woraus er mich einen wählen ließ. Ich nahm den ersten besten, und ohne weiter zu bramarbasieren, sogar ohne Sekundanten, welche überhaupt in Frankreich nicht Mode sind, gingen wir hinter das Haus in den Mondschein und fingen an, aufeinander einzufechten. Mein Gegner war geschickter als ich, und beim dritten oder vierten Ausfall stieß er mich vorn in die Brust, daß ich rücklings zu Boden fiel und alles Besinnen verlor.

Als ich wieder zu mir kam, lag ich schon in der Wirtsstube auf einem Lehnsessel. Meine Kleider und sogar mein Hemde waren ausgezogen und meine Wunde gewaschen und mit einem großen Stück Schwamm bedeckt, doch lief das Blut noch immerfort in meine langen Hosen.

Endlich kam der Chirurgus, den mein Gegner herbeigeholt hatte, untersuchte die Wunde und verband mich mit dem ausdrücklichen Befehl, mich in ein Bette zu legen und ruhig zu bleiben, früh wollte er wiederkommen. Mein Gegner versicherte ihm, daß er mich im Hause der Bürgerin – ihr Name ist mir entfallen – ohnweit dem Wirtshause finden würde und bat ihn sehr, ja früh wiederzukommen, er wolle alles bezahlen usw. Ich wurde wirklich von vier Franzosen, wobei der Offizier, der mich verwundet hatte, selbst war, in ein Bürgerhaus gebracht und in ein recht gutes Bette hingelegt.

Folgen meines Duells. Reise nach Dijon

In den neuen französischen Gesetzen ist das strenge Gesetz der Könige gegen die Schlägereien gar nicht aufgehoben; vielmehr diktiert der neue Kriminal-Kodex denen die härtesten Strafen, welche sich selbst Genugtuung schaffen und nicht die Hülfe der Gesetze auffodern, wenn sie beleidigt werden. Demohnerachtet fallen sowohl bei den Armeen als in den Städten sehr viele Zweikämpfe vor, und ich erinnere mich wenigstens nicht, daß ich von Bestrafung solcher Duellanten je gehört hätte. Es scheint so in der Natur dieses Volkes zu sein, daß sie die Duelle gutheißen und daher keine Klagen gegen die Beleidiger der Gegengesetze anbringen. Wer sich in Frankreich schlägt, wird für einen Mann von Ehre gehalten, und wer bei gewissen Beleidigungen sich nicht herumbalgen wollte, würde der Gegenstand der allgemeinen Verachtung sein, wenigstens würde es einem jungen Manne, der entweder wirklich Waffen trägt oder doch sie zu tragen imstande ist, nimmermehr vergeben werden, wenn er ein Duell verbitten wollte. So ist die Denkungsart der französischen Nation noch jetzt; ob sie recht oder unrecht habe, kann und will ich nicht ausmachen, muß aber doch bekennen, daß ich Fälle erlebt habe, wo es schlechterdings nicht anging, einen Zweikampf zu vermeiden, ohne sich dem Vorwurf der Feigheit und der allgemeinen Verachtung auszusetzen.

Ich will indessen mein Duell in Lyon ganz und gar nicht entschuldigen und bekenne gern, daß es sich niemals zugetragen hätte, wenn mein Kopf durch den Trunk nicht heroisch geworden wäre. Ich hatte gar keinen Beruf, die Tapferkeit der Deutschen in einem Lande zu verteidigen, wo ich die Ehre der Könige nicht hätte um alles verteidigen mögen, denn auf Apologien dieser Art stand damals der Tod.

Den andern Tag früh war der Chirurgus* wieder da, untersuchte abermals die Wunde und sagte, sie sei nicht gefährlich, wäre sie aber nur etwas tiefer gegangen, so wäre ich foutu usw. Der gute Mann hat sich sehr viel Mühe mit mir gegeben.

Meine Wirtin war eine recht brave Frau, die mich sehr bedauerte und alles tat, was ich nur begehrte; sie gab mir sogar Wein zu trinken, ob es gleich der Wundarzt aufs strengste verboten hatte. Der Offizier besuchte mich recht fleißig und brachte immer gute Freunde mit, die er versicherte, ich sei ein braver Kerl, ich

---

* Seit einigen Jahren werden die Feldschere in der preußischen Armee Chirurgi genannt. Dieses fremde Wort sagt noch lange nicht, was Feldscher sagt, und hätte billig einem deutschen recht guten Worte nicht vorgezogen werden sollen. Unwissende Leute sprechen Kriurgus, Kiurgus, Gregorius usw.

habe Courage wie ein Franzose; fechten müßte ich nur noch lernen, dann würde kein sacré mâtin mir zu nahe kommen dürfen. Dann bedauerte er, daß er mit mir Händel angefangen hätte, schob alle Schuld auf den Wein, und ich vergab ihm nicht nur, sondern freute mich noch – warum? weiß ich selbst nicht –, daß ich mich mit einem Ohnehosen geschlagen hatte. Man ist zuweilen recht kindisch sonderbar!

Meine Wunde besserte sich zusehends durch die Bemühung des Arztes, und schon am vierten oder fünften Tage konnte ich außer Bette sein und herumgehen, aber das Haus zu verlassen wollte er durchaus nicht zugeben. Die Zeit ward mir aber sehr lange; denn meine meiste angenehmste und nützlichste Beschäftigung in Frankreich war, alle öffentlichen Häuser zu besuchen und da den Debatten der Leute zuzuhören oder die angeschlagnen Zettel an den Ecken der Straßen zu lesen oder in Weinschenken mich mit Leuten von Kopf zu unterhalten, um das jetzige Frankreich, soviel als möglich war, kennenzulernen, auch die Maschinerie genau zu erforschen, wodurch es das geworden ist, was es jetzt ist. Diese Art von psychologisch-politischem Studium trieb ich von Ort zu Ort, verglich meine Ausbeute mit der Geschichte und fand dabei so viel Unterhaltung, daß es mir zum Bedürfnis geworden war. Dieses Bedürfnis konnte ich jetzt nicht befriedigen, und meine Wirtin, eine Witfrau, ging oft weg und ließ mich allein, und wenn sie auch da war, so wußte sie doch wenig zu erzählen.

Nach ohngefähr zehn oder zwölf Tagen entschloß ich mich, Lyon zu verlassen; meine Freunde, die Ohnehosen, versicherten mich, solche Wunden heilten von selbst, wenn man nur Pflaster darauf legte. Die Wirtin begehrte auch, daß ich aufs Hospital gehen sollte, weil sie befürchtete, mein Aufenthalt in ihrem Hause möchte ihr Ungelegenheit zuziehen. Ich entdeckte meinen Vorsatz dem Arzte, der ihn aber stracks verwarf und mir riet, mich im Lazarette vollends kurieren zu lassen. Der Mann hatte recht, und ich sehr unrecht, daß ich ihm nicht folgte.

Mein Gegner wollte mich zwar ins Hospital bringen, aber bei dem allen schien es mir doch, daß er lieber sehen möchte, daß ich mich abführte. Der Tag zu meiner Abreise wurde also bestimmt. Der Offizier schenkte mir ein Hemde und ein Paar Strümpfe – die meinigen hatte ich schon längst in den Gebürgen des Delphinats weggeschmissen –, dann nahm er meine Schreibtafel und steckte 60 Livres Papier hinein. Meinen Namen schrieb er sich sorgfältig auf und versicherte mich, daß er, wo er mich finden würde, alles Mögliche zu meinem Vergnügen tun wollte. Gern, setzte er hinzu, gäbe er mir mehr Assignate, aber die 60 Livres seien alles, was er habe, er habe sie sogar selbst borgen müssen. Ich habe über diesen Mann niemals böse sein können und schied mit Tränen von ihm.

Auf dem Wege sah ich mich oft nach der unglücklichen Stadt um, welche noch vor wenig Monaten eine der schönsten und blühendsten in Europa war, nun aber die fürchterlichsten Spuren des bürgerlichen Krieges jedem Auge darbot.

Ich brachte zwei Tage zu, um nach Mâcon zu kommen. Den ersten Tag gings frisch weg, es war das herrlichste Wetter. Aber am andern Tage hatte ich große Mühe, mich nach dem alten Mâcon hinzuschleppen. Meine Wunde schmerzte mich sehr, und bei jedem Schritte fühlte ich die schrecklichsten Stiche. Ich kehrte oft in die Dörfer ein, wo mich die Leute beklagten und mir immer Wein geben wollten, aber ich dankte.

In Mâcon meldete ich mich bei dem Kommissär, der mir zwar auf einen Tag Quartier gab, mich aber in kein Spital bringen konnte, weil in Mâcon damals keins war. „Übermorgen sollst du", sagte er, „nach Chalons gefahren werden, es sind noch mehr Kranke hier, die dahin sollen." Ich blieb also in Mâcon, genoß aber die ganze Zeit nichts als einige Gläser Wein, die ich gerade nicht hätte trinken sollen. Mein Wirt kaufte mir mein Brot und Fleisch ab, weil ich es nicht brauchen konnte.

Ich hatte von Mâcon nach Chalons noch drei Soldaten zu Begleitern, welche auch unterwegs erkrankt waren und zu Chalons ins Spital sollten. Wir fuhren auf einem republikanischen Wägelchen, das ist auf einem Karren von zwei Rädern, der mit einer leinenen Plane bedeckt war. Als wir den andern Tag zu Chalons ankamen, war das dasige Spital so besetzt, daß keiner mehr hinein konnte. Der Kommissär schwur hoch und teuer, daß er uns nicht helfen könne und daß er es bedauerte, daß wir weiter müßten. In Dijon seien vier Hospitäler, und da sei auch der Hauptsammelplatz aller Kranken von weit und breit, dahin müßten wir auch. Er ließ uns aber für die Nacht gut einquartieren, ließ uns durch den Medikus untersuchen, uns Arznei geben und den andern Tag früh nach Dijon fahren, wo wir denn auch abends um acht Uhr ankamen.

Die Krankenfuhren in Frankreich sind eine Art Frondienst – wenn man anders Dienste für die leidende Menschheit Frondienste nennen kann –, welche unter keinem Vorwande abgelehnt werden dürfen. An wem die Reihe in einem Dorfe oder in einer Stadt ist, der muß fahren und das auf der Stelle, oder er muß doch sorgen, daß gefahren werde. Aber in Deutschland habe ich gefunden, daß man zwar die Vorspanne für die Equipage eines Herrn Offiziers, einer gnädigen Frau, einer Mätresse, eines Kammerdieners prompt genug herbeischaffen muß, daß aber auch die Kranken oft liegenbleiben, bis sie der Hinschaffung in die Hospitäler nicht mehr bedürfen. Was ist hier kannibalisch, was human?

Zu Dijon brachte man uns in dasjenige Hospital, welches im ehemaligen Carmelitinnen-Kloster angelegt ist und zu Ehren des in Lyon hingerichteten Chaliers ‚Hôpital Chalier' genannt wird. Ich erhielt in einem großen Saale ein recht gutes Bette, und der Doktor Antoine nebst den Feldscheren gaben sich alle Mühe, mich herzustellen, und wenn meine Brustwunde damals nicht geheilt ist, so war es lediglich meine Schuld und nicht die der französischen Chirurgen.

Ich hatte ein starkes Fieber, und der Arzt hielt dafür, daß es von übler Lebensart herkäme. Ich zeigte ihm meine Wunde, er schüttelte den Kopf sehr und befahl dem Oberchirurgus, allen Fleiß anzuwenden, daß dieser Fehler bald verbessert würde. Aber der Chirurgus machte mir alle Tage einen Wicken hinein, welches mich sehr schmerzte; ich ließ mir es aber gefallen, und der Feldscher verband mich so fleißig, als der brave Antoine Arznei zu meiner Fieberkur vorschrieb. Da aber, wie es billig und recht ist, mehr eine angemessne Diät und genaue Wartung die Hauptsache der Kur bei den Franzosen jetzt ausmacht, so erhielt ich nur wenig Arznei, und diese bestand meistens in einem Tränkchen.

Als ich so ziemlich wiederhergestellt war, sagte ich zum Doktor, daß ich nun bald hinausgehen würde. „Das sollte mir leid sein", antwortete er, „du kannst uns hier im Hospital nützlich werden, wenn du dich als Krankenwärter anstellen lassen willst. Ich habe schon mit dem Oberkrankenwärter und dem Direktor gesprochen, sie sind es zufrieden, und nun kömmt es auf dich an, ob du willst." Ich ergriff dieses Anerbieten mit Freuden; denn ich hatte die Vorteile kennenlernen, welche ein neufränkischer Krankenwärter genießt, und ging zum Infirmier-Major Fraipon und dem Direktor Aubert, von welchen ich meine Instruktion erhielt und als Infirmir-Subalterner eingeschrieben wurde. Hierauf mußte ich zur Munizipalität, welche meinen Namen gleichfalls aufschrieb und mir das Versprechen abnahm, daß ich mich nach dem Gesetz betragen und alles tun wollte, was der Republik und besonders den Kranken nützlich sein könnte. Denn in Frankreich kann niemand in Dienste der Republik kommen, ohne daß die Regierung des Ortes, wo er angestellt wird, darum wisse. Diese muß alle Personen kennen, welche irgendeine Bedienung haben, sei es auch der geringe Posten eines Krankenwärters im Hospital.

Laukhard als Krankenwärter

Ich habe meine Leser schon mit so verschiednen Lagen bekannt gemacht, in welchen ich mich seit meiner Existenz befunden habe, daß ich hoffe, wenn sie keine Langeweile gehabt haben, da sie mich als Schüler, Student, Kandidaten, Vikarius, Jäger, Lehrer am Hallischen Waisenhaus, Magister, Soldaten, Emissär und Sansculotten sahen, sie werden sie jetzt auch nicht haben, wenn ich mich ihnen als Krankenwärter vorführe.

Fraipon war mein unmittelbarer Vorgesetzter, ein Mann von großer Ehrlichkeit und so gutmütig, daß er keinem Menschen ein böses Wort sagen konnte, so strenge er sonst darauf hielt, daß im Hospital alles nach der Vorschrift geschähe. Ich habe selten einen Mann gesehen, welchem sein Amt mehr angelegen hätte als diesem Fraipon. Er war schon früh um fünf Uhr auf seinem Posten, durchlief alle Säle des Tages wohl sechs-, acht- und mehrmal, sah nach der geringsten Kleinigkeit und gab jedem Krankenwärter Unterricht in dem, was ihm oblag. Dieser Mann wollte nun nicht, daß ich meine eignen Kleider im Dienste des Hospitals abnutzen sollte, und gab mir die Uniform eines Krankenwärters, das heißt eine schwärzliche Jacke mit gelben Knöpfen, ein Paar lange Hosen oder ein Pantalon und eine blaue Nationalmütze mit rotem Rand, der oben weiß eingefaßt war. Denn diese drei Farben zusammen machen die Nationalfarbe aus. Außerdem hatte ich noch eine weiße Leinenschürze vor.

Ich war auf dem Saal ‚La Montagne' angestellt und hatte 14 Kranke zu besorgen, welche meist Deutsche waren. Die Säle in den Spitälern haben alle ihre Namen, die über den Türen angeschrieben stehen und von den neuen Begebenheiten hergenommen sind. Da waren also Salle Marat, Pelletier, Fraternité, Egalité, Liberté, Guillaume Tell, Brutus, Cassius, Barras und andere mehr, denn im Hospital Chalier allein waren über 30 Krankensäle.

Meine Verrichtungen waren einfach und alle Tage sich gleich. Früh um fünf Uhr machte ich mich an die Arbeit, kehrte meinen Saal aus, öffnete die Fenster, reinigte die Nachtgeschirre, welche den Tag über nicht im Zimmer bleiben durften, brachte die Betten der Kranken in Ordnung und holte dann Holz, um den Tag über das Feuer im Kamin zu erhalten. Um sieben Uhr kam der Doktor, welchem ich von dem Befinden der Kranken Nachricht gab und ihm meine Bemerkungen mitteilte. Um neun Uhr holte ich die für jeden Kranken bestimmte Tisane, und um zehn Uhr auf den Schlag ging ich nach der Küche, um das Essen heraufzuholen und den Kranken auszuteilen. Nachher aß ich selbst auf meiner Stube oder ging aus, in einer Schenke zu essen; denn die Krankenwärter dürfen ausgehen, nur müssen sie einen von ihren Kameraden bitten, daß er von Zeit zu Zeit ihre Kranken besorge. Auf einem großen Saal aber, wo mehrere Wärter sind, muß wenigstens immer einer gegenwärtig sein. Nachmittags um vier Uhr wurde das Essen wieder ausgeteilt, und alsdann mußten alle Betten frisch gemacht werden. Sobald es finster war, wurden die Lampen oder réverbères angesteckt, welche die ganze Nacht durch brennen mußten. Außer seinem Saale und der Küche hat der Krankenwärter nichts zu besorgen, denn für das übrige sind andere Personen angestellt.

Für diese Verrichtungen hatte ich folgende Emolumente. Erstlich erhielt ich alle Monate 69 Livres, folglich jeden Tag 2 Livres 6 Sous. Sodann hatte ich täglich zwei Pfund recht gutes Brot, ein Pfund Fleisch, zwei große Becher Wein und so viel Fleischbrühe, als ich wollte. Dabei holte ich mir in der Apotheke so viel Tisane und von welcher Gattung ich nur verlangte. Mein Trunk war gewöhnlich die Limonade minérale, wie man sie nannte, ein ganz trefflicher Trunk! Ich hatte außerdem ein recht gutes Bette und durfte mein Hemde wechseln, sooft es mir beliebte, denn ich konnte mir ja nur im Magazin eins holen.

Was nach der Austeilung der Speisen übrigblieb, fiel den vier Krankenwärtern zu, die sie zu besorgen hatten und deren einer das Brot, zwei das Fleisch und Gemüse und einer den Wein trug. Da allemal einige Flaschen Wein, oft drei, vier und mehr Portionen Brot und Fleisch übrigblieben, so wurde dies zusammengetragen und unter sie verteilt. Diejenigen, welche mit mir die Austeilung besorgten, waren in der Stadt angesessen und verheiratet; ich überließ ihnen daher meinen Anteil an Brot, Fleisch und Gemüse und ließ mir den Wein geben. Auf diese Art war uns von beiden Seiten geholfen: ich trank den Wein gerne, denn es war alter guter Burgunder, und meine Kameraden hatten was für ihre Familie.

Bald wurde ich allen Chirurgen und andern Hospitalbedienten bekannt, und da ich immer bei der Hand und munter war, so gingen sie gern mit mir um.

Die Langeweile fand sich aber endlich bei mir ein; denn da ich nur selten ausging, indem der Oberkrankenwärter es dahin gebracht hatte, daß jeder Krankenwärter sich bei ihm melden mußte, wenn er weggehen wollte, so mochte ich nur alle zwei oder drei Tage um diese Erlaubnis anhalten und blieb also lieber auf meinem Zimmer. Im Grunde kann ich es dem Fraipon nicht verdenken, daß er solche Verfügungen traf; denn es gab wirklich Gesellen, welche halbe Tage lang wegblieben und ihre Kranken versäumten.

Um mir aber die Zeit zu vertreiben, borgte ich mir Bücher vom Feldscher Gibasier und entdeckte endlich eine Lesebibliothek (cabinet de littérature), wo ich für zwei Livres monatliche Vorausbezahlung Bücher in Menge haben konnte.

Da las ich nun Rousseaus ‚Neue Heloïse' wieder und mehrere Schriften von Voltaire, eine Reihe Bände von dem großen Werk, das unter dem Titel ‚Recueil des voyages imaginaires' noch immer fortgesetzt wird. Ich schaffte mir auch das ‚Journal de Perlet' an, woraus ich die politischen Neuigkeiten so lernen konnte, wie sie ein Erzjakobiner auftischte. Als meine Mitkonsorten merkten, daß ich Zeitungen las, kamen sie häufig auf mein Zimmer und wollten was Neues wissen. Ich erzählte ihnen gern und gewann dadurch immer mehr in ihrer Gunst.

Bei dem Hospital war ein sehr großer Garten, der ehedem zum Kloster gehört hatte, jetzt aber zum Vorteile des Hospitals gebauet wurde und den Kranken zur Erholung diente. In diesem Garten habe ich manche frohe Stunde zugebracht.

Sooft ich auf den Abtritt ging, mußte ich allemal lachen. Es war ein sehr geräumiges Gemach – aber nicht das einzige im Spital –, welches mit breiten Steinen belegt war. Diese Steine waren vorher Grabsteine der ehemaligen Bewohnerinnen dieses Klosters gewesen, und die schnakischen Leute hatten sie so angebracht, daß man im Sitzen die völlige Grabschrift lesen konnte. So stand z. B. auf einem Steine des Abtrittpflasters: „Hier liegt Schwester Anna Olympia, geborne Gräfin von Morbian, ihres Alters 42, ihrer Profession 26 Jahr", „Hier liegt Schwester Clara Rosalia, geborne Baronesse von Lamey, ihres Alters 69, ihrer Profession 50 Jahr" usw. Es ist doch eine seltsame Sache um eine Revolution, sogar die Grabsteine der heiligen Nonnen werden auf die Abtritte gelegt!

Die Kapelle im Garten, worin sonst ein Marienbild verehrt wurde, war zum Hinlegen der Toten bestimmt, welche hernach, nach Verlauf von dreimal 24 Stunden, vom Totengräber vor die Stadt gefahren und verscharrt wurden. Das Magazin für das Leinenzeug war in der ehemaligen Klosterkirche, auch das irdene Geschirr und anderes Geräte. In der Sakristei logierte Talon, der Aufseher über das Magazin. Die Bilder der Heiligen, welche meist von Gips waren, lagen auch hier alle zerschlagen herum, und die deutschen Soldaten schnitten sich Tabakspfeifenköpfe aus den Trümmern dieser ehemaligen Gegenstände der öffentlichen Verehrung!

Unter meinen Verrichtungen war mir keine lästig als das Klistieren und das Wegbringen der Toten. Jenes muß der Krankenwärter vom Chirurgus lernen und dann nach des Arztes Vorschrift vornehmen. Diese Arbeit habe ich niemals gerne getan. Ebenso lästig war mir das Wegschaffen der Leichen, welche allemal von zwei Krankenwärtern in den Garten hinabgetragen werden mußten, nachdem man sie vorher ganz entkleidet und in alte Bettücher gewickelt hat. Doch ich wußte einmal, daß dieses sein mußte, und da ich mich dazu verstanden hatte, so gewöhnte ich mich auch daran.

Ich habe die Zeit meines Aufenthalts im Hospital mehr als vierzig Kranken besorgt, und ich könnte mir nicht vorwerfen, daß ein einziger unzufrieden weggegangen wäre. Mit Vergnügen befolgte ich die Anweisung, worin befohlen war, keinen Unterschied der Personen zu machen, für Fremde ebenso wie für Franzosen zu sorgen und jedem Hülfsbedürftigen nach Vermögen zu dienen.

Ich glaube dem aufmerksamen Leser einen Gefallen zu tun, wenn ich hier eine kurze Beschreibung eines französischen Militär-Hospitals anbringe. Diese soll nicht nur beweisen, daß die Nation in Frankreich bei weitem nicht so wild, unmenschlich und verdorben sei, als man sie gemeiniglich beschreibt; und dann kann auch so eine Beschreibung dazu dienen, daß man daraus die häßlichen Mängel unsrer deutschen Feldlazarette kennen und verbessern lerne, wenn anders diese Schrift das Glück haben sollte, Männern in die Hände zu kommen, welche Verbesserungen vornehmen können. Wenn aber auch das nicht ist, so werden sich doch die Leser die Zeit nicht lang werden lassen, denn es ist immer angenehm zu sehen, daß man Menschen menschlich behandelt, und wer so was nicht gern liest und nur Begebenheiten sucht, ist nicht einmal wert, daß man um ihn sich viel bekümmere.

Beschreibung der französischen Lazarette

In Frankreich gibt es jetzt zweierlei Lazarette, einige sind bürgerliche, andere militärische. Jene finden sich in allen Städten und sind für die Kranken des Distrikts bestimmt, welche nicht wirklich zum Militärstand gehören und aus Mangel der Hülfe des Staats bedürfen; diese hingegen gehören für die kranken Soldaten und für alle Ausländer ohne Unterschied.

Da ich vorzüglich von den letzten Lazaretten handle, so will ich von den bürgerlichen nur so viel sagen, daß in jedem derselben nur vier Krankenwärter angestellt sind, die übrigen Dienste versehen ledige Frauenzimmer aus der Stadt ohne Ausnahme nach der Reihe und wechseln alle zehn Tage ab, die ausgenommen, welche sich einer liederlichen Lebensart schuldig machen. Sobald ein Mädchen als eine feile Dirne öffentlich bekannt ist, ist ihr der Eingang ins Hospital versperrt. Diese Mädchen bekommen für ihren Dienst nichts weiter als das Essen, doch dürfen die reichern zu Hause essen. Diese Einrichtung hat man den Jakobinern zu danken, und sie ist deswegen gemacht worden, damit die schönere Hälfte des Volks sich gewöhne, sanft und mitleidig zu werden. Übrigens steht das Bürgerspital unter der strengsten Aufsicht der Munizipalität und hat seinen eignen Direktor. Sobald nun jemand krank wird, der nicht im Stande ist, sich selbst pflegen und kurieren zu lassen, so wird er auf die erste Anzeige in das Spital seines Distrikts gebracht und da auf Kosten des Staats unentgeltlich abgewartet und geheilt. Nachher ersetzt man dem Geheilten noch den Verlust seiner versäumten Arbeit.

Die Militärspitäler sind da angelegt, wohin man die Kranken von den Armeen und sonstwoher leicht bringen kann. In Dijon waren deren vier: Chalier und Rousseau in der Stadt, Marat aber und Le Pelletier außer derselben. Wer aber in einem bekannt ist, kennt sie alle in ganz Frankreich, weil sie alle nach einer Regel angelegt sind, so wie etwan alle Kapuzinerklöster in der ganzen Welt.

Jedes Hospital steht unter der nächsten Fürsorge der Munizipalität, die nächste Aufsicht darüber führt aber der Kriegskommissär, welcher mit dem Direktor alle Rechnungen abtut. Dann ist ein Direktor, zwei Oberkrankenwärter, ein Ausgeber, ein Kellner, ein Apotheker nebst zwei Gehülfen zum Tisanekochen und dergleichen, ein Koch mit den nötigen Gehülfen, ein Magaziner, ein Holzhacker und noch einige andre, welche die kleinern Verrichtungen auf sich haben, zum Beispiel den Hof und die Treppen reinzuhalten, die Strohsäcke zu füllen, die Matratzen auszustopfen usw. Wir nannten diese Leute Coureurs oder Beiläufer. Außerdem ist für jede 14 Kranke ein Krankenwärter bestimmt, welcher außer seinen Kranken nichts zu besorgen hat.

Die Stuben sind bald kleiner, bald größer, doch dürfen die Betten darin nur so gestellt werden, daß man rund um sie herumgehen kann, bloß oben stoßen sie aneinander. Jeder einzelne Kranke hat sein eignes Bette. Diese bestehen aus einem wohlgefüllten Strohsack, einer Matratze mit Wolle gefüllt und mit Zwillich überzogen, zwei Bettüchern, einer derben Friesdecke und einem Pfühl. Alle fünfzehn Tage werden frische Bettücher aufgelegt, und wenn der Kranke sie außer dieser Zeit verunreiniget, so werden sie jedesmal gleich gewechselt.

Sobald der Kranke ankömmt, nimmt der Krankenwärter von der Stube, worauf er kommen soll, ihn zu sich und gibt ihm ein weißes Hemde, eine Mütze, einen leinenen Pantalon und einen Kapot. Letztere zwei Stücke werden unten aufs Bette gelegt, damit der Kranke sie beim Aufstehen finden und anziehen kann. Außerdem erhält jeder Kranke noch einen zinnernen Becher, eine zinnerne Schüssel und einen Krug zur Tisane, und dies oben am Bette. Alle 10 Tage bekömmt der Kranke ein frisches Hemde, eine frische Mütze und ein frisches Pantalon. Die schmutzige Wäsche wird auf eine eigne Kammer getragen und von Zeit zu Zeit gewaschen. Die Kleider jedes ankommenden Kranken werden zusammengebunden, mit dessen Namen versehen und so in einem dazu bestimmten Gemache aufbewahrt, wozu der Oberkrankenwärter den Schlüssel hat. Die Kleider aller derer, die in Dijon starben, wurden hernach unter jene von den Gefangnen und Deserteurs ausgeteilt, die ihrer bedurften.

Hat die Krankheit Gefahr, so wird es dem Doktor gemeldet, der dann sofort kömmt und den Patienten besucht.

Alle Morgen um sieben Uhr erscheint der Medikus des Hospitals nebst einem Feldscher, dem Apotheker und einem Feldscher-Zöglinge. Der Feldscher und der Zögling führen ein Tagebuch für jeden Tag; der Doktor aber hält das Tagebuch vom vorigen Tage in der Hand und beurteilt danach den Zustand der Krankheit. Dieses Tagebuch ist gedruckt und hat folgende Rubriken:

1. Bettnummer
2. Name des Kranken
3. Name der Krankheit
4. Zeit seines Aufenthalts im Hospital
5. Alimente
6. Medikamente
7. Tisane
8. Besondere Bemerkungen

Sobald der Arzt ans Bette kömmt, examiniert er den Kranken, verordnet dessen Speisen, Trank, Medizin und dergleichen, und der Feldscher sowohl als der Zögling müssen beide die Verordnungen des Doktors aufzeichnen. Zu diesem Behufe tragen sie ein Brett, worauf ihre Schreiberei liegt und ein Tintenfaß einsteckt, mit herum. Ehe der Doktor das Zimmer verläßt, nimmt er dem Feldscher sein Heft ab und läßt den Eleven das seinige laut ablesen, um gewiß zu wissen, daß nichts falsch aufgezeichnet sei.

Wenn die Visite vorbei ist im ganzen Hospital, die dann freilich von mehreren Ärzten gemacht werden muß, wenn sehr viele Kranke da sind, so wird unten in einer Stube neben der Apotheke ein Auszug gemacht und auf jeden Saal ein Zettel geschickt, worauf für jeden Kranken das bestimmt ist, was der Krankenwärter nun aus der Apotheke holen soll. Die eigentlichen Arzeneien muß der Apotheker selbst bringen und sie den Kranken auch selbst eingeben, von deren Wirkung nachher der Krankenwärter Nachricht geben muß.

Alle Tage muß der Wärter alle Schüsseln, Becher und Krüge seiner Kranken reinigen; und wenn der Major Schmutz, Satz und dergleichen in Krügen oder in Bechern findet, so setzt es Verweise, auch wenn es auf der Stube übel riecht oder Stroh und dergleichen auf dem Fußboden herumliegt. „Reinlichkeit", sagte immer der Major Fraipon, „ist die Seele der Krankenwärterei, Reinlichkeit ist die erste Bedingung jeder Kur." Tobak darf auf den Sälen niemand rauchen; wer rauchen will, muß hinausgehen.

Jeden Morgen, sobald es zehn Uhr schlägt, wird geläutet, und die Krankenwärter holen erst ihren Kranken Bouillon oder Fleischbrühe, wovon jeder einen Napf voll erhält, sodann wird das Brot, das Fleisch, das Gemüse und der Wein im Beisein eines Feldschers, der von Bette zu Bette mitgeht und im Tagebuch nachsieht, was jedem Kranken vom Medikus verordnet ist, ausgegeben. Es ist allen Wärtern verboten, den Kranken irgend etwas zu essen oder zu trinken zu geben oder zu holen; kömmt so was heraus, so wird der Krankenwärter mir nichts, dir nichts fortgejagt; denn der Medikus spricht, in der Diät bestehe die Seele der Kur. Doch kann der Patient sich mit Bewilligung des Arztes dies und jenes für sein Geld holen lassen, zum Beispiel Honig, Pflaumen und dergleichen, doch aber nur mit Bewilligung des Arztes. Ein Kamerad von mir ließ sich einmal bereden, einem Volontär eine halbe Flasche Champagnerwein zu holen, welches der sonst sanfte, stille Antoine erfuhr und sofort auf dessen Entlassung drang. Der Major und der Direktor konnten es kaum dahin bringen, daß der gute Benoit bleiben durfte – so streng hielt Antoine auf diese Ordnung! Den andern Tag sagte er es selbst allen Wärtern, daß er hierüber keinen Spaß verstehe und durchaus nicht leiden werde, daß irgendein Kranker ohne seine Bewilligung etwas genieße.

Einigen Kranken ist es erlaubt und einigen gar vorgeschrieben, am Tage im Garten herumzugehen, andre aber müssen in der Stube oder im Bette bleiben; für die pünktliche Befolgung dieser Vorschriften steht der Wärter.

Des Nachmittags um vier Uhr wird wieder ausgeteilt wie früh um zehn Uhr und nach eben der Ordnung.

Die Kranken bleiben nicht immer auf einem Saal, sondern werden, wie ihre Krankheit abnimmt, auf einen andern gebracht, damit sie nicht wieder in die alte Krankheit zurückfallen.

Alles Lärmen und Spektakeln ist strenge verboten, daher es denn auch in solch einem Hospital so ruhig zugeht wie in irgendeinem Kloster von La Trappe. Abends werden die Wandlampen (réverbères) oder die Widerscheiner von einem besondern Beiläufer im ganzen Hospital angezündet und mit Öl versehen.

Für die sehr kranken Patienten, welche nicht aufstehen können, sind zur Verrichtung ihrer Notdurft Bassins und Urinoirs da, welche aber jedesmal müssen gereiniget und saubergehalten werden, sowie die zinnerne Klistierspritze, wovon auf jedem Saale eine befindlich ist.

Die Verwundeten, Krätzigen und Venerischen stehen bloß unter der Behandelung des Oberchirurgus. Die beiden erstern erhalten keinen Wein und die Venerischen auch kein Fleisch, die Krätzigen aber bekommen ganze Portionen.

Es wird sehr gesorgt, daß die, welche gleichartige Krankheiten haben, auch zusammenkommen, damit die Vermischung und Verbreitung der Krankheiten verhütet werde. Daher ist es auch nicht einmal erlaubt, daß die Kranken von dem einen Saal in den andern gehen, aus Furcht, sie möchten ihr Übel mit dahinbringen.

Den ersten Tag des Monats erhalten die Krankenwärter ihre Bezahlung vom Direktor, und bei dieser Gelegenheit wird ihnen die Instruktion allemal vorgelesen, welche vom Konvent selbst für sie verfaßt ist und aus kurzen, bündigen Vorschriften bestehet. Unter diesen Vorschriften ist eine, welche echt jakobinisch ist, des Inhalts, daß kein Wärter sich unterstehen soll, einen Priester, er habe Namen, wie er wolle, zu einem Kranken zu lassen. Denn da, wo man die Menschheit pflege, müsse der Fanatismus sich nicht einschleichen; dieser mache schon Gesunde krank und Kranke gewiß noch kränker. Aber ich erinnere mich auch nicht, daß irgendein Kranker je nach einem Pfaffen verlangt habe. Sie, die starben, starben alle demohnerachtet ziemlich ruhig.

Wenn ein Kranker stirbt, so ruft der Krankenwärter den wachthabenden Feldscher – denn immer muß ein Feldscher auf der Wache sein –, und dieser untersucht den Toten. Wenn er ihn wirklich tot findet, so nimmt der Wärter noch einen Kameraden, und die tragen den Kadaver im Laken in die Totenkammer, wo sie ihm das Hemde abziehen und ihn in alte Laken wickeln. So bleibt er drei Tage liegen, im hohen Sommer auch kürzere Zeit, und wird sodann, nachdem ihn der Chirurgus nochmals besehen hat, vom Totengräber außerhalb der Stadt eingescharrt. Die Franzosen sind überhaupt von dem lächerlichen Vorurteil zurückgekommen, daß man mit den Toten Staat und Gepränge treiben müsse. Sie begraben sie auf die einfachste Weise, und zwar wohin sie wollen, doch muß das Grab nach dem Gesetz acht Fuß tief und auf eine Viertelstunde von dem Orte entfernt sein, wo Menschen wohnen. Die Beerdigung geschieht allemal gegen Abend in der Dämmerung.*

---

* In Frankreich behandelt man die Toten, wie man sieht, jetzt sehr einfach und dem äußern Prunk nach ganz geringschätzig. Und doch behandelt man die gesetzmäßigen Lebendigen dort weit besser als irgendwo. Folglich ist es falsch, daß, wenn man die Toten geringschätzig behandelt, man es mit den Lebendigen bald nicht besser mache. Dies Argument motivieren vorzüglich diejenigen, welchen der Sarg, das Totenhemd, das Geläute und der übrige Prunk etwas abwirft, unbekümmert, ob die Familie des Verschiednen Geld zu Brote übrig habe oder nicht, geschweige zum Beläuten und was noch dazu-

Die Kosten der Zivilspitäler trägt allemal der Distrikt der Kranken, hingegen die der Militärlazarette trägt die Republik selbst, und eben darum müssen alle Rechnungen derselben monatlich nach Paris geschickt werden. Es ist daher auch nicht möglich, daß Mangel in einem solchen Hospitale einreiße. Alle Tage wird frisches Fleisch und alle zwei Tage schönes weißes Brot geliefert. Ich habe in Frankreich nirgends schöneres Fleisch gesehen als in den Hospitälern. Der Wein muß gut und alt sein und wird aus der Provinz genommen, wo das Spital ist. Antoine meinte auch, das Departement von Côte-d'Or schicke sich zu Hospitälern besser als das ganze übrige Frankreich, weil der Burgunderwein unter allen Weinen der gesundeste und für gewisse Krankheiten eine wahre Arznei sei, und dann auch, weil Dijon in einer sehr gesunden Gegend liege. Auf dem Hospital wurde so guter Wein, roter und weißer, ausgeteilt, als man ihn in keinem Weinhause der Stadt finden konnte.

Bei dem allen ist es aber doch nicht möglich, daß jemand von den Spitalbedienten etwas in seinen Beutel mache, gewiß nichts Beträchtliches. Denn im Fall eines Betruges von Wichtigkeit müßte Munizipalität, Kriegskommissär und Direktor miteinander unter einer Decke stecken, auch dürfte der Medikus oder die Medici und der Apotheker nicht vergessen werden, weil diese aus ihren Journalen den Betrug jener sonst gar leicht entdecken und bekanntmachen könnten. Ebenso verhält es sich mit den Infirmier-Majors. Daher glaube ich auch nicht, daß die Republik in den Hospitälern betrogen werde, wenigstens erinnere ich mich nicht, daß man deshalben je Klage geführt habe.

Der große Vorteil der französischen Militärspitäler besteht darin, daß das Militär gar nichts darin zu sagen hat. Ein Volontär, welcher krank ist, steht nicht mehr unter seinen Offizieren, folglich läßt er sich von ihnen nichts gefallen und beschwert sich, wenn ihm sonst etwas abgeht. Aber bei den Östreichern, Preußen und andern Truppen verwalten Offiziere, Unteroffiziere usw. die Hospitäler, und daher entsteht deren traurige Gestalt, die Vernachlässigung der Kranken und das meiste von dem Unwesen, welches ich im vorigen Bande beschrieben habe und welchem nicht abgeholfen werden kann, solange man keine bessern Grundsätze annimmt.

Fremde dürfen ohne Erlaubnis des Torhüters nicht ins Spital, und niemand darf heraus als die zum Spital gehörigen Bedienten. Die Kranken bleiben so lange, bis der Medikus sie für gesund erklärt, und dann erhalten sie ein gedruck-

---

gehört. Wir sind also so superhuman, daß wir die Urbanität gegen die Verstorbnen auf Kosten der Humanität gegen die notleidenden Lebendigen sehr ängstlich übertreiben.

tes Billet, worauf der Arzt ihren und seinen Namen schreibt. Dieses Billet muß hernach an den Kommissär abgegeben werden und dient ihm zu seiner Berechnung. Mit dem Billet des Kommissärs, welches der Kranke bei seiner Ankunft mitbringt, berechnet der Direktor. Daß übrigens sehr genaue Register geführt werden, versteht sich schon von selbst.

Dies mag für diesmal von dem neuen französischen Spitalwesen genug sein. Wie ich höre, soll Bürger Wedekind ein eignes Buch darüber geliefert haben. Ich kenne es nicht weiter, und was man hier davon hat, ist Resultat meiner eignen Erfahrung.* So wenig dies auch ist, so beweist es doch genug, daß Frankreich es dahin gebracht hat – so ungern unsere politischen Unken es auch vernehmen –, den Menschen auch von seiten des Staats als ein selbständiges Wesen, als Zweck zu behandeln und nicht als „Niete", wie Friedrich der Zweite sich einmal ausdrückt, oder als ein Mittel, das der Despot nur so lange achtet, als er es zur Erreichung seiner herrschsüchtigen Zwecke brauchbar findet. In solchen Staaten sucht ein Diogenes von der politischen Seite freilich noch immer vergebens nach – Menschen!

Ich verlasse das Hospital und gebe Lektionen

Aus dem, was ich in den beiden letzten Kapiteln gesagt habe, läßt sich leicht der Schluß ziehen, daß ich als Krankenwärter im Hospital zu Dijon nichts weniger als unglücklich war. Ich lebte ordentlich, hatte an nichts Mangel und einen Posten, wobei ich wenigstens ein nützliches Glied der Gesellschaft war; denn ich diente meinen Mitmenschen wirklich und vielleicht mehr als mancher Professor der Theologie. Aber ich weiß es nicht zu sagen, es fehlte mir immer was, und ich war in einsamen Stunden oft unzufrieden, ohne daß ich wußte, warum. Bisher war ich immer in gewaltsamen Veränderungen gewesen, und meine ganze Seele war schartig geworden, sie konnte sich daher nicht so recht in die ruhige, stille Lebensart eines Krankenwärters finden.

Ich hatte mit einigen Offizieren von den gefangnen Preußen, Östreichern und Hannoveranern Bekanntschaft gemacht und besuchte sie oft in den zwei Klöstern, wo sie einquartiert waren, und genoß manchen Beweis ihrer Freundschaft. Als ich eines Tages auf dem Zimmer des Herrn Hauptmann von Euler, der bei einem östreichischen Freikorps gestanden hatte, etwas über das Unangenehme

---

* Wedekinds Schrift sollte, wie ich höre, in einer berühmten Stadt gedruckt werden. Der Zensor aber soll gemeint haben, das könne er nicht zugeben, weil es uns Deutsche zu sehr beschäme.

meiner Lage merken ließ, so erklärten sich mehrere gegenwärtige Offiziere, daß sie, wenn ich das Spital verlassen wollte, gleich Unterricht im Französischen bei mir nehmen würden, wobei ich wenigstens monatlich 90 Livres verdienen könnte. Auch dürfte ich die unschickliche Arbeit auf dem Spital dann nicht mehr tun und würde unabhängiger und freier.

Ich dachte über diesen Vorschlag nach, wollte aber noch nichts entscheiden und blieb immer Spitalwärter. Endlich ward der brave Major Fraipon krank, und Bonard hatte nun über alles die Aufsicht. Dieser Mann war wirklich nicht schlimm, aber ich hatte ihn in der Küche dadurch beleidiget, daß ich gesagt hatte, da Fraipon krank sei, so würde es forthin wohl schief mit dem Spital aussehen. Das zog Bonard auf sich, als wenn ich glaubte, er könne dem Institute nicht allein vorstehn. Doch necke er mich nicht, oder er konnte mich nicht necken, denn wer bei uns tat, was seine Pflicht war, dem hatte keiner was zu sagen.

Eines Tages hatte ich einen großen Wasserkrug beim Wasserholen zerbrochen und dafür einen andern aus dem Magazin geholt. Bonard behauptete, ich müsse mir den Krug an meiner Besoldung abziehen lassen, aber der Direktor sagte, was aus Unvorsichtigkeit zerbrochen würde, müsse hingehen. Das Ding kützelte mich, ich muß es nur gestehen, und ich sagte zu einem andern Wärter: „Siehst du, Bonard hat mich wollen den Krug zahlen machen, aber er hat eine Nase gekriegt." Bonard hörte auch dieses, sagte es dem Direktor, und dieser gab mir nun auch eine Nase. Bonard, um sich an mir zu rächen, versetzte mich auf den Saal Égalité, wo die Krätzigen lagen. Das verdroß mich sehr, aber ich mußte schon zufrieden sein, weil solche Anordnungen lediglich vom Major abhängen und weil es mir als einem der jüngsten Krankenwärter zukam, die Krätzigen zu warten; denn da diese die wenigste Wartung bedürfen und der Wärter nicht einmal ihr Bette machen darf, so überläßt man ihre Pflege den Neulingen unter den Wärtern.

Ich blieb indes noch einen ganzen Monat auf Égalité und foderte meinen Abschied erst zu Ende des Prairials. Der Direktor gab mir ihn ungern, aber er gab mir ihn, als ich darauf bestand, und obendrein ein gutes Zeugnis, welches hernach bei der Inquisition révolutionnaire in Mâcon geblieben ist.

Nun fing ich meine Stunden mit den fremden Offizieren an, und meine Schüler waren der Herr Hauptmann von Euler, Herr Leutnant von Crone von den Kaiserlichen, Herr Leutnant von Witzleben und von Fink von den Preußen, Herr Leutnant von Ruhdorf, von Reinhardt und von Sander von den Hannoveranern, Herr Leutnant von Brandenstein von den Sachsen und Herr Dunhaupt, Feldscher bei den Hannoveranern. Also hatte ich täglich neun Lektionen, für jede erhielt ich siebeneinhalb Sous, folglich verdiente ich monatlich 101 Livres 5 Sous, wofür ich in Dijon recht gut leben konnte, um so eher, da mir die Nation ohnehin mein Brot und täglich 10 Sous Geld gab.

Meine Beschäftigung in Dijon.
Rechtspflege in Frankreich

Ich habe meine Zeit so ziemlich vergnügt in Dijon zugebracht; wenn ich mit meinen Lektionen fertig war, ging ich in die Weinschenke zu Viennot, wo immer starke Gesellschaft war. Da ich schon vorher mit vielen Bürgern aus der Stadt bekannt war, so mehrten sich meine Bekanntschaften immer, und da ich fleißig mitschwadronierte, so war ich wohl gelitten. Sehr oft wurde ich von den Gästen in die Weinschenken gerufen, um mit diesem und jenem eine Flasche zu leeren, denn es ist dem Franzosen unmöglich, allein zu trinken, er muß schlechterdings einen Gesellschafter haben, der mit ihm plaudere und trinke.

Die Gespräche waren allemal politischen Inhalts, man räsonierte über den Krieg, über die Gesetze, über die dereinstige echte Form der Französischen Republik und andre Gegenstände dieser Art. Da mir alle diese Dinge schon lange interessant waren, so konnte ich mich sehr dabei unterhalten, und da ich über alles das viel nachgedacht hatte, so konnte ich meine Meinung oft mit großem Beifall derer sagen, die mir zuhörten. Besonders war es den Franzosen angenehm, wenn ich ihnen aus der Geschichte der Griechen, Römer, Schweizer und Niederländer etwas erzählte und ihre neue Republik mit jenen ältern Freistaaten verglich. Viennot sah allemal gern, wenn ich kam, und meine Zeche war immer gemacht, wenn ich mit Franzosen zusammen trank; denn diese ließen mich niemals mitbezahlen.

Die Franzosen besuchten damals die öffentlichen Wirtshäuser häufiger als sonst. Denn die Jakobiner gaben auf alle Tritte und Schritte der Bürger Achtung und sahen nach ihrer öftern Erfahrung die Gesellschaften in Privathäusern als verdächtig an. Man scheute sich daher, jemand in seinem Hause zu besuchen, wie denn auch niemand einen Besuch gern annahm, weil er nicht wissen konnte, ob der Fremde verdächtig war oder nicht. Die öffentlichen Häuser waren aber von allem Verdacht des Royalismus und Föderalismus frei, und da die Franzosen durchaus Gesellschaft haben müssen, so wurden diese desto fleißiger besucht. Ich muß gestehen, daß ich in diesen Gesellschaften, worin das lebhafteste Ideen-Kommerz herrschte, viel gelernt und meine Begriffe über das neufränkische System sehr berichtiget habe, welches wahrlich nichts Leichtes ist, da uns unsre von Jugend auf beigebrachten Begriffe von Herrschaft, Adel, Vorrechten, Religion usw. zu gar schiefen Urteilen verleiten können, wenn wir die französischen Begebenheiten nur so obenhin anschauen, zumal nach der einseitigen oder ganz verschraubten Darstellung so vieler benebelter Schriftsteller. Deswegen muß man auch Geduld mit denen haben, welche diese große Revolution von der unrechten Seite ansehen. Die Leute sind nicht unterrichtet oder unbeschnitten an Herz und Kopf. Wenn daher der Wanderer [Göchhausen] in seinen ‚Wanderungen' einen kleinen Trupp französischer Gefangner einen peuple souverain nennt und sich dann über sein eignes Hirngespinst etwas zugute tut, wer zuckt nicht die Achseln über den abgeschmackten, faden Gespenster-Vogt!

Fleißig habe ich auch die Gerichtsplätze besucht, wohin jeder gehen und alles mit anhören darf, was da verhandelt wird. Es gibt in Frankreich keine Rechts- oder Justizgeheimnisse mehr, bloß der Friedensrichter handelt bei verschloßnen Türen, und das ist auch schon recht. Denn der Friedensrichter ist eigentlich kein Richter, sondern eine von dem Distrikt autorisierte Person, die Privathändel der Bürger in der Güte beizulegen, und dazu bedarf es keiner Publizität.

Ich habe, ich weiß nicht recht mehr wo, gelesen, daß die Franzosen seit der Entstehung ihres neuen Systems schon über 7000 Gesetze gemacht hätten, und darüber hat sich der Ehrenmann, der das geschrieben hat, derb aufgehalten und gefragt, was doch aus einem Staat werden könne, der 7000 Gesetze hätte! Aber der Mensch wußte wohl nicht, was er schrieb. Die meisten französischen Gesetze gehen bloß auf die Begebenheiten des Tages und gelten gerade nur so lange, als ihr Gegenstand dauert. Bürgerliche Gesetze betreffen bloß den Privatstand, und ihrer sind äußerst wenig. Ihr Inhalt ist gemeinnützig und ihre Sprache gemeinverständlich.

Doch gibt es in Frankreich wie in der ganzen Welt Rechtshändel, welche man aber allemal erst bei dem Friedensrichter anbringen muß. Denn kein Kollegium darf einen Prozeß annehmen, ohne daß der Friedensrichter den Kläger durch ein Certifikat dazu autorisiert habe. Einen Friedensrichter gibt es in jeder Gemeinde, und er hat die Pflicht, die streitenden Parteien auf jede Art zu verständigen und zum Vergleich zu bewegen. Er kann von den Parteien keinen Heller nehmen, ist aber auch wegen seiner Friedensstiftung niemanden responsabel; ja er darf sogar nicht einmal die Prozesse bekanntmachen und ist quasi ein juristischer Beichtvater. Wie nützlich und wohltätig aber das Amt eines Friedensrichters (juge de paix) sei, müssen alle wissen, welche jemals das Unglück gehabt haben, der deutschen Justiz, besonders der --- und der --- in die Krallen zu geraten.

Wenn aber die Bemühungen des Friedensrichters nichts ausrichten, so muß freilich die Sache da angebracht werden, wo sie nach den Gesetzen entschieden werden kann. Der Friedensrichter, welcher auf jeden Fall die Gesetze verstehen muß, sagt zwar den Parteien allemal, wer recht oder unrecht habe, wer gewinnen oder verlieren werde, aber wenn sie sich doch nicht weisen lassen, so muß er sie an die Richter weisen. Ist die Sache von ganz geringem Belang, so wird sie sofort auf der Dorf- oder Stadtmunizipalität entschieden; ist sie aber etwas verworrener oder wollen die Parteien mit dem Spruch der Munizipalität nicht zufrieden sein, so geht es auf das Distriktsgericht.

Hier sind zwölf Beisitzer und ein Präsident, der jedoch oft umwechselt. Erst wird die Sache mündlich entweder von den Parteien selbst oder von ihrem Anwalt – worunter man sich aber keinen Advokaten, Justizkommissarius oder sonst ein Männlein dieser Art denken darf – deutlich vorgetragen und nach den Hauptpunkten vom Schreiber aufgesetzt. Wenn alles vorgebracht ist, was zur Sache gehört, nimmt der Präsident den Aufsatz des Schreibers und liest ihn den Parteien sowohl als den Beisitzern vor. Erstere werden befragt, ob noch etwas zu erinnern sei. Wenn sie es verneinen, so wird den Richtern vom Präsidenten ein Vortrag gemacht, worin er ihnen die ganze Lage der Rechtssache erklärt. Nun wird, um Bestechungen vorzubeugen, geloset, und drei von den zwölf Beisitzern werden Richter in der Sache. Diese nehmen die hieher gehörigen Gesetze vor, bestimmen ihren Sinn und sprechen das Urteil auf der Stelle, welches sofort vom Schreiber aufgezeichnet und den Parteien eingehändigt wird, und damit ist die Streitsache hier entschieden.

Sollten die Parteien glauben, daß man ihnen unrecht tue, so können sie aufs Departementsgericht und von da an den Konvent (chambre de cassation) gehen, das alles steht ihnen frei und kostet nichts als die Zeit, die sie versäumen. Aber sehr selten geht ein Prozeß durch mehr als eine Instanz, und äußerst wenige kommen nach Paris; denn man ist in den höhern Instanzen eben nicht gewohnt, den niederen zu widersprechen und andre Sprüche zu fällen, als schon den Gesetzen gemäß gefällt waren.

Die Ursache der schnellen Justiz in Frankreich mag wohl nicht an den Gesetzen allein und nicht einmal größtenteils an den Gesetzen liegen. Diese sind zwar sehr deutlich und bestimmt, und es kostet kein Kopfbrechen, sie zu verstehen und im gehörigen Fall anzuwenden. Aber die Gesetze in andern Ländern sind auch deutlich und bestimmt, wie man denn dem neuen Gesetzbuch in Preußen meist nur den Vorwurf der Weitschweifigkeit machen kann. Aber daß in Frankreich die Justiz rasch vonstatten gehe, in andern Ländern aber so sehr schneckengängig, daran scheinen andre Dinge schuld zu sein. In Frankreich gilt der hohe Grundsatz der Gleichheit, nach welchem jeder Mensch in Rücksicht auf Gesetz und Recht so gut ist als jeder andere, folglich darf und kann da keine Person angesehen werden. Aber in Deutschland – du lieber Gott! da kann mancher zugleich Kläger und Zeuge sein, da fragt man erst, wer er ist. Und findet sich's, daß der Beklagte ein Mann von Einfluß, ein reicher, vornehmer Herr ist, je nun, so verliert er seinen Prozeß gewiß nicht, gesetzt auch, er habe das größte Unrecht von der Welt. Ich kann mit Beispielen aufwarten.

Eine andere Hauptursache der schnellen Justizpflege in Frankreich ist, daß keine Advokaten da sind, keine Justizkommissarien, welche für Geld verteidigen. Denn Geld bekömmt da kein Anwalt, und für einen Vortrag oder für eine Verteidigung oder Verantwortung darf niemand nichts nehmen, oder er würde sich und seinen Civismus äußerst verdächtig und verhaßt machen.

Drittens gibt es auch keine Sporteln; denn das Recht wird nicht verkauft. Daher haben denn auch die Richter und Anwälte keinen Vorteil davon, wenn sie den Prozeß in die Länge ziehen. Je eher er ausgeht, desto eher sind sie dieser Last überhoben. Diäten und dergleichen werden ganz und gar nicht gut getan. Bei uns ist das ganz anders!

Und endlich, welches die Hauptursache der bessern Rechtspflege bei den Franzosen ist: jeder Bürger, welcher mit bei Gerichte sitzt, hat alle nur mögliche und höchste Ursache, das Recht ja nicht zu beugen und nur nach dem Gesetz und seiner besten Einsicht zu sprechen. Denn er ist ja gar nicht lange Richter; es gibt solche Ämter, welche nur ein halbes Jahr dauern, wenige währen zwei Jahre. Da er also befürchten muß, daß man alsdann die Rechtssache abermals vornehme und ihm, wenn man beweisen könnte, daß er das Recht gebogen hätte, die gefährlichsten Händel zu Halse ziehen könnte, so ist es ebensosehr sein Vorteil als seine Pflicht, sich zu hüten und nur so zu sprechen, wie es die Vernunft nach dem Spruch des Gesetzes fodert.

Man entdeckt gar bald, welcher Richter ein Schurke und welcher ein ehrlicher Mann ist. Wir wissen zum Beispiel alle, daß Herr Linksum die Pupillenkasse bestohlen hat, daß Herr Rat Schurkius falsche Zeugnisse gerichtlich ausstellt, daß der Justizkommissar Rabula zwei Gegenparteien zugleich bedient und beide betrügt, daß der Justizamtmann Schleicher für den Putz seiner Frau und Kinder mehr ausgibt, als er rechtmäßiges Einkommen hat – das und tausendmal mehr wissen wir, aber wozu hilft es, daß wir es wissen? Die Herren haben Ämter, das ist Gewalt. Nehmt aber dem Herrn Linksum, Schurkius, Rabula, Schleicher und andern dieses Gelichters ihre Ämter, so werden sie gar bald der Gegenstand der allgemeinen Verachtung und des wohlverdienten Hasses aller Rechtschaffnen und selbst des Pöbels sein und so ihre Strafe leiden. Wüßten diese Herren, daß man sie einmal zur bestimmten Zeit absetzen werde, sie würden ihr Amt weit ehrlicher verwalten.

In Frankreich sind alle Justizämter ambulatorisch: keiner bleibt lange Maire, Prokurator, Beisitzer usf. Alle wissen den Punkt, wo sie abgehen müssen, daher haben auch alle den größten und stärksten Beweggrund, recht zu tun und das Gesetz nicht zu beleidigen.

Es ist allerdings an dem, daß die jetzigen französischen Richter größtenteils nicht auf Universitäten gewesen sind, keine Kompendia und Systemata studiert haben und nicht Doktoren in utroque jure geworden sind. Allein die schlechte Justiz in Deutschland kömmt nicht aus der Unwissenheit der Richter, sondern aus ihrem Privatinteresse; deswegen verkehren und verdrehen sie den klaren Ausspruch des Gesetzes und machen die hellsten Sachen dunkel und verwirrt. Übrigens sehe ich auch nicht ein, warum ein französischer Bürger, der sich mit den ohnehin schon deutlich bestimmten Gesetzen abgibt und sonst einen guten, schlichten Verstand hat, nicht ebensogut das, was recht ist oder unrecht, lernen sollte als einer von unsern Herren Akademikern, die nur so notdürftig ein Kollegium bei einem Professor hören, dem andre Sachkenner die gröbste Unwissenheit und die schülermäßigsten Schnitzer vorwerfen.

Es mag aber bei dem Vorwurfe, daß die neufränkischen Juristen kein Jus verstehen sollen, gehen, wie es mit einem andern ebenso wichtigen ging, daß ihre Soldaten Lumpenpack wären, die wie ihre Generale gar nichts vom Kriege und der Kunst, ihn recht zu führen, verständen. Die Franzosen haben gewiesen, daß sie Soldaten sind; und wer hingeht, wird finden, daß sie das Recht ebensogut handhaben, wenn nicht noch besser, als die rabulistischen Rechtspfleger anderer Nationen.

Übrigens ist auch die neufränkische Jurisprudenz bei weitem so schwer nicht als die deutsche. Man bedenke nur, wie schwierig die Lehre von den Testamenten, von Ehesachen usw. ist, und dann nehme man das liebliche Jus publicum, feudale, canonicum und andere Teile der vielköpfigen deutschen Juristerei, wovon die Neufranken kein Wort mehr wissen wollen, und man wird finden, daß es leichter sei, in Frankreich ein Rechtsverständiger zu werden als bei uns in Deutschland.

Entfernung der Guillotine.
Nationalfeste in Dijon. Sinken der Jakobiner

Im Sommer dieses Jahres war ein wahrer Jubel in Dijon wie in ganz Frankreich, als die Volksrepräsentanten in den Departementern und Distrikten die scheußliche Mordmaschine, die Guillotine, aus den Augen des Publikums wegschaffen ließen. Diese Schreck-Bühne stand sonst immer mitten auf den größten und freiesten Plätzen, das Messer immer hoch, und drohte jedem Verbrecher den Tod. Aber jetzt, da die junge Republik der Verräterei von innen gewachsen war, jetzt brachte man sie weg und stellte sie in Kirchen oder Klöstern hin, holte sie bei jedesmaligem Notfall nur hervor und schaffte sie gleich nach dem Gebrauch wieder weg.

Die Franzosen hatten eine fast kindische Freude, da sie das Mordmesser nicht mehr vor Augen hatten. Ihre Freude wurde noch vermehrt, da sie in dem Bulletin lasen, daß, wenn einmal die allgemeine Ruhe hergestellt sein würde, alle Arten von Todesstrafen abgestellt werden sollten. Ich habe durchaus bemerkt, daß, obgleich Ströme Bluts in Frankreich geflossen sind, das französische Volk das Blutvergießen doch nicht liebt. Die abscheulichen Szenen waren eine notwendige Folge der Revolution; das Volk sah dies ein und ließ sie zu.

Bei dem Siegesfest, das in Dijon gefeiert wurde, hatten wir eine Schnurre, die uns vielen Spaß machte. Ein hübsches Mädchen, als Göttin des Sieges gekleidet, wurde auf einem Triumphwagen herumgefahren, und die ganze Bürgerschaft ging in Prozession vor und hinten nach und sang republikanische Lieder. Einige zwanzig östreichische Kriegsgefangne standen da und gafften den Zug an. Einer von ihnen fragte, was das für eine Prozession sei. „Was wird es sein", antwortete ein gewisser Bessel, „die Franzosen feiern heute ihr Fronleichnamsfest." – „Ei, mein Gott!" sagten die Östreicher, „das ist ja nicht die rechte Zeit!" – „Das tut nichts", fuhr Bessel fort, „die Franzosen sind schnakige Kerls, die feiern das Fronleichnamsfest, wenn's ihnen gefällt."

Endlich rückte der Triumphwagen näher, und vor demselben wurde ein Schild, das die Aegide der Minerva vorstellt, hergetragen. Die Östreicher nahmen dieses Schild für eine Monstranz und das Haupt der Medusa fürs Venerabile oder das Hochwürdige darin, zogen ihre Kasketer ab, fielen auf die Knie und beteten unter vielem Klopfen vor die Brust das schöne Hochwürdige an. Nun entstand ein allgemeines Gelächter und ein lauter Spektakel, welcher beinahe die Feierlichkeit gestört hätte. Selbst die Göttin des Sieges lachte auf ihrem Triumphwagen. Man sprach über diese Schnurre noch lange in allen Schenken und lachte über die unbegreifliche Unwissenheit und Dummheit der Östreicher, welche selbst von ihrer Pfaffenreligion sehr wenig wissen mußten, da sie solche Sottisen zu begehen fähig waren.

Herrlicher und schöner als das Fest des Sieges wurde das Fest des Höchsten Wesens gefeiert, wobei auch eine große Prozession und feierliche Musik war und erhabne Hymnen zu Ehren des Urwesens gesungen wurden. Ich habe einige Reden gelesen, welche an diesem Tage hin und wieder in Frankreich sind gehalten worden, und habe daraus ersehen, daß ein Republikaner von Gott sich ganz andre Vorstellungen macht als der, welcher in einer Monarchie lebt. Voltaire hat wohl recht, daß der Mensch sich den lieben Gott nach seiner Lage denke, wie denn einmal ein Eremit Gott den Heiligen Geist als Eremiten in einer Eremitage ‚mit der Kutte bekleidet' malte. Der Untertan des Despoten macht aus Gott einen König und gibt ihm alle Eigenschaften desselben, sogar einen Hofstaat, Armeen, Feinde und dergleichen. Bei dem denkenden Republikaner findet ein ganz andrer Begriff Eingang: der würde nie ein Wesen verehren können, dessen bloßer, unbedingter Wille Gesetz ist. Sein Gott muß mit Weisheit regieren, mehr lenken durch Vernunft als durch Strafen.

Außer meinen Stunden machte ich mich auch an allerhand Aufsätze, vorzüglich an einen über meine Begebenheiten, und hatte bei meiner Abreise aus Frankreich schon eine große Anzahl Bogen fertig. Ich warf aber das meiste davon ins Feuer, weil ich mich vor der Visitation auf der Grenze fürchtete.

Die Jakobiner in Dijon hielten ihre sehr zahlreichen Sessionen in dem ehemaligen Palast des Bischofs, wo ich oft recht kräftige Reden und Verhandlungen mit angehört habe. Aber so angesehen die hiesigen Jakobiner bei dem Konvente zu den Zeiten des Robespierre sein mußten, so schlecht empfahlen sie sich hernach durch ihre Adresse über die Preßfreiheit, worin sie, nach dem Urteil des Konvents, ganz verkehrte und freiheitswidrige Grundsätze aufstellten. Die Herren nämlich wollten, daß nur Bücher, nach ihren Grundsätzen geschrieben, die Erlaubnis erhalten sollten, öffentlich zu erscheinen, solche aber, welche etwan ein anderes System, zum Beispiel das moderantistische und dergleichen predigten, durchaus verboten würden. Der Konvent widersprach, wie billig, schickte die Adresse, welche die Dijoner hatten drucken und in der ganzen Republik herumschicken lassen, mit Unwillen zurück und erklärte, daß er nicht gesonnen sei, die Denk- und Preßfreiheit durch Gesetze zu vernichten und der menschlichen Vernunft ihren Weg durch Dekrete vorzuzeichnen.

Diese Antwort des Konvents machte die Dijoner aufmerksam, und sie glaubten darin zu bemerken, wie wenn der Konvent die öffentliche Meinung für sich und die Republik schon so fest und so allgemein begründet halte, daß er des Organs dazu, der Jakobiner, jetzt ebenso entbehren könne wie der Guillotine; und hieraus folgerten die Einsichtigern, daß der Einfluß der Jakobiner bald ganz aufhören würde. Ja, da die Antwort des Konvents auf den Straßen im Bulletin zu lesen war, so wiesen einige schon mit bedeutender Miene auf die sonst so sehr gefürchteten Jakobiner und bemerkten, es müßte doch wohl nicht so ganz mehr an dem sein, daß sie, wie sie sich dessen sonst zu rühmen pflegten, im Konvente alles durchzusetzen vermöchten, was sie nur wollten. Kurz dieser Umstand veranlaßte viele Bürger, selbst den Kommandanten Belin, aus dem Klub herauszutreten, der sich auch von da an nur noch sehr sparsam versammelte, bis er endlich ganz auseinanderging. Das Gebäude nämlich stand aufrecht, und das Gerüste dazu ward überflüssig.

Laukhard in der Conciergerie

Ich hatte seit meinem Abschiede aus dem Hospital gut und vergnügt gelebt und dachte die Zeit abzuwarten, wo ich wieder zurück nach Deutschland kehren könnte; denn zu einer Flucht aus Frankreich nach der Weise so mancher Deserteurs und Gefangnen wollte ich mich nicht mehr entschließen. Ich hatte mein hinlängliches Auskommen, gute Gesellschaft, angenehme Spaziergänge und war gesund, bis auf meine geschwollnen Füße und die Wunde auf der Brust.

Um die Erntezeit fiel mir dennoch ein, an den Repräsentant Dentzel nach Paris zu schreiben; denn dieser hatte mir doch in Landau versprochen, für mich zu sorgen. Ich führte meinen Einfall aus und schrieb ihm einen weitläufigen Brief, worin ich ihm meine Schicksale meldete und ihn ersuchte, mir einen Paß nach Paris auszuwirken; ohne spezielle Erlaubnis durfte man nämlich nicht dahin kommen, und ich hatte doch große Lust, mich in der Hauptstadt der neuen Republik umzusehen und da dem großen Triebrad in der Nähe zuzuschauen. Ich gab meinen Brief auf die Post und erwartete eine baldige Antwort.

Aber Dentzel war damals, wie ich nachher aus den Zeitungen erfuhr, eben wegen der Landauer Affäre zu Paris in Arrest, und wenn ich dieses gewußt hätte, so würde ich nie an ihn geschrieben haben; denn alsdann war es gewiß, daß der Brief nicht an ihn, sondern an den Wohlfahrtsausschuß gelangte. Ich hatte zwar von der Landauer Sache nicht ein Wort einfließen lassen, aber befürchten mußte ich doch immer, mein Name möchte den Parisern von Landau aus bekannt geworden sein, und dann war ich entdeckt und verloren. Daher war es von mir sehr unüberlegt, daß ich mich nicht vorher erkundigte, ob Dentzel auch wirklich aktiv im Konvent noch sei oder nicht. Ich hätte dies leicht wissen können, wenn ich nur die Monatsliste nachgesehen hätte, worauf alle jedesmaligen Repräsentanten, Generale usw. verzeichnet waren.

Es mochten ohngefähr acht Tage nach dem Abschicken meines Briefes an Dentzel vergangen sein, als ich auf einmal mitten auf der Straße, da ich eben zu den Offizieren in die Stunde wollte, auf Befehl der Munizipalität angehalten und nach der Conciergerie gebracht wurde*. Man kann sich mein Erstaunen kaum vorstellen. Ich bat den Bürger Villet, der die Aufsicht über dieses große Gefängnis hatte, den Kommandant Belin doch in meinem Namen bitten zu lassen, daß er zu mir kommen wolle, und dieser ehrliche Mann kam nach einer Stunde. „Sage mir", schrie ich ihm entgegen, „warum ich hier bin?"

Er: Das weiß ich selbst nicht.

Ich: Ich habe doch nichts verbrochen?

Er: Hier, soviel ich weiß, nicht das Geringste.

Ich: Aber wer hat mich denn arretieren lassen?

Er: Der Wohlfahrtsausschuß.

Ich: Der Wohlfahrtsausschuß? Wieso?

Er: Diesen Morgen schickte der Maire zu mir, daß ich ihm die Person eines Deserteurs namens Laukhard, der bei Landau von den Preußen desertiert sei, kenntlichmachen möchte. Ich habe dieses getan und tun müssen, wie du weißt, und so bist du arretiert worden.

Ich: Ich verstehe von dem allen kein Wort!

Er: Und ich noch weniger. Ich lief aber gleich zum Maire und fragte ihn, warum du arretiert wärest. Er wies mir den Befehl von Paris, aber da fand ich weiter nichts, als daß man dich eines konterrevolutionären Verbrechens im allgemeinen beschuldiget. Der öffentliche Ankläger, heißt es, solle in einigen Tagen seine Instruktion deinetwegen erhalten.

Nun ging mir ein fürchterliches Licht auf! Sollte mein Brief an Dentzel dem Wohlfahrtsausschuß übergeben sein? Das war mir jetzt gewiß. Aber wer hat dem Wohlfahrtsausschuß denn gesagt, was ich in Landau habe machen sollen? Mein Verdacht fiel gleich auf Dentzel, und da bemeisterte sich eine sehr unedle Rachsucht meiner Seele: ich wollte ihn verderben, ohne meiner selbst zu schonen. Es schien mir so süß, so angenehm, den, der mich hätte verraten können, mit mir ins Verderben zu reißen. Ich schäme mich noch jetzt dieser sehr unedlen Empfin-

---

* Conciergerie ist in Frankreich ohngefähr das, was die Hausvogtei in Berlin ist.

dung, welche ich damals in der ersten Aufwallung hatte; aber damals war sie mir vielleicht zu vergeben. Der Erfolg scheint indessen doch zu beweisen, daß Dentzel als ehrlicher Mann mir Wort gehalten und an meiner Gefangennehmung keinen Anteil gehabt hat, denn er kam bald nach Robespierres Tode los und wieder in Aktivität. Wäre aber sein Prozeß mit seinem Geständnisse schon bis auf meine Verwickelung mit ihm in Landau gekomen, so hätte er wahrscheinlich so nicht wegkommen können und ich noch weit weniger.

Ich saß also in der Conciergerie und hatte alle Muße, über mein Mißgeschick nachzudenken. Man sieht leicht ein, daß meine kützliche Lage mir Stoff genug darbot, mich hier zunächst mit mir zu beschäftigen und das Sprüchwort von allen Seiten recht auseinanderzusetzen: „In solchem Wasser fängt man solche Fische!"

Conciergerie zu Dijon

In solchem Wasser fängt man solche Fische. Dies Sprichwort setzte ich mir so auseinander, daß ich bald wieder Mut faßte, mich in meine Lage fügte und gleich darauf Lust bekam, die Beschaffenheit meines Aufenthalts und meiner Mitgefangenen näher zu untersuchen.

Die Conciergerie, von altersher ein Parlamentsgefängnis, war geräumig genug, eine große Menge Delinquenten aufzunehmen. Sie enthielt vier große Höfe, rundum mit hohen festen Gebäuden umgeben, und in diese waren die Cachots oder die Behältnisse der Gefangnen. Die Höfe selbst hatten viel Raum, auch Baumgänge und unter diesen Bänke zum Hinsetzen.

Die Behältnisse der Gefangnen waren am Tage nicht verschlossen, und die Gefangnen hatte alle Freiheit, herumzugehen und zu machen, was sie wollten. Ich habe sogar bemerkt, daß man ihnen den Gebrauch der Messer erlaubte. So zum Beispiel schusterten hier zwei Schuster für einen Meister in der Stadt und führten alle Gerätschaften wie jeder andere Schuster.

Wenn es abends dunkel ward, mußten die Gefangenen in ihre Behältnisse, aber Simon, der Aufwärter, vergaß oft das Einschließen, oder er ließ sich leicht erbitten, die Türe nur einzuhängen, und dann konnte man heraus in den Hof, so oft und so lange als man wollte. Dieses war uns allen willkommen, denn die damalige gewaltige Hitze machte, daß man die Kühle der Nacht gern im Freien genoß. Das Lager der Gefangenen waren Strohsäcke und Friesdecken, welche man aber damals wegen der Hitze nicht leiden konnte.

In dem Hofe, worin ich saß, saßen noch ohngefähr vierzig Mann, von welchen einige verurteilt waren, nach Toulon gebracht und da auf eine bestimmte Zeit verwahrt zu werden. Unter diese Leuten befanden sich viele grobe Verbrecher, und keiner schien mir, wie sie dies sogar selbst einräumten, seine Strafe nicht verdient zu haben. Drei von ihnen waren auf zehn Jahre zum Arrest verdammt, weil sie die Republik bei der Pferdelieferung äußerst betrogen hatten. Sie hatten nämlich Pferde im Lande selbst aufgekauft und eben diese Pferde hernach bei der Armee als ausländische sehr teuer wieder angebracht. Einen deutschen Müller von Bitsch fand ich da auch, welcher eine Menge Getreide, welches ihm von der Nation zum Mahlen anvertraut war, an die Preußen verhandelt hatte. Ein Volontär hatte seine Kameraden bestohlen, ein anderer Volontär hatte sich durch einen falschen Taufschein älter gemacht, als er war. Alle diese Leute sollten nach Toulon gebracht werden.

Inquisition

Ich hatte schon einige Tage im Arrest zu Dijon zugebracht, als der öffentliche Ankläger zu mir kam und mich in einer abgesonderten Stube fragte, ob ich an einer Verräterei teilgehabt hätte, welche in Landau gegen das Interesse der Nation sei angezettelt worden. Daß ich dieses und alles, was ich noch sonst darüber gefragt wurde, verneinte, versteht sich von selbst. Auch drang er nicht sehr in mich und sprach mir allemal Trost zu, zum Beispiel, daß es nicht viel zu sagen haben würde, indem ja keine ganz bestimmten Klagpunkte gegen mich da wären; wenigstens habe man ihm nichts weiter aufgetragen, als mich über die und die Punkte zu befragen.

Ich verlebte also einige Tage wieder ziemlich ruhig und schlief des Nachts meinen guten Schlaf. Dreimal noch examinierte mich der accusateur public und sagte mir zuletzt, daß er mit der Untersuchung fertig sei und sie dem Kriminalgerichte vorlegen wolle, daß er auch ganz und gar nicht zweifle, ich werde sofort loskommen. Das war wieder Trost für mich.

Aber endlich erschien der Ankläger mit der üblen Zeitung, daß meine Sache in Mâcon müsse entschieden werden und daß ich schon morgen dahin sollte. Ich erschrak heftig, aber der humane Mann erklärte mir, daß ich ohne Sorgen sein könnte, wenn ich unschuldig wäre; die Franzosen richteten nur die Verbrecher. Der Ankläger hielt mich wirklich für unschuldig, und ich würde, wenn ich das gewesen wäre, mich jeder Inquisition gern unterzogen haben. Aber ich war nichts weniger als unschuldig. Ich war in der Tat in einer Lage, deren richtige

Kenntnis mir ohne Umstände das Leben geraubt hätte. Selbst auf der Guillotine hätt' ich nicht einmal denken können, daß mir Unrecht geschähe.

Ich kann meine Leser versichern, daß ein böses Gewissen ein sehr dummes Ding ist, dem man hundert Schritt aus dem Weg gehen sollte.

Meine Leser müssen sich erinnern, daß das terroristische System gleich nach der Eroberung von Lyon und den daselbst verübten Greueln, also gegen das Ende des Jänners 1794, immer mehr nachließ, wenigstens in den Departementern. Revolutionäre Verbrechen wurden nur noch in Bordeaux und Nantes bestraft. Alle andre Angeklagte wurden erst genauer untersucht und sodann nach Paris geschickt, um da ihr Urteil fällen zu hören. Die Untersuchung geschah auf den hier und da errichteten inquisitions révolutionnaires, deren eine in Mâcon war. Und darum sollte ich jetzt dahin.

Es war im Gefängnis zu Dijon noch ein gewisser Conscience, gebürtig von Besançon, welcher der Emigration wegen festsaß. Auch dieser sollte nebst einem Kapitän von der Kavallerie ebenfalls in Mâcon verhört werden. Wir wurden durch zwei Gensdarmes dahin gebracht. Ehe wir abfuhren – Gefangne werden beständig gefahren, aber nur überzeugte Verbrecher werden geschlossen – machte uns der accusateur bekannt, daß, wenn wir unterwegs entfliehen würden, unsre Anklage als gegründet angesehen werden könnte; daß wir, wenn wir unschuldig wären, uns auf unsre gute Sache verlassen sollten; wären wir aber nicht unschuldig, so müßten wir unser Schicksal nach den Gesetzen erwarten.

Wir fuhren wegen der gewaltigen Hitze nur früh und gegen Abend und kamen nach drei Tagen in Mâcon an.

Hier wurden wir aufs Schloß gesetzt, erhielten die nämliche Subsistenz wie in Dijon, nämlich zwei Pfund Brot täglich, zweimal täglich Suppe und Gemüs, Bohnen, Erbsen und dergleichen. Auch im Gefängnis zu Mâcon saßen mehrere, aber doch nicht so viele als in Dijon, weil nach Mâcon nur solche gebracht wurden, welche wegen revolutionärer Verbrechen angeklagt waren.

Schon den andern Tag erschien der öffentliche Ankläger bei mir mit einem großen Papier, worauf die Fragen standen, welche er an mich tun sollte. Dieser Ankläger war ein recht braver Mann, welcher mir die Fragen ganz einfach vorlegte und alle Fallstricke sorgfältig vermied. Ich konnte es ihm abmerken, daß er nichts Nachteiliges erfahren wollte.

Das Examen betraf den Umstand mit Landau und dem Repräsentant Dentzel. Ich fand, daß man nicht viel mehr Gravierendes gegen mich wußte, als man schon in Landau gewußt hatte, und daß alles nur auf Mutmaßungen hinauslief. Doch fielen mir einige Punkte wirklich auf, und einige Fragen konnte ich nur schwankend beantworten. Am besten half ich mir mit der Ausflucht, daß ich mich an vieles nicht mehr erinnern könnte.

Einige Tage hernach wurde ich auf das Gericht selbst gebracht und da etwas weitläufiger verhört. Ehe ich dahin ging, kam ein Mann zu mir, welchen das Gericht zu meinem Anwalt bestimmt hatte. Als dieser die Lage meiner Affäre vernommen hatte, sagte er mir, daß ich keines Advokaten bedürfte und daß meine Sache gut stände; ich sollte nur getrost auftreten.

Ich mußte drei Verhöre vor der Inquisition selbst aushalten. Das Haus, worin die revolutionäre Inquisition ihren Sitz hatte, war ehemals die Wohnung des Bischofs von Mâcon gewesen: ein elendes gotisches Gebäude. Ich zitterte freilich etwas, als ich zum erstenmal in die Versammlung der Richter trat. Allein um durch ein zerstörtes Gesicht meine Schuld nicht schon halb zu bekennen, nahm ich alle meine Dreistigkeit zusammen und schritt, indem ich von einem meiner Begleiter eine Prise Tabak nahm, ganz unbefangen in die Schranken. Ich hatte Zeit, mich noch besser zu sammeln; denn es wurde noch einer vor mir verhört, welcher die baldige Ankunft des Exprinzen von Condé mit allen Herren, Pfaffen, Mönchen und übrigem ausgewanderten Gesindel als gewiß prophezeit hatte. Der Mensch war ganz außer Fassung und konnte kaum antworten. Er wurde als verdächtig zu einem Arrest bis auf den Frieden verurteilt.

Nach diesem kam die Reihe an mich. Ich wurde hier sehr umständlich verhört. Einigemal verwirrte ich meine Antworten und gab dadurch gefährliche Blößen. Der Präsident merkte alsobald an, daß ich allerdings Schuld haben müßte, weil ich in meinen Aussagen wankte. Aber ich half mir, indem ich sagte, daß ich mich nicht mehr an alles erinnern könnte, daß durch ein heftiges Fieber mein ohnehin sehr schwaches Gedächtnis – es war nie besser als damals – noch mehr abgestumpft sei. Ich weiß nicht, ob man bei einem deutschen Kriminalgerichte mit Gründen dieser Art zufrieden sein würde, aber zu Mâcon war man es, oder man schien es zu sein. Der Präsident sagte: „Du hast Zeit, dich zu besinnen, Citoyen. Überlege alles, vergegenwärtige dir alle Umstände der schändlichen Begebenheit. Übermorgen sollst du wieder gehört werden."

Die beiden nächsten Tage brachte ich im Gefängnis sehr unruhig zu. Ich hoffte kaum noch durchzukommen und stellte mir das Schlimmste vor. Der Gedanke an die Guillotine durchschauerte meinen ganzen Körper. Alles, was ich von den Grundsätzen der Stoischen Schule wußte, war damals nicht vermögend, mich zu überzeugen, daß der Tod kein Übel sei. Nur die Vorstellung, daß es vielleicht noch gut gehen könnte, richtete mich auf und ließ mich wieder Mut fassen. Wie wahr ist es doch, was Tibullus so schön sagt:

> ... credula vitam
> Spes fovet, et melius cras fore semper ait.

Ich wurde das anderemal verhört, aber auch da verwickelte ich mich und hätte beinahe den ganzen Handel verraten. Ich behauptete nämlich, Dentzel hätte allen Anerbietungen der Feinde kein Gehör gegeben.

„Welchen Anerbietungen?" fragte der Präsident.

„Je nun", erwiderte ich, „welche die Preußen ihm gemacht haben."

„Also weißt du doch, daß die Preußen dem Dentzel Anerbietungen gemacht haben?"

Ich merkte gleich, daß ich vor aller Angst recht dummes Zeug geplaudert hatte, und wollte Ausflüchte suchen. Aber der Präsident verfolgte seine Idee, und ich kam arg in die Klemme. Ich habe sagen hören, ich weiß nicht wo; man hat gesagt, ich weiß nicht wer; ich habe gedacht, ich weiß nicht weswegen – das war so ohngefähr, was ich dem dringenden Zusetzen des Inquisitors entgegensetzte.

Auch für diesesmal wurde ich entlassen, jedoch bedenklich ermahnt, mich genau zu besinnen; denn mit solchem Galimathias würde man sich nicht mehr begnügen lassen. Ich merkte wohl, daß man nicht im Sinne hatte, mich zu verderben; denn sonst hätte man ganz anders zu Werke gehen können. Indessen konnte ich mich vor der völligen Absolution doch nicht beruhigen, und das Geringste, was ich mir zur Strafe vorstellte, war Einsperrung bis auf den Frieden.

Endlich kam ich zum drittenmale vor. Man wiederholte viele Fragen und schrieb meine Antworten genau auf. Nachdem dieses geschehen war, wurde mir alles vorgelesen und ich gefragt, ob ich noch einiges zu meiner Verteidigung zu sagen hätte. Ich verneinte dieses, und der Ankläger, welcher mir die Akten vorgelesen hatte, sagte zum Präsidenten: „Ich sehe keine Ursache, diesen Mann anzuklagen." Der Präsident erwiderte, daß man die Sache noch genauer untersuchen müßte.

Wenn ich noch jetzt so bei mir selbst überlege, warum man nicht genauer untersucht hat und warum man mich so bald freisprach, so denke ich, daß dieses vorzüglich darum geschah, weil man Männer nicht gern in Verdrießlichkeiten verwickeln wollte, welche sehr reelle Dienste der Republik geleistet hatten. Vielleicht dachten meine Richter, daß bei sehr genauem Verhöre sogar dem General Laubadère manches zur Last fallen könnte, und vielleicht waren gar Freunde von Dentzel unter den Richtern. Es konnte auch sein, daß die Metzeleien in Lyon einen Überdruß am Vergießen des Menschenblutes erweckt hatten. Wer weiß das jetzt!

Genug, durch Robespierrens Sturz, welcher die terroristischen Herren mächtig erschreckte, siegte das moderate System in Frankreich. Und obgleich damals alle Gerichtsplätze noch mit erklärten Anhängern der Jakobiner besetzt waren, so hatten diese doch das Herz nicht, da noch eine Härte zu beweisen, wo sie ihnen gefährlich werden konnte. Das Dekret des Konvents, alle die in Freiheit zu setzen, welche nicht den augenscheinlichsten Verdacht, Verbrechen begangen zu haben, wider sich hätten, mußte nun in der ganzen Republik ausgeführt werden. Und so sind viele tausend Menschen wieder auf freien Fuß gekommen, welche unter Robespierres Domination in den Gefängnissen geschmachtet hatten. Aber diese Umstände sind schon aus vielen gedruckten Nachrichten bekannt.

An einem Morgen, früh um acht Uhr, ließ der öffentliche Ankläger alle Gefangne zusammenkommen, verlas dann von einem Zettel fünf bis sechs Namen von ihnen, und diesen sagte er, daß sie frei wären. Dann händigte er einem jeden ein Papier ein, mir also auch eins, worin enthalten war, daß keine Ursache zur Anklage gegen sie vorhanden wäre, folglich daß sie in Freiheit gesetzt werden müßten, und das auf der Stelle.

Ich kann die Freude nicht beschreiben, die ich empfand, als ich mein Papier in Händen hatte. Ich dankte dem Ankläger, den ich als die Mitursache meiner glücklichen Entlassung ansah. „Nicht doch!" sagte er ganz kurz, „es ist das Gesetz, welches dich freimacht." Dann riet er mir, nicht eher Mâcon zu verlassen, bis ich für jeden Tag, auch für jene, die ich im Gefängnis zu Dijon gesessen wäre, fünfzehn Sous ausgezahlt bekommen hätte; denn soviel erhält jeder, der unschuldig im Gefängnis sitzt. Ich sollte mich deshalb nur auf dem Tribunal melden. Ich bemerkte ihm, daß ich mich da nicht zu finden wüßte, und er versprach mir, für mich das Wort zu führen. Ich ging aus dem Gefängnis und um elf Uhr auf die Inquisition, wo der Ankläger schon einen Zettel für mich fertig hatte. Ich trug diesen zum Kriegskommissär und erhielt mein Geld. Ich war im ganzen zweiunddreißig Tage gesessen und hatte also durch meine Angst vierundzwanzig Livres verdient.

Ich foderte mir zugleich einen Paß nach Dijon, welcher mir auch ohne Anstand gegeben wurde. Auch der gute Conscience kam los, aber der Kapitän mußte sitzen bleiben, weil sein Prozeß noch verwickelt war.

Mâcon war mir ein verhaßter Ort. Es ist überhaupt eine traurige Stadt, welche aber doch jetzt, da man eben, als ich daselbst war, die dummen Festungswerke zusammenriß und abtrug, etwas schöner, wenigstens heller sein wird. Diese

Stadt war nämlich noch nach der alten Art, beinahe wie Gießen, mit einem Wall befestigt. Das mochte wohl vor Alters ganz gut sein und unter dem Herzog Johann ohne Furcht Mâcon unüberwindlich machen. Aber heutzutage sind Festungen von der Art mehr schädlich als nützlich; denn gegen einen angreifenden Feind sind sie wie nichts, und zur Friedenszeit machen sie die Stadt trübe und ungesund.

Dieses denn war die letzte Anfechtung, welche ich in Frankreich wegen der fatalen Landauer Affäre zu leiden hatte. Ich habe sie glücklich überstanden, aber ich bin doch nicht vermögend, mit Behagen daran zu denken, wie man sonst gewöhnt ist, sich an überstandne Gefahren zu erinnern. Auch haben die Begebenheiten dieser Art die üble Stimmung meiner Seele, woran ich ohnehin schon laborierte, nur noch vermehrt und mein Urteil über meine Lage und über die mich umgebenden Umstände nur noch mehr verschroben.

Allerhand

Der Jakobinismus hatte durch Robespierres Sturz seine Hauptstütze verloren und ging nun allmählich selbst zugrunde. Man hätte, wenigstens in Paris, bei der gewaltsamen Verschließung des Jakobinersaals mehr Exzesse vermuten sollen, als wirklich vorgefallen sind. Aber die öffentliche Meinung entschied über die Entbehrlichkeit der Jakobiner und der Volkssozietäten, und so ging es ohne großes Blutvergießen zu. Und in den Provinzen schlossen die Jakobiner ihre Säle nach und nach von selbst.

Von dieser Zeit an wurde der Name Jakobiner ein Schimpfname, und wenn man einen schlechten Streich nennen wollte, so sagte man, es sei un tour de Jacobin. Marat hatte bisher die Ehre genossen, daß man Straßen, Tore und Hospitäler nach seinem Namen genannt hatte, aber nun ward Marats Name verächtlich. Man strich ihn aller Orten aus, warf seine zahlreich errichteten Büsten um, und in Paris wurde sogar sein Körper, so wie der des von ihm vertriebenen Mirabeau, aus dem Pantheon geworfen und zugleich das kluge Dekret gemacht, daß in Zukunft niemand mehr im Pantheon aufgestellt werden sollte als erst zehn Jahre nach seinem Tode, weil alsdann der für oder wider ihn streitende Parteigeist sich würde gelegt und unparteiischen Urteilen Platz gemacht haben.

Der Terrorismus war mit dem Jakobinismus aufs engste verbunden, oder beide waren vielmehr ein und dasselbe Ding. Ich bin völlig überzeugt, daß 1792, 93 und 94 das Schreckensystem zur Gründung und Erhaltung der Republik nötig gewesen ist, und glaube fest, daß die Bemühungen des Robespierre und seiner Anhänger den Gegenbemühungen der Emigranten und der Übelgesinnten am besten begegnet sind. Aber dem ohngeachtet mußte das Schreckenssystem doch einmal aufhören. Und gerade gegen das Ende des Jahres 1794 schien der Zeitpunkt gekommen zu sein, wo man wieder mit mehrerer Freiheit in Frankreich leben könnte. Die Jakobiner waren wirklich zu zahlreich und dadurch der bürgerlichen Freiheit gefährlich geworden; denn obgleich anfangs nach dem eignen System dieser Klubs jeder Bürger völlige Freiheit haben sollte, sich in den Klub zu begeben oder nicht, so wurde doch bald jeder, der sich mit den Jakobinern nicht vereinigte, für einen schlechten und verdächtigen Bürger gehalten.

Dieses hatte sehr viele und böse Folgen. Einmal wurden alle obrigkeitlichen Ämter mit Jakobinern besetzt. Ich habe 1794 die ganzen Regierungs-Administratoren in Côte-d'Or zusammengehalten mit den Listen der Klubisten oder der Mitglieder der in diesem Departement existierenden Volkssozietäten und gefunden, daß beinahe kein einziger etwas zu sagen hatte, der nicht ein Jakobiner gewesen wäre. Freilich konnten die Leute nicht anders sprechen als nach dem Gesetze und sprachen auch nicht anders, als jeder andre würde gesprochen haben. Aber es war schon Unrecht und dem Grundgesetz der Gleichheit zuwider, daß bloß Jakobinern der Weg zu öffentlichen Ämtern offenstand. Darunter litt die Nationalfreiheit.

Das jakobinische Unwesen wurde bei den Delationen noch viel sichtbarer. Man durfte nur einem von der Volkssozietät mißfallen oder sonst dessen Feindschaft auf sich laden, so lief man schon Gefahr, seine Freiheit auf lange Zeit zu verlieren. Man kennt die französischen Gefängnisse und weiß, wie sehr viel brave Bürger in den Jahren 1792, 93 und 94 in denselben geschmachtet haben und mit welchen Winkelzügen und Finessen der Anhang des Berges die Loslassung dieser Unglücklichen gehindert hat. So hatte zu Mâcon ein durchreisender Volontär einen Jakobiner beleidiget, doch nur so, daß dieser deswegen nicht klagen konnte. Als aber der Volontär nachher nur sagte, sechs Livres in Papier wären ihm nicht so lieb als ein Kronentaler an Geld, so klagte ihn der Jakobiner an, und er wurde flugs eingesteckt und mußte über vier Monate sitzen. Solcher Streiche sind gar viele vorgefallen.

Als nun vollends die Jakobiner gar erklärten, daß sie sozusagen die Republik ausmachten und daß nur bei ihnen der echte wahre Patriotismus anzutreffen sei, so vermehrten sie unter den Nichtjakobinern das Mißtrauen und wurden der innern Ruhe gar zu gefährlich; denn nicht Republikaner, nicht Jakobiner sein hieß Aristokrat sein, und das zeigte den Weg zur Guillotine.

Ganz Frankreich war entzückt über den Sturz des Systems des Jakobinismus, und die gewesenen Glieder dieser Gesellschaften wurden nachher die besten Stützen des Konvents und mußten es schon sein, um sich nicht verdächtig zu machen. Statt der Jakobiner kamen nun die Sektionen wieder wie ehemals zusammen und beratschlagten über die gemeinschaftlichen Angelegenheiten.

Mit dem Jakobinismus hörte auch das Ding auf, welches man Surveillance nannte und das bloß in den Händen der Jakobiner war, ja bloß von ihnen organisiert und administriert wurde. Jeder Bürger muß, so lautet das Gesetz, wenn er sieht, daß sein Mitbürger etwas zum Schaden des Staates unternimmt, es allemal anzeigen. Das war schon recht, aber die Jakobiner machten es stärker und sagten, aller Orten muß ein Ausschuß existieren, der die Handlungen aller Bürger beobachtet, um jede Bewegung zum Schaden der Republik zu verhüten. Das war zu viel und gegen die Freiheit der Individuen. Diese Surveillances haben sich hier und da manches erlaubt, was man in keinem Staate dulden kann.

Mit ihren eignen Mitgliedern verfuhren indes die Jakobiner ebenso strenge. Sie warfen ihre verdächtigen Anhänger sogleich aus ihrer Versammlung, und dann waren sie auch verlesen. Ein einziger geringer Fehltritt brachte sie ins Gefängnis oder auf die Guillotine.

So sehr man vorher, als die Republik noch nicht dauerhaft gegründet war, den Moderantismus gehaßt und verfolgt hatte, so sehr wurde er nachher, als man von Royalisten und Aristokraten nichts mehr befürchtete, geliebt und geschätzt. Man sagte zwar nicht, daß man ein Moderantist sei, aber man befolgte doch alle Grundsätze dieses gelindern Systems und predigte am Ende öffentlich, daß nun, nachdem man durch das Schwert des Gesetzes und der Revolution den Royalismus gestürzt habe, die noch irrenden Bürger durch das Beispiel ihrer Mitbürger eines Bessern belehrt und zur Liebe der Republik angefeuert werden müßten. Robespierre und Marat und Pétion und Couthon und St. Just waren als Republikaner anfänglich allerdings auf dem rechten Weg, aber ihr Ehrgeiz machte sie endlich irren. Sie suchten zuletzt ihre eigne Größe und würden diese vielleicht auf den Trümmern der Republik gegründet haben, wenn sie nicht zur rechten Zeit gefallen wären.

Indessen so schuldig auch Robespierre und sein Anhang sein mag, so scheint mir doch nichts weniger wahr oder auch nur wahrscheinlich, als daß er ein Anhänger der auswärtigen Feinde der Republik je gewesen sei. Seine Unternehmungen waren mit den Bemühungen der Jakobiner zu genau verwebt, und der Royalismus ist doch wohl dem Jakobinismus ganz entgegen. Kein Jakobiner kann einen König wollen, aber wohl einen Diktator.

Wenn aber Robespierre wirklich eine Diktatur hat stiften wollen, welches man doch aus allen vorliegenden Gründen und aus allen Vermutungen seiner Feinde, insofern sie sich auf Tatsachen beziehen, nicht hinlänglich folgern kann, so würde er der größte Tor gewesen sein, wenn er sich dazu die Hülfe fremder Mächte hätte suchen wollen. Er war ja allen koalisierten Fürsten verhaßt, und sein Sturz wäre unvermeidlich gewesen, wenn nur ein Wort davon herausgekommen wäre. Und wie hätte so ein großes Projekt verborgen bleiben können? Und dann müßten ja die fremden Mächte noch kurzsichtiger gewesen sein, als sie damals waren, da sie in Champagne eindrangen, wenn sie dem Robespierre zur französischen Diktatur hätten helfen wollen. Hätten sie vielleicht glauben sollen, der Diktator würde dem Könige Ludwig XVII. Platz machen? Oder sollten sie einen vorteilhaften Frieden mit einem Manne haben schließen wollen, der bloß durch glückliche Bemühungen gegen die Feinde die Gunst und das Zutrauen der Nation erwerben und erhalten mußte? Gewiß, wenn man dieses bedenkt, so findet man gar keine Wahrscheinlichkeit, daß Robespierre sich mit den fremden Mächten je eingelassen habe. Die Zeit muß indes die wahren Umstände der Geschichte dieses so merkwürdigen Mannes, für und wider welchen sich so vieles mit Grund sagen läßt, in ein helleres Licht setzen; bisher ist sie noch sehr im Dunkeln.

Das Maximum oder die Taxe, über welche hinaus nichts verkauft werden durfte, war vorzüglich eine Anstalt des Robespierre und sehr drückend für das Landvolk. Anfänglich mochte das Maximum notwendig sein, aber nachdem das Papiergeld sich auf eine ungeheure Art in Frankreich gehäuft hatte, so war gar kein Verhältnis mehr zwischen den Waren und dem imaginären Äquivalent derselben oder dem Papiergelde.

Ich muß hier eine kleine Anmerkung anbringen, welche vielleicht einiges Licht über dieses Maximum und über andere verwandte Fragen verbreiten kann.

Man setze: es seien ehemals in Frankreich 4000 Millionen Livres im Kurs gewesen, ob ich gleich überzeugt bin, daß nicht 3000 Millionen in Spezies daselbst existiert haben. Man nehme ferner an, daß damals 50000 Millionen Papiergeld darin existierten, welche Annahme in der Tat noch zu gering ist. Nun berechne man das Verhältnis, und man wird finden, daß schon wegen der großen Menge des Papiers die Waren weit teurer sein mußten als vorher, da noch Geld allein kursierte. Wenn daher ehemals eine Bouteille Wein 2 Sous kostete, so mußte man damals 25 geben, nach dem Verhältnis von 4 zu 50. Und nach dieser Annahme, welche aber weder auf jener noch auf dieser Seite richtig ist, da dort zu viel Geld im Kurs und hier zu wenig Assignaten im Umlauf angegeben sind, mußte der Louisdor schon 300 Livres in Papier gelten.

Hieraus ist ersichtlich, daß das Maximum aufgehoben oder wenigstens gar sehr erhöhet werden mußte, wenn man nicht die größte Ungerechtigkeit begehen wollte. Die Einführung des Papiergeldes war eine Unternehmung aus Not, und die Fortsetzung desselben hat der zerstörende Krieg aller Mächte gegen Frankreich erzwungen. Das Maximum wurde abgeschafft und jedem wieder erlaubt zu verkaufen, wie er wollte. Freilich stiegen nun alle Waren beträchtlich, aber nun war auch alles zu haben, wenn man nur Papier hatte; viele verkauften jetzt, welche vorher für den geringen Preis nicht verkaufen mochten. Hätte man das Maximum erhöhen wollen, so würde dieses, weil doch bald wieder eine neue Erhöhung notwendig geworden wäre, nur neue verdrießliche Umstände und Verwirrungen bewirkt haben.

Waren taxieren, heißt es im Gesetz, gehört dann nur für den Staat, wenn Gefahr da ist, daß der Staat ohne eine solche Taxe Schaden leiden würde; sonst hat jeder Einwohner das Recht, das Seinige so hoch und so niedrig zu verkaufen, als er will. Der Konvent hat also bei der Kassation des Maximums sich nur eines Rechts begeben, welches er bisher wegen der mißlichen Lage des Staates hatte usurpieren müssen.

Niemand verlor eigentlich bei der Aufhebung des Maximums; denn mußte man mehr geben, so erhielt man auch mehr für das, was man zu verkaufen hatte, und der Tagelohn der Arbeiter mußte natürlich auch erhöht werden. Man hat zwar in allen ausländischen Zeitungen geweissagt, daß die französische Republik den letzten Herzstoß bekommen hätte durch die Abschaffung der allgemeinen Warentaxe, aber auch diese Weissagung ist wie so viele andere ohne Erfüllung geblieben. Es sind seit der Zeit schon drei Jahre verflossen, und die Republik steht noch in ihrer fürchterlichen Größe.

Indessen ist nicht zu leugnen und darf keineswegs verschwiegen werden, daß der Wohlstand in Frankreich jenen Grad noch lange nicht erreicht hat, dessen dieses Reich fähig ist, ob es gleich auch wahr ist, daß die, welche damals von Hungerssterben radotiert haben, entweder die Sache nicht kannten oder nur gern von dem verhaßten Volke nichts Gutes sagen mochten.

Der Weg zur Freiheit durch Revolutionen geht über große Ströme Blut und durch Täler voll Elend, sagt Voltaire, und bloß das hohe Glück, frei als Mensch zu leben, kann den Menschen gegen das Elend stählen, das Revolutionen notwendig mit sich führen. Aber hier ist der Ort nicht, diesen fruchtbaren Gedanken weiter auszuführen.

Als ich mich in Frankreich aufhielt, war der Zustand der zünftigen öffentlichen Gelehrsamkeit nicht in den besten Umständen. Ich verstehe hier unter dem Zustand der genannten Gelehrsamkeit die Schulen und Universitäten, welche ehemals in diesem Lande ziemlich zahlreich gewesen waren. Diese wurden mit dem Fall der öffentlichen Religion vor der Hand auch abgeschafft, und das lag in der damaligen Ordnung der Dinge unabänderlich. Die Universitäten und alle Schulen waren größtenteils mit Geistlichen als Lehrern besetzt, diese hingen dem Papst und dem Katholizismus an. Die übrigen Lehrer waren meist alle Anhänger der Royalisten, lebten vorher von der Besoldung des Hofes, sangen also dessen Lied nach der hergebrachten geläufigen Melodie und wurden eben darum entweder abgesetzt oder emigrierten von selbst. Die Schulen gingen also entweder von selbst ein, oder man war genötigt, sie wegen der Widersetzlichkeit der Lehrer auf eine Zeitlang ganz aufzuheben.

Robespierre verfuhr in dieser Rücksicht nach seiner Art ganz konsequent. Einmal standen ihm und seinem Systeme alle alten monarchischen und theologischen Schulfüchse schon als Schulfüchse theoretisch und praktisch im Wege. Auch er benahm sich nach dem nemo me maior neronisch, und dann dachte er sich die Gelehrten gerade so, wie sehr wenige von ihnen nicht sind. „Wer sind unsere Feinde?" fragt er in dem Katechismus, welchen man nach seiner Hinrichtung unter seinen Papieren gefunden hat, und antwortet: „Die Reichen und die Schriftsteller." Er fragt weiter: „Wie kann man die Schriftsteller zum Schweigen bringen, wie sie für die Sache des Volkes stimmen?" Antwort: „Sie sind denen ergeben, von welchen sie bezahlt werden. Nun ist aber niemand im Stande, sie zu bezahlen, als die Reichen, diese natürlichen Feinde der Gerechtigkeit und Menschlichkeit; folglich müssen die Schriftsteller wie die Reichen als die gefährlichsten Feinde des Vaterlands durch Proskription aus dem Wege geräumt werden."

Das war freilich robespierrisch gedacht, aber die Grundlage seines Räsonnements kann man in mancher andern nachteiligen Rücksicht eben nicht leugnen. Die Akademien in Frankreich hatten, wie so viele anderwärts, bis zur Zeit der Revolution teils bloß spekulative, teils kriechende und den Despoten und dem Despotismus schmeichelnde Preisfragen aufgegeben. Lehrer des Fürsten und der Nation waren sie für die Hauptsache nie. Der Despotismus ließ es nicht zu, den Gemeingeist auf Gegenstände zu lenken, die für das Volks- und Fürstenwohl von der größten Wichtigkeit sind. Rettung der Menschen- und Bürgerrechte, Enthüllung des Despotismus, Volksbildung, Volksnahrung, Industrie, Erweckung des Patriotismus, Erziehung der Jugend und dergleichen waren nie ihre Aufgaben.

Was Montesquieu, d'Alembert, Voltaire, Mably, Rousseau und ihresgleichen Gutes aufkeimen machten, das mußten sie und die Bischöfe wieder zu ersticken suchen. Sie waren also nie selbständig, sondern nur pensionierte Sklaven des Hofes und der Kirche. Erst nachdem diese in Frankreich wankten, veredelten sich jene, und da erst fragte die Akademie zu Metz: Welche sind die Mittel, die Vaterlandsliebe bei dem Volke zu erwecken? Welche die, dem Volke die Nahrung zu versichern, und zwar dergestalt, daß man die Beschwerden des Mangels abwende, ohne dem Ackerbau zu schaden? Dann die zu Lyon: Welche Grundsätze und welche Gesinnungen muß man den Menschen zu ihrem Wohl einzuflößen suchen? Nachher die zu Dijon: Welchen Einfluß haben die Sitten der Regierung auf die Sitten des Volks? und dergleichen.

Was die philosophische und staatswirtschaftliche Klasse der Akademien tat, das tat nicht die theologische und deren Anhang in Schulen und Kirchen. Diese hingen, wie gesagt ist, dem politischen und religiösen Despotismus nach einem schlendrianischen Mechanismus fest und halsstarrig an und waren meist recht schlechte Menschen nach dem Sprichwort: Je näher bei der Kirche, desto ferner von Gott. Die Oekonomen, Physiokraten, Chemiker, Mediziner und Philosophen wurden fast alle Jakobiner, aber Jakobiner in dem Sinne, nach welchem sie als Retter der Menschenrechte und des Volks zuerst auftraten. Die übrigen waren und blieben meist rasende Dummköpfe, Egoisten, Vizepäpste und dergleichen und wanderten entweder aus oder wurden proskribiert, guillotiniert oder transportiert.

Überhaupt habe ich die Bemerkung schon oft und häufig gemacht, daß die Gelehrsamkeit im allgemeinen die Menschen zwar bessert, ihren Verstand erhellt und sogar auf ihre Moralität einen wohltätigen Einfluß hat; daß folglich wahr ist, was Ovidius sagt:

> ... ingenuas didicisse fideliter artes
> emollit mores nec finit esse feros.

Aber sobald der Gelehrte die Gelehrsamkeit handwerksmäßig treibt, das ist sobald er in eine gelehrte Innung tritt und darin ein Amt erhält, wobei es aufs Dozieren ankömmt, dann verliert er größtenteils die Humanität, welche sonst die Wissenschaften verleihen, wird egoistisch, stolz, herrschsüchtig und aufgeblasen und schadet dem Fortgang seiner Wissenschaft mehr, als er ihr mit seinem Dozieren nützt.

Den Beweis davon findet man leider gar zu oft in ihren Büchern und noch öfter in ihren Rezensionen. Den Egoismus der Gelehrten merkt man alsdann erst recht, wenn irgend jemand einen Brotweg einschlägt, den schon ein anderer im Alleinbesitz zu haben glaubt. Wie kaufmännisch benahm sich das Institut der Allgemeinen Literatur-Zeitung in Jena, als ein ähnliches zu Salzburg sich nur ankündigte. Was die Herren theoretisch tadeln, das fodern sie für sich praktisch – Monopolien. Kurz, Gott, Religion, Moral und Gemeinwohl gelten bei manchen Gelehrten nur so weit, als sie ihnen zu ihren merkantilischen Spekulationen zunächst dienen können.

Herr Salzmann scheint mir daher ganz recht zu haben, wenn er die Universitäten oder die Gelehrten-Fabriken als eigentliche Anomalien der menschlichen Gesellschaft darstellt. Es mag also eben kein großer Schaden für Frankreich sein, daß man die altfränkischen Universitäten dort aufhob, um an deren Stelle angemessnere Lehranstalten dereinst zu errichten.

Indessen fehlte es schon zu meiner Zeit nicht durchaus an Leuten, welche gemeinnützige Wissenschaften öffentlich lehrten. So zum Beispiel wurden zu Anfange des Jahres 1794 in Marseille drei Lehrer der Hydrographie angestellt; zu Besançon war eine Schule der Mathesis und besonders der Artillerie und der damit verbundenen Wissenschaften. Die Medizin und besonders die Chirurgie werden jetzt in allen großen Städten vorzüglich gelehrt. Bei dem allen ist aber doch die eigentliche Gelehrsamkeit, das heißt die Geschichte, Geographie, Philologie und künstliche Philosophie sehr in Verfall gekommen; denn von der Theologie und dem sogenannten Recht kann der Neufranke ohnehin nichts mehr brauchen.

Von der Freiheit und Gleichheit der Franzosen

Es gibt durchaus keine natürliche Freiheit, denn der Mensch ist im Stande der Natur ein Barbar, ein Ding, das mehr dem Viehe als einem vernünftigen Wesen ähnlich sieht, und seine Spontaneität verdient den Namen Freiheit gar nicht. Eine solche eingebildete natürliche Freiheit wäre auch nicht einmal ein Gut; denn sie wäre ohne Sicherheit und könnte jeden Augenblick geraubt werden. Der natürliche Mensch besitzt nämlich niemals Kraft genug, seine Freiheit zu behaupten. Und gesetzt, er besäße sie, wie zum Beispiel Robinson Crusoe auf der wüsten Insel, so wäre diese Freiheit doch kein Gut, weil ihr das Vermögen fehlt, ihre moralischen Kräfte anzuwenden.

Freiheit existiert also bloß in der Gesellschaft. Wenn die Gesellschaft so eingerichtet ist, daß sie qua talis als Gesellschaft bestehen kann, so sagt man, sie sei kultiviert. Dieser Begriff ist der einzig mögliche, echt philosophische Begriff von Kultur; denn wer diese in etwas anderm, zum Beispiel in der Ausbildung der Wissenschaften, in der Verbesserung und Veredlung der Sitten und dgl. setzt, hat zwar recht, aber er fehlt darin, daß er nur Teile der ganzen Kultur ansieht, denn diese Sachen sind ja zur Behauptung der gesellschaftlichen Existenz notwendig. Daher ist es schlechterdings unmöglich, daß ein Mensch als kultiviert außer der Gesellschaft angesehen werden könne.

Die Gesellschaft existiert durch Contract, das heißt, die Glieder verbinden sich untereinander, gewisse Handlungen zu unterlassen und gewisse andere zu tun; daher die Gesetze der Gesellschaft. Folglich hat nicht nur die ganze Gesellschaft, sondern auch jedes einzelne Mitglied derselben die Macht zu fodern, daß die Gesetze aufs allerstrengste befolgt werden.

Aber kein Mitglied, auch kein Teil der Gesellschaft kann Gesetze machen oder abschaffen, und kein Gesetz gilt länger, als die ganze Gesellschaft damit zufrieden ist. Dieses Recht der Gesellschaft, Gesetze zu machen, ist unveräußerlich und kann nimmermehr verjähren. Es gibt keine Gewalt, die es rauben könnte, und jedes Volk behält immer das Recht, es sich wieder zuzueignen oder zu revindizieren, wenn es ja verloren und in die Hände einzelner Personen gefallen ist. Kriege, Überwindungen, Cessionen und andre Titel können niemals einem Volke das Recht rauben, sich nach eignen Gesetzen einzurichten und zu regieren.

Eine willkürliche Gewalt ist also in einem kultivierten Staate ein Unding, und eine Nation, die eine solche Gewalt leidet, ist entweder kein für sich bestehender Staat, oder sie kennt ihre Rechte nicht und hat noch lange den Grad von Kultur nicht erreicht, welchen jede menschliche Gesellschaft erreichen kann und erreichen soll.

Der Regent oder die Regenten haben ihre Gewalt und ihr Ansehen weder von Gott noch durch die Geburt noch durch das Naturgesetz, sondern einzig und allein von der Nation, welche sie absetzen kann, sobald es ihr gefällt. Kein abgesetzter und in die Reihe simpler Bürger zurückgeschobener Regent kann über Unrecht klagen, denn das Volk hat, wie schon gesagt ist, das Recht, Änderungen in der Regierung zu machen, sobald es will. Es war daher ein widersprechendes Gesetz der Assemblée nationale, daß der König inviolable, unverletzbar sein sollte.

Hieraus ergibt sich von selbst, daß der Regent oder die Regenten jedesmal müssen gewählt werden, wenn ja welche sein sollen. Erbliche Regierungen sind nach dem System der Franzosen an und für sich Undinge und ein hoher Grad des

Despotismus. Der Vater, der Onkel kann ein großer Mann, ein Vater seines Volkes sein, und der Sohn, der Neffe ist vielleicht ein Dummkopf, ein Taugenichts, ein Wollüstling, Geisterseher und schwächlicher Tyrann. Die Erbfolge der Regenten gehört zum orientalischen Despotismus und zum Lehnssystem, welches mit der gesunden Vernunft und mit den gemeinen Menschenrechten ganz und gar nicht bestehen kann.

Der Regent oder die Regenten, zum Beispiel ein König – dem Titel nach, nicht nach der Idee, die man gewöhnlich davon macht –, ein Konvent usw. sind folglich gar nichts anderes als Administratoren der Gesetze zum Besten der Nation, nicht aber zu ihrem eignen Vorteil allein.

Die Gesetze beschränken die Willkür aller Mitglieder, und das oft auf eine sehr unangenehme Art. So zum Beispiel zwingt das Gesetz manchen, der lieber zu Hause geblieben wäre, mit in den Krieg zu ziehen. So einer würde gewiß nicht gehen, wenn er nicht gezwungen würde, und ein wohlgebildeter Staat muß daher jedes Gesetz auch gegen Widerspenstige mit Gewalt in Übung bringen können.

Es ist daher unmöglich, daß Freiheit so viel heiße als das Vermögen, willkürlich zu handeln oder zu tun, was einem einfällt. Eine solche Freiheit würde das Band der Gesellschaft auflösen und ein bellum omnium contra omnes nach sich ziehen. Ja, Freiheit kann nicht einmal so erklärt oder beschrieben werden, daß sie das Vermögen sei, jedesmal zu wollen und zu wirken, was man nach seiner eignen Vernunft für gut und schicklich hält. Denn hier ist nicht die Frage, was einzelne Mitglieder der Gesellschaft, sondern was diese in sensu collectivo oder zusammengenommen für gut erkennt.

Die Gesetze, welche freie Menschen verbinden sollen, müssen vernünftig, das ist der Würde des Menschen und dem Wohl des Staates so angemessen sein, daß alle einzelne Mitglieder veredelt und, so viel nur immer möglich ist, versorgt und beglückt werden. Es ist hier der Ort nicht anzugeben, wie man solche Gesetze finden müsse; das gehört in eine Abhandlung über die Legislation, den schwersten und interessantesten Punkt der ganzen Philosophie. Ich begnüge mich, nur zu sagen, daß die Grundlage jedes Gesetzes die Würde des Menschen und das allgemeine Wohl des Staates sein muß.

Freiheit heißt, nach solchen Gesetzen handeln zu können und NB handeln zu müssen, welche jeder vernünftige Bürger eines wohleingerichteten Staates als vernünftig, d. i. mit der Würde seiner Natur und dem allgemeinen Besten seines Staates im Zusammenhang, erkennen kann. Ich sage, erkennen kann; denn es gibt Dummköpfe, Egoisten, Pfaffen, Edelleute und andere, welche niemals erkennen wollen, was gut ist. Mit diesen kann man nicht anders zurechtkommen, als daß man sie zur Befolgung der Gesetze zwinge.

Wenn ich die Geschichte der Philosophie recht innehätte, so dächte ich, diesen Begriff der Freiheit mit dem stoischen Grundsatz, daß jeder Weise ein freier Mann sei, gar schön reimen zu können. Aber stoisch oder nicht stoisch: der Begriff ist richtig und der einzige, welcher von Freiheit, insofern sie in der Gesellschaft sich zeigen kann, stattfindet.

Aus diesem Begriff folgern nun die Franzosen:

1) daß in einem monarchischen Staate keine Freiheit stattfinde. Denn hier ist der Gesetzgeber über die Gesetze erhaben, welche er nach seinem Vorteil und nicht nach dem Bedürfnis des Staates selbst gibt, modifiziert und aufhebt;
2) daß die Religion und überhaupt alle Beschäftigungen des menschlichen Geistes ganz und gar kein Gegenstand der Gesetze sind; denn der Verstand kann nach äußern Gesetzen nicht modifiziert werden, wie die Verfasser der sogenannten Religionsedikte doch wollen;
3) daß alle Verwalter der Gesetze wirkliche Bedienten des Staates sind, daß sie folglich nur uneigentlich Regenten können genannt werden; denn die eigentlichen Regenten sind die Gesetze;
4) daß es ganz und gar keine Dispensation vom Gesetze, keine Einschränkung oder Ausdehnung desselben, keine Schärfung der Strafe, keine Begnadigung, keine Gunst, keine Nebenabsichten und dergleichen geben kann.

Aus diesem letzten Stück folgern sie ganz natürlich den Begriff von der Gleichheit (égalité), welche mit der Freiheit notwendig verbunden ist. Ich erstaune, was und wie man über diese Gleichheit in Deutschland und anderwärts gefaselt. Ich mag es nicht wiederholen; man findet den deutschen Unsinn davon in gar vielen Schriften. Mir ist es genug, den echten Begriff der Franzosen von der Gleichheit hier aufzustellen.

Sie besteht darin, daß die Gesetze in Absicht auf jeden Bürger, auf gleiche Weise, ohne alle Ausnahme angewendet werden müssen. Jeder Bürger hat seine Rechte, aber kein anderer hat mehr oder weniger; er hat ebendieselben auch. Folglich kann jeder

1) alles tun, was irgendein anderer tun darf. Jeder kann
2) zu allen Würden, Ämtern und Belohnungen des Staats gelangen, wozu seine Verdienste ihn fähig machen.

Weiter darf die Gleichheit nicht ausgedehnt werden. Der Narr in Frankreich bleibt ein Narr und der Schurke ein Schurke, das schöne Mädchen ist liebenswürdig, und die zusammengeschrumpfte alte Jungfer macht Ekel in Frankreich wie in Deutschland. Es gibt keine persönliche, keine habituelle Gleichheit, aber wohl eine legale. Aus diesen Grundsätzen folgen nun notwendig folgende Punkte:

1) Es kann kein Adel existieren; denn der Adel ist ein angeerbtes Recht zu gewissen Vorzügen, welches mit dem Begriff der Gleichheit nicht bestehen kann.
2) Es kann keine Privilegien geben zum Nachteil anderer. Es gibt daher keine Monopolien, keine Innungen, Zünfte, wodurch die Ausübung nützlicher Gewerbe auf einzelne Personen eingeschränkt wird.
3) Alle partikuläre Gesellschaften, Orden, religiöse Sekten, welche öffentliche Gesellschaften oder sogenannte Kirchen (ecclesias) ausmachen, können nicht gestattet werden, ob man gleich gern zugibt, daß einer Freimaurer, Illuminat, Jude, Katholik, Protestant, Sozinianer, Freigeist, Anabaptist, Deist, Atheist usw. sei.
4) Jedes Mitglied des Staats muß seine Kräfte zum Besten des Staates anwenden, d. i. er muß imstande sein, von der Arbeit seiner Hände zu leben. Es ist daher in Frankreich nicht erlaubt, die Hände in den Schoß zu legen und seine Interessen zu verzehren. Jedes Kind, auch das reichste, muß ein Handwerk oder Gewerbe lernen, damit, wenn sein Reichtum auf diese oder jene Art verloren geht, es sich selbst nähren könne und dem Staate nicht zur Last falle. Auf ein gutes Beispiel hat man bei diesem Gesetze ebenfalls Rücksicht genommen und der Geschicklichkeit den Vorzug vor dem Reichtume angewiesen.
5) Indessen findet diese Gleichheit Ausnahmen in Rücksicht auf solche Männer, welche sich um den Staat ganz besonders verdient gemacht haben. Diese können, obgleich mit vorsichtiger Einschränkung, allerdings auszeichnende Merkmale des öffentlichen Wohlwollens und der öffentlichen Dankbarkeit genießen. Aber das leidige Beispiel des Robespierre hat gemacht, daß man hierin gewiß sehr behutsam zu Werke gehen wird.

Das nun ist die Substanz von dem, was man in Frankreich Freiheit und Gleichheit nennt.

Schreckenssystem oder Terrorismus

Aus dem vorigen Kapitel sieht man, daß die Begriffe von Freiheit und Gleichheit die Grundpfeiler des französischen Regierungssystems ausmachen, und schon oben habe ich hinlänglich gewiesen, daß die Volkssozietäten und vorzüglich die Jakobiner die größten und stärksten Stützen dieses Systems gewesen sind. Man hatte nun einen Probierstein, nach welchem man den wahren Bürger von dem Royalisten, von dem Aristokraten und von dem Freund der Pfaffen richtig unterscheiden konnte – die Freiheit und die Gleichheit.

Gleich nach dem Verfall der königlichen Gewalt fing man an, genau auf alle Bewegungen acht zu geben, welche die Wiederherstellung der Ungleichheit zum Endzweck haben könnten. Daher die Surveillance. Konnte nun ein Bürger oder eine Bürgerin beschuldigt werden, daß sie freiheitswidrige Grundsätze hegten, so wurden sie für verdächtig gehalten, angeklagt und bestraft.

Anfänglich wurde man nur dann verdächtig, wenn man geradezu royalistische oder aristokratische Gesinnungen äußerte oder solche Handlungen beging, woraus man sie ohne Mühe folgern konnte; aber bald dehnte man diesen Verdacht auf alle Übertretungen der neuen Gesetze aus – und siehe da, der zehnte Teil der Nation ward verdächtig. Daß sehr viel unschuldige Menschen zur Ungebühr aus Privathaß, aus Neid und aus andern unreinen Ursachen für verdächtig gehalten wurden, ist außer allem Zweifel. Aber leider, die Notwendigkeit machte den schrecklichen Grundsatz zur Richtschnur der Administration, daß es besser sei, zehn Unschuldige zu verdammen, als einen Schuldigen ungestraft zu lassen. Ein abscheulicher Grundsatz, den nichts rechtfertigen kann und den bloß die Notwendigkeit entschuldiget.

Das Wort: la patrie est en danger! fuhr wie ein elektrischer Schlag durchs ganze Land und erfüllte alles mit Schrecken und Furcht. So aber hieß es seit dem 10. August 1792 und vorzüglich nach der Rebellion von Toulon und Lyon und den Fortschritten der Vendéer gegen die Patrioten. Alle Kräfte wurden angestrengt, nicht nur den Deutschen, den Spaniern, Engländern usw. zu widerstehen, sondern vorzüglich den so fürchterlich ausgebrochenen bürgerlichen Krieg in der Vendée zu endigen, welcher der Konstitution den Untergang drohte. Es gelang, und so hatten die Jakobiner gesiegt.

Im Herbst 1793 erging auf Betrieb des Robespierre und seiner Partei das fürchterliche Dekret, daß alle revolutionären Verbrechen mit dem Tode sollten bestraft und alle verdächtigen Personen mit Arrest bei Brot und Wasser sollten belegt werden. Ein einziges Wort, ein: „Ich wünschte, es wäre Friede!" oder:

„Wenn doch das Elend nicht gekommen wäre!" und dergleichen war schon ein revolutionäres Verbrechen. Ich habe mehrere Urteile gelesen, worin kein anderes Verbrechen genannt wurde, als daß der oder jener gesagt hatte: „Wär' ich doch tausend Meilen von hier! Lebte doch Ludwig XVI. noch!" Die beinahe in allen Städten Frankreichs errichteten Revolutionstribunale ließen Blut fließen wie Wasser, und man erschrickt über die Greuel, welche im Herbste und im Winter 1793/1794 vorgefallen sind.

Das Abscheulichste bei der Sache war, daß auf der Aussage zweier Bürger allemal schon ein Todesurteil beruhen konnte. Wenn mich ihrer zwei vom Brote helfen wollten, so durften sie mich nur angeben, und siehe, morgen floß mein Blut auf der Guillotine. Eine Branntweinbrennerin zu Dijon am Tor Marat – vor alters Peterstor – hat durch ihre Denunziationen mehr als zehn Personen zum Tode und ins Gefängnis gebracht. Man hat Beispiele, daß sogar Brüder einander angegeben und daß Eheleute einander revolutionärer Verbrechen beschuldigt haben. Das ist freilich abscheulich. Allein man sehe Kochs ‚Institutiones juris criminalis', und man wird im Kapitel De crimine laesae majestatis finden, daß dergleichen widerrechtliche Anwendungen der Gesetze auch in Deutschland in gewissen Fällen legal sein sollen. Was man bei uns beleidigte Majestät nennt, nannte man in Frankreich beleidigte Nation.

Um diese Zeit hörte aller freundschaftliche Umgang im ganzen Reiche auf, und der sonst so geschwätzige Franzose mußte damals seine Worte abwägen und auf seiner Hut sein. Es war sicherer, zu stehlen oder zu morden, als gegen die Konstitution oder vielmehr wider den Jakobinismus zu reden. Kein Mensch besuchte mehr den andern in seinem Hause, keiner wagte einen freundlichen Spaziergang mit jemanden, aus Furcht, in Verdacht zu geraten; denn wie leicht war es, daß der, mit welchem ich umging, verdächtig ward, und dann zog sein Sturz mein Verderben nach sich. Um also allen Verdacht von sich abzuwenden, kam man nur in den Wirtshäusern zusammen und ließ seine Stimme so laut, als es nur möglich war, zum Lobe des Konvents, der neuen Gesetze und besonders der Jakobiner erschallen. Es gab hier wirklich viele Heuchler oder Leute, welche im Grunde nicht jakobinisch dachten und doch das Verfahren der Tribunale aufs schärfste verteidigten. Einige derselben waren Royalisten, andre hingegen liebten zwar die Konstitution, aber die Mittel, sie aufrecht zu erhalten, gefielen ihnen nicht. Sie fanden und sahen ein, daß, wenn sie ihre wahre Meinung offenbaren würden, sie verloren wären. Also sprachen oder schrien sie vielmehr ganz gegen ihre Gesinnung. Hierin machten sie es wie die meisten unsrer Theologen.

Die Nationalkokarde war anfänglich ein hinlängliches äußeres Kennzeichen eines guten Republikaners, aber nachher war man damit nicht mehr zufrieden. Jeder, wer's nur zahlen konnte, trug eine Mütze à la république, das heißt eine von blauem Tuch mit rotem Rand und weißer Kante, woran auch noch die Kokarde befestigt war. Vorne an den meisten Mützen las man die Worte: Mort aux rois! oder Mort aux tyrans! So eine Mütze war ein Hauptkennzeichen des Civismus. Sogar an den verschnittenen und ungepuderten Haaren wollte man den bessern Patrioten kennen können, und kurze Hosen sah man fast gar nicht mehr, sie schienen aristokratisch zu sein. Wer nicht gerade eine Nationaluniform hatte, zog eine kurze Jacke (matelot) an, und damit holla!

Unter den unsinnigen Jakobinern gab es einige, die des Abends unter den Fenstern herumschlichen und horchten, ob irgend jemand laut betete, wie es sonst bei einigen Katholiken Mode ist. Hörten sie laut beten, so gaben sie die Leute an, daß sie heimlich Gottesdienst hielten und durch Gebete den König und die alte Verfassung wollten herstellen. Man hat diese Anklagen oft gehört, und die Beter wurden verdächtig und kamen ins Gefängnis. Der Rosenkranz war vollends ein deutliches Zeichen des Aristokratismus. Wer noch so dumm sein konnte, den zu beten, so einen hielt man auch für dumm genug, das Königtum der Republik vorzuziehen, und behandelte ihn als verdächtig.

Selbst die französische Sprache hat während des Schreckenssystems gewaltige Veränderungen erlitten. Viele Wörter, welche sonst etwas Ehrwürdiges bedeuteten, bekamen damals eine schimpfliche, entehrende Bedeutung, zum Beispiel Prince: der Bettler, Duc, Duchesse: Gaudieb, Monsieur: Laus, Madame: Hure. Außerdem wurden die unanständigsten Redensarten – Blasphemien nach der Kirchensprache – und eine unzählige Menge neuer Wörter in alle Gespräche, sogar in die öffentlichen Reden, eingemischt. Zur Ehre der Nation muß ich aber sagen, daß diese niedrige und pöbelhafte Verbrämung der Sprache nach dem Verfall des Jakobinismus ziemlich nachgelassen hat.

Sonst hat man von den Franzosen gesagt, daß sie im gemeinen Umgang höflich und artig seien. Aber unter dem Terrorismus war die äußerste Grobheit und Härte der Sitten das Zeichen eines Patrioten. Niemand zog mehr den Hut ab, niemand bückte sich mehr, und jedermann wurde geduzt, er mochte sein, wer er wollte. So schief wendete man den Grundsatz der Gleichheit an.

Mir war übrigens das Ding nicht zuwider, denn wer mich kennt, der weiß, daß ich die sogenannte feine Lebensart nimmer gelernt habe und daß ich jeden Augenblick gegen die Regeln der Etikette verstoße. Doch ich darf mich nicht zur Regel machen und wünschte selbst, daß ich in diesem Stücke anders wäre, aber was ist zu tun: naturam expellas furca! Genug, zur Ehre unsrer Komplimentmacher, Damen, Herren, Mosjehs, Mamsellen etc. muß und will ich gern bekennen, daß die Franzosen bloß aus übel verstandenem und in den Terrorismus verschobnen Freiheitssystem ihre Komplimente und Artigkeiten geändert haben. Der Oberkrankenwärter Fraipon sprach einmal mit mir über diesen Punkt und gestand, daß die Franzosen weit mehr Mühe gehabt hätten, ihre ungenierten Artigkeiten und ihr verbindliches Geschwätz abzulegen als ihre Religion. „Es hat", sagte er, „gewaltig Mühe gekostet, unsre Leute zu gewöhnen, so miteinander umzugehen wie die Bauern und die Hirten in der Schweiz. Lieber hätten unsre Muskadins den lieben Gott gelästert als ein Frauenzimmer ohne Schmeichelei vorbeigelassen. Aber es mußte einmal sein. Wer will wohl eines Kompliments wegen verdächtig werden."

Bei der Abschaffung des Adels und aller erblichen persönlichen Rechte stand es jedem frei, sich als einen gemeinen Bürger aufzuführen. Man fand aber bald, daß die, welche vorher adlig gewesen waren, doch nicht gut republikanisch gesinnt wären, und so erklärte man in den Jakobinerklubs die ehemaligen Edelleute (les ci-devant nobles, les ci-devant seigneurs) für verdächtig und ermahnte alle Bürger, genau auf das Betragen derselben acht zu haben. Wenn man aber dem Volkshaufen zu viel Willen läßt, so kann man dessen Ausschweifungen hernach nicht mehr bändigen. Das gemeine Volk und besonders das auf den Dörfern haßte ohnehin alles, was adlig gewesen war wegen der Bedrückungen, die es ehedem von den Herren hatte leiden müssen, und suchte sich nun um so mehr zu rächen. Die Ex-Adligen wurden daher meist alle angeklagt und wenigstens als verdächtig in den Gefängnissen aufbewahrt.

Wie man die Ex-Edelleute behandelte, so behandelte man auch die Ex-Priester. Um nicht geneckt zu werden, mußten diese ein Gewerbe treiben, welches mit ihrer ehemaligen Beschäftigung in gar keiner Verbindung stand, und durften gar nichts an sich blicken oder merken lassen, woraus man noch irgend einige Neigung zu ihrer alten Profession hätte schließen können. Wie mancher Priester hat im Gefängnis geschmachtet, welcher der Nation Treue geschworen hatte.

Es ist hier der Ort nicht, Untersuchungen anzustellen, ob das Schreckenssystem damals notwendig gewesen sei. Wenn man aber alles das, was ich bisher über die französische Revolution und besonders über die Verräterei und die Gegenanstalten der aristokratischen Partei in und außer Frankreich gesagt habe, ohne Nebenurteile und kaltblütig überlegt, so glaube ich, daß man von selbst auf den Schluß kommen müsse, daß ohne die Anwendung sehr violenter Mittel damals im Jahr 1793 und 1794 das neue System zu Grunde hätte gehen müssen.

Die abscheulichen Exzesse, welche dabei vorgefallen sind, müssen als notwendige Folgen der angewandten Mittel, den Royalismus und dessen Anhang zu stürzen, betrachtet werden. Und wenn man sie auch keineswegs entschuldigen kann, so würde man doch auch ungerecht sein, wenn man alle Greuel auf die Rechnung der neuen Einrichtung schreiben wollte. In jedem Kriege fallen unmenschliche Auftritte vor, aber die müssen nicht geradehin dem kriegführenden König oder dessen Generalen Schuld gegeben werden. Es ist einmal, wie wir oben gehört haben, in der Natur aller Revolutionen: der Weg zur Freiheit geht über Haufen von Leichen und durch Ströme von Blut.

Veränderung und Sturz des Terrorismus

Man sagt gar recht im Sprichwort: zu spitz sticht nicht, und zu scharf schneidet nicht. Die Wahrheit dieses Spruches hat sich auch am neufränkischen Schrekkenssystem offenbart. Anfangs erschrak jedermann, und in der Angst oder vielmehr in der Überzeugung, daß der Terrorismus notwendig war, ließ man sich alles gefallen, ja man lobte noch obendrein die Ausbrüche des Jakobinismus, und die Departementer schickten sogar Adressen an den Konvent, worin sie für die oft unsinnige Strenge der Tribunale danken ließen. Man muß indessen nicht denken, daß alle Glieder des Konvents damals wirklich Jakobiner und folglich Freunde und Verteidiger der verübten Greuel gewesen seien, aber im Jahre 1793 bis in die Ernte von 1794 sah man ein, daß Gelindigkeit nichts fruchte, und so dominierte Robespierre und sein Anhang den Konvent und durch diesen ganz Frankreich.

Dabei aber waren die meisten Franzosen an sich ganz und gar nicht Jakobiner oder Terroristen; denn als Robespierre fiel und man für die Republik nichts mehr besorgte, stürzte das Schreckenssystem ohne alle weitere Unruhen zusammen, so wie ehemals das Königtum gestürzt war. Die Parteien stritten sich freilich noch, aber die Nation blieb ruhig.

Robespierre hat schon um Weihnachten 1793 eingesehen, daß der Terrorismus zu weit ginge. Er ließ daher die Revolutionstribunale vermindern, und da sonst beinahe in jedem Departement eine solche Mördergrube existierte, wurden sie jetzt bis auf einige wenige eingeschränkt. Die vornehmsten derselben waren, wie man weiß, zu Paris, Bordeaux, Nantes, Lyon und Toulon. Jedes Departement behielt zwar sein Kriminalgericht, aber dieses mischte sich nicht in revolutionäre Händel. Wer wegen dieser verklagt wurde, mußte an einen Ort gebracht werden, wo ein Revolutionsgericht sich noch befand. Damit aber in den Departementern Untersuchungen über Dinge dieser Art angestellt werden könnten, wurden hier und da, zum Beispiel zu Mâcon, gewisse inquisitions révolutionnaires eingeführt, doch habe ich bloß bemerkt, daß dergleichen Inquisitions nur in den noch verdächtigen Gegenden errichtet wurden. Man traute dem ganzen mittäglichen Frankreich wenig, und dies nicht ohne Grund.

Das Schreckenssystem hat freilich damals, als es in seiner vollen Kraft herrschte, bewirkt, daß mancher den Republikaner und Patrioten heuchelte und daß man durch dessen Anwendung den ehrlichen, rechtschaffnen Bürger von dem Aristokraten nicht recht unterscheiden konnte. Allein nachdem es durch den Tod des Robespierre und den Einsturz des Jakobinismus mit eingefallen war, da sah man recht deutlich ein, daß diejenigen, welche während des Terrorismus der Republik treugeblieben waren, es auch nachher noch blieben, und daß sich diejenigen wider Erwarten sehr betrogen hatten, welche den Sturz des Freistaats und den Sturz des Robespierre für eins hielten.

Ich bin weit entfernt, den Robespierre für einen solchen Buben zu halten, als er gewöhnlich beschrieben wird; allein ich kann auch jenen Demokraten nicht beistimmen, welche geradehin behaupten, daß alle Greuel, welche in Frankreich bei den Revolutionstribunalen vorgefallen sind, zur Erhaltung der Republik durchaus notwendig gewesen seien. Est modus in rebus! Freilich war Schärfe, große durchgreifende Schärfe notwendig. Aber wahrlich, so viel Blut mußte doch nicht fließen, als geflossen ist, um das Land von meuterischen Aristokraten zu säubern.

Verfolg meiner eigenen Geschichte

Die Wunde auf meiner Brust ging im Herbst 1794 wieder von selbst auf, nachdem sie einige Zeit zugenarbt gewesen war. Ich befragte darüber meinen Bekannten, den Feldscher Gibasier, und dieser legte mir ein Pflaster auf und versicherte mich, daß sich etwas von dem Brustknochen absondern würde. Er nannte dieses Exfoliation; denn die französischen Ärzte haben ihre eigentümliche Sprache so gut wie die deutschen. Ich bekam wegen dieses mir fremden Wortes noch Streit mit dem braven Mann; denn als er in seiner medizinischen Demonstration sich des Ausdrucks s'exfolier bediente, merkte ich ihm an, das sei ja ein neues unverständliches Zeitwort, se détacher bedeute eben das und sei jedem verständlich. „Wie du es verstehst", erwiderte er heftig, „se détacher, das sagt jeder unwissende Junge, s'exfolier sagt der Mediziner. Das ist ein Kunstwort, und ein Kunstwort gilt mehr als hundert gemeine Wörter, gesetzt auch, es sage nichts mehr." Bei diesem Ausbruch dachte ich an einige Philosophen in Deutschland, deren ganze Kunst meist nur in Erfindung neuer Wörter oder im Verdrehen der Bedeutung der ältern besteht, und fand, daß Citoyen Gibasier nach seiner Art ebenso gut räsonierte als mancher große Philosoph in Deutschland.

Die Kur des Gibasier hatte nicht den Erfolg, welchen ich davon hoffte.

Ohngefähr in der Mitte des Dezembers 1794 traf ich den Chirurgus Vallée bei Vienot. Er war freundlich und fragte mich, wie es mir ginge. Ich antwortete ihm, eben nicht zum besten; denn einmal müßte ich in der Kälte arbeiten, und dann schmerze mich meine Wunde auf der Brust oft nicht wenig. Er ließ sich dieselbe zeigen und sagte flugs: „Hole mich Prinz Condé, du bist nicht recht klug, daß du nicht ins Hospital gehst. Dort hast du doch Verpflegung, kannst machen, was du willst, wirst vielleicht auch bald kuriert und findest da lauter alte Bekannte. Was willst du hier in der Kälte herumkriechen! Geh ins Spital!" – „Höre, lieber Vallée", erwiderte ich, „du wirst doch sorgen, daß ich im Spital wie sonst gehalten werde? Ich fürchte, ich komme zu oft, der Direktor wird am Ende noch tückisch." – „Ei, warum nicht gar! Ich will dem Direktor schon sagen, was wir dir noch schuldig sind. Du bist unser Krankenwärter gewesen, hast deine Sachen ehrlich verrichtet und schleppst dich mit einer gefährlichen Wunde. Man muß dich ordentlich verpflegen und tut es auch gern. Komm nur morgen, und bleib bei uns, bis die Bäume grün werden."

Ich folgte. Früh holte ich mir einen Zettel beim Kommandanten Belin und fuhr ab nach ‚Jean Jacques' ins Hospital. Mit Vergnügen denke ich stets an jene Tage zurück, die ich noch zu guter Letzt zu Dijon im Hospital verlebt habe.

Bispinks Bemühungen
zu meiner Befreiung aus Frankreich

Herr Bispink hatte seit meinem Übergang nach Landau von mir keinen Brief erhalten, und erst kurz vor der Ankunft meines Briefes aus Dijon hatte er durch einen Brief von Herrn Pastor Braun aus Oppenheim erfahren, daß ich zwar noch lebte, allein zu Dijon an der Wassersucht im Lazarette krank läge. Dies hatte den guten Bispink um mich ebenso besorgt gemacht als vorher die Ungewißheit über meine Lage und die Zeitungsnachricht, daß ich in Frankreich guillotiniert sei.

Es läßt sich denken, daß ihm nichts willkommner sein konnte als mein eigenhändiger Brief, der von Krankheit und dergleichen nichts erwähnte und mit einem Male den Stachel aller unangenehmen Nachrichten und Gerüchte stumpf machte. Voller Freude hatte er sich gleich angeschickt, alles aufzubieten, um zu meiner Befreiung aus Frankreich nach Möglichkeit mitzuwirken.

Endlich gegen das Ende des Jänners [1795] ließ mir der Kommandant Belin sagen, ich möchte gleich zu ihm kommen, er habe einen Brief an mich, der käme weit her, aus Deutschland. O, wie klopfte mir da das Herz! Ich flog zu ihm und siehe da, ein Brief von meinem Bispink. Es waren eigentlich drei Briefe: einer in französischer Sprache von dem französischen General d'Oyré, welcher damals als Geisel in Erfurt sich aufhielt und hier in den humansten Ausdrücken den Kommandanten Belin um meine Entlassung ansprach; dann zwei lateinische Briefe, deren einer unter mehrern andern Nachrichten über dies und jenes mir wie von ohngefähr das Zeugnis gab, daß ich in Altona geboren und getauft sei. Dieser Brief war von Herrn Bispinks Hand, aber unter erborgtem Namen und unter dem Schreiborte Hamburg. Halle als eine preußische Stadt hätte, wie er gedacht hatte, das Zeugnis für mich als einen preußischen Deserteur verdächtig machen können.

Nachdem ich dem ehrlichen Belin die lateinischen Briefe erklärt hatte, so sagte er, indem er mir die Hand drückte: „Nun hast du gewonnen, Laukhard, nun kannst du in dein Deutschland zurückgehen, wann du willst. Ich bin wirklich recht froh darüber, denn ich dachte immer, der Henker möchte mit dir noch einmal so sein Spiel auf der Guillotine haben. Du verstehst mich. Jetzt geh nach dem Departement und fodre auf diese Briefschaften einen Paß nach der Schweiz."

Auf dem Departement wurden meine Briefe vorgelesen, und als einer von den Beisitzern die Bedenklichkeit äußerte, daß das kein ordentlicher Taufschein sei, indem er von keinem Geistlichen unterzeichnet wäre, so sagte der Präsident: „Ist etwan das Zeugnis aus dem Briefe eines ehrlichen Laien nicht ebensogut als das Attest von einem Priester? Wir Franzosen haben wohl noch Ursache, auf Priester zu bauen! Genug, das Zeugnis ist gut, und Citoyen mag nach Hause gehen. Man fertige ihm seinen Paß!"

Ich erhielt also von dem Departement eine Ausfertigung, nach welcher Nardot, der Kriegskommissär, mir einen Paß nach Basel geben sollte. Dieser lachte, als er schreiben mußte, ich sei aus Altona; denn ich hatte ihm von meinen Begebenheiten einiges vorerzählt, und so wußte er recht gut, woher ich war. Aber auch er war mir gut und froh, daß ich auf diese Weise aller Gefahr entgehen konnte, und schrieb mir den Paß.

Hier mag vielleicht mancher aristokratische Leser die Nase rümpfen und sagen: der Verfasser lobt den Civismus oder die Anhänglichkeit der Franzosen ans Gesetz. Nach seinem eignen Geständnis wußten Belin und Nardot, daß es mit seinem Geburtsorte Altona nicht richtig war, und doch waren Belin und Nardot, wie er zu verstehen gibt, recht brave Bürger. Wo bleibt aber hier ihre Bravheit, da sie ihre Mitbürger hintergehen halfen und wenigstens den Betrug nicht entdeckten?

Meine Herren, die Bürger Belin und Nardot wußten, daß es der Republik ganz gleichgültig sein konnte, ob ich aus Altona oder aus Constantinopel oder gar aus Otaheiti gebürtig war. Dann waren sie meine Freunde. Verrieten sie mich, so war der Schaden für mich groß, sehr groß und der Nutzen für den Staat – eine Null. Schwiegen sie, so taten sie ihrem Lande keinen Schaden und erfüllten gegen mich alles, was die Freundschaft fodern kann. Was sollten sie nun tun, meine Herren? Oder was würden Sie an deren Stelle getan haben, wenn Sie anders keine Egoisten und Schadenfrohe sind? Man muß nicht zu arg moralisieren! Das Schreckenssystem hatte alle feinfühligen Franzosen nur noch mehr humanisiert, und so gönnte man mir Leben und Blut.

Der Kommissär riet mir, in Dijon zu bleiben, bis es bessere Witterung und warm wäre, „denn", sagte er, „in der Franche Comté wirst du schlechte Wege treffen und nicht fortkommen". Aber ich hatte noch einen triftigen Grund, mich bald von dannen zu machen.

Meine Abfahrt aus Frankreich

Nachdem ich meinen Paß vom Kommissär erhalten und von Belin Abschied genommen hatte, welcher mir noch allerhand über die Lage von Frankreich zu guter Letzt vorsagte und mich bat, ihm doch ja von meiner künftigen Bestimmung Nachricht zu geben, so besuchte ich von meinen Freunden und Bekannten noch so viel, als ich in der kurzen Zeit noch konnte; denn ich hatte nur noch einen halben Tag in Dijon zu hausen.

Den größten Teil der Nacht brachte ich mit Bessel und einigen andern Spitalbekannten bei der Mutter Guignier zu und ging erst nach zwölf Uhr zwar nicht betrunken, doch auch nicht ganz nüchtern zu Hause.

Nicht weit von meinem Bette lag ein preußischer Kriegsgefangner, auf dessen Namen ich nicht mehr kommen kann. Er war von den Bellingschen Husaren, klein von Statur und hatte, ich weiß nicht wo, die Medaille erhalten. Er war ein geschickter Schneider und hat immer auch im Spital gearbeitet. Als ich im Bette lag, kam er zu mir und sagte: „Höre, Bruder, ich bin deinetwegen aufgeblieben und habe auf dich gewartet: du kannst mein Glück machen."

Ich: Dein Glück machen? Ich? Wie wäre das möglich? Bin ja selbst ein trauriger Mensch.

Er: Du gehst morgen früh weg, nicht wahr?

Ich: Ja, aber wozu das?

Er: Höre, wenn du mich mitnähmest? Dir kann es nichts schaden, du hast Pässe; und werden wir ja angehalten, so zeigst du dein Papier. Die großen Städte will ich vermeiden und umgehen, indes du durchpassierst; auf den Landstraßen komme ich wieder zu dir. Vielleicht komme ich mit durch. Und werde ich ja angehalten, so kannst du keine Ungelegenheit haben, und ich muß etwan fünfzehn oder zwanzig Tage ins Prison, und das ist alles.

Der Vorschlag des Husaren mißfiel mir nicht. Ich sagte ihm, er solle den andern Tag an dem ehemaligen ‚Hôpital le Pelletier' – war sonst ein Lustschloß und hieß Mirande – meiner warten, und so war unser Handel geschlossen. Ich hielt es für Pflicht, einem Kameraden den Ausgang aus Frankreich zu erleichtern, und vor der Furcht, verraten zu werden, war ich sicher; denn der Husar verstand kein Wort Französisch. Und wenn er wäre angehalten und ich seinetwegen befragt worden, so hätte ich gesagt, daß ich von seiner Geschichte nichts wisse.

Früh konnte ich mich beinahe nicht losmachen aus dem Hospital. Die Chirurgen, der Direktor, die Krankenwärter, besonders Bessel, und viele Kranke redeten alle auf mich ein, und fast jeder wollte mir etwas mitgeben. Bessel drang mir ein ganzes Brot auf, der Direktor ein Fläschchen feinen Franz, der Apotheker ein Gläschen Liquor anodynus und mehrere Krankenwärter ihre Fleischportionen vom vorigen Abend, die sie für mich aufgespart hatten. Endlich kam der Portier und brachte mir einen großen Pack Rauchtabak. Sie weinten alle, und ich war so tief gerührt, daß ich ihnen nur die Hände drücken, aber kein Wort sprechen konnte.

Betäubt ging ich durch die Straßen von Dijon, und erst vor dem ehemaligen Peterstor konnte ich mich wieder fassen und zurückblicken. Hier stieg nun folgender Gedanke bei mir auf, der mein ohnehin schon verwirrtes Gemüt nur noch mehr zerrüttete. ‚Du gehst jetzt aus einem Lande, in welches du auf die unwürdigste Weise von der Welt getreten bist. Du hast wollen das deinige beitragen, die Freiheit einer edlen Nation stürzen zu helfen, eine Freiheit, deren wohltätigen Einfluß du selbst gefühlt und genossen hast. Geh, Laukhard, schäme dich! du bist ein Niederträchtiger, ein Verworfner. Sprich ferner nicht mehr von Schurken;

denn du gehörst in ihre Klasse, stehst mit unter den Verächtlichsten. Die Franzosen hätten recht gehabt, wenn sie dich deiner Unternehmungen wegen mit dem Tode bestraft hätten; und noch auf der Guillotine hättest du dir selbst bekennen müssen, daß sie dir nicht Unrecht täten. Aber wie sind sie mit dir verfahren? Welchen Ersatz kannst du ihnen geben?‘ Hier faßte ich den festen Vorsatz, von den Franzosen niemals anders zu reden oder zu schreiben, als wie es die Wahrheit nach meiner Überzeugung fodere. Und durch diesen Vorsatz wurde ich um etwas beruhigt. Es ist eine erzfatale Sache um ein böses Gewissen, welches um so beißender anspricht, je schonender die natürliche Strafe unsrer schlechten Handlungen eintritt.

Mein Husar kam bald zu mir, und wir gingen stracks fort auf Auxonne zu. Aber schon den Nachmittag fing es so an zu regnen, daß wir einigemal einsprechen und endlich gar eine Stunde jenseits dieser Stadt auf einem Dorfe übernachten mußten. Ein reicher Bauer gab uns Quartier. Es war schon ein alter Mann, dessen Sohn tot, dessen Sohnes Söhne aber im Felde waren. Drei Töchter seines Sohnes, deren Mutter und er versahen die Wirtschaft, wobei ihnen auch ein Kriegsgefangener aushalf, den sie als Arbeiter (travailleur, denn die Wörter Knecht und Magd etc. sind abgeschafft) angenommen hatten. Die Leute waren sehr munter, und als ich ihnen sagte, daß mein Reisegefährte ein Schneider sei, so bat ihn der Alte, er möchte ihm einen Rock ausbessern. Der Husar war dazu willig, und alle gaben ihm das Zeugnis, daß er seine Sache hübsch mache, daß es schade sei, daß er fort wollte, und daß er sogar auf ihrem Dorfe recht gut würde leben und sich durchbringen können. Die Mädchen schäkerten endlich mit uns, und ich merkte, daß der Husar nichts mehr bedauerte, als daß er mit ihnen nicht sprechen konnte.

Die Leute gaben uns zu essen, und als der Alte sowohl als die Mädchen fortfuhren zu bedauern, daß ein hübscher Mensch, der ein Handwerk verstände, ihr Land verlassen wollte, worin er doch weit besser als in Deutschland leben und sein Auskommen finden würde, so wollte ich meinen Spaß haben und sagte zum Alten, wenn er meinem Reisegefährten eine von den Mädchen zur Frau geben wollte, so wollte ich ihm den Vorschlag tun dazubleiben. Dazu könnte wohl Rat werden, antwortete der Alte mit Lächeln. Ich erklärte dies meinem Husaren, aber auch mehr schnurrig als ernsthaft, und dabei blieb es für den Abend. Früh aßen wir noch Suppe mit den guten Leuten und gingen nach Auxonne, wodurch auch der Husar mußte, weil er sonst nicht über die Saône konnte, über welche hier eine Brücke geht. In Auxonne lagen auch Preußen, unter welchen der Husar Bekannte hatte, die er besuchen wollte, während ich meinen Paß unterschreiben und mir Brot und Geld geben ließ. Ich bestellte ihn in ein Weinhaus, wo wir unsre Bündel abgelegt hatten, und ging. Als ich zurückkam, war mein Husar noch nicht da. Ich ließ mir also etwas geben und wartete, aber vergebens. Daran aber war ich wohl schuld, und zwar so per accidens; denn unterwegs von dem Dorfe an bis nach Auxonne sprach ich von den Vorteilen, die einer haben könnte, der in Frankreich bleiben und sich da durch seine Arbeit nähren wollte. Und da ich merkte, daß das eine Mädchen, welches sehr bei Fleische war, Eindruck auf den Husaren gemacht hatte, so strich ich das Glück heraus, welches er da auf dem Dorfe haben könnte.

Diese Vorstellung hat dem guten Menschen vielleicht eingeleuchtet; denn nach langem Warten ging ich endlich ins Kloster zu den Preußen und fragte nach dem Husaren. „Ja", hieß es, „der ist zurückgegangen. Er hat gesagt, er getraue sich nicht durchzukommen." Wahrscheinlich war er wieder auf das Dorf zurückgeeilt. Nun, es bekomme ihm wohl!

In Pagny mußte ich mit dem Maire herumdisputieren, weil er mir mein Brot und Geld schlechterdings nicht eher reichen wollte als den Nachmittag. Die Etapes, meinte er, ständen nur des Nachmittags offen, und jetzt habe er zu tun. Er war ein Wagner und arbeitete in seiner Werkstätte. Aber sein Geselle sagte ihm, er sollte sich schämen, einen Reisenden um der Versäumnis von einer Viertelstunde willen aufzuhalten; und ich wurde befriedigt.

Da ich keinen Feuerstahl hatte, so mußte ich in den Dörfern fleißig einsprechen wegen meiner Pfeife, deren wohltätige Wirkung ich besonders auf dieser beschwerlichen Reise empfunden habe. Fast allerwegen, wo ich einsprach, gab man mir ein Glas Wein oder doch ein Glas boite, so nennen die Leute einen Aufguß auf die nicht ausgekelterten Weintrester, der hernach gärt und von den Ärmern getrunken wird. Nicht selten bot man mir Brot und Kuchen aus türkischem Weizen oder Mais an. Diese Kuchen sowie auch das Mus aus demselben nennen die Leute gotes, wenn ich anders dieses Wort recht schreibe. Ich würde, so menschlich und gastfrei ist auch der gemeinste Franzose im Durchschnitt, gewiß durchgekommen sein, wenn ich auch keinen Etape von der Nation genossen hätte.

In Besançon kam ich ziemlich zeitig an und erhielt mein Quartier zum Ausruhen bei einem Ziegeldecker, dichte am Fluß Doubs, welcher mitten durch Besançon fließt. Ich war in dieser Stadt schon etwas bekannt und suchte das Wirtshaus wieder auf, wo das Jahr zuvor der brave Landrin logiert hatte. Die Leute, welche mich noch kannten, stutzten über meine Erscheinung und baten mich, ihnen zu erzählen, wie mir's bisher in Frankreich ergangen wäre. Das tat ich, und alle Gäste horchten. Und als ich fortwollte, stellten sie eine Assignaten-Kollekte für mich zur Fortsetzung meiner Reise an. Ich versah mich hier so gut mit Rauchtabak, daß ich noch einigen Studenten in Freiburg eine Probe davon geben konnte.

Auf der Zitadelle erstaunte ich über die ungeheure Menge ganz neuer Kanonen, welche da ohne Lafetten aufeinander lagen, und über die entsetzliche Menge Kugeln. Obgleich Besançon eine der vornehmsten Festungen in Frankreich ist, so lag doch damals keine Garnison darin. Nur einige alte Bürger besetzten die Tore, ebenso wie in Belfort und in andern festen Plätzen, welche von den auswärtigen Feinden weit entfernt waren. Dieses beweiset sehr viel, wenigstens so viel, daß man sich vor einem Aufstand des Volks und vor neuen Unruhen gegen die Einrichtung der Republik nicht gefürchtet hat. Denn im Fall eines Aufstandes wäre es den Rebellen ja sehr leicht gewesen, so unbesetzte Festungen zu besetzen und von da aus ihre Foderungen an den Konvent zu machen, wie die zu Lyon es gemacht haben.

Als ich aus Besançon kam, um nach Baume zu gehen, traf ich einen gewissen Lehmann an, welcher ehedem den Preußen als Kalckreuthischer Dragoner gedient hatte und den ich in Dijon hatte kennenlernen. Er war hernach von da aus sonstwohin verlegt worden. Ich freute mich, einen Reisegefährten anzutreffen. Aber er bat mich, seinen Namen ja nirgends zu nennen, denn mit seinem Paß stünde es eben nicht so recht. Ich ließ mir den Paß zeigen, und siehe da, er war in Orleans, wo Lehmann niemals gewesen war, für einen Schweizer gemacht worden. Da er mir nicht sagen wollte, wie er zu dem Paß gekommen war, so schloß ich, daß er ihn entweder gekauft oder gestohlen hatte. Wir blieben indessen beisammen bis nahe bei Freiburg, wo er sich trennte, weil er fürchtete, die Östreicher möchten ihn anhalten und an die Preußen ausliefern.

Von Besançon bis Belfort begegnete mir nichts Erhebliches, nur daß mein Schuhwerk auf den elenden Wegen immer schlechter ward. Obgleich durch die ganze Franche Comté Chaussee ist, so war doch diese wegen der beständigen Fuhren so zernichtet, daß oft leicht beladene Wagen und Karren in den Löchern steckenblieben und nicht mehr vorwärts konnten.

In Belfort machte ich abermals Rasttag, und in Altkirchen war es, wo ich wieder Deutsch sprechen hörte, freilich ein abscheuliches Deutsch, wie es im Oberelsaß Mode ist, aber doch war mir's, als wäre ich schon völlig in Deutschland. Ich lag bei einem Hutmacher, dessen einziger Sohn in diesem Kriege umgekommen war. Mann und Frau weinten noch die heißesten Tränen und verwünschten Krieg und Revolution, weil diese sie ihr Kind gekostet hatte.

Das ist so der Gang der menschlichen Gesinnungen. Wenn man bei einem Vorfall etwas eingebüßt hat, so schimpft man auf die ganze Sache, womit dieser Vorfall in irgendeiner Verbindung stand.

Von Altkirchen nach Basel sind nur sechs starke Stunden, und doch brachte Lehmann und ich fast den ganzen Tag damit zu. Es hatte die Nacht stark geschneit; morgens taute der Schnee auf, und der Weg ward abscheulich.

In dem ehemaligen Saint-Louis, einem Dorfe bei Hüningen, hörte ich, daß der General Eickemeyer in dieser Festung kommandiere; ich kannte ihn von Mainz aus schon lange, bekam also Lust, ihn zu sprechen.

Als ich nach Hüningen kam, hörte ich, daß er soeben nach Bourg libre, so heißt jetzt das Dorf Saint-Louis, geritten sei. Ich besah also die Festung flüchtig und ging, weil es bald Abend war, zurück nach Bourg libre. Aber unterwegs bedachte ich, daß ich Gefahr laufen könnte, wenn ich einen General besuchte, der ganz Republikaner war. Wie leicht konnte er von meiner Sendung gehört haben, und dann war ich verloren. Mich schauderte vor dem Gedanken, noch einmal eine Prison in Frankreich auszuhalten, und befragte mich also kurz und gut in Bourg libre, was ich zu tun hätte, um ohne Hindernis nach Basel zu kommen. Man wies mich zu einem Greffier, welcher meinen Paß aus Dijon an sich hielt und mir ein Zettelchen von seiner Hand gab, nach welchem die Wache an der Chaussee angewiesen wurde, mich durchzulassen.

Zur Zeit des Robespierre, als die starken Emigrationen vorfielen, waren alle passierbaren Plätze auf den Grenzen des ganzen Landes mit starken Wachen besetzt, und diese löste man von Zeit zu Zeit, alle zwei, drei Monate, ab. Man kann denken, welche fürchterliche Menge Menschen eben durch diese Anstalt beinahe untätig auf den Grenzen standen und ebensoviel auszustehen hatten vom Wetter und von der Teuerung als die Soldaten im Felde. Außerdem waren in jedem Dorfe und in jeder Stadt Posten aufgestellt, welche Tag und Nacht auf die Passierenden acht hatten, und die Wege waren immer voll Gensdarmes. Nachdem aber der Terrorismus aufhörte, so wurde auch hierauf nicht mehr so stark gesehen, und die Wachen in den Dörfern hörten völlig auf, und die Gensdarmen patrouillierten bei weitem nicht mehr so fleißig als sonst. Indessen blieb noch immer die Wache auf den Grenzen. Allein da auch diese es nicht mehr so genau nahm, so war es manchen deutschen Deserteur und Gefangnen leicht herauszukommen. Ich habe nachher, besonders als ich bei den Schwaben stand, viele gesprochen, welche mir dieses gesagt haben. Und es war ja auch selbst in Frankreich nun nicht mehr sehr notwendig, so genau auf die Passagen acht zu geben; denn was die Auswanderung betraf, so waren die, welche sich hiezu etwan genötigt finden konnten, entweder guillotiniert oder schon fort, oder sie saßen im Gefängnis. Und wegen einiger Gefangnen oder Deserteurs, welche die Lust anwandeln mochte abzufahren, war es eben nicht nötig, jene kostspielige und lästige Anstalt fortzusetzen.

Als ich über die Grenze kam, hatte ich eine ganz eigne Empfindung. Ich war freilich recht herzlich froh, endlich einmal wieder in einem Lande zu atmen, wo ich weiterhin keine Gefahr mehr zu besorgen hatte wegen eines Auftrags, dem ich mich so unbesonnen unterzogen hatte. Allein auf der andern Seite verließ ich doch ungern ein Land, in welchem ich mehr gesehen und mehr erfahren hatte, als ich nie wieder sehen und erfahren kann, ich mag hinkommen, wohin ich will, und sollte ich Methusalems Alter erreichen. Ich dachte dankbar zurück an so manchen guten Tag, den mir die Franzosen gemacht hatten und den ich durchaus nicht verdient hatte nach dem, was ich gegen sie auszuführen übernommen hatte.

ANHANG

Nachwort

I

Im Februar 1798 reiste Laukhard nach Berlin, um sich bei König Friedrich Wilhelm III., den er als Kronprinz während des Feldzugs bei der Belagerung von Landau persönlich kennengelernt hatte, in Erinnerung zu bringen. In einer Lesebibliothek fand er auch seine Schriften:

„Der Bibliothekar kannte mich nicht, daher fragte ich ihn, ob denn das Zeug da auch gelesen würde?

Was Zeug, erwiderte er; die Laukhardschen Produkte sind ganz vorzüglich gut und werden mehr gesucht als selbst die Werke unsrer besten Schriftsteller.

Ich: Das Publikum muß also einen schlechten Geschmack haben.

Lesebibliothekar: Daran liegt mir nichts, und keinem meinesgleichen liegt 'was daran. Genug, wenn die Sachen gelesen werden. Aber woher schließen Sie dann, das Publikum müsse einen schlechten Geschmack haben?

Ich: Das schließe ich daher, weil die Laukhardschen Dinger nicht viel besonders sind.

Lesebibliothekar (lacht): Gewiß hat Laukhard Ihnen selbst die gute Wahrheit gesagt; ich habe gefunden, daß mancher auf diesen Mann gescholten hat, aber wenn man's recht beim Licht untersuchte, so kam das Schelten daher, weil Laukhard etwas unsanft mit dem Knaben Absalom umgefahren war. Aber sehe ich recht, so sind Sie selbst Laukhard, ich kenne Sie aus Ihrem Bildnis."

Laukhard war damals noch eine bekannte Persönlichkeit; seine Bücher wurden von vielen gelesen, von Studenten, Soldaten, dem weiblichen Geschlecht ebenso wie von dem Herzog von Braunschweig-Öls oder Goethe. Von den meisten wurden sie auf das Stoffliche hin gelesen als Darstellungen, die Einblicke in das gesellschaftliche Leben am Ausgang des 18. Jahrhunderts vermittelten, besonders in das Leben der unteren Klassen. An einer Stelle heißt es: „Auf dieser Fahrt hatte ich nun so recht Gelegenheit, die niedere Klasse der Einwohner dieser Länder kennenzulernen, eine Klasse, welche ich immer so gern kennenlernte. Im Hessen-Kasselschen hatte ich hierzu vorzüglich Gelegenheit. Ich merkte es gar zu genau, daß ich in ein Land kam, wo ziemlich überspannte Grundsätze herrschten. Die Bauern waren durchaus arme Leute, und eben damals hatte der verstorbene Landgraf seine Untertanen nach Amerika verhandelt. Da liefen einem die halbnackten Kinder nach, baten um ein Almosen und klagten, daß ihre Väter nach Amerika geschickt wären und daß ihre armen verlaßnen Mütter und ihre alten abgelebten Großväter das Land bauen müßten. Das war ein trauriger Anblick. Dergleichen empört tausendmal mehr als alle sogenannten aufrührerischen Schriften. Jenes ergreift und erschüttert das Herz, diese beschäftigen meist bloß den Kopf." In ähnlicher Weise werden andere Probleme aufgegriffen: das spannungsvolle Zusammenleben der Kalvinisten und

429

Lutheraner mit den Katholiken in seiner pfälzischen Heimat; die „dickste Finsternis", die noch 1787 auf den Weimarer Dörfern herrschte und Laukhard zu der Bemerkung veranlaßte: „Man sollte gar nicht glauben, daß diese einem Landesherrn angehörten, dessen Residenzstadt mit den hellsten Köpfen Deutschlands geschmückt ist."; Aberglaube und Gespensterfurcht, die einfache Menschen in ihrem Bann hielten; alchimistische Versuche, mit denen sich die Gelehrten befaßten; das rüde Leben der Studenten, ihr herausforderndes Benehmen gegenüber den Nicht-Akademikern, die üblen Streiche, die sie ihren Professoren spielten; das Leben unter den Soldaten, das Treiben in den Bierkellern und Bordellen. Eine Fülle von Material tut sich vor dem Leser auf und vermag seine Neugier zu erregen. Das alles wirft noch heute Schlaglichter auf die damalige Zeit, begründet aber noch kein tieferes Interesse an Laukhard und seiner Autobiographie.

Doch der Verfasser bleibt beim Erzählen solcher „Anekdoten und skandalösen Histörchen" nicht stehen, sondern ordnet sie in den historischen Zusammenhang ein und versucht, die Strukturen freizulegen, die die historische Entwicklung bedingt haben. Als er 1793 ins Innere Frankreichs verschlagen wurde, besuchte er die Klubs, um „den Debatten der Leute zuzuhören"; in den Weinschenken diskutierte er mit Bürgern und Offizieren, Zeitungen und Anschlagzettel las er aufmerksam – „um das jetzige Frankreich, soviel als möglich war, kennenzulernen, auch die Maschinerie genau zu erforschen, wodurch es das geworden ist, was es jetzt ist. Diese Art von psychologisch-politischem Studium trieb ich von Ort zu Ort, verglich meine Ausbeute mit der Geschichte und fand dabei so viel Unterhaltung, daß es mir zum Bedürfnis geworden war." Dadurch gewann sein Buch so viel an Substanz, daß wir es noch heute als eine außerordentlich lebendige und bemerkenswerte Darstellung jener Zeit lesen können.

Die unbedingte Wahrhaftigkeit, mit der er seine Autobiographie geschrieben hat, brachte ihn bei vielen seiner Zeitgenossen in Mißkredit und hat mit dazu beigetragen, seine Stellung im bürgerlichen Leben zu untergraben. Aber Laukhard wollte sich nicht „durch Verdrehung und Verstellung der Begebenheiten vor dem Publikum weißbrennen" oder Dinge übergehen, deren Veröffentlichung ihm unangenehm war. Vielleicht war die schonungslose Offenheit auch ein Grund, daß seine Lebensbeschreibung im prüden 19. Jahrhundert in Vergessenheit geriet. Erst hundert Jahre nach dem ersten Erscheinen stieß Paul Holzhausen wieder auf dieses „Kuriosum der deutschen Literaturgeschichte" und hielt im Jahre 1895 während der Karnevalszeit im Gürzenich zu Köln vor der dortigen Literarischen Gesellschaft einen Vortrag darüber. 1902 veröffentlichte er in der Burschenschaftlichen Bücherei einen knappen Lebensabriß *Friedrich Christian Laukhard. Aus dem Leben eines verschollenen Magisters*, und 1908 verfaßte er zu der auf zwei Bände gekürzten Neuausgabe der Autobiographie durch Victor Petersen die Einleitung. Diese Ausgabe erlebte zwischen 1908 und 1930 dreizehn Auflagen. Sie war so angelegt, daß das Lesepublikum durch die Abenteuerlichkeit seines Lebens, die bunte Mannigfaltigkeit der Ereignisse und die derb-realistischen Schilderungen angezogen wurde. „An subtilen, schönfärbenden Ateliermalern in der Geschichte ist wahrlich kein Mangel – viel seltener sind die rücksichtslos arbeitenden Freilichtler. Ein Exemplar dieser Gattung, freilich mit recht borstigem Pinsel, steht hier vor uns. Ein prächtiger Kerl – quand même" (Holzhausen in der Einleitung zur Neuausgabe von 1908). Der vom Herausgeber beigefügte Untertitel „Deutsche und französische Kultur- und Sittenbilder aus dem 18. Jahrhundert" setzte zudem einen pikanten

Nebenakzent und verfehlte seine Wirkung nicht. 1912 gab Heinrich Schnabel eine einbändige Auswahl heraus, etwa mit der gleichen Zielstellung.

1955 erschien unsere Ausgabe in einer durch den Zweiten Weltkrieg und seine Folgen wesentlich veränderten Welt. Das bedeutete, daß die Partien, die das studentische Leben schildern und „zu Parallelen zwischen einst und jetzt auffordern, Parallelen zwischen der Eleganz der heutigen Behausungen und den rauchigen Höhlen, in denen um 1780 in Halle und Jena die deutschen Incroyables von damals kampieren mußten", wie noch Holzhausen hervorhob, für uns weit weniger interessant waren. Das Schwergewicht der Darstellung hat sich von der *Charakterisierung der Universitäten in Deutschland* auf die *Begebenheiten, Erfahrungen und Bemerkungen während des Feldzugs gegen Frankreich* verlagert, und wir haben auf das vordergründige Episodenwerk weitgehend verzichtet, um die „Maschinerie" deutlicher sichtbar zu machen, die dahintersteht: Es kommt uns nicht so sehr auf die Person Laukhards an wie auf sein Werk, auf die Ereignisse, die durch seine Persönlichkeit eine so außerordentlich eindrucksvolle Darstellung gefunden haben.

Nach seinem Scheitern im bürgerlichen Leben fand Laukhard als Augenzeuge und Berichterstatter in dem Koalitionskrieg gegen das revolutionäre Frankreich seine eigentliche Lebensaufgabe: mit wachem Auge und politisch-historischem Verständnis und in einer meisterhaft realistischen Sprache die erregenden Vorgänge jener Zeit einzufangen. Nicht ohne Stolz bemerkt er: „Ein Musketier sieht oft mehr und richtiger als mancher Herr Offizier samt seinem König. Diesen fehlt es an geschärftem Gefühl dazu." Nur, dieser Musketier war ein gebildeter Mann, der an der Universität Halle Vorlesungen über deutsche Rechts- und Kirchengeschichte gehalten hatte, der von der Weltgeschichte etwas verstand und logisch denken konnte, dem die Kriegsereignisse und sein Aufenthalt in Frankreich nicht nur abenteuerliche Erlebnisse waren, sondern Ereignisse, die er in den welthistorischen Prozeß der Überwindung des alten, morschen, längst überlebten Feudalsystems einzuordnen vermochte.

Gegenüber der Ausgabe von 1955 versucht die Neubearbeitung, diese Strukturen noch deutlicher herauszuarbeiten und auf entbehrliche Nebensächlichkeiten noch konsequenter zu verzichten.

II

Friedrich Christian Laukhard wurde am 7. Juni 1757 zu Wendelsheim in der Unterpfalz geboren, einem Dorfe, das damals zur Rheingrafschaft Grehweiler gehörte. Er selbst gibt in der Autobiographie 1758 als Geburtsjahr an, im Kirchenbuch steht aber 1757. Sein Vater Philipp Burkhard Laukhard war der protestantische Pfarrer dieser Gemeinde, ein in Glaubenssachen vorurteilsfreier Mann, der durch das Studium Spinozas zum Pantheisten geworden war, sich zu dieser Weltanschauung aber nicht öffentlich bekannte. Seine Mutter Charlotte Dorothea Dautel war die Tochter eines Archivrats und Enkelin des Straßburger Rechtsgelehrten Johannes Schilter. Laukhard wuchs in einem geistig aufgeschlossenen Elternhaus auf. In der Erziehung des Sohnes waren aber die Eltern zu sorglos und zu nachgiebig. *Auch Väter versehens oft*, heißt bezeichnenderweise ein Kapitel der Autobiographie. Der Umgang mit dem Gesinde reizte zudem frühzeitig die Phantasie des Knaben durch sexuelle Vorstellungen und machte ihn empfänglich für *Liebschaften nach der Pfälzer*

Mode. Laukhard verlor damals die Fähigkeit, mit der Unschuld des reinen Herzens einen Menschen zu lieben und zum Gefährten seines Lebens zu machen. Auch das Liebesverhältnis zu Therese, das sich in seiner Zartheit und Zurückhaltung wohltuend von der Trivialität der sonstigen Bekanntschaften abhebt und auf das er in seiner Lebensgeschichte mit einer gewissen Sentimentalität immer wieder zurückkommt, führte zu keiner dauerhaften Verbindung.

Nach dem Privatunterricht bei seinem Vater und dem Besuch des Gymnasiums in Grünstadt bezog Friedrich Christian mit sechzehn Jahren die Universität Gießen. Im Herbst 1774 – nach dem Lehrerverzeichnis der Franckeschen Stiftungen erst „Ostern 75" – wurde er als Student der Theologie immatrikuliert. Gießen stand damals in einem zweifelhaften Ruf. Die Professoren nennt Laukhard „trübselige Ignoranten, die sehr selten ein Kollegium zustande brachten und gänzlich im Dunkeln vegetierten" (vgl. die Kapitelüberschriften: *So elend fand ich die Gießener Universität* und *Schlechtere Professoren gab es wohl nirgends*). Um so ungehemmter entfaltete sich das akademische Leben in den Landsmannschaften und Orden. Die beliebten, aber erschreckend witzlosen, läppischen und rohen Scherze, das „wüste Gesicht", die „Kreuzzüge", die „Eulerkappereien" nehmen in seiner Autobiographie einen breiten Raum ein und wurden von ihm auch in seinen Romanen, den *Annalen der Universität zu Schilda* oder *Eulerkappers Leben und Leiden* gestaltet. In unserer Ausgabe wurden sie weitgehend gestrichen. Sie sind ein Stück nicht sehr rühmlicher Universitätsgeschichte. Was Laukhard betrifft, so war er kein „Drastikum", kein „Teekessel", wie man die Studenten nannte, die nichts mitmachten, sondern stand mitten in dem studentischen Treiben. Immerhin hatte er in Gießen so viel gelernt, daß ihn sein Vater 1778 noch für ein Jahr auf die Universität Göttingen schicken konnte, die sehr viel angesehener war und eine Reihe hervorragender Gelehrter wie Michaelis, Pütter, Walch, Heyne und Schlözer zu ihren Professoren zählte.

Daß Laukhard „feine Studia" aufzuweisen hatte, wurde ihm wiederholt bescheinigt. Was man dagegen zu tadeln Anlaß fand, waren sein Leichtsinn, seine Liederlichkeit, sein Lebenswandel. „Seine Sitten, die man anfangs für männlich hielt, zeigten sich in der Folge unbeständig", heißt es im Lehrerverzeichnis der Franckeschen Stiftungen. So ist es nicht verwunderlich, daß er nach seiner Rückkehr in die Heimat nur schwer eine Anstellung als Pfarrvikar fand. Und als es ihm in Udenheim und später in Obersaulheim endlich gelungen war, wurde er nach kurzer Zeit wieder vom Amte suspendiert.

In dieser kritischen Situation verwendete sich Professor Semler, der Studienfreund seines Vaters, für ihn. Er holte ihn 1781 als Präzeptor ans Waisenhaus nach Halle und hielt ihn an, seine Studien energisch voranzutreiben und zu einem offiziellen Abschluß zu bringen. Die regelmäßige Tätigkeit – Laukhard unterrichtete in den oberen Klassen Griechisch und Hebräisch –, die geistige Atmosphäre dieser Erziehungsanstalt und nicht zuletzt der persönliche Umgang mit Semler übten einen heilsamen Einfluß auf den leicht Verführbaren aus. Kaum ein Jahr nach seiner Ankunft in Halle, im Januar 1783, promovierte er zum Magister, und kurze Zeit darauf habilitierte er sich mit einer Dissertation über Giordano Bruno. Im Sommersemester 1783 hielt er seine erste Vorlesung. Daß er sich auch hier bald unbeliebt machte, daß es zu Reibereien mit den Kollegen und der Fakultät kam, zeigen die Auseinandersetzungen um seinen ersten Roman, den *Baldrian Weitmaul*, dessen Erscheinen der Zensor verbot. Da er von den geringen Einkünften seiner Lehrtätigkeit nicht leben konnte, geriet er in Not und Verzweiflung und sah keinen anderen Ausweg, als sich von dem in Halle stationierten preußischen Regiment v. Thadden anwerben zu lassen.

Der unerhörte Entschluß erregte in der kleinen Universitätsstadt begreiflicherweise Aufsehen. Semler schrieb ihm einen langen Brief, der mit der Mahnung schließt, auch weiterhin fleißig zu studieren, „die Studia wären wahrer Balsam für Unglückliche". Da die Vorgesetzten Laukhard mit Milde und Nachsicht behandelten, fand er anfangs auch tatsächlich Zeit, französische Sprachübungen, theologische Repetitionskurse und ähnliche Lehrveranstaltungen abzuhalten und als Erzieher im Hause seines Hauptmanns tätig zu sein. 1784 wohnte er der Revue von Magdeburg bei, der letzten, die Friedrich II. abhielt. 1790 marschierte er mit seinem Regiment nach Schlesien und lernte dabei den Herzog Friedrich August von Braunschweig–Öls kennen, dem er die ersten beiden Bände seiner Lebensbeschreibung widmete. Der Herzog zeigte auch für ihn ein gewisses Interesse und erbat sich einen Abriß seiner Lebensgeschichte in französischer Sprache.

Im Sommer 1792 zog Laukhard über Weimar, Eisenach, Gießen und Koblenz in den Krieg, den Preußen in Allianz mit Österreich und den Emigranten gegen das revolutionäre Frankreich führte. Erst Ende Oktober 1795 kehrte er nach vielen abenteuerlichen Schicksalen in die Saalestadt zurück. Laukhard wurde zwar nun aus preußischen Diensten entlassen, aber alle Hoffnungen, etwa als Lektor für neuere Sprachen an der Universität eine feste Anstellung zu finden, schlugen fehl. Auch der Kronprinz, der im November 1797 als Friedrich Wilhelm III. den preußischen Thron bestiegen hatte, gewährte ihm nicht mehr als eine Audienz. Alle Anstellungsgesuche wurden von den zuständigen Behörden abschlägig beschieden.

Laukhard hat diese Begebenheiten sehr ausführlich und mit entlarvender – ihn auch selbst bloßstellender – Offenheit in seiner Autobiographie geschildert. Er erzählt seine Geschichte aber nur bis zum Jahre 1802. Es bleiben also noch ein paar Worte über sein ferneres Schicksal zu sagen. Aber in dem Augenblick, da seine eigene Darstellung abbricht, verliert sich die Spur seines Daseins immer mehr, so wie sie sich längst verloren hätte, wenn nicht das einzigartige Buch Zeugnis von ihm ablegte. Es ist bezeichnend, daß Meusel ihn im 14. Band seines *Gelehrten Teutschlands* als im Jahre 1806 verstorben verzeichnet. Er hat aber noch bis zum Jahre 1822 gelebt. Die Nachrichten aus den letzten beiden Jahrzehnten seines Lebens sind sehr dürftig. Auch das forschende Auge des Wissenschaftlers hat das Dunkel bisher nicht durchdringen können. Es ist sehr wahrscheinlich, daß er bald nach dem Erscheinen des letzten Bandes seiner Autobiographie Halle verlassen hat. Eine Reise zu seiner alten Mutter „durch einen Teil von Deutschland und Frankreich" kündigte er darin schon an. Wenn wir den Nachforschungen Holzhausens folgen, dann hat er im Anschluß an diese Reise von 1804 bis 1811 in Veitsrodt, einer kleinen Gemeinde im französischen Saardepartement, „pfarramtliche Funktionen" ausgeübt. Die endgültige Anstellung als Pfarrer hat ihm wohl die inzwischen kaiserliche französische Regierung verweigert; die Aufführung seines Namens in den Pfarrtabellen wurde in einem Schreiben des französischen Kultusministers Portalis als Irrtum bezeichnet. Was die französischen Behörden zu diesem Verhalten veranlaßt haben mag, ist schwer zu sagen. Vielleicht hat die Übersetzung einer Napoleon nicht sehr freundlich gesinnten Schrift (*Bonaparte und Cromwell*) eine Rolle gespielt, vielleicht gab aber auch hier der Lebenswandel des Pfarrverwesers den Ausschlag.

433

Denn Laukhard hat sich nach Berichten und Gerüchten in Veitsrodt nicht anders als seinerzeit in Obersaulheim aufgeführt.
Nach den Veitsrodter Jahren werden die Nachrichten noch spärlicher. Vermutlich ist er jahrelang unstet im Lande herumgezogen. Einen letzten Wohnsitz hat er in Kreuznach gefunden. Hier ist er am 29. April 1822 als Privatlehrer gestorben.

Daß sein Unglück, sein Versagen im bürgerlichen Leben nicht nur die Folge der Labilität seines Charakters war, sondern daß die Misere der Kleinstaaterei, die Käuflichkeit der Ämter und die Bestechlichkeit der Beamten, die religiöse Intoleranz und sittliche Verrohung hinzukamen, ja daß die gesellschaftlichen Verhältnisse seine Entwicklung recht eigentlich bedingten, hat er selbst gefolgert und ist auch der Forschung heute bewußt geworden. Aber – so bitter es für ihn war – aus dieser existentiellen Not wurde er zu dem scharfsinnigen Beobachter und Kritiker seiner Zeit, schrieb er das außerordentliche Buch seines Lebens.

III

Laukhards *Begebenheiten, Erfahrungen und Bemerkungen während des Feldzugs gegen Frankreich*, die 1796 und 1797 veröffentlichte Fortsetzung seiner Autobiographie, ist aus der Perspektive des Von-unten geschrieben. „Ich war Zuschauer und Mitakteur, obgleich einer der geringsten, wenngleich nicht gerade der kurzsichtigsten, auf einem Theater, worauf eine der merkwürdigsten Tragikomödien unsers Jahrhunderts aufgeführt worden ist."

Über Koblenz, Trier und Luxemburg rückte das v.-Thaddensche Regiment im Sommer 1792 in die Champagne ein. Preußen und Österreicher führten einen Krieg, um, wie es in dem berüchtigten Manifest des Herzogs von Braunschweig vom 25. Juli 1792 heißt, „der Gesetzlosigkeit im Innern Frankreichs ein Ende zu setzen, die Angriffe auf Thron und Altar aufzuhalten, die gesetzliche Gewalt wiederaufzurichten, dem König seine Freiheit und Sicherheit wiederzugeben und ihn in den Stand zu setzen, die ihm gesetzmäßig zukommende Gewalt auszuüben". Bei der Einnahme von Longwy und Verdun und bei der kläglichen Kanonade von Valmy war Laukhard dabei. In Bildern von unerhört expressiver Kraft schildert er den grauenvollen Rückzug, bei dem durch unzureichende Verpflegung und unzulängliche sanitäre Vorkehrungen Tausende „aufs jämmerlichste verreckten". Laukhard macht dazu selbst die Anmerkung: „Verrecken ist freilich ein sehr unedles Wort; es passet aber vollkommen, die Todesart unsrer Brüder auf dem Rückzuge aus Frankreich zu bezeichnen. Quid sumus!" Es ist die grauenvolle Wirklichkeit, die Laukhard protokolliert. Nach der Belagerung von Mainz, die mit der Rückgewinnung der Festung endete, rückten die Preußen vor die Festung Landau. Hier nun wurde aus dem bloßen „Zuschauer", der freilich die Schrecken des Krieges jeden Tag am eigenen Leibe spürte, der „Mitakteur". Durch seine Intelligenz, vor allem auch durch seine Französischkenntnisse, war er seinen Vorgesetzten längst aufgefallen. Es verwundert daher nicht, daß man im preußischen Hauptquartier auf den Gedanken kam, ihn als Kundschafter zu verwenden, zumal er den Kommissar des Nationalkonvents in der Festung, Georg Friedrich Dentzel, von Jugend auf kannte und wohl sogar mit ihm verwandt war. Durch Bestechung des Volksrepräsentanten wollten die Preußen die Festung ohne Blutvergießen in ihre Hände bekommen. Laukhard sollte als „Deserteur" seine Einheit verlassen und zu den

Franzosen übergehen, bei passender Gelegenheit aber Dentzel ein persönliches Schreiben des Kronprinzen überreichen, in dem der Volksrepräsentant aufgefordert wurde, gegen eine hohe Bestechungssumme die Festung kampflos zu übergeben. Ganz so schurkisch, wie es aussieht, war der Plan nicht. Landau wurde seit Wochen belagert; die Versorgung mit Nahrungsmitteln und Kriegsmaterial gestaltete sich immer schwieriger, die Stimmung unter der Bevölkerung war gereizt, das Verhältnis zwischen Dentzel und dem militärischen Befehlshaber, General Laubadère, gespannt: Wenn nicht bald Entsatz kam, dann mußten in einem verzweifelten Ausbruchsversuch noch Hunderte von Menschen auf beiden Seiten geopfert werden, oder die Festung mußte sich auf Gnade und Ungnade den Siegern überliefern. Gelang es, Dentzel zu bewegen, dieses Ende von Landau abzuwenden, so war Belagerern und Belagerten geholfen. Psychologisch allerdings konnte der Fall der Festung für die Revolutionstruppen verheerende Folgen haben.

Bei all diesen Spekulationen hatte man sich von dem Patriotismus der Franzosen völlig falsche Vorstellungen gemacht. Eine Kapitulation kam für Dentzel überhaupt nicht in Frage. Laukhard – aus welchen Motiven auch immer er sich zu dieser Aufgabe verstanden haben mag – war dadurch in eine gefahrvolle Lage geraten. Bei den Preußen hatte er nach dem Krieg wegen des Scheiterns seiner Mission keinen Dank zu erhoffen, und bei den Franzosen, die ihn als einen von ihrem Gesellschaftssystem ehrlich überzeugten Anhänger freimütig aufgenommen hatten, war er in den Verdacht eines Verräters geraten. Dieser Verdacht war für Dentzel Gewißheit: auf dessen Verschwiegenheit war er künftig angewiesen, mit dessen Schicksal war das seine auf Gedeih und Verderb verbunden. Als Dentzel in Ungnade fiel, schien sich auch Laukhards Schicksal zu erfüllen. Doch die Umwälzungen in Paris, die den Tod Robespierres herbeiführten, brachten auch für Laukhard, der in den Verhören alle Schuld geleugnet und keine Verbindung zu Dentzel zugegeben hatte, die Freiheit. Und für Dentzel eröffnete sich eine neue Karriere, die ihn unter Napoleon zum General und unter den Bourbonen zum Marschall von Frankreich aufsteigen ließ. Angefangen hatte er wie Laukhard als Pfarrer.

Laukhard blieb noch bis Anfang 1795 in Frankreich. Während dieser Zeit diente er bei den Volontärs und Sansculotten, wurde in einem Duell mit einem französischen Offizier verwundet, war Krankenwärter in einem Lazarett, saß in der Conciergerie in Dijon – von allem, was ihm widerfuhr, war er ein wacher Beobachter und gewissenhafter Chronist.

Seine Funktion als Berichterstatter hat er selbst bestimmt: „Ich war Zuschauer und Mitakteur [...] Freilich haben andre da auch mitgesehn; aber da jeder seine eigene Art zu sehen und zu bemerken hat, so will ich das, was ich gesehen und wie ich es gesehen habe, Ihnen nun hererzählen." Ein Vergleich mit Goethe drängt sich auf, der denselben Feldzug mitgemacht und in der *Kampagne in Frankreich* beschrieben hat. Wie sehr sich freilich Standpunkt und Betrachtungsweise Goethes und Laukhards unterscheiden, mögen zwei Episoden vom Einmarsch in Frankreich verdeutlichen.

Goethe notiert unter dem 28. August 1792:

„Auf das strengste war alles Fuhrwerk ohne Ausnahme hinter die Kolonne beordert, nur jeder Regimentschef berechtigt, eine Chaise vor seinem Zug hergehen zu lassen; da ich denn das Glück hatte, im leichten offenen Wägelchen die Hauptarmee für diesmal anzuführen. Beide Häupter, der König sowohl als der Herzog von Braunschweig, mit ihrem Gefolge hatten sich da postiert, wo alles an ihnen vorbei mußte. Ich sah sie von weitem, und als wir herankamen, ritten Ihro Majestät an mein Wäglein heran und fragten in Ihro lakonischen Art, wem das Fuhrwerk gehöre? Ich antwortete laut: Herzog von Weimar! und wir zogen vorwärts. Nicht leicht ist jemand von einem vornehmern Visitator angehalten worden."

In die Position Laukhards übertragen heißt das so:

„Wir marschierten zwar den ganzen Tag, aber so jämmerlich, daß wir jedesmal eine halbe Stunde vorwärts machten und hernach wieder eine Stunde, auch wohl länger, im Kote herum stille lagen wie die Schweine. [...] Endlich erreichten wir ein Dorf, l'Entrée genannt, worin der König sein Hauptquartier nahm und wobei wir unser Lager aufschlagen sollten. Aber unsre Packpferde waren aus Furcht vor den Franzosen zurückgeblieben und wir mußten nun da unter freiem Himmel liegen bleiben."

Der Haupttenor der *Kampagne in Frankreich* ist das Individuum Goethe mit seinem „bekannten wunderlichen Eigensinn". – „Mein Individuum ist indes immer das geringste, was dieses Werkchen dem Publikum interessant machen soll" – zu diesem Grundsatz bekennt sich Laukhard. Zumindest was den Zweiten Teil seiner Autobiographie betrifft, hat er damit völlig recht. Seine Person drängt sich niemals in den Vordergrund, für ihn stehen die Ereignisse im Mittelpunkt.

Es kann und soll hier keine eingehende Analyse der Goetheschen und der Laukhardschen Darstellung gegeben werden. Bei einer solchen müßte auch berücksichtigt werden, daß beide zu ganz verschiedenen Zeiten entstanden sind. Laukhard hat seine *Begebenheiten, Erfahrungen und Bemerkungen während des Feldzugs gegen Frankreich* unter dem unmittelbaren Eindruck der Ereignisse niedergeschrieben und schon 1796 und 1797 veröffentlicht. Goethe machte sich erst knapp drei Jahrzehnte später an die Ausarbeitung, wobei ihm neben vielen anderen gedruckten Zeugnissen nachweislich auch Laukhards Darstellung als Quelle vorlag (vgl. Tagebucheintrag vom 13. Januar 1820). Einige Details hat er zweifellos Laukhard entnommen, zum Beispiel den grotesken Armeebefehl nach der Kanonade von Valmy: die Soldaten sollten sich soviel als möglich mit Putzkreide versehen (vgl. *Kampagne*, 26. September, und Laukhard III, 177). Die *Kampagne in Frankreich* erschien erst 1822 im Druck. Ein Vergleich muß diese Zwischenzeit berücksichtigen. Die kultivierte, aber kühl und distanziert wirkende Sprache der *Kampagne* ist nicht einfach die Sprache Goethes, sondern der ausgesprochene Altersstil des Dichters. Doch selbst wenn man das in Betracht zieht, bleibt eine auffällige Diskrepanz zwischen der „vornehmen Darstellung, welche Goethe von diesem Feldzug gegeben hat" und „Laukhards plebejischem, aber nicht minder wahrheitsgemäßem Bericht" (G. Baur in der *Allgemeinen Deutschen Biographie*. Band 18, Seite 46). Laukhard sieht die Ereignisse „von unten". Sie stellen sich ihm anders dar, aber er sieht sie aus seiner Perspektive nicht weniger scharf und umfassend. Im Gegenteil: „Ein Musketier sieht oft mehr und richtiger als mancher Herr Offizier samt seinem König." Er hat erstaunlich scharfsinnige Beobachtungen über den Feldzug und über die Revolution gemacht. Er hat vorurteilslos das Fortschrittliche in dem „System der Neufranken" erkannt und sich ehrlich dazu bekannt: „Vielleicht macht man mir den Vorwurf, daß ich überhaupt eine gewisse Neigung für das System der Neufranken blicken lasse, und zählt mich vielleicht auch zu jenen, welche bei den politischen Kanngießern unsers Vaterlandes unter dem verhaßten Namen der Jakobiner oder Patrioten bekannt sind. Ich gestehe ganz offen und ohne alle Furcht, daß ich durch meine Erfahrungen gelernt habe, von dem System der französischen Republik besser und richtiger zu urteilen als mancher politische Journalist, der aus Eigennutz, Haß oder Schreibsucht bloß räsonieren und schimpfen will."

Laukhard hat aber auch die Härten und Ungerechtigkeiten, den Schrecken und das Elend der revolutionären Umwälzung nicht übersehen. Doch er beruft sich auf Voltaire: „Der Weg zur Freiheit durch Revolutionen geht über große Ströme Blut und durch Täler voll Elend, und bloß das hohe Glück, frei als Mensch zu leben, kann den Menschen gegen das Elend stählen, das Revolutionen notwendig mit sich führen." Seine *Begebenheiten, Erfahrungen und Bemerkungen während des Feldzugs gegen Frankreich* stehen als ein so offenes Bekenntnis einzigartig in der deutschen Literatur da. Und sein prophetisches Wort: „Wird einst Frankreich einen Alexander haben, so ist Deutschland seine Eroberung", in einer Zeit gesprochen, da noch niemand an den Aufstieg Napoleons dachte, läßt sich dem Ausspruch Goethes über die Kanonade von Valmy vom 20. September 1792: „Von hier und heute geht eine neue Epoche der Weltgeschichte aus, und ihr könnt sagen, ihr seid dabeigewesen", ebenbürtig zur Seite stellen. Vergegenwärtigt man sich die konkrete Situation, in der das Wort in der *Kampagne* steht, wird ihm zudem vieles von seiner Aussagekraft genommen. Dabei ist es gleichgültig, ob Goethe es unmittelbar im Anschluß an die Kanonade gesprochen oder erst 25 Jahre später formuliert hat. Hinsichtlich des politischen Verständnisses hatte Laukhard ein schärferes Urteilsvermögen.

Auf eines soll noch hingewiesen werden: Laukhard ist bei allem Scharfblick natürlich kein Historiker. Er will es nicht sein, und er kann es nicht sein. Was man, in Anlehnung an eine Formulierung Goethes im Vorwort von *Dichtung und Wahrheit*, gelegentlich zur Forderung erhoben hat: der Autobiograph müsse sich und sein Jahrhundert genau kennen, ist ganz unmöglich. Auch einem vorurteilslosen, für alles Fortschrittliche aufgeschlossenen Beobachter wie Laukhard stellt sich das Geschehen in den Ausmaßen und Konsequenzen anders dar als dem künftigen Historiker; denn erst diesem öffnen sich die Archive der Zeit, in der der Autobiograph lebt und seine Darstellung der Ereignisse schreibt. Was der Autobiograph geben kann, sind Meinungen, Bemerkungen, Erfahrungen, wie es schon im Titel vieler Memoiren heißt. Daher ist, was sich im autobiographischen Schrifttum an Beurteilungen und Bewertungen historischer Prozesse findet, nicht immer ein verläßliches Zeugnis für das tatsächliche Geschehen und seine Folgen. Doch gerade in dieser Hinsicht sind Laukhards Aufzeichnungen, gemessen an den Quellenzeugnissen, die ihm zugängig waren, außergewöhnlich weitsichtig und ein Beispiel dafür, wie weit vorurteilslos denkende Menschen in der realen Einschätzung der Französischen Revolution schon damals kommen konnten.

IV

Laukhard hat von 1792 bis Anfang 1795 die Ereignisse in Frankreich miterlebt. Insofern sind seine Aufzeichnungen in vielem ein Korrektiv zu den Berichten der konservativ-reaktionären Presse, die in zahlreichen Flugschriften, Zeitschriften und Broschüren das deutsche Volk falsch informierten. Da Laukhard die Ereignisse aber nicht nur scharf beobachtet und wahrheitsgetreu schildert, sondern sie verallgemeinert und Schlußfolgerungen aus ihnen zieht, bekommt seine Darstellung ein anderes Gewicht als vergleichbare Schriften dieses Genres. Das alles wurde in der Literaturgeschichte nur zu oft übersehen. Wenn man ihn überhaupt erwähnte, stellte man ihn in eine Reihe mit Johann Konrad Friedrich, Karl August v. François „und anderen Abenteurern, Haudegen oder Draufgängern jener aufgewühlten Jahrzehnte an der Wende des 18. und 19. Jahrhunderts" (Th. Klaiber, Die deutsche Selbstbiographie. Stuttgart 1921). Marianne Beyer-Fröhlich urteilte unbefangener, kam aber auch nur zu der Überzeugung: „Laukhard vagabundierte im wahrsten Sinne des Wortes durch sein Leben. [. . .] Aber nicht nur die Schelmenstreiche und das wilde Treiben der Studenten in Gießen, Jena, Göttingen, Heidelberg und Halle, nicht nur die näheren Verhältnisse in des Magisters pfälzischer Heimat, die Gesellschaft am Wetzlarer Kammergericht oder das Frankreich der Revolution stellen uns seine Memoiren bildhaft vor Augen, er gibt tiefe Einblicke in seine bedrängte Seelenlage, wenn es ihm elend geht und er den Untergang vor sich sieht. [. . .] Seine merkwürdigen Memoiren sind eine große Eulenspiegelei, der seine Freigeisterei in Glaubenssachen, das Grundmotiv der Aufzeichnungen, immerhin ein gewisses zweifelhaftes Ethos gibt." (Die Entwicklung der deutschen Selbstzeugnisse. Leipzig 1930).

Dieses Urteil verkennt, daß Laukhards „Leben und Schicksale" nicht einfach eine Autobiographie sind, deren Grundmotiv man auf seine „Freigeisterei in Glaubenssachen" eingrenzen kann und die gelegentlich „tiefe Einblicke in seine bedrängte Seelenlage" geben. Auch Laukhards Begründung, das Buch sei aus einem pädagogischen Anliegen heraus geschrieben, um durch das rückhaltlose Offenlegen seiner Verfehlungen zu verhindern, daß die irrende Jugend in seine Fehler verfalle, trifft die Sache nicht. Solche Bücher wurden nicht gelesen, um sich zu bessern und zu bilden, sondern – wie in seinem Falle – etwas über die Zustände im akademischen Leben, die gesellschaftlichen Verhältnisse in der Pfalz oder die politischen Umwälzungen in Frankreich zu erfahren. Der wahrheitsgetreue Bericht eines, der dies alles miterlebt hat, gibt den Memoiren heute noch ihren historischen Wert.

Das Buch ist in seinem Zweiten Teil für uns auch unmittelbar aktuell. Was Laukhard in bezug auf die revolutionären Umwälzungen im politischen und gesellschaftlichen Leben Frankreichs schildert, hat Parallelen im Freiheitskampf der Völker von heute. Wenn in einem Land der Kampf der fortschrittlichen Kräfte für eine humanere Gesellschaftsordnung erfolgreich zu sein verspricht, versuchen die alten Mächte, diese Errungenschaften unter allen Umständen rückgängig zu machen, und sei es, indem sie fremde Truppen ins Land rufen. Laukhard schildert die Kriegsereignisse und das ganze Umfeld des Krieges mit einer so brutalen Genauigkeit, daß er noch heute Abscheu vor dieser Geißel der Menschheit erweckt. Er wußte auch, daß an dem Krieg nur eine kleine Oberschicht verdient, die breite Masse des Volkes aber elendiglich darunter leidet. Der Krieg als „Fortsetzung der Politik mit anderen Mitteln" ist untauglich, auch wenn es sich wie damals um einen Krieg mit konventionellen Waffen handelt. Unter solchen Gesichtspunkten, so meinen wir, müssen Laukhards Memoiren neu gelesen und beurteilt werden. Sie haben nicht nur eine kulturhistorische, psychologische oder pädagogische, sondern vor allem eine gesellschaftspolitische Tendenz. Sie sind ein großes Antikriegsbuch. Wenn man alles Episodenwerk beiseite läßt, wenn man die witzlosen Studentenstreiche nicht überbewertet und seine „Freigeisterei in Glaubenssachen" als das versteht, was sie ist: die Lossagung von der kirchlichen Bevormundung und die Hinwendung auf das religiöse Empfinden des einzelnen, dann bleibt als Quintessenz die große gesellschaftliche Auseinandersetzung zwischen dem überlebten feudalen Gesellschaftssystem – gleichviel, um welche Bereiche es sich handelt: Politik, Gesellschaft, Kultur, Religion, Recht – und dem neuen, zukunftsträchtigen bürgerlich-kapitalistischen. Eine solche weitreichende Perspektive war möglicherweise nicht Laukhards Absicht. Es stellt aber seinem Buch ein gutes Zeugnis aus, wenn es nach fast zwei Jahrhunderten so gelesen werden kann.

Dazu gehört neben den behandelten Problemen die Art, wie sie dargestellt sind. Laukhard hat zwar an verschiedenen Stellen seiner Autobiographie betont, er sei kein Dichter. Eine Dichtung hat er auch nicht gegeben, auch nicht Dichtung und Wahrheit, sondern schlichte, unverfälschte, schamlose Wahrheit. Diese Wahrheit gewinnt durch die sprachliche Ausdruckskraft des Verfassers eine so atemberaubende Eindringlichkeit, daß uns sein Buch noch heute unmittelbar anspricht und oft vergessen läßt, daß es sich um historische Vorgänge handelt. Laukhards *Leben und Schicksale* sind ein wichtiges Zeitdokument mit überzeitlicher Wirkung. Und sie werden es bleiben. Laukhard hat die Erkenntnisse, die aus einem solchen historischen Bericht gewonnen werden können, selbst näher bestimmt. Über den anonymen Verfasser der *Briefe eines preußischen Augenzeugen über den Feldzug des Herzogs von Braunschweig gegen die Neufranken* (1793) – er selbst ist der Verfasser dieses Buches – urteilt er: „Sein Hauptverdienst ist, daß er den Geist des Krieges und dessen nächster Teilnehmer unter Soldaten, Bürger und Bauer getreu schildert und alles, was hierauf Bezug hat und soweit sein Bemerkungskreis reichte, offenherzig vorerzählt, dann aber den Standpunkt und die Grundsätze mit edler Freimütigkeit angibt, nach welchen man das Erzählte bald a priori, bald a posteriori, entweder einzeln oder im Zusammenhange, nach Ursache und Wirkung oder nach Grund und Folge selbst übersehen kann. Das Historische diente ihm also zum Vehikel des Politischen."

Weimar, April 1988   *Karl Wolfgang Becker*

Zu dieser Ausgabe

Laukhards Autobiographie *Leben und Schicksale* erschien 1792 bis 1802 in 6 Bänden von je 300 bis 500 Seiten Umfang – die Bände 1 und 2 in Halle bei Michaelis und Bispink, die Bände 3 bis 6 in Leipzig bei Gerhard Fleischer dem Jüngern. Durch ein Versehen wurde der 5. Band zur zweiten Abteilung des 4. gemacht, so daß das Werk in der Originalausgabe fünf Teile in 6 Bänden zählt. Der Gesamtumfang beläuft sich auf mehr als 2600 Seiten Oktav bei einer verhältnismäßig kleinen Schrifttype.

Eine Neuausgabe kann das Werk nicht in der ganzen Breite der Originalausgabe abdrucken, zumal die einzelnen Teile in ihrem Wert und ihrer Bedeutung für uns zu unterschiedlich sind. Entgegen der Verfahrensweise früherer Bearbeiter wurden in unserer Ausgabe die beiden ersten Teile, die von der Kindheit Laukhards bis zu seinem Eintritt ins Militär und dem „Feldzug" nach Schlesien im Jahre 1790 reichen, sehr stark gekürzt und der letzte Teil völlig gestrichen, so daß für die Ereignisse in Frankreich während der Revolution, vom Beginn des Ersten Koalitionskrieges im Sommer 1792 bis zu Laukhards Abzug aus Frankreich zu Anfang des Jahres 1795, genügend Raum zur Verfügung stand.

Laukhard hat seine Aufzeichnungen über diesen Zeitpunkt hinaus fortgeführt, im 5. Teil bis zum Jahre 1802, dem noch ein weiterer Teil folgen sollte, der indes nie erschienen ist. Doch die menschliche, gesellschaftspolitische und literarische Substanz seiner Darstellung war schon viel früher aufgezehrt, so daß wir uns auch unter künstlerischen Gesichtspunkten in unserer Auffassung bestärkt sahen, ausschließlich die Kapitel aus seiner Studenten- und Soldatenzeit, also die Jahre 1774 bis 1795, zum Gegenstand unseres Buches zu machen. Daraus ergibt sich die Gliederung in zwei Teile: Der Erste Teil unserer Ausgabe (Teil I und II der Originalausgabe von 1792) ist *Ein Beitrag zur Charakterisierung der Universitäten in Deutschland*, besonders der Universitäten zu Gießen, Göttingen und Halle, der Zweite Teil (Teil III und IV der Originalausgabe von 1796/1797) berichtet *Begebenheiten, Erfahrungen und Bemerkungen während des Feldzugs gegen Frankreich*, ist also ein Beitrag zur Geschichte des Ersten Koalitionskrieges und der Französischen bürgerlichen Revolution. Noch stärker als im Ersten Teil tritt Laukhard hier aus der Mittelmäßigkeit anderer Chronisten jener Zeit heraus und erweitert seine Autobiographie zu einer eindrucksvollen Gesellschaftsgeschichte. Für die Kürzung war maßgebend, daß trotz der Verlagerung des Schwergewichts auf die kultur- und gesellschaftsgeschichtlich besonders aussagekräftigen Partien der Charakter der Autobiographie erhalten blieb.

Laukhards Kapiteleinteilung wurde beibehalten und durch die Originalüberschriften kenntlich gemacht. Auf die Übernahme der Kapitelzählung mußte verzichtet werden, da eine ganze Anzahl von Kapiteln gänzlich gestrichen wurde. Kapitel, die in der Originalfassung als „Fortsetzung des vorigen" bezeichnet sind, wurden mit dem vorhergehenden sinnvoll zu einer Einheit zusammengefaßt. Die Kapitel umschließen keine größeren Perioden seines Lebens, nur gewisse Erlebniskomplexe, die sich mosaikartig zusammenfügen und so ein Ganzes bilden. Innerhalb dieser Abschnitte wurde nur das Nebensächliche weggelassen; stärkere Eingriffe – frühere Herausgeber (Victor Petersen) haben den Text streckenweise umgeschrieben – erfolgten nicht. Die vorliegende Ausgabe bringt zwar einen gekürzten, aber authentischen Text, der auf der Originalausgabe von 1792 und 1796/1797 beruht.

Rechtschreibung und Zeichensetzung wurden behutsam modernisiert, alle wesentlichen sprachlichen Eigenheiten des Originals blieben erhalten. So stehen auch in unserer Ausgabe alte Formen wie aller Orten, lange Weile, Fähndrich, fodern, françois, gescheut, heurathen, Hülfe, ohngefähr, Reuterei, ja es stehen alte und neue Formen unausgeglichen nebeneinander: Lieutenant, Leutenant, Leutnant; Obrist, Oberst; fodern, fordern; Tobak, Tabak – um den sprachgeschichtlichen Übergangscharakter des Buches am Ausgang des 18. Jahrhunderts zu belegen. Ob alle diese Formen dem Willen Laukhards entsprechen oder nur die Gepflogenheiten der Offizin beziehungsweise die Willkür des Setzers widerspiegeln, entzieht sich der Nachprüfung. Schwierigkeiten bereiten sie dem Leser nicht.

Etwas anders verhält es sich mit dem Wortschatz. Laukhard verfügt, bedingt durch seine ungewöhnlichen Schicksale, über einen reichen und vielschichtigen Wortschatz. Er kennt die Mundart des Volkes und den Jargon der Soldaten, die Sprache der Studenten und die Terminologie der Gelehrten. Er hat jahrelang unter Franzosen gelebt und beherrscht das Französische. Er erteilt aber auch Sprachunterricht in Italienisch. Auch die alten Sprachen hat er studiert und Griechisch und Hebräisch am Waisenhaus in Halle gelehrt. Das alles prägte seinen Wortschatz. Von derben Vulgarismen, französischen Flüchen, mundartlichen Zoten bis zu seltenen Fremdwörtern und diffizilen klassischen Zitaten spannt sich der Bogen seiner Sprache. Um dem Leser diesen Reichtum vor Augen zu führen und ihm eine Hilfe bei der Lektüre zu geben, wurde dem Text ein ausführliches Wörterverzeichnis beigefügt; dabei wurden nur die Bedeutungen berücksichtigt, die für das Verständnis der betreffenden Textstelle erforderlich sind. Die fremdsprachigen Zitate wurden übersetzt und nach Möglichkeit belegt.

Das Namenverzeichnis enthält alle wichtigen Personen. Ereignisse aus ihrem Leben oder Titel von Veröffentlichungen wurden im allgemeinen nur dann angeführt, wenn Laukhard darauf Bezug nimmt. Die Kurzbiographien wurden nur in Ausnahmefällen über das Jahr 1800 hinaus verfolgt. Namen aus der Bibel und aus der antiken Mythologie wurden ebenfalls ins Personenverzeichnis aufgenommen. Steht der Titel eines Buches oder einer Zeitschrift ohne Angabe des Verfassers im Text, wurde er im Wörterverzeichnis registriert und bibliographisch vervollständigt.

Die Zeittafel bindet das Leben und Schaffen Laukhards ein in das allgemeine weltpolitische Geschehen. Auch hier wurden vor allem solche Ereignisse berücksichtigt, die zu Laukhard bzw. den von ihm angesprochenen Problemen in einem näheren Bezug stehen. Ausführlich wurden die Ereignisse der Französischen Revolution, besonders während des Ersten Koalitionskrieges, verzeichnet, deren Augenzeuge Laukhard war.

Laukhards Anmerkungen sind mit einem Sternchen versehen und unter den Text als Fußnoten gesetzt. Anmerkungen, die für uns keine Bedeutung haben, sind weggeblieben. Zitate aus seiner Autobiogrphie sind mit der Sigle L versehen.

Zensurstriche in der Originalausgabe wurden auch in unserer Ausgabe durch Striche kenntlich gemacht; Kürzungen des Herausgebers dagegen wurden nicht gekennzeichnet, um den Zusammenhang des Textes nicht unnötig zu zerreißen. Übersetzungen und Ergänzungen des Herausgebers wurden in eckige Klammern gesetzt.

Bei der Abfassung der Verzeichnisse wurden folgende Nachschlagewerke zu Rate gezogen:

Adelung, Johann Christoph: Grammatisch-kritisches Wörterbuch der Hochdeutschen Mundart. 4 Bände. 2. Aufl. Leipzig 1793–1801 (im Wörterverzeichnis Sigle A)

Albus, Günter: Kulturgeschichtliche Tabellen zur deutschen Literatur. 2 Bände. Berlin 1985

Allgemeine Deutsche Biographie. 56 Bände. Leipzig 1875–1912. Dazu *Neue Deutsche Biographie*, hg. von der Historischen Kommission bei der Bayrischen Akademie der Wissenschaften. Berlin 1953ff. (bisher Band 1 – 15[M].)

Annalen der deutschen Universitäten, hg. von Karl W. Justi und F. S. Mursinna. Marburg 1798

Grimm, Jacob und Wilhelm: Deutsches Wörterbuch. 32 Bände. Leipzig 1854–1960

Heyse, Johann Christian August: Allgemeines verdeutschendes und erklärendes Fremdwörterbuch. Neubearbeitet von K. W. L. Heyse. 11. Aufl. Hannover 1853

Jöcher, Christian Gottlieb: Allgemeines Gelehrten-Lexikon. 4 Bände. Leipzig 1750f.

Kindleben, Christian Wilhelm: Studenten-Lexicon. Halle 1781 (im Wörterverzeichnis Sigle K)

Koerner, Bernhard: Deutsches Geschlechterbuch. Geneologisches Handbuch bürgerlicher Familien. Band 32. 1920

Larousse: Grand dictionnaire universel du XIXe siècle. 16 Bände. Paris 1866–1878

Markov, Walter: Revolution im Zeugenstand. Frankreich 1789–1799. 2 Bände. 2. Aufl. Leipzig 1986

Meusel, Johann Georg: Gelehrtes Teutschland. 5. Ausgabe in 23 Bänden. Lemgo 1796–1834. Dazu als Ergänzung: Lexikon der von 1750 bis 1800 gestorbenen teutschen Schriftsteller. Leipzig 1802–1816

Die Religion in Geschichte und Gegenwart. Handwörterbuch für Theologie und Religionswissenschaft, hg. von Hermann Gunkel und Leopold Zscharnack. 5 Bände. 2. Aufl. Tübingen 1927

Zedlers Universal-Lexicon. 64 Bände. Halle und Leipzig 1733–1750

Für die Bereitstellung und die Möglichkeit langfristiger Benutzung der Originalausgabe danken Herausgeber und Verlag der Zentralbibliothek der deutschen Klassik Weimar.

Zeittafel

1757	7. Juni *Friedrich Christian Laukhard wird als Sohn des Pfarrers Philipp Burkhard Laukhard (1722–1789) in Wendelsheim bei Alzey in der Pfalz geboren.*
1762	Rousseau, Émile ou De l'éducation [Emile oder Von der Erziehung] – Du contrat social ou Principes du droit politique [Der Gesellschaftsvertrag]
1764	Voltaire, Dictionnaire philosophique portatif [Philosophisches Wörterbuch]
1770	*Laukhard bezieht das Gymnasium zu Grünstadt.*
	Baron d'Holbach, Système de la nature [Umriß des Systems der Natur]
1772	Hélvetius, De l'homme, de ses facultés intellectuelles et de son éducation [Vom Menschen, von seinen geistigen Fähigkeiten und seiner Erziehung]
1773	Aufhebung des Jesuitenordens durch Papst Clemens XIV.
	Bahrdt, Die neuesten Offenbarungen Gottes in Briefen und Erzählungen
1774	10. Mai Ludwig XVI. wird König von Frankreich.
	Basedow gründet in Dessau das Philanthropinum.
	Herbst (oder Ostern 1775) *Laukhard bezieht die Universität Gießen, um Theologie zu studieren.*
	Lessing veröffentlicht ‚Von Duldung der Deisten. Fragment eines Ungenannten' [Hermann Samuel Reimarus (1694–1768)]
	Adelung, Versuch eines vollständigen grammatisch-kritischen Wörterbuches der hochdeutschen Mundart (bis 1786, 2. Aufl. 4 Bände. 1793–1801)
	Marat, The chais of Slavery [Die Fesseln der Sklaverei]
	Goethe, Die Leiden des jungen Werthers
1775	Nordamerikanischer Unabhängigkeitskrieg gegen England (bis 1783)
	7. November Goethes Übersiedelung nach Weimar
	Marat, De l'homme [Über den Menschen]
1776	Landgraf von Hessen-Kassel verkauft 17000 Soldaten an England.
	4. Juli Unabhängigkeitserklärung und Erklärung der Menschenrechte in Nordamerika
	Adam Weishaupt gründet in Ingolstadt den Illuminatenorden. (1785 wieder aufgelöst).

Herbst	*Laukhard reist als Gießener Student über Grünberg, Alsfeld, Hersfeld, Eisenach, Gotha, Erfurt und Weimar nach Jena.*

Mably, De la législation ou Principes des lois [Über die Gesetzgebung oder Prinzipien der Gesetze]
Paine, Common Sense [Gesunder Menschenverstand]

1777	Jung-Stilling, Heinrich Stillings Jugend
	Lessing, Ein Mehrers aus den Papieren des Ungenannten, die Offenbarung betreffend
1778	*Laukhard bezieht für ein weiteres Studienjahr die Universität Göttingen.*
	Jung-Stilling, Heinrich Stillings Jünglingsjahre
	Lessing, Anti-Goeze
1779 f.	*Nach Rückkehr in die Heimat versucht Laukhard vergeblich, eine Pfarrstelle zu erhalten; kurzfristige Vikariate in Udenheim und Obersaulheim*
1780	29. November Tod der Kaiserin Maria Theresia; Nachfolger in allen habsburgischen Erblanden wird ihr Sohn Joseph II. (seit 1765 bereits deutscher Kaiser).
	Lessing, Die Erziehung des Menschengeschlechts
1781	*Laukhard geht nach Halle und setzt unter der väterlichen Aufsicht Johann Salomon Semlers seine Studien fort.*
	Rousseau, Les confessions [Bekenntnisse]
	Kant, Kritik der reinen Vernunft
	Zschr.: Politisches Journal, hg. von Gottlob Benedict Schirach
1782	nach Ostern *Laukhard wird Präzeptor am Waisenhaus in Halle.*
	30. November England anerkennt die Selbständigkeit der Vereinigten Staaten von Nordamerika.
1783	11. Januar *Laukhard promoviert an der Universität Halle zum Magister und habilitiert sich kurz darauf mit einer Dissertatio de J. Bruno (1783 gedruckt); im Sommersemester hält er seine erste Vorlesung; der Druck seines Erstlingsromans ‚Baldrian Weitmaul' wird vom Zensor untersagt.*
	Weihnachten *Aus drückender finanzieller Not und Verzweiflung darüber, im bürgerlichen Leben nicht Fuß zu fassen, tritt Laukhard als Musketier in das in Halle stationierte preuß. Regiment v. Thadden ein.*
1784	Mai *Laukhard wohnt mit seinem Regiment der Revue von Magdeburg bei, der letzten, die Friedrich II. abhält.*

Beaumarchais, La folle journée ou Le mariage de Figaro [Der tolle Tag oder die Hochzeit des Figaro]
Herder, Ideen zur Philosophie der Geschichte der Menschheit (bis 1791)
Kant, Idee zu einer allgemeinen Geschichte in weltbürgerlicher Absicht

Kant, Beantwortung der Frage: Was ist Aufklärung?
Zschr.: Patriotisches Archiv für Teutschland, hg. von Friedrich Karl v. Moser (bis 1790)
Staatsanzeigen, hg. von August Ludwig Schlözer (bis 1793)
Das graue Ungeheuer, hg. von Wilhelm Ludwig Wekherlin (bis 1787)

1785 Anfänge der industriellen Revolution in Deutschland

Gatterer, Die Weltgeschichte in ihrem ganzen Umfang (bis 1787)
Kant, Grundlegung zur Metaphysik der Sitten
Zschr.: Allgemeine (seit 1804 Jenaische Allgemeine) Literaturzeitung, hg. von Christian Gottfried Schütz

1786 17. August   Friedrich II. von Preußen stirbt; Nachfolger wird sein Neffe Friedrich Wilhelm II.

Jahreswende   *Laukhard reist über Lauchstädt, Naumburg, Erfurt nochmals nach Wendelsheim, um von seinem alten Vater (gest. 1789) Abschied zu nehmen; alle Versuche, ihn vom Militärdienst loszukaufen, lehnt er ab und kehrt zum Regiment nach Halle zurück.*

1787 Mai   In Paris versammeln sich die Notablen, die vom König berufenen Vertreter der Stände, zur Vorbereitung einer Reform des Steuer- und Finanzwesens.

Zschr.: Vaterländische Chronik, hg. von Christian Friedrich Daniel Schubart (bis 1791)

1788 8. August   Ludwig XVI. beruft die Generalstände nach Versailles ein – eine schwere Mißernte spitzt die revolutionäre Situation zu.

Knigge, Über den Umgang mit Menschen
Kant, Kritik der praktischen Vernunft

1789 Januar   Abbé Sieyès, Qu'est-ce que le tiers-état? [Was ist der dritte Stand?]

5. Mai   Eröffnung der Generalstände in Versailles

17. Juni   Die Generalstände erklären sich zur Nationalversammlung (Assemblée nationale).

20. Juni   Ballhausschwur: Die Deputierten schwören, nicht eher auseinanderzugehen, bis eine Verfassung für das Königreich ausgearbeitet ist.

9. Juli   Die Nationalversammlung ruft einen Verfassungsausschuß ein und erklärt sich zur Verfassunggebenden Nationalversammlung (Assemblée nationale constituante).

14. Juli   Sturm auf die Bastille, das Wahrzeichen der Despotie

15. Juli   Bailly wird Maire von Paris, Lafayette Kommandant der Nationalgarde.

4. August   Abschaffung der Privilegien

11. August   Ende des grundherrlichen Feudalregimes

26. August   Erklärung der Rechte des Menschen und des Bürgers

	Juli/August	Graf Artois, der Bruder Ludwigs XVI., veranlaßt Adel und Klerus zur Emigration.
	6. Oktober	Ludwig XVI. kehrt nach Paris zurück.
	2. November	Nationalisierung des Kirchengutes
	19. Dezember	Gesetz über die Assignaten
1790	13. Februar	Aufhebung der Klöster
	20. Februar	Tod Kaiser Josephs II.; Nachfolger wird sein Bruder Leopold II.

26. Februar   Einführung der Departementsverfassung; Frankreich wird in 83 Departements eingeteilt.

15. Mai   Gesetz über den Verkauf der Nationalgüter

5. Juni   *Laukhard zieht mit dem v.-Thaddenschen Regiment über Dessau, Berlin, Frankfurt/Oder nach Dittersbach bei Sagan in Schlesien, als kriegerische Auseinandersetzungen zwischen Preußen und Österreich unvermeidlich erscheinen.*

19. Juni   Gesetz der Nationalversammlung über die Abschaffung des Adels

12. Juli   Zivilverfassung für den Klerus

14. Juli   Fest der Föderation auf dem Marsfeld am Jahrestag des Sturms auf die Bastille – Ça ira, die erste Revolutionshymne

2. August   Beilegung des Konflikts zwischen Preußen und Österreich in der Konvention von Reichenbach; Rückzug des v.-Thaddenschen Regiments nach Halle

31. August   Blutbad von Nancy

4. September   Rücktritt Neckers

6. September   Abschaffung des Parlaments

21. Oktober   Die Trikolore wird Nationalflagge.

31. Oktober   Abschaffung der Binnenzölle

23. November   Einführung der allgemeinen Grundsteuer

26. Dezember   Dekret über den Priestereid

Burke, Reflections on the Revolution in France [Betrachtungen über die Revolution in Frankreich]
Joachim Heinrich Campe, Briefe aus Paris, während der Zeit der Revolution geschrieben
Kant, Kritik der Urteilskraft
Joachim Christoph Friedrich Schulz, Geschichte der großen Revolution in Frankreich
Zschr.: Der neue Teutsche Merkur, hg. von Wieland (bis 1810)

1791   27. Februar   Hilferuf Marie Antoinettes an ihren Bruder, Kaiser Leopold II. von Österreich

10. März   Verdammung der bürgerlichen Kirchenordnung durch Papst Pius VI.

2. April   Tod Mirabeaus

20./21. Juni   gescheiterter Fluchtversuch Ludwigs XVI. und seiner Familie aus Paris, Festnahme in Varennes

21. Juni, 22. Juli, 4. August   Dekrete über die freiwillige Landesverteidigung

6. Juli   Aufforderung Leopolds II. an die europäischen Mächte, dem franz. Königtum Hilfe zu leisten (Paduaer Rundschreiben)

16. Juli   Austritt der monarchisch-großbürgerlichen Vertreter (Feuillants) aus dem Jakobinerklub

17. Juli   Lafayette läßt als Befehlshaber der Nationalgarde die republikanische Demonstration auf dem Marsfeld zusammenschießen.

27. August   Erklärung von Pillnitz zwischen Österreich und Preußen, im Ernstfall mit Waffengewalt die alte Ordnung in Frankreich wiederherzustellen

3. September   Inkrafttreten der Verfassung von 1791

14. September   Ludwig XVI. leistet Eid auf die Verfassung.

1. Oktober   Zusammentreten der Gesetzgebenden Nationalversammlung (Assemblée législative)

20. Oktober   Brissot entfacht die Kriegsbereitschaft.

12. November   Einspruch Ludwigs XVI. gegen das Emigrantendekret

3. Dezember   Geheimersuchen Ludwigs XVI. um eine militärische Intervention Preußens

19. Dezember   Einspruch Ludwigs XVI. gegen das Dekret wider die eidverweigernden Priester

[Laukhard], Beiträge und Berichtigungen zu Dr. Bahrdts Lebensbeschreibung in Briefen eines Pfälzers (anonym)
William Blake, The French Revolution [Die Französische Revolution]
Paine, The Rights of Man [Die Rechte des Menschen]
Christian Friedrich Daniel Schubart, Schuberts Leben und Gesinnungen (Autobiographie, bis 1793)
Wilhelm v. Humboldt, Ideen über Staatsverfassung
Justus Möser, Wann und wie mag eine Nation ihre Konstitution verändern?
Joachim Christoph Friedrich Schulz, Über Paris und die Pariser
Johann Friedrich Cotta, Von der Staatsverfassung in Frankreich

1792 1. März   Tod Kaiser Leopolds II.; Nachfolger wird sein Sohn Franz II.

23. März   Ludwig XVI. beauftragt die Girondisten Roland und Clavière mit der Regierung.

20. April   Die französische Nationalversammlung erklärt Österreich den Krieg, daraufhin erfolgt die Kriegserklärung Preußens an Frankreich; Beginn des Ersten Koalitionskrieges gegen das revolutionäre Frankreich (bis 1797).

25. April   Rouget de Lisle dichtet und komponiert für die Rheinarmee einen Kriegsgesang, die ‚Marseillaise‘.

30. April   Flucht zahlreicher royalistischer Soldaten und Offiziere bei Kriegsbeginn

30. Mai   Auflösung der königl. Garde

13. Juni   Entlassung der Girondeminister

14. Juni   *Laukhard zieht mit dem v.-Thaddenschen Regiment über Weimar, Eisenach, Gießen in den Krieg.*

9. Juli   *Das Regiment kommt in Koblenz an.*

11. Juli   Erklärung: Das Vaterland ist in Gefahr

25. Juli   das berüchtigte Manifest des Herzogs von Braunschweig in seiner Eigenschaft als Oberkommandierender der alliierten Truppen an das franz. Volk

8. August   Goethe reist zu Herzog Karl August von Sachsen-Weimar ins Feldlager.

10. August   Sturm auf die Tuilerien, Flucht der königl. Familie in die Nationalversammlung – Aufhebung der Verfassung von 1791

12. August   Goethe trifft in Frankfurt ein.

12. August   Absetzung Ludwigs XVI. und Inhaftierung im Temple

19. August   Die preuß. Armee marschiert in Frankreich ein und erobert die Festung Longwy (23. August) – Lafayette flieht zu den Österreichern.

26. und 28. August   Klopstock, Campe, Schiller u. a. erhalten das franz. Bürgerrecht.

2. September   Die Festung Verdun kapituliert.

2.–5. September   Bei den Septembrisaden in Paris werden Hunderte von Konterrevolutionären ermordet.

20. September   Kanonade von Valmy; obwohl die Schlacht noch nicht entschieden ist, treten die Preußen am 29./30. September den Rückzug an (die „Retirade"), wobei sie vor allem durch Krankheit (Ruhr) große Verluste hin-

nehmen müssen. Die Kanonade von Valmy ist die letzte nennenswerte Kampfhandlung des preuß. Heeres auf franz. Boden.

20./21. September   Zusammentritt des aus allgemeinen Wahlen hervorgegangenen Konvents: Abschaffung der Monarchie

22. September   Einführung des Revolutionskalenders; mit dem 22. September 1792 beginnt das Jahr I.

25. September   Proklamation der Ersten Republik (der „einen und unteilbaren" Republik)

10. Oktober   Ausschluß der Girondisten aus dem Jakobinerklub

14. Oktober   Zurückeroberung Verduns durch den franz. General Kellermann

21./22. Oktober   Einnahme von Mainz und Frankfurt durch die Franzosen

23. Oktober   Gründung des Mainzer Jakobinerklubs, der für den Anschluß an Frankreich wirkt

25. Oktober   Aufruf Custines an das gedrückte Volk deutscher Nation

6. November   Dumouriez siegt über die Österreicher bei Jemappes; Besetzung der österr. Niederlande

2. Dezember   Rückeroberung Frankfurts durch die Preußen

11. Dezember   Beginn des Prozesses gegen Ludwig XVI.

17. Dezember   Merlin v. Thionville (1762–1833) wird Kommissar des Mainzer Konvents.

Laukhard, Leben und Schicksale, von ihm selbst beschrieben, und zur Warnung für Eltern und studierende Jünglinge herausgegeben. (2. Teile. Halle 1792)
Wilhelm v. Humboldt, Ideen zu einem Versuch, die Grenzen der Wirksamkeit des Staates zu bestimmen
Zschr.: Minerva. Ein Journal historischen und politischen Inhalts, hg. von Johann Wilhelm v. Archenholtz u. a. (bis 1858)
Patriot, hg. von Georg Forster, Georg Christian Wedekind (bis 1793)
Argos oder der Mann mit hundert Augen, hg. von Eulogius Schneider (bis 1794)

1793   17. Januar   Ludwig XVI. wird mit 361:360 Stimmen zum Tode verurteilt und am 21. Januar hingerichtet.

1. Februar   Kriegserklärung Frankreichs an England und die Niederlande

24. Februar   Dekret über die Aushebung von 300000 Mann

7. März   Kriegserklärung Frankreichs an Spanien

10. März   Einsetzung des Revolutionstribunals

10./11. März   Ausbruch des konterrevolutionären Aufstandes in der Vendée (bis 23. Dezember)

17./18. März Gründung der Mainzer Republik; Georg Forster wird als Deputierter des rheinisch-deutschen Nationalkonvents nach Paris gesandt.

18. März Sieg der Österreicher über die Franzosen bei Neerwinden in der belgischen Provinz Lüttich

21. März Einrichtung der Revolutionskomitees

29. März Dekret über die Todesstrafe für Befürworter des Königtums

4. April Dumouriez flieht zu den Österreichern.

6. April Bildung des Wohlfahrtsausschusses aus neun Mitgliedern des Konvents

14. April *Laukhard rückt mit dem v.-Thaddenschen Regiment ins Lager vor Mainz.*

4. Mai Dekret über das Kleine Maximum

29./30. Mai Beginn des antijakobinischen Aufruhrs in Lyon; Chalier, der Präsident des Lyoner Jakobinerklubs, wird gefangengenommen und am 16. Juli hingerichtet; die Stadt wird am 12. Juli vom Konvent geächtet, am 7. August durch eine Armee unter Dubois-Crancé belagert und muß sich am 9. Oktober auf Gnade und Ungnade ergeben (s. 11. Oktober).

31. Mai bis 2. Juni Volksaufstand und Sturz der Gironde

Juli konterrevolutionärer Aufstand Toulons; nachdem der Konvent die Stadt geächtet und ein republikanisches Heer sie eingeschlossen hat, stellt sich Toulon unter den Schutz der englisch-spanischen Flotte (s. 19. Dezember).

10. Juli Danton verliert seine Stimme im Wohlfahrtsausschuß.

13. Juli Jean-Paul Marat wird von Charlotte Corday ermordet.

17. Juli Dekret über die vollständige Abschaffung aller Feudalrechte

23. Juli Übergabe von Mainz an die Preußen

26. Juli Einführung der Todesstrafe für Warenhortung

27. Juli Zuwahl Robespierres in den Wohlfahrtsausschuß

27. Juli Das v.-Thaddensche Regiment verläßt das Lager vor Mainz und rückt über Alzey, Tiefental, Forst nach Maikammer und bezieht am 18. September das Lager bei Landau: Einschluß von Stadt und Festung Landau durch preuß. Truppen

8. August Auflösung der Akademien

23. August Gesetz über die allgemeine Volksbewaffnung („Levée en masse")

17. September Gesetz über die Verdächtigen; Beginn der Schreckensherrschaft

18. September   Die preuß. Truppen ziehen vor Landau.

26./27. September   *Laukhard wird als Kundschafter in die Festung Landau geschickt.*

29. September   Dekret über das Allgemeine Maximum

Ende September   Friedrich Wilhelm II. und der Kronprinz von Preußen verlassen den Kriegsschauplatz und übertragen dem General v. Knobelsdorff das Kommando vor Landau.

9. Oktober   Rückeroberung von Lyon

10. Oktober   Beginn der Entchristianisierungskampagne

11. Oktober   Beschluß über die Bestrafung Lyons: Schleifung der Stadt, Umbenennung in „Befreite Stadt" (Commune Affranchie), Niedermetzelung von mehreren tausend politischen Gegnern

16. Oktober   Hinrichtung der Königin Marie Antoinette

28. bis 31. Oktober   Beschuß der Festung Landau

31. Oktober   Hinrichtung der Girondeführer

10. November   In Notre-Dame wird das „Fest der Freiheit und der Vernunft" gefeiert.

4. Dezember   Dekret über die Einsetzung einer Revolutionsregierung

19. Dezember   Rückeroberung von Toulon; über die Stadt wird ein furchtbares Strafgericht verhängt, bei dem Tausende von Menschen ums Leben kommen.

28. Dezember   Entsatz der Festung Landau

[Laukhard], Briefe eines preußischen Augenzeugen über den Feldzug des Herzogs von Braunschweig gegen die Neufranken (anonym, 1793f.)
Georg Forster, Parisische Umrisse
Herder, Briefe zu Beförderung der Humanität (bis 1797)
Fichte, Beiträge zur Berichtigung der Urteile des Publikums über die Französische Revolution
Fichte, Zurückforderung der Denkfreiheit von den Fürsten Europens, die sie bisher unterdrückten
Kant, Die Religion innerhalb der Grenzen der bloßen Vernunft
Zschr.: Politische Annalen, hg. von Christoph Girtanner (bis 1794)
Revolutionsalmanach, hg. von Heinrich August Ottokar Reichard (bis 1803)

1794   4. Februar   Dekret über die Abschaffung der Sklaverei

12. Februar   Aufstand der Cordeliers gegen die Revolutionsregierung

26. Februar und 3. März   Erlaß der „Ventôsedekrete", die eine Beschlagnahme des Vermögens der Konterrevolutionäre und seine Aufteilung unter die Patrioten verfügen.

24. März Hinrichtung der aus den Cordeliers und linksradikalen Jakobinern hervorgegangenen Hébertisten, die extrem radikale Forderungen (Terror, Entchristianisierung und dgl.) verfechten. Ihr Plan, Robespierre und den Wohlfahrtsausschuß zu stürzen, mißlingt; Hébert, Chaumette u. a. werden verhaftet und guillotiniert.

5. April Hinrichtung der Dantonisten, die seit Ende 1793 immer mehr auf eine Zusammenarbeit mit den Girondisten hinarbeiten und in Übereinstimmung mit der Bourgeoisie die Jakobinerdiktatur beenden wollen. Robespierre läßt ihre Führer Danton, Desmoulins, Chabot, Lacroix u. ä. verhaften und guillotinieren.

Mai/Juni Streikwelle in Paris

8. Juni Robespierre deklariert das „Fest des Höchsten Wesens".

10. Juni Verschärfung des revolutionären Terrors (der „Große Schrecken")

26. Juni Sieg der republikanischen franz. Truppen über die Österreicher bei Fleurus; damit ist die Gefahr der Restauration gebannt.

27. Juli (9. Thermidor) Sturz Robespierres

28./29. Juli Hinrichtung Robespierres und seiner Anhänger (Saint-Just, Couthon, Lebas u. a.)

24. August Beginnender Abbau des Systems der Revolutionsregierung

1. und 6. September Ausscheiden Collot d'Herbois', Carnots u. a. aus dem Wohlfahrtsausschuß

12. November Schließung des Jakobinerklubs

8. Dezember Rückberufung der Girondisten in den Konvent

16. Dezember Hinrichtung Carriers

24. Dezember Aufhebung des Maximums

Condorcet, Esquisse d'un tableau historique des progrès de l'esprit humain [Entwurf einer historischen Darstellung der Fortschritte des menschlichen Geistes]
Thomas Paine, The Age of Reason [Das Zeitalter der Vernunft]

1795 5. Februar *Laukhard verläßt Frankreich und kehrt im Herbst nach Halle zurück.*

5. April Sonderfrieden zu Basel: Preußen scheidet aus der Koalition aus

31. Mai Aufhebung des Revolutionstribunals

23. September Verkündung der Direktorialverfassung

1. Oktober Angliederung Belgiens an Frankreich, Besetzung der Niederlande (Batavische Republik)

26. Oktober   Auflösung des Konvents

3. November   Regierung durch das fünfköpfige Direktorium (bis 1799)

Johann Benjamin Erhard, Über das Recht des Volkes zu einer Revolution
Kant, Zum ewigen Frieden
Zschr.: Europäische Annalen, hg. von Ernst Ludwig Posselt (bis 1804)
Das neue graue Ungeheuer, hg. von Georg Friedrich Rebmann (bis 1797)
Die Horen, hg. von Schiller (bis 1797)

1796   10. April   Beginn von Bonapartes Italienfeldzug (bis 1797)

10. Mai   Aufdeckung der utopisch-kommunistischen Verschwörung der Gleichen, Verhaftung Babeufs

Laukhard, Leben und Schicksale, von ihm selbst beschrieben. Dritter Teil, welcher dessen Begebenheiten, Erfahrungen und Bemerkungen während des Feldzugs gegen Frankreich von Anfang bis zur Blockade von Landau enthält. (Leipzig 1796; IV. Teil 1797)
Laukhard, wie Reichsarmee in ihrer wahren Gestalt
Burke, Thoughts on a Regicide Peace [Gedanken über einen Königsmörderfrieden]
Girtanner, Almanach der Revolutionscharaktere
Zschr.: Die Schildwache, hg. von Georg Friedrich Rebmann

1797   4. Februar   Ende der Assignatenwährung

27. Mai   Hinrichtung Babeufs

9. Juli   Gründung der Cisalpinischen Republik

17. Oktober   Friede von Campo Formio zwischen Frankreich und Österreich; Österreich verliert die Lombardei und muß die Angliederung Belgiens und des linken Rheinufers an Frankreich anerkennen; erhält Venetien. Ende des Ersten Koalitionskrieges

16. November   Friedrich Wilhelm II. von Preußen stirbt; Nachfolger wird sein Sohn Friedrich Wilhelm III.

Laukhardt, Anleitung zur Übung in der französischen Sprache (1797; Neuauflagen 1805 und 1813)
Chateaubriand, Essai sur les révolutions [Über die Revolutionen]
Johann Joseph Görres, Der allgemeine Frieden, ein Ideal

1798   Februar   *Laukhard reist nach Berlin und macht dem König, der als Kronprinz mit ihm vor Landau verhandelt hat, seine Aufwartung. Er erhält keinerlei berufliche Zusicherungen und muß sich als Privatlehrer und Schriftsteller seinen Lebensunterhalt verdienen.*

19. Mai   Beginn des Ägyptenfeldzuges Bonapartes

16. November   Bildung der Zweiten Koalition gegen Frankreich (England, Österreich, Rußland, die Türkei, der Papst, die italienischen Staaten und Portugal – ohne Preußen)

Laukhard, Leben und Taten des Rheingrafen Karl Magnus, den Joseph II. auf zehn Jahre ins Gefängnis nach Königstein schickte, um da die Rechte der Untertanen und anderer Menschen respektieren zu lernen; zur Warnung für alle winzige Despoten, Leichtgläubige und Geschäftsmänner [Staatsmänner] geschildert [Laukhard], Sammlung erbaulicher Gedichte für alle die, welchen es ernst ist, das Wohl ihrer Untertanen, Untergebenen und Mitmenschen nicht zu untergraben, sondern nach dem Gesetze der Gerechtigkeit und Menschenliebe zu fördern und dadurch Menschenwohl zu begründen und zu erhalten (anonym, 1798)

[Laukhard], Annalen der Universität zu Schilda, oder Bocksstreiche und Harlekinaden der gelehrten Handwerksinnungen in Teutschland; zur Auflösung der Frage: Woher das viele Elend durch so manche Herren Theologen, Ärzte, Juristen, Kameralisten und Minister? (anonym. 3 Teile. 1798–1799)

Louis-Sébastien Mercier, Le nouveau Paris [Das neue Paris]

Goethe, Hermann und Dorothea

1799 12. März Frankreich erklärt Österreich den Krieg.

9./10. November (18. Brumaire) Absetzung des Direktoriums; Napoleon Bonaparte Erster Konsul

15. Dezember Proklamation der Konsuln über die amtliche Beendigung der Revolution

Laukhard, Franz Wolfstein oder Begebenheiten eines dummen Teufels (2 Bände. 1799)
Laukhard, Der Mosellaner oder Amicistenorden, nach seiner Entstehung, innern Verfassung und Verbreitung auf den teutschen Universitäten dargestellt, und zur Zurechtweisung der Schrift: Graf Guido von Taufkirchen, wie auch zur Belehrung über das akademische Ordenswesen für Universitätsobrigkeiten und Studierende (1799)
Zschr.: Politisches Journal, hg. von Friedrich Gentz

1800 14. Juni Napoleon siegt bei Marengo und entreißt den Österreichern Italien.
Laukhard, Erzählungen und Novellen (2 Bändchen. 1800)
Laukhard, Marki von Gebrian oder Leben und Abenteuer eines Französischen Emigranten, ein politisch-komischer Roman (2 Teile. 1800)
Görres, Resultate meiner Sendung nach Paris im Brumaire des 8. Jahres

1801 9. Februar Frieden von Luneville. Ende des Zweiten Koalitionskrieges. Angliederung der deutschen linksrheinischen Gebiete an Frankreich

23. März Ermordung Pauls I.: sein Sohn Alexander I. wird Zar von Rußland (bis 1825)

[Laukhard,] Bild der Zeiten oder Europas Geschichte von Karl dem Großen bis auf Bonaparte (2 Bändchen mit 6 Kupfern; anonym, 1801)
[Laukhard,] Bonaparte und Cromwell; ein Neujahrsgeschenk für die Franzosen von einem Bürger ohne Vorurteil, aus dem Französischen mit einigen Anmerkungen (anonym, 1801)
Friedrich Gentz, Betrachtungen über den Ursprung und Charakter des Kriegs gegen die französische Revolution

1802 15. Juli Restauration der katholischen Kirche durch das Konkordat mit Papst Pius VII.: den Emigranten wird die Rückkehr nach Frankreich gestattet.

2. August   Napoleon Bonaparte wird Konsul auf Lebenszeit.

Laukhard, Anekdotenbuch oder Sammlung interessanter Begebenheiten aus der wirklichen Welt (1802)
Laukhard, Leben und Schicksale, von ihm selbst beschrieben. Fünfter Teil, welcher dessen Begebenheiten und Erfahrungen bis gegen Ende des Jahres 1802 enthält (Leipzig 1802)
Bald nach Erscheinen des 5. Teils seiner Autobiographie muß Laukhard Halle verlassen haben: eine Reise zu seiner alten Mutter und „durch einen Teil von Deutschland und Frankreich" kündigt er darin an.
Johann Georg Meusel, Lexikon der vom Jahre 1750 bis 1800 verstorbenen deutschen Schriftsteller (bis 1816)

1803   25. Februar   Reichsdeputationshauptschluß: bewirkt die Auflösung des alten deutschen Reiches, aber auch die Überwindung der kleinstaatlichen Zersplitterung zugunsten weniger Groß- und Mittelstaaten: Säkularisierung der geistlichen Fürstentümer und Stifte, Mediatisierung der Reichsstände und Reichsstädte

1804   21. März   Einführung des Code Civil (seit 1807 Code Napoleon)

18. Mai   Wiederherstellung der Monarchie in Frankreich: Napoleon Bonaparte wird als Napoleon I. Kaiser der Franzosen.

1804 bis 1809 (oder 1811)   *Laukhard wird Pfarrer (Pfarrverweser) in Veitsrodt, einer kleinen Gemeinde im Saardepartement.*

Laukhard, Eulerkappers Leben und Leiden, eine tragische Geschichte (1804)
Laukhard, Corilla Donatini oder Geschichte einer empfindsamen Buhlerin (1804)

1805   9. August   Beginn des Dritten Koalitionskrieges (England, Rußland, Österreich und Schweden)

21. Oktober   Vernichtung der franz. Flotte in der Seeschlacht von Trafalgar

2. Dezember   Dreikaiserschlacht bei Austerlitz: Napoleon siegt über die österreichischen und russ. Truppen.

26. Dezember   Frieden von Preßburg. Ende des Dritten Koalitionskrieges

1806   12. Juli   Gründung des Rheinbundes, dem 16 süd- und westdeutsche Staaten beitreten; damit immer stärkere Einmischung Napoleons in die inneren deutschen Angelegenheiten

6. August   Franz II. legt die deutsche Kaiserkrone nieder; Ende des Heiligen Römischen Reiches Deutscher Nation

1. Oktober   Preußen, Rußland und England bilden die Vierte Koalition.

14. Oktober   Vernichtung der preuß. Armee in der Schlacht von Jena und Auerstedt; Tod des Herzogs Karl Wilhelm Ferdinand von Braunschweig und des Prinzen Louis Ferdinand von Preußen

21. November   Beginn der Kontinentalsperre gegen England

Karl Heinrich Jördens, Lexikon der deutschen Dichter und Prosaisten (bis 1811)

1807	9. Juli Frieden von Tilsit: Preußen verliert seine Besitzungen links der Elbe und aus der Zweiten und Dritten Polnischen Teilung; Bildung des Großherzogtums Warschau und des Königreichs Westfalen Reichsfreiherr v. Stein leitet preuß. Reformen ein.

Joachim Heinrich Campe, Wörterbuch der deutschen Sprache (bis 1811)

1808	27. September bis 14. Oktober Erfurter Fürstenkongreß: Napoleon trifft sich mit dem Zaren und den deutschen Rheinbundfürsten.
1809	21./22. Mai Niederlage Napoleons in der Schlacht bei Aspern
	5./6. Juli Sieg Napoleons über die Österreicher in der Schlacht bei Wagram
	14. Oktober Wiener Frieden
1810	1. April Napoleon heiratet Erzherzogin Marie Luise, eine Tochter Kaiser Franz' I. von Österreich. Napoleon auf dem Gipfel seiner Macht

Laukhard, Wilhelm Steins Abenteuer (2 Bände. 1810)

1811	*Laukhard, Vertraute Briefe eines alten Landpredigers an einen seiner jüngeren Amtsbrüder (1811)*
1812	23./24. Juni Napoleon fällt mit der Großen Armee (600000 Mann) in Rußland ein und dringt bis Moskau vor.
	September/Oktober Besetzung und Brand Moskaus
	18. Oktober Napoleon tritt den Rückzug an und erzwingt 26. bis 28. November mit den Trümmern seines Heeres den Übergang über die Beresina; der russ. Feldzug gibt den Anstoß zu einer allgemeinen Erhebung der europäischen Staaten gegen die napoleonische Despotie.
	30. Dezember Konvention von Tauroggen zwischen dem preuß. General Yorck v. Wartenburg und dem russ. General Graf v. Diebitsch; Beginn des Freiheitskampfes von 1813
1813/1814	Befreiungskriege gegen Napoleon
	16. bis 19. Oktober Die Völkerschlacht bei Leipzig bringt Napoleon die entscheidende Niederlage bei.
1814	30. März Kapitulation von Paris
	11. April Abdankung Napoleons
	4. Mai Verbannung Napoleons nach Elba Restauration der Bourbonenherrschaft. Ludwig XVIII., der Bruder Ludwigs XVI., (der ehem. Graf von Provence) beansprucht sein „göttliches Thronrecht".

	30. Mai	Erster Pariser Frieden. Frankreich wird in den Grenzen von 1792 bestätigt.
	18. September bis 9. Juni 1815	Wiener Kongreß. Beginn der Restaurationszeit
1815	1. März	Rückkehr Napoleons von Elba; Herrschaft der Hundert Tage

8. bis 10. Juni Gründung des Deutschen Bundes; 41 Staaten garantieren sich den status quo.

12. Juni Gründung der Jenaer Burschenschaft im Gegensatz zu den Landsmannschaften

18. Juni Schlacht bei Waterloo (La Belle Alliance); durch die entscheidende Niederlage endet Napoleons Herrschaft.

21. Juni Abdankung Napoleons und Verbannung nach St. Helena

29. Juni Gründung der Heiligen Allianz zwischen Österreich, Rußland und Preußen

20. Juli Zweiter Pariser Frieden. Frankreich wird in den Grenzen von 1790 bestätigt, muß 700 Millionen France Kriegsentschädigungen zahlen und die geraubten Kunstschätze zurückgeben.

In Frankreich nimmt der Einfluß der ultrareaktionären royalistisch-klerikalen Koterie unter dem Grafen Artois, dem anderen Bruder Ludwigs XVI., zu.

1817	1./19. Oktober	Wartburgfest der Jenaer Burschenschaft
1818	19. Oktober	In Jena wird die Allgemeine deutsche Burschenschaft als oppositionelle bürgerliche Studentenverbindung gegründet.
1819	20. September	Karlsbader Beschlüsse: Überwachung der Universitäten, Pressezensur und Untersuchungskommission gegen demagogische Umtriebe
1820/ 1821		Auf dem Kongreß der Heiligen Allianz in Troppau und Laibach geloben sich die europäischen Mächte gegenseitige Unterstützung bei Revolutionsgefahr.
1821		Metternich wird Staatskanzler in Österreich (bis 1848); damit verschärft sich die Reaktion.
1822	28. April	*Laukhard stirbt als Privatlehrer in Bad Kreuznach.*

Oktober bis Dezember Kongreß der Heiligen Allianz in Verona: Die europäischen Mächte bekräftigen nochmals ihr gemeinsames Vorgehen bei der Bekämpfung bürgerlicher Revolutionen.

Von Goethe erscheint im Rahmen seiner Autobiographie ‚Aus meinem Leben‘, 2. Abt. Fünfter Teil, das Bruchstück vom August 1792 bis Herbst 1793, das in der Ausgabe letzter Hand (1827–1830) den Titel bekommt: ‚Campagne in Frankreich 1792. Belagerung von Mainz‘.

Wort- und Sacherklärungen

À bas le foutu mâtin! À bas le foutu traître! (franz.): Nieder mit dem verfluchten Hund! Nieder mit dem verfluchten Verräter!
Abbesse (franz.): Äbtissin
à bonne amitié! (franz.): auf gute Freundschaft!
Absolution (lat.): Freisprechung
accusateur public (franz.): öffentlicher Ankläger
Achtgroschenmann: Soldat, der acht Groschen Löhnung erhält
ad aethereum patrem (lat.): zum himmlischen Vater
Ad generum Cereris sine caede et sanguine pauci/ descendunt reges, et sicca morte tyranni (lat.): Zum Schwiegersohn der Ceres [= Pluto] steigen nur wenige Könige ohne Mord und Blutvergießen hinab und nur wenige Tyrannen durch natürlichen Tod. (Iuvenal, Satir. X, 112)
ad interim (lat.): vorläufig
Adresse (franz.): Anschrift; Denkschrift, Bittschrift
affizieren (lat.): in eine Stimmung versetzen, erregen, rühren
after- (lat.): hinter, nach; in Zusammensetzungen Abwertung des Begriffs: Afterärzte, Afterphilosophen
Ägide der Minerva (griech./röm.): der Ziegenfellschild der Athene; in der Mitte des Schildes erblickt man das Haupt der Gorgo. Bei den Römern wurde Pallas Athene mit Minerva, der Göttin der Kunst, gleichgesetzt.
Agnus Dei (lat.): Lamm Gottes; Symbol für Christus: das mit der Siegesfahne versehene Bild des Lammes
Ahndung: seit dem 16. Jh. durchdringende Nebenform zu Ahnung
Air (franz.): Ansehen
Akademie (griech.): bis Ende des 18. Jh. gebräuchliche Bezeichnung für Universität. – *Akademiker:* Angehöriger einer Akademie, sowohl Dozent als auch Student. – *akademisch leben:* flott leben
Akkord (franz.): Übereinstimmung, Vertrag. – (milit.) der Vertrag zwischen den Belagerern und Belagerten wegen der Übergabe. – *akkordieren:* vereinbaren, verhandeln
Akzidens (lat.): unwesentliche Eigenschaften, Begleiterscheinungen. – (philos.) das Nicht-Wesentliche, Zufällige einer Sache, das auch anders sein kann, ohne die Essenz, das Wesen dieser, zu verändern
Akzise (franz.): Verbrauchssteuer
à la bonne heure! (franz.): recht so! nun gut!
à la Don Quijote (franz.): wie Don Quijote, der span. Ritter in Miguel de Cervantes' gleichnamigem Roman
Alba, Pl. *Alben* (mlat.): das weiße Chorhemd der Geistlichen, Meßgewand
Alchimie (arab.-griech.): „der geheime und höhere Teil der Chemie, welcher sich mit der Verwandlung der Metalle beschäftiget; die Kunst, Gold zu machen" (A)
Alfanzerei (von mhd. alevanz: der aus der Fremde gekommene Schalk): Possen, List, törichtes Geschwätz
Alimente (lat.): Nahrungsmittel, Kost
Allgemeine (seit 1804 *Jenaische Allgemeine*

Literaturzeitung; hg. von Christian Gottfried Schütz, 1785
Alliierte: hier die Verbündeten gegen das revolutionäre Frankreich (Österreich, Preußen und die Emigrierten)
Almanach (ägypt.-griech.): urspr. astronomisch-meteorologischer Kalender, später belletristische Jahrbücher volkstümlichen Charakters. – *Almanachs-Schmierer*
Alten: die Griechen und Römer
Ambassadeur (franz.): Botschafter, Gesandter
ambulatorisch (franz.): beweglich, wechselnd, alternierend
Amicisten: studentischer Orden, s. Moselaner
Amicus certus in re incerta cernitur (lat.): Ein wahrer Freund zeigt sich in der Not. (aus Ennius' ‚Hecuba', zitiert bei Cicero)
amitié (franz.): Freundschaft, Zuneigung
Amunitionnaire (franz.): Proviantmeister; der für Proviant und Munition Verantwortliche
Anabaptisten (griech.): Wiedertäufer, eine religiöse Sekte
Anathem (griech.): Fluch, Kirchenbann
Anatomisches Theater: alte Bezeichnung für den amphitheatralisch gebauten anatomischen Hörsaal
ancien militaire (franz.): alter Soldat
Anekdote (griech.): eigtl. eine unveröffentlichte Geschichte. – *Anekdotenkrämer:* bei L. im Unterschied zum ‚denkenden Menschenforscher'
Animosität (franz.): Leidenschaftlichkeit, Gereiztheit, Feindseligkeit
Annalen (von lat. annales libri): Jahrbücher; nach Jahren geordnete Darstellung der Geschichte
Annaten (lat.): Jahrgelder; die Abgabe, die seit Papst Johann XXII. im Jahre 1318 ein neuangestellter Geistlicher meist in Höhe eines Jahreseinkommens seiner Pfründe an den Papst zu entrichten hatte

Année Sainte (franz.): Heiliges Jahr
anomalisch (griech.): von der Regel abweichend. – *anomalische Beiträge zur Bevölkerung:* uneheliche Kinder
Anschlag: Ratschlag, überlegter Entschluß, durchdachter Entwurf
Antecessor (lat.): Vorgänger im Amt
Antimonachismus (griech.): gegen den Monachismus, das Mönchstum, den Mönchsgeist gerichtet
Antipendium, Pl. *Antipendien* (lat.): Altarvorhang
Antiquarium, Pl. *Antiquarien* (lat.): hier im Sinne von Leihbibliothek
antiquissima Trevirensi (lat.): die altehrwürdige Trierer Universität
Antizipation (lat.): Vorwegnahme, Vorgenuß; eine gegen das geltende Recht zu früh unternommene Handlung
Apollinaristen: religiöse Sekte des Bischofs Apollinarios (gest. um 390)
Apologie (griech.): Verteidigung, Verteidigungsrede, Verteidigungsschrift
Apophthegma, Pl. *Apophthegmata* (griech.): Ausspruch; Sinnspruch, Sentenz
apostatisch (griech.): abtrünnig, irreligiös. Die kath. Kirche straft Apostasie mit Exkommunikation.
a posteriori (lat.): vom Späteren her. – (philos.) aus Erfahrung; von den Wirkungen auf die Ursache schließend
Apostrophe (griech.): eigtl. die Anwendung von der Sache weg auf die Person; heftige Anrede
apotheosieren (griech.): vergöttern, in den Kreis der Götter versetzen; verherrlichen
Appendix (lat.): Anhang, Anhängsel
a priori (lat.): vom Früheren her. – (philos.) aus Erkenntnis, durch Überlegung
à propos (franz.): übrigens
Argos: Argos oder der Mann mit hundert Augen. Zs., Hg. anonym [Eulogius Schneider] (Straßburg 1792–1794)

Arianer: Anhänger des Arius (gest. 336); nach arianischer Auffassung ist Christus nicht göttlichen Wesens, sondern nimmt eine Zwischenstellung zwischen Gott und Mensch ein.

Aristokrat (griech.): Anhänger einer privilegierten Oberschicht, des Adels; zur Zeit der Französischen Revolution Schimpfname aller Feinde der Revolution, bes. der Emigranten

armée révolutionnaire (franz.): Revolutionsarmee; *armée contrerévolutionnaire:* gegenrevolutionäre Armee, die Armee der Alliierten, bes. der Emigranten. – *armée royal:* königl. Armee

Arrièregarde (franz.): Nachhut

arthritische Zufälle (griech.): Gelenkentzündung, Gicht

äskulapischer Büffel: Kurpfuscher (zu Asklepios, dem griech. Gott der Heilkunde)

Assemblée (franz.): Versammlung, Zusammenkunft, „eine Versammlung zur gesellschaftlichen Unterhaltung, bes. zum Spiele" (A). In Frankreich auch Bezeichnung für die Volksvertretung: *assemblée constituante,* die Verfassunggebende Versammlung, *assemblée législative,* die Gesetz gebende Versammlung; mit der *assemblée nationale* ist die *assemblée nationale constituante* von 1789 bis 1791 gemeint.

assez noble pour être mousquetaire dans la maison du roi (franz.): vornehm genug, um Musketier am Hofe des Königs zu sein

Assignaten (franz.): Anweisungen; bes. das 1790 zur Tilgung der Nationalschulden ausgegebene Papiergeld

Atzung: veraltet für Verpflegung, Nahrung

Auctor dissertationis se veritati collaphos infregisse optume et ipse perspicit; verum sibi amissum patriae magnatum favorem sua se impudentia adulandique studio recuperaturum persuadet. (lat.): Der Verfasser der Dissertation sieht schon selbst recht gut, daß er der Wahrheit ins Gesicht geschlagen hat, aber er ist überzeugt, daß er die verlorene Gunst des Vaterlandes durch seine Unverfrorenheit und seine eifrige Schmeichelei wiedergewinnen wird.

Augsburgische Konfession: das von Melanchthon abgefaßte Glaubensbekenntnis der lutherischen Kirche, das Kaiser Karl V. 1530 auf dem Reichstag zu Augsburg vorgelegt wurde

Augustiner: nach dem hl. Augustinus benannter Mönchsorden. – *regulierte Augustinerkanonissinnen:* nach der Augustinerregel lebende Stiftsdamen

Ausgelitten hast du – ausgerungen: Verse aus Karl Ernst v. Reitzensteins Gedicht ‚Lotte bei Werthers Grab' (Teutscher Merkur, 1775)

Aux armes, volontaires! Aux armes! On va nous trahir. C'est Dentzel, qui vent nous liver aux prussiens! (franz.): Zu den Waffen, Freiwillige! Zu den Waffen! Man verrät uns. Dentzel will uns den Preußen ausliefern!

avancieren (franz.): vorwärtsgehen, vorrücken (L. „alles avancierte mit frohem Mute und der festen Überzeugung, den Feind zu schlagen")

Avantgarde (franz.): Vorhut, Spitze

Aventurier (franz.): Abenteurer, Glücksritter

Avertissement (franz.): Nachricht, Ankündigung

Avinionesen (franz.): Avignonesen, die Einwohner von Avignon

à votre service . . . à ta volonté (franz.): zu Ihren Diensten . . . nach deinem Willen

Axiom (griech., lat.): (philos.) ein Grundsatz, der nicht bewiesen werden kann, aber auch nicht bewiesen zu werden braucht, weil er unmittelbar einleuchtet, z. B. der Satz der Identität

Bacchanal (lat.): eigtl. Fest für den röm. Weingott Bacchus; lärmendes Gelage, ausschweifende Lustbarkeit

bailli (franz.): Amtmann, Landeshauptmann. – *bailli du roi:* Amtmann des Königs; die königlichen Baillis waren vor der Revolution Domänenverwalter, Richter ihres Distrikts und Anführer des Heerbanns.
Barbarismus (mlat.): grober Sprachverstoß, „Schnitzer" (L. „Herrn D. Bahrdts lateinische Barbarismen und Solözismen")
Bartholomäusnacht: die Ermordung der Hugenotten in Paris anläßlich der Hochzeit Heinrichs IV. von Navarra mit Margarete von Valois am 24. August 1572
basedowisieren: s. Basedow im Personenverzeichnis
baß: veralteter Positiv von ‚besser'; soviel wie ‚sehr'
bataillons étrangers, employés au service de la république (franz.): Ausländerbataillone im Dienste der Republik
Batzen: Kupfergeld; Münzeinheit, „welche meistenteils vier Kreuzer oder sechzehn Pfennige gilt" (A)
Baugefangener: ein zum Festungsbau verurteilter Straftäter
Beate (von lat. beata ‚die innerlich Glückliche'): fromme Schwester
Behältnis: hier Gefängnis, Gefängniszelle
Behm: auch Böhme, „eine in Böhmen und Mähren gangbare Münze, welche drei Kreuzer gilt" (A)
Beinkleid: „In anständigen Ausdrücken die Bekleidung der Hüften und Dickbeine. Es ist dieses ein neues Wort, welches man eingeführt hat, seitdem die Benennung der Hosen für niedrig und unanständig gehalten worden." (A)
Belial (hebr.): Satan, Höllenfürst
Belladonna (ital.): Atropa Belladonna, die giftige Tollkirsche
bellum omnium contra omnes (lat.): Krieg aller gegen alle (Hobbes, De cive [Vom Bürger] I, 12)
Benediktiner: Mönche, die nach der Ordensregel des hl. Benedikt von Nursia (um 500) leben. Die Benediktinerklöster verfügten über großen Reichtum und Grundbesitz und waren demzufolge der Gefahr der Verweltlichung besonders ausgesetzt; wiederholte Reformen.
Benefiz- (lat.): Wohltat, Auszeichnung; Stipendium. – *Benefiziat:* ein Benefizempfänger, Stipendiat. – *Benefiziar-Studiereien, Waisenhäuser-Benefizien*
Berg (franz. Montagne): zur Zeit der Französischen Revolution Bezeichnung der konsequentesten revolutionären Partei in der Gesetzgebenden Versammlung und im Nationalkonvent; benannt nach ihren höher gelegenen Bänken im amphitheatralischen Sitzungssaal
Berlocke (franz.): eigtl. kleiner Ziergegenstand an Uhr- und Halsketten; Kleinigkeit
Beschließerin: Verwalterin, Haushälterin
bête d'allemand! (franz.): Vieh von einem Deutschen!
billet doux (franz.): Liebesbriefchen
Billetstube: Schreibstube; Amtsstube zum Ausschreiben von Quartier- und Verpflegungszetteln
blank: glänzend; überschwemmt, besudelt
Blasius: ein Sorgloser; auch Scharlatan, Windbeutel
Blödigkeit: hier noch in der urspr. Bedeutung Zaghaftigkeit, Schüchternheit, Verlegenheit
blutrünstig: hier in der Bedeutung: blutend, blutig, wund
Bombe (franz.): eine mit Brennstoffen gefüllte eiserne Sprengkugel. – *Bombardement:* der Beschuß mit solchen Bomben
Bonze (jap.): eigtl. der offizielle Name der buddhistischen Priester; übertragen auf bigotte, herrschsüchtige Pfaffen
Bouteille (franz.): Flasche; „eine gläserne Flasche mit einem dicken Bauche und langem Halse" (A)

Bramarbas (span.): In Gottscheds ‚Deutscher Schaubühne' erschien eine Übersetzung von Holbergs Lustspiel ‚Jakob von Tyboe' u. d. T. ‚Bramarbas oder Der großsprecherische Officier'; seit dieser Zeit Bezeichnung für einen lächerlichen Großsprecher. – *bramarbasieren*

Brandwache: „In den Kriegslägern ist die Brandwache im Gegensatze der Fahnenwache eine Wache hinter der Fronte eines Bataillons, sowohl zur Bewachung der Arrestanten als auch zur Sicherheit des Lagers von hinten." (A)

Breuhahn: s. *Broyhan*

Breve Pl. *Brevia* (von lat. breve scriptum): kurzes Schreiben des Papstes in weniger feierlicher Form als die Bulle

Breviarium (lat.): das Rechtsbuch der Römer; kurzer Auszug aus größeren Werken. – *Brevier:* in der kath. Kirche das liturgische Buch der Geistlichen für den täglichen Gottesdienst bzw. die darin enthaltenen Gebete

Briefe eines preußischen Augenzeugen über den Feldzug des Herzogs von Braunschweig gegen die Neufranken: eine Schrift von Laukhard (anonym 1793 f.)

Brigant (ital.): Straßenräuber, Bandit; Aufwiegler

Broyhan: „eine Art Weißbier, welches aus Weizen, gemeiniglich aber mit einem Zusatze von Gerste gebrauet wird" (A); kommt in den verschiedensten Schreibweisen vor: Breuhahn, Breyhahn, Broihan..., „im gemeinen Leben ist die Aussprache ‚Brühhan' die üblichste" (A)

Buch Esther: Schrift des Alten Testaments, das die unwahrscheinliche Geschichte der zur Perserkönigin erhobenen Jüdin Hadassa erzählt.

Buchstabenkirche: eine Kirche, die starr am Wort, am Buchstaben der Bibel festhält

Bulle (mlat. bulla, ‚Urkundensiegel'): Urkunde; eine in betont feierlichem Stil abgefaßte Verfügung des Papstes, die mit dem großen Kirchensiegel versehen ist

Bulletin (franz.): Zettel, Bericht. – (milit.) offizieller (Kriegs-)Bericht

bureau des mariages (franz.): Standesamt; Standesbeamter

Bursche: Student, Mitglied einer studentischen Verbindung. – *à la Bursch zechen, ein Bursche im burschikosesten Sinne.* – *Burschenphrenesie:* der Aberwitz des studentischen Lebens. – *burschikos:* auf Burschenmanier, studentisch, d. h. flott, derb, ungezwungen

Cachot (franz.): Unterkunft, Gefängniszelle

Canones (lat.): die Kirchengesetze, die bei Festsetzung der Glaubenslehren zur Richtschnur dienen. – *kanonisches Recht (ius canonicum):* das aus den Beschlüssen der Kirchenversammlungen und den Verordnungen der Päpste hervorgegangene Recht. – *kanonische Strafen:* Strafen, die von der Kirche wegen Vergehens gegen die kirchlichen Satzungen über die Angehörigen der Kirche verhängt werden

Carmagnole (franz.): revolutionäres Tanzlied, angeblich bei der Einnahme der Stadt Carmagnola 1792 entstanden. Das Lied beginnt ‚Madame Véto [die Königin Marie Antoinette] avait promis' [Madame Veto tat versprechen] und endet mit dem Refrain ‚Dansons la Carmagnole! Vive le son du canon!' [Tanzt nun die Carmagnole! Feiert den Ton der Kanone!]

Ce sont de sacrés mâtins ces bougres de Kayserlics! (franz.): Das sind verfluchte Hunde, diese Schufte von Kaiserlichen!

Ces mâtins de prussiens payeront de leurs têtes nos vaches et nos oignons. (franz.): Diese Hunde von Preußen werden unser Vieh und unsere Zwiebeln mit ihren Köpfen bezahlen.

C'est le déjeuner de Henri Quatre. (franz.): Das ist das Frühstück Heinrichs IV.
ceteris paribus (lat.): unter solchen Umständen
Chaldäisch: eine dem Hebräischen verwandte Sprache
chambre de cassation (franz.): Berufungsgericht
Chatouille (franz.): Schatulle; die Privateinnahmen und das Privatvermögen eines Fürsten (Schatullengut im Unterschied zum Kammergut)
chemin d'étapes (franz.): Etappenweg
chien d'allemand! (franz.): Hund von einem Deutschen!
Chrestomathie (griech.): Auswahl einzelner Texte, bes. aus den griech. und lat. Schulautoren Herodot, Thukydides, Cicero, Livius, Horaz, Ovid, meist zu Unterrichtszwecken
Ciborium, Pl. *Ciborien* (lat.): Trinkbecher (aus Metall); in der kath. Kirche Sakramentshäuschen, Hostienbehälter
ci-devant (franz.): ehemals, früher, einst. – *Cidevants:* die Adligen, Fürsten und Priester als Angehörige einer ehemals herrschenden Gesellschaftsschicht
Citoyen (franz.): Bürger; urspr. der stimm- und wahlberechtigte Bewohner der cité, der Altstadt (Stadtbürger), später jeder Staatsbürger. Während der Revolution 1792 eingeführte Anrede anstelle des aristokratischen Monsieur. – *Citoyenne:* Bürgerin.
Civismus (nlat.): Bürgertugend, Gemeinsinn
code militaire (franz.): Militärgesetzbuch; Kriegsrecht
Codex, Abl. Pl. Codicibus (lat): Handschrift in Buchform, Buch; Gesetzbuch
colonel (franz.): Oberst
Commis (franz.): Aufseher, Schreiber
commissaire royal, Pl. *commissaires royaux* (franz.): königlicher Beamter, Beauftragter, Bevollmächtigter

commune affranchie (franz.): ‚Befreite Stadt', zur Zeit der Revolution Name Lyons
Comtat, comté (franz.): Grafschaft. – *comte:* Graf. – *comtesse:* Gräfin
Conciergerie (franz.): Burgvogtei; Gefängnis, bes. des franz. Hofes in Paris
Concilium (lat.): Rat, Versammlung, Kirchenversammlung
Conclusum (lat.): Schluß, Beschluß. – *Conclusum imperii:* Reichshauptschluß: die vom Kaiser ratifizierten Beschlüsse des Reichstags im Heiligen Römischen Reich Deutscher Nation
con de garce d'allemand! (franz.): deutsche Hure!
conduite (franz.): Führung, Amtsführung
Conseil de défense (franz.): Verteidigungsrat
constitution (lat.): Verordnung; Verfassung
contraria contrariis magis elucescunt (lat.): Gegensätze leuchten durch Gegensätze um so stärker hervor.
convention nationale (franz.): Nationalversammlung
Cordeliers: die 1790 in Paris gegründete „Gesellschaft der Freunde der Menschen- und Bürgerrechte". In ihr sammelten sich die konsequenten demokratischen Kräfte des Bürgertums; Danton, Marat, Chaumette, Hébert gehörten ihr an. Die Gesellschaft mobilisierte die Volksmassen zur Verteidigung der Revolution, vertrat aber zunehmend extreme Positionen und endete mit dem gescheiterten Aufstand der Hebertisten, s. d.
cour martiale (franz.): Kriegsgericht
credula vitam / Spes fovet et melius cras fore semper ait (lat.): Die leichtgläubige Hoffnung hängt am Leben und sagt immer: morgen wird es besser gehen. (Tibull)
Croix de Saint Louis (franz.): Kreuz des hl. Ludwig; der höchste Orden, den die franz. Könige vor der Revolution verliehen; von Ludwig XIV. 1693 gestiftet,

Ludwig IX., dem Heiligen (1215 bis 1270), geweiht

Dalmatik (lat. tunica talaris dalmatica): das über der Alba (s. d.) getragene Gewand der Bischöfe

Dansons la Carmagnole (franz.): s. Carmagnole

data Pl. zu lat. datum: Angaben, Belege, Tatsachen

Dataria (lat.): päpstliche Behörde mit einem Kardinal an der Spitze, die für Präbenden, Dispense, Gnadenerlasse u. dgl. zuständig ist

Dauphiné (franz.): Provinz im Gebiet der Westalpen mit der Hauptstadt Grenoble; seit 1349 das Gebiet des jeweiligen Thronfolgers, des ‚Dauphins'

deblockieren (franz.): eine Stadt bzw. Festung von der Blockade befreien, entsetzen

De crimine laesae majestatis (lat.): Über das Verbrechen der Majestätsbeleidigung

dedizieren (lat.): zueignen, widmen. – *Dedikation:* Zueignung, Widmung, Huldigungsschreiben

defendieren (lat.): verteidigen, verfechten

defraudieren (lat.): betrügen, unterschlagen. – *Defraudation:* Unterschlagung, Hinterziehung, Betrug

Deist (zu lat. deus, ‚Gott'): ein Gottgläubiger ohne den Offenbarungsglauben und die christlichen Dogmen auf Grund einer natürlichen, vernünftigen Religiosität. – *Deismus*

Dekade (franz.): ein Zeitraum von zehn Tagen, die Zehntagewoche der Französischen Revolution. – *Decadi:* der 10. Tag der Dekade. – *Dekadenfeste:* die weltlichen Feste, die an jedem 10. Tag der Dekade stattfanden und z. B. der Natur, der Wahrheit, der Gerechtigkeit, der Freiheit, der Gleichheit, dem Volke, der Republik u. ä. gewidmet waren

dekretieren (mlat.): beschließen, festsetzen, verfügen

Delation (lat.): Anzeige bei der Behörde, Denunziation

delogieren (franz.): den Feind aus einer Stellung vertreiben, zum Abzug veranlassen

Delphinat: lat. Bezeichnung für die Dauphiné, s. d.

Departement (franz.): Einteilung; Verwaltungsbezirk. – 1789 wurde in Frankreich die historische Gliederung nach Provinzen durch die Einteilung in 83 Departements ersetzt.

Depot (franz.): Lager; Sammelplatz für Rekruten, Waren und Kriegsgerät; Ersatzbataillon

Der Postzug oder die noblen Passionen: Lustspiel von Cornelius Hermann v. Ayrenhoff (4. Aufl. Frankfurt und Leipzig 1772)

Derwisch: mohammedanischer Bettelmönch; in der Aufzählung Ls. „Bonzen, Derwische und Fraubasen" soviel wie Heuchler, ein Charakterzug, den man den Derwischen nachsagt

Der Zerstreute: Lustspiel nach Regnard von Johann Gottfried Dyk (Leipzig 1786)

desperat (lat.): verzweifelt, hoffnungslos

Dictionnaire philosophique portatif (franz.): Philosophisches Handwörterbuch; unter diesem Titel veröffentlichte Voltaire 1764 anonym die Artikel, die er für die Enzyklopädie verfaßt hatte.

Diözese (griech.): in der kath. Kirche der Jurisdiktionsbezirk eines Erzbischofs oder Bischofs, in der ev.-luth. Kirche der Verwaltungsbezirk eines Superintendenten

disgustieren (ital.): anwidern, anekeln, jmd. etwas verleiden

Diskretion (spätlat.): Verschwiegenheit; Belieben, Gutdünken. – *sich auf Diskretion ergeben:* (milit.) auf Gnade und Ungnade, bedingungslos ergeben

Dispensation (lat.): Erlassung, Befreiung. –

(jurist.) Aufhebung von Rechtsvorschriften, (kirchl.) Sündenerlaß

Disposition (lat.): Anordnung, Bestimmung.
– *zur Disposition überlassen:* (milit.) zur freien Verfügung, zur Plünderung überlassen

disputieren (lat.): wissenschaftlich erörtern, eine Meinung im wissenschaftlichen Streitgespräch, der *Disputation*, vertreten. Zu unterscheiden ist die Promotionsdisputation (disputatio pro grado) zur Erlangung eines akademischen Grades von der Inauguraldisputation oder Habilitation (disputatio pro loco), um die Lehrbefähigung an einer Universität zu erlangen. In der Disputation mußte der Respondent seine Thesen gegen die Opponenten verteidigen. Dieses gelehrte Streitgespräch war im 18. Jh. bereits zu einem Scheingefecht mit vorherbestimmten Opponenten verkommen.

Dissertation (lat.): wissenschaftliche Abhandlung. – *Dissertatio inauguralis de Ruperto Palatino:* Inauguraldissertation über Ruprecht von der Pfalz. – *Diss. de J. Bruno* (1783): Dissertation über Giordano Bruno. Die beiden Dissertationen L.s.

Dissertatiuncula de veritate Religionis Christ. argumentum morale (lat.): Kleine Abhandlung über die Wahrheit der christlichen Religion. Ein sittlicher Beweis.

Distinktion (lat.): Unterscheidung von Begriffen; Ansehen, Achtung

docti male pingunt (lat.): Gelehrte schreiben schlecht

doctus und clericus (lat.): Gelehrter und Geistlicher

Doctor in utroque iure (lat.): Doktor beider Rechte, des römischen und des kanonischen

Dogmatik (griech.): Teilgebiet der systematischen Theologie; Beweis und Begründung der christlichen Glaubenslehre

Doktor Theriak (lat./griech.): Pfuscher. Theriak galt seit dem Altertum als ein Universalheilmittel, es bestand aus 70 verschiedenen Stoffen.

Dom-: Domdechant: in der kath. Kirche der vorgesetzte Geistliche eines Stiftes (entspricht dem Superintendenten der ev.-luth. Kirche). – *Domkapitel:* Gesamtheit der Priester eines Domes. – *Dompropst:* Leiter des Domkapitels. – *Domvikar:* niederer Domgeistlicher

Domination (lat.): Herrschaft, Vorherrschaft

Dominikaner: Angehörige des vom hl. Dominicus 1220 gestifteten Bettelordens

Donquichotterie (span.): einfältiges, absonderliches Benehmen; Narretei (nach dem Helden in Cervantes' satirischem Roman ‚Don Quijote')

donum continentiae (lat.): die Gabe der Enthaltsamkeit, der Keuschheit

Dorfmäre (von franz. maire = Bürgermeister): Gemeindevorsteher

Dragoner: leichte Reiterei

Drastikum: in der Studentensprache ein Student, der keiner Verbindung angehört

Duc (franz.): Herzog. – *Duchesse:* Herzogin

Dukaten: eine vermutlich vom Herzog (ital. duca) von Apulien 1140 zuerst geschlagene Goldmünze, die in Deutschland damals „gemeiniglich 2 Rthlr., 18 bis 20 Gr. gilt" (A), also ungefähr 9 Goldmark, vgl. Gulden

dux gregis ipse caper velut inter ignes luna minores (lat.): Der Führer der Herde ist der Bock selbst wie der Mond unter den kleinen Sternen.

Ebenteuer: mundartl. Nebenform zu Abenteuer

ecclesia pressa (lat.): die unterdrückte Kirche

Écurie (franz.): Pferdestall, Marstall

Edelmannianer: Anhänger Johann Christian Edelmanns (1698–1767), eines bekannten Freidenkers

465

Édit de Nantes (franz.): Edikt von Nantes, s. Hugenotten

Effekten (franz.): Kleidungsstücke, Sachen, Habe

eh bien! (franz.): nun gut!

Eleutheria (griech.): die Freiheit, Unabhängigkeit; Edelsinn

élite de la noblesse françoise (franz.): die Elite des franz. Adels

Emigrant: hier die franz. Adligen und Priester, die während der Revolution nach Deutschland flüchteten. Für die Verhaßtheit der Emigranten sind Komposita wie *Emigrantenkrankheit, Emigrantengalanterie* (Syphilis), *Emigrantenkanaille* u. dgl. charakteristisch.

Emilie Sommer, eine Geschichte in Briefen: Roman von Friedrich Theophilus Thilo (Leipzig 1780. 2. Auflage 1785 unter dem Titel: Emilie Sommery)

Emissär (franz.): Geheimbote, Kundschafter; Werber

Emolumente (lat.): Vorteile, Nebeneinkünfte

en canaille (franz.): wie der Pöbel

Engagement (franz.): hier Werbegeld

en masque (franz.): maskiert

entre nous (franz.): unter uns

en Wichs (von mhd. wihsen ‚glänzend machen'): in der Studentensprache Festkleidung der Verbindungen bei feierlichen Anlässen

Epistel St. Pauli: die Briefe des Apostels Paulus im Neuen Testament

ergo (lat.): also, folglich

Erudition (lat.): Bildung, Gelehrsamkeit, Wissen

Est modus in rebus [sunt certi denique fines] (lat.): Es ist ein Maß in den Dingen [mit einem Wort, es gibt gewisse Grenzen] (Horaz, Sat. I. 1. 106)

Etappe (franz.): Rastplatz, Marschquartier; Tagemarsch; Marschverpflegung. – *Etappenstraße. – étapier:* Verwalter eines Verpflegungsortes, Proviantmeister

Etceteras (lat.): in der Studentensprache Umschreibung für Huren

Eulerkappereien: gegen den Gießener Lehrer Eulerkapper gerichtete Studentenstreiche

Eutychianer: rel. Sekte, Anhänger des Eutyches (5. Jh.)

Eventus stultorum magister (lat.): Erfahrung ist der Lehrmeister der Dummen. (Cicero)

Ew.: Abkürzung für Euer, Eure; *Ew. Hochwohlgeboren*

Exaudi (lat.): der Sonntag vor Pfingsten (nach Psalm 27,7: exaudi, domine, vocem meam [erhöre, Herr meine Stimme])

Exegese (griech.): Auslegung, Erklärung. – *beexegesieren:* mit Erläuterung versehen

Exekution (lat.): Hinrichtung, hier auch in der allgemeinen Bedeutung Ausführung, Einhaltung

exemplarisch (lat.): sowohl in der Bedeutung von vorbildlich als auch abschreckend (exemplarische Bestrafung)

Exemption (lat.): Befreiung von einer allgemeinen Verbindlichkeit, z. B. Steuern. – (kirchl.) Befreiung von der Jurisdiktion des zuständigen Diözesanbischofs

exequieren (lat.): eine Strafe vollstrecken

Exfoliation (franz.): Abschilferung, Absonderung. – *s'exfolier*

Exiget ad dignas ultrix Rhamnusia poenas (lat.): Die rhamnusische Rächerin wird auf Lohn und Strafe dringen (Rhamnus Ort in Attika mit einem Tempel der Nemesis, der Göttin der Rache)

exklamieren (lat.): ausrufen

exkommunizieren (lat.): aus der Gemeinschaft (der Gläubigen) ausschließen; mit dem Kirchenbann belegen. – *Exkommunikation*

Exorzismus (griech.): Teufelsbeschwörung

expedieren (lat.): schnell erledigen, jmd. ‚fertigmachen'. – *Expedition:* (milit.) kriegerische Unternehmung, Feldzug

exponieren (lat.): auslegen, erklären
expostulieren (lat.): fordern; sich beschweren; Vorhaltungen machen, jmd. zur Rede stellen
extorquieren (lat.): abnötigen

Fabel: unwahre, . erfundene Geschichte; Märchen, Legende
Faktionen (lat.): Partei; Pl. Umtriebe, Machenschaften
Fakultist (lat.): Mitglied der Fakultät
faselhaft: flatterhaft, leichtsinnig
fatal (lat.): verhängnisvoll; widerwärtig, unangenehm
Faustrecht: „das ehemalige Vorrecht des Adels, seine Ansprüche mit gewaffneter Hand selbst gültig zu machen, ohne nötig zu haben, gerichtliche Hülfe zu suchen" (A)
fax et tuba (lat.): Fackel und Trompete, soviel wie Anführer, Rädelsführer
Federbube: Schreiberling, Skribent
Feldscher(er): Wundarzt, Feldarzt
Feudalbücher: Schriften, die sich mit dem Lehensrecht befassen
Feuerstahl: ein Instrument, Feuer aus Feuersteinen zu schlagen
Feuillants: Klub des konstitutionellen Adels und des Großbürgertums nach der ersten Spaltung des Jakobinerklubs (Juli 1791) bis zum Sturz der Monarchie (10. August 1792) unter Führung Lafayettes und Baillys
Ficke: mundartl. (Pfalz, Thüringen) für obersächs. Tasche
fickfacken: planlos umherlaufen; Böses im Schilde führen, leichtfertige Händel anfangen, Winkelzüge machen; bei L. auch ‚listiges Hinterbringen'. – *Fickfackerei:* Betrügerei
fidel (lat.): eigtl. treu, zuverlässig; in der Studentensprache ‚dem Frohsinn treu': heiter, lustig, unbeschwert; liederlich
fidus Achates (lat.): der treue Achates, soviel wie ‚treuer Gefährte' (Achates war der Begleiter des Äneas auf der Flucht von Troja)
Filoustückchen (franz.): Schurkenstreich
Fiorino (d'argento): seit 1296 in Florenz gemünzter Silbergulden
firm (lat.): fest, standhaft; tüchtig. – In der Studentensprache soviel wie honorig, s. d.
fiskalisch (lat.): die Staatskasse (den Fiskus) oder den öffentlichen Ankläger (Fiskal) angehend; staatlich, von Staats wegen
Floren (od. Fiorino d'oro, Abk. fl.): eine seit 1252 in Florenz geschlagene Goldmünze, entspricht etwa dem Gulden, s. d.
fodern: Nebenform zu fordern; im 18. Jh., auch bei L., stehen beide Formen oft unausgeglichen nebeneinander
formidabel (lat.): furchtbar, schrecklich
forschieren: verderbt aus franz. *se forcer:* sich Zwang antun
forum competens (lat.): die zuständige Behörde
Fourage (franz.): Vieh-, bes. Pferdefutter; auch Lebensmittel, Verpflegung. – *fouragieren:* Verpflegung holen, Futter- bzw. Lebensmittel auftreiben; plündern
foutre (franz.): als Interj.: Verdammt noch mal! – *foutu:* erledigt, ‚futsch'. – *foutu chien d'aristocrate:* verfluchter Aristokratenhund! – *foutue canaille:* verfluchtes Gesindel. – *foutus muscadins:* verfluchter Stutzer
Fragmente, die Lessing herausgegeben hat: s. Personenverzeichnis Lessing und Zeittafel 1774 und 1777
Franken (od. Neufranken): im 18. Jh. gebräuchliche Bezeichnung für die Franzosen
Franz: franz. Branntwein
Franziskaner: Angehörige des vom hl. Franz von Assisi (1182–1226) gestifteten Mönchsordens

Fraubase; Klatschweib. — *Fraubaserei:* Klatsch

Fräulein von Sternheim: Geschichte des Fräuleins von Sternheim (2 Bände. 1771), Roman von Sophie v. Laroche (1731 bis 1807)

Freigeist: ein Mensch, der „frei, d. i. ohne Vorurteile, denkt und handelt; am häufigsten, der sich von den Gesetzen der Religion und guten Sitten los macht" (A), ein Anhänger der Aufklärung. — *Freigeisterei*

Freiheitsbäume (franz. arbres de la liberté): 1790 in Frankreich auf öffentlichen Plätzen gepflanzte junge Eichen als Symbol der erwachenden Freiheit, gewöhnlich mit der Jakobinermütze geschmückt

Frivolität (franz.): neben der Bedeutung Leichtfertigkeit, Schlüpfrigkeit bei L. auch noch die urspr. Bedeutung Kleinigkeit, Nichtigkeit (L. „der Doktor, Lizentiat, Magister und dgl. Frivolitäten")

Fronleichnamsfest: kath. Fest am Donnerstag nach Trinitatis, dem 1. Sonntag nach Pfingsten

frugal (franz.): einfach, bescheiden

Fuchs: der erst neu auf die Universität gekommene Student im Gegensatz zum Burschen, s. d.; vielleicht wegen seiner Unsicherheit und Schüchternheit

Fuchtel: ein Degen mit breiter, nicht scharfer Klinge; Prügelstrafe mit einem solchen Degen

Fundamenta stili (lat.): Grundlagen des Stils, Stilkunde

furagieren: s. fouragieren

Furierschütze: ein für die Verpflegung zuständiger Unteroffizier

Füsiliade (zu franz. *fusiler:* erschießen): Massenerschießung, Gemetzel

fût il colonel (franz.): [und] wäre er Oberst

Galanterie (Galanteriekrankheit): Geschlechtskrankheit, Syphilis

Galimathias (franz.): verworrenes Gerede, ungereimtes Zeug

gallikanische Kirche (franz. l'Église gallicane): die franz. (kath.) Staatskirche

ganfen (hebr.): stehlen; *ein Mäulchen ganfen:* einen Kuß rauben

Gassenlaufen: Spießrutenlaufen; (milit.) eine Strafe, „da der Verbrecher zwischen zwei Reihen Soldaten laufen muß und von ihnen mit Ruten gehauen wird" (A)

Gauche: ostmd. Form für Jauche

Gaudieb (zu gau ‚jäh'): listiger, verschlagener Dieb

gemein: im 18. Jh. noch in der Bedeutung ‚allgemein', das, was allen gemeinsam ist; *die gemeine Klasse:* die arbeitende Klasse; *der gemeine Leser:* der schlichte Leser im Gegensatz zum gebildeten; *der gemeine Mann:* der einfache Mann; *der gemeine Soldat (der Gemeine):* der Soldat ohne Dienstrang

gendarmerie françoise od. *royale:* die franz. od. königliche Leibwache

generis communis (lat.): gleichgeschlechtig, ohne grammatisches Geschlecht, z. B. Maria

Germinal (franz.): ‚Keimmonat', der 7. Monat des republikanischen Kalenders (21. März–19. April). Der Revolutionskalender wurde 1793 eingeführt, 1805 durch Napoleon außer Kraft gesetzt.

Girondisten: die nach dem Departement Gironde benannte gemäßigt republikan. Gruppierung, die die Interessen der Handels- und Industriebourgeoisie vertrat. Ihre Wortführer Brissot, die Rolands, Condorcet u. a. drängten den König zu einem Ministerium aus ihren Reihen, zur Kriegserklärung an Österreich und Preußen und beantragten die Verbannung der den Eid auf die Republik verweigernden Priester. Ihre Herrschaft fiel in die Zeit zwischen dem 10. August 1792 und dem 2. Juni 1793; dann wurden sie aus dem Konvent ausgeschlossen; viele von ihnen wurden verhaftet, wegen Hochverrats angeklagt und am 31. Oktober guillotiniert (Mme. Roland am 8. November); andere wie Roland und Condorcet verübten Selbstmord. Nach dem Sturz Robespierres wurden die Girondisten am 8. Dezember 1794 in den Konvent zurückberufen.

Gnadenwahl: Prädestination, die Vorherbestimmung des Menschen zu Verdammnis od. Seligkeit

Gnostiker (griech.): Philosophen und Theologen der frühchristlichen Zeit, die den Glauben durch spekulative Erkenntnis ersetzen wollten

Gnote, Knote (aus nd. genôte ‚Genosse'): in der Studentensprache der Nichtstudent, Handwerksgeselle, Philister; auch ein roher, ungesitteter Mensch

gotisch: mittelalterlicher Baustil; im 18. Jh. Inbegriff des Geschmacklosen

Gradus (lat.): Grad, akad. Würde; pro gradu disputieren: eine wiss. Dissertation zur Erlangung der Lizentiaten-, Magister- od. Doktorwürde einreichen und verteidigen

graeca tertia (lat.): in der dritten Klasse Griechisch

Gratial (nlat.): Geschenk, Trinkgeld

Greffier (franz.): Kanzlist, Amts- od. Gerichtsschreiber

Gueux (franz.): Bettler, davon abgeleitet die Geusen, die im Jahre 1565 unter der Statthalterschaft des Herzogs Alba sich gegen Spanien verbündenden niederl. Edelleute

Gulden: Silbermünze; urspr. eine in Florenz geschlagene Goldmünze, entspricht etwa dem Dukaten, s. d.

habit de police (franz.): Polizeiuniform
habit national (franz.): Uniform der franz. Revolutionsarmee

habituell (franz.): zur Gewohnheit geworden, gewohnheitsmäßig

Hache: ein grober, ungehobelter Mensch

Häckerling, Häcksel: klein geschnittenes Stroh

Haec et ego dudum cogitaram, nil inveni novi (lat.): Das hatte ich schon längst gedacht, ich habe nichts Neues gefunden.

Hafen (obdt.): Topf, Schüssel, irdenes Geschirr

Hallor(e): Benennung der hallischen Salzarbeiter

halter: obdt. Füllwort ohne eigentliche Bedeutung, soviel wie ‚nun einmal'

Handgeld: das Geld, das man jemandem „auf die Hand, d. i. zur Sicherheit eines geschlossenen Vertrages gibt, indem dadurch beide Teile gebunden und verpflichtet werden" (A)

harangieren (franz.): feierlich anreden; anschreien, abkanzeln

Harpyiensystem: Schreckensregiment (nach den Harpyien, den Sturm- und Todesgöttinnen in der griech. Mythologie)

Haubitze: ein grobes Geschütz, das bes. beim Festungskrieg eingesetzt wurde

Hebertisten: die nach Jacques René Hébert (1757–1794) benannte, aus Cordeliers und linken Jakobinern hervorgegangene Gruppe, die ultraradikale Forderungen (extremer Terrorismus, Entchristianisierung) vertrat und im März 1794 Robespierre und den Wohlfahrtsausschuß stürzen wollte: ‚Hébert und seine Anhänger wurden am 24. März 1794 guillotiniert.

hecheln: jmd. durch die Hechel ziehen, verspotten, Übles nachsagen

Heiliges Römisches Reich Deutscher Nation (Sacrum Imperium Romanum Nationis Germanicae): offizielle Bezeichnung des Deutschen Reiches von 962 (Kaiserkrönung Ottos I.) bis 1806 (Niederlegung der Kaiserkrone durch Franz II.)

Heilsausschuß: s. Wohlfahrtsausschuß
Heller: zuerst in Schwäbisch-Hall geprägte Münze, die geringste Münzeinheit (2 Heller entsprachen 1 Pfennig; 1 Rthlr. hatte gewöhnlich 576 Heller)
herperorieren (lat.): vortragen, sich auslassen über, daherreden
Heurath: A. beschließt die etymologischen Erörterungen mit der Feststellung: „Es stamme nun her, woher es wolle, so ist Heirath der allgemeinen Aussprache gemäßer als Heurath und daher auch diesem vorzuziehen." Trotzdem überwiegt im 18. Jh. die Form Heurath.
Hieber: in der Studentensprache Degen, Schläger
Hierarchie (griech.): Priesterherrschaft; Rangordnung der einander untergeordneten Gewalten: Papst, Erzbischof, Bischof, Prälat, Priester
Himmelfahrt Mariä: kath. Fest, 15. August
Hirtenbrief: Rundschreiben der Bischöfe an Geistliche und Laien ihres Sprengels
Hockenmädchen: Erntearbeiterin (zu Hocke, ‚Getreidepuppe')
Hökerweibergeschäft: Klatsch
Homo homini lupus (lat.): Der Mensch ist dem Menschen ein Wolf. (Hobbes)
Honneur et gloire à Dieu et malheur aux rebelles! (franz.): Ehre und Ruhm sei Gott und Verderben den Rebellen!
Honoratiores (lat.): die angesehenen Bürger einer Kleinstadt
honorig: in der Studentensprache ehrenhaft, freigebig; einer, der bei den Mitstudenten etwas gilt (L., „ein honoriger Bursch")
Hora (lat.): Stunde; *horae canonicae:* Sing- und Betstunden in Klöstern
Die Horen: Eine Monatsschrift, hg. von Friedrich Schiller (12 Bände. Tübingen 1795 bis 1797)
Hornwerk: „im Festungsbaue ein Außenwerk, welches aus zwei halben Bollwerken und einer Cortine (Schutzwall) besteht, weil es die erstern gleichsam als Hörner dem Feinde darbietet" (A)
Hospitalität (lat.): Gastfreundschaft, Gastlichkeit
Hostie (lat.): die Oblate, das Symbol für den Leib Christi, beim Abendmahl; die geweihte Hostie wird in einer Kapsel aufbewahrt und diese im Ciborium, s. d.
Hostilität (lat.): Feindseligkeit
hudeln: lobhudeln, übertrieben schmeicheln
Hugenotten: die franz. Protestanten. Im Edikt von Nantes 1598 erhielten sie durch Heinrich IV. völlige Glaubensfreiheit. Ludwig XIV. hob 1685 das Edikt wieder auf und zwang dadurch einen großen Teil der Hugenotten zum Auswandern. S. auch Bartholomäusnacht
Humerale (lat.): Schultertuch unter dem Meßgewand kath. Priester
Hundsfötterei: Gemeinheit, Niedertracht. – *hundsföttisch*
Hundstage: die heißeste Zeit des Jahres vom 23. Juli bis zum 23. August
Husaren: leichte verwegene Reiterei; berühmt wurde bes. das preuß. Husarenkorps unter Zieten und Seydlitz
Hydrographie (griech.): Gewässerbeschreibung, Gewässerkunde
hyper- (griech.): Vorsilbe zur Verstärkung: hyperorthodox ‚übertrieben orthodox, strenggläubig'
Hyperbolie (griech.): Übertreibung, Übermaß

Ideen-Kommerz: Gedankenaustausch
il est censé od. soupçonné mauvais citoyen (franz.): man hält ihn für einen schlechten Bürger
Illiacos intra muros peccatur et extra (lat.): Es wird innerhalb und außerhalb der Mauern Ilions gesündigt. (Horaz, Ep. I, 2, 16)
Illuminat (lat.): Erleuchteter; Mitglied eines Geheimbundes, des 1776 von Prof.

Weishaupt errichteten Illuminatenordens, zur Verbreitung aufklärerischer Gedanken
Il y a là trois couplets à deux refrains (franz.): Es gibt da drei Strophen mit zwei Kehrreimen.
Impudabilität (franz.): Verantwortlichkeit
in bona pace (lat.): in Eintracht, zufrieden
incompatible (franz.): unvereinbar, unverträglich
Infirmier-Major (franz.): Sanitätsunteroffizier
Infirmiersubalterner (franz.): Krankenpfleger
Information: (Privat)unterricht, Privatstunden. – *Informator:* Lehrer, Hauslehrer, Hofmeister
ingenuas didicisse fideliter artes / emollit mores nec sinit esse feros (lat.): Redliches Studium der edlen Künste mildert die Sitten und läßt sie nicht verwildern. Ovid, Ex Ponto, Lib. II, Ep. IX
Inhibition geben: Einhalt gebieten, verbieten
Injurienprozeß (lat.): Beleidigungsklage
inkompetent (nlat.): unbefugt; unfähig
in nuce (lat.): ‚in der Nuß', in gebotener Kürze, kurz und bündig
in obscuro leben (lat.): im Verborgenen leben
in puncto sexti (lat.): im Hinblick auf das 6. Gebot, die Keuschheit
inquirieren (lat.): untersuchen, verhören. – *Inquisition:* Verhör vor dem Revolutionstribunal (inquisitio revolutionnaire)
insinuieren (lat.): sich in Gunst setzen, um etwas verdient machen
Insolenz (lat.): Überheblichkeit, Unverschämtheit
insolvent (ital.): zahlungsunfähig
Institutiones iuris criminalis (lat.): Einführung in das Strafrecht, Lehrbuch von Johann Christoph Koch, 1758
insultieren (lat.): verhöhnen, beschimpfen
Intention (lat.): Vorhaben, Absicht, Wille
Invektiven (spätlat.): Beleidigungen, Schmähreden

Isegrim: Name des Wolfs in der Fabel; übertragen ein mürrischer, trotziger Mensch
item (lat.): ebenso, gleichfalls, auch
itzt: alte Form von jetzt
Ius (lat.): Recht, Gesetz. – *ius canonicum:* Kirchenrecht; *ius feudale:* Feudalrecht; *ius naturae:* Naturrecht; *ius publicum:* Staatsrecht

Jalapenharz: Abführmittel (nach der mexik. Stadt Jalapa benannt)
Janhagel, Janhagelschaft: niederl. Bezeichnung für Schiffsvolk; Pöbel
Jeremiade: Klagelied (nach dem Propheten Jeremias). – *Jeremiasse*
Jesuit: Mitglied der Societas Jesu, des Jesuitenordens, eines 1540 durch den Papst bestätigten geistlichen Ordens; 1773 von Papst Clemens XIV. aufgehoben, 1814 wiederhergestellt. – *jesuitieren:* entspricht etwa ‚agitieren'
Johannis: Johannistag, 24. Juni
Jonasse: nach dem israel. Propheten Jona(s), der die Erweiterung des Reiches Israel vorhersagte; vgl. Altes Testament, Der Prophet Jona
Journalistikum (franz.): ein Leseverein für Zeitschriften
Journal für Prediger: Hg. von Chr. Sturm, später von David Niemeyer, H. B. Wagnitz und J. S. Vater (100 Bände. Halle 1770–1842)
juge de paix (franz.): Friedensrichter
Julius (lat.): Juli
Junius (lat.): Juni
Jurisdiktion (lat.): Rechtsprechung, Gerichtsbarkeit
Jurisprudenz (lat.): Rechtswissenschaft

Kabale (franz.): geheime Verbindung zu einer bösen Absicht; tückischer Anschlag. – *kabalieren:* Ränke schmieden. – *Kabalist:* Ränkeschmied
Kaiser Octavian: Das Volksbuch vom Kaiser

Octavian in der Übertragung von Wilhelm Salumann war zum ersten Male in Straßburg 1535 gedruckt worden.

Kaldaune (mlat.): tierisches Eingeweide

Kalefakter, Kalfaktor (lat.): Stubenheizer, Aufwärter, Hausmeister; Bursche; auch Zuträger. – *kalfaktern:* sich in fremde Angelegenheiten mischen, einschmeicheln

Kampagne (franz.): Feld; Feldzug. – *kampieren:* im Felde lagern, im Freien übernachten

Kandidat (lat.): Amtsbewerber, bes. ein junger Theologe, der nach bestandenem Examen Anwärter auf ein Predigtamt ist

Kannegießer: Schwätzer, Stammtischpolitiker (nach Holbergs Lustspiel ‚Der politische Kannegießer'). – *kannegießern:* über Politik schwätzen

Kanone: in der Studentensprache eine große Bierflasche

kanonisch (lat.): den Kirchengesetzen gemäß, nach kirchlichem Recht

Kanonissin (lat.): Stiftsdame

Kanton (franz.): Bezirk eines Landes. – *kantonieren:* (nach Bezirken) Truppen ausheben; Unterkunft beziehen. – *Kantonierung:* Unterkunft, Standquartier

Kapitän (franz.): Hauptmann, Rittmeister

Kaplan (mlat.): urspr. Geistlicher, der einer Kapelle vorstand; Hilfsgeistlicher

Kapot, Kapotte (franz.): Mütze, Kapuze

Kapuziner: Zweig des Franziskanerordens (benannt nach der langen spitzen Kapuze des Ordenskleids)

Karolin: pfälz. Goldmünze zu 3 Goldgulden

Karre: jmd. zur Karre verurteilen: zum Festungsbau, zur Zwangsarbeit

Kartätsche (ital.): (mit Kugeln gefülltes) Artilleriegeschoß

Kartause (ital. Certosa): Bezeichnung der ital. Kartäuserklöster. – *Kartäuser:* 1084 gegründeter Einsiedlerorden (Stammkloster La Chartreuse bei Grenoble)

Kartell machen: eine Übereinkunft treffen

Kasematte (franz.): beschußsicheres Gewölbe in Festungswerken

Kasketer: Eindeutschung von franz. casquette: Mütze, Kappe; Helm

Kassation (franz.): Aufhebung; Entlassung. – *kassieren:* aufheben, für ungültig erklären

kat' ánthropon (griech.): dem menschlichen Verstand, der menschlichen Vorstellungsart gemäß

Katechet (griech.): Religionslehrer, Hilfsgeistlicher. – *Katechese:* (Religions-)Unterricht in Frage und Antwort

Katechismus (griech.): Unterricht; Glaubenslehre im Abriß; Lehrbuch in Frage und Antwort

Katzenjagen: (milit.) ein unbedeutendes Gefecht, Geplänkel

kaustisch (griech.): ätzend, scharf, beißend

Kavaliersparole: Ehrenwort, Versprechen eines Höflings

Kellner, Oberkellner: Kellermeister, Vorgesetzter eines Wein- oder Bierkellers an Höfen wie in Gasthäusern

Kirchenagende: Meßbuch

Kircherei: (verächtlich) für Kirchenwesen

Klausur (mlat.): Einschließung; in einigen Mönchsorden die Verpflichtung, in den Zellen eingeschlossen zu bleiben

Klerisei (mlat.): die Gesamtheit der Kleriker, die Priesterschaft

Klingegeld: ‚klingende Münze', Hartgeld

Klio: Klio. Monatsschrift für die französische Zeitgeschichte (Jg. 1795–1797, hg. ab 1796 von L. F. Huber)

Knote: s. Gnote

Kollaborant, Kollaborator (mlat.): Mitarbeiter

Komment (franz.): in der Studentensprache ‚wie sich ein honoriger Bursch im stud. Leben zu benehmen hat'

Kommers, Kommersch (franz.): in der Studentenspr. Trinkgelage, Festkneipe. – *kommersieren:* an einer Festkneipe teilnehmen *kommod* (franz.): ‚das rechte Maß habend'; angemessen, bequem

Kompendium, Pl. *Kompendia* (lat.): kurzgefaßtes Lehrbuch, Leitfaden

Kompromission (franz.): eine Handlung, durch die man sich bloßstellt. – *kompromittieren:* bloßstellen, gefährden, aufs Spiel setzen

kondemnieren (lat.): verurteilen, schuldig sprechen

Konfirmation: hier Bestätigung

konfiszieren (lat.): in die kaiserliche Kasse (fiscus) einziehen; (gerichtlich) einziehen

Konkordat (lat.): ein Vertrag, bes. zwischen Staat und Kirche

konsekrieren (lat.): der Gottheit weihen; segnen, heiligen

Konsistorium (mlat.): in der ev.-luth. Kirche die oberste Kirchenbehörde eines Landes

Konstitution (lat.): Verfassung. – *konstitutionelle Geistliche:* diejenigen Priester, die 1790 den Eid auf die neue Verfassung abgelegt hatten

Kontrakt (lat.) Vertrag. – *kontrahierende Teile:* die einen Vertrag schließenden Partner (Kontrahenten)

Kontribution (franz.): Steuer, bes. eine (zur Strafe) auferlegte Kriegssteuer in Feindesland

Kontroverspredigt: eine Predigt, die die Glaubenssätze Andersdenkender angreift

konvenabel (franz.): angemessen, passend, anständig

Konvent: Am 21. Sept. 1792 trat der Nationalkonvent (convention nationale) zusammen, der am 22. Sept. 1792 die Republik ausrief. Aus ihm gingen der Wohlfahrtsausschuß (eine rev. Regierung mit Danton und Robespierre an der Spitze) und das Revolutionstribunal hervor. Am 26. Okt. 1795 wurde der Konvent durch das Direktorium abgelöst.

Konvenienz (franz.): Schicklichkeit; hier Bequemlichkeit, Annehmlichkeit

Konventikel (franz.): Versammlung Gleichgesinnter im kleinen Kreis

Konzilium (lat.): Versammlung; Kirchenversammlung. In der Studentensprache (Concilium, Consilium) das akadem. Gericht

Kopfhänger: „eine Person, welche aus übel verstandener Frömmigkeit den Kopf hangen lässet, und in engerer Bedeutung ein Heuchler in der Religion" (A)

Korah: Anführer der ‚Rotte Korah', die sich gegen Moses empörte und von der Erde verschlungen wurde. (Altes Testament, 4. Mose, 16)

koramieren (lat.): in der Studentensprache jmd. vornehmen, zur Rede stellen (coram nehmen)

kraß: in der Studentensprache ungeschliffen, einfältig, ohne Manieren

Kremnitzer Dukaten: Kremnitz, deutscher Name für die slowak. Stadt Kremnica, bekannt geworden durch den Edelmetallbergbau (lange Zeit von den Fuggern gepachtet). Der Kremnitzer Dukaten war wegen seiner gleichbleibenden Feinheit bes. begehrt.

Krethi und Plethi (hebr.): eigtl. Name der Leibwache des Königs David (Kreter und Philister?), in übertragener Bedeutung soviel wie allerlei Gesindel, eine gemischte Gesellschaft

Kreuzer: kleine dt. Scheidemünze, nach A. „gilt ein Kreuzer nicht mehr als 3 Pfennige"

Kreuzzug: hier derber Studentenulk

Kriminalkodex: Strafgesetzbuch

Kronentaler: franz. Silbermünze, entsprach 1 Rthlr., 13 Groschen und 6 Pfennigen

krypto- (griech.): in Zusammensetzungen heimlich, geheim: *Kryptojesuit, Kryptokatholizismus*

künstlich: die Kunst betreffend, kunstvoll;

sorgfältig — *künstliche Philosophie:* die Ästhetik
Kurator: staatl. Aufsichtsbeamter an Universitäten
kurialisch: auf die Kurie, den päpstlichen Hof bezogen

laborieren (lat.): (mit Mühe) arbeiten, sich abquälen; ankämpfen gegen; alchimistische Versuche anstellen
laicus (spätlat.): Laie, Nichtgeistlicher
la noblesse, la prêtrise ce sont des crimes (franz.): Adel und Priestertum, das sind Verbrechen
la patrie est en danger (franz.): das Vaterland ist in Gefahr
Laubtaler: dt. Bezeichnung für den franz. écu de six livres (wegen des eingeprägten Lorbeerkranzes)
Lauge: Spott, Hohn
le françois ne rabat pas (franz): der Franzose handelt (feilscht) nicht
Legat (lat.): Statthalter; der päpstliche Gesandte
Legislation (franz.): Gesetzgebung
Lehrprinz: Lehrmeister, vgl. Prinzipal
Leim (aus lat. limus): Lehm, Schlamm. — leimigt
les ci-devants nobles, les ci-devants seigneurs (franz.): die ehemaligen Adligen, die ehemaligen Herren
Les ennemis se retireront, et nous voilà libres (franz.): Die Feinde werden sich zurückziehen, und siehe da, wir sind frei.
l'hombre: kompliziertes Kartenspiel aus Spanien, bes. in aristokratischen Kreisen beliebt
l'honneur d'approcher le roi de France (franz.): die Ehre, sich dem König von Frankreich zu nähern
Libell (lat.): kleines Buch, Schrift; Schmähschrift
Liberté, Égalité, Fraternité! (franz.): Freiheit, Gleichheit, Brüderlichkeit! (Losung der Französischen Revolution, 1791 aufgekommen)
Libertin (franz.): urspr. Freigeist, Religionsverächter; zügelloser, ausschweifender Mensch, Wüstling
Lieutenant (franz.): im 18. Jh. je nach dem Grad der Eindeutschung in den verschiedensten Schreibweisen, z. B. Leutenant, Leutnant; auch bei L. noch unausgeglichen nebeneinander
Liquor anodynus (lat.): eisenhaltiger, destillierter Weingeist
Litanei (griech.): Flehen, Bitten; Wechselgebet zwischen Geistlichem und Gemeinde; in übertragenem Sinne: eintöniges Gerede, endlos sich wiederholende Klagen
Literatur: im 18. Jh. auch noch in der Bedeutung ‚Gelehrsamkeit, Wissenschaft' (L. „ebensowenig Geschmack als Literatur")
literatus sub forma militis (lat.): ein Gelehrter in der Gestalt eines Soldaten
Livre: franz. Münzeinheit (von lat. libra ‚Pfund'), 1 Livre entsprach 20 Sous
Lizentiat (mlat.): akad. Grad, früher Voraussetzung für die Lehrtätigkeit an einer Universität
Loderstuhl: Lotterstuhl (zu lotter ‚leichtsinnig', ‚faul', ‚bequem')
Lot: ehem. kleines Gewicht, rund 17 g
Louisdor (franz.): unter Ludwig XIII. von Frankreich geprägte Goldmünze. 1785 entsprachen einem Louisdor 24 Livres. Mit Einführung der Frankenwährung 1803 trat an die Stelle des Louisdor das 20-Franken-Stück. — In Deutschland nannte man Louisdor ein goldenes 5-Taler-Stück

M.: Abkürzung für Magister, s. d.
Madame Veto (franz.): Schimpfname der Königin Marie Antoinette
Magazin der neuesten merkwürdigen Kriegsbege-

benheiten mit Beispielen aus der älteren Geschichte: Hg. von August Wilhelm v. Leipziger (7 Bände. 1794–1796)

Magister (lat.): Meister, Lehrmeister; akad. Grad, Ende des 18. Jh. durch die Doktorwürde verdrängt. – *Magister legens:* ein Magister, der die Befähigung hat, an der Universität Vorlesungen zu halten. – *magistrieren:* die Magisterwürde erwerben. – *Magisterium:* Meisterstück, Meisterpulver bei den Alchimisten

Magnifizenz (lat.): Titel des Rektors, im 18. Jh. auch des Prorektors und Kanzlers einer Universität

Maire (franz.): Bürgermeister

Maison commune (franz.): Gemeindehaus

Majoristen: nach dem luth. Theologen Georg Major (1502–1574) benannte relig. Glaubensrichtung, die die Bedeutung der sog. guten Werke anzweifelte; 1551 bis 1562 Majoristenstreit

majus et minus non variare speciem (lat.): [daß] größer und kleiner nicht den Begriff verändern [können]

Makeros und Makarellen (zu makaronisch, schlecht, verderbt): liederliches Volk

malheureux (franz.): unglücklich, unheilvoll

malhonette (franz.): unaufrichtig; ungehörig, unehrenhaft

Manichäer: Anhänger der rel. Sekte des Manes; in der Studentensprache Gläubiger, Mahner

manquer de parole (franz.): das Wort brechen, Wortbrüchigkeit

marasmus senilis (griech.-lat.): Altersschwäche

Maratismus: die Anhänger Marats, s. Personenverzeichnis

Märe: s. Maire

Markeur, Markör (franz.): Anschreiber (beim Billardspiel); Kellner. – *markieren:* aufzeichnen, servieren

marode (franz.): ermüdet, matt; – die *Maroden:* kranke, erschöpfte Soldaten; Nachzügler. – *marodieren:* als Nachzügler unter dem Vorwand der Entkräftung zurückbleiben, um zu plündern; rauben und stehlen

Marseiller Marsch: Marseillaise; von Rouget de Lisle 1792 geschaffener Kampfgesang der Französischen Revolution; franz. Nationalhymne

Maroufle (franz.): Schlingel, Lümmel; Schuft

martialisch (lat., ‚zu Mars gehörig'): kriegerisch, streitbar

Matador (span.): eigtl. Stiertöter; gewichtiger Mann, Hauptperson

Mathesis (griech.): im 18. Jh. gebräuchliche Nebenform zu Mathematik

Matrikel (lat.): Verzeichnis der Studenten an einer Universität; Immatrikulationsurkunde

Maximum (lat.): die größte Menge, der höchste Preis; die für die wichtigsten Verbrauchsgüter am 29. Sept. 1793 eingeführten Höchstpreise (am 24. Dez. 1794 wieder aufgehoben)

Me voilà au comble de mes voeux: la place est sauvée, la place est à la République! (franz.): Jetzt bin ich am Ziel meiner Wünsche: der Ort ist gerettet, der Ort gehört der Republik!

Medisance (franz.): üble Nachrede, Verleumdung

Meile: Wegmaß von knapp 1 500 m, doch schwankte die Länge in den einzelnen Ländern oft erheblich

mephitisch (lat.): verpestend, stinkend

merkantilisch (franz.): kaufmännisch; krämerhaft

messeigneurs, Pl. von *monseigneur* (franz.): gnädigster Herr, Euer Gnaden; seine Durchlaucht; Hochwürden

Messidor (franz.): Erntemonat, der 10. Monat des republikanischen Kalenders (19. Juni–18. Juli)

Metamorphose (griech.): Gestaltwandel, Verwandlung

Metaphysik (griech.): Lehre von den letzten, übersinnlichen Dingen

Mietlinge im Evangelio: gedingte Knechte, Tagelöhner; vgl. z. B. Neues Testament, Joh. 10,12 in der Übersetzung Luthers

milzsüchtig: schwermütig

Minerva: Minerva, ein Journal historischen und politischen Inhalts. Hg. von Archenholz u. a. (Berlin und Hamburg 1792–1821)

Minierkunst (franz.): Stollen, Sprengladungen anlegen

Misanthrop (griech.): Menschenfeind

Misogyn (griech.): Weiberfeind; Jugendlustspiel von Lessing (1748)

Missale (mlat.): Meßbuch. – *Missale Romanum:* das seit 1570 gebräuchliche Meßbuch der römischen Kirche

moderat (lat.): gemäßigt, besonnen. – *moderanter:* mit Mäßigung, gemäßigt. – *Moderantismus:* gemäßigte polit. Richtung. – *Moderantisten:* Anhänger der gemäßigten Richtung (L. „Auftritte zwischen Royalisten, Moderantisten und Jakobinern"). – *moderantistisch*

Modifikation (lat.): Maßbestimmung, nähere Bestimmung (eines Begriffs); einer Sache die richtige Art od. Gestalt geben. – *modifizieren*

modus acquirendi (lat.): Erwerbsart

Moniteur: franz. ‚Ratgeber'; eine 1789 begründete Pariser Zeitung mit dem vollständigen Titel ‚Gazette nationale, ou le Moniteur universel'; unter Napoleon offizieller Staatsanzeiger

Monseigneur (franz.): Anrede für Prinzen und Bischöfe: Hoheit, Hochwürden

Monsieur, messieurs, ayez la grâce, la bonté, de permettre (franz.): Mein Herr, meine Herren, haben Sie die Gnade, die Güte, zu erlauben

Monsieur (franz.): s. Ludwig XVIII.

Monstranz (mlat.): in der kath. Kirche das kostbare Behältnis für die Hostie

Mori nolo, sed me mortuum esse nihil curo (lat.): Ich möchte nicht sterben, aber ich mache mir nichts daraus, wenn ich tot bin.

Mort aux rois! Mort aux tyrans! (franz.): Tod den Königen! Tod den Tyrannen!

mosaisch: von dem Propheten Moses stammend, auf ihn bezogen; vgl. die 5 Bücher Mose in der Bibel

Mosellaner: Moselbund; ein 1746 gegründeter Studentenbund; mit der Landsmannschaft der Oberrheiner zum Amicistenorden vereinigt

Motion (lat.): Bewegung

Muhme: Tante

multitudine compotum laude frustratur (lat.): das Lob der zahlreichen Beteiligten täuschte ihn (Livius)

Munizipal- (lat. municipalis, zu einer [freien] Stadt gehörig) *Munizipalbeamter:* städt. Beamter. – *Munizipalität:* Magistrat

Muskadin (franz.): Stutzer

Nachteulerei: verächtl. Bezeichnung für die mitternächtl. Messen in den Klöstern

Nachtmahl: Abendmahl

Nationalgarde: 1789 in Frankreich eingeführte Volkswehr, 1791 zur Verstärkung der Armee eingesetzt

Nationalkonvent: die 1792 in Frankreich gewählte Volksvertretung, s. Konvent

Nationalversammlung: die franz. Volksvertretung von 1789 bis 1792

naturam expellas furca [tamen usque recurret] (lat.): Treibst du die Natur auch mit dem Knüppel aus, [sie kehrt doch immer wieder]. (Horaz, Ep. I, 10, 24)

NB (lat. nota bene): gib acht, merke auf

nemo me major (lat.): niemand größer als ich

Nepotismus (lat.): Vetternwirtschaft, ungerechtfertigte Begünstigung der Verwandten bei Vergebung öffentl. Ämter

neronisch: wie Kaiser Nero

Nestor: ein bejahrter weiser Ratgeber (benannt nach dem sagenhaften König von Pylos, der noch als Greis am Trojanischen Krieg teilnahm)

Nestorianer: Anhänger der Lehre des Nestorius (gest. 451), nach der die göttliche und die menschliche Natur Christi dauernd getrennt sind

Neueste Geschichte der Staaten und der Menschheit: Zs. hg. von E. A. Sörgel (Gera 1794 u. 1795)

Neufranken: s. Franken

Neuwieder Zeitungssudelei: Die Stadt Neuwied war 1662 zum Schutz jeglicher Glaubensbekenntnisse angelegt worden und beherbergte daher eine Vielzahl von Religionsgemeinschaften und Journalen in ihren Mauern

Nickel: Kurzform von Nikolaus; Scheltwort für einen störrischen, unsympathischen Menschen

nobel (franz.): vornehm, edel, adlig; während der Franz. Revolution auch verächtlich: liederlich. – *noblesse bâtarde:* unechter Adel. – *noblesse de roture:* Landadel, Krautjunkertum. – *Nobile,* Pl. *Nobili* (ital.): Adliger

Nohfluß od. *die Nohe:* die Nahe, Nebenfluß des Rheins

Non me poenitet pecuniae, quam in tua studia impendi (lat.): Mich reut nicht das Geld, das ich für deine Studien ausgegeben habe.

non plus ultra (lat. nicht darüber hinaus): das Unübertreffliche, der Gipfel

Nößel: kleines Hohlmaß

Novelle (lat. novella lex: neues Gesetz): Neuigkeit. – *Novellist:* Verfasser von Neuigkeiten, von hist. Begebenheiten; Berichterstatter (L. „fast jede Armee hat ihre Schriftsteller und Novellisten")

Numerärgeld (franz.): gemünztes Geld

Nuppen od. Naupen (gewöhnl. im Pl.): mundartl. für Störrigkeit, Tücke, Schrulle

Nymphe: in der Studentensprache Liebchen, Dirne

oblischieren (entstellt aus franz. obliger): verpflichten, zwingen, nötigen

Observanz (lat.): Herkommen, Brauch

Odem: mitteldt. Nebenform zu Atem

oderint dum metuant (lat.): mögen sie hassen, wenn sie nur Furcht haben (Sueton)

Offiziant (lat.): Angestellter, Bediensteter. – *Mitoffiziant:* Berufsgenosse, Kollege

ohn-: ältere Nebenform zu un-

Ohnehosen: s. Sansculotten

Okzident (von lat. [sol] occidens ‚die untergehende Sonne'): der Westen, das Abendland

Opponent: bei Disputationen der Gegner des Respondenten, s. disputieren

Optimum ciborum condimentum fames (lat.): Die beste Würze der Speisen ist der Hunger. (Cicero)

Oratorium (mlat.): Betsaal, Bethaus, Hauskapelle

Orbis pictus (lat.): Die Welt in Bildern. Bedeutendes Unterrichtswerk von J. A. Comenius (Nürnberg 1658)

Orden: stud. Verbindungen, z. B. der Amicistenorden, s. d.; sie „sind auf den meisten Universitäten verboten und werden gemeiniglich nur heimlich unterhalten. [...] Das Haupt der Orden ist der Senior, ihm folgen die Ordensbrüder. Diese tragen Ordenszeichen und richten sich nach gewissen geschriebenen Gesetzen, welche die Ordensregeln heißen." (K)

ordinäre Präparanz: eine Stelle als ordentlicher Lehrer

Ordination (lat.): Amtseinführung, Bischofsweihe. – *ordinieren*

Orient (von lat. orior ‚sich erheben', *[sol] oriens* die aufgehende Sonne): der Osten, das Morgenland
sanctas gentes, quarum nascuntur in undis nuvina! (lat.): O heilige Völker, deren Gottheiten in den Wellen geboren werden! (Iuvenal)

pacta publica (lat.): öffentl. Verträge, Staatsverträge
Pakt: soviel wie Band, Teil (L. „im 2. Pakt, Seite...")
Pandekten (griech.): eine aus 50 Büchern bestehende Sammlung von Rechtssprüchen, die unter Iustinian im Jahre 530 Gesetzeskraft erhielten; das röm. Recht
Panegyricus (lat.): feierliche Lobrede. – *Panegyrist:* Festredner, Lobredner
Pantalon (franz.): lange Hose; zur Zeit der Revolution aufgekommene Hose, die die culotte (kurze Hose, Kniehose) ablöste; s. Sansculotten
Pantheismus (griech.): Lehre, nach der Gott und Schöpfung eins sind; Hauptvertreter Spinoza, s. d. – *Pantheisterei:* abwertend für Pantheismus. – *Pantheist*
Pantheon: das Pantheon zu Paris war seit 1791 Gedenkstätte für verdiente Franzosen
papisme (franz.): Papsttum
par (franz.): mit. – *par honneur:* mit Ehren
pardieu! (franz.): bei Gott!; wahrlich!; wahrhaftig!
Parduzloch: in der Studentensprache für Bordell
parentieren (lat.): ein Totenopfer darbringen; eine Leichenrede halten
Parforcejagd (zu franz. par force ‚mit Gewalt'): Hetzjagd
pari passu (lat.): in gleichem Schritt, gleichmäßig
Paroxysmus (griech.): heftiger Anfall, lebensgefährlicher Höhepunkt einer Krankheit; starke Erregtheit
par renommée (franz.): gerüchtweise
particula (lat.): kleiner Teil; Einzelheit, Notiz. – *particulas graecas:* griechische Notizen. – *partikulär:* einzeln, abgesondert
Pastor primarius (lat.): erster Pfarrer, Hauptpfarrer
Patene (griech.): in der kath. Kirche die zum Kelch gehörende Schale für die Hostie
pater peccavi (lat.): Vater, ich habe gesündigt (vgl. z. B. Neues Testament, Luk. 15,18)
Pätimäterei: s. Petitmäter
Patron (lat.): Schutzherr; Herr, Gönner, bes. einer, der das Recht hat, geistliche Stellen zu vergeben; verächtl. Kerl, Lump
pauken: in der Studentensprache ‚predigen'
paupertas impulit audax ut versus facerem (lat.): Die Not trieb mich dazu, Verse zu schreiben. (Horaz, Ep. II, 2, 51)
pauvre diable de prince allemand (franz.): armer Teufel von einem deutschen Fürsten
pauvre prussien (franz.): armer Preuße
peccatilia (lat.): läßliche Sünden
pecus (lat.): Vieh; übertragen ‚die Ungebildeten'. – *Pecus hauriat undam [...] (aber) doctus vina (oder) vinum da docto, laico de flumine cocto* (lat.): Das Vieh möge Wasser saufen [...] aber der Gelehrte Wein, oder: dem Gelehrten gib Wein, dem Laien vom gekochten Wasser.
Pedell (mlat.): Gerichtsbote, ‚Büttel'; Universitätsdiener
Pelagianer: nach dem engl. Mönch Pelagius (5. Jh.) benannte rel. Sekte; leugnete die Erbsünde
penibel (franz.): schmerzlich; beschwerlich
Pension (franz.): Ehrensold, Gnadengehalt
per accidens (lat.): durch Zufall

pereat (lat.): er soll zugrunde gehen! nieder mit ihm! – alter stud. Ruf (L. „Pereat N. N. der Hundsfott, der Schweinekerl! Tief! Pereat! Pereat!") – *perieren:* durch Pereat-Rufe herausfordern
Perfektibilität (franz.): Vervollkommnungsfähigkeit
Personage (franz.): Persönlichkeit, Person (gewöhnl. mit spöttischem Unterton)
Petitmäter (franz. petit maître): Stutzer, Geck, Modenarr. – *Petitmäterei, Petitmäterwesen, petitmätrisch*
peuple souverain (franz.): das souveräne Volk
Pharisäer (hebr.): jüdische Partei im 1. vor- und nachchristl. Jh.; in der Bibel verächtlich für Scheinheilige
philanthropinisch (griech.): menschenfreundlich; Erziehungsideal des Basedowschen Unterrichtswesens. Das erste Philanthropinum wurde 1774 in Dessau gestiftet.
Philister (hebr.): urspr. ein den Israeliten benachbarter Volksstamm in Palästina. – In der Studentensprache verächtl. Bezeichnung der Bürger und Nicht-Studenten; Spießbürger. – *Philister schwänzen:* die Bürger (Wirtsleute) prellen
Physiokrat (griech.): Anhänger einer landwirtschaftlich orientierten Volkswirtschaft
pia fraus (lat.): frommer Betrug
Pikett (franz.): Feldwache
Platzmajor: ehem. in Festungen der Offizier, der die Wachen einteilte und inspizierte
Poenal- (zu lat. poena, ‚Strafe, Buße'): *Poenalgesetz:* Strafgesetz. – *Poenalverordnung*
point d'honneur (franz.): Ehrenstandpunkt
Politikaster: Stammtischpolitiker
Poltron (franz.): Feigling, Maulheld. – *Poltronnerie:* Wichtigtuerei
Pönitenz (splat.): Reue, Buße; Strafe
positive Religion: eine auf göttliche Offenbarung bauende Religion im Unterschied zur natürlichen, zur Vernunftreligion
Postille (mlat.): Erbauungsschrift, Predigtbuch. – *die alten Postillen (zusammen)reiten:* Predigten aus alten Postillen zusammenschreiben
pour boire à la santé de la République (franz.): um auf das Wohl der Republik zu trinken
pour le mérite (franz. ‚für das Verdienst'): Name des preußischen Militär- und Zivilverdienstordens
Präbende (lat.): Pfründe, Leibrente
praetor non iudicat interiora (lat.): der Prätor beurteilt nicht das Innere
Prairial (franz.): Wiesenmonat, der 9. Monat des republ. Kalenders (21. Mai bis 19. Juni)
präkonisieren (mlat.): den Ruhm eines Menschen laut verkünden, ihn lobpreisen
Prälat (mlat.): ein hoher Würdenträger der Kirche
pränumerieren (lat.): auf ein Buch, eine Vorlesung u. ä. eine Vorauszahlung leisten
präokkupieren (lat.): vorher einnehmen; *präokkupiert sein:* von einer Sache im voraus eingenommen sein, eine vorgefaßte Meinung haben
Prärogative (lat.): Vorzug, Vorzugsrecht, Privilegium
Präservativ (franz.): Schutz, Vorbeugungsmittel (L. „Kants Entwurf zum Ewigen Frieden wäre freilich das beste Präservativ dawider.")
Präses: bei der Disputation derjenige, der den Vorsitz führt
Präsumtion (lat.): Einbildung, Dünkel, Vermessenheit
prätendieren (lat.): beanspruchen, fordern, Anspruch erheben
präzipitieren (lat.): übereilen, überstürzen
prêt (franz.): Löhnung, Sold
primo occupantis (lat.): Recht des zuerst in Besitz Nehmenden

princeps saecularis (lat.): weltlicher Fürst
Prison (franz.): Gefängnis; Haft
Privet (franz.): Abtritt
profan (lat.): weltlich; alltäglich
Profos (mlat.): Vorgesetzter; Feldrichter; Stockmeister
Proklama (mlat.): im 18. Jh. Nebenform zu Proklamation: Aufruf
Prokurator (lat.): Anwalt, Sachwalter, Advokat
pro loco (lat.): eigtl. ‚für die Stelle'; in der Verbindung *pro loco disputieren:* sich durch Verteidigung einer Dissertation um ein akad. Amt bewerben
Promotor (mlat.): Förderer, Urheber, vor allem derjenige Professor, der die akademische Würde verleiht, der Dekan der Fakultät
proper (franz.): reinlich, ordentlich, sauber. — *Propretät:* Sauberkeit, bes. der milit. Kleidung
Prorektor (lat.): der Stellvertreter des Rektors Magnificus
Proselyt (griech.): ein vom Heidentum zum Judentum Bekehrter, später jeder, der den Glauben oder die polit. Anschauung gewechselt hat, entspricht ‚Konvertit'. — *Proselyterei, Proselytismus, Proselytenmachen*
Proskriptum (lat.): Bekanntmachung; Ächtung. — *proskribieren:* öffentl. bekanntmachen; Güter einziehen; ächten. — *Proskription*
prostituieren (lat.): öffentl. preisgeben, bloßstellen, verächtlich machen (L. „den Dienst versäumen heißt in Frankreich sich prostituieren")
Protestation (franz.): Protest, Einspruch, Verwahrung
Provinzialkapitel: in der kath. Kirche die Versammlung der Äbte und Priore einer Provinz, meistens eines Erzbistums
Provision (lat.): Vorsorge; Verleihung eines kirchl. Amtes

Psalter (griech.): Buch der Psalmen, Gesangbuch
Puffkeller: Puff, alte Bezeichnung des hallischen Biers; „Puffkeller ein gewisser Keller unter dem dortigen Rathause, wo dieses Bier geschenkt wird" (K); Bierkeller
Pupillenkasse (zu lat. pupillus ‚Mündel'): Mündelgelder
pur eitel: aus reiner Eitelkeit

qua talis (lat.): als solche
Qualem ministrum fulminis alitem (lat.): gleichwie den Adler, den Träger des Blitzes (Horaz, Oden IV, 4)
quanta nomina (lat.): was für große Namen!
Quartband (von lat. quarta pars): Buchformat, der Bogen zu 4 Blättern = 8 Seiten
quasi (lat.): gleichsam, angeblich; in Zusammensetzungen Schein-: *Quasi-Lesewelt, Quasi-Winterquartier*
quatschen: sich auf schlammigem Boden fortbewegen
Que dites-vous, Monsieur, c'est assez que de savoir le françois pour avoir le goût juste. Un homme, qui sait notre langue ne peut jamais manquer d'esprit. (franz.): Was sagen Sie, mein Herr, es genügt, Französisch zu können, um den richtigen Geschmack zu haben. Einem Menschen, der unsere Sprache spricht, kann es niemals an Geist fehlen.
qu'il faut égorger comme de dieux porcs (franz.): die man abkehlen muß wie alte Schweine
Qui quondam medicus, nunc est vespillo Diaules; quod vespillo facit, fecerat id medicus. (lat.): Diaules war ehemals Arzt, jetzt ist er Leichenträger; was [jetzt] der Leichenträger tut, hatte [vorher] der Arzt getan.
qui vive? (franz.): Wer da?

quid pro quo (lat.): eins fürs andere; ein Versehen, eine Vertauschung, eine Personenverwechslung

quid sumus (lat.): was sind wir für Menschen

quo anno ante Christum natum (lat.): in welchem Jahr vor Christi Geburt

Quodlibet (aus lat. quod libet ‚was beliebet'): ein ohne Ordnung und Zusammenhang Zusammengestelltes, ein Durcheinander

Rabenstein: alte Bezeichnung für Richtstätte

Rabula (lat.): Schreier; Rechtsverdreher. – *rabulistisch:* ränkevoll

rack: starr, steif

radotieren (franz.): faseln, unsinniges Zeug reden

raffinieren (franz.): schlau und berechnend auf etwas sinnen, nachdenken

Raillerie (franz.): Scherz, Spott

räso(n)nieren (franz. raisonner): denken, urteilen: Einwendungen machen. – *räsonieren und deräsonieren:* einsichtig und unvernünftig urteilen, klug und abfällig reden. – *Räsonnement, Räsonneur*

ratione studiorum (lat.): in bezug auf die Studien

Ratze (Raize): eigtl. ein Serbe griech. Bekenntnisses; übertragen: ein Verbrecher, ein Bandit

Rauschgeld: Papiergeld, im Gegensatz zum Klingegeld, Münzgeld

Recueil des voyages imaginaires (franz.): Sammlung eingebildeter Reisen

Redoute (franz.): Schanze, Befestigungswerk

reformierte Lehre: die von Zwingli und Calvin erneuerte Glaubensrichtung des lutherischen Protestantismus

Refugies (franz.): Flüchtlinge, bes. die aus Frankreich geflüchteten Reformierten, s. Hugenotten

regalieren (franz.): bewirten, beschenken

Reichenbacher Kongreß: beendete am 2. Aug. 1790 die Feindseligkeiten zwischen Österreich und Preußen

Reichskammergericht: neben dem Reichshofrat das höchste Gericht des Heiligen Römischen Reichs Deutscher Nation, 1495 von Maximilian I. eingesetzt; es hatte von 1693 bis zu seiner Auflösung im Jahre 1806 seinen Sitz in Wetzlar

Reichs-Ober-Postamts-Zeitung: (Montägige) Frankfurter Kaiserliche Reichs-Ober-Postamts-Zeitung

Reichstaler: dt. Silbermünze, entsprach 24 Groschen od. 90 Kreuzern

reiten: Postillen reiten, s. d.

rekommandieren (franz.): empfehlen, anpreisen

rektifizieren (franz.): berichtigen

relegieren (lat.): wegschicken; einen Studenten von der Universität verweisen

Religio prudentum (lat.): Die reine Lehre. L. meint vermutl. die Schrift ‚Religio prudentum, seu sola fides catholica fides prudens' des Augsburger Jesuiten Neumeyer.

Remonstranz (neulat.): Gegenvorstellung, Einwendung. – *remonstrieren:* Gegenvorstellungen machen, Einspruch erheben

removieren (lat.): wegschaffen, beseitigen; absetzen

Renommee (franz.): guter Ruf, Leumund. – *Renommist:* in der Studentensprache „ein Student, der am Schlagen, Raufen, Saufen und Schwelgen Vergnügen findet, alle Kollegia versäumt und sich sowohl durch seine ungebundene freie Lebensart als durch seine Kleidung und Miene auszeichnet" (K.) – *renommieren, renommistisch, Renommisterei*

Renoncer à sa liberté, c'est renoncer à sa qualité d'homme, aux droits de l'humanité, même à ses devoirs. (franz.): Auf seine Freiheit verzichten, heißt auf seine Menschenwürde

verzichten, auf die Menschenrechte, ja sogar auf seine Pflichten.
Repertorium (lat.): Verzeichnis, Register
replizieren (lat.): erwidern, entgegnen
représentant du peuple (franz.): Volksrepräsentant, Volksvertreter
Requisition (franz.): (milit.) Anforderung von Heeresbedürfnissen; (jurist.) Nachsuchen um Rechtshilfe
res derelicta (lat.): aufgegebene Sache
Reservation (mlat.): Vorbehalt; in der kath. Kirche diejenigen Rechte, deren Ausübung sich der Papst vorbehält
Reskript (lat.): Erlaß; amtlicher Bescheid, Antwortschreiben
resolvieren (lat.): einen Entschluß fassen; Bescheid geben
Respondent (lat.): der Verteidiger einer Dissertation, der Disputation. – *respondieren:* antworten, verteidigen. – *responsabel:* verantwortlich, haftbar
restieren (franz.): noch ausstehen
Retirade (franz.): Rückzug
reüssieren (franz.): Erfolg haben, glücken; seinen Zweck erreichen
Reuter: obdt. Nebenform zu Reiter
Réverbère (franz.): Reflektor an einer Lampe; Laterne
Reverenzen schneiden: (iron.) Höflichkeitsbezeigungen erweisen
revindizieren (nlat.): als Eigentum zurückfordern
Revolutionstribunal: auf Robespierres Antrag im März 1793 in Paris eingesetzter Gerichtshof gegen konterrevolutionäre Umtriebe
Revue (franz.): hier im milit. Sinne Heerschau
Rezeß (lat.): Vergleich, Vertrag, bes. wenn ein Partner von seinen Forderungen zurücktritt
Röcheln (ital.): Kleidung der Geistlichen, Chorhemd
rollieren (franz.): sich bewegen, sich drehen

um (L. „die Reden rollierten meist über Gleichheit, Freiheit und Vaterlandsliebe")
Roßbach: In der Schlacht bei Roßbach siegte Friedrich II. von Preußen am 5. Nov. 1757 über die Franzosen und die Reichsarmee.
Rotgießer: Kupfergießer, Kupferschmied
Rthlr.: s. Reichstaler
Rotwelsch: Gaunersprache
ruminieren (franz.): hin und her überlegen, grübeln

Sabellianer: Anhänger einer von Sabellius (3. Jh.) vertretenen Lehre, nach der es keine Dreieinigkeit gibt
sacré bougre! (franz.): verdammter Schuft!
sacrés bougres d'emigrés! (franz.): verfluchte Lumpenpack von Emigranten!
sacrée garce d'allemande! (franz.): verfluchte deutsche Hure!
sacré mâtin, chien, sacrée garce, sacrée pie, sacrée soutane, sacrée merde! (franz.): verdammter Schuft, Hund, verfluchte Hure, verfluchtes altes Weib, verdammter Schwarzrock, verdammte Scheiße!
Sakrament: feierliche Religionshandlung; in der kath. Kirche die sieben von Christus eingesetzten heiligen Handlungen: Taufe, Firmung, Abendmahl, Buße, Letzte Ölung, Priesterweihe, Ehe, durch die den Menschen die göttl. Gnade zuteil wird. – *sakramentieren:* auch fluchen
Sakrilegium (lat.): Gotteslästerung
saldieren (ital.): bezahlen, ausgleichen
Salvegarde, Sauvegarde (spätlat. bzw. franz.): Sicherheitswache, Schutzwache, Bedeckung
Sansculotten (franz. sans culotte ‚ohne Hosen'): urspr. verächtliche Bezeichnung der franz. Revolutionäre, die keine Kniehose (culotte) wie die Adligen, sondern eine lange Hose (pantalon) trugen
sans façon (franz.): ohne Umstände

sans nom (franz.): ‚ohne Namen'; während der Revolution vorübergehend die Bezeichnung von Marseille
sardanapalisch: ‚wie Sardanapal', ein sagenhafter assyrischer König, dessen hervorstechendsten Eigenschaften in Weichlichkeit und Schwelgerei bestanden; ausschweifend
Schabbes (hebr.): Sabbat, jüd. Feiertag; Samstag
Schaffer: Arbeiter
Schanzer (zu schanzen: Kinder unterrichten, eigtl. ‚Frondienste tun'): in der Studentensprache Hauslehrer, Hofmeister
schenieren: umgangssprachl. für genieren
schirachisierend: s. Schirach im Personenverzeichnis
Schisma (griech.): Spaltung; in der Kirchengeschichte das Nebeneinander zweier Päpste: zu Rom und von 1378–1417 zugleich in Avignon
Schleppgebühr: in der Studentensprache verstand man unter ‚schleppen': einen Studenten ins Karzer führen; „daher Schleppgeld, das Geld, welches der Student dafür bezahlen muß" (K)
Schnurre: eigtl. ein witziger, auch alberner Einfall. – *eine Schnurre im Kopf haben* hieß in der Studentensprache: einen Rausch haben, betrunken sein. – *sich schnurrig machen:* sich einen Rausch antrinken
schofel (hebr.): schäbig, wertlos. – *schofle Ware, Schofelzeug:* Schund
Schuldner: bei L. auch für Gläubiger („Manichäer heißen in der Burschensprache die Schuldner, welche auf Bezahlung dringen")
Schwenckfelder: Anhänger des Kaspar v. Schwenckfeld (1489–1561), der Luthers Rechtfertigungslehre ins Mystische umdeutete
Schwertfeger: Waffenschmied
se détacher (franz.): sich losmachen; sich abschilfern

selecta capita (lat.): ausgewählte Kapitel. – *Selecta capita historiae ecclesiasticae* [Ausgewählte Kapitel aus der Kirchengeschichte] von Johann Jakob Semler (3 Bände. Halle 1767–1769)
Senior: s. Orden
sequestrieren (lat.): beschlagnahmen, unter Zwangsverwaltung stellen
Session (lat.): Sitzung
Siegwartsche Mädchen: empfindsame Mädchen, wie sie in Joh. Martin Millers Roman ‚Siegwart. Eine Klostergeschichte' (2 Bände, 1776), eine Nachahmung von Goethes ‚Leiden des jungen Werther', vorkommen
Sie studieren!: Ein Lesebuch von Carl August Seidel (Frankfurt 1782)
Simonie: Erwerb geistl. Ämter durch Kauf od. Bestechung (nach Simon, Apostelgesch. 8, 18)
si quis suadente diabolo (lat.): wenn einer vom Teufel beraten wird
Skiagraphie (griech.): Schattenriß, Durchleuchtung; Aufriß, Entwurf
Skribax, Skribent, Skribler (zu lat. scribo ‚schreiben'): Schreiber, Vielschreiber (im 18. Jh. nicht unbedingt verächtlich)
société populaire (franz.): öffentl. Verein, Klub
Sodom und Gomorrha: zwei Städte, die wegen unsittl. Lebens ihrer Einwohner in einem Feuer-, Salz- und Schwefelregen untergingen (1. Mose 19); warnendes Beispiel für die Sünde und das göttliche Strafgericht
Sois le bien venu! (franz.): Sei willkommen!
Sol: s. Sou
Solözismus (griech.): grober Sprachfehler, ‚Schnitzer'
Sottise (franz.): Albernheit, Dummheit; Torheit
Sou: franz. Kupfermünze
Sozinianer: relig. Sekte, Anhänger des Faustus Socinus (1539–1604); leugnen u. a.

483

die Dogmen der Dreieinigkeit, Prädestination, Erbsünde

spekulativ: im philos. Sinne auf ‚Spekulationen' gerichtet, nicht auf Erfahrungen gegründet

Spezies (lat.): Art, Gestalt; auch ein Taler (Speziestaler). − *in Specie:* in wirklichen Talern

Spinozismus: s. Pantheismus u. Spinoza

spolia opima (lat.): reiche Beute

Sporteln: (jurist.) die Gerichtskosten

Steckenjunge: Gefängniswärter

stiftsmäßiger Adel: alter Adel, der zum Eintritt in ein Stift berechtigte

stoisch (griech.): der Stoa gemäß, einer griech. Philosophenschule, die strenge Moral und unerschütterlichen Gleichmut lehrte, daher stoisch soviel wie charakterfest, ausgeglichen, standhaft. − *Stoizismus:* Gleichmut, Selbsbeherrschung

Strambuch: Buch mit Zoten

Sturm und Drang: Drama von Fr. M. Klinger, s. Personenverzeichnis

Stutzperücke: eine kurze, runde Perücke

Subsenior: s. Orden

Subsistenz (nlat.): Lebensunterhalt, Verpflegung. − *subsistieren:* seinen Unterhalt haben; bestehen

Supplik (franz.): Bittschrift, Gesuch

supponieren (lat.): voraussetzen; meinen; unterstellen

Surveillance (franz.): Aufsicht, Überwachung, Wachsamkeit. „Man versteht unter Surveillance oder Wachsamkeit oder Aufsicht die Gewalt oder das Recht eines jeden französischen Bürgers, auf alles acht zu haben, was dem Wohl des Staates zuwider ist." (L)

Suspirant (lat): Liebhaber

Syllogismus (griech.): Schlußfolgerung

Symbolik (griech.): Erklärung der rel. Sinnbilder und Gebräuche; vergleichende Darstellung der verschiedenen christl. Bekenntnisse, Konfessionskunde. − *symbolische Bücher:* Bekenntnisschriften, z. B. Augsburgische Konfession, Katechismus. − *Symbolum:* Wahlspruch

Symphilosoph (griech.): im alchimist. Sprachgebrauch der Mitarbeiter, Assistent

Talapoin: eigtl. ein Priester in Siam; in der Verbindung ‚Bonzen und Talapoinen' verächtl. Bezeichnung für orthodoxe Pfaffen

Taler: im 16. Jh. in Joachimsthal (Jáchymov) geprägte größere Silbermünze, entsprach 24 Groschen

Talmud: Gesetzbuch der Juden; die zwischen dem 2. und 6. Jh. veranstaltete Sammlung jüd. Überlieferungen und Gesetze

Tarock (ital.): das sog. Siebenkönigsspiel, ein wahrscheinl. aus Ägypten stammendes Kartenspiel mit 78 Blättern, worunter 22 Tarocks od. Trümpfe sind

termes liberticides (franz.): freiheitstötende Äußerungen

Theorem: ein philos. Lehrsatz, der wiss. bewiesen ist

theosophisch (griech.): mystische Einsicht in die übersinnliche Welt, in das Wesen des Göttlichen

Theriak: s. Doktor Theriak in den Wort- und Sacherklärungen

Thesaurus (griech.-lat.): Schatz, Fundgrube (Titel umfangreicher Sammelwerke). − *Thesaurus anecdotorum:* Anekdotenschatz

thrasonisch (griech.): prahlerisch, großsprecherisch (nach Thraso, einem prahlerischen Offizier in einem Lustspiel des Terenz)

Tirade (franz.): längerer Worterguß, Wortschwall

Tisane (franz.): Aufguß von Heilkräutern, Arzneitrank

Tischer: Nebenform zu Tischler

Trabant: Leibwächter, Begleiter; Spießgeselle

Traiteur (franz.): Gastwirt, – *Traiteurhaus:* Gasthaus, Schenke; Garküche

Traktament (nlat.): Bewirtung; Löhnung. – *traktieren:* behandeln, bewirten

transzendent (lat.): alles, was die Grenzen der Erfahrung überschreitet, sich aufs Übersinnliche bezieht

trätieren: er trätiert ihn nur en Bagatel = er behandelt ihn nur so nebenbei

Tribunal (lat.): Gerichtshof, Gericht. – *tribunal criminel:* Kriminalgericht. – *tribunal militaire:* Militärgericht. – *tribunaux révolutionnaires:* Revolutionsgerichte

Tu peux exister avec nous; tu auras bientôt un fusil (franz.): Du kannst mit uns leben; du wirst bald ein Gewehr bekommen.

ultramundan (lat.): überweltlich, überirdisch, jenseitig

ultramontanisch (nlat.): ‚jenseits der Gebirge', daher dem Geiste und den Grundsätzen des Papsttums gemäß

Ungrund: Unbegründetes, Grundlosigkeit

Universitäter: Student

Unterscheidungslehren: die Unterschiede in den Lehrmeinungen der christlichen Konfessionen

Untervampire: hier Umschreibung für Höflinge (zu Vampir, ein Wesen, das den Menschen das Blut aussaugt)

un tour de jacobin (franz.): ein Jakobinerstreich

Urbanität (franz.): Höflichkeit; hier soviel wie Anhänglichkeit, Pietät (L. „die Urbanität gegen die Verstorbenen")

vandalisch: zerstörungswütig (benannt nach dem germ. Völkerstamm der Vandalen); während der Franz. Revolution zum Schlagwort geworden

Vanitas vanitatum praeter amare Deum et bonum haustum vini bibere (lat.): Alles ist eitel, ausgenommen Gott zu lieben und einen guten Tropfen Wein zu trinken.

varium et mutabile semper femina (lat.): ein Weib ist immer wankelmütig und unbeständig

Vehikel (lat.): hier Ausdrucksmittel

Velum (lat.): Tuch; in der kath. Kirche das Schultertuch, auf dem das Venerabile getragen wird

Venerabile (lat.): in der kath. Kirche das Hochwürdigste, Allerheiligste, die zur Verehrung vorgezeigte geweihte Hostie. – *Venerabelsvelen:* s. Velum

vettermicheln: sich anbiedern

Vigilien (lat.): Nachtwachen; in der kath. Kirche Gottesdienst am Vorabend hoher Feste; Totenamt, Seelenmesse

Vikarius (lat.): Stellvertreter im Amt; Hilfsgeistlicher – *vikarieren:* vertreten, aushelfen

Viktualien (lat.): Lebensmittel

vindizieren (lat.): als Eigentum beanspruchen, sich zuschreiben, fordern. – *Vindizierung*

violent (lat.): heftig, gewalttätig

Vive la nation! (franz.): Es lebe die Nation!

Vive la république! (franz.): Es lebe die Republik!

Vokativus (lat.): leichtsinniger Kerl; Schurke

Volone (lat.): Freiwilliger

Volontär (franz.): Freiwilliger

Vorwort: Fürsprache

Votivtafel (lat.): in der kath. Kirche die einem Gelübde gemäß Gott oder einem Heiligen geweihte Tafel

vous avez menti! (franz.): Sie haben gelogen!

Waage: „In Halle ist die Waage ein großes Gebäude am Markte, in dessen obern Teile sich der akademische Senat versammelt und wo einige Hörsäle sind, welche zu öffentlichen Vorlesungen und Disputationen gebraucht werden." (K)

Waisenhaus: die in Halle 1698 von A. H. Francke gestiftete Schulanstalt, „worin viele Kinder armer Eltern unentgeltlich erzogen, unterrichtet und ernährt werden und wo auch viele arme Studenten, die in diesen Anstalten Unterricht geben, ihren Unterhalt und ihre Versorgung finden. Gegenwärtig hat es außer dem Direktor einen Kondirektor, viele Inspektoren, welche gewöhnlich Kandidaten der Theologie sind, die nach und nach zu geistlichen Ämtern befördert werden. Die ordentlichen Lehrer sind Studenten, welche nur in den obern Klassen außer dem freien Tisch Gewisses an Gelde empfangen." (K). – *Waisen(haus)praeceptor:* Lehrer am Waisenhaus

‚*Wanderungen*': ‚Meine Wanderungen durch die Rhein- und Maingegenden und die preußischen Kantonierungsquartiere im Februar 1794. Nebst Nachrichten über die Mainzer Klubisten und über den in die preußische Kriegsgefangenschaft nach Magdeburg gebrachten peuple souverain', eine Schrift von Ernst August Anton Göchhausen. Das Buch erschien 1795.

Wohlfahrtsausschuß (franz. comité de salut public): die am 6. April 1793 vom Nationalkonvent eingesetzte Regierungsbehörde, der Revolutionstribunal und Sicherheitsausschuß unterstanden

Wohlunterrichteter Katechet: Johann Jakob Rambachs Wohlunterrichteter Katechet, d. i. deutlicher Unterricht, wie man der Jugend auf die allerleichteste Art den Grund christlicher Lehre beibringen könne

Zelebrität (lat.): Ansehen, Berühmtheit

Zertifikat (neulat.): Bescheinigung, Zeugnis

Zession (lat.): Abtretung eines Rechtes, eines Besitzes

Zivilliste: eine bestimmte Summe, die dem Landesherrn jährlich aus dem Staatseinkommen für seine Hofhaltung zugestanden wird

Zivismus: s. Civismus

Zwillich: festes Gewebe zum Beziehen von Matratzen; Drell

Zwinger: „ein Hof oder Garten, der sich zwischen zwei Mauern befindet. Wort und Sache sind insonderheit in Halle gewöhnlich, wo man aus einem Zwinger in den andern kommen und sich durch Spazierengehen belustigen kann." (K) – *geistliche Zwinger:* Klöster

Personenverzeichnis

Abraham: Stammvater der Israeliten; sein Leben und Wirken erzählt das Erste Buch Mose, Kap. 12–25

Absolom (Abschalom, hebr.) im Alten Testament Sohn des Königs David, den er stürzen wollte: er fand aber in der Schlacht den Tod (2. Sam. 13–18).

Abt, Karl Friedrich (1743–1783), Prinzipal einer Schauspielertruppe

Achenwall, Gottfried (1719–1772), seit 1748 Prof. der Philosophie, später auch der Rechte in Göttingen. Sein ‚Ius naturae' (2 Teile. 1755f.) ist die neue, selbständige Bearbeitung des 1750 zusammen mit Pütter verfaßten ‚Naturrechts'.

Adelung, Johann Christoph (1732–1806), Sprachwissenschaftler, seit 1787 Oberbibliothekar in Dresden: zahlreiche Veröffentlichungen, u. a. ‚Versuch eines vollständigen grammatisch-kritischen Wörterbuchs der hochdeutschen Mundart' (1774–1786).

Agamemnon, sagenhafter König von Mykenae, oberster Heerführer im Krieg gegen Troja

Agis IV., 244–241 v. Chr. König von Lakedaimon (Sparta); versuchte eine Sozialreform, wurde auf Betreiben seiner Gegner zum Tode verurteilt und 241 n. Chr. erdrosselt.

Alembert, Jean Lerond d', (1717–1783), franz. Mathematiker, Naturwissenschaftler und Philosoph; Mitherausgeber der großen Encyclopédie

Alexander der Große (356–323 v. Chr.), König von Makedonien; 334 bis 330 v. Chr. Feldzug gegen Persien

Anhalt-Bernburg. Franz Adolf Fürst zu (1724–1784), preuß. General

Anna von Österreich (1601–1666), Gemahlin Ludwigs XIII. von Frankreich. L. spielt auf ihr Verhältnis zu Kardinal Mazarin an.

Anselm(us) von Canterbury (1033–1109), scholast. Philosoph, seit 1093 Erzbischof von Canterbury

Antoinette, s. Marie Antoinette

Archenholz, Johann Wilhelm v. (1743 bis 1812), Geschichtsschreiber; gab u. a. die hist.-polit. Monatsschrift ‚Minerva' heraus (seit 1792).

Artois, Graf von, s. Karl X.

Äsop (um 550 v. Chr.), legendärer Fabeldichter des Altertums

Augustin(us) (354–430), einer der bedeutendsten Kirchenväter, 395 Bischof von Hippo. Seine geschichtsphilos. Gedanken legte er in dem Werk ‚De civitate Dei' [Vom Gottesstaat] nieder.

Baden. Mit dem Markgrafen von Baden ist Karl Friedrich (1728–1811) gemeint, der als Anhänger aufklärerischer Gedanken 1783 die Leibeigenschaft aufhob. Unter ihm wurde Baden 1803 Kurfürstentum und 1806 Großherzogtum.

Bahrdt, Karl Friedrich (1741–1792), 1761 Privatdozent, 1766 Prof. der Theologie in Leipzig; lehrte später in Erfurt und von 1771–1775 in Gießen, wurde auf Basedows Empfehlung Leiter des Philanthropinums in Marschlins und 1776 Generalsuperintendent in Dürkheim. Hielt seit 1779 stark besuchte philosophische und philologische Vorlesungen in Halle, die er nach dem Tode Friedrichs II. aufgeben mußte. 1789 wurde er wegen seines gegen den preuß. Staatsminister Wöllner gerichteten Lustspiels ‚Das Religionsedikt' zu einer Festungsstrafe verurteilt und schrieb während der Haft die ‚Geschichte seines Lebens, seiner Meinungen und Schicksale'.

Baldinger, Ernst Gottfried (1738–1804), Prof. der Medizin in Jena, von 1773 bis 1785 in Göttingen, danach in Marburg

Barras, Paul Jean François Nicolas Graf v. (1755–1829); entstammte einem alten Adelsgeschlecht, war Mitglied des Konvents, schloß sich der Bergpartei an und leitete die Belagerung von Toulon. Später maßgeblich am Sturz Robespierres beteiligt und einflußreiches Mitglied des Direktoriums.

Basilius Valentinus, vom Oberrhein gebürtig, seit 1413 Benediktinermönch in Erfurt; besaß gründliche Kenntnisse auf dem Gebiet der Chemie. Seine Schriften enthalten viel mystische Schwärmerei; sie erschienen erst 1599 bis 1604 im Druck und wurden wiederholt neu aufgelegt; ihre Echtheit ist auch bezweifelt worden.

Baumgarten, Siegmund Jakob (1706–1757), 1726 Inspektor am Waisenhaus, 1734 Prof. der Theologie in Halle; einflußreicher rationalist. Theologe, Schüler und Anhänger von Christian Wolff. Die ‚Evangelische Glaubenslehre' und die ‚Untersuchung theologischer Streitigkeiten' veröffentlichte sein Schüler J. S. Semler aus dem Nachlaß.

Bayle, Pierre (1647–1706), Wegbereiter der franz. Aufklärung; Hauptwerk ‚Dictionnaire historique et critique' [Historisches und kritisches Wörterbuch], 2 Bände. 1697; dt. von Gottsched u. a. 4 Bände 1741–1744

Beaurepaire, Nicolas Joseph de (1740 bis 1792), franz. Oberstleutnant, Kommandant der Festung Verdun

Becher, Johann Joachim (1635–1682), trieb autodidaktische Studien auf den Gebieten der Medizin, Chemie und Physik, wurde 1666 Prof. in Mainz und Leibarzt des Kurfürsten, richtete in München ein großes Laboratorium ein. Neben volkswirtschaftlich beachtenswerten Schriften verfaßte er auch zahlreiche mystischalchimist. Deutungen (‚Oedipus chymicus, oder Chymischer Rätseldeuter', 1664, ‚Chymischer Glückshafen, oder Große Chymische Konkordanz', 1682).

Bechtold, Johann Georg (1732–1805), Konsistorialrat, Superintendent und Pastor primarius, seit 1759 Prof. der Theologie in Gießen

Beck, Christian Daniel (1757–1832), seit 1785 Prof. der griech. und lat. Sprache in Leipzig, Direktor der Universitätsbibliothek

Benedikt XII., von 1334–1342 Papst; unter ihm wurde der päpstliche Palast in Avignon erbaut.

Benner, Johann Hermann (1699–1782), Generalsuperintendent und Prof. der Theologie in Gießen

Beykert, Johann Philipp (1713–1787), Theologe, Prof. in Straßburg

Bispink, auch Bisping, Franz Heinrich (1749–1820), ursprünglich Franziskaner, Verlagsbuchhändler in Halle, Professor

Böhm, Andreas (1720–1790), Prof. der Philosophie und Mathematik in Gießen

Böhmer, Georg Wilhelm (1761–1839), 1785 Privatdozent für Kirchenrecht und

Kirchengeschichte in Göttingen, 1788 Prof. am Evang. Gymnasium in Worms. Wurde 1792 Sekretär des franz. Generals Custine und trat zusammen mit Georg Forster im Rheinland für die Verwirklichung der Ideale der Franz. Revolution ein.

Boileau-Despréaux, Nicolas (1636–1711), franz. Dichter und Kritiker, Historiograph Ludwigs XIV.

Bonifatius (um 675–754), Missionar in Deutschland, später Bischof und Erzbischof

Bouillé, François Claude Amour Marquis de (1739–1800), franz. General, begünstigte den Fluchtversuch Ludwigs XVI. Seine haßerfüllten Memoiren gegen die Franz. Revolution (‚Mémoires sur la révolution française') erschienen 1797 in engl. Sprache (dt. 1798).

Brandes, Johann Christian (1735–1799), Schauspieler; schrieb Stücke wie ‚Der Schein betrügt', ‚Der geadelte Kaufmann', ‚Der Gasthof oder Trau, schau, wem!'

Braunschweig. Herzog von Braunschweig s. Karl Wilhelm Ferdinand

Herzog Friedrich von Braunschweig s. Friedrich August

Herzog Friedrich Wilhelm von Braunschweig s. Friedrich Wilhelm

Braunschweig, Leopold Prinz von (1752–1785), preuß. General: fand bei Hilfeleistungen während der Hochwasserkatastrophe den Tod.

Brucker, Johann Jakob (1696–1770), Pfarrer und Schulrektor in Kaufbeuren, später in Augsburg, Verfasser zahlreicher umfangreicher philosophiegeschichtl. Schriften, u. a. ‚Kurze Fragen aus der philosophischen Historie' (7 Bände. 1731–1736), ‚Historia critica philosophiae a mundi incunabulis ad nostram usque aetatem deducta' [Kritische Geschichte der Philosophie von den Anfängen der Welt bis auf unsere Zeit geführt] (5 Bände. 1742–1744), mit denen er zum Begründer der Philosophiegeschichtsschreibung in Deutschland wurde.

Brutus, Marcus Iunius (85–42 v. Chr.), röm. Republikaner plebejischer Herkunft; an der Verschwörung gegen Cäsar beteiligt.

Buff, Henrich Adam (1710–1795), Amtmann des Deutschen Ordens. Seine Tochter Charlotte (1753–1828) lernte Goethe im Juni 1772 in Wetzlar kennen, ebenso deren Verlobten, den Hannoverschen Gesandtschafts-Sekretär Johann Christian Kestner (1741–1800).

Bünau, Heinrich Graf von (1697–1762), sächs. Staatsmann und Geschichtsschreiber; verfaßte u. a. eine ‚Deutsche Kaiser- und Reichshistorie' (4 Bände. 1728 bis 1743).

Burscher, Johann Friedrich (1732–1805), Prof. der Theologie und Philosophie in Leipzig

Calas, Jean (1698–1762), protestant. Kaufmann in Toulouse, wurde verdächtigt, seinen Sohn, der zum kath. Glauben übertreten wollte, ermordet zu haben. Aus religiösem Fanatismus hingerichtet, drei Jahre später von allen Anschuldigungen freigesprochen.

Calonne, Charles Alexandre de (1734 bis 1802), franz. Finanzminister, richtete durch Prunk- und Verschwendungssucht die Staatsfinanzen vollends zugrunde; emigrierte 1787 nach London und wurde Ratgeber des Grafen von Artois.

Calvin, Johann (1509–1564), protestant. Reformator der Schweiz, Begründer des Kalvinismus.

Capetingische Familie, Kapetinger, das auf

Hugo Capet zurückgehende franz. Königsgeschlecht. Nach dem Erlöschen der Dynastie in gerader Linie (1328) kamen kapetingische Seitenlinien auf den Thron, seit 1589 die Bourbonen, denen Ludwig XVI. entstammte.
Capet, Louis, s. Ludwig XVI.
Carpzov, Johann Benedikt (1720–1803), seit 1748 Prof. der griech. Sprache, seit 1749 auch der Theologie in Helmstedt; orthodoxer Lutheraner
Carrier, Jean Baptist (1756–1794), franz. Revolutionär; gehörte zu der radikalen Gruppe der Hébertisten.
Cartheuser, Friedrich August (1734–1796), Prof. der Medizin und der Naturlehre in Gießen, Direktor des Botanischen Gartens; nahm 1778 seinen Abschied.
Cassius, Gaius C. Longinus (gest. 42 v. Chr.), röm. Politiker, mit Brutus Haupt der Verschwörung gegen Cäsar.
Cellarius, Christoph (1638–1707), Gymnasialprof. in Weißenfels, Weimar, Zeitz, Merseburg, seit 1693 Prof. der Geschichte und Beredsamkeit an der neugegründeten Universität Halle. Verfasser zahlreicher Lehrbücher und Schulausgaben antiker Autoren.
Chalier, Maria Joseph (1747–1793), entstammte der Handelsbourgeoisie, schloß sich der Revolution an: Stadtkommandant und Präsident des Jakobinerklubs in Lyon; guillotiniert.
Cicero, Marcus Tullius (106–43 v. Chr.), röm. Redner, Staatsmann und Dichter
Claproth, Justus (1728–1805), seit 1759 Prof. der Rechtswissenschaft in Göttingen
Clemens V., von 1305 bis 1314 Papst; verlegte die päpstliche Residenz nach Avignon; mit ihm begann die sog. Babylonische Gefangenschaft der Kirche (1309 bis 1377).

Clemens VI., von 1342 bis 1352 Papst; bannte 1346 Ludwig von Bayern; kaufte 1348 Avignon von Johanna von Neapel.
Clerfait, Joseph de Croix Graf von (1733–1798), österr. Feldherr, kämpfte 1790 gegen die Türken und 1792 bis 1795 gegen das revolutionäre Frankreich in den Niederlanden.
Cleron, L. meint *Clairon*, eigtl. Claire Josephe Hippolyte Leyris de la Tude (1723–1803), berühmte Schauspielerin an der Comédie Française in Paris
Clovis, franz. Form für Chlodwig [Ludwig]. Chlodwig I. (465–511), Teilkönig des Merowingerreichs, wurde durch seinen Sieg bei Soissons (486) zum Begründer Frankreichs.
Coburg-Saalfeld, Friedrich Josias Prinz von (1737–1815), österr. General, seit Januar 1793 Oberbefehlshaber der Reichsarmee und des österr. Heeres im Kampf gegen das rev. Frankreich.
Collot d'Herbois, Jean Marie (1750–1796), franz. Revolutionär, gehörte zu der radikalen Gruppe der Hébertisten, war am Sturz Robespierres beteiligt, unterdrückte brutal den girondistischen Aufstand in Lyon, wurde aber später selbst verhaftet und nach Cayenne verbannt.
Comenius, eigtl. Komenski, Johann Amos (1592–1670), Theologe und Begründer der neueren Pädagogik; s. auch Orbis pictus in den Worterklärungen
Condé, Ludwig Joseph von Bourbon, Prinz von (1736–1818), franz. Heerführer; emigrierte bereits 1789 aus Frankreich und bildete 1792 ein Emigrantenheer, das sich den verbündeten Armeen bei dem Einfall in Frankreich anschloß; kehrte erst 1814 nach Frankreich zurück.
Confucius, eigtl. Konfu-tse (551–478 v. Chr.), chines. Religionsstifter

Courbière, Guillaume René de l'Homme, Seigneur de (1733–1811), preuß. General in den Koalitionskriegen gegen Frankreich.

Cornelius Nepos (zwischen 100 und 25 v. Chr.), röm. Geschichtsschreiber, mit Cicero und Catull befreundet; verfaßte eine Sammlung von Biographien großer Männer („De viris illustribus'); von den 16 Büchern ist nur eins vollständig erhalten.

Couthon, Georges (1756–1794), franz. Revolutionär, Anhänger Robespierres; leitete 1793 die Strafexpedition gegen Lyon.

Crell(ius), Samuel (1660–1747), Lehrer und Prediger der Socinianer; schrieb u. a. „Kurzer Unterricht in der christlichen Religion nach der Lehre der Unitariorum', den socinianischen Katechismus.

Cromwell, Oliver (1599–1658), engl. Staatsmann; nach der Hinrichtung Karls I. Lord-Protektor

Custine, Adam Philippe Comte de (1740 bis 1793), franz. General, 1792 Befehlshaber der Rheinarmee; nach milit. Mißerfolgen des Verrats beschuldigt und hingerichtet.

Damiens, François Robert (1715–1757), versuchte ein Attentat auf Ludwig XV., wurde hingerichtet.

Dampierre, Auguste Henri Marie Picot Marquis de (1756–1793), franz. General, Anhänger der Revolution; bei Quiévrain tödlich verwundet.

Darius (Dareios) III., Perserkönig (336–330 v. Chr.), unterlag Alexander dem Großen von Makedonien.

Dathe, Johann August (1731–1791), seit 1762 Prof. der orientalischen Sprachen in Leipzig

David: König von Israel, Idealgestalt der jüd. Geschichte; vgl. Altes Testament, 1. und 2. Buch Samuel

Delmas, Antoine Guillaume (1768–1813), franz. General, befehligte eine Zeitlang die Rheinarmee, fiel in der Völkerschlacht bei Leipzig.

Demosthenes (384–322 v. Chr.), bedeutendster Redner des Altertums

Dentzel, Georg Eduard, 1755 in Türkheim (Elsaß) geboren, studierte in Jena Theologie und kam als Pastor nach Landau. Während der Revolution war er Mitglied des Konvents und Volksrepräsentant in Landau. 1794 des Verrats angeklagt, entging er nur durch den Sturz Robespierres der Guillotine. Unter Napoleon wurde er geadelt und General. Nach der Schlacht von Jena und Auerstedt war er Stadtkommandant von Weimar. Er starb 1824 als franz. Feldmarschall.

Dessau. Mit dem Fürsten von Dessau ist Leopold III. Friedrich Franz (1740 bis 1817) gemeint. Unter ihm wurde das Philanthropinum in Dessau errichtet (1774) und der Park zu Wörlitz angelegt. 1807 trat er dem Rheinbund bei und nahm den Herzogstitel an.

Dillon, Théobald Comte de (1745–1792), franz. General; wurde des Verrats bezichtigt und von seinen Soldaten ermordet.

Diogenes (412–323 v. Chr.), griech. Philosoph aus der Schule der Kyniker

Domitian(us), röm. Kaiser (81–96), Bruder und Nachfolger des Titus

Dschingis-Khan, eigtl. Temudschin (1155 bis 1227), einte die mongolischen Stämme, schuf durch ausgedehnte Kriegszüge ein großes Reich, das unter seinen Nachkommen wieder zerfiel.

Dumouriez, Charles François (1739–1823), franz. Staatsmann und General; kämpfte bei Valmy gegen die Preußen und besetzte im November 1792 die österreichischen Niederlande; militär. Rückschläge und polit. Gegensätze zu den Jakobinern veranlaßten ihn, im März 1793 zu den Österreichern überzugehen.

Dunckel, Johann Gottlob Wilhelm (1720 bis 1759)

Eberhard, Johann August (1739–1809), Prof. der Philosophie in Halle, Anhänger von Leibniz und Wolff, Gegner Kants

Égalité s. Orleans, Herzog von

Eickemeyer, Rudolf (1753–1825), Ingenieur(offizier) in Mainz; trat nach Übergabe der Stadt in franz. Dienste, Brigadegeneral.

Elias: Prophet in Israel, vgl. Altes Testament, 1. Könige 17 bis 2. Könige 2.

Elisabeth I. (1533–1603), seit 1558 Königin von England, faßte den Entschluß, als „jungfräuliche" Königin zu sterben, und blieb unvermählt.

Febronius, Justinus, Pseudonym für Johann Nikolaus von Hontheim (1701–1790), Weihbischof von Trier; vertrat den Gedanken einer franz. Staatskirche (Gallikanische Kirche), mußte aber 1778 widerrufen.

Feder, Johann Georg Heinrich (1740 bis 1821), 1765 Prof. der Metaphysik und hebr. Sprachen, später auch der Philosophie in Göttingen

Fisch, Johann Georg (1758–1799), Schweizer Staatsbeamter; verfaßte ‚Briefe über die südlichen Provinzen von Frankreich'.

Fischer, Johann Friedrich (1726–1799), seit 1762 Prof. der alten Literatur und der schönen Wissenschaften in Leipzig, Rektor der Thomasschule

Fleck, Ferdinand (1757–1801), bedeutender Schauspieler und Regisseur in Hamburg und später in Berlin

Forster, Johann Reinhold (1729–1798), zuerst Prediger in Nassenhuben bei Danzig; befaßte sich mit natur- und völkerkundlichen Studien und erhielt 1766 eine Professur der Naturgeschichte in Warrington. Er begleitete Cook auf seiner zweiten Entdeckungsreise, wurde 1780 Prof. der Naturgeschichte in Halle.

Forster, Johann Georg (1754–1794), Sohn des vorigen; nahm ebenfalls an der Weltumseglung Cooks teil, war 1778 bis 1784 Lehrer der Naturgeschichte an der Ritterakademie in Kassel, danach in Wilna. 1788 übernahm er das Amt eines Bibliothekars beim Kurfürsten von Mainz. Leidenschaftlicher Anhänger der Franz. Revolution; schloß sich 1792 den Mainzer Klubisten an und ging 1793 als deren Deputierter nach Paris.

Förster, Christian, Prof. in Halle

Franz I. (1494–1547), seit 1515 König von Frankreich; bestechende Geistesgaben, Neigung für Dichtung und Kunst, Eleganz und Ehrgeiz beherrschten ihn ebenso wie zügellose Genußsucht, Immoralität und despotische Herrschsucht.

Franz II. (1768–1835), Sohn Leopolds II., seit 1792 röm.-dt. Kaiser, setzte die Koalitionskriege gegen Frankreich fort. Wurde 1804 als Franz I. Kaiser von Österreich, legte 1806 die dt. Kaiserkrone nieder.

Freylinghausen, Gottlieb Anastasius (1719 bis 1785), Sohn des folgenden; Prof. in Halle, seit 1771 Direktor des Waisenhauses

Freylinghausen, Johann Anastasius (1670 bis 1739), einflußreicher pietistischer Theologe, seit 1727 Direktor des Waisenhauses in Halle

Friedrich II. (1712–1786), seit 1740 König von Preußen

Friedrich V. (1723–1766), seit 1746 König von Dänemark; Vertreter des sog. aufgeklärten Absolutismus, Förderer von Kunst und Wissenschaft, Gönner Klopstocks

Friedrich August I., der Starke (1670 bis 1733), seit 1694 Kurfürst von Sachsen; trat zum kath. Glauben über und bestieg 1697 als August II. den poln. Königsthron.

Friedrich Wilhelm II. (1744–1797), Neffe Friedrichs II., seit 1786 König von Preußen; schloß 1792 ein Bündnis mit Österreich gegen das revolutionäre Frankreich, das zum Ersten Koalitionskrieg (1792 bis 1797) führte.

Friedrich Wilhelm III. (1770–1840), Sohn des vorigen; der „Kronprinz von Preußen" in L.s Lebensgeschichte. Er heiratete 1793 Prinzessin Luise von Mecklenburg-Strelitz und bestieg 1797 den preuß. Thron.

Friedrich August von Braunschweig (1740 bis 1805), Bruder Herzog Karl Wilhelm Ferdinands von Braunschweig, seit 1792 regierender Fürst von Öls. Mit ihm wurde L. während des Feldzugs von 1790 bekannt und widmete ihm den ersten Teil seiner Autobiographie.

Friedrich Wilhelm von Braunschweig (1771 bis 1815), Sohn Herzog Karl Wilhelm Ferdinands von Braunschweig; nahm seit 1792 an den Feldzügen gegen das revolutionäre Frankreich teil und wurde 1795 Generalmajor. Von seinem Onkel Friedrich August erbte er 1805 Öls; 1806 folgte er seinem Vater als Herzog von Braunschweig.

Galba, Servius Sulpicius (3 v. Chr.–69 n. Chr.), röm. Senator und Feldherr, empörte sich gegen Nero; wurde nach dessen Absetzung im Jahre 68 von den Legionen zum Kaiser ausgerufen, im folgenden Jahr aber, dem ‚Vierkaiserjahr', erschlagen.

Garrick, David (1717–1779), berühmter engl. Schauspieler, Shakespearedarsteller

Gatterer, Johann Christoph (1727–1799), 1756 Prof. der Geschichte in Altdorf, seit 1759 in Göttingen; Begründer der historischen Hilfswissenschaften (Diplomatik, Heraldik, Numismatik, Genealogie)

Gedike, Friedrich (1754–1803), Direktor des Friedrichswerderschen Gymnasiums, später des Köllnischen Gymnasiums in Berlin; bedeutender Pädagoge; Verfasser zahlreicher Lehrbücher und Schulschriften

Gilot, Joseph (1734–1812), franz. General und Feldmarschall; zeichnete sich bei der Verteidigung von Landau aus.

Girtanner, Christoph (1760–1800), Doktor der Medizin, privatisierte seit 1790 in Göttingen; gab 1793 bis 1794 die Halbmonatsschrift ‚Politische Annalen' heraus.

Göchhausen, Ernst August Anton von (1740–1824), herzogl. sächs.-weimar. Geh. Kammerrat zu Eisenach: schrieb u. a. ‚Meine Wanderungen durch die Rhein- und Maingegenden . . .' (1795), s. ‚Wanderungen'.

Goldhagen, Prof. in Halle

Goethe, Johann Wolfgang v. (1749–1832). – Der Briefroman ‚Die Leiden des jungen Werthers' erschien 1774 und wurde zu einem der größten Bucherfolge des 18. Jh.

Goeze, Johann Melchior (1717–1786), seit 1755 Hauptpastor in Hamburg; streitsüchtiger Theologe, polemisierte gegen Basedow, Semler, Bahrdt, wurde durch Lessings ‚Antigoeze' zum Vertreter des orthodoxen Luthertums gestempelt.

Gregor(ius) XI., von 1370 bis 1378 Papst; kehrte 1377 von Avignon nach Rom zurück. Nach seinem Tode wurden zwei

Päpste gewählt, Urban VI., der in Rom, und Clemens VII., der weiterhin in Avignon regierte. Damit war das Schisma vollzogen, das fast vierzig Jahre lang die röm.-kath. Kirche in zwei Lager spaltete.

Grotius, Hugo, eigtl. Huigh de Groot (1583–1645), holl. Staatsmann und Gelehrter, Begründer des modernen Staats- und Völkerrechts. Hauptwerk ‚De iure belli ac pacis' [Über das Recht des Krieges und des Friedens] (Paris 1625).

Gruner, Johann Friedrich (1723–1778), seit 1764 Prof. der Theologie in Halle; schrieb u. a. Institutionum theologiae dogmaticae libri III (1777).

Gymnich, Clemens August Frhr. v. (gest. 1806), österr. General, trat 1779 in kurmainz. Dienste; übergab 1792 Mainz an Custine.

Häberlin, Franz Dominikus (1720–1787), Prof. der Geschichte in Helmstedt; verfaßte umfangreiche historische Werke, u. a. ‚Entwurf einer pragmatischen deutschen Reichshistorie' (1767), ‚Neueste deutsche Reichshistorie...' (20 Bde., 1774–1786).

Heinrich II. (1518–1559), seit 1547 König von Frankreich; gelangte 1552 in den Besitz der lothringischen Bistümer Metz, Toul und Verdun.

Heinrich IV. (1553–1610), seit 1589 König von Frankreich; erster Herrscher aus dem Hause Bourbon; urspr. Führer der Hugenotten, trat zum kath. Glauben über, erließ 1598 das Edikt von Nantes.

Helmont(ius), Johann Baptist van (1577 bis 1644), niederl. Mediziner und Philosoph, Anhänger der Lehre des Paracelsus

Helmont(ius), Mercurius van (1618–1699), Sohn des vorigen, vertrat die gleichen alchimist. und theosoph. Anschauungen wie sein Vater.

Helvetius, Claude Adrien (1715–1771), franz. Aufklärungsphilosoph; Hauptwerk ‚De l'esprit' [Vom Geiste] (Paris 1758)

Henri Quatre s. Heinrich IV.

Henriot, François (1761–1794), franz. Revolutionär; maßgeblich an den Septembrisaden beteiligt, erzwang die Verhaftung der Girondisten, wurde Oberbefehlshaber der Nationalgarde. Am 9. Thermidor versuchte er, mit Waffengewalt den Konvent zu stürzen, der Versuch scheiterte, und H. wurde mit Robespierre hingerichtet.

Herder, Johann Gottfried v. (1744–1803), Generalsuperintendent, Oberkonsistorialrat, Oberhofprediger und Pastor primarius von Weimar; anregender Geschichts- und Religionsphilosoph. Hauptwerk: ‚Ideen zur Philosophie der Geschichte der Menschheit' (1784 bis 1791). Seine ‚Briefe zur Beförderung der Humanität' erschienen 1793 bis 1797, ‚Gott. Einige Gespräche' 1787.

Hermes, Johann August (1736–1822), zuletzt Konsistorialrat und Schulinspektor in Quedlinburg; verfaßte zahlreiche religiöse Erbauungsschriften.

Hessen-Homburg, eine von 1622 bis 1866 bestehende Landgrafschaft

Hessen-Kassel, ein bei der Teilung Hessens 1567 entstandenes Fürstentum, seit 1803 Kurfürstentum. – Mit dem verstorbenen Landgrafen ist Friedrich II. (1720–1785) gemeint, der seit 1760 regierte und durch seinen Menschenhandel berüchtigt wurde. Sein Sohn und Nachfolger Wilhelm IX. (1743–1821) kämpfte 1792 an der Seite Preußens und Österreichs gegen das revolutionäre Frankreich, eroberte Frankfurt und Mainz.

Heyne, Christian Gottlob (1729–1812), bedeutender Altphilologe; studierte in Leipzig, ging 1753 Kopist an die Bibliothek des Grafen Brühl nach Dresden und wurde 1763 Prof. der Beredsamkeit in Göttingen. Zahlreiche wiss. Publikationen, Herausgeber der ‚Göttinger gelehrten Anzeigen'. Seine Tochter Therese war mit Georg Forster verheiratet.

Hobbes, Thomas (1588–1679), engl. Staatsmann und Philosoph

Hoche, Lazare (1768–1797), franz. Revolutionsgeneral, Befehlshaber der Moselarmee

Hohenlohe, Friedrich Ludwig Fürst von Hohenlohe–Ingelfingen (1746–1818), preuß. General, befehligte 1792 eine Division.

Hohenlohe, Ludwig Aloysius Fürst von Hohenlohe–Waldenburg–Bartenstein (1765–1829), Vetter des vorigen, franz. General; trat 1792 als Oberst in das Emigrantenheer, dann in holländische, von 1794 bis 1799 in österreichische und nach 1814 wieder in franz. Dienste; war nach der Restauration der Bourbonen Marschall und Pair.

Holberg, Ludwig Baron v. (1684–1754), dän. Dichter und Gelehrter, Schöpfer des dän. Lustspiels. ‚Der politische Kannegießer' erschien 1722, ‚Jakob von Tyboe' (mit der Hauptfigur des Offiziers Bramarbas) 1741.

Hontheim, Johann Nikolaus v., s. Febronius

Höpfner, Ludwig Julius Friedrich (1743 bis 1797), seit 1771 Professor der Moral, später der Rechte in Gießen; gefeierter juristischer Schriftsteller; Hauptwerk: ‚Naturrecht des einzelnen Menschen, der Gesellschaften und der Völker' (1780)

Horaz, eigtl. Quintus Horatius Flaccus (65–8 v. Chr.), röm. Dichter; verfaßte Oden nach griech. Vorbild.

Innocentius III., von 1198 bis 1216 Papst; der herrschgewaltigste der mittelalterl. Päpste, führte die Inquisition ein.

Innocenz VI., von 1352 bis 1362 Papst; residierte in Avignon.

Iselin, Isaak (1728–1782), Ratsschreiber und Mitglied des Großen Rates in Basel; verfaßte geschichts- und religionsgesch. Schriften, u. a. ‚Geschichte der Menschheit' (2 Bde., 1764 bis 1770), ‚Ephemeriden der Menschheit' (7 Bde. 1776 bis 1782).

Isenflamm, Jakob Friedrich (1726–1793), seit 1763 Prof. der Medizin und Botanik in Erlangen

Jeremias (um 625 v. Chr.), jüd. Prophet, weissagte den Untergang Jerusalems.

Jerusalem, Johann Friedrich Wilhelm (1709–1789), protestant. Geistlicher; 1742 Hofprediger und Prinzenerzieher in Braunschweig, 1752 Abt, 1771 Vizepräsident des Konsistoriums in Wolfenbüttel

Jerusalem, Karl Wilhelm (1747–1772), Sohn des vorigen; studierte in Leipzig und Göttingen die Rechte, wurde 1770 Assessor in Wolfenbüttel (verkehrte mit Lessing) und 1771 braunschweig. Sekretär am Reichskammergericht in Wetzlar. Er war ein stolzer, selbstbewußter Charakter, keinesfalls ein empfindsamer Schwächling. Er erschoß sich weniger aus Liebesschmerz als aus Ekel an den gesellschaftlichen Verhältnissen. Goethe hat sein Schicksal in den ‚Leiden des jungen Werthers' poetisiert.

Jockisch, Martin (1680–1751), Prediger

Johann XXII., von 1316 bis 1334 Papst; residierte in Avignon, reorganisierte das päpstl. Finanzwesen unter bedenkenloser Anwendung kirchl. Rechte; bannte 1324 Ludwig den Bayern.

Johann ohne Furcht (1371–1419), Sohn Philipps des Kühnen, dessen Nachfolger er 1404 als Herzog von Burgund wurde; er wurde im Verfolg von Adelskämpfen um die Vormachtstellung in Frankreich ermordet.

Johanna I. (1326–1382), seit 1343 Königin von Neapel; verkaufte dem Papst Avignon, um dadurch von aller Schuld am Mord an ihrem Gatten losgesprochen zu werden.

Joseph II. (1741–1790), der älteste Sohn Maria Theresias, seit 1765 röm.-dt. Kaiser

Judas der Verräter: Judas Ischariot, einer der zwölf Jünger Jesu; über seinen Verrat berichten im Neuen Testament Matth. 26,1–5; Mark. 14,1–2; Luk. 22,3–6

Jung-Stilling, Johann Heinrich (1740–1817), zuerst als Arzt bekannt geworden (Staroperationen), 1778 Prof. an der Kameralakademie in Kaiserslautern, 1787 Prof. der Ökonomie und Kameralwissenschaften in Marburg, seit 1803 in Heidelberg. Als Schriftsteller vom Pietismus beeinflußt; sein Roman ‚Das Heimweh', 4 Bände., erschien 1794.

Juvenal(is), Decimus Iunius (60–140), röm. Dichter, geißelte in seinen Satiren die Verderbtheit der vornehmen röm. Gesellschaft.

Kaiser. Die zur Zeit der Franz. Revolution regierenden Kaiser des Heiligen Römischen Reiches Deutscher Nation waren: Joseph II. (1765–1790), Leopold II. (1790–1792), Franz II. (1792–1806); s. unter diesen Namen.

Kalckreuth, Friedrich Adolf Graf v. (1737–1818), preuß. General; kommandierte 1792 beim Einfall in die Champagne einen Teil der Hauptarmee, kämpfte bes. bei der Belagerung von Mainz und bei Kaiserslautern; 1807 Feldmarschall.

Kalckreuth, Ludwig Karl v. (1725–1800), preuß. General

Kant, Immanuel (1724–1804), seit 1770 Prof. der Philosophie in Königsberg; der erste Vertreter der klass. bürgerl. dt. Philosophie. – Seine Schrift „Zum ewigen Frieden" erschien 1795.

Karl der Kühne (1433–1477), seit 1467 Herzog von Burgund; fiel in der Schlacht bei Nancy und wurde dort begraben.

Karl I. (1600–1649), seit 1625 König von England; seine absolutistische Regierungsweise führte zur bürgerl. Revolution von 1641 und zu seiner Absetzung durch das Parlament. Karl wurde zum Tode verurteilt und hingerichtet.

Karl VI. (1685–1740), seit 1711 röm.-dt. Kaiser, der letzte männliche Sproß des Hauses Habsburg, Vater Maria Theresias

Karl X. (1757–1836), von 1824 bis 1830 König von Frankreich; führte als Prinz den Titel eines Grafen von Artois; emigrierte 1789 nach der Erstürmung der Bastille und leitete die polit. und milit. Handlungen gegen das revolutionäre Frankreich.

Karl August (1757–1828), seit 1775 Herzog von Sachsen-Weimar; machte als preuß. Generalmajor die Feldzüge gegen Frankreich 1792 und 1793 mit. – Sein Großvater war Ernst August I., Herzog von 1728 bis 1748.

Karl Wilhelm Ferdinand (1735–1806), Herzog von Braunschweig, ein Neffe Friedrichs II. von Preußen, preuß. General. Bei Ausbruch der Revolutionskriege Oberbefehlshaber über die preuß. und österr. Truppen, eroberte Longwy und Verdun, gab die Kanonade von Valmy verloren, eroberte 1793 Mainz zurück, stürmte zusammen mit dem österr. General Wurmser die Weißenburger Linien und schlug bei Kaiserslautern die Revolutionstruppen unter Pichegru und Hoche. Legte infolge des Haager Vertrages 1794 den Oberbefehl nieder. Er wurde 1806 in der Schlacht von Jena und Auerstedt tödlich verwundet.

Kästner, Abraham Gotthelf (1719 bis 1800), seit 1756 Prof. der Mathematik und Physik in Göttingen; verfaßte vielbeachtete math. Lehrbücher, z. B. ‚Anfangsgründe der Arithmetik, Geometrie, ebenen und sphärischen Trigonometrie und der Perspektive' (1758)

Kellermann, François Christophe (1735 bis 1820), franz. General; schloß sich der Revolution an und wurde Befehlshaber über die Moselarmee, focht gegen die Preußen in der Kanonade von Valmy und bewirkte deren Rückzug aus der Champagne; von Napoleon zum Herzog von Valmy und Marschall ernannt, von Ludwig XVIII. zum Pair.

Kindleb(e)n, Christian Wilhelm (1748 bis 1785), urspr. Pfarrer, legte 1775 sein Amt nieder, promovierte zum „Doktor der Weltweisheit und der freien Künste Magister" in Wittenberg, war vorübergehend Gehilfe (studiorum socius) Basedows am Philanthropinum in Dessau. Führte wie Bahrdt und Laukhard ein unstetes Leben und versuchte, durch schriftstellerische Tätigkeit seinen Lebensunterhalt zu sichern.

Klinger, Friedrich Maximilian (1752-1831), Student der Rechte, Schauspieler und Theaterdichter, später russ. General und Kurator der Universität Dorpat. Sein Drama ‚Sturm und Drang' (1776) gab der literar. Epoche zwischen 1767 und 1787 den Namen.

Klotz, Christian Adolph (1738-1771), 1762 Prof. der Philosophie in Göttingen, seit 1765 der Beredsamkeit und Dichtkunst in Halle; bekannt aus den Polemiken Lessings und Herders.

Knapp, Georg Christian (1753-1825), 1777 Prof. der Theologie in Halle, seit 1785 Mitdirektor des Waisenhauses

Koch, Johann Christoph (1732-1803), Prof. der Rechte in Gießen, seit 1782 Kanzler der Universität. Seine ‚Institutiones iuris criminalis' [Einführung in das Strafrecht] erschienen 1758.

Kochen, Martin von (1634-1712), Kapuzinermönch, Volksprediger. Durch sein ‚Auserlesenes History-Buch' (4 Bde. 1687), der Grundlage späterer Volksbücher, und seine ‚Legenden der Heiligen' (1705) wurde er zum bekanntesten kath. Volksschriftsteller neben Abraham a Sancta Clara.

Kochen, Prof. in Halle

Köster, Heinrich Martin Gottfried (1734 bis 1802), seit 1773 Prof. der Geschichte, Politik und Kameralwissenschaften in Gießen, Prorektor des Gymnasiums in Weilburg.

Kulenkamp, Lüder (1724-1794), Prediger, Professor der Theologie in Göttingen

Lafayette, Marie Joseph Motier Marquis de (1757-1834), franz. General und Politiker; kämpfte im amerikanischen Unabhängigkeitskrieg und vertrat anfangs auch die Ideale der Franz. Revolution. Er war der erste Kommandant der Nationalgarde; 1792 emigrierte er und geriet in österreich. Gefangenschaft.

La Fontaine, Jean de (1621-1695), franz. Fabeldichter

Lamballe, Marie Thérèse Louise von Savoyen-Carignan (1749-1792), heiratete 1767 Ludwig Alexander von Bourbon, Prinz von Lamballe (gest. 1768); Hofmeisterin und Vertraute Marie Antoinettes; Opfer der Septembermorde.

Laubadère, Joseph Marie (Maurice Leonor), franz. Divisionsgeneral

Laukhard. Die Familie Laukhard (Lauchhard, Lauckhard, Luckart) stammt aus Oberhessen und ist in Urkunden seit 1430 nachweisbar. Aus ihr sind hauptsächlich Geistliche hervorgegangen. Christian Friedrich Henrich Laukhard (1757–1822) war das zweite Kind des Pfarrers Philipp Burkhard Laukhard (1722–1789), der mit Charlotte Dorothea Dautel (gest. 1812), einer Tochter des Archivrats Dautel und Enkelin des Johann Schilter, verheiratet war.

Lefebvre, François Joseph (1755–1820), franz. General; stellte sich in den Dienst der Revolution (1794 Divisionsgeneral) und später Napoleons (1804 Marschall).

Leibniz, Gottfried Wilhelm (1646–1716), Philosoph und Staatsmann, einer der universellsten Gelehrten seiner Zeit. Sein philos. Hauptwerk, der ‚Essai de la Theodicée sur la bonté de Dieu, la liberté de l'homme et l'origine du mal' [Essay von der Theodizee über die Güte Gottes, über die Freiheit des Menschen und den Ursprung des Bösen] erschien 1710.

Leonidas I., König von Sparta (488 bis 480 v. Chr.), fiel bei der Verteidigung der Thermopylen gegen den Perserkönig Xerxes.

Leopold Prinz von Braunschweig s. Braunschweig, Prinz Leopold von

Leopold II. (1747–1792), seit 1790 röm.-dt. Kaiser, jüngerer Bruder Josephs II.; schloß 1790 den Vergleich mit Preußen (Reichenbacher Konvention), verbündete sich 1792 mit Preußen zur Unterdrückung der Franz. Revolution.

Lepeletier, Louis-Michel de Saint Fargeau (1760–1793), einer der Richter Ludwigs XVI., wurde am Vorabend der Hinrichtung des Königs ermordet.

Leß, Gottfried (1736–1797), 1761 Gymnasialprof. in Danzig, 1763 Prof. der Theologie in Göttingen, seit 1791 Generalsuperintendent und Hofprediger in Hannover; stand zwischen der orthodoxen, pietistischen und rationalistischen Richtung in der Theologie.

Lessing, Gotthold Ephraim (1729–1781). – Die ‚Fragmente eines Ungenannten' sind Abhandlungen über religiöse Fragen aus dem Nachlaß von Hermann Samuel Reimarus (1694–1768), die Lessing in der Sammlung ‚Zur Geschichte und Literatur' 1773 bis 1781 veröffentlichte.

Lichtenberg, Georg Christoph (1742–1799), seit 1769 Prof. in Göttingen; lehrte Experimentalphysik, Astronomie, Geographie, Meteorologie und Mathematik; einem breiteren Leserkreis wurde er durch seine Aphorismen bekannt.

Livius, Titus (59 v. Chr.–17 n. Chr.), röm. Geschichtsschreiber. Seine Darstellung der röm. Geschichte war seit dem Humanismus eine beliebte Schullektüre.

Lobstein, Johann Friedrich (1736–1784), 1768 Prof. der Anatomie und Chirurgie in Straßburg

Locke, John (1632–1704), engl. Aufklärungsphilosoph, Begründer des Empirismus, der kritischen Erkenntnistheorie

Lorenz, Johann Michael (1723–1801), seit 1752 Prof. der Geschichte, später auch der Beredsamkeit und Dichtkunst in Straßburg

Louis Ferdinand, eigtl. Ludwig Friedrich Christian, Prinz von Preußen (1772 bis 1806), Neffe Friedrichs II., preuß. General, fiel in der Schlacht vor Jena und Auerstedt.

Luckner, Nicolas Graf (1722–1794), Offizier in Diensten Bayerns, der Niederlande, Hannovers, seit 1763 Frankreichs; 1791 Marschall, 1792 Nachfolger Lafayettes als Kommandant der Nationalgarde; wegen konterrevolutionären

Verhaltens vom Revolutionstribunal abgesetzt und hingerichtet

Ludwig IV., der Bayer (1287–1347), 1314 dt. König, seit 1328 röm.-dt. Kaiser, kämpfte gegen die Einmischung des Papstes in innerdeutsche Angelegenheiten, wurde zweimal gebannt.

Ludwig XII. (1462–1515), seit 1498 König von Frankreich; wegen seiner Gerechtigkeit und Milde „Vater des Volkes" genannt

Ludwig XIV. (Louis le Grand) (1638 bis 1715), seit 1643 König von Frankreich. Unter ihm erreichte der Absolutismus in Frankreich den Höhepunkt (L'État c'est moi: Der Staat bin ich); er hob 1685 das Edikt von Nantes auf und sicherte sich 1697 im Frieden von Ryswijk das Elsaß mit Straßburg.

Ludwig XV. (1710–1774), Urenkel Ludwigs XIV., seit 1715 König von Frankreich; hatte außen- und innenpolitisch Mißerfolge, hinterließ 4000 Mill. Livres Staatsschulden.

Ludwig XVI. (1754–1793), Enkel Ludwigs XV.; mit Marie Antoinette, einer Tochter Maria Theresias, vermählt; seit 1774 König von Frankreich. Wurde 1792 abgesetzt, 1793 vom Nationalkonvent zum Tode verurteilt und am 21. Januar 1793 hingerichtet. – Nach seiner Absetzung Louis Capet genannt, nach Hugo Capet, dem Stammvater des franz. Königshauses., s. Capetingische Familie.

Ludwig (XVII.) (1785–1795), Sohn Ludwigs XVI., wurde 1793 von seinem emigrierten Onkel, dem nachmaligen Ludwig XVIII., zum König von Frankreich proklamiert.

Ludwig XVIII. (1755–1824), Bruder Ludwigs XVI., Graf von Provence, führte den Titel Monsieur; emigrierte 1791 und stellte sich bei Kriegsausbruch zusammen mit seinem Bruder, dem Grafen von Artois, an die Spitze des Emigrantenheeres. Nach der Hinrichtung Ludwigs XVI. rief er den Dauphin zum König aus und ernannte sich selbst zum Regenten. 1795 nahm er den Königstitel an und bestieg nach dem Sturz Napoleons den Thron.

Ludwig (Louis) Capet, s. Ludwig XVI. und Capetingische Familie

Ludwig Joseph Philippe, s. Orleans, Herzog von

Ludwig Wilhelm August (1763–1830), seit 1818 Großherzog von Baden (Ludwig), bis 1795 in preuß. Diensten, zuletzt Generalmajor

Luther, Martin (1483–1546), Reformator, Begründer der protestant. Kirche

Mably, Gabriel Bonnot de (1709–1785), franz. Geschichtsschreiber; versuchte, die Politik wieder auf moral. Positionen zurückzuführen.

Malachias (1094–1148), Erzbischof von Armagh; ihm wurde die Gabe der Weissagung zugeschrieben. – Die sog. „Weissagung des Malachias" besagt, daß auf Papst Cölestin (gest. 1144) bis zum Weltuntergang noch 111 Päpste folgen werden. (Es handelt sich dabei um eine Fälschung aus dem Jahre 1590.)

Mandrin, Louis (1724–1775), organisierte um 1750 eine bewaffnete Bande und führte einen regelrechten Krieg gegen die Pächter; wurde gerädert.

Mangelsdorf, Karl Ehregott (1748–1802), seit 1782 Prof. der Geschichte, Poetik und Rhetorik in Königsberg, vorher Privatdozent der Geschichte und alten Literatur in Halle. Schrieb u. a. ein ‚Lehrbuch der alten Völkergeschichte zu akademischen Vorlesungen' (1779).

Manstein, Johann Wilhelm v. (1729–1800), Oberst und Generaladjutant Friedrich Wilhelms von Preußen

Marcus Tullius, s. Cicero.

Mara, Elisabeth Gertrud, geb. Schmehling (1749–1833), gefeierte Opernsängerin

Marat, Jean Paul (1744–1793), franz. Revolutionär, vielseitig gebildet, Arzt und Publizist, einer der konsequentesten Verfechter der revolutionären Ideale; 1793 von Charlotte Corday ermordet

Maria Theresia (1717–1780), Tochter Karls VI., seit 1740 Königin von Böhmen und Ungarn, Erzherzogin von Österreich; als Gemahlin Franz' I. auch röm.-dt. Kaiserin

Marie Antoinette (1755–1793), Tochter der vorigen, Gemahlin Ludwigs XVI. von Frankreich; erbitterte Feindin der Revolution (Madame Veto); am 16. Oktober 1793 hingerichtet

Mascow, Johann Jakob (1689–1761), Staatsrechtslehrer und Geschichtsschreiber, Prof. und Prokonsul in Leipzig; schrieb u. a. ‚Abriß einer vollständigen Geschichte des Deutschen Reiches' (1722 bis 1730).

Maximilian Joseph von Pfalz-Zweibrücken (1756–1825); als Nachfolger des Kurfürsten Karl Theodor von Bayern wurde er 1799 Kurfürst und 1806 König von Bayern; urspr. General in französischen, nach Ausbruch der Revolution in österreichischen Diensten.

Meiners, Christoph (1747–1810), seit 1772 Prof. der Philosophie in Göttingen.

Meister, Georg Jacob Friedrich (1755 bis 1832), Prof. der Rechtswissenschaften in Göttingen; sein Vater Christian Georg Friedrich Meister (1718–1782) war ebenfalls ein bekannter Rechtsgelehrter der Göttinger Universität.

Merlin de Thionville, Antoine Christophe (1762–1833), franz. Revolutionär, Anhänger Dantons; 1792 Kommissar des Konvents in Mainz

Michaelis, Johann David (1717–1791), bekannter Orientalist und Theologe, seit 1746 Prof. in Göttingen

Miltiades (gest. 489 v. Chr.), athen. Feldherr; siegte 490 bei Marathon über die Perser.

Mirabeau, Honoré Gabriel de Riqueti, Graf von (1749–1791), bedeutender Politiker, Abgeordneter des dritten Standes und Schriftsteller

Molière, eigtl. Jean Baptiste Poquelin (1622–1673), franz. Lustspieldichter

Monsieur s. Ludwig XVIII.

Montesquieu, Charles de Secondat, Baron de (1689–1755), franz. Geschichts- und Rechtsphilosoph; Hauptwerk ‚De l'esprit des lois' [Vom Geist der Gesetze] (2 Bde. Genf 1748)

Morus, Samuel Friedrich Nathanael (1736 bis 1792), 1768 Prof. der griech. und lat. Sprache, später auch der Theologie in Leipzig

Müller, Friedrich, gen. Maler Müller (1749 bis 1825), Dichter, Maler und Kupferstecher; am bekanntesten sind seine Idyllen.

Murray, Johann Andreas (1740–1791), seit 1764 Prof. der Medizin und Botanik in Göttingen, Direktor des Botanischen Gartens

Nebe, Johann Heinrich (1736–1812), Pastor

Nero, Claudius Caesar, röm. Kaiser seit 54, 68 abgesetzt; beging Selbstmord.

Neuwinger, Joseph Victorin (1736–1808), franz. General; geriet im März 1793 in österreich. Gefangenschaft.

Niemeyer, August Hermann (1754–1828), seit 1779 Prof. der Theologie in Halle, seit 1785 Mitdirektor des Waisenhauses

Nonnotte, Claude François (1711–1793), franz. Schriftsteller

Nösselt, Johann August (1734–1807), seit 1764 Prof. der Theologie in Halle

Nyont, franz. Offizier; übergab 1792 die Festung Verdun an die Preußen.

Orleans, Ludwig Joseph Philippe Herzog von (1747–1793), stand in Opposition zum franz. Hof, wurde 1789 Mitglied der Nationalversammlung, schloß sich den Jakobinern an und nannte sich Philippe Égalité. Stimmte für den Tod Ludwigs XVI. und geriet in den Verdacht, selbst nach der Krone zu streben; wurde hingerichtet.

Otho, Marcus Salvius (32–69), an der Verschwörung Galbas gegen Nero beteiligt, nach Galbas Ermordung im Jahre 69 röm. Kaiser, endete nach verlorener Schlacht durch Selbstmord.

Ouvrier, Ludwig Benjamin (1735–1792), Prediger, Prof. der Theologie in Gießen

Ovid, Publius Ovidius Naso (43 v. Chr.– 18 n. Chr.), röm. Dichter, Verfasser der ‚Metamorphosen' [Verwandlungen]

Oyré, d' (geb. 1739), franz. General, 1793 Kommandant von Mainz

Paracelsus, Theophrastus Bombastus von Hohenheim (1493–1541), Arzt, Naturwissenschaftler und Philosoph; seine teilweise modernen Erkenntnisse sind durchsetzt von mystisch-pietistischen Anschauungen.

Pauli, Martin Gottlieb (1721–1796), Jurist, Philosoph, Professor in Halle

Persius, Aulus P. Flaccus (34–62), röm. Dichter; schrieb sechs gedanklich schwer zugängliche Satiren.

Pétion, Jérôme de Villeneuve (1756–1794), franz. Revolutionär, 1791 Maire von Paris, wurde beim Sturz der Gironde verhaftet, verübte Selbstmord.

Petrarca, Francesco (1304–1374), berühmter italien. Dichter. Petrarcas Vater stand im Dienst des päpstlichen Hofes zu Avignon.

Pfalzbayern, Kurfürst von, s. Maximilian Joseph

Philipp der Großmütige (1504–1567), Landgraf von Hessen; überzeugter Anhänger der Reformation, stiftete 1527 die Universität Marburg, die erste protestant. Universität in Deutschland.

Philipp der Kühne (1342–1404), Herzog von Burgund

Pichegru, Charles (1761–1804), franz. Revolutionsgeneral, 1793 Befehlshaber der Rheinarmee, entsetzte Landau.

Pippin (um 715–768), Vater Karls des Großen, Maiordomus [Hausmeier] von Austrien und Neustrien, setzte den letzten Merowingerkönig ab und machte sich mit Zustimmung des Papstes zum König des Frankenreiches.

Pitt, William, d. J. (1759–1806), engl. Staatsmann, eifriger Verfechter der Koalitionskriege gegen das revolutionäre Frankreich

Platner, Ernst (1744–1818), 1770 Prof. der Medizin, seit 1801 auch der Philosophie in Leipzig

Plato(n) (427–347 v. Chr.), griech. Philosoph, Schüler des Sokrates

Plinius, Gaius Plinius Caecilius Secundus d. J. (62–113), röm. Schriftsteller und Beamter; im Jahre 100 Konsul; schrieb aus Dankbarkeit für Kaiser Trajan den ‚Panegyricus'.

Plutarch (um 46–um 120), griech. Schriftsteller

Polignac, Jules (1743–1817), Herzog von; lebte seit 1789 in Wien und Petersburg; seine Gemahlin war Vertraute Marie Antoinettes.

Politianus (Poliziano), Angelus (1454 bis 1494), italien. Humanist und Dichter

Polybios (um 201–um 120 v. Chr.), griech. Geschichtsschreiber

Posselt, Ernst Ludwig (1763–1804), Gymnasialprofessor in Karlsruhe, gab 1795

bis 1804 die historisch-politische Monatsschrift ‚Europäische Annalen' heraus.
Preußen.
König von, s. Friedrich II.
König von, s. Friedrich Wilhelm II.
Kronprinz von, s. Friedrich Wilhelm III.
Prinz von, s. Louis Ferdinand
Prometheus, griech. Sagengestalt, entwendete den Göttern das Feuer und brachte es den Menschen, gilt damit als Begründer der Kultur.
Provence, Graf von, s. Ludwig XVIII.
Pufendorf, Samuel, Frhr. v. (1632–1694), Staatsrechtslehrer und Geschichtsschreiber, 1661 Prof. des Naturrechts in Heidelberg, später in Lund und Stockholm, seit 1688 Historiograph in Berlin
Pütter, Johann Stephan (1725–1807), Staatsrechtslehrer, seit 1746 Prof. der Rechte in Göttingen

Quintilian(us), Marcus Fabius (35–96), röm. Rhetor; im 16. bis 18. Jh. einer der beliebtesten antiken Autoren

Racine, Jean de (1639–1699), franz. Tragödiendichter
Raff, Georg Christian (1748–1788), Pädagoge und Jugendschriftsteller. Seine ‚Geographie für Kinder' (1778) und ‚Naturgeschichte für Kinder' waren beliebte Unterrichtswerke.
Rambach, Johann Jakob (1692–1735), 1727 Prof. der Theologie in Halle, seit 1731 in Gießen
Reichard, Heinrich August Ottokar (1751 bis 1828), literar. Beirat am Gothaer Hoftheater und Schriftsteller; bekämpfte in zahlreichen Flugschriften und dem ‚Revolutions-Almanach' (1793–1803) die Franz. Revolution.
Reinicke, Heinrich (1756–1788), Schauspieler

Richter, August Gottlieb (1742–1812), seit 1766 Prof. der Medizin in Göttingen
Robespierre, Maximilien Marie Isidor (1758–1794), franz. Staatsmann, konsequenter Jakobiner; schaltete die Dantonisten und Hébertisten aus, wurde am 9. Thermidor (27. Juli 1794) gestürzt und am darauffolgenden Tag mit seinen Anhängern guillotiniert.
Rohan, Louis René Prinz von (1734–1803), Kardinal, seit 1779 Fürstbischof von Straßburg; verließ 1791 Frankreich.
Roos, Johann Friedrich (1757–1804), seit 1789 Prof. der Philosophie in Gießen. Sein Vater war Pfarrer in Steinbockenheim und hat L. getauft.
Rousseau, Jean Jacques (1712–1778), einflußreicher Kulturkritiker und Geschichtsphilosoph, gilt als einer der Wegbereiter der Franz. Revolution. Schrieb u. a. die Romane ‚Julie ou la nouvelle Héloïse' (1761), den Erziehungsroman ‚Emile' (1762) und die staatsphilos. Abhandlung ‚Du Contrat Social' (1762 [Der Gesellschaftsvertrag]).
Ruprecht von der Pfalz (1352–1410), wurde 1400 von den rhein. Kurfürsten anstelle Wenzels zum dt. König gewählt, konnte sich aber nicht durchsetzen.

Sachsen, Kurfürst von, s. Friedrich August I.
Saint-Just, Antoine (1767–1794), franz. Revolutionär, Jakobiner, enger Mitarbeiter Robespierres; mit ihm zusammen hingerichtet.
Saldern, preuß. Generalleutnant; Gouverneur von Magdeburg
Samuel: Prophet und Richter Israels; sein Leben erzählt das nach ihm benannte Buch des Alten Testaments, Kap. 1–16.
Sardinien, König von, s. Viktor Amadeus
Schiller, Friedrich v. (1759–1805). – Sein Trauerspiel ‚Kabale und Liebe' wurde 1784 in Frankfurt uraufgeführt.

Schilter, Johann (1632–1705), Consiliarius und Prof. der Rechte in Straßburg; einflußreicher und vielseitiger Publizist
Schirach, Gottlob Benedikt v. (1743–1804), dän. Etatsrat, vorher Prof. der Philosophie, später auch der Moral und Politik in Helmstedt. Ausgesprochener Vielschreiber, verfaßte u. a. die Biographie ‚Pragmatisches Leben Kaiser Karls VI.' (1776), wurde dafür von Maria Theresia geadelt, gab Zeitschriften wie das ‚Politische Journal nebst einem gelehrten Anzeiger' (1781–1804) heraus.
Schlettwein, Johann August (1731–1802), hess.-darmstädt. Regierungsrat, 1777 Prof. an der neugegründeten ökonomischen Fakultät in Gießen; legte 1785 die Professur nieder und privatisierte.
Schlözer, August Ludwig v. (1735–1809), seit 1769 Prof. der Politik in Göttingen. Hielt stark besuchte Vorlesungen über Europäische Staatengeschichte, Allgemeine Weltgeschichte, Statistik, nord., bes. russ. Geschichte, Politik und Staatsrecht – „auch liest er zu Zeiten ein Zeitungs- und Reisekollegium". War acht Jahre in Petersburg tätig; seine ‚Staatsanzeigen' wurden 1793 verboten.
Schmid, Christian Heinrich (1746–1800), 1769 Prof. der Rechte in Erlangen, seit 1771 der Dichtkunst und Beredsamkeit in Gießen
Schmidt, Christoph v. (1740–1801), Prof. des Staatsrechts und der Geschichte in Braunschweig, seit 1779 Geheimer Archivar in Wolfenbüttel; verfaßte u. a. ein ‚Handbuch der vornehmen historischen Wissenschaften' (1782).
Schneider, Christian Wilhelm (1734–1797), seit 1782 Oberkonsistorialrat, Generalsuperintendent und Pastor primarius in Eisenach
Schneider, Eulogius (1756–1794), urspr. Franziskanermönch, 1789 Prof. des Kirchenrechts in Bonn, 1790 in Straßburg. Während der Revolution Wortführer der Jakobiner, 1792 Maire von Hagenau, 1793 öffentl. Ankläger am Revolutionstribunal in Straßburg; 1794 hingerichtet
Schubert, Johann Ernst (1717–1774), 1747 Superintendent, Konsistorialrat und Pastor primarius in Stadthagen, 1748 Prof. in Helmstedt, seit 1764 Prof. der Theologie und schwed. Oberkirchenrat in Greifswald; verfaßte Schriften zur Dogmatik.
Schultens, berühmte holländ. Gelehrtenfamilie. Hendrik Albert Schultens (1749 bis 1793), Prof. der orientalischen Sprachen in Amsterdam, wurde 1778 Nachfolger seines Vaters und Großvaters in Leiden; schrieb u. a. ‚Meidanii proverbiorum arabicorum pars'.
Schulz, Johann Christoph Friedrich (1747 bis 1806), 1771 Prof. der morgenländ. Sprachen und griech. Literatur, seit 1783 der Theologie in Gießen, seit 1786 auch Superintendent in Alsfeld
Schulze, Johann Ludwig (1734–1799), Prof. der Theologie, Philosophie, der griech. und lat. Sprache in Halle, Direktor des Waisenhauses
Schütz, Christian Gottfried (1747–1832), 1776 Prof. der Philosophie in Halle, seit 1779 in Jena.
Seiler, Georg Friedrich (1733–1807), seit 1769 Prof. der Theologie in Erlangen; Konsistorialrat, Superintendent und Gymnasialdirektor; verfaßte u. a. einen ‚Kurzen Inbegriff der Kirchengeschichte in Tabellen' (1773).
Selchow, Johann Heinrich Christian v. (1732–1795), 1757 Prof. der Rechtswissenschaften in Göttingen, zuletzt Kanzler der Universität Marburg
Semler, Johann Salomo (1725–1791), 1750 Gymnasiallehrer in Koburg, 1751 Prof.

der Geschichte und lat. Poesie in Altdorf, seit 1753 der Theologie in Halle; Hauptvertreter der theol. Aufklärung im 18. Jh., Schüler von Siegmund Jakob Baumgarten, dessen Spätwerke er aus dem Nachlaß herausgab. Von seinen eigenen 171 Schriften seien genannt: ‚Historiae ecclesiasticae selecta capita' (3 Bde., 1767–1769), ‚Abhandlung von der freien Untersuchung des Kanons' (4 Teile, 1771–1775), ‚Beantwortung der Fragmente eines Ungenannten' (1779) sowie seine ‚Lebensbeschreibung von ihm selbst abgefaßt' (2 Bde., 1781–1782).

Sendivogius, Michael Frhr. (gest. 1646), Rat; Alchimist

Seneca, Lucius Annaeus (4 v. Chr.–65 n. Chr.), röm. Philosoph der Stoa, Erzieher Neros. Wurde wegen angeblicher Teilnahme an einer Verschwörung gegen den Kaiser zum Tode verurteilt; verübte Selbstmord.

Serveto, Miguel (1511–1553), span. Arzt und Theologe; als Ketzer in Genf verbrannt

Sixtus V., von 1585 bis 1590 Papst; bannte Heinrich IV. von Frankreich und Elisabeth I. von England.

Sokrates (470–399 v. Chr.), griech. Philosoph, Lehrer des Plato; der eigtl. Begründer der antiken idealist. Philosophie

Spanien. In Spanien regierte von 1788 bis 1808 der schwächliche Karl IV. (1748–1819), der von Napoleon zum Thronverzicht gezwungen wurde.

Spaur, Franz Joseph Graf (1725–1797), Vizedom in Mainz, 1757 kath. Präsident und Geheimer Rat des Kammergerichts; stand 33 Jahre lang als oberster Richter an der Spitze des Reichsgerichts in Wetzlar.

Speyer s. Styrum

Spielmann, Jakob Reinhold (1722–1783), seit 1759 Prof. der Chemie und Botanik in Straßburg.

Spinoza, Baruch (1632–1677), rationalist. Philosoph in den Niederlanden. Sein pantheist. Denken war von großem Einfluß auf Lessing, Herder und Goethe.

Sprengel, Matthias Christian (1746–1803), Geograph und Polyhistor; 1778 Prof. in Göttingen, seit 1789 in Halle

Stephanie, Gottlieb, d. J. (1741–1800), Schauspieler und Bühnenschriftsteller in Wien; schrieb Stücke wie ‚Der Deserteur aus Kindesliebe', ‚Das Mädchen in der Irre' u. dgl.

Stilling s. Jung-Stilling

Stroth, Friedrich Andreas (1750–1785); 1773 Rektor des Quedlinburger, seit 1779 des Gothaer Gymnasiums

Struve, Burkhard Gotthelf (1671–1738), seit 1704 Prof. der Geschichte, später auch der Rechte in Jena; schrieb u. a. ‚Einleitung zur deutschen Reichshistorie' (1724), ‚Vollständige deutsche Reichshistorie' (1732).

Styrum, Damian August Philipp Carl Graf von Limburg-Styrum (1721–1797), von 1770 bis 1797 Fürstbischof von Speyer und Propst von Weißenburg im Elsaß, residierte in Bruchsal; floh 1792 nach Freising.

Sulzer, Johann Georg (1720–1779), seit 1747 Prof. der Mathematik am Joachimsthaler Gymnasium, später der Ritterakademie in Berlin. Bekannt wurde er durch seine ‚Allgemeine Theorie der schönen Künste' (2 Bände. 1771–1774).

Tacitus, Publius Cornelius (55–um 120), röm. Geschichtsschreiber und Staatsbeamter (Prätor, Konsul, später Verwalter der asiatischen Provinzen). Seine Hauptwerke sind die ‚Historiae' und die ‚Annales', die Darstellung der röm. Geschichte von 14 bis 96, sowie die ‚Germania'.

Tancred (gest. 1122), Kreuzfahrer, eroberte unter Gottfried von Bouillon Jerusalem; er wird verherrlicht in Tassos Epos ‚Das befreite Jerusalem'.

Tasso, Torquato (1544–1595), vielseitiger italienischer Dichter, der vor allem durch sein Epos ‚La Gerusalemme liberata' (1581) [Das befreite Jerusalem] berühmt wurde.

Teller, Wilhelm Abraham (1734–1804), 1761 Prof. der Theologie und Generalsuperintendent in Helmstedt; einer der Hauptvertreter der rationalist. Theologie. Sein ‚Lehrbuch des christlichen Glaubens' (1764) wurde in einigen Ländern konfisziert. Friedrich II. berief ihn 1767 als Oberkonsistorialrat und Propst nach Berlin.

Thadden, Georg Reinhold v. (1712–1784), preuß. Generalleutnant

Theokrit(os) (um 310–um 250 v. Chr.), griech. Idyllendichter

Thomas von Kempen (Th. a Kempis) (1380 bis 1471), Prior des Augustinerklosters Agnetenberg; verfaßte das mystische Andachtsbuch ‚De imitatione Christi' [Von der Nachfolge Christi].

Tibull(us), Albius (54–19 v. Chr.), röm. Elegiendichter

Tieftrunk, Johann Heinrich (1759–1837), Prof. der Philosophie in Halle; verfaßte u. a. die Studie ‚Über Staatskunst und Gesetzgebung. Zur Beantwortung der Frage: Wie kann man gewaltsamen Revolutionen am besten vorbeugen oder sie, wenn sie da sind, am sichersten heilen?' (1791).

Timur (1336–1405), zerschlug durch anhaltende Kriegszüge die Staaten Mittelasiens und schuf ein großes Mongolenreich.

Tindal, Matthew (1653–1733), engl. Deist. Seine Hauptschrift ‚Christianity as old as the creation' (1730) [Das Christentum so alt wie die Schöpfung] erschien 1741 in dt. Übersetzung.

Titus, Flavius Vespasianus (39–81), Sohn Vespasians, 79 röm. Kaiser

Traian(us), Marcus Elpius (53–117), seit 98 röm. Kaiser. Unter ihm hatte das Römische Reich seine größte Ausdehnung.

Trapp, Ernst Christian (1745–1818), philanthropischer Pädagoge; 1779 bis 1783 Prof. in Halle

Trier. Clemens Wenzeslaus (1739–1812), ein Sohn Friedrich Augusts III., des Kurfürsten von Sachsen und Königs von Polen, wurde 1768 Erzbischof und Kurfürst von Trier und Bischof von Augsburg. Er erließ 1783 ein Toleranzedikt, verschloß sich aber grundsätzlichen Reformen. Koblenz, seine Residenz, wurde ein Sammelplatz der franz. Royalisten. 1794 floh er aus dem Land. Im Frieden von Luneville verlor er 1801 seine linksrheinischen Besitzungen an Frankreich, im Reichsdeputationshauptschluß von 1803 wurden die rechtsrheinischen Gebiete säkularisiert. Bereits 1802 war er abgedankt. – Seine Schwester Maria Josepha war die Mutter Ludwigs XVI., Ludwigs XVIII. und Karls X. von Frankreich.

Urban(us) V., von 1362 bis 1370 Papst, residierte in Avignon.

Vauban, Sébastien Le Prestre der Seigneur (1633–1707), berühmter franz. Ingenieur und Marschall, Festungsbaumeister Ludwigs XIV.

Vergennes, Constantin Gravier Graf von (1761–1832); schied nach 1783 aus dem diplomatischen Dienst aus, kämpfte 1792 in der Champagne gegen das revolutionäre Frankreich.

Vergil(ius), Publius V. Maro (70–19 v. Chr.), röm. Dichter des Augusteischen Zeitalters

Vespasian(us), Titus Flavius (9–79), seit 69 röm. Kaiser

Viktor Amadeus III. (1726–1796), seit 1773 König von Sardinien; erbitterter Feind der Franz. Revolution

Vitellius, Aulus (15–69), von seinen Truppen nach Galbas Tod 69 zum Kaiser ausgerufen, schlug Otho, verlor aber gegen Vespasian die Entscheidungsschlacht und fiel im Kampfe.

Voltaire, eigtl. Arouet de, François Marie (1696–1778), franz. Aufklärungsphilosoph, Geschichtsschreiber und Dichter

Walch, Christian Wilhelm Franz (1726 bis 1784), seit 1751 Prof. der Theologie in Göttingen; schrieb umfangreiche religionsgeschichtl. Darstellungen.

Wald, Samuel Gottlieb (1762–1828), 1786 Prof. der griech. Sprache, seit 1793 der Theologie und später auch der Geschichte und Beredsamkeit in Königsberg; daneben Oberinspektor am Collegium Fridericianum und Direktor der Deutschen Gesellschaft; vorher Inspektor am Waisenhaus in Halle und 1785 Frühprediger an der Universitätskirche in Leipzig

Wedekind, Georg Christian Gottlob (1761–1839), seit 1785 Arzt in Mainz, der neben Georg Forster einflußreichste Publizist der Mainzer Jakobiner.

Weimar, Herzog von, s. Karl August

Wolf, Friedrich August (1759–1824), 1779 Gymnasiallehrer, seit 1783 Prof. der Beredsamkeit und Dichtkunst in Halle; Altphilologe, bekannt geworden durch seinen Versuch, die Einheit der Ilias und Odyssee in einzelne kleinere Epen aufzulösen

Wolff, Christian Frhr. v. (1679–1754), 1707 Prof. der Philosophie in Halle, 1723 auf Betreiben der Theologischen Fakultät durch Friedrich Wilhelm I. seines Amtes entsetzt, 1740 von Friedrich II. zurückberufen. Wolff war der führende Philosoph der dt. Frühaufklärung; er übertrug das Leibnizsche Denken in „vernünftige Gedanken".

Woltär, Johann Christian (1744–1815), Prof. der Rechte in Halle

Wurmser, Dagobert Siegmund Graf von (1724–1797), österreich. General; erhielt im Frühjahr 1793 den Oberbefehl über die österreich. Truppen am Oberrhein.

Xenophon (um 430–354 v. Chr.), griech. Geschichtsschreiber und philos. Schriftsteller, Schüler des Sokrates

Xerxes I., seit 485 v. Chr. König von Persien. Sein Feldzug gegen Griechenland endete mit einem Mißerfolg (Thermopylen, Salamis); er wurde 465 ermordet.

Zeno(n) (336–264 v. Chr.), griech. Philosoph, Begründer der Stoa

Zollikofer, Georg Joachim (1730–1788), reformierter Theologe, seit 1758 Prediger der reform. Gemeinde in Leipzig

Inhalt

I

EIN BEITRAG ZUR CHARAKTERISTIK DER UNIVERSITÄTEN IN DEUTSCHLAND

An den Leser	7
Nicht alle Prediger sind, was mein Vater war	11
So viel vermögen Tanten und Gesinde!	14
Auch Väter versehens oft	16
An dem Schulwesen in der Pfalz gibt es noch viel zu verbessern	17
Merkt's euch, ihr Volks- und Kinderlehrer!	19
Auch die Liebe ist ein Kryptojesuit und im Proselytenmachen oft ein mächtiger Apostel	21
Schon wieder ein Pfaffenstreich – und dann ein Strich durch meine Rechnung	25
So elend fand ich die Gießener Universität	26
So kommersierten damals die Gießener Bursche	30
Leider auch ich ward burschikos	32
Thereschen kommt wieder zum Vorschein	33
Iliacos intra muros peccatur et extra	34
Wer einmal Don Quichotte gegen sich selbst ist, wird es auch gegen Vater und Geliebte	37
Siehe da, ein Ordensbruder!	38
Wer zu Hause nicht klug ist, ist es in der Fremde auch nicht	40
Noch endlich gar ein Komödiant!	41
Abzug von Gießen. Händel in Frankfurt	42
Göttingen	47
Ich bin nun Kandidat	50
Ich soll Pfarrer werden	52
Mein Apostolat des Deismus	55
Ein Schuft wird mein Patron	57
Ein neues Vikariat	58
Dem Fasse geht der Boden aus	59
Amicus certus in re incerta cernitur	60
Alte Liebe rostet nicht	62
Eine Reise à la Don Quichotte	63
Straßburger Universität, Pfafferei, Kontroverspredigten und andere Raritäten	65
Der Himmel wird etwas heiterer	67

Abermalige Donquichotterien 69
Semlers Antwort und Anstalten zum Abzuge aus der Pfalz 71
Meine ersten Verrichtungen in Halle 72
Bordelle in Halle. Waisenhaus 77
Gelehrte Unternehmungen. M. Kindleben. Leipzig 80
Meine Wenigkeit von ohngefähr im Bordell ertappt.
Semlers Strafpredigt 87
Siehe da, ein Herr Magister! Gelehrte Unternehmungen 90
Zensurangelegenheiten. Gelehrte Unternehmungen 94
Schulden sind eine schwere Bürde, sie verleiten oft zur Verzweiflung 96
Der Herr Magister wird endlich gar – Soldat 99
Meine erste Lage bei den Soldaten 106
Sturm und Sonnenschein 109
Etwas über Romanleserei und Lesebibliotheken 110
Urlaub. Kirchlicher Zustand im Weimarischen 114
Wie mich Vater, Mutter, Tante und Bruder empfangen haben 116
Maskierte Schlittenfahrt. Händel mit Quacksalbergesindel.
Tod meines Vaters 119
Kriegerische Aussichten. Tagebuch 121
Der Feldzug 1790. Dessau. Nowawes. Berlin 123
Vorwärts. Etwas über Frankfurt an der Oder und Leopolds Ehrensäule 126
Reichenbacher Frieden. Rückmarsch. Orthodoxie in Schlesien.
Herzog Friedrich von Braunschweig, einer der ersten Menschen 128
Meine jetzige Lage. Gesichtspunkte für die Beurteiler meiner Geschichte 131

II

BEGEBENHEITEN, ERFAHRUNGEN UND BEMERKUNGEN WÄHREND DES FELDZUGES GEGEN FRANKREICH

An den Leser. 135
Begebenheiten während des Marsches von Halle bis Koblenz 139
Koblenz. Manifest 146
Französische Emigranten 149
Begebenheiten in Koblenz und im Lager bei Koblenz 161
Marsch von Koblenz nach Trier 163
Einfall in Frankreich. Anfang alles Elendes 165
Besitznehmung von Longwy 171
Einnahme von Verdun 174
Das sogenannte Drecklager 178
Unser Marsch nach den Höhen von La Lune oder Valmy 182
Begebenheiten nach der Kanonade bei Valmy 187
Jämmerlicher Abzug aus Frankreich 196

Ankunft auf deutschem Boden	205
Lager bei Luxemburg	210
Beschreibung der Feldlazarette	212
Montabaur. Limburg usw.	218
Einnahme von Frankfurt am Main. Folgen davon	219
Die Winterquartiere oder Quasiwinterquartiere	222
Unser Zug über den Rhein	229
Klubistenjagd jenseits des Rheins	231
Belagerung der Festung Mainz	235
Marsch von Mainz nach dem Gebürge	242
Bistum Speyer	245
Patriotenjagd im Speyerischen	249
Belagerung von Landau	253
Ich werde endlich noch gar geheimer Gesandter	254
Meine Instruktion vom Kronprinzen	260
Mein Übergang zu den Franzosen	264
Landau	269
Meine Lage in Landau	274
Laubadère und Dentzel. Geheime Unterhaltung mit dem letztern in bezug auf meine Mission	277
Aufstand wider Dentzel. Gefahr für mich	283
Fernere Begebenheiten in Landau	287
Französisches Militär	293
Beschreibung des Klubs oder der Volksgesellschaften in Frankreich	300
Surveillance. Ursprung und Macht des Jakobinismus	305
Wie man in Frankreich jetzt Hochzeit macht	309
Bombardement von Landau	313
Fernere Begebenheiten zu Landau	316
Landau durch die Franzosen entsetzt	317
Meine Reise von Landau nach Straßburg	319
Religionszustand in Frankreich am Ende des Jahres 1793	323
Marsch von Straßburg nach Kolmar	341
Reise von Kolmar nach Besançon	342
Meine Reise von Besançon nach Lyon	347
Lyon	349
Meine Lage bei den Sansculotten	353
Reise nach Avignon	362
Avignon	362
Meine Rückreise von Avignon nach Lyon	365
Folgen meines Duells. Reise nach Dijon	370
Laukhard als Krankenwärter	374
Beschreibung der französischen Lazarette	377
Ich verlasse das Hospital und gebe Lektionen	383
Meine Beschäftigung in Dijon. Rechtspflege in Frankreich	385

Entfernung der Guillotine. Nationalfeste in Dijon. Sinken der Jakobiner 390
Laukhard in der Conciergerie 392
Conciergerie zu Dijon 394
Inquisition 395
Allerhand 400
Von der Freiheit und Gleichheit der Franzosen 407
Schreckenssystem oder Terrorismus 412
Veränderung und Sturz des Terrorismus 416
Verfolg meiner eigenen Geschichte 417
Bispinks Bemühungen zu meiner Befreiung aus Frankreich 418
Meine Abfahrt aus Frankreich 420

ANHANG

Nachwort 429
Zu dieser Ausgabe 440
Zeittafel 443
Wort- und Sacherklärungen 458
Personenverzeichnis 487